Bertold Klappert (Hrsg)

Diskussion um Kreuz und Auferstehung

Auseinandersetzung in Theologie und Gemeinde

Aussaat Verlag Wuppertal

Elisabeth Michalek
Mai 1981

© 1967 Aussaat Verlag GmbH, Wuppertal
Auflage 9 8 7 6 5 / 85 84 83 82 81
(Die letzten Zahlen bezeichnen die Auflage und das Jahr des Druckes)
Umschlag: Fritz Jahrmarkt, Witten
Satz und Druck: Aussaat Druckerei, Wuppertal
ISBN 3 7615 4661 0

INHALTSVERZEICHNIS

Reformatorische Schrifterkenntnis hat gelehrt und gefordert, daß die Kirche Jesu Christi sich als creatura verbi versteht, daß sie Geschöpf und Dienerin des Gotteswortes sei. Deshalb kann es die Kirche nur als notwendige Äußerung ihres Wesens werten, wenn die Mitte der biblischen Botschaft in jeder Phase der Kirchengeschichte neu Gegenstand des Nachdenkens, Gegenstand radikalen Überdenkens ist und wird. Auch die „fromme Gemeinde" hat durch solche Vorgänge in der Theologie, der „wissenschaftlichen Theologie", wenn hierbei Ernst und Mühe, unvoreingenommene Offenheit und Sachlichkeit auf beiden Seiten walten, nichts zu verlieren, jedoch viel zu gewinnen. Denn die Kirche ist in dem Maße sich selbst treu und fähig, ihre Sendung in die Welt hinein wahrzunehmen, wie sie bereit ist, sich dem Gotteswort vorbehaltlos zu unterwerfen. Jede Generation von Christen ist verpflichtet, sich neu der Quelle des Glaubens, dem Grund des Seins und Handelns der Kirche zuzuwenden. Was die biblischen Zeugen für ihre Zeit unternahmen, haben wir wiederum zu wagen, die Menschenwelt als Herrschaftsbereich des gekreuzigten und auferweckten Gottessohnes zu proklamieren und als Stätte des Gottesdienstes der Christen in Anspruch zu nehmen. Dazu werden wir frei, wenn wir gehorsam die Heilige Schrift in unserer Zeit an unserem Ort zu uns reden hören.

Theologie ist das Bemühen, mit den Mitteln wissenschaftlichen Denkens und Forschens — auch mit denen historisch-kritischer Schriftinterpretation — das *eine* Wort Gottes, die Botschaft von Kreuz und Auferstehung Jesu Christi, als die Norm für Lehre, Verkündigung und Handeln der Kirche und als kritischen Maßstab für ihre organisatorische Gestalt sichtbar zu machen. Sie ist damit Dienerin der Kirche und ist der Kirche zugleich stets neu als Aufgabe gestellt. Die Auseinandersetzung zwischen Theologie und Gemeinde muß deshalb ein Dialog werden zwischen Partnern, die sich dessen bewußt sind, daß sie einander nicht entbehren können.

Theologie bedarf der Gemeinde, weil sie von ihr die Legitimation und Vollmacht für ihre Frage nach dem Wort Gottes erhält; die Gemeinde bedarf der Theologie, weil sie der Herrschaft des Wortes als dem Kriterium und Maßstab ihrer Gestalt und ihrer Sendung unterworfen bleibt. Theologie, die sich abseits von der Gemeinde — in der luftleeren Retorte — vollzieht, verliert, worum die moderne Theologie sich so dringend bemüht, den Bezug zur Existenz in der Zeit. Gemeinde, die sich der Theologie und der ihr von dort her auferlegten Selbstprüfung entzieht, erstarrt in dem ängstlich gehüteten Gehäuse ihrer Überlieferung und wird so zu dem Salz, das keine Kraft mehr hat.

Das vorliegende Buch von Bertold Klappert bietet — in systematischer Einteilung, in Textauszügen aus neueren theologischen Arbeiten und in Originalbeiträgen führender Vertreter der theologischen Wissenschaft sowie in ausführlicher Kommentierung — den Pfarrern, Religionslehrern, Katecheten und darüber hinaus allen, die in der Gemeinde mitdenkend tätig sein wollen, klärende Informationen dar. Möge es dazu helfen, daß Theologie und Gemeinde im Dialog über Kreuz und Auferstehung in gemeinsamem verantwortlichen Nachdenken wieder stärker zueinander finden — in den 30er Jahren wußten sie, daß sie zueinander gehörten — und sich gegenseitig zur Erkenntnis der Wahrheit führen und zum Tun der Wahrheit!

Bischof D. Kurt Scharf

Technische Anmerkungen:
Im Original erscheinende griechische Worte sind mit Billigung der Autoren in den Quellenauszügen jeweils in Umschrift wiedergegeben, ihre Übersetzung ist vom Herausgeber in eckigen Klammern hinzugefügt.
Anmerkungen des Originals sind, soweit für das Verständnis des Textes notwendig, mit Billigung der einzelnen Autoren in den fortlaufenden Text der Quellenauszüge aufgenommen und durch runde Klammern ( ) gekennzeichnet.
Zitate in den „Einführungen", die ohne Quellennachweis erscheinen, sind jeweils den folgenden Quellenauszügen entnommen.
Übersetzungen, Begriffserklärungen, sowie kurze Erläuterungen des Herausgebers innerhalb der Quellenwiedergaben sind durch eckige Klammern [ ] gekennzeichnet.

VORWORT

Der vorliegende Quellenband soll die tiefgreifenden Gegensätze der verschiedenen theologischen Konzeptionen nicht verharmlosen oder harmonisieren. Er will vielmehr gegensätzliche Positionen zum Thema „Kreuz und Auferstehung" zu Wort kommen lassen, die Möglichkeit zur breiteren Information bieten und dadurch die Voraussetzung für ein sachliches Gespräch schaffen helfen.

Das *Sachkriterium*, nach dem die verschiedenen Positionen in der Einleitung und den Einführungen befragt worden sind, läßt sich so formulieren: 1. Ist die Bedeutung der Auferstehung Jesu Christi im strengen Zusammenhang mit dem Kreuz und ist die Bedeutung des Kreuzes Jesu Christi im strengen Zusammenhang mit der Auferstehung entfaltet? 2. Sind die Auferstehungsberichte in ihrer Mehrdimensionalität erkannt, d. h. ist gesehen, daß die Verklammerung und Verschränkung der verschiedenen Aspekte des Auferstehungsgeschehens unter einen einzigen Grundaspekt angesichts der Mehrdimensionalität und des übergreifenden Wirklichkeitscharakters der Auferstehung Jesu Christi unmöglich sind?

Das Ziel des Quellenbandes, einen möglichst breiten Überblick über das Verständnis von Kreuz und Auferstehung in der gegenwärtigen Theologie zu vermitteln, konnte insofern nicht ganz erreicht werden, als der Verlag J. C. B. Mohr (P. Siebeck) dem geplanten Abdruck eines Auszuges von F. Gogarten („Tod und Auferstehung"; *in*: Die Verkündigung Jesu Christi. Grundlagen und Aufgabe, Tübingen 1966²) und G. Ebeling („Der Zeuge des Glaubens — Der Grund des Glaubens"; *in*: Das Wesen des Christlichen Glaubens, Tübingen 1959) mit der Begründung nicht zustimmte, daß der Auszug von Ebeling nunmehr in der Siebenstern-Taschenbuchreihe (Bd. 8, 1964) leicht zugänglich sei. Der theologisch Interessierte sei also ausdrücklich aufgefordert, das in der Einleitung (V) zu Ebeling Gesagte mit dem Text selbst zu vergleichen.

Der Band will eine Quellensammlung wichtiger und z. T. unzugänglicher Aufsätze für Pfarrer, Religionslehrer, Katecheten, eine Unterrichtsgrundlage für theologische Ausbildungsstätten, Jugendakademien, katechetische Seminare, Bibelschulen und Mitarbeiterschulung sein, nicht zuletzt als Arbeitshilfe und Diskussionsgrundlage in Männerkreisen, Jugend- und Gemeindeseminaren dienen, die gerade heute nach geeigneter, nicht nur Fachkreisen zugänglicher Information zum Thema fragen.

Der Quellenband ist ein Arbeitsbuch. Bei dessen Lektüre kann entgegen seiner Anlage methodisch auch so vorgegangen werden, daß man mit dem jeweiligen Quellenauszug beginnt und nachträglich für weitere Informationen und Verstehenshilfen zur *Einführung* und *Einleitung* fortschreitet.

Zu besonderem Dank bin ich den Autoren der einzelnen Quellentexte verpflichtet, die den Plan und die Anlage des Quellenbandes befürwortet und auch dem Textauszug in der vorliegenden Gestalt zugestimmt haben. (Prof. D. R. Bultmann hat aus Zeitgründen die Verantwortung für die Auswahl dem Herausgeber übertragen.) Ferner gebührt mein Dank den Verlagen, die freundlicherweise den Abdruck der Auszüge genehmigt und somit die Herausgabe des Quellenbandes ermöglicht haben.

Weiter habe ich für mancherlei Hinweise und Anregungen und für die kritische Durchsicht der Einleitung zum Quellenband dem Presbyter Herrn Ernst Dresbach (Oberwiehl), den Pfarrern J. Blunck (Vluyn), Otto Rodenberg (Rengshausen), D. Rudolf Weth (Duisburg-Wedau), meinen Kollegen K. A. Bauer (Bonn), R. Kolb (Bonn), H. G. Link (Wuppertal), H. D. Manecke (Bonn) und nicht zuletzt den Professoren D. G. Eichholz (Wuppertal), Dr. D. H. G. Geyer (Wuppertal), D. W. Kreck (Bonn) und D. J. Moltmann (Bonn) zu danken. Beim Korrekturenlesen der Quellen ist mir Herr cand. theol. H. Frommhold ein unentbehrlicher Helfer gewesen.

Ein besonderes Wort des Dankes gilt meinen Lehrern Herrn Prof. D. G. Eichholz (Wuppertal), Herrn Prof. Dr. D. J. Jeremias (Göttingen), Herrn Prof. D. W. Kreck (Bonn), Herrn Prof. D. J. Moltmann (Bonn) und Herrn Prof. D. W. Pannenberg (Mainz), die mich in die angesprochenen Probleme eingeführt und auf ihre Dringlichkeit und Vielschichtigkeit aufmerksam gemacht haben.

Bonn, Februar 1967   B. K.

VORWORT ZUR FÜNFTEN AUFLAGE

Nachdem die 4. Auflage vergriffen ist, hat sich der Verlag dankenswerterweise für eine Neuausgabe dieses Quellenbandes entschieden. Für die ausführliche exegetische und systematische Behandlung des Themas verweise ich auf mein soeben in 3. Auflage erscheinendes Buch „Die Auferweckung des Gekreuzigten. Der Ansatz der Christologie Karl Barths im Zusammenhang der Christologie der Gegenwart" (Neukirchen 1981).

Die Grundaussage lautet hier wie dort: Im Gegensatz zu einem isolierten Ansatz bei der Inkarnation als solcher, beim sog. historischen Jesus oder bei einem je für sich betrachteten Gekreuzigten oder Auferstandenen ruft die befreiende Botschaft von der Auferweckung des Gekreuzigten in den *Glauben* an den Gott, der Jesus von den Toten auferweckt hat. Diese Botschaft provoziert zugleich ein *Erkennen* des differenzierten Zusammenhangs von Kreuz und Auferweckung, das weder das Kreuz der Auferweckung noch die Auferweckung dem Kreuz inhaltlich einordnet, noch auch deren Zusammenhang dem historischen Jesus unterordnet.

Wuppertal, im Februar 1981   Bertold Klappert
                                                (Professor für Systematische Theologie
                                                an der Kirchlichen Hochschule Wuppertal)

EINLEITUNG

Diskussion um Kreuz und Auferstehung
Aspekte des Auferstehungsgeschehens

I Die Auferstehung als wirkliches Ereignis in der Geschichte
(Der historische Aspekt der Auferstehung Jesu Christi)

II Die Auferstehung als die Inkraftsetzung der Versöhnung
(Der soteriologische Aspekt der Auferstehung Jesu Christi)

III Die Auferstehung als die Eröffnung einer neuen Zukunft
(Der futurisch-eschatologische Aspekt der Auferstehung Jesu Christi)

IV Die Auferstehung als die Aufrichtung des Kerygmas (Verkündigung)
(Der kerygmatheologische Aspekt der Auferstehung Jesu Christi)

V Die Auferstehung als die Begründung des Glaubens
(Der anthropologische Aspekt der Auferstehung Jesu Christi)

VI Die Mehrdimensionalität der Auferstehungsberichte

Die vorliegende Einleitung soll die tiefgreifenden Gegensätze der verschiedenen theologischen Konzeptionen, die in diesem Quellenband zu Wort kommen, nicht verharmlosen oder harmonisieren, *auch nicht den Eindruck erwecken, als sei der Unterschied zwischen den einzelnen Konzeptionen lediglich durch das Vorhandensein bzw. das Fehlen des einen oder anderen Aspektes des Auferstehungsgeschehens bedingt.* Diese Einleitung möchte vielmehr die Gesichtspunkte nennen, die in der Diskussion um Kreuz und Auferstehung wichtig und zu beachten sind und in deren spezifischer Zuordnung, Ausklammerung und Verabsolutierung das Charakteristikum der jeweiligen theologischen Konzeptionen zu suchen ist. Die Einleitung will dem Leser Orientierungspunkte an die Hand geben, die Vielfalt der Stellungnahmen und Konzeptionen zu gliedern und zu ordnen.

ASPEKTE DES AUFERSTEHUNGSGESCHEHENS

I Die Auferstehung als wirkliches Ereignis in der Geschichte
(Der historische Aspekt der Auferstehung Jesu Christi)

*These: Die Auferstehung Jesu Christi ist als alleinige und schöpferische
Tat Gottes an dem gekreuzigten und begrabenen Jesus von Nazareth mit den Mitteln der historischen Forschung prinzipiell nicht
zu fassen. Sie ist aber dennoch ein wirkliches Ereignis in der Geschichte und hat als dieses zu einer bestimmten Zeit und im Umkreis bestimmter Menschen geschehene Ereignis einen bestimmten
„historischen Rand". — Der Osterglaube gründet in der Selbstoffenbarung und Selbstbekundung des Auferstandenen, nicht in der
Entdeckung des leeren Grabes. Aber dieser Glaube, der von den
Ostererscheinungen herkommt und in diesen seinen Grund hat,
widerspricht nicht dem leeren Grab. Der Osterglaube findet vielmehr in der Tatsache des leeren Grabes die zeichenhafte Bestätigung
der ihm in den Ostererscheinungen kundgewordenen Wirklichkeit
der Auferstehung des gekreuzigten Jesus von Nazareth.*

1. Der Ablauf der Osterereignisse[1]:

Die Analyse geht zunächst von den Erscheinungstraditionen aus (1. Kor. 15),
um sich dann der Tradition vom leeren Grab (Mark. 16) zuzuwenden.

a) *Die Erscheinungen des Auferstandenen sind von einer Reihe von Gliedern der urchristlichen Gemeinde wirklich erfahren worden. Die Überlieferungen von diesen Erscheinungen sind historisch gut fundiert und nicht
als spätere Legendenbildung zu erklären.*

Dabei ist nicht nur auf den *Zeugenbeweis*[2] für die Tatsächlichkeit der Auferstehung Jesu in 1. Korinther 15, 3—11[3], sondern auch auf die *große Nähe*
des paulinischen Berichtes zu den Ereignissen zu verweisen: Wenn die
Bekehrung des Paulus auf das Jahr 33 anzusetzen ist, der Tod Jesu in das
Jahr 30 fällt und Paulus drei Jahre nach seiner Bekehrung nach Jerusalem
gereist ist (Gal. 1, 18), dann wäre er sechs Jahre nach den Ereignissen in
Jerusalem gewesen. Hinzu kommt, daß Paulus in 1. Korinther 15, 3—5 ein
geprägtes Bekenntnis (eine ‚katechetische Lehrtradition') benutzt, das ursprünglich in aramäischer Sprache formuliert worden ist und wahrscheinlich
aus Jerusalem stammt[4]. Man wird seine Entstehung in sehr früher Zeit,
wahrscheinlich im ersten Jahrfünft nach dem Tode Jesu anzusetzen haben.

[1] Vgl. zu diesem Abschnitt (I, 1) W. Pannenberg: „Die historische Problematik der Auferweckung Jesu", in : Grundzüge der Christologie (Gütersloh, 1964), § 3, IV, S. 85 ff.

[2] Vgl. W. Nauck: „Sowohl die alte kerygmatische Formel als auch die Argumentation des
Paulus in 1. Kor. 15 zeigen, daß dem urchristlichen Osterglauben an der durch Zeugen
beglaubigten einmaligen Tat Gottes an dem Gekreuzigten gelegen ist" (S. 248; in : Die
Bedeutung des leeren Grabes für den Glauben an den Auferstandenen, ZN W 47, 1956,
S. 243—267).

[3] Vgl. besonders V. 6, wo von Paulus ausdrücklich hervorgehoben wird, daß zwar einige von
den 500 Brüdern entschlafen sind, die meisten von ihnen aber jetzt noch leben. Man kann
also hingehen und diese Zeugen befragen.

[4] J. Jeremias: „Die Abendmahlsworte Jesu"[2], Göttingen 1960, S. 95—97.
B. Klappert: „Zur Frage des semitischen oder griechischen Urtextes von 1. Kor. 15 3—5",

b) *Die Auferstehung eines einzelnen, die im Rahmen der spätjüdischen Apokalyptik[5] — religionsgeschichtlich geurteilt — ein Novum darstellt, und die zeitliche Streuung der Erscheinungen machen eine psychogene Erklärung der Ostererscheinungen unwahrscheinlich.*

Psychogen verfährt eine Erklärung, die in den Ostererscheinungen lediglich Vergegenständlichungen von innersubjektiven, psychischen Vorgängen in den Jüngern erblickt (sog. ‚subjektive Visionshypothese'), ohne eine ihnen entsprechende und sie hervorrufende außersubjektive Wirklichkeit. Die ‚subjektive Visionshypothese' verlegt die Visionen in das Innere der Jünger und versteht sie damit letzten Endes als Produkte des Jüngerglaubens.

Menschen, die aus apokalyptischer Tradition kamen, hätten ohne zwingenden Anlaß den Anbruch der Endereignisse ausschließlich für Jesus nicht behauptet, da die Aussage: „Jesus ist auferstanden" — mit den Ohren der Umwelt gehört — eine völlig einzig dastehende, ungeheure Behauptung enthält[6]. Die Vorstellung einer Auferweckung zum ewigen Leben in einer neuen Welt hatte die alttestamentlich-jüdische Apokalyptik zwar entwickelt (Jes. 25, 8; 26, 19), sie war auch in den Tagen Jesu verbindliche Lehre des pharisäischen Rabbinismus geworden, aber niemand sagte von irgendeinem, daß er bereits auferstanden sei, vielmehr erwartete man die allgemeine Auferstehung der Toten erst beim Anbruch der kommenden neuen Welt.

Die Einzigartigkeit und Unerhörtheit der christlichen Verkündigung der Auferstehung Jesu innerhalb des Spätjudentums wird dabei schlagartig an *der urchristlichen Gottesbezeichnung* deutlich. An die Stelle der spätjüdischen Gottesprädikation: „Jahwe, der die Toten lebendig macht"[7] (= machen *wird*) tritt nunmehr im Urchristentum auf Grund der Auferweckung Jesu durch Gott die Gottesbezeichnung: „Gott, der Jesus von den Toten auferweckt *hat*" (Röm. 8, 11; Gal. 1, 1; 2. Kor. 4, 14; Eph. 1, 20; Kol. 2, 12). „Und ... da es schlechthin unmöglich ist, daß Jünger Jesu auf die Katastrophe seines Todes durch die plötzlich einleuchtende Behauptung reagiert hätten, er sei auferweckt worden — was bis dahin in Israel von keinem Sterblichen ausgesagt worden war —, hat die sogenannte subjektive Visionshypothese als Erklärung auszuscheiden" (Wilckens)[8].

i n : New Testament Studies (NTS), An international Journal, Herausgeber Matthew Black, Cambridge 1967, Bd. XIII S. 168—173.

[5] Apokalyptik ist eine Spätform israelitischer Prophetie, deren Entstehung in die Zeit des Zurücktretens der klassischen Prophetie (Jeremia, 2. Jesaja, Hesekiel) und der schwierigen Lage des jüdischen Volkes unter Antiochus IV (176—164 v. Chr.) fällt. Sie enthüllt die Geheimnisse über den Weltlauf und vor allem über die letzte Zeit und das Weltende, um den Glaubensmut der Angefochtenen und Verfolgten zu stärken und zu zeigen, daß Gott die Geschichte in seiner Hand hat und das Ende des gegenwärtigen Äons der Gottlosigkeit und Bedrückung in Bälde heraufführt (vgl. Daniel). Die Welt durchläuft nach einem festen „Plan Gottes" die einzelnen Weltzeiten (Aonen) auf das nahe bevorstehende Weltende hin, an dem das Kommen des Menschensohn-Weltenrichters, die Beseitigung des Bösen, die Aufrichtung einer neuen Schöpfung und die Auferweckung aller Toten zum Gericht erwartet wird.

[6] L. Goppelt: „Das Osterkerygma heute", i n : Lutherische Monatshefte, 1964 3. Jahrgang, Heft 2 (S. 50—57), S. 53 f.

[7] (H. L. Strack —) P. Billerbeck: Kommentar zum Neuen Testament aus Talmud und Midrasch., Bd. IV, 1 (München 1928), S. 211; K. H. Rengstorf: „Die Auferstehung Jesu; Form, Art und Sinn der urchristlichen Osterbotschaft", 4 Witten 1960, S. 28.

[8] U. Wilckens: „Die Überlieferungsgeschichte der Auferstehung Jesu", i n : Die Bedeutung der Auferstehungsbotschaft für den Glauben an Jesus Christus (Sammelband), Herausgeber F. Viering, Gütersloh, 1966, S. 51. Vgl. auch M. Dibelius: „Aber die neutestament-

Die Annahme einer seelischen Kettenreaktion, bei der vorausgesetzt wird, daß die Jünger angeblich besonders visionär veranlagte Menschen gewesen seien, ist deshalb unwahrscheinlich, weil die einzelnen Erscheinungen gar nicht so rasch aufeinander gefolgt sind[9]. Wenigstens sind drei zeitlich weit voneinander getrennt: die Erscheinung vor Petrus (Luk. 24, 34; 1. Kor. 15, 5) bald nach seiner Rückkehr nach Galiläa; die Erscheinung vor Jakobus, die erst stattfand, als die Gemeinde in Jerusalem schon gegründet war (1. Kor. 15, 6), da Jakobus erst später zur Jerusalemer Gemeinde stieß und Petrus an Autorität überflügelte (Gal. 2, 9); und schließlich die Erscheinung vor Paulus (1. Kor. 15, 8—11), drei Jahre nach dem Tod Jesu in Jerusalem.

c) *Die Verkündigung der Botschaft von der Auferweckung Jesu in Jerusalem ist nur unter der Annahme möglich, daß das Grab Jesu leer war. Das Auferstehungskerygma hätte sich keine Stunde in Jerusalem halten können, wenn das Leersein des Grabes nicht als Tatsache für alle Beteiligten festgestanden hätte.* Zudem findet sich in der frühen jüdischen Polemik gegen die christliche Botschaft von der Auferweckung Jesu kein Hinweis, daß das Grab Jesu unberührt gewesen sei. Vielmehr teilten die Juden mit ihren christlichen Gegnern die Voraussetzung, daß das Grab Jesu leer war, sie deuteten das Leersein nur anders: Diebstahl des Leichnams durch die Jünger (Matth. 27, 62—66) oder peinlicher Irrtum der Jünger (der Gärtner hat den Leichnam Jesu beiseite geschafft: Joh. 20, 15).

d) *Die Überlieferung vom leeren Grab in Markus 16 bestätigt in ihrer ältesten Schicht den historischen Rückschluß, daß die Auferstehungsverkündigung in Jerusalem notwendig das Leersein des Grabes zur Voraussetzung hat.* Denn in ihrem Grundbestand ist die Perikope nicht nur vormarkinisch, sondern überlieferungsgeschichtlich sehr alt[10]. Der Name des Joseph von Arimathia ist wohl kaum sekundär hinzuerfunden, die Grablegungsgeschichte (Mark. 15, 42—47) deshalb keine Legende; schließlich ist die Aussage in Apostelgeschichte 13, 27—29, wonach „die Juden", also die Gegner Jesu, ihn begraben hätten, unhistorisch, zudem von der lukanischen Theologie her bestimmt.

e) Die *ursprünglich traditionsgeschichtliche Selbständigkeit* der beiden Überlieferungsstränge von den Erscheinungen des Auferstandenen einerseits und vom leeren Grab andererseits erhärten den *wahrscheinlichen historischen Verlauf, daß der Aufbruch der Jünger nach Galiläa unabhängig von der Entdeckung des leeren Grabes erfolgt ist und daß die Jünger erst bei ihrer Rückkehr von Galiläa nach Jerusalem vom leeren Grab Kenntnis erhalten haben.*

lichen Berichte zeigen auch, daß mindestens im Augenblick der Entscheidung, da Jesus gefangen und hingerichtet wurde, die Jünger keine Gewißheit dieser Art [= daß Jesus nicht im Tode bleiben werde] hegten. Sie flohen (Mark. 14, 50) und gaben Jesu Sache verloren (Luk. 24, 19—21). Es muß also etwas eingetreten sein, was binnen kurzem nicht nur einen völligen Umschlag ihrer Stimmung hervorrief, sondern sie auch zu neuer Aktivität und zur Gründung der Gemeinde befähigte. Dieses ‚Etwas' ist der historische Kern des Osterglaubens. Wie es sich vollzogen hat, ist uns nirgends berichtet . . . Offenbar haben zuerst Petrus, dann die anderen Jünger, dann auch weitere Anhänger Jesu, auch sein bisher ungläubiger Bruder Jakobus in Visionen den von ihnen geschiedenen Meister lebend und in himmlischer Glorie geschaut" (Jesus, Sammlung Göschen Bd. 1130 S. 117 f.).

9 H. Graß: „Ostergeschehen und Osterberichte"[2], Göttingen 1962, S. 241.
10 So Wilckens, v. Campenhausen, Goppelt, Pannenberg, Nauck.

Nach den *ältesten* Überlieferungsschichten haben die Jünger nichts mit dem leeren Grab (Mark.), die Frauen nichts mit den Erscheinungen des Auferstandenen (1. Kor. 15) zu tun. Der johanneische Bericht über die Jünger am Grab sagt, wie der wahre Jünger diese Vorgänge aufnehmen soll (,und sah und glaubte'), nicht wie ein historischer Jünger sie aufgenommen hat (Joh. 20, 5 ff.)[11]. Die Jünger, für die das schmähliche Ende Jesu während seines Passahaufenthaltes in Jerusalem eine Katastrophe bedeutete[12], sind nach dem Passahfest in ihre galiläische Heimat zurückgekehrt. Die Erscheinungen des Auferstandenen in Galiläa haben sodann den Osterglauben der Jünger begründet und ihre Rückkehr nach Jerusalem veranlaßt. Dort fanden sie den Bericht der Frauen von der Entdeckung des leeren Grabes vor, der ihnen als zeichenhafte Bestätigung ihres schon aus Galiläa mitgebrachten Osterglaubens galt. Während also der Auferstehungsglaube der Jünger in der Selbstoffenbarung des Auferstandenen gründet, führt die isolierte Entdeckung des leeren Grabes die Frauen nicht zum Glauben, sondern zur angstvollen Flucht (Mark. 16, 8); denn erst von den Erscheinungen des Auferstandenen her gewinnt das leere Grab seine Eindeutigkeit.

Die Auferstehung Jesu Christi ist also *ein wirkliches Ereignis in der Geschichte*, insofern sich der Auferstandene zu einer ganz bestimmten Zeit, in einer begrenzten Zahl von Ereignissen und gegenüber ganz bestimmten Menschen kundgetan hat. Der Osterglaube gründet in der *Selbstoffenbarung des Auferstandenen*, wobei die Erscheinungen des Auferstandenen und das Leersein des Grabes zeichenhaft und indirekt den Einbruch der neuen Schöpfung in den alten Äon anzeigen.

2. Die Auferstehungsleiblichkeit nach Paulus

H. Graß hat in seinem Buch „Ostergeschehen und Osterberichte" zu dem Problem „Auferstehungsglaube und leeres Grab" gesagt: „Wir glauben nicht an das leere Grab, sondern an den auferstandenen Herrn. ... Gott brauchte das Grab nicht leer zu machen, um sein Osterwunder zu tun ..., denn der Osterglaube ist fern von der Grabesstätte und unabhängig von ihr entstanden. Die historische Wirklichkeit des leeren Grabes ist nicht ein articulus stantis et cadentis resurrectionis"[13]. Das eigentliche Argument, das Graß zu dieser Schlußfolgerung — das Bekenntnis zur Auferstehung Jesu Christi ist auch ohne die Bejahung der historischen Tatsächlichkeit des leeren Grabes möglich — führt, ist folgendes: die von Paulus in Römer 8, 11; 1. Korinther 15, 35 ff.; 2. Korinther 5, 1 ff.; Philipper 3, 20 f. beschriebene *Auferstehungsleiblichkeit* widerspreche in ihrer „geistigeren" Fassung, d. h. in ihrer Betonung des pneumatischen Charakters der Leiblichkeit des Auferstandenen der realistisch-massiven jüdischen Auferstehungsvorstellung, wie sie der Überlieferung vom leeren Grab zugrunde liege. „Für den Theologen ... ergibt sich ... aus der Tatsache,

---

[11] L. Goppelt: „Die Apostolische und Nachapostolische Zeit", i n : Die Kirche in ihrer Geschichte, Herausgeber KD. Schmidt und E. Wolf, Göttingen 1962, S. 8, Anmk. 18.
[12] „Verflucht ist, wer am Holz hängt", Gal. 1, 13.
[13] Nicht ein Gegenstand, mit dem die Auferstehung steht und fällt; Graß: A. a. O., S. 185.

daß sich die Historizität des leeren Grabes nicht zwingend erweisen läßt, die Aufgabe, das Problem der Auferstehung zu durchdenken auch unter der Voraussetzung, daß das Grab möglicherweise nicht leer gewesen ist" (Graß)[14].

Graß sucht also für Paulus eine Vorstellung herauszuarbeiten, in der die Leiblichkeit der Gestorbenen keinerlei Berücksichtigung findet, *der Leichnam Jesu also im Grab bleibt, während der Auferstandene einen völlig neuen Leib erhält*. Der „Mensch", seiner alten Leiblichkeit entkleidet, harrt der Bekleidung mit der neuen Leiblichkeit entgegen. Diese Vorstellung von dem im Himmel befindlichen Gewand und der beim Tode eintretenden Entleiblichung setzt nach Graß voraus, „daß es zur Herstellung der neuen Leiblichkeit der Elemente der alten nicht bedarf. Die Gräber brauchen von ihr nicht geleert zu werden. ... Während die eine im Grab zerfällt, ist die andere bereits im Himmel fertig da und wartet auf ihren Träger"[15]. Diese These hängt entscheidend an der Interpretation von 2. Korinther 5, 1 ff.

Graß ist zunächst durchaus zuzugeben, daß Paulus zwischen der alten und der neuen Leiblichkeit radikal scheidet: die Auferstandenen werden einen besonderen und unvergänglichen Leib haben, in Herrlichkeit und Kraft, nicht einen beseelten und wiederbelebten Fleischleib. „Fleisch und Blut können das Reich Gottes nicht ererben; auch wird die Verweslichkeit nicht erben die Unverweslichkeit" (1. Kor. 15, 50). Graß hat aber übersehen, *daß Paulus von einer „Verwandlung" redet, die gerade dem jetzigen, sterblichen Leib widerfahren wird*. „Denn es muß *dies* (!)Verwesliche Unverweslichkeit anziehen und *dies* (!) Sterbliche Unsterblichkeit anziehen" (1. Kor. 15, 53). Dies gilt ebenfalls für das von Graß zur Stützung seiner Auffassung vornehmlich herangezogene Stück 2. Korinther 5, 1 ff., wo Paulus eben auch sagt: „damit *das Sterbliche* vom Leben *verschlungen* werde" (5, 4c). Wilckens hat deshalb gegen Graß mit Recht eingewandt[16], daß in 2. Korinther 5, 1 ff. wie in 1. Korinther 15, 53 ff. eine *Vorstellung* vorausgesetzt ist, nach der der gestorbene Leib zwar *nicht einfach wiederbelebt, wohl aber verwandelt wird* (vgl. Phil. 3, 21; Röm. 8, 11). Gleiches gilt bei Paulus für die der Vergänglichkeit unterworfene *Schöpfung*[17]: Gott setzt nicht an die Stelle der alten Schöpfung eine neue, sondern er macht die alte Schöpfung neu.

Die Auferstehung bedeutet also nach Paulus nicht eine Verwandlung aus (!) den Elementen der alten Leiblichkeit, auch nicht die Ersetzung der alten Leiblichkeit durch eine neue, sondern das Verwandeltwerden („Verzehrtwerden") der alten Leiblichkeit durch die vom Himmel kommende neue. Die Auferstehung der Toten ist Neuschöpfung an den Toten, nicht Schöpfung aus dem Nichts (creatio ex nihilo). Paulus sagt in 1. Korinther 15, 50

[14] H. Graß: A. a. O., S. 185.
[15] H. Graß: A. a. O., S. 163.
[16] U. Wilckens: „Der Ursprung der Überlieferung der Erscheinungen des Auferstandenen, Zur traditionsgeschichtlichen Analyse von 1. Kor. 15, 1–11", in: Dogma und Denkstrukturen, Herausgeber W. Joest und W. Pannenberg (Schlink-Festschrift), Göttingen 1963, S. 74, Anmk. 48.
[17] Röm. 8, 21: „Denn auch die Schöpfung selbst (!) wird befreit werden von der Knechtschaft der Vergänglichkeit."

genaugenommen also nur, daß der Geistleib der Auferstandenen kein beseelter Fleischesleib sein wird, kann aber andererseits *das Verhältnis dieses Geistleibes zum vergänglichen Leib als dessen radikale Verwandlung beschreiben*[18]. *Es geht also in der Auferstehung nach Paulus weder (1.) um eine Wiederbelebung, d. h. um eine Neuschöpfung aus (!) dem Alten, noch (2.) um eine Schöpfung aus dem Nichts, d. h. um eine Neuschöpfung anstelle (!) des Alten, sondern (3.) um eine radikale Verwandlung des sterblichen Leibes, d. h. um eine Neuschöpfung an (!) dem Alten*[19]. Weder ein evolutionistisches Denken, das mit aufweisbaren Kontinuitäten beim Menschen rechnet[20], noch ein gnostisch-dualistisches Denken, das jeglichen Zusammenhang zwischen der alten und der neuen Leiblichkeit bestreitet, vermag dem schöpfungseschatologischen Denken des Paulus letztlich gerecht zu werden: „wir erwarten als Heiland den Herrn Jesus Christus, der unseren nichtigen Leib verwandeln wird, so daß er gleichgestaltet wird seinem Leib der Herrlichkeit" (Phil. 3, 20 f.).

3. Paulus und das leere Grab

Wie ist nun von solchen Überlegungen her das Problem „Auferstehungsglaube und leeres Grab" zu lösen? Läßt sich aus den Ausführungen des Paulus über die Leiblichkeit der Auferstehung etwas erschließen über seine Stellung zum leeren Grab?

Zunächst ist *negativ* festzustellen, daß Paulus das leere Grab nirgends erwähnt und mit dem leeren Grab an keiner Stelle argumentiert. *Der Osterglaube gründet für Paulus, wie für das gesamte Urchristentum, in der Selbstbekundung des Auferstandenen und nicht auf der Tatsache des*

---

[18] Anders W. G. Kümmel: „Mythische Rede und Heilsgeschehen im Neuen Testament", i n : Heilsgeschehen und Geschichte (Gesammelte Aufsätze), Marburger Theologische Studien, Herausgeber E. Grässer, O. Merk und A. Fritz, Marburg 1965, Bd. 3, S. 164.

[19] Die Auferweckung des sterblichen Leibes (Röm. 8, 11) ist für Paulus der Abschluß der Neukonstituierung des Menschen (2. Kor. 5, 17) durch den Geist in der Taufe (Röm. 6): der in der Taufe geschenkte Geist wird auch (!) eure sterblichen Leiber lebendig machen (Röm. 8, 11). Oder christologisch formuliert: Die „in Christus Gestorbenen" (1. Kor. 15, 18; 1. Thess. 4, 16) werden „in Christus alle lebendig gemacht werden" (1. Kor. 15, 22). Die Identität und Selbigkeit der in und mit Christus Gestorbenen und unter die Verheißung der künftigen Auferstehung Gestellten (Röm. 6) ist nach Paulus in der durch Gott schöpferisch gesetzten Selbigkeit des gekreuzigten und auferstandenen Jesus Christus begründet. Paulus argumentiert in 1. Kor. 15 deshalb letztlich christologisch-theologisch, um von daher (in Auslegung von 1. Kor. 15, 3 f.) auch anthropologisch zu reden. Dies zeigt besonders schön der Abschnitt 1. Kor. 15, 45—49. Der (anthropologisch nicht einzufangenden und verständlich zu machenden) Diskontinuität von Kreuz und Auferstehung steht die Kontinuität (auch als anthropologische Kontinuität) allein begründende schöpferische Identitätssetzung des Gekreuzigten mit dem Auferstandenen durch Gott, die Auferweckung des Gekreuzigten von den Toten gegenüber. Deshalb wird nach Phil. 3, 20 f. der Kyrios unsere, dem Tod verfallene Leiblichkeit lebendig machen, indem er sie seinem pneumatischen Soma (Herrlichkeitsleib) „gleichgestaltet" (vgl. Röm. 8, 29; 1. Kor. 15, 49).

[20] Gerade diese Vorstellung (Herstellung der neuen Leiblichkeit aus den Elementen der alten; Befreiung von der Vergänglichkeit und Todverfallenheit und Wiederherstellung der natürlichen, alten Leiblichkeit) beherrscht die jüdische Auferstehungserwartung zur Zeit Jesu generell (vielleicht mit Ausnahme der apokalyptischen Tradition), so daß K. H. Rengstorf sogar sagen kann: „Für das Judentum der Zeit Jesu . . . schloß die Auferstehung der Toten . . . die vollständige Wiederherstellung der natürlichen Leiblichkeit ein." (Die Auferstehung Jesu; Form, Art und Sinn der urchristlichen Osterbotschaft, Witten, 1960[4], S. 87 f.). In diesen Zusammenhang gehören auch die innerhalb des N. T. berichteten Totenauferweckungen („Wiederbelebungen"), die sich vom unvergänglichen Leben, in das Jesus durch die Auferstehung eingegangen ist, radikal unterscheiden: „Bei allen Wiedererweckungen von Toten geht es nämlich im Neuen Testament um die Wiederherstellung des alten, durch den Tod zerstörten früheren Zustandes, nicht aber, wie im Ostergeschehen, um die Herstellung eines neuen und völlig anderen Zustandes als bisher" (K. H. Rengstorf, A. a. O., S. 88).

leeren Grabes. Auch in 1. Korinther 15, 4 ist die Wendung „er wurde begraben" wahrscheinlich nicht, wie oft vermutet, ein Hinweis auf das leere Grab, sondern dient der Unterstreichung der Realität des Gestorbenseins. Die Wendung „er wurde begraben" ist dem Tod, nicht der Auferweckung zugeordnet[21].

Positiv ist jedoch zu sagen, *daß die Vorstellung des Paulus von der Auferstehungsleiblichkeit des Auferstandenen der Überlieferung vom leeren Grab nicht widerspricht:* Wenn Paulus die Auferstehung im apokalyptischen Horizont verstanden hat und wenn die Vorstellung der Auferweckung von den Toten im apokalyptischen Judentum das Leerwerden der Gräber einschloß, dann hat Paulus ohne Zweifel, auch wenn er die Jerusalemer Tradition vom leeren Grab nicht gekannt hat, das Grab als leer gedacht. Von daher ergibt sich weiter, daß in 1. Korinther 15, 4 zwar nicht die Wendung „er wurde begraben", aber die Aussage *„er wurde auferweckt"* im spätjüdisch-apokalyptischen Verstehenszusammenhang das Leersein des Grabes einschließt[22]. Schließlich zeigt auch die Ableitung der allgemeinen Auferstehung der Toten aus der katechetischen Überlieferung 1. Korinther 15, 3 f., d. h. *die Folgerung der leiblichen (künftigen) Auferstehung der Toten aus der leibhaften (geschehenen) Auferstehung Jesu,* wie sie Paulus in Auseinandersetzung mit den Korinthern vollzieht, daß die Wendung „er wurde auferweckt" (1. Kor. 15, 4) nur im apokalyptischen Zusammenhang, d. h. das Leersein des Grabes einschließend, verstanden werden kann.

An diesem Ergebnis ist auch gegenüber Kümmel festzuhalten, der bestreitet, „daß mit der Erfahrung der Auferstehung Christi die Tatsache des leeren Grabes selbstverständlich gegeben gewesen sei . . ."[23]. Zwar schließt die Beobachtung, daß sich für Paulus aus der Erscheinung des Auferstandenen das Leersein des Grabes *als selbstverständliche Konsequenz* ergab[24], nicht unbedingt ein, daß er die Jerusalemer Tradition vom leeren Grab (Mark. 16) gekannt hat.

Die Vorstellung des Paulus von der Auferstehungsleiblichkeit des Auferstandenen widerspricht aber nicht der Überlieferung vom leeren Grab, ja setzt im spätjüdisch-apokalyptischen Verstehenshorizont das Leersein des Grabes voraus[25]. Ob Paulus jedoch die Jerusalemer Überlieferung vom

[21] H. Conzelmann: „Zur Analyse der Bekenntnisformel 1. Kor. 15, 3—5", i n : Evangelische Theologie, 25 (1965), S. 7 hat hierauf mit Recht hingewiesen: Der Aufbau der Formel widerlegt „die Annahme, in etaphe [= er wurde begraben] stecke ein Hinweis auf das leere Grab. Etaphe ist dem Tod, nicht der Auferstehung zugeordnet." Vgl. den Heidelberger Katechismus Frage 41: „Warum ist er begraben worden? — Damit zu bezeugen, daß er wahrhaftig gestorben sei."

[22] Daran ist allerdings gegenüber Conzelmann (A. a. O., S. 7) festzuhalten (vgl. Matth. 27, 52: „die Gräber taten sich auf und viele Leiber . . . wurden auferweckt"; ebenso schließt in Mark. 16, 6 die Botschaft des Engels „er ist auferweckt" notwendig das andere ein: „er ist nicht hier.").

[23] W. G. Kümmel: A. a. O., S. 164; in Kerygma und Mythos II 1952/1965.

[24] Vgl. W. Nauck: „Die Erwägung, ob Paulus vielleicht der Glaube des leeren Grabes überhaupt fremd gewesen ist . . ., liegt urchristlichem Denken fern . . . Der Nachweis für diese Annahme läßt sich ebensowenig erbringen wie für die Vermutung, daß die ursprünglich vorsynoptische Tradition des Gedankens eines Leerwerdens des Grabes nicht bedurft hätte . . ." (A. a. O., S. 247, Anmk. 25).

[25] So Wilckens, v. Campenhausen, Goppelt, Pannenberg und Nauck; anders Bultmann, Kümmel, Graß, Ebeling.

leeren Grab (Mark. 16) gekannt hat, läßt sich weder sicher ausmachen, noch auch zwingend bestreiten (v. Campenhausen, U. Wilckens).

4. Die historische Problematik der Auferstehung Jesu

Die Auferstehung Jesu Christi ist als schöpferische Tat Gottes an dem gekreuzigten und begrabenen Jesus mit den Mitteln der historischen Forschung prinzipiell nicht zu fassen.

Fragt man in der Moderne nach der Auferstehung Jesu, so pflegt man zunächst die historische Frage zu stellen. Die historische Rückfrage schließt aber jeweils ein bestimmtes *Vorverständnis des Historisch-Möglichen* ein, wobei dieses wiederum seit der Neuzeit an der Erfahrung der Berechenbarkeit und Machbarkeit der Geschichte durch den Menschen gewonnen ist. Der Mensch ist das Subjekt der Geschichte (anthropozentrischer Geschichtsbegriff). Unter der Voraussetzung dieses Begriffs des Historisch-Möglichen im Sinne der Vorstellung vom Menschen als dem Subjekt der Geschichte ist aber die Aussage der Auferweckung Jesu durch Gott eine historisch unmögliche Behauptung.

E. Troeltsch hat die Methode des historischen Verstehens in seiner Abhandlung „*Über historische und dogmatische Methode*" (1898) erörtert. Drei Axiome liegen seiner Meinung nach der historisch-kritischen Methode zugrunde: 1. Es kann sich in der historisch-kritischen Forschung immer nur um *Wahrscheinlichkeitsurteile* handeln. 2. Es besteht eine *Wechselwirkung aller Erscheinungen des geschichtlichen Lebens.* Troeltsch redet in diesem Zusammenhang von einer Korrelation zwischen allen geschichtlichen Vorgängen (Wechselwirkung, Ursache-Wirkungs-Zusammenhang). 3. Es wird grundsätzlich mit der Analogie, d. h. mit der prinzipiellen Gleichartigkeit alles Geschehens gerechnet. Historisches Verstehen ist darum immer ein analogisches (nach Entsprechung im Bereich der Geschichte fragendes) Verstehen.

E. Troeltsch schreibt: „Denn das Mittel, wodurch Kritik überhaupt möglich wird, ist die Anwendung der *Analogie*. Die Analogie des vor unseren Augen Geschehenden ... ist der Schlüssel zur Kritik. Täuschungen ..., Mythenbildungen, Betrug, Parteisucht, die wir vor unseren Augen sehen, sind die Mittel, derartiges auch an dem Überlieferten zu erkennen. Die Übereinstimmung mit normalen, gewöhnlichen oder doch mehrfach bezeugten Vorgangsweisen, wie wir sie kennen, ist das Kennzeichen der Wahrscheinlichkeit für Vorgänge, die die Kritik als wirklich geschehen anerkennen ... kann. Die Beobachtung von Analogien zwischen gleichartigen Vorgängen der Vergangenheit gibt die Möglichkeit, ihnen Wahrscheinlichkeit zuzuschreiben. ... Die Allmacht der Analogie schließt aber die prinzipielle Gleichartigkeit alles historischen Geschehens ein, die ... jedesmal einen Kern gemeinsamer Gleichartigkeit voraussetzt"[26].

Ist aber die Auferstehung ein analogieloses, d. h. *jeglicher Entsprechung in der Geschichte ermangelndes Ereignis* und hängt die historische Forschung an diesem Postulat einer allem Geschehen zugrundeliegenden prin-

[26] E. Troeltsch: Gesammelte Schriften, Bd. II (S. 729 ff.) S. 731.

zipiellen Gleichheit, eines allem geschichtlichen Wechsel zugrundeliegenden Kernes gemeinsamer Gleichartigkeit, so folgt daraus die Nichtverifizierbarkeit der Auferstehung, d. h.: die Auferstehung ist mit historischen Mitteln prinzipiell nicht faßbar[27].

M. a. W.: Die Auferstehung Jesu Christi ist (1) die alleinige und schöpferische Tat Gottes, *der Eingriff des Schöpfers in unsere Welt des Todes.* Die Auferstehung sprengt die Immanenz des Daseins und hebt die Todeswirklichkeit der Geschichte auf (Iwand). Gilt aber (2) in der historischen Forschung der Satz von der zwischen allen geschichtlichen Vorgängen stattfindenden Korrelation (Troeltsch) und ist demnach *der Geschichtszusammenhang als ein geschlossener Kausalzusammenhang* verstanden, als ein Zusammenhang von Ursache und Wirkung, der eine gleiche Ebene voraussetzt, in der Ursache und Wirkung zusammenhängen, so folgt daraus (3) konsequent die historische Nichtverifizierbarkeit (-faßbarkeit) der Auferweckung Jesu, d. h. *die Auferstehung ist mit historischen Mitteln prinzipiell nicht faßbar*[28].

5. *Der „historische Rand"*[29] *der Auferstehung*

Ist die Auferstehung damit der historischen Fragestellung gänzlich entzogen? *Graß* sagt: Die Auferstehung hat als ein meta-historisches, d. h. die übliche Geschichte sprengendes Ereignis „auch eine nach der Geschichte hin sich öffnende Seite. Ein bestimmter Personenkreis ist an ihm beteiligt und von ihm betroffen, der seinerseits wieder an bestimmte Örtlichkeiten, Zeiten und Umstände gebunden ist. ... Diese der Geschichte zugewandte

[27] Vgl. K. Barth: „Versteht man unter ‚historischem Boden' im Sinn heutiger Wissenschaft . . . [ein] unabhängig von der Stellungnahme des Betrachters übersichtliches, einsichtig zu machendes, ein . . . im Blick auf die Analogien sonstigen Geschehens nachprüfbares und so als sicher geschehen feststellbares Ereignis, dann gibt uns das Neue Testament selbst keine Möglichkeit zu dem Satz, daß wir uns bei dem hier berichteten Ereignis auf ‚historischem Boden' befinden. Es hätte keinen Sinn, das zu bedauern: nach allem, was wir von dem Wesen, dem Charakter, der Funktion der Auferstehung Jesu als Begründung . . . der neutestamentlichen Botschaft gehört haben, kann es gar nicht anders sein, als daß wir mit dem ‚historischen' Begriff von Geschichte hier nicht durchkommen" (KD, IV, 1, S. 370).

[28] Die moderne Geschichtsforschung rechnet nicht mit einem Eingreifen Gottes in den Lauf der Geschichte, da sie die Geschichte als ein ungebrochenes Ganzes betrachtet, das in sich selbst vollständig ist. D. h., der Historiker kann von seinen Voraussetzungen her nicht anerkennen, „daß der Zusammenhang des Geschehens durch das Eingreifen überirdischer Mächte zerrissen wird". Er kann also kein Ereignis anerkennen, „dessen Ursache nicht innerhalb der Geschichte liegt. Die historische Wissenschaft kann nicht wie die biblischen Schriften von einem in den Gang der Geschichte eingreifenden Handeln Gottes reden" (Zum Problem der Entmythologisierung, in „Kerygma und Mythos II" S. 179 ff. 1952/1965).

[29] Die Bezeichnung „historischer Rand" besagt: Die Auferstehung Jesu Christi geschah in Raum und Zeit und in der Geschichte, wie sie Menschen erleben. Aber sie geht nicht wie andere geschichtliche Ereignisse darin auf, so daß man sie dem allgemein (universal-) geschichtlichen Zusammenhang zunächst einordnen und dann wiederum mit den Mitteln der historischen Forschung aus diesem in ihrer Bedeutung verstehen könnte. Der Historiker erkennt zwar gewisse Umrisse und Konturen. Er kann z. B. durchaus die Auslieferung Jesu durch die jüdische Behörde (Mark. 15, 1: „sie lieferten ihn Pilatus aus") und die Kreuzigung Jesu (Mark. 15, 24) konstatieren, er vermag auch ein Stück weit deren Hintergründe und Ursachen historisch erhellen, er kommt aber mittels seiner Methoden prinzipiell an das eigentliche Ereignis nicht heran. Denn nach dem N. T. sind in der Passion gerade nicht die Menschen die eigentlichen Akteure, sondern Gott (Röm. 4, 25: „Gott hat ihn dahingegeben um unserer Sünde willen") bzw. Jesus Christus (Gal. 1, 4; 2, 20: „der sich selbst für unsere Sünden dahingegeben hat"). Diese Deutung der Passion als entscheidend göttlicher Aktion übersteigt aber die Möglichkeiten des Historikers prinzipiell. Daß Gott im Leiden und Sterben Jesu entscheidend handelt, ist das eine (Röm. 4, 25), daß die jüdischen Behörden Jesus an Pilatus ausliefern (Mark. 15, 1), ist das andere. Letzteres ist aber der lediglich dem Historiker zugängliche Aspekt der Passionsgeschichte, m. a. W. der „historische Rand" des Geschehens.

18

Seite der Offenbarungstat muß auf ihre Zuverlässigkeit und Glaubwürdigkeit geprüft werden"[30]. Ebenso hat *v. Campenhausen* gezeigt, daß zwar *dem Auferstehungsgeschehen selbst mit den Mitteln der historischen Kritik prinzipiell nicht beizukommen ist*[31], daß die historische Forschung aber durchaus imstande ist, bis zu den Ostererscheinungen und dem leeren Grab vorzudringen. Auch unter Voraussetzung des Verständnisses von geschichtlicher Tatsächlichkeit, wie es die historische Forschung entwickelte (E. Troeltsch), und eingedenk der damit gesetzten Grenzen des Historisch-Möglichen, ist es durchaus ein sinnvolles Unternehmen zu fragen, „wieweit und mit welchem Grade von Wahrscheinlichkeit die tatsächlichen Geschehnisse und ihr Ablauf noch zu ermitteln sind"[32], obwohl „sich [das] alles sehr wohl auch rein ‚natürlich' deuten" läßt (v. Campenhausen)[33]: die Erscheinungen als Halluzinationen; das leere Grab als Diebstahl oder Irrtum.

Die Auferstehung selbst ist deshalb nur dem Glauben, indem er die das Ostergeschehen deutende Verkündigung der Zeugen annimmt, zugänglich.
Diese Deutung von den Erscheinungen des Auferstandenen und dem leeren Grab zu dem Bekenntnis: „Er ist auferstanden" überschreitet aber prinzipiell die historischen Möglichkeiten. Denn alles geschichtliche Geschehen ist verwechselbar und mehrdeutig. *Und insofern die Auferstehung sich in (!) der Geschichte ereignet hat* (wenn sie auch die Geschichte sprengt), *sind auch die Reflexe dieses Ereignisses im Raum der Geschichte der Mehrdeutbarkeit und Verwechselbarkeit alles Geschehens ausgesetzt. Dies macht den „Zeichencharakter" der Erscheinungen des Auferstandenen*[34] *und des leeren Grabes*[35] *aus.* „Das Leerfinden des Grabes ist historisch zuverlässig

---

[30] H. Graß: A. a. O., S. 12 f.

[31] Auch in den Evangelien und bei Paulus wird der Auferstehungsvorgang selbst nirgendwo berichtet, wohl aber der historische Reflex dieses Ereignisses in den Ostererscheinungen und dem leeren Grab.

[32] H. v. Campenhausen: „Der Ablauf der Osterereignisse und das leere Grab", (Sitzungsberichte der Heidelberger Akademie der Wissenschaften, Philosophisch-historische Klasse, 1952:4)[4], Heidelberg 1966, S. 7.

[33] H. v. Campenhausen: A. a. O., S. 54.

[34] Der Zeichencharakter und die Mehrdeutbarkeit nicht nur des leeren Grabes, sondern gerade auch der Erscheinungen des Auferstandenen ist besonders von K. H. Rengstorf betont worden: „Es ist also der im gesamten Überlieferung gemeinsamer Grundzug, daß der Auferstandene von seinen Jüngern als Er nicht schon an seiner Erscheinung als solcher erkannt wurde, ja, daß er an ihr von ihnen nicht einmal hätte erkannt werden können." (A. a. O., S. 78.) Die Erscheinungen als solche wecken noch keinen Glauben, sie sind nicht eindeutig, vielmehr rufen sie Furcht (Luk. 24, 36—38) und Zweifel (Joh. 20, 25) hervor. Der Glaube entsteht erst durch die Selbstbekundung des Auferstandenen (Luk. 24, 13—35), so „daß ein Erkennen des Auferstandenen auf dem normalen Wege der Wahrnehmung mit den Augen nicht möglich war und daß es deshalb einer Selbstbekundung von seiner Seite in einer ihm eigentümlichen Weise bedurfte, wenn er erkennbar werden sollte" (A. a. O., S. 76). Deshalb heißt es in Apg. 22, 9: „Meine Begleiter sahen zwar das Licht, doch die Stimme dessen, der zu mir redete, hörten sie nicht." Es ist also streng zwischen der Selbstbekundung und Selbstoffenbarung des Auferstandenen („Ich bin's") einerseits und den „Erscheinungen" als den an sich noch mehrdeutbaren Zeichen und Reflexen (Apg. 22, 9) dieser Selbstoffenbarung andererseits zu unterscheiden, wenn auch nicht zu trennen.

[35] Auf den Zeichen- und Hinweischarakter des leeren Grabes hat, abgesehen von K. Barth, im exegetischen Bereich besonders W. Nauck hingewiesen. Nach ihm hat das leere Grab gerade nicht die Bedeutung gehabt, „als Beweis für die Auferstehung zu dienen und den Glauben an den Auferstandenen zu wecken" (A. a. O., S. 256). Anders als Bultmann („Der Sinn der Geschichte ist zweifellos der, daß durch das leere Grab die Wirklichkeit der Auferstehung Jesu erwiesen wird." Die Geschichte der synoptischen Tradition, Göttingen 1958[4], S. 311) sagt deshalb Nauck: „Der Bericht vom leeren Grab sollte nicht beweisen, sondern er sollte fortweisen und hinweisen. Er sollte den Blick des Fragenden und Zweifelnden von der leeren Grabeshöhle fortweisen auf die Wirklichkeit des Auferstandenen" (A. a. O.,

überliefert. Aber das leere Grab ist nach den grundlegenden Berichten nur ein vieldeutiges Zeichen, das ... erst durch die Ostererscheinungen gedeutet wird. Das älteste Bekenntnis ... gründet sich nicht auf dieses Zeichen, sondern auf die Ostererscheinungen. Diese allein bekunden, daß und wie er auferstanden ist; aus dem leeren Grab darf z. B. nicht gefolgert werden, daß seine Auferstehung in der Wiederbelebung des irdischen Leibes bestand" (Goppelt)[36].

Wiederum dürfen aber die Erscheinungen des Auferstandenen nicht so „geistig" (transzendent) verstanden werden, daß sie dem Leersein des Grabes widersprechen. Gegenüber dieser anderen Gefahr betont K. *Barth* mit Recht: „Wird da wirklich die Auferstehung des Herrn ... geglaubt, wo man den Bericht über das leere Grab als bloße Form jenes Inhalts meint streichen ... zu können? ... *Zeichen und Sache* ... werden in der Bibel überhaupt streng unterschieden ..., sie werden aber nirgends in der (‚liberalen') Weise getrennt, daß man das eine nach Belieben gemächlich auch ohne das andere haben könnte, ... um uns allein an die Sache und gar nicht oder nur nach freiem Belieben an das Zeichen zu halten. Ist, wo man das tut, nicht heimlich oder offen immer auch eine andere Sache gemeint?"[37]

Hinzu kommt, daß bei der Frage nach der *Leiblichkeit des Auferstandenen und ihrem Realitätscharakter* nicht einseitig von der *angeblich „geistigeren"* Vorstellung bei Paulus ausgegangen und diese z. B. gegen die Mahlberichte der Evangelien ausgespielt werden darf. Denn in der paulinischen Schilderung herrscht das *Schema der alttestamentlichen Berufungsvisionen* (Gal. 1, 15 f.; vgl. Jer. 1, 4 ff.; 1. Kor. 15, 8—11) vor[38], das schon vom Alten

S. 256). „Der Glaube an den Auferstandenen entsteht nicht am leeren Grab" (A. a. O., S. 258). Denn: „Das leere Grab bleibt ohne die Selbstbekundung des Auferstandenen stumm" (A. a. O., S. 259). Vgl. auch K. H. Rengstorf: „Mit Sätzen wie ‚Wir glauben nicht an das leere Grab, sondern an den auferstandenen, lebendigen Herrn' ist gar nichts gewonnen. Solche Sätze konstruieren einen Gegensatz, der dem neutestamentlichen Glauben wie dem neutestamentlichen Kerygma fremd ist ... Deshalb stellt auch jeder der immer von neuem wiederholten Versuche, in der Überlieferung vom leeren Grabe Jesu eine ‚nachträgliche Schöpfung des Auferstehungsglaubens' zu sehen, vor größere Schwierigkeiten mit den Texten, als wenn man der Überlieferung in diesem Punkte Vertrauen entgegenbringt" (A. a. O., S. 61 f.).

[36] L. Goppelt: „Am dritten Tage auferstanden von den Toten", i n : Das Wahrzeichen des Christenglaubens, Herausgeber H. Lamparter, Wuppertal, 1965, S. 136.

[37] K. Barth: Kirchliche Dogmatik, Zürich 1948, I, 2, S. 195 f. Die Überlieferung vom leeren Grab ist für K. Barth „eine sachlich unentbehrliche Nebenbestimmung" des Zeugnisses von der Auferweckung Christi und als solches „die negative Voraussetzung der konkreten Gegenständlichkeit" des Auferstandenen (IV, 1, S. 376 f.). Die Aussage: „Christus ist auferstanden" impliziert (schließt ein) das Leersein des Grabes, wird aber nicht durch das leere Grab begründet (IV, 2, S. 166). „Das Grab, in dem Jesus nicht mehr ist, ist nicht seine Auferstehung, sondern nur deren Folgeerscheinung, und es ist auch nicht seine Erscheinung als Lebendiger, sondern nur deren Voraussetzung. Es ist also wirklich nur das Zeichen des Ostergeschehens. Man kann nur hinzufügen: es ist doch sein unentbehrliches Zeichen. Wenn die Christenheit gewiß nicht an das leere Grab, sondern an den lebendigen Jesus glaubt, so bedeutet das nicht, daß man an den lebendigen Jesus glauben und das leere Grab leugnen kann" (III, 2, S. 543). Die Auferstehung als Tat Gottes geht also in die Verwechselbarkeit und Mehrdeutbarkeit der Geschichte ein (sie berührt sie nicht nur), sie geht aber nicht in ihr auf; sie impliziert einen historischen Rand, wird aber nicht von diesem impliziert. Vgl. ähnlich K. H. Rengstorf: A. a. O., S. 61 f.

[38] Auf diesen (für die Beantwortung der Frage nach der Leiblichkeit des Auferstandenen viel zu wenig berücksichtigten Zusammenhang zwischen den prophetischen Berufungserzählungen des A. T. und den Erscheinungsberichten des N. T. hat W. Zimmerli in seiner form- und traditionsgeschichtlichen Analyse der prophetischen Berufungserzählungen hingewiesen: „... in der Verbindung von Herrlichkeitserscheinung und Sendung zeigen

Testament her einen viel „geistigeren" (transzendenteren) Charakter hat, während bei den Schilderungen der Synoptiker die Mahlgemeinschaft des irdischen Jesus mit den Zöllnern und seinen Jüngern prägend wirkt (Mahl-motiv). *Bei der Frage nach dem Charakter der Leiblichkeit des Auferstan-denen in den Erscheinungen müssen also beide (!) Vorstellungs- und Dar-stellungsschemata befragt bzw. hinterfragt werden.*
Dies wird auch gegenüber der Feststellung Kümmels „Ebenso wird man die Vorstellung ... vom Essen und Trinken des Auferstandenen mit den Jüngern als Verderbnis des ursprünglichen Osterglaubens bezeichnen müs-nen" zu bedenken sein[39]. Sowohl Lukas (24, 39—42) als auch Johannes (20, 27), die von der Begegnung mit einem wiederbelebten Leichnam zu reden *scheinen*, wollen doch entgegen dem Doketismus (= Christus trägt nur einen Scheinleib) die Leibhaftigkeit des Auferstandenen, aber nicht eine welthafte Konstatierbarkeit betonen und heben ihre mißverständliche Be-grifflichkeit ja selbst auf, wenn sie zugleich sagen, daß Jesus bei verschlos-senen Türen kam und ging (Luk. 24, 36; Joh. 20, 19. 26)[40]. Gerade diese Texte wollen *die Identität des Auferstandenen mit dem vorösterlichen Jesus* an der unbezweifelbaren Körperlichkeit seiner Erscheinung aufwei-sen. Und man versteht deshalb diese Überlieferungsstücke nicht, wenn man sie nicht als Reaktion auf den Doketismus und die Gnosis versteht. „Diese Reaktion hat wesentlich dazu beigetragen, daß in gemeinchristlicher Über-lieferung der Auferstandene wirklich Jesus von Nazareth geblieben ist" (Wilckens)[41]. *Das Neue Testament ist somit am Wirklichkeitscharakter der Auferstehung interessiert:* „Der Herr ist *wirklich* auferstanden und dem Petrus erschienen" (Luk. 24, 34). Und gerade weil für das Neue Testament *der Osterglaube der Jünger grundlegend in der Selbstoffenbarung des Auf-erstandenen in den Ostererscheinungen gründet,* ist also beides zu beto-nen: *die prinzipielle Unabhängigkeit der Entstehung und Begründung des Osterglaubens vom leeren Grab und zugleich die zeichenhafte Bestätigung des Osterglaubens durch das leere Grab.*

6. Die historische Interpretation der Auferstehung Jesu

Daß — wie hier soeben im Anschluß an v. Campenhausen dargelegt — *die verbindende Deutung von den Erscheinungen des Auferstandenen und dem leeren Grab zu dem Bekenntnis "Jesus ist auferstanden" lediglich dem Glauben auf Grund der Verkündigung möglich ist und daß der Glaube mit diesem Bekenntnis bewußt die historische Ebene überschreitet,* — ist neuerdings von W. Pannenberg bestritten worden.
Die Auferstehung Jesu Christi ist nach Pannenberg die Vorwegereignung des Endes der Universalgeschichte und darin die Selbstoffenbarung Gottes. Die Auferweckung Jesu Christi durch Gott in ihrem Ereignischarakter wie

Apg. 9, 22. 26 den jesajanisch(-hesekielisch)en Typ der Berufungserzählung im Unterschied zu der an Jer. 1 orientierten Selbstaussage des Paulus Gal. 1, 15 f." (Hesekiel, i n : Bibli-scher Kommentar Herausgeber M. Noth, Neukirchen 1955, Bd. XIII, 1, S. 20 f.).
[39] W. G. Kümmel: A. a. O., S. 164.
[40] L. Goppelt: Osterkerygma, A. a. O., S. 55, Anmk. 30.
[41] U. Wilckens: „Die Überlieferungsgeschichte der Auferstehung Jesu", i n : Die Bedeutung der Auferstehungsbotschaft für den Glauben an Jesus Christus (Sammelband), Herausgeber F. Viering, Gütersloh 1966, S. 62.

auch die diesem Ereignis selbst innewohnende Bedeutung als Selbstoffenbarung Gottes, ist nach Pannenberg *nicht etwa dem Glauben, sondern vielmehr „jedem, der Augen hat zu sehen"*[42], *zugänglich*. Die Auferstehung ist also ein historisches, d. h. vom Profanhistoriker feststellbares Ereignis. Gegenüber solchen, die die grundsätzliche Mehrdeutbarkeit und Verwechselbarkeit der Geschichte behaupten, betont Pannenberg, daß Ereignisse der Geschichte — in dem ihnen von Haus aus zugehörigen *Geschehenszusammenhang* wahrgenommen — ihre eigene und eindeutige Sprache, die „Sprache der Tatsachen" sprechen.

Darf auch nicht verkannt werden, daß *Pannenberg den Begriff des Historischen so umprägt*, daß in ihm die Kontingenz (= Unableitbarkeit, Einmaligkeit) des Geschehens gegenüber der Behauptung der grundsätzlichen Gleichartigkeit alles Geschehens (E. Troeltsch) entscheidend berücksichtigt[43] und damit das Geschichtsdenken des Alten Testaments neu gewürdigt wird, so melden sich doch angesichts seiner *These: Die Auferstehung ist ein historisches Ereignis* und dem Historiker, der sie in ihrem ursprünglich apokalyptischen Geschichtszusammenhang wahrnimmt, in ihrer Bedeutung zugänglich — und angesichts seines (wenn auch modifizierten) *Begriffs der Geschichte* und des Historisch-Möglichen folgende Fragen:

a) Kann man die Auferstehung als Einbruch der neuen Schöpfung, des total und absolut Neuen ein (wenn auch besonderes) Ereignis innerhalb der Kontingenz des sonstigen geschichtlichen Geschehens nennen? *Kann die Auferstehung als ein analogieloses Ereignis ein „Grenzfall" innerhalb der Analogielosigkeit und Kontingenz (= Unableitbarkeit) geschichtlichen Geschehens überhaupt sein?* Kann man angesichts der Auferweckung des Gekreuzigten als dem Einbruch des neuen Lebens von einer (lediglich) „komparativen Analogielosigkeit" dieses Geschehens gegenüber dem sonstigen geschichtlichen Geschehen sprechen? Gibt es überhaupt einen Geschichtsbegriff, der die Kontingenz geschichtlichen Geschehens innerhalb des alten und die Kontingenz des Einbruchs des neuen Äon übergreift? Vollzieht sich nicht bei *Pannenberg* durch die Forderung einer Interpretation der Auferstehung *aus* und *im* Zusammenhang mit ihrem universalhistorischen Kontext (Sinnzusammenhang) notwendig eine Einordnung der Auferstehung in die Universalgeschichte und damit eine Einebnung des Eschatologischen in das Universalhistorische? Ist nicht bei Pannenberg die grundsätzliche Mehrdeutbarkeit alles geschichtlichen Geschehens und erst recht *die grundsätzliche Mehrdeutbarkeit des Eschatologisch-Neuen* verkannt, das sich eben in keine vorgegebenen Zusammenhänge einordnen[44] und von ihnen her deuten läßt (Mark. 2, 18—22)?

---

[42] W. Pannenberg: „Dogmatische Thesen zur Lehre von der Offenbarung", i n : Offenbarung als Geschichte, Herausgeber W. Pannenberg, Göttingen 1961, S. 98.

[43] Nach W. Pannenberg hindert eigentlich nur das in der Geschichtswissenschaft herrschende Postulat der prinzipiellen Gleichartigkeit alles Geschehens (Troeltsch: „die Allmacht der Analogie") den Historiker, die Auferstehung als ein einmaliges, die Entsprechung zu dem sonst Gewohnten durchbrechendes Ereignis anzuerkennen.

[44] Anders dagegen ist für W. Pannenberg grundlegend, daß die dem Geschehen der Auferstehung ursprünglich innewohnende Bedeutung diejenige ist, „die ihm innerhalb seines ursprünglichen traditionsgeschichtlichen Zusammenhangs, nämlich im Horizont der apokalyptischen Zukunftserwartung eignet" (Christologie, A. a. O., S. 61 f.).

b) Wird nicht bei Pannenberg infolgedessen auch *der Zeichencharakter des Neuen,* in dem der kommende Äon vorscheint (Luk. 11, 20; Matth. 11, 2 ff.) und auch der Zeichencharakter der Erscheinungen des Auferstandenen und des leeren Grabes aufgehoben zugunsten einer dem Profanhistoriker aus dem Geschichtszusammenhang erkennbaren und der historischen Vernunft zugänglichen Direktheit der Offenbarung Gottes in der Auferweckung Jesu Christi? Und wird nicht verkannt, daß die Jünger, die dieses Ereignis weitergaben, dies eben nicht in Gestalt eines neutralen (historischen) Berichtes, sondern in Gestalt *verkündigender Proklamation* (Kerygma) taten (Sendungsmotiv)? Wird hier nicht übersehen, daß die diesem Ereignis und dieser Verkündigung entsprechende Antwort im Neuen Testament eben nicht das historische Wissen, sondern der „Gehorsam des Glaubens" (Röm. 1, 5; Glaubensmotiv) und die Bejahung der Sendung ist?

c) Wird noch wirklich im Sinne des Neuen Testaments von der Auferstehung Jesu Christi, ist noch in sachlicher Weise von dem Wirklichkeits- und Ereignischarakter dieses Geschehens gesprochen (Realitätsmotiv), wenn man von ihm so redet, daß die proklamierende Verkündigung (Sendungsmotiv) und der ihr antwortende Glaube[45] (Glaubensmotiv) scheinbar überflüssig werden?

Wir werden deshalb zwar mit Pannenberg daran festzuhalten haben, *daß die historische Forschung durchaus bis zu den Ostererscheinungen und dem leeren Grab vorzudringen vermag,* — und es ist das Verdienst Pannenbergs und v. Campenhausens, dieses gegenüber einem mit systematischen Prämissen Hand in Hand gehenden historischen Skeptizismus und gegenüber einer Kerygmatheologie, die die Rückfrage nach diesem Ereignis und damit jegliches, auch innerhalb legitimer Grenzen geschehendes historisches Fragen danach von vornherein verbietet, erneut herausgestellt zu haben.

Wir werden aber mit v. Campenhausen gegenüber Pannenberg daran festhalten, daß die Auferstehung Jesu Christi selbst grundsätzlich nur dem die Botschaft von der Auferweckung des Gekreuzigten annehmenden Glauben als der einzigen, diesem Geschehen wirklich entsprechenden Antwort des Menschen zugänglich ist. Der Osterglaube ist zwar gegenüber der mit den Mitteln der historischen Forschung arbeitenden historischen Vernunft *nicht unbegründet* — dies hat Pannenberg mit Recht herausgestellt —, er ist aber andererseits *aus ihr und mittels ihrer Methoden prinzipiell nicht begründbar, weil allein und ausschließlich in der Selbstoffenbarung des Auferstandenen begründet. Denn allererst diesem der Osterbotschaft antwortenden Glauben werden die mehrdeutigen und verwechselbaren* (und als solche der historischen Forschung zugänglichen) *„Osterereignisse"* (die Erscheinungen des Auferstandenen und das Auffinden des leeren Grabes) *zu eindeutigen Zeichen und Reflexen, die den Anbruch des neuen Äon indirekt und verborgen anzeigen.*

[45] „Der Glaube kommt aus der Predigt . . ." Röm. 10, 17!

II Die Auferstehung als die Inkraftsetzung der Versöhnung (= Dr. Barth)
(Der soteriologische Aspekt der Auferstehung Jesu Christi)

These: *Die Auferweckung Jesu Christi von den Toten ist die Inkraftset-*
zung der Versöhnung durch Gott (Röm. 4, 25). Die Auferstehungs-
geschichten sind in ihrem Zentrum Vergebungsgeschichten, die Er-
scheinungen des Auferstandenen die vergebende Selbstdarbietung
des Auferstandenen zur erneuten Gemeinschaft mit seinen Jün-
gern. Die Ostererscheinungen sind die Wiederherstellung der von
den Jüngern einseitig (Flucht, Verleugnung!) gebrochenen Gemein-
schaft durch den auferstandenen Jesus Christus selbst.

Die Auferstehungsgeschichten folgen in den Evangelien auf die Berichte
von der Kreuzigung Jesu. Ebenso folgt schon in der alten katechetischen
Lehrtradition aus Jerusalem (1. Kor. 15, 3—5) das „Er wurde auferweckt"
(V. 4) auf die Wendung: „Christus ist gestorben für unsere Sünden" (V. 3).
Die Auferstehung steht also in den Evangelien und schon in den ältesten
Überlieferungsstücken des Neuen Testaments in engem Zusammenhang
mit dem Kreuz. Dieser Sachverhalt ist im Folgenden zu würdigen:

1. Das Mahlmotiv in den Auferstehungsberichten
Kümmel hat hinsichtlich des Mahlmotivs in den Auferstehungsberichten
gemeint, „daß die Vorstellung vom Essen und Trinken des Auferstandenen mit den Jüngern als Verderbnis des ursprünglichen Osterglaubens angesehen werden müsse"[46]. *Jeremias hat demgegenüber mit Recht darauf*
hingewiesen, daß Morgenländer Zeichenhandlungen viel geläufiger als
uns seien, diesem also ohne weiteres verständlich sei, daß die Aufnahme in
Jesu Tischgemeinschaft „Heilsdarbietung an die Verschuldeten und Bestätigung der Vergebung bedeutet"[47].
Die Gewährung der Tischgemeinschaft ist schon im Alten Testament das
Zeichen der Vergebung: Nach 2. Samuel 9, 7 wird Meribaal, der Enkel Sauls,
von David an seine Tafel geholt mit der Begründung: „Ich will Barmherzigkeit an dir üben . . . und du sollst allezeit an meinem Tisch essen."
Ebenso wird Jojachin 37 Jahre nach der Wegführung aus Juda von dem
König von Babel aus dem Gefängnis entlassen und an die königliche Tafel
geholt (2. Kön. 25, 27—30); und Josephus berichtet, daß König Agrippa I
den in Ungnade gefallenen Silas an seine Tafel holen läßt, zum Zeichen
dafür, daß er ihm verziehen hat[48]. Als eine solche Zeichenhandlung ist auch
die Tischgemeinschaft Jesu mit den Verachteten zu verstehen. Für die damalige Zeit ist ohne weiteres verständlich, daß die Aufnahme der „Zöllner
und Sünder" in Jesu Tischgemeinschaft *Zuspruch der Vergebung und Heils-*
darbietung bedeutet.
Im gleichen Sinnzusammenhang ist nun auch die Mahlgemeinschaft des

---

[46] W. G. Kümmel: A. a. O., S. 164.
[47] J. Jeremias: „Die Abendmahlsworte Jesu"[3], Göttingen, 1960, S. 196.
[48] J. Jeremias: A. a. O., S. 196. Vgl. auch O. Hofius: Jesu Tischgemeinschaft mit den Sündern,
Calwer Hefte 86, 1967 S. 9.

24

Auferstandenen mit seinen Jüngern zu verstehen: den Jüngern, die Jesus verlassen und die Gemeinschaft mit Jesus durch Flucht und Verleugnung gebrochen haben, bietet der Auferstandene erneut die Gemeinschaft an. *Daß der Auferstandene mit den Jüngern, die ihn verlassen haben, ißt, bedeutet ihre Wiederaufnahme in die alte Gemeinschaft und ist damit sichtbares Zeichen seiner Vergebung* (Luk. 24, 30 ff.; Joh. 21, 5—11; Apg. 10, 41).

2. *Die Auferstehung als die Inkraftsetzung der Versöhnung*
Hier ist zunächst darauf hinzuweisen, daß gerade in den Auferstehungsberichten die Notwendigkeit des Leidens und Sterbens Christi[49] herausgestellt und in engen Zusammenhang mit der Auferstehung[50] gebracht wird. *Die Auferstehung* ist für das Neue Testament dabei *nicht nur der noetische* (erkenntnismäßige) *Zugang zum Kreuz,* so daß von der Auferstehung her allererst erkannt werden kann, wer der Gekreuzigte ist; sondern sie ist auch *der ontische (seinsmäßige) Grund der Versöhnung,* weil sie grundlegend zur Versöhnung hinzugehört. So heißt es schon in einer zweigliedrigen vorpaulinischen Formel:

„Dahingegeben um unserer Sünden willen und
auferweckt um unserer Rechtfertigung willen" (Röm. 4, 25).

Paulus kann sogar an einer Stelle die hyper(= für uns)-Aussage auf die Auferstehung Jesu anwenden: „Der für sie starb und auferweckt wurde" (2. Kor. 5, 15). „Die Rechtfertigung als die Neusetzung der Existenz des Menschen überhaupt gründet nicht nur im Tod Jesu . . ., sondern ebenso . . . in der Auferweckung Jesu."[51] Paulus bestätigt das, wenn er sagen kann: „Ist Christus nicht auferstanden, so . . . seid ihr noch in euren Sünden" (1. Kor. 15, 17). „Das Kreuz Christi ist mithin nicht reales Heilsgeschehen ohne die Auferweckung" (Delling)[52].

Diesen Zusammenhang deutlich gesehen und im Bereich der Systematik nachdrücklich entfaltet zu haben, ist das besondere Verdienst von *K. Barth.* Für ihn ist die Auferstehung als Auferweckung Jesu Christi durch Gott *das Urteil des Vaters, durch das Gott dem Gekreuzigten Recht gibt und die Versöhnung in Kraft setzt.* „Die Auferweckung Jesu Christi ist das große Gottesurteil, der Vollzug und die Proklamation der göttlichen Entscheidung über das Kreuzesgeschehen. Sie ist seine Gutheißung."[53] Die Auferweckung ist deshalb für Barth nicht lediglich der „Ausdruck der Bedeutsamkeit des

[49] Luk. 24, 26: „Mußte nicht der Messias solches leiden?".
[50] Luk. 24, 46: „Es steht geschrieben, daß Christus leiden und am dritten Tage von den Toten auferstehen werde"; vgl. auch Luk. 24, 7.
[51] G. Delling: „Die Bedeutung der Auferstehung Jesu für den Glauben an Jesus, Ein exegetischer Beitrag." i n : Die Bedeutung der Auferstehung Jesu für den Glauben an Jesus Christus (Sammelband), Herausgeber F. Viering, Gütersloh 1966, S. 81.
[52] G. Delling: A. a. O., S. 85. Auf die grundlegende Bedeutung, die der Auferstehung gerade im Hinblick auf das Kreuz als dem Ort der Versöhnung schon in der Urgemeinde zukommt, hat besonders E. Lohse in seiner Analyse von 1. Kor. 15, 3 ff. hingewiesen: „Denn beide Sätze, der vom Sterben und der von der Auferweckung Christi, gehören im Bekenntnis unlöslich zusammen, weil ohne die Auferstehung dem Tode Christi nicht sühnetilgende Kraft eignen würde." Gerade indem die Gemeinde sich zur Auferstehung Christi bekennt, „weiß sie, daß Christus nach Gottes Willen sterbend unsere Sünden gesühnt und getilgt hat" (S. 115 f.; Märtyrer und Gottesknecht, Untersuchungen zur urchristlichen Verkündigung vom Sühnetod Jesu Christi, i n : Forschung zur Religion und Literatur des A. T. und N. T., Herausgeber R. Bultmann, NF. 46, Göttingen 1955).
[53] K. Barth: A. a. O., K D IV, 1, S. 340.

Kreuzes" (Bultmann), sondern „eine dem Kreuzesgeschehen gegenüber *selbständige, neue* Tat Gottes. Also nicht nur dessen noetische Kehrseite [= Bedeutungsaspekt]. Nicht nur die Offenbarung und Erklärung von dessen positiver Bedeutung und Tragweite."[54] Die Auferstehung folgt auf das Kreuz als ein von ihm unterschiedenes Geschehen. Und Barth fährt dann fort: „Zum Vollzug dieser Veränderung und also der Versöhnung der Welt mit Gott gehört beides: der freie Gehorsam des Sohnes in seinem Tod *und* die Gnade Gottes des Vaters in dessen Auferweckung. ... Um unsere Übertretungen geht es dort, um unsere Rechtfertigung hier (Röm. 4, 25). In umfassendem Sinn ‚für uns' ist Jesus Christus ‚gestorben und auferweckt' (2. Kor. 5, 15)."[55] M. a. W.: Der Tod Jesu Christi und seine Auferstehung sind „mit- und nacheinander die Grundereignisse der Veränderung der menschlichen Situation, in der die Versöhnung der Welt mit Gott zum Vollzuge kommt" (*K. Barth*)[56].

III Die Auferstehung als die Eröffnung einer neuen Zukunft
(Der futurisch-eschatologische Aspekt der Auferstehung Jesu Christi)

These: *Die Auferstehung ist nicht nur die Inkraftsetzung der Versöhnung, sondern aus dieser folgend und in ihr begründet die Eröffnung einer neuen Zukunft, die Begründung einer gewissen Hoffnung. Dieser Verheißungscharakter der Auferstehung ist nicht zu isolieren, vielmehr im Versöhnungscharakter der Auferstehung zu begründen.*

1. *Der Verheißungscharakter der Auferstehung Jesu Christi*
In der Auseinandersetzung mit seinen gnostischen Gegnern in Korinth[57] hat *Paulus* den unauflöslichen Zusammenhang und die enge *Verklammerung zwischen der Auferstehung Jesu Christi und der künftigen Auferstehung der Toten*[58] herausgestellt. Aus der Auferweckung Jesu Christi

---

[54] K. Barth: Kirchliche Dogmatik, Zürich 1953, IV, 1, § 59, S. 335.
[55] K. Barth: A. a. O., S. 341 f.
[56] K. Barth: A. a. O., K D IV, 1, S. 343.
[57] Nichts ist für die Gemeinde, an die der 1. Korintherbrief geschrieben ist, und ihre Frömmigkeit „charakteristischer als die Bestreitung der leiblichen Auferstehung. Sie kann, da die Auferstehung Christi nicht geleugnet wird, die Korinther auch alles andere als Rationalisten sind, nicht aus hellenistischer Aufklärung abgeleitet werden. Dann bleibt jedoch nur übrig, daß die Korinther sich wenigstens teilweise die Parole der Gnostiker von 2. Tim. 2, 18 zu eigen gemacht haben: die Auferweckung sei bereits geschehen. In der Taufe hat man die Wiedergeburt erfahren, ist man vom Tode zum Leben durchgedrungen" (E. Käsemann: Neutestamentliche Fragen von heute; i n : Exegetische Versuche und Besinnungen, Göttingen 1964, Bd. II, S. 27 f.).
[58] Dieses Verständnis der Auferstehung Jesu teilt Paulus mit der Urgemeinde: Die nachösterlich-judenchristliche Gemeinde stand in der Erwartung der Parusie. Ihre zentrale Hoffnung war auf die Wiederkunft des Menschensohnes gerichtet, welche die Jünger direkt aus der Auferweckung Jesu ableiteten. So wurde das Ostergeschehen „als Anbruch der allgemeinen Totenauferweckung verstanden, also apokalyptisch, nicht als isolierbares Mirakel gedeutet. Man verbaut sich den Zugang zum ältesten Osterkerygma, wenn man dessen apokalyptischen Zusammenhang nicht beachtet" (E. Käsemann: A. a. O., S. 110). „Die ganze urchristliche Apokalyptik [wird] nur von da aus begreiflich, daß Ostern der Christenheit zunächst als Vorzeichen der allgemeinen Totenauferstehung, also des Endes der Geschichte und der Ankündigung der Parusie, galt" (E. Käsemann: Neutestamentlicher Sammelbericht; i n : Verkündigung und Forschung, Theologischer Jahresbericht 1958/59, Herausgeber E. Wolf, München 1960/62, S. 102).

folgt notwendig die künftige Auferweckung. Paulus, für den die Auferstehung Christi das zentrale eschatologische Heilsereignis ist, versteht die Auferstehung der Toten demnach als Auswirkung dieses Heilsereignisses (1. Kor. 15, 12 ff.).

Die Auferstehung Jesu Christi ist also für Paulus nicht lediglich ein Ereignis der Vergangenheit, er begreift sie auch nicht isoliert als Auferstehung eines einzelnen. Vielmehr ist *die Auferstehung Christi für ihn ein unabgeschlossenes, auf kommende Zukunft hin offenes, die Auferstehung aller Toten einschließendes und verheißendes Geschehen*. Daraus folgert Paulus im Hinblick auf seine Gegner in Korinth: Wer die allgemeine Auferstehung der Toten verneint, leugnet die Auferweckung Jesu Christi; wer die Auferweckung Jesu Christi bekennt und gleichzeitig die künftige Auferstehung verwirft, hat damit im Grunde auch das erste mitverworfen: „Gibt es aber keine Auferstehung der Toten, dann ist auch Christus nicht auferweckt worden" (1. Kor. 15, 13).

Diese Zukunftsbezogenheit der Auferstehung Christi, ihr futurisch-eschatologischer Aspekt ist neuerdings besonders von *W. Kreck* und *J. Moltmann* herausgearbeitet worden. „Die Auferweckung Jesu Christi von den Toten, welche die Osterbotschaft verkündigt, impliziert die volle Erlösung des Menschen in seiner Ganzheit, die neue Welt und die neue Menschheit."[59] „Die christliche Hoffnung richtet sich auf die Offenbarung der Herrlichkeit Jesu Christi, die Beseitigung aller gottfeindlichen Mächte und die Neuschöpfung der Kreatur. Die erwartete Enthüllung der jetzt schon in Geltung stehenden Herrschaft Jesu Christi impliziert [= schließt ein] ein neuschaffendes Wirken Gottes, das noch aussteht."[60] „Die Erfüllung kann zwar im Grunde nichts anderes sein als die Enthüllung dessen, was schon in Jesus Christus Wirklichkeit ist, aber eben dieser Enthüllung wird nun doch als einem künftigen entgegengeschaut und entgegengeharrt" (W. Kreck)[61]. Ähnlich hat auch *J. Moltmann* betont, daß das „Geschehen der Auferweckung Jesu nur zusammen mit seiner universal-eschatologischen Zukunft recht verstanden werden kann"[62]. So schildern die Osterberichte nicht nur den Abglanz der gegenwärtigen Herrlichkeit des Auferstandenen, sondern den *Vorglanz seiner zukünftigen Herrlichkeit.* „Die Auferstehung Christi erkennen heißt darum, in diesem Geschehen die Zukunft Gottes zur Welt und die Zukunft des Menschen ... erkennen."[63]

2. *Geschichtsschreibung als Ausdruck hoffender Erwartung*

„In diesem Sinne ist das Geschehen der Auferweckung Christi von den Toten ein Geschehen, das *nur* im modus [in der Weise] der Verheißung verstanden wird" (Moltmann)[64]. Hier wäre allerdings zu fragen, ob nicht

[59] W. Kreck: Die Zukunft des Gekommenen, Grundprobleme der Eschatologie,[2] München 1966, S. 91.
[60] W. Kreck: A. a. O., S. 203 f.
[61] W. Kreck: A. a. O., S. 100.
[62] J. Moltmann: „Theologie der Hoffnung, Untersuchungen zur Begründung und zu den Konsequenzen einer christlichen Eschatologie", in: Beiträge zur Evangelischen Theologie, Theologische Abhandlungen, Herausgeber E. Wolf, Bd. 38. München 1964, S. 171.
[63] J. Moltmann: A. a. O., S. 176.
[64] J. Moltmann: A. a. O., S 172.

der mit Recht herausgestellte Hoffnungshorizont der Auferstehung, ob nicht das in den Auferstehungsberichten durchaus zu konstatierende Sendungsmotiv *bei Moltmann* in einer gewissen Verabsolutierung erscheint und ob er nicht infolgedessen das in den Texten nicht zu übersehende *Mahl- und Vergebungsmotiv*[65] *zu wenig beachtet* und ob erkannt ist, daß gerade in den Ostertexten die den Jüngern zugesprochene Vergebung des Auferstandenen die Sendung an die Welt erst *begründet*[66]

Jedoch indem hier erkannt wird, daß wir „die Auferstehungsberichte immer *auch* eschatologisch lesen müssen unter der leitenden Frage: Was darf ich hoffen?"[67], ist eine wichtige Erkenntnis neuerer Forschung am Alten Testament geltend gemacht. So hat u. a. *W. Zimmerli* darauf hingewiesen, daß z. B. der Schöpfungsbericht der Priesterschrift (1. Mose 1,1 – 2,4a), die Schilderung des Kultus und der Kulteinrichtungen durch den Priester (2. Mose 25–31; 35–40 P) und Hesekiel (Kap. 40–48) – beide befinden sich im Exil – wohl schwerlich zu verstehen sind, *wenn man sie nicht als Ausdruck hoffender Erwartung, als Beschreibung einer von Jahwe erhofften Verwirklichung begreift.* Auch die schier unerträglich volle Beschreibung des Königtums Davids und Salomos (1. Chron. 28, 5) – auch der Chronist ist unter den Exilierten zu suchen und das davidische Königtum existiert nicht mehr – ist doch wohl nur dann recht verstanden, „wenn man auch hier durch die geschichtliche Vergegenwärtigung hindurch den Ausdruck hoffender Erwartung eines noch Ausstehenden durchschlagen sieht".[68]

Ähnlich wollen *die Osterberichte des Neuen Testaments* nicht nur als rückschauende Beschreibung und erinnernde Vergegenwärtigung eines vergangenen Geschehens verstanden werden, sie sind vielmehr auch „ver-

---

[65] Die Erscheinungen des Auferstandenen als Gewährung der Vergebung, die Auferstehung als Inkraftsetzung der Versöhnung.

[66] Luk. 24, 36 ff.; Joh. 21: Nachordnung des Sendungsmotivs gegenüber dem Vergebungsmotiv. Daß der Verheißungscharakter der Auferstehung Jesu nicht zu isolieren, vielmehr im Versöhnungscharakter derselben zu begründen ist, hat insbesondere W. Kreck betont: Die Vollendung gründet in der geschehenen Versöhnung. „Im ‚Schon' seines Gekommenseins und Kommens heute liegt die Verheißung dieses künftigen Geschehens unauflöslich verankert" (A. a. O., S. 120). Deshalb gilt es zwei Abwege zu vermeiden: „Einerseits darf nichts davon abgestrichen werden, daß Gott in Christus die Welt versöhnt hat und der Glaube gerechtfertigt ist und Frieden mit Gott hat . . . Weil er in Christus bereits neue Kreatur ist, darum kann die erwartete Zukunft als Übergang vom Glauben zum Schauen verstanden werden . . . Andererseits wäre zu wenig, nur von einer Enthüllung eines längst schon oder gar von Ewigkeit her Seienden zu reden, sondern es geht um ein erwartetes Handeln Gottes, um Ausschaltung aller gottfeindlichen Gewalten und sichtbare Verherrlichung Gottes an seiner Kreatur, d. h. aber um die Konsequenzen dessen, was Gott in Jesus Christus ein für allemal getan hat . . . Die Versöhnung zielt auf die kommende Vollendung und impliziert sie als ihr Telos [Ziel], aber die Vollendung gründet in der Versöhnung" (A. a. O., S. 207 f.). Auch der Hebräerbrief begreift – ähnlich wie Moltmann – das Christusereignis (den Herrschaftsantritt Christi in seiner Erhöhung und das hohepriesterliche Selbstopfer Christi) als verbürgte Verheißung auf kommende Erfüllung (6, 13 ff.; 7, 19; 10, 13; 10, 23), nämlich auf die Zukunft der weltweiten Herrschaft Christi hin. Aber der Hebräerbrief hat – anders als Moltmann – die kosmische und weltweite Erfüllung in der verbürgten Verheißung begründet. Er hat die verbürgte Verheißung (das hohepriesterliche Versöhnungshandeln und die Auferstehung) nicht etwa als Vorschein (!) der Erfüllung, sondern vielmehr die erwartete Erfüllung als Bewährung (!) und Durchsetzung (!) der verbürgten Verheißung verstanden. Noch nicht der Entwurf einer „Theologie der Hoffnung" im Schema „verbürgte Verheißung–Erfüllung" macht das Spezifikum des Hebräerbriefes aus, sondern die Begründung (!) der erwarteten Erfüllung in der verbürgten Verheißung. Dieser Begründungszusammenhang, das Verhältnis von Versöhnung und Erlösung, ist für den Hebräerbrief nicht umkehrbar.

[67] J. Moltmann: A. a. O., S. 172 f.

[68] W. Zimmerli: „Verheißung und Erfüllung", in : Probleme alttestamentlicher Hermeneutik, Herausgeber C. Westermann, Theologische Bücherei, Bd. 11, München 1960, S. 89 f.

heißungsgläubige Historiographie" (Zimmerli), die in dem vergangenen Ereignis die Zukunft entdeckt und mit beschreibt.
Die Auferstehung ist zwar ein Ereignis der Vergangenheit, aber nicht ein vergangenes Geschehen. Deshalb haben die Jünger auf dem Angesicht des Auferstandenen die Herrlichkeit (doxa) Gottes gesehen (2. Kor. 3, 18; 4, 6; Joh. 1, 14), — und zwar nicht nur als Abglanz der gegenwärtigen Herrlichkeit des Auferstandenen, sondern als Vorglanz seiner zukünftigen Herrlichkeit. Sie haben in den Ostererscheinungen die universale Zukunft der Herrschaft des gekreuzigten Christus über alles aufleuchten sehen und deshalb die Auferstehung als ein Hoffnung eröffnendes und Zukunft stiftendes Ereignis verstanden. Die Auferstehung Christi beschreiben bedeutete deshalb für sie immer zugleich, die Zukunft in diesem Ereignis[69] beschreiben. „Die Ostererscheinungen des gekreuzigten Christus ... lassen etwas von der eschatologischen Zukunft des Christusereignisses sehen, lassen darum nach der zukünftigen Offenbarung dieses Ereignisses suchen und fragen" (Moltmann)[70].

IV Die Auferstehung als die Aufrichtung des Kerygmas (Verkündigung)
(Der kerygmatheologische Aspekt der Auferstehung Jesu Christi)

These: *Die Auferstehung Jesu Christi, die die Versöhnung in Kraft setzt und Zukunft eröffnet, begründet zugleich die Sendung, die die Vergebung zuspricht und die Zukunft Christi ansagt. Zu der „Versöhnung der Welt in Christus" (2. Kor. 5, 19a) tritt der in der Auferstehung gründende und autorisierte „Dienst der Versöhnung" an der Welt (2. Kor. 5, 19b). Das Osterereignis ist nicht ohne die Osterverkündigung.*

Die Osterverkündigung (Osterkerygma) ist dabei nicht nur Ausdruck einer Glaubensentscheidung der Jünger angesichts des Kreuzes, auch nicht lediglich referierender Bericht von einem vergangenen Geschehen. Die Osterverkündigung der Urgemeinde ist vielmehr die in der Selbstproklamation des Auferstandenen gründende und zum Glauben rufende Bezeugung der Auferstehung des Gekreuzigten, Proklamation der den Glauben begründenden Tat Gottes, in der sich der Auferstandene selbst verkündigt. Das Osterereignis begründet die Osterverkündigung.

1. *Die Erscheinungen des Auferstandenen und die Berufung zur Verkündigung (das Apostolat)*
Nach 1. Korinther 15, 8 ist *Paulus* eine Erscheinung des Auferstandenen, und zwar die letzte Erscheinung überhaupt, zuteil geworden. Diese Begegnung hat Paulus nicht etwa als ein „Mirakel" verstanden, vielmehr hat er *im Sehen des Auferstandenen seine eigene Berufung und Autorisierung als Apostel erfahren.*

[69] 1. Kor. 15, 22: „ . . . so werden in Christus alle lebendig gemacht werden"; Röm. 6, 5: „ . . . so werden wir auch seiner Auferstehung teilhaftig werden."
[70] J. Moltmann: A. a. O., S. 184.

29

Daß Paulus die ihm widerfahrene Erscheinung so verstanden hat, läßt sich nicht nur daran zeigen, daß er dies in Galater 1, 16 ausdrücklich sagt („damit ich ihn unter den Heiden verkündigen sollte"), auch nicht nur daran, daß Paulus sein eigenes Widerfahrnis im wörtlichen Anklang an die Berufung des Propheten *Jeremia* formuliert (Gal. 1, 15), sondern primär daran, daß er entgegen allen Tendenzen, ihn aus dem Apostelkreis auszuschließen, *auf Grund der ihm widerfahrenen Erscheinung des Auferstandenen um seine Anerkennung als Apostel gekämpft hat* (1. Kor. 15, 8—11). „Bin ich nicht ein Apostel? Habe ich nicht Jesus unseren Herrn gesehen?" (1. Kor. 9, 1). Und wo man Paulus, wie in Galatien, das Recht auf den Aposteltitel bestreitet, da ist seine Argumentation die gleiche: Das Apostolat des Paulus geht nicht auf Menschen, sondern auf den auferstandenen Jesus Christus und auf Gott, der Jesus von den Toten auferweckt hat (Gal. 1, 1), zurück. *Die Berufung des Paulus auf die Erscheinung des Auferstandenen als Legitimation seines Apostolates* läßt im Zusammenhang von Galater 1 und 1. Korinther 15, 1—11 den Schluß zu, daß auch für die Urgemeinde, d. h. das vorpaulinische Apostolat (1. Kor. 15, 5. 7), die Berufung auf die Erscheinung des Auferstandenen zur Legitimation der Apostel grundlegend gewesen ist.

Dieser soeben für Paulus aufgezeigte Zusammenhang zwischen dem Apostolat und den Erscheinungen des Auferstandenen ist nun auch für *die Evangelien* wesentlich: die Erscheinungen des Auferstandenen sind zugleich die Berufung in die Sendung[71]. Diese Berufung in die Sendung ist bei Matthäus in der Abschiedsrede geschildert (Matth. 28, 16—20): In ihr verpflichtet der Auferstandene die Jünger zur universalen Verkündigung, wobei sich der Blick bezeichnenderweise zugleich auf die universale Exousia (Herrschermacht) des Auferstandenen richtet, mit der er die Jünger in der Sendung geleitet und als ihr ständiges, unaufgebbares Gegenüber der Sendung bleibend begründet.

Dieser Beauftragung mit der Sendung geht dabei die Wiederherstellung der von den Jüngern einseitig aufgehobenen Gemeinschaft als Zeichen der Sündenvergebung voraus. *Die Sündenvergebung, die sich für die Jünger aus der erneuten (Tisch-) Gemeinschaft mit Jesus ergibt (Mahlmotiv), ist zugleich der Auftrag, allen Heiden die Vergebung der Sünden zu proklamieren*[72]. „Die Absolution [= Sündenvergebung] des Herrn verschmilzt mit dem Auftrag."[73]

Der Auferstehung als der Inkraftsetzung der Versöhnung (Röm. 4, 25) und als der Einsetzung Christi in die Herrschaft Gottes (Matth. 28, 16—20) folgt also die Berufung und Sendung der Jünger durch den Auferstandenen selbst. Indem die Beauftragung zum apostolischen Dienst der Sündenvergebung durch den Auferstandenen folgte, waren seine Erscheinungen Berufungserscheinungen, die die Betroffenen in die Nachfolge der Sendung des Auferstandenen stellten. *Die Wahrnehmung des Geschehens der Auf-*

[71] Matth. 28, 16—20; Luk. 24, 36—49; Joh. 20, 19—23; 21, 1—17: Sendungsmotiv.
[72] Luk. 24, 48, Sendungsmotiv; vgl. auch 1. Kor. 15, 10 mit Röm. 1, 5 und Gal. 2, 8.
[73] H. Graß: A. a. O., S. 83; zu Joh. 21, 15—17.

erweckung an Jesus Christus führte also die Jünger folgerichtig in die Wahr-
nehmung ihrer eigenen Sendung.

2. Das Osterereignis und das Osterkerygma (Osterverkündigung)

Wie im Alten Testament die Geschichte als der Ort des Handelns Jahwes
mit Israel „immer wieder des in sie in Vollmacht hineingesprochenen Wortes, das sich als mehr weiß denn als Geschichtsdeutung, bedarf" (Zimmerli)[74], so tritt auch im Neuen Testament *dem Osterereignis die Osterverkündigung als ein neues endzeitliches („eschatologisches") Ereignis zur
Seite:*

Gott war nicht nur in Christus, er war nicht nur der, der in Christus die
Welt mit sich selbst versöhnte (2. Kor. 5, 19a), sondern er richtete *zugleich*
das „Wort von der Versöhnung" unter uns auf (2. Kor. 5, 19b). „Es ist
also nicht an dem, daß mit dem Tode Jesu Christi, schärfer gesagt: mit
seinem Kreuzes- und Schandtod, mit diesem durchaus irdischen, aber eben
mehr als irdischen Ereignis nun eine Gegebenheit da wäre . . ., die uns zur
Auslegung und Interpretation freigegeben wäre, an dem Juden und Heiden
. . . ihre heilsgeschichtlichen Interpretationen vollzogen hätten, sondern
die Erschließung des darin verborgenen Geheimnisses ist und bleibt Gott
selbst vorbehalten" (Iwand)[75]. *So steht neben dem Osterereignis — in diesem begründet, durch dieses hervorgerufen — von Anfang an das Wort,
das dieses Ereignis erschließt, und der Zeuge, der dieses proklamiert.* Denn
diese Osterverkündigung ergeht nie nur als referierender Bericht, sondern
als eine die Tat Gottes proklamierende Ansage. Die Osterverkündigung
ist die von Gott autorisierte und gültige Proklamation des Ostersieges. Die
Osterverkündigung, die in der Selbstproklamation des Auferstandenen
(„ich bin's") gründet und in der sich die Selbstbekundung des Auferstandenen jeweils neu ereignet, gehört somit zum Osterereignis unlöslich hinzu.

3. Christusereignis und Christusverkündigung

Gerade M. *Luther* ist in seiner Kampfschrift gegen den Schwärmer Karl-
stadt („Wider die himmlischen Propheten", 1525) für diesen *unauflöslichen Zusammenhang von Christusereignis und Christusverkündigung,*
des Kreuzes Christi als Gnadengrund und des Wortes als Gnadenmittel
eingetreten. Deshalb konnte sich Luther das Kreuz Christi nicht im Sinne
Karlstadts unter Umgehung des Wortes auf meditativ-asketische Weise
vergegenwärtigen. „Von der Vergebung der Sünden handeln wir auf zweierlei Weise. Einmal, wie sie erlangt und erworben ist, das andermal, wie
sie ausgeteilet und geschenkt wird. Erworben hat sie Christus am Kreuze,
das ist wahr; aber er hat sie nicht ausgeteilt oder gegeben am Kreuze. Im

[74] W. Zimmerli: „Offenbarung", i n : Theologie für Nichttheologen, Herausgeber H. J.
Schultz, Stuttgart, 1965, III. Folge, S. 75.
[75] H. J. Iwand: Zitat aus der (noch nicht veröffentlichten) Christologie-Vorlesung, Bonn,
1958/59. Vgl. auch G. Bornkamm: „So sehr das Geschehen des Heils in Christus ein unwiderruflich einmaliges ist, ist es doch Gegenwart: im Wort der Verkündigung ,nahe'
(Röm. 10, 8 ff.) . . . Zugleich mit der Versöhnung der Welt hat Gott den ,Dienst der
Versöhnung' gegeben" (Artikel: Paulus, RGG³, Bd. V. Sp. 187).

Abendmahl oder Sakrament hat er sie nicht erworben; er hat sie aber daselbst durchs Wort ausgeteilet und gegeben, wie auch im Evangelio, wo es gepredigt wird. Die Erwerbung ist einmal geschehen am Kreuze; aber die Austeilung ist oft geschehen, vorhin und hernach von der Welt Anfang bis ans Ende."[76] „Das Wort, das Wort ... das Wort tut's! Denn ob Christus tausendmal für uns gegeben und gekreuzigt würde, wäre es alles umsonst, wenn nicht das Wort Gottes käme und teilte es aus und schenkte mir's und spräche: Das soll dein sein, nimm hin und habe dir's."[77]

Luther interpretiert jedoch das Verhältnis des Kreuzes als Gnadengrund zum Wort als Gnadenmittel nicht derart, daß zu dem einmaligen Verdienst Christi am Kreuz das isolierte Wort der Verkündigung als Gnadenmittel hinzuträte, daß also lediglich das Wort zwischen dem Kreuz und der aktuellen Sündenvergebung vermittelte. Vielmehr entspricht es dem doppelten Wirken Christi als *Erlöser* (mediatio vel redemptio) einerseits und als *Zeuge der Erlösung* (testimonium de mediatione) andererseits, daß im Verkündigungswort die Austeilung der am Kreuz durch Christus erworbenen Sündenvergebung *durch den gegenwärtigen gekreuzigten und auferstandenen Christus selbst (!) geschieht*. „Denn weil er beschlossen hatte, sie einmal zu erwerben, galt's bei ihm gleich viel: *er* [!] teilet sie aus ... durch sein Wort."[78]

4. Die Auferstehung als die Aufrichtung des Kerygmas

In diesem Zusammenhang ist die theologische Intention *R. Bultmanns* zu würdigen: „Christus, der Gekreuzigte und Auferstandene, begegnet uns im Worte der Verkündigung, nirgends anders. Eben der Glaube an dieses Wort ist in Wahrheit der Osterglaube."[79] „Dieses Wort also ist es, das zum Kreuz ‚hinzukommt' und es als Heilsgeschehen verständlich macht, indem ... es die Frage an den Menschen richtet, ob er sich als Mitgekreuzigten und damit auch als Mitauferstandenen verstehen will. Im Erklingen des Wortes werden Kreuz und Auferstehung Gegenwart, ereignet sich das eschatologische Jetzt. ... Im gepredigten Wort und nur in ihm begegnet der Auferstandene."[80]

Ist also *das Heilsgeschehen nirgends anders als im verkündigten und im anredenden Wort gegenwärtig*, so bedeutet das nach Bultmann, „daß

---

76 M. Luther: Ausgewählte Werke, Herausgeber H. H. Borcherdt und G. Merz, München 1957³, S. 265.

77 M. Luther: A. a. O. S. 264, vgl. E. Wolf: „Die Christusverkündigung bei Luther", in: Peregrinatio, Studien zur reformatorischen Theologie und zum Kirchenproblem, München 1962², Bd. I, S. 30—80.

78 M. Luther: A. a. O. S. 265: Ähnlich interpretiert Luther die Erscheinung des Auferstandenen vor seinen Jüngern und ihre Sendung nach Luk. 24, 46—48: „Also stehets geschrieben, daß Christus mußte leiden und am dritten Tage auferstehen (da stehet sein Verdienst) und in seinem Namen predigen lassen Buße und Vergebung der Sünden (da gehet seines Verdienstes Austeilung). Darum sagen wir im Abendmahl sei Vergebung der Sünden, nicht des ... halben, ... daß Christus daselbst die Sünden Vergebung verdiene oder erwerbe, sondern des Worts halben, dadurch er solche erworbene Vergebung unter uns austeilet." (Vom Abendmahl Christi, Bekenntnis. 1528; Luthers Werke in Auswahl, Herausgeber O. Clemen, Bd. III, Berlin 1959⁵, S. 376).

79 R. Bultmann: „Neues Testament und Mythologie, Das Problem der Entmythologisierung der neutestamentlichen Verkündigung", in: Kerygma und Mythos, Herausgeber H. W. Bartsch, Hamburg 1960, Bd. I, S. 46.

80 R. Bultmann: A. a. O. S. 47.

ßich das Heilsgeschehen in der Verkündigung des Wortes weiter vollzieht"[81]. Bultmann hat deshalb auch in seinem letzten Heidelberger Akademievortrag (1960) gesagt: „Mehrfach und meist als Kritik wird gesagt,
daß nach meiner Interpretation des Kerygmas Jesus ins Kerygma auferstanden sei. Ich akzeptiere diesen Satz. Er ist völlig richtig, vorausgesetzt, daß
er richtig verstanden wird. Er setzt voraus, daß das Kerygma selbst eschatologisches Geschehen ist; und er besagt, daß Jesus im Kerygma wirklich
gegenwärtig ist, daß es *sein* Wort ist, das den Hörer im Kerygma trifft.
Ist das der Fall, so werden alle Spekulationen über die Seinsweise des
Auferstandenen, alle Erzählungen vom leeren Grabe und alle Osterlegen-
den ... gleichgültig. An den im Kerygma präsenten Christus glauben, ist
der Sinn des Osterglaubens."[82]
Diese Erklärung Bultmanns läßt jedoch viele Fragen offen: Schon *W. Marxsen* hat mit Recht betont, daß die Rede „Jesus ist ins Kerygma auferstanden" eigentlich eine *terminologische Ungenauigkeit* darstelle, Bultmann
den Satz ja alsbald auch interpretiere, „indem er den Begriff ‚auferstanden'
nicht wiederholt. Der Satz soll nach Bultmann so verstanden werden, daß
Jesus im Kerygma wirklich gegenwärtig ist, *daß es sein Wort ist,* das den
Hörer trifft."[83] Aber auch hier erhebt sich die Frage: „Ist für Bultmann
der auferstandene, lebendige Herr eine Wirklichkeit, oder ist nur das
Kerygma Wirklichkeit, so daß an die Stelle der Formel Kreuz und Auferstehung eigentlich die Formel Kreuz und Kerygma treten müßte?"
(Graß)[84]. Ist Jesus nur in der Weise präsent, daß es sein Wort ist? Aber
was heißt dann *sein Wort?* „Der Glaube im Sinn des Neuen Testament
weiß um Jesu Person hinter dem Wort und ruft sie im Gebet an. Von
dieser Wirklichkeit des erhöhten Herrn kann Bultmann auf Grund seiner
Hermeneutik [= Methode des Verstehens] nicht reden; er bestreitet sie
nicht, aber er schweigt von ihr! So bleibt offen, was nach dem Neuen Testament nicht offen bleiben darf; denn der Ruf zum Glauben wird gesetzliche
Forderung, wenn der lebendige Herr hinter dem Kerygma verschwindet"
(Goppelt)[85].
Ähnlich hat auch *K. Barth* gefragt, ob Jesus Christus bei Bultmann lediglich in den Osterglauben und in das Kerygma hinein auferstanden und ob
von der Auferstehung „über ihr Geschehen im Kerygma und Glauben
hinaus *nichts* zu sagen ist"[86]. Nach Barth reden die neutestamentlichen Texte
„von Ihm [Jesus Christus] selbst, der gar nicht nur *in* der Verkündigung

[81] R. Bultmann: Theologie des Neuen Testaments, ³Tübingen 1958, S. 302.
[82] R. Bultmann: „Das Verhältnis der urchristlichen Christusbotschaft zum historischen Jesus",
i n : Sitzungsberichte der Heidelberger Akademie der Wissenschaften, Philosophisch-
historische Klasse, 1960:4², Heidelberg 1962, S. 27.
[83] W. Marxsen: „Die Auferstehung Jesu als historisches und theologisches Problem", Gütersloh 1964, S. 25. Erneut abgedruckt i n : Die Bedeutung der Auferstehungsbotschaft für den
Glauben an Jesus Christus, Herausgeber F. Viering, Gütersloh, 1966. Vgl. die folgende
Äußerung Bultmanns, die Marxsens Interpretation bestätigt: „In ihm [im Kerygma] ist
der historische Jesus präsent in der Weise, daß sein Wort [!] in das Kerygma aufgenommen
worden ist" (Antwort an E. Käsemann, i n : Glauben und Verstehen, Ges. Aufs. Bd. IV,
S. 197).
[84] H. Graß: A. a. O. S. 244, Anmk. 1.
[85] L. Goppelt: Osterkerygma, A. a. O. S. 51.
[86] K. Barth: „Rudolf Bultmann, Ein Versuch ihn zu verstehen", i n : Theologische Studien,
Herausgeber K. Barth, Heft 34², 1953, S. 22 f.

von ihm, sondern *laut* der Verkündigung von ihm als der Gekreuzigte und Auferstandene lebt, gegenwärtig ist und handelt"[87]. Wo das Neue Testament ausführlich redet, da ist nach Bultmann nichts zu sagen, „nichts über den auferstandenen Christus an sich und als solchen, nichts über sein eigenes Leben aus und nach seinem Tod, nichts über ihn selbst als den Zeugen seines Lebens . . ., nichts über ihn im Akt seiner konkreten Begegnung mit den noch nicht glaubenden und also auch noch nicht zu Trägern des Kerygmas berufenen . . . Jüngern"[88].

Hat es wirklich noch einen Sinn zu sagen, Jesus sei auferstanden, wenn Bultmann im gleichen Augenblick *die Auferstehung als ein Ereignis und Geschehen an Jesus* für belanglos erklärt? Hat es überhaupt Sinn, von Ostern als der Begründung der Sendung und Aufrichtung des Kerygmas durch „die Selbstbekundung des Auferstandenen" (Bultmann) zu reden, wenn *das unaufhebbare Gegenüber zwischen dem sendenden Herrn* (Matth. *28, 16—20) und den Gesendeten verschwindet, wenn das Christusgeschehen mit dem Verkündigungsgeschehen zu koinzidieren (zusammenzufallen) droht?* Paulus nennt demgegenüber die Verkündigung als Proklamation des Heilshandelns Gottes leer, ohne Inhalt und ohne Wirkung, wenn Christus nicht auferweckt ist (1. Kor. 15, 14)[89].

Wir werden deshalb sowohl im Einklang mit als auch in Abgrenzung von Bultmann sagen müssen: *Die in den Ostererscheinungen gründende Osterverkündigung ist als* „Wort von der Versöhnung" (2. Kor. 5, 19) und als Ansage der Zukunft Christi eine neue endzeitliche (eschatologische) Tat Gottes, die zum Heilsgeschehen unlöslich hinzugehört: das Wort Gottes als die auf den Menschen zielende, ihn angreifende, in die Krise von Tod und Leben rufende Anrede Gottes, das Evangelium Jesu Christi, *in dem der Auferstandene gegenwärtig handelt,* „dadurch er [!] solche erworbene Vergebung unter uns austeilt" (Luther).

V Die Auferstehung als die Begründung des Glaubens
(Der anthropologische Aspekt der Auferstehung Jesu Christi)

These: Die Auferweckung des Gekreuzigten als schöpferische Tat Gottes und die der Auferweckung Jesu Christi folgende Selbstbezeugung des Auferstandenen sind, wenn auch nicht zu trennen, so doch zu unterscheiden von der Entstehung des Osterglaubens der Jünger. Das Ostergeschehen als die Selbstbezeugung des Auferstandenen vor seinen Jüngern ist für das Neue Testament das erste, der Osterglaube das zweite. Die Erscheinungen des Auferstandenen und das „Zum-Glauben-Kommen der Jünger" (Ebeling), *denen die Erscheinungen zuteil wurden, sind deshalb nicht identisch. Der Osterglaube gründet in den Ostererscheinungen.*

[87] K. Barth: Kirchliche Dogmatik, IV, 1, S. 612 f.
[88] K. Barth: „R. Bultmann, Ein Versuch . . .", A. a. O. S 22.
[89] Vgl. in diesem Zusammenhang K. H. Rengstorf: „Sofern die Auferstehung Jesu Gottes Tat an Jesus . . . ist, bildet sie die eigentliche Voraussetzung für das Kerygma selbst" (A. a. O. S. 37).

Die Auferstehung Jesu Christi bedeutet nach *G. Ebeling* im Kern die Entstehung des Glaubens der Jünger, in dem Jesus „der Zeuge des Glaubens" zum Ziel kommt, d. h. zum Grund des Glaubens wird.

1. *Der historische Jesus als der Zeuge des Glaubens*
Ist der historische Jesus für Bultmann nicht Gegenstand des Glaubens, sondern der Christus des Kerygmas, so ist´nach *Ebeling* der Glaube auf *den historischen Jesus* bezogen. Der Glaube hat Anhalt am historischen Jesus. Jesus und der Glaube gehören aufs engste zusammen. „Für die Christologie ist der Bezug auf Jesus konstitutiv. Sie muß . . . den Anspruch erheben, nichts anderes auszusagen als: wer Jesus ist."[90] Der historische Jesus ist dabei der Zeuge des Glaubens, in dem der Glaube zur Sprache gekommen ist; und zwar ist er es deshalb, weil Jesus der Inbegriff des Glaubens und der Glaube der Inbegriff des Werkes Jesu ist. Jesu Ruf in die Nachfolge ist deshalb nichts anderes als der Ruf in den Glauben. Und Jesu Heilen ist dadurch bestimmt, daß er als der Zeuge des Glaubens die Kranken zu dem Glauben ermutigte, der Berge versetzt: „Dein Glaube hat dich errettet!"[91]
Der Glaube, der in Jesus zur Sprache kommt, ist dabei nicht ein dogmatisches Bekenntnis („Glaube *an* Jesus"), sondern *das Heil- und Ganzwerden der Existenz im Anteilhaben an der Allmacht Gottes, das Leben in Gewißheit und die Offenheit der Existenz im Ausgerichtetsein auf die Zukunft*[92]. Weil Jesus der Zeuge dieses Glaubens ist, kann er auch zum Erwecker und zur Quelle dieses Glaubens werden.

2. *Das Kreuz Christi als Vollendung der Zeugenschaft des Glaubens*
Welche Bedeutung hat in diesem Zusammenhang *das Kreuz Christi*?
Das Ergebnis der formgeschichtlichen Forschung am Neuen Testament läßt sich im Anschluß an M. Kähler so zusammenfassen: Die Evangelien sind verlängerte Passionsgeschichten[93], d. h. das ganze Wirken, die ganze Verkündigung des irdischen Jesus sind vom Kreuz her zu sehen und zu verstehen. Umgekehrt heißt es nun bei *Ebeling* im Anschluß an Gogarten: *Nicht der irdische Jesus ist von Kreuz und Auferstehung her, sondern Kreuz und Auferstehung sind vom irdischen Jesus her zu verstehen*[94].

[90] G. Ebeling: „Die Frage nach dem historischen Jesus und das Problem der Christologie", i n : Wort und Glaube (Gesammelte Aufsätze), Tübingen 1960, S. 300 f.
[91] G. Ebeling: „Das Wesen des Christlichen Glaubens", Tübingen 1959, S. 65. Ebeling nennt „das Kommen Christi das Kommen des Glaubens", wobei er sich neben Gal. 3, 23. 25 auf Hebr. 12, 2 berufen zu können meint (Wort und Glaube S. 206). Dagegen hat schon R. Bultmann mit Recht eingewandt: „Im NT wird Jesus Hbr. 12, 2 als [Begründer und Vollender des Glaubens] bezeichnet, was aber nicht Jesus als Glaubenden im Sinne Ebelings bezeichnet, wie denn Jesus auch nicht in [der Wolke der Zeugen] Hbr. 11 erscheint" (Das Verhältnis der urchristlichen Christusbotschaft . . ., S. 20, Anmk. 50).
[92] Das Sprachgeschehen, das — wie Ebeling sagt — in Jesus als der Existenz in Gewißheit „zur Sprache kommt", ist ein antwortdarreichendes Geschehen, das dem Menschen zur Identifikation mit sich selbst, zur Existenz in Gewißheit als Partizipieren an der Allmacht Gottes verhilft.
[93] M. Kähler: „Etwas herausfordernd könnte man die Evangelien Passionsgeschichten mit ausführlicher Einleitung nennen" (Der sogenannte historische Jesus und der geschichtliche, biblische Christus, Theologische Bücherei, Bd. 2, Herausgeber E. Wolf, München 1956², S. 60).
[94] Gegenüber einer solchen veränderten Fragestellung hatte Bultmann schon 1941 kritisch

Gogarten schreibt: „Wir müssen also Tod und Auferstehung, wenn sie als sein Tod und seine Auferstehung verstanden werden sollen, von seiner Verkündigung aus verstehen . . . Wir sind uns dabei bewußt, nicht mehr . . . auf Grund der neutestamentlichen Berichte [der Berichte von Kreuz und Auferstehung] darzustellen, was sich tatsächlich ereignet hat. Sondern aus der Verkündigung Jesu heraus auf das zu schließen, was sich in seinem Tod und seiner Auferstehung ereignet hat, wenn sie Vollendung seiner Verkündigung sind."[95]

Ähnlich heißt es nun bei Ebeling: „Jesus [war] gerade durch den Tod als Zeuge des Glaubens zum Ziel gekommen, so nämlich, daß nun das Feuer des Glaubens zu brennen . . . begann"[96]. Ebeling spricht dabei *von dem Gekreuzigten als einem, in dessen Sterben sich das Glaubenszeugnis vollendet.* Jesus hält angesichts der Anklage auf Gotteslästerung die Zeugenschaft des Glaubens durch. Er bleibt der Zeuge des Glaubens auch in der Gottverlassenheit am Kreuz. So war das Werk der gewißmachenden Gewißheit Jesu vollbracht, als er von Gott und den Menschen verlassen starb. Weil die entscheidende Relation (Beziehungsverhältnis) „Jesus-Glaube"[97] schon vor Karfreitag und Ostern bestanden hat, hat *das Kreuz lediglich die Bedeutung der Vollendung des Glaubenszeugnisses Jesu einerseits und die Bedeutung einer Reinigung des Glaubens der Jünger andererseits.* Jesus mußte die Jünger verlassen, er mußte von ihnen gehen, weil die Augenzeugenschaft für die Jünger eine Glaubenserschwerung bedeutete, weil der Glaube hier noch nicht rein zur Geltung kommen konnte. „Jesus stellt erst dann radikal in die Situation des Glaubens, wenn er als der Gekreuzigte, d.h. als der, der nicht mehr vorhanden ist, anspricht."[98] „Angesichts des Gekreuzigten, *dieses* Gekreuzigten, und zwar dieses seines im Sterben sich vollendenden Glaubenszeugnisses, glauben heißt eo ipso: an ihm . . . die Macht des totenerweckenden Gottes bekennen."[99]

Das Kreuz ist also bei Ebeling — ganz anders als bei M. Kähler — vom irdischen Jesus her, d. h. als *die Konsequenz und Bewährung der Zeugenschaft des Glaubens verstanden.*

3. *Die Auferstehung als die Entstehung des Glaubens der Jünger*
Ebeling fragt: Wie wurde der Zeuge des Glaubens zum Grund des Glaubens[100]? Und antwortet: An der Wende von einem zum anderen steht für das Neue Testament *die Auferstehung Jesu Christi von den Toten.* Die Auferstehung ist — das betont Ebeling — *das* zentrale Geschehen des Neuen

---

gefragt: „Man müßte also etwa, um das Kreuz in seiner Bedeutung zu verstehen, es als das Kreuz des historischen Jesus verstehen? Wir müßten also auf den historischen Jesus rekurrieren?" (A. a. O. S. 43).

[95] F. Gogarten: Die Verkündigung Jesu Christi, Grundlagen und Aufgabe, Heidelberg 1948, S. 147 f.
[96] G. Ebeling: Wesen, A. a. O. S. 68.
[97] Vgl. die Heilungsgeschichten: „Dein Glaube hat dir geholfen"!
[98] G. Ebeling: „Leitsätze zur Christologie", i n : Theologie und Verkündigung (Hermeneutische Untersuchungen zur Theologie, Herausgeber G. Ebeling, E. Fuchs, M. Mezger), Tübingen 1962, S. 91.
[99] G. Ebeling: Wort und Glaube, A. a. O. S. 315.
[100] G. Ebeling: Wesen, A. a. O. S. 67.

Testaments: „Würde ... das Auferstehungszeugnis gestrichen, so würde das Wesen des christlichen Glaubens angetastet."[101]
Aber was heißt nach Ebeling Auferstehung Christi?: Wenn Jesus als der Zeuge des Glaubens am Kreuz sein Glaubenszeugnis vollendet hat, dann folgt daraus für das Verständnis der Auferstehung (Gogarten): „daß wie der Tod, so auch die Auferweckung und die Erscheinungen des Auferstandenen im strengen Bezug auf das verstanden werden müssen, was Jesus zu seinen Lebzeiten war"[102], nämlich der Zeuge und Vollender des Glaubens (Ebeling)[103]. Ostern bedeutet deshalb nach Ebeling nicht die schöpferische Tat Gottes in der Auferweckung Jesu Christi von den Toten, sondern er sagt: „Das Erscheinen Jesu und das Zum-Glauben-Kommen dessen, dem die Erscheinung zuteil wurde, war darum ein und dasselbe."[104] Der Sinn von Ostern ist also der, daß dieser von Jesus gelebte und bezeugte Glaube, den er bis zum Tod durchhält, auch bei den Jüngern in Reinheit entsteht. Indem Jesus weggeht, indem er durch den Tod als „Persönlichkeit" unangreifbar und unanschaulich wird, so daß der Glaube sich nicht mehr in falscher Weise sichern kann, jetzt also erst zum reinen Glauben werden kann, — wird Jesus als der Zeuge des Glaubens zum Grund des Glaubens. Ostern koinzidiert (fällt zusammen) nach Ebeling mit dem „Zum-Glauben-Kommen" der Jünger. „Das Lautwerden der Gewißheit Jesu nach seinem Tod und das sich auf sie einlassende Einstimmen des Glaubens ist ... als Auferweckung Jesu zur Sprache gekommen."[105] Erst so, indem Jesus die Jünger verläßt, indem seine Persönlichkeit als Hindernis zugunsten der reinen Entfaltung des Jüngerglaubens weicht, indem Jesus am Kreuz sein Glaubenszeugnis vollendet, angesichts der Verlassenheit durch Gott das Glaubenszeugnis durchhält, wird er, der Zeuge des Glaubens, zum Grund des Glaubens. Denn „Glaubensgrund [ist] das, was den Glauben Glauben sein läßt und den Glauben dabei erhält, daß er wirklich Glaube bleibt."[106] Ostern bedeutet also das „Lautwerden der Gewißheit Jesu nach seinem Tod" und nachösterlicher Glaube ist deshalb nichts anderes als die Folge der Gewißheit Jesu.
Die Überlieferung vom leeren Grab ist nach Ebeling historisch unzuverlässig. Sollte ihr doch ein historischer Kern innewohnen, so ist das freilich keine Erleichterung des Glaubens an den Auferstandenen, denn das leere Grab kann auch anders gedeutet werden (Leichenraub!), so daß man dann trotz (?!) des leeren Grabes glauben müßte. Als zweifellos historischer Kern ist nach Ebeling die Tatsache verschiedener Erscheinungserlebnisse zu konstatieren, in denen es aber eigentlich um die Entstehung des Glaubens der Jünger als Folge des im Kreuz durchgehaltenen Glaubens Jesu geht[107].

[101] G. Ebeling: Wesen, A. a. O. S. 71.
[102] F. Gogarten: A. a. O. S. 155.
[103] Ganz anders urteilt z. B. mit Recht K. H. Rengstorf, wenn er sagt, man sollte die Evangelien lieber „Ostererzählungen, Erzählungen von der Auferweckung Jesu von den Toten, mit ausführlicher Einleitung" nennen (A. a. O. S. 40).
[104] G. Ebeling: Wesen, A. a. O. S. 81; Wort und Glaube, A. a. O. S. 314.
[105] G. Ebeling: Theologie und Verkündigung, A. a. O. S. 91.
[106] G. Ebeling: Wort und Glaube, A. a. O. S. 317.
[107] G. Ebeling: Theologie und Verkündigung, A. a. O. S. 90 f.

So wird ein bestimmter Glaubensbegriff (Glaube als Struktur der Existenz)
zur Dominante der Theologie Ebelings: 1. Glaube ist das Ganzsein der
Existenz, die Existenz in Gewißheit, 2. der historische Jesus ist der Zeuge
und Inbegriff dieses (!) Glaubens, 3. das Kreuz die Vollendung des Glau-
benszeugnisses, 4. die Auferstehung die Entstehung des Glaubens der Jün-
ger, wobei der Zeuge des Glaubens zum Grund des Glaubens wird. „Der
nachösterliche Glaube weiß sich als nichts anderes als das rechte Verstehen
des vorösterlichen Jesus. Denn nun trat Jesus in Erscheinung als der, der er
wirklich war, als Zeuge des Glaubens."[108]

4. Die Einheit und Unterschiedenheit von Osterereignis und Osterglaube
„Es ist ein alter, schon in der Antike weidlich ausgenützter Einwand gegen
die Erscheinungen des Auferstandenen, daß sie sich nicht vor neutralen
Zeugen vollzogen haben, sondern nur vor Gläubigen. Richtiger muß man
freilich sagen: nur vor solchen, die in diesem Geschehen zu Glaubenden
wurden. Daran wird aber, recht verstanden, nicht der Mangel, sondern
gerade das Wesen dieses Geschehens deutlich: Es ging in diesem Erschei-
nungsgeschehen gerade um die Entstehung des Glaubens an den Auferstandenen. Der Auferstandene zeigte sich nicht jedermann und wurde in
der Tat nicht Gegenstand neutraler Beobachtung. Man kann aber auch nicht
sagen, daß die Erscheinungen des Auferstandenen den Glauben an ihn
bereits voraussetzten. Vielmehr wurden die davon Betroffenen zu Glaubenden" (Ebeling)[109].
Ebeling ist darin zuzustimmen, daß die Jünger in den Begegnungen mit dem
Auferstandenen zu Glaubenden wurden; ihm ist darin recht zu geben, daß
der Auferstandene ohne Glauben nicht erkannt und daß seine Erscheinungen vom neutralen Standort eines Beobachters nicht konstatiert werden
konnten und auch faktisch nach dem Zeugnis des Neuen Testaments nicht
konstatiert worden sind. Die Einheit von Osterereignis und Osterglaube ist
also durchaus zu betonen.
Dennoch erheben sich gegenüber der Konzeption Ebelings schwerwiegende
Fragen:
a) Kann man sagen, daß die Erscheinungen Jesu und das Zum-Glauben-
Kommen der Jünger, denen die Erscheinungen zuteil wurden, „ein und
dasselbe" (!) sind? Entsteht nicht der Osterglaube als Folge der Erscheinungen des Auferstandenen so, *daß die Auferstehung Jesu und die auf sie*
folgende Selbstbekundung des Auferstandenen, nicht aber die Entstehung
des Glaubens an den Auferstandenen das eigentliche Osterereignis sind?
Drohen nicht bei Ebeling die Auferstehung Jesu Christi und der Osterglaube ineinander zu verschwimmen, ja letztlich zusammenzufallen?
b) Vermag Ebeling der für Paulus *fundamentalen Bedeutung des Han-*
delns Gottes in Kreuz und Auferstehung, mit dem nach Paulus alle Theologie steht und fällt, noch gerecht zu werden[110]? *Genügt es wirklich, von*

[108] G. Ebeling: Wort und Glaube, A. a. O. S. 315.
[109] G. Ebeling: Wesen, A. a. O. S. 80.
[110] In kritischer Abgrenzung von Ebelings theologischem Ansatz hat G. Eichholz auf die
grundlegende Bedeutung hingewiesen, die dem zuvorkommenden Handeln Gottes in Chri-

einer bloß den Glauben reinigenden Bedeutung des Kreuzestodes Jesu zu sprechen[111]? Und ist das von den Texten Gesagte und Gemeinte nicht primär „die den Jüngern widerfahrende Erscheinung des vom Tode erweckten Jesus Christus *vor* ihrem Glauben an ihn, *seine Existenz* als Lebendiger in ihrer klaren Unterschiedenheit von ihrer eigenen, nicht durch den Glauben an ihn, sondern durch ihren Unglauben bestimmten Existenz?" (Barth)[112].

„Die Texte reden [doch] nicht primär von der Entstehung des Osterglaubens als solchem, sondern von dessen *Begründung* durch den den Jüngern nach seinem Tod ... als Lebendiger begegnenden und mit ihnen redenden Jesus Christus selbst. ... Dieses Konkrete in seiner *Äußerlichkeit*, in seiner *Gegenständlichkeit*, das als solches nicht in ihrem Glauben, sondern im Konflikt mit ihrem Unglauben geschah, das ihren Unglauben überwand und beseitigte, ihren Glauben erst schuf"[113], war nach dem Neuen Testament das eigentliche Osterereignis (Barth).

c) Müßte man sich nicht schon durch die lexikographische Beobachtung, daß das Wort „Glaube" in den Ostertexten überhaupt nicht, das Wort „glauben" nur in Johannes 20, 8. 29 vorkommt, *gewarnt sein lassen, das Ereignis der Auferweckung Jesu durch Gott und die Entstehung des Glaubens der Jünger einfach gleichzusetzen*[114]?

d) Ist der Osterglaube nach dem Neuen Testament wirklich das Heil- und Ganzwerden der Existenz, die Existenz in Gewißheit[115]? *Ist nicht der Osterglaube primär die Antwort des Menschen auf das grundlegende Handeln Gottes in Kreuz und Auferstehung, die Entsprechung zu diesem Geschehen, d. h. ein Glaube, der in der Auferstehung die Vergebung ergreift, sich in den „Dienst der Versöhnung" stellt und die Zukunft Christi ansagt und erwartet? Ein Glaube also, der ganz von diesem Gegenüber bestimmt ist und von ihm auch seine Strukturen empfängt*[116]? „Die souveräne Initiative Gottes darf nicht undeutlich werden. Der Glaube ist das Ja des Gehorsams und der Dankbarkeit, er hat Anwortcharakter, er kann insofern nur als Echo des vorlaufenden Handelns Gottes zur Sprache kom-

stus zugunsten des Menschen im Rahmen der Theologie des Paulus zukommt: „Gottes rettendes Eingreifen ist das königliche Thema der paulinischen Theologie: Paulus faßt es zusammen in dem Satz, daß ‚Gott für uns ist'. Das ist das ‚Faktum', das für Paulus alle Relevanz hat ... Denn in Gottes Tat für den Menschen ... ist allein die Wende gegeben, von der der Mensch dann im Glauben herkommen darf, in die er sich im Glauben hineingenommen weiß" (G. Eicholz: „Die Grenze der existentialen Interpretation, Fragen zu Gerhard Ebelings Glaubensbegriff", i n : Tradition und Interpretation, Studien zum Neuen Testament und zur Hermeneutik, Theologische Bücherei Bd. 29, München 1965, S. 219).

111 Vgl. W. Kreck: „Die Frage nach dem historischen Jesus als dogmatisches Problem", i n : Evangelische Theologie 22, 1962, S. 460–478, bes. 465 ff.
112 K. Barth: Kirchliche Dogmatik, A. a. O. IV, 1, S. 377.
113 K. Barth: A. a. O. S. 376.
114 K Barth: A. a. O. S. 376.
115 D. h. ist der Glaube formal-ontologisch in Absehung von seinem konkreten Woran und Gegenüber zu beschreiben?
116 Gegenstandsbezogenheit und Gegenstandsstrukturiertheit des Glaubens; der Glaube empfängt die Strukturen von seinem Gegenüber. Vgl. in diesem Zusammenhang E. Käsemanns berechtigte Bedenken, „wo man das Verhältnis der Gemeinde vor und nach Ostern allein oder zum mindesten zentral vom Glaubensbegriff bestimmt" und seine Kritik an Ebeling: „Es scheint mir darüber hinaus unstatthaft, Glauben vorwiegend auf die Existenz seines Trägers statt auf seinen Gegenstand oder Inhalt zu beziehen, also die fides qua creditur [Akt des Glaubens] der fides quae creditur [Inhalt des Glaubens] vorzuordnen und die letzte dann auf die Nachfolge Jesu zu reduzieren" (Exegetische Versuche, Bd. II, S. 116).

men. Dieses Verhältnis scheint mir bei Ebeling verschoben zu sein und nicht deutlich genug zu werden" (G. Eichholz)[117].

e) Zeigen nicht Stellen wie 1. Korinther 15, 14[118] oder 1. Korinther 15, 17[119], daß für Paulus *ein unumkehrbarer Begründungszusammenhang zwischen den Größen "Osterereignis — Osterverkündigung — Osterglaube"* besteht, ein unumkehrbares Nacheinander? Das Osterereignis ist der Grund der Osterverkündigung und diese die Voraussetzung des Osterglaubens. Darf dieses Nacheinander im Sinne einer Identität und Selbigkeit verstanden werden? "Bei Ebeling fällt eigentlich alles auf den Glauben zurück, während für Paulus der Glaube an der Geschichte hängt, die sich von Gott her ereignet hat" (G. Eichholz)[120].

VI Die Mehrdimensionalität der Auferstehungsberichte

These: Die verschiedenen Aspekte des Auferstehungsgeschehens sind weder zu isolieren noch zu verabsolutieren, sie sind auch nicht als Definition der Auferstehung Jesu Christi zu verstehen, als ob sie dieses Ereignis erschöpfend beschreiben könnten. Die verschiedenen Aspekte und Motive sind vielmehr Orientierungspunkte der Deutung, die auf die Auferstehung als die Aufrichtung der alle Geschichte übergreifenden Herrschaft Christi nur hinweisen, sie aber nicht einfangen können.

1. Die Aspekte des Auferstehungsgeschehens

Wir haben von den verschiedenen Aspekten des Auferstehungsgeschehens gesprochen und haben gesehen, daß die Verschiedenartigkeit der theologischen Konzeptionen und ihre tiefgreifenden Unterschiede in der spezifischen Zuordnung, Ausklammerung und Verabsolutierung der verschiedenen Aspekte gesucht werden kann. Dabei soll nicht bestritten werden, daß in einer theologischen Konzeption, die einen Grundaspekt des Auferstehungsgeschehens verabsolutiert, die anderen Aspekte nicht auch irgendwie vorkommen. *"Verabsolutierung"* meint hier aber die — angesichts der Mehrdimensionalität der Auferstehungsberichte unmögliche — *Verklammerung und Verschränkung der verschiedenen Grundaspekte unter einen einzigen Grundaspekt.* Denn der umfassende Wirklichkeitscharakter der Auferstehung läßt sich eben nicht auf *den* bzw. einen einzigen Begriff bringen, d. h. auf *einen* Grundaspekt beschränken.

a) *Die Auferstehung als wirkliches Ereignis in der Geschichte*

In den Ostertexten des Neuen Testaments geht es um die Wirklichkeit und Leibhaftigkeit der Auferstehung Jesu Christi (*Realitätsmotiv*). Dieses Motiv ist von *W. Pannenberg* mit Recht betont, aber in der These: "Die Auferstehung ist ein historisches Ereignis" gefährlich zugespitzt und ver-

[117] G. Eichholz: A. a. O. S. 225.
[118] „Ist aber Christus nicht auferstanden, so ist ja unsere Predigt leer, leer auch euer Glaube."
[119] „Ist aber Christus nicht auferweckt worden, so ist euer Glaube nichtig."
[120] G. Eichholz: A. a. O. S. 220.

engt worden. Denn die Auferstehung ist zwar ein wirkliches Ereignis in der Geschichte, hat aber als ein die Geschichte zugleich sprengendes Geschehen lediglich einen historischen Rand. Sie ist also mit den Mitteln der historischen Forschung prinzipiell nicht faßbar, sie entzieht sich ihrem Wesen nach der historischen Begründung und Feststellung. Die Auferstehung geht zwar in die Geschichte ein, sie geht aber nicht in dieser auf. Denn der Einbruch der neuen Schöpfung in den alten Äon kann nicht in den Geschichtszusammenhang des alten Äons zunächst eingeordnet und dann aus diesem mit den Mitteln der historischen Forschung in seiner Bedeutung verstanden werden.

b) *Die Auferstehung als Inkraftsetzung der Versöhnung*
Die Auferstehung Jesu Christi ist im Neuen Testament die Inkraftsetzung der Versöhnung durch Gott (Röm. 4, 25); die Ostererscheinungen in den Evangelien sind die vergebende Selbstdarbietung des Auferstandenen zur erneuten Gemeinschaft mit seinen Jüngern (Mahlmotiv, *Vergebungsmotiv*). Dieses Motiv ist besonders von K. *Barth* innerhalb seiner Entfaltung des „differenzierten Zusammenhangs von Kreuz und Auferstehung" herausgestellt worden: Die Auferweckung Jesu Christi durch Gott ist das Urteil des Vaters, durch das er dem Gekreuzigten recht gibt und die Versöhnung in Kraft setzt.

c) *Die Auferstehung als Eröffnung der Zukunft*
Die Auferstehung als ein wirkliches Ereignis in der' Geschichte, durch das Gott die Versöhnung in Kraft setzt, erweist sich darin zugleich als ein die Geschichte sprengendes Ereignis, daß sie die Zukunft eröffnet und die Hoffnung begründet. Die Auferstehung Jesu Christi kann ohne die Zukunft Christi nicht verstanden werden *(futurisch-eschatologisches Motiv)*. Dieses Motiv der Zukunftsbezogenheit und Zukunftsoffenheit, der Charakter der Auferstehung als eines Zukunft stiftenden Ereignisses ist mit Recht von W. *Kreck* und *J. Moltmann* betont worden, wenn auch gefragt werden muß, ob dieses Motiv bei Moltmann nicht in gewisser Weise verabsolutiert erscheint und bezweifelt werden muß, daß die Auferstehungsberichte „nur [!] im modus [= in der Weise] der Verheißung" (Moltmann) verstanden werden können. Denn die erwartete Erlösung (Röm. 8, 19 ff.) *gründet* in der geschehenen Versöhnung (2. Kor. 5, 19). Und die kommende Vollendung ist die von Gott in einem schöpferischen Akt erwartete *Bewährung* der in Christus geschehenen Versöhnung an den Menschen und an den Dingen. *Der Versöhnungscharakter der Auferstehung begründet also den Verheißungscharakter der Auferstehung.* Daraus folgt: die Auferstehung bedeutet zwar *auch,* sie ist aber *nicht nur* die Inkraftsetzung der Verheißung und die Eröffnung einer neuen Zukunft.

d) *Die Auferstehung als Aufrichtung des Kerygmas*
Die Auferstehung Jesu Christi (die die Versöhnung in Kraft setzt und die Zukunft eröffnet) und die Erscheinungen des Auferstandenen begründen nach dem Neuen Testament die Sendung (die die Herrschaft des Auferstandenen proklamiert, die Vergebung zuspricht und die Zukunft Christi ansagt) und richten das Kerygma als das „Wort von der Versöhnung"

auf (*Sendungsmotiv*). Das Osterereignis ist nicht ohne die es deutende und proklamierende Osterverkündigung.

Dieses Motiv in den Auferstehungsberichten, die Auferstehung als Aufrichtung des Kerygmas, ist besonders von R. *Bultmann* herausgestellt worden, obwohl von seinen (hermeneutischen) Voraussetzungen her unklar bleibt, was von den neutestamentlichen Texten her nicht im unklaren bleiben kann und unklar bleiben darf, ob der auferstandene und lebendige Herr eine Wirklichkeit ist oder nur das Kerygma, und ob nicht an die Stelle der Formel „Kreuz und Auferstehung" bei Bultmann eigentlich die Formel „Kreuz und Kerygma" tritt. Bleibt aber die konkrete Begegnung des Auferstandenen mit den darin zu Aposteln und Trägern des Kerygmas berufenen Jüngern unklar, so steht das Kerygma in der Gefahr, seiner eigentlichen Begründung und Autorisierung zu entbehren, und die Sendung droht das unauflösliche und unumkehrbare Gegenüber zu dem sendenden Herrn (Matth. 28, 16—20) zu verlieren.

e) *Die Auferstehung als Begründung des Glaubens*

Die Auferweckung des Gekreuzigten und die der Auferweckung folgende Selbstbezeugung des Auferstandenen begründen den Osterglauben der Jünger, der dem Osterereignis entspricht (*Glaubensmotiv*). Dieses Motiv ist besonders von G. *Ebeling* betont worden: In den Erscheinungen des Auferstandenen wurden die Jünger zu Glaubenden; die Ostererscheinungen sind nicht ohne den Osterglauben. Zu fragen wäre allerdings, ob die Erscheinungen des Auferstandenen und das Zum-Glauben-Kommen der Jünger „ein und dasselbe" (!) sind, ob hier nicht vielmehr ein unumkehrbares Folgeverhältnis vorliegt. Zu verneinen wäre, daß der Osterglaube zur Dominante und hinreichenden Deutungskategorie des Osterereignisses wird und die Entstehung des Glaubens in den Jüngern das eigentliche Osterereignis darstellt. Hinzu kommt, daß der Glaube nach Darstellung der neutestamentlichen Osterberichte nicht das Heil- und Ganzwerden der Existenz, die Existenz in Gewißheit bedeutet. Vielmehr ist die Entsprechung der Jünger zum Ostergeschehen ein Glaube, der die Herrschaft des Auferstandenen *anerkennt* und darin den Zuspruch der Vergebung *annimmt*, die Sendung *im Gehorsam* ergreift und *hoffend* die Zukunft Christi erwartet.

2. *Die Mehrdimensionalität der Ostertexte*

Die Aspekte des Auferstehungsgeschehens und die verschiedenen Motive in den Auferstehungsberichten, die diese gestalteten[121], bedingen *die Mehrdimensionalität der Osterberichte*, denen eine einlinige[122] Fragestellung, so wichtig sie an ihrem Ort sein mag, nicht gerecht zu werden vermag. Die Auferstehungsberichte und Auferstehungstexte des Neuen Testa-

---

[121] Die Auferstehung und ihr historischer (I), soteriologischer (II), futurisch-eschatologischer (III), kerygmatheologischer (IV) und anthropologischer (V) Aspekt. Realitätsmotiv (I), (Mahl-)Vergebungs-Motiv (II), Hoffnungsmotiv (III), Sendungsmotiv (IV), Glaubensmotiv (V).

[122] Historische, kerygmatheologisch-existentiale oder futurisch-eschatologische Fragestellung usw.

ments wollen vielmehr unter einer *umfassenden und vielgestaltigen Frage-*
stellung gelesen werden:

1. Was können wir wissen? *(historisch)*[128]
2. Wodurch sind wir gerechtfertigt? *(soteriologisch)*
3. Was dürfen wir hoffen? *(futurisch-eschatologisch)*
4. Wozu sind wir gesandt? *(kerygma-theologisch)*
5. Wie dürfen wir uns verstehen? *(anthropologisch)*

Die Versuche der Deutung der Auferstehung unter den verschiedenen, nicht
voneinander zu isolierenden Aspekten und die Vielfalt der Motive, unter
denen die Auferstehungsberichte im Neuen Testament gestaltet wurden,
haben dabei für uns bleibende und normative Gültigkeit:

1. *Lukas 24, 34:* „Der Herr ist *wirklich* (!) auferstanden."
   (Realitätsmotiv)
2. *Römer 4, 25:* „Auferweckt *um der Rechtfertigung (!) willen.*"
   (Vergebungsmotiv)
3. *1. Korinther 15, 13:* „Wenn es die *(künftige) Auferstehung der
   Toten* (!) nicht gibt, dann ist auch Christus nicht auferstanden."
   (Hoffnungsmotiv)
4. *1. Korinther 15, 12:* „Christus *wird verkündigt* (!), daß er von den
   Toten auferweckt ist."
   (Sendungsmotiv)
5. *1. Korinther 15, 14:* „Wenn aber Christus nicht auferweckt ist, dann
   . . . ist *euer Glaube* (!) vergeblich."
   (Glaubensmotiv)

Die Verschiedenheit der Aspekte und die Vielfalt der Motive sind jedoch
nicht streng als „Definitionen" (Eingrenzungen) der Auferstehung zu verstehen, als ob sie dieses Ereignis erschöpfend beschreiben könnten. Diese
verschiedenen Aspekte und Motive sind vielmehr *„Orientierungspunkte"*
der Deutung dieses Geschehens, die Auferstehung selbst ist als die Auf-
richtung der Herrschaft Christi ein Ereignis, das alle genannten Momente
übergreift, weil wir den Auferstandenen nicht „begreifen", sondern nur
von ihm „umgriffen" werden können.

3. *Die Zuordnung der Aspekte des Auferstehungsgeschehens*
Unsere Einleitung will keine erschöpfende Darstellung der Aspekte des
Auferstehungsgeschehens sein. Sie hat den *theologischen*[124] und den *ver-*

---

[128] Es sei hier nochmals unterstrichen, daß die mit den Mitteln der historischen Forschung
zu suchende Antwort auf die Frage: „Was können wir wissen?" angesichts des übergreifenden Wirklichkeitscharakters der Auferstehung Jesu Christi prinzipiell nur den
historischen Rand der Osterereignisse in den Blick bekommen kann. Aber daß nun durchaus in diesen Grenzen historisch gefragt werden kann und auch gefragt werden muß, hat
etwas mit dem Wirklichkeitscharakter der Auferstehung Jesu Christi zu tun. Die Frage
nach dem Rand des Geschehens „sichert" zugleich die Wirklichkeit und das Ereignis der
Auferstehung vor einer Mythisierung (Auflösung in einen Mythos) und einer radikalen
Existentialisierung (Übersetzung der Auferstehung in existentiale Bedeutsamkeit).

[124] Die Auferstehung als Tat und Selbstdefinition Gottes: „der unseren Herrn Jesus von den
Toten auferweckt hat" (Röm. 4, 24). Gott hat diesen Ehrennamen, wie besonders J. Schniewind („Die Leugner der Auferstehung in Korinth", i n : Nachgelassene Reden und Auf-

heißungs- bzw. heilsgeschichtlichen Aspekt[125] nur angedeutet, den kosmo-kratorischen[126] und trinitätstheologischen Aspekt nicht einmal erwähnt.

Die Voranstellung des historischen Aspektes in der Einleitung trägt der gegenwärtigen Forschungs- und Diskussionslage Rechnung, in deren Mittelpunkt erneut die Frage nach dem Ereignis- und Wirklichkeitscharakter der Auferstehung, nach ihrem raumzeitlichen Geschehenscharakter getreten ist (W. Pannenberg!). Sie soll zugleich zum Ausdruck bringen, daß die Diskussion um Kreuz und Auferstehung unter Umgehung bzw. prinzipieller theologischer Verdächtigung dieses Aspektes kaum einer sinnvollen Lösung zugeführt werden kann.

Die Voranstellung des historischen Aspektes soll aber nicht der leider weit verbreiteten, aber *bedenklichen Vorstellung* Vorschub leisten, *als ob der historische Aspekt der eigentliche und der spezifische Zugang zum Verständnis der Auferstehung sei.*

Ein solches Denken sollte schon die exegetische Arbeit *K. H. Rengstorfs* eines Besseren belehren, die zunächst den *theologischen Aspekt*[127] entfaltet: „Jesu Auferstehung [ist] die alles entscheidende Tat Gottes. Sie stellt die Gottesfrage so, daß ihr nicht mehr auszuweichen ist"[128], sich dann dem *soteriologischen Aspekt zuwendet*[129], um mit dem *Realitäts-Aspekt*[130] und dem *futurisch-eschatologischen Aspekt*[131] zu schließen.

sätze, Herausgeber E. Kähler, Berlin 1951, S. 110 ff.) in diesem Zusammenhang immer wieder betont hat. Er ist geradezu eine Art Selbstdefinition Gottes, denn in der Überwindung des Todes erweist sich Gottes Wirklichkeit. Wenn Gott nicht diesen Feind ausräumte, dann wäre er nicht Gott. Im Anschluß an Schniewind hat H. J. Iwand gesagt: „Hier [im Tode Jesu] ist der Tod als Gegensatz zu Gott offenkundig geworden, er ist Ereignis geworden als widergöttliches Geschehen. Entweder der Tod oder Gott behält das letzte Wort über uns. Das ist die Entscheidung, in die uns der Tod Jesu stellt . . . Und die Auferstehung Jesu wird verkündet und geglaubt als Erweis, daß in der Welt Gottes der Tod keine Macht hat. So tief mußte die Gottesfrage ‚hinabgezogen werden in unser Fleisch', daß an seiner tiefsten Tiefe, der Verwesung, an dem Vergehen, dem Nichts, deutlich wurde, daß Gott ein Gott der Lebendigen und nicht der Toten ist (Matth. 22, 32)" (Christologie-Vorlesung, 1958/59).

[125] Die Auferstehung als Erfüllung der Verheißung (Goppelt, Barth). W. Zimmerli hat das Christusereignis in Kreuz und Auferstehung als „das machtvolle Treuegeschehnis" bezeichnet, „das sich in Jesus Christus von Gott her ereignet hat . . . Christus [ist] in der angedeuteten Weise in seinem eigentlichsten Wesen als die Erfüllung der Verheißung an Israel verstanden" (A. a. O. S. 100 f.).

[126] 1. Kor. 15, 20 ff., Phil. 2, 6 ff.: die Auferstehung als Einsetzung Christi in die Herrschaft Gottes (Rengstorf). Der kosmokratorische Aspekt der Auferstehung Jesu ist besonders von E. Käsemann herausgestellt worden. Nach ihm findet sich in 1. Kor. 15, 20—28 „das entscheidende Motiv der paulinischen Auferstehungstheologie". Die Auferstehung Jesu Christi ist danach für Paulus zunächst und grundlegend die Aufrichtung der Herrschaft Christi: „Christus muß aber herrschen', das ist der Nerv dieser Ausführung und der Grund, der Gewißheit auch über unser eigenes Schicksal gibt. Doch gibt sich Paulus damit nicht zufrieden. Mehr als seltsam fügt er an die erste Aussage alsbald eine zweite, daß die Herrschaft Christi begrenzt sei und vorläufig. Sie dient einzig dem Zwecke, der Alleinherrschaft Gottes Platz zu schaffen. Christus ist der Platzhalter Gottes gegenüber einer Welt, welche Gott noch nicht völlig unterworfen ist, obgleich ihre eschatologische Unterwerfung seit Ostern in Gang gekommen ist und ihr Ende abzusehen ist. Apokalyptischer kann keine Perspektive sein. Mit größter Deutlichkeit zeigt sich hier, daß Paulus . . . die Endzeit angebrochen sieht. Das ist seit Christi Auferstehung deshalb der Fall, weil seitdem Unterwerfung der kosmischen Mächte geschieht" (Exegetische Versuche, A. a. O., Bd. II, S. 127).

[127] H. K. Rengstorf: A. a. O. S. 27 f.: „Die Auferstehung als Tat Gottes."; 1. Kor. 15, 3 f.: „er wurde auferweckt" = Gott hat ihn auferweckt, S. 29 ff.; „er erschien" = Gott hat ihn sichtbar werden lassen, Apg. 10, 40 f., S. 48 ff.

[128] K. H. Rengstorf: A. a. O. S. 34.

[129] K. H. Rengstorf: A. a. O. S. 63 ff.: „Wie Paulus das Kreuz und die Auferstehung Jesu . . . in Beziehung zur Sündenvergebung setzt."

[130] K. H. Rengstorf: A. a. O. S. 74 ff.: „Die Leiblichkeit des Auferstandenen."

[131] K. H. Rengstorf: A. a. O. S. 91 ff.: „Die Auferstehung als Beginn der Vollendung der neuen Schöpfung."

Ähnlich wie Rengstorf hat auch *K. Barth* gegenüber einer solchen Verabsolutierung des historischen Aspektes im systematischen Bereich den *theologischen*[132] und den darin eingeschlossenen *soteriologischen Aspekt*[133]
noch vor dem *Realitätsaspekt* der Auferstehung entfaltet, ja letzteren[134]
lediglich als eine „formale", wenn auch wichtige „Ergänzung"[135] den beiden
ersten Aspekten untergeordnet. Weil für Barth die Auferstehung als Tat
Gottes die exemplarische Gestalt seiner Offenbarung überhaupt (theologischer Aspekt!), weil sie zugleich das Urteil Gottes ist, das die Versöhnung
in Kraft setzt, m. a. W: *weil Barth die Lehre von der Auferstehung von
vornherein unter die Leitfrage nach dem Übergriff der Versöhnung auf
unsere Gegenwart stellt, ihre Bedeutung also in strengem Bezug auf das
Kreuz durchdenkt*[136] (soteriologischer Aspekt!), deshalb ist für ihn die
Auferstehung zwar auch entscheidend, jedoch immer nur in Konsequenz,
als Näherbestimmung und „formale Ergänzung" der beiden primären
Aspekte ein gegenständliches, in Raum und Zeit geschehenes, innerwelt-
lich-wirkliches Ereignis (Realitätsaspekt)[137].
Barth ordnet also den grundlegenden theologischen und soteriologischen
Aspekt der Auferstehung dem Realitätsaspekt vor und ordnet zugleich
den letzteren den beiden ersteren als Nebenaspekt („formale Ergänzung")
unter.

4. *Die Verabsolutierung des Sendungsmotivs*
(Ostern als die Weiterereignung des Jesus-Kerygmas)
Eingangs ist gesagt worden, daß das Charakteristikum im Auferstehungs-
verständnis des jeweiligen Theologen in der Art und Weise der Zuordnung
und Verabsolutierung der Aspekte des Auferstehungsgeschehens zu suchen
ist.
Als ein markantes Beispiel für diese Verabsolutierung eines einzelnen
Aspektes (und zwar des *Sendungsmotivs)* im Auferstehungsgeschehen hat
W. Marxsens Auferstehungsverständnis und seine Analyse der Auferstehungsberichte zu gelten:
a) *Das Widerfahrnis des Sehens und die Auferstehung Jesu:*
Wie ist das urchristliche Bekenntnis zu der Auferstehung Jesu entstanden?
Marxsen antwortet: Kein Mensch der frühen Urgemeinde hat jemals behauptet, die Auferstehung Jesu als Ereignis, als Faktum und Geschehen
gesehen oder erlebt zu haben; es gibt nach dem Neuen Testament keine
Zeugen des Auferstehungsvorgangs. Mit Sicherheit kann historisch nur
gesagt werden, „daß Zeugen ein Sehen des Gekreuzigten widerfuhr. Noch

---

[132] K. Barth: A. a. O. KD IV, 1, S. 330 ff.: Die Auferstehung als alleinige Tat Gottes, als
exemplarische Gestalt seiner Offenbarung.
[133] K. Barth: A. a. O. KD IV, 1, S. 335 ff: Die Auferstehung als Inkraftsetzung der Versöhnung; als das Urteil des Vaters, in dem er dem Gekreuzigten recht gibt.
[134] K. Barth: A. a. O. KD IV, 1, S. 368 ff: Der raumzeitliche Geschehenscharakter der Auferstehung; die Auferstehung als ein innerweltliches gegenständliches Ereignis.
[135] K. Barth: A. a. O. KD IV, 1, S. 368.
[136] K. Barth: A. a. O. KD IV, 1, S. 312 ff.
[137] K. Barth: A. a. O. KD IV, 1, S. 368 ff.

genauer müssen wir formulieren: Zeugen behaupten nach dem Tode Jesu, *ihn gesehen zu haben.*"[138]

Dieses Widerfahrnis des Sehens des Gekreuzigten veranlaßte nun die Zeugen, denen die jüdische Vorstellung der allgemeinen Totenauferstehung geläufig war, zu dem (für sie an sich überzeugenden, für uns aber nicht bindenden) Schluß: Jesus ist auferstanden. Dieser *damals* (!) verständliche Rückschluß von dem „Sehen des Gekreuzigten" auf Jesu Auferstehung ist aber in den ältesten Schichten des Neuen Testaments (nach Marxsen) nicht immer vollzogen worden. *Paulus z. B.* sage nie, er habe *den Auferstandenen* gesehen oder *der Auferstandene* sei ihm erschienen. Vielmehr rede Paulus[139], „wenn er von seinem Damaskuserlebnis spricht, von einem Offenbaren, einem Sehen und Erscheinen des Sohnes Gottes . . ., aber *nie* von dem Auferstandenen"[140]. Das den Zeugen widerfahrene Sehen des Gekreuzigten ist also das erste, die Überzeugung von dem Ereignet-Sein der Auferstehung Jesu jedoch das Ergebnis eines sekundären Rückschlußverfahrens. Die Aussage von der Auferstehung Jesu ist also eine neben anderen mögliche Deutung *(personales Interpretament)* des Sehwiderfahrnisses der Jünger, die in den Vorstellungen jüdischer Tradition einhergeht, aber für uns keine zwingende Notwendigkeit besitzt.

b) *Das „Widerfahrnis des Sehens" und die Sendung:*

Steht nach Marxsen außer Frage, daß frühe Zeugen die Vorstellung von der Auferstehung der Toten zur Deutung ihrer ursprünglichen Erfahrung (das Sehen Jesu) verwendet haben, so meint er, im Neuen Testament noch eine Überlieferungsschicht abheben zu können, in der die grundlegende Ostererfahrung auf ganz andere Weise zum Ausdruck gebracht worden ist. Die Deutung des Widerfahrnisses des Sehens mit Hilfe der Vorstellung von der Auferstehung sei also nicht die einzig mögliche. Aus Stellen wie 1. Korinther 9, 1; Galater 1, 15; Matthäus 28, 16 ff.[141] u. a. meint Marxsen ersehen zu können, *daß das Widerfahrnis des Sehens Jesu ursprünglich noch unmittelbar mit dem Motiv der Sendung verbunden war:* Petrus erhält durch die Erscheinung Jesu die leitende Funktion in der Urgemeinde (Luk. 24, 34; 1. Kor. 15, 5), ebenso kann Apostel nur sein, wer Jesus nach seiner Kreuzigung gesehen hat (Gal. 1, 15; 1. Kor. 9, 1): d. h. die Zeugen haben ihre Funktion als Apostel auf ein Sehen Jesu nach seiner Kreuzigung zurückgeführt. Sie haben also aus dem Widerfahrnis des Sehens diese ihre Funktion als Apostel *(funktionales Interpretament)* und damit die Begründung ihrer Sendung abgeleitet.

Marxsen folgert: Das Widerfahrnis des Sehens begegnet also in zwei Verstehenszusammenhängen. *Das eine Mal wird aus ihm die Auferstehung Jesu erschlossen, das andere Mal durch es die Sendung begründet.* Es falle also auf, „daß das Widerfahrnis des Sehens nicht unbedingt und nicht immer mit dem Interpretament [= Deutung] Auferstehung Jesu verbunden

---

[138] W. Marxsen: „Die Auferstehung Jesu als historisches und theologisches Problem", Gütersloh 1964, S. 19.
[139] Marxsen meint, sich dafür auf Gal. 1, 15 f.; 1. Kor. 9, 1 berufen zu können.
[140] W. Marxsen: A. a. O. S. 13.
[141] Diese Stellen reden nach Marxsen also nicht von den Erscheinungen des Auferstandenen, sondern vom „Sehen des Gekreuzigten".

werden *mußte*. Man konnte also die komplexe Wirklichkeit des Widerfahrnisses durchaus so aussagen, daß man nicht ausdrücklich von der Auferstehung Jesu sprach."[142]

c) *Die Verabsolutierung des Sendungsmotivs:*

Die Auferstehungsaussage ist also nach Marxsen nur *eine* mögliche Deutung des historisch gesicherten Sehwiderfahrnisses der Zeugen, ja ihr ist
sogar die funktionale Deutung (die Ableitung der Sendung aus dem Widerfahrnis des Sehens Jesu) sachlich überzuordnen. Die Erscheinungen Jesu
(nach Marxsen: nicht des Auferstandenen!) begründeten also ursprünglich die Verkündigung der Urgemeinde; dies ist ihre eigentliche Funktion.
Die Verkündigung der Urgemeinde ist dabei ihrem Inhalt nach nicht etwa
die Proklamation von Kreuz und Auferstehung, sondern im Hinblick auf
Johannes 20, 21 die Weiterereignung der Jesusverkündigung, die Wieder-
ereignung des Jesus-Kerygmas[143]. „Durch das Widerfahrnis des Sehens
ausgelöst, wird also die ‚Sache Jesu' weitergebracht. . . . Die Sache Jesu wird
aber weitergebracht durch seine Zeugen. Sie stehen in ihrer Funktion nun
an Jesu Statt."[144]

Die „Sache Jesu" — inhaltlich dadurch gekennzeichnet, *daß Jesus in seiner
Verkündigung die Menschen vor die drängende und konkrete Nähe Gottes stellte, im Glauben unmittelbar mit Gott konfrontierte* — ereignet sich
nun in der Verkündigung der Zeugen weiter. Die drängende Nähe Gottes,
die mit dem Auftreten Jesu begonnen hatte, ist nicht etwa mit dem Tode
Jesu vorbei, sondern ereignet sich nun erneut in der Verkündigung der
Zeugen: dies ist der eigentliche Sinn von Ostern.

Die Aussage: „Jesus ist auferstanden" ist demgegenüber nach Marxsen
mißverständlich. Übersetze man sie aber, so besage sie mit dürren Worten,
*daß die Verkündigung Jesu auch nach dem Kreuz und „trotz des Kreuzestodes
Jesu"* (!) *so ausgerichtet wird, wie Jesus sie selbst ursprünglich verkündet
hat.* Die Frage nach der Auferstehung Jesu ist deshalb nach Marxsen „zuletzt
keine Frage nach einem *Ereignis* nach Karfreitag, sondern es ist die Frage
nach dem irdischen Jesus und (unlösbar damit verbunden!) die Frage, wie
seine Sache später erfahrene Wirklichkeit wurde und heute erfahrbare

[142] W. Marxsen: A. a. O. S. 24.
[143] W. Marxsen behauptet dies trotz des anderslautenden breiten Überlieferungsbefundes, in
dem Kreuz und Auferstehung als Mitte des Kerygmas erscheinen: vgl. u. a. Röm. 4, 25;
10, 9; 1. Kor. 15, 3–5; Apg. 2, 23 f.; 3, 14 f.; 5, 30 f; auch R. Bultmanns Gegenüberstellung:
„Während die Predigt Jesu die eschatologische Botschaft von der kommenden, ja, der
hereinbrechenden Gottesherrschaft ist, wird im Kerygma [der Urgemeinde] Jesus Christus
verkündigt als der stellvertretend für die Sünden der Menschen am Kreuz Gestorbene
und von Gott wunderbar zu unserem Heil Erweckte" (Verhältnis der urchristlichen Christusbotschaft, A. a. O. S. 6). Vgl. auch G. Bornkamm: „Wie für alle urchristliche Verkündigung ist auch für die des Paulus kennzeichnend, daß sie nicht einfach die Botschaft des
vorösterlichen Jesus [!] wiederholt und weiterträgt, sondern seinen Tod und seine Auferweckung [!] als Heilsgeschehen verkündigen" (Artikel: Paulus, RGG³, Bd. V, Sp. 175).
Paulus verkündigt Jesus als Christus, „durch dessen Tod und Auferweckung die Erlösung
vollbracht ist" (ebd.; vgl. Röm. 5, 6 ff.; 8, 34 f.; 14, 9; 1. Kor. 1, 17 f. 23; 15, 3 ff.; 2. Kor. 5,
14 ff.; Gal. 5, 1 ff.; u. ö.). „Das Heilsgeschehen konzentriert sich [also nach Paulus] in
Christi Tod und Auferweckung (Erhöhung) als Gottes Gnaden- und Liebestat, wobei der
Ereignis- und Tatcharakter entscheidend ist, nicht die bloße Gesinnung der Güte" (Röm. 3,
24 f.; 5, 15; 2. Kor. 8, 9; Gal. 1, 4 u. ö. — Röm. 5, 8; 8, 35. 39; 2. Kor. 5, 14; Gal. 2, 20;
A. a. O. Sp. 184 f.).
[144] W. Marxsen: A. a. O. S. 25.

Wirklichkeit werden kann"[145]. Ostern ist im Kern die Begründung der Sendung der Jünger (= Auslösung einer Funktion), d. h. die Weiterereignung des Jesus-Kerygmas, das Jesus selbst anfänglich verkündigt hat.

d) *Die Begründung der Sendung durch die Erscheinungen des Auferstandenen:*

Die These Marxsens: *Ostern* ist im Kern die Fortsetzung der „Sache Jesu", die mit der Verkündigung Jesu begann, ist *die Weiterereignung des Jesus-Kerygmas* in der Sendung der Zeugen (Verabsolutierung des Sendungsmotivs), beruht auf zwei Voraussetzungen, einer historischen und einer systematischen.

Die historische Voraussetzung: Die ältesten Schichten (u. a. Paulus) reden nach Marxsen nicht von den Erscheinungen des *Auferstandenen* (!), sondern lediglich vom „Sehen Jesu" bzw. vom „Sehen *des Gekreuzigten*" (Gal. 1, 15 f.; 1. Kor. 9, 1). Diese These Marxsens ist deshalb nicht zwingend, weil Paulus gerade im Hinblick auf Galater 1, 15 (Gott offenbart ihm seinen Sohn) in Galater 1, 1 sagt, er sei „Apostel nicht . . . durch Menschen, sondern durch Jesus Christus und Gott dem Vater, *der ihn von den Toten auferweckt hat*"! Gleicherweise ist 1. Korinther 9, 1 („Habe ich nicht Jesus, unseren Herrn gesehen?") von 1. Korinther 15, 8 her zu verstehen, wo Paulus, wie Petrus und die anderen Apostel (1. Kor. 15, 5—7: „auferstanden . . . erschienen") seine Berufung und Autorisierung in der Erscheinung des *Auferstandenen* (!) begründet.

Es ist deshalb auch weiterhin gegenüber Marxsen von den *„Erscheinungen des Auferstandenen"* und nicht lediglich von den „Erscheinungen Jesu", vom *„Sehen des Auferstandenen"* und nicht lediglich vom „Sehen des Gekreuzigten" zu reden. Und zwar nicht nur, weil an sich schon das Sehen des vorher gekreuzigten und getöteten Jesus seine Auferweckung notwendig einschließt (was soll denn sonst die Rede vom „Sehen des Gekreuzigten"!), sondern primär, weil alle Überlieferungsschichten des Neuen Testaments von dem Erscheinen bzw. Sehen des *Auferstandenen* (!)[146] reden.

Diese *feste Verklammerung von Auferstehung und Erscheinung Jesu Christi* bestätigt auch die alte Jerusalemer Formel 1. Korinther 15, 3—5: Wie mit der Wendung „er wurde begraben" belegt wird, daß Jesus wirklich tot war (V. 4), so wird mit dem „er erschien" (V. 5) bekräftigt, daß er wirklich auferstanden ist[147]. Wilckens urteilt deshalb zu Recht: „Die Verkündigung der *Auferweckung* Christi als geschehener Gottestat an dem toten Jesus ist durch die benennbaren Erscheinungen *dieses* Christus be-

[145] W. Marxsen: A. a. O. S. 35.

[146] Vgl. die Wortfolge: „auferstanden . . . erschienen" i n : Luk. 24, 34; 1. Kor. 15, 6 f.; Joh. 21, 14; Apg. 10, 40 f.; Mark. 14, 28 + 16, 7; Matth. 28, 7 + 17; ferner die sachlich völlig entsprechende Wortfolge: „Gott hat Jesus auferweckt, des sind wir Zeugen" i n : Apg. 2, 32; 3, 15. u. ö.

[147] So wenig in 1. Kor. 15, 3—5 das „er ist gestorben" (V. 3) ein Interpretament (= Deutung) des „er wurde begraben" (V. 4) ist, so wenig ist das „er wurde auferweckt" (V. 4) ein Interpretament der Erscheinungen Jesu (V. 5). Die Erwähnung des Grabes und der Erscheinungen sind in der Formel charakteristischerweise dem Tod und der Auferweckung Jesu zugeordnet, sie bekräftigen sie jeweils. Das „er erschien" (V. 5) sagt also den Wirklichkeitscharakter des „er ist auferweckt" (V. 4) aus (vgl.: Luk. 24, 34 „er ist wirklich (!) auferstanden" = „er ist erschienen").

kräftigt. . . . Man hat also durchaus das gute Recht, von den Erscheinungen des Auferstandenen zu sprechen."[148]

Die systematische Voraussetzung: Marxsen ordnet das aus dem „Widerfahrnis des Sehens" abgeleitete Motiv der Sendung der lediglich durch Reflexion gewonnenen Aussage: „Jesus ist auferstanden" vor, um von daher Ostern im Kern als Weiterereignung des Jesus-Kerygmas zu verstehen: „Die Sache Jesu geht weiter." Ist aber das „Widerfahrnis des Sehens Jesu" Folge der Erscheinungen des Auferstandenen (gegen Marxsen), so sind diese nicht dem Sendungsmotiv nach- und unterzuordnen. *Vielmehr lösen gerade die Erscheinungen des Auferstandenen (!) die Funktion der Sendung aus, sind also gerade sie die Begründung und Autorisierung der Sendung.* Die Erscheinungen des Auferstandenen wurden von Anfang als Berufungserscheinungen verstanden (Gal. 1, 15 = Jer. 1, 4 ff.), die Sendung also von Anfang an aus jenen Erscheinungen abgeleitet. *Die Auferstehung Jesu und die Erscheinungen des Auferstandenen* (personaler Aspekt) *begründeten also die Sendung der Zeugen* (funktionaler Aspekt). Wiederum folgt daraus: Die durch die Erscheinungen des Auferstandenen autorisierte Verkündigung der Zeugen ist ihrem Inhalt nach nicht die „Weiterereignung des Jesus-Kerygmas" (Marxsen), sondern *die Auferstehung des Gekreuzigten,* seine Einsetzung zum Herrn und Kyrios[149]. Die Erscheinungen des Auferstandenen, die Berufung der Zeugen zur Verkündigung des Auferstandenen und das Auferstehungszeugnis als die Proklamation der Auferstehung des Gekreuzigten gehören somit im Neuen Testament unlösbar zusammen, und zwar so, *daß die Sendung bleibend und entscheidend an den Auferstandenen, der hier sendet,* gebunden ist. Die Auferstehung ist also nicht das Interpretament eines Gesandtseins, dessen Subjekt undefinierbar und unerkennbar bleibt.

Die Sendung der Zeugen ist demnach, sowohl was ihre Begründung als auch was den Inhalt ihrer Verkündigung anbetrifft, in den Erscheinungen des gekreuzigten und auferstandenen Jesus begründet, die Verabsolutierung des Sendungsmotivs bei Marxsen („Ostern als die Weiterereignung des Jesus-Kerygmas") also durch die Texte nicht gedeckt.

5. Die Fragwürdigkeit gängiger Alternativen angesichts der Ostertexte
G. *Eichholz* kommt in seinem Aufsatz: „Die Grenze der existentialen Interpretation" zu dem Ergebnis: „Was *grundsätzlich problematisch* ist, ist nach meinem Verständnis die Formulierung von *Alternativen,* die den biblischen Aussagen nicht gerecht werden, weil die biblischen Aussagen mit ihnen nicht einzufangen sind bzw. weil die biblischen Aussagen sich ihnen nicht fügen. Es geht darum, der *Unzulänglichkeit* weithin gängiger Alternativen innezuwerden! Ist das biblische Zeugnis der Alternative: Historie

[148] U. Wilckens: Die Überlieferungsgeschichte der Auferstehung Jesu, A. a. O. S. 49. Vgl. ebenfalls G. Bornkamm: „Diese Christus-Vision (Gal. 1, 15; 1. Kor. 9, 1) stellt Paulus 1. Kor. 15, 8 in eine Reihe mit den Erscheinungen des Auferstandenen [!] vor anderen Zeugen" (Artikel: Paulus, RGG³, Bd. V, Sp. 169). Es steht also nach dem Selbstzeugnis des Paulus fest, „daß es sich um eine Begegnung mit dem Auferstandenen [!] handelte" (Chr. Maurer, Artikel: Paulus, EKL Bd. III, Sp. 94).
[149] Vgl. Röm. 4, 25; 1. Kor. 15, 3—5. 11: „so verkündigen wir . . .".

oder Kerygma ... ausgeliefert, so kann es nur *beide* Male verkürzt bzw. verkannt werden. ... Die Alternative: Historie/Kerygma trifft die Texte in ihrem *eigenen Aussagehorizont* nicht, sofern Historie Sachwahrheit und Kerygma Existenzwahrheit meinen sollte, und hier ein Entweder/Oder von historischem Bericht und existenzbezogenem Entscheidungsruf geschaffen wird."[150]

Unsere Einleitung gilt dem Bemühen, *dieser* von G. Eichholz skizzierten *Alternative Historie/Kerygma zu entgehen, das Oster-Kerygma deshalb als deutende Proklamation „einer von Gott her für mich geschehenen Geschichte"* (Eichholz) *zu verstehen und den Glauben von daher als sachgemäße, in der gehorsamen Annahme des Oster-Kerygmas bestehende Entsprechung zu diesem Geschehen (Glaube, Gehorsam, Hoffnung) verständlich zu machen.*

Die Einleitung gilt zugleich wesentlich dem Bemühen, einer anderen nicht minder gefährlichen *Alternative: Die Auferstehung ist „ein historisches"* bzw. *„kein historisches Ereignis" zu entgehen.*

Die Auferstehung ist nach *W. Pannenberg* ein historisches Ereignis, das als solches prinzipiell mit den Mitteln der historischen Forschung aus seinem ursprünglichen Geschichtszusammenhang heraus in seiner Bedeutung erkannt werden kann, denn „dieses Faktum hat, sofern es in seinem überlieferungsgeschichtlichen Horizont verstanden wird, eine ihm eigene Bedeutung".[151] Die Auferstehung ist nach *R. Bultmann* dagegen kein historisches Ereignis, weil als solches mit den Mitteln der historischen Forschung prinzipiell nicht faßbar: „Das Osterereignis als die Auferstehung Christi ist kein historisches Ereignis; als historisches Ereignis ist nur der Osterglaube der ersten Jünger faßbar."[152] Für *K. Barth* ist schließlich die Auferstehung (anders als für Bultmann) ein wirkliches, innerweltliches und raum-zeitliches Geschehen, aber zugleich (anders als für Pannenberg) ein „prähistorisches", d. h. historisch prinzipiell nicht faßbares und also der historischen Forschung nicht zugängliches Ereignis. Die Auferstehungsberichte reden nach ihm „von einem im Raum und in der Zeit *gegenständlichen,* nur eben ‚historisch' nicht faßbaren, aber *wirklichen* Geschehen"[153]

So betonen:

1. *W. Pannenberg:* die historisch-prinzipielle Verifizierbarkeit (Erfaßbarkeit) der Auferstehung als eines in seiner Bedeutung nur im Rahmen seines ursprünglichen traditionsgeschichtlichen Zusammenhangs, nämlich im Horizont der apokalyptischen Zukunftserwartung faßbaren Ereignisses *(historisch).*

2. *R. Bultmann:* die historisch-prinzipielle Nichtverifizierbarkeit (Nichtfaßbarkeit) der „Auferstehung" als eines nur im Wort der Verkündi-

---

[150] G. Eichholz: A. a. O. S. 223, Anmk. 6; vgl. ähnlich J. Moltmann: „Die neutestamentlichen Osterberichte verkündigen erzählend und erzählen Geschichte verkündigend. Die moderne Alternative, ob sie als historische Quelle oder als kerygmatischer Entscheidungsruf zu lesen seien, ist ihnen selbst fremd, ebenso wie ihnen die moderne Scheidung von Sachwahrheit und Existenzwahrheit fremd ist" (A. a. O. S. 170).
[151] W. Pannenberg: Christologie, A. a. O. S. 69.
[152] R. Bultmann: Neues Testament und Mythologie, in Kerygma und Mythos I. S. 47, 5. A. 1967.
[153] K. Barth: A. a. O. KD IV, 1, S. 371.

gung und in der Preisgabe des alten Selbstverständnisses sich vollziehenden Geschehens *(existential)*.

3. *K. Barth:* die historisch-prinzipielle Nichtverifizierbarkeit der Auferstehung als eines dennoch raumzeitlich-innerweltlichen Ereignisses in konkreter Gegenständlichkeit *(prähistorisch)*.

6. Zusammenfassung

In der Einleitung wurde, um die Alternative: „die Auferstehung ist *ein* — *kein* historisches Ereignis" zu vermeiden und zu überholen, folgende *These* aufgestellt: *Die Auferstehung Jesu Christi ist als eschatologische Tat Gottes an dem gekreuzigten Jesus der historischen Forschung prinzipiell nicht zugänglich; sie hat aber als ein wirkliches, in Raum und Zeit und gegenüber bestimmten Menschen geschehenes Ereignis einen der historischen Forschung durchaus zugänglichen historischen Rand.*

Es ging dabei in der Entfaltung dieser These auf der einen Seite um den Aufweis der *kategorialen (grundsätzlichen) Grenze,* an die die historische Fragestellung stößt, wenn sie an die Auferstehungsüberlieferung herantritt. Zugleich aber andererseits um eine *positive Zuordnung* und Aufnahme der historischen Frage als eines notwendigen Aspektes innerhalb der Gesamtfrage nach der Auferstehung Jesu Christi. *Dieses Zugleich der „kategorialen Grenze" und der „positiven Zuordnung"* wurde durch den Begriff des „Zeichencharakters"[154] des hier historisch Ermittelbaren bzw. den des „historischen Randes", den die Auferstehung im Bereich der Geschichte indirekt und reflexartig wirft, zum Ausdruck gebracht. Dieser Zeichencharakter des historischen Randes der Auferstehung bedingt einerseits, daß *ein Zugang zu diesem Ereignis und zu seiner Bedeutung von den Zeichen* (Erscheinungen, leeres Grab) *aus prinzipiell nicht möglich ist*[155], besagt aber andererseits, *daß ein Reden von der Auferstehungswirklichkeit, das den Zeichen des historisch zu ermittelnden Randes der Auferstehung nicht entspricht (nicht kongruiert), das also durch die Zeichen nicht „bestätigt" wird* („begründet" wäre hier falsch!), *von vornherein Bedenken unterliegen muß*[156].

---

[154] Vgl. auch die Verwendung des Zeichenbegriffs bei M. Dibelius: „Die Wirklichkeit Gottes in all ihrem radikalen Ernst erscheint innerhalb der Zeitlichkeit nur in der Form des Zeichens." „Es ist ein geschichtliches Zeichen, also ein Stück Menschheitsgeschichte, kein Ausnahmefall im Weltgeschehen. Darin liegt . . . die Möglichkeit wissenschaftlicher, d. h. kritischer Erforschung dieser Geschichte. Der Unglaube besteht nicht in der Bezweiflung einer oder mehrerer im Neuen Testament berichteten Dinge . . . Der Unglaube besteht vielmehr in der Weigerung, jenes Geschehen und diesen Bericht als echtes Zeichen der Wirklichkeit Gottes anzuerkennen und daraufhin das Leben zu wagen" (Jesus, Sammlung Göschen, Bd. 1130, S. 120 f.).

[155] Das bedeutet: nicht jede Deutung der Auferstehung, die den historischen Phänomenen (Erscheinungen; leeres Grab) entspricht, ist schon dadurch (!) als richtige Interpretation der Auferstehungswirklichkeit ausgewiesen.

[156] Um das Gesagte an einem Beispiel zu verdeutlichen: G. Ebeling urteilt von seiner Analyse der Osterberichte her, daß sowohl die Erscheinungen des Auferstandenen als auch die Überlieferung vom leeren Grab eine „Glaubenserschwerung" bedeuten. Waren einerseits „die Erscheinungen für diejenigen, denen sie widerfuhren, insofern eine Glaubenserschwerung . . ., als dadurch gerade verdunkelt werden konnte, was Glauben heißt" (Wort und Glaube, S. 314), so müßte man nach Ebeling andererseits — sollte der Überlieferung vom leeren Grab doch ein historischer Kern innewohnen — „an den Auferstandenen glauben trotz [!] des leeren Grabes und ohne sich von dieser rätselhaften und vieldeutigen Tatsache anfechten zu lassen" (Wesen . . ., S. 80). Die Interpretation der Auferstehung Jesu Christi als „Glaubensgeschehen" führt Ebeling konsequent zu diesem Schluß. Ebelings

M. a. W.: Die Geschichte ist ein Prädikat der Auferweckung Jesu Christi durch Gott (K. Barth), letztere deshalb als Tat Gottes nicht aus der Geschichte durch indirekten Rückschluß erschließbar (gegen Pannenberg). Die Auferstehung impliziert einen historischen Rand, sie wird aber nicht von diesem impliziert[157]. Dies macht den grundsätzlichen „Prädikatscharakter" der historischen Phänomene (Erscheinungen, leeres Grab) und der historischen Fragestellung im Gegenüber zum „Subjektscharakter" der Auferweckung Jesu durch Gott aus und eröffnet der historischen Fragestellung ihren legitimen Ort innerhalb der Gesamtfrage nach der Auferstehung, die im Neuen Testament im engen Zusammenhang mit dem Kreuz verstanden und interpretiert wird. So spricht *v. Campenhausen* mit Recht einerseits von der „unübersteigbaren Grenze", an die die historische Forschung angesichts der Auferstehungsüberlieferung sehr bald stößt, weist aber andererseits, weil die Auferstehung „doch immer auch ein wirkliches Ereignis der geschichtlichen Vergangenheit" bleibt, auf die Pflicht hin, diese Grenze mittels historisch-kritischer Arbeit nun auch wirklich zu erobern, zu sichten und positiv zu würdigen[158].

Man gestatte *zur Illustration des Stellenwertes der historischen Forschung* im Zusammenhang der Auferstehungsüberlieferung *den Vergleich mit den Leuchtbojen einer Wasserstraße:* Die Leuchtbojen, sozusagen der Rand der Wasserstraße, bilden nicht den Zugang zur Fahrrinne, sie sind erst recht nicht die Fahrrinne selbst; sie tragen nicht die Schiffe, die Fahrrinne bedeutet also mehr als die Leuchtbojen. Aber: Die Leuchtbojen gehören doch zu der Fahrrinne, sie sind Zeichen, die ihre Mitte *indirekt* markieren, so daß die Übereinstimmung mit diesen Orientierungspunkten die *„zeichenhafte"* Bestätigung des richtigen Kurses ist. Entscheidend sind nicht die Leuchtbojen, sondern ob man in der Fahrrinne ist. Aber auch der beste Seemann wird die Orientierung verlieren und aus der Fahrrinne abgetrieben, wenn die Leuchtbojen aus seinem Sichtfeld entschwinden[159].

Deutung der Auferstehung Jesu Christi als „Glaubensgeschehen" unterliegt aber eben deshalb von vornherein starken Bedenken, weil sie den Zeichen des historisch zu ermittelnden Randes der Auferstehung nicht entspricht, ihnen vielmehr, wie Ebeling ausdrücklich vermerkt, widerspricht. Die Zuordnung der historischen zu der systematischen Fragestellung bedeutet also weder die Verifikation (Begründung) des Systematischen durch das Historische, noch auch das Überspringen des Historischen zugunsten des Systematischen, sondern die notwendige Kongruenz der systematischen Aussage mit dem historischen Phänomen, die immer wieder neu zu vollziehende Zuordnung von „Sache und Zeichen".

[157] K. Barth: A. a. O. KD IV, 2, S. 166.
[158] H. v. Campenhausen: Der Ablauf der Osterereignisse, A. a. O. S. 53.
[159] Der Leuchtbojen-Vergleich ist nicht unbedenklich: Er „hinkt", weil Bojen und Rinne auf derselben Ebene, historischer Rand und Auferstehung dagegen auf verschiedenen Ebenen liegen. Deshalb ist in der Ausdeutung des Vergleichs Zurückhaltung geboten. Denn Bojen sind ja an sich keine zeichenhafte Bestätigung, sondern der Beweis des richtigen Kurses. Naturgemäß liegen Bojen und Rinne viel näher zusammen als der historische Rand und das Ereignis der Auferstehung. Dies will bei dem Vergleich berücksichtigt werden.

KREUZ UND AUFERSTEHUNG IN DER THEOLOGIE
SEIT BULTMANN UND BARTH

R. Bultmann
Neues Testament und Mythologie.
Das Problem der Entmythologisierung der neutestamentlichen Verkündigung[1a]

I. Die Einführung

In seinem Aufsatz „Neues Testament und Mythologie", der zuerst 1941 auf einer Tagung der Gesellschaft für Evangelische Theologie in Alpirsbach vorgetragen worden ist, hat Bultmann programmatisch seine Thesen zur Entmythologisierung entfaltet. „Seit langem" — so urteilt Bornkamm — „hat keine theologische Schrift in Theologie und Kirche, aber auch weit über ihre Grenzen hinaus einen solchen Sturm und eine so leidenschaftliche literarische und mündliche Diskussion erregt wie diese, und es hat den Anschein, als wollte dieser Sturm für eine geraume Zeit uns noch weiter schütteln und in Atem halten[1]".

1. Das Programm der Entmythologisierung:

Das Problem, auf das Bultmann mit der „Entmythologisierung" eine Antwort geben will, ist folgendes: Die Verkündigung des N. T. ist nach Bultmann in solchen Vorstellungsformen überliefert, die für den modernen Menschen und sein durch die Wissenschaft geformtes Denken unwiderruflich zerbrochen sind. Die Anstöße des modernen Menschen an der Vorstellungswelt des N. T., die noch nichts mit dem eigentlichen Anstoß des Evangeliums zu tun haben, ja das eigentliche Ärgernis der christlichen Verkündigung geradezu verdecken, sind nach Bultmann folgende: Die Bibel denkt in einem dreistöckigen Weltbild (Himmel — Erde — Hölle). Sie versteht den Menschen als von überweltlichen Mächten (Satan, Dämonen, Engel, Gott) bestimmt und die Geschichte, die unter kosmischen Katastrophen ihrem Ende zueilt, als den Kampfplatz dieser Mächte. Auch das Heilsgeschehen ist nach Bultmann mythisch vorgestellt: Ein himmlisches Wesen kommt vom Himmel herab, besiegt stellvertretend für die Menschen die Dämonen, stirbt stellvertretend für sie, aufersteht und wird einst als der Weltenrichter wiederkehren.

Da dieses mythische Weltbild nach Bultmann für den modernen Menschen unwiederbringlich vergangen ist, sieht er die Aufgabe der Theologie darin, das im Gewand jüdisch-apokalyptischer Traditionen und gnostischer Erlösermythen überlieferte Evangelium erneut in seiner Aktualität für den modernen Menschen herauszustellen. Dazu R. *Bultmann* selbst: „Ein oft gehörter Einwand gegen den Versuch der Entmythologisierung ist, daß sie die moderne Weltanschauung als ein Kriterium der Schriftauslegung und der christlichen Botschaft nimmt, und daß die Schrift und die christliche Botschaft nichts sagen dürfen, was der modernen Weltanschauung widerspricht. Es stimmt natürlich, daß für die Entmythologisierung die moderne Weltanschauung als ein Kriterium gilt. Entmythologisieren heißt jedoch nicht, die Schrift oder die christliche Botschaft als Ganzes zu verwerfen, sondern die Weltanschauung der Schrift, die die Weltanschauung einer vergangenen Zeit ist, die nur zu oft in der christlichen

---

[1a] In: Kerygma und Mythos, Herausgeber H. W. Bartsch, Hamburg 1960⁴, Bd. I S. 15 (s. „Diskussion" S. 93).
[1] G. Bornkamm: Mythos und Evangelium, in: Theologische Existenz heute, Herausgeber K. G. Steck und G. Eichholz, NF 26, 1953, S. 3.

Dogmatik und in der Predigt der Kirche beibehalten wird. Entmythologisieren heißt verneinen, daß die Botschaft der Schrift und der Kirche an eine alte, veraltete Weltanschauung gebunden ist. Der Versuch der Entmythologisierung beginnt mit dieser wichtigen Einsicht: Die christliche Predigt, sofern sie Predigt des Wortes Gottes auf sein Geheiß und in seinem Namen ist, bietet nicht eine Lehre an, die man . . . durch ein sacrificium intellectus [= Preisgabe der Vernunft] annehmen kann. Die christliche Predigt ist *Kerygma*, d. h. eine Verkündigung, die . . . an den Hörer als an ein Selbst gerichtet ist . . . Die Entmythologisierung hat zum Ziel, diese Aufgabe der Predigt als eine persönliche Botschaft zu verdeutlichen. Indem sie das tut, entfernt sie einen falschen Anstoß und bringt dafür den echten Anstoß in den Blickpunkt und bringt das Wort vom Kreuz". „Gerade das radikale Aufgeben und die bewußte Kritik am mythologischen Weltbild der Bibel bringen den wirklichen Anstoß in den Blickpunkt[2]."

Die Dringlichkeit der Aufgabe erwächst dabei zunächst aus dem *Wesen des Mythos* selbst: Der Mythos redet mit seiner antiken Vorstellungs-, Denk- und Redeweise vom Jenseitigen und Unweltlichen irdisch und weltlich. Er stellt sich das Göttliche menschlich vor und redet von Gestalten und Geschehnissen der diesseitigen und sinnlichen Welt, obwohl er eigentlich meint, was den Bereich der verfügbaren Welt überschreitet. Entscheidend ist nun in diesem Zusammenhang die These Bultmanns, *daß der Mensch im Mythos eigentlich sein Verständnis menschlicher Existenz, sein Selbstverständnis ausspreche.* „Der Mythos will von einer Wirklichkeit reden, die jenseits der objektivierbaren, der beobacht- und beherrschbaren Wirklichkeit liegt, und zwar von einer Wirklichkeit, die für den Menschen von entscheidender Bedeutung ist; die für ihn Heil oder Unheil, Gnade oder Zorn bedeutet . . . Das mythologische Denken objektiviert jedoch in naiver Weise das Jenseits zum Diesseits, indem es, entgegen seiner eigentlichen Intention, das Transzendente als das im Raum Entfernte . . . vorstellt. Die Entmythologisierung will demgegenüber die eigentliche Intention des Mythos zur Geltung bringen, nämlich die Intention, von der eigentlichen Wirklichkeit des Menschen zu reden[3]." Deshalb erläutert *Conzelmann* das Bultmannsche Verständnis des Mythos zu Recht so: „Der Mythos wird nicht gefragt werden: Ist das Erzählte innerhalb der raum-zeitlichen Welt wirklich geschehen?, sondern: Welches Verständnis der menschlichen Existenz spricht sich hier aus?, und zwar in Denkformen, die nicht mehr die unsrigen sind, weil unser Denken die Umformung von der mythischen zur wissenschaftlichen Form der Bewältigung der begegnenden Welt durchlaufen hat. Wir können aber die mythische Form der Welterfahrung noch verstehen, weil es in ihr um das menschliche Existieren selbst geht, das dem Menschen damals wie heute als sein zentrales Problem auferlegt ist. Wir stehen heute mit unseren andersartigen Denkformen in derselben Frage wie die damaligen Menschen[4]."

2. Die existentiale Interpretation:

Aber nicht nur der Mythos im allgemeinen, sondern auch *das sich mythologischer Redeweise bedienende N. T.* will „existential", d. h. auf ein Verständnis menschlicher Existenz hin interpretiert werden. Denn das im Evangelium in jenen mythischen Vorstellungsformen *Gemeinte* ist ein Verständnis der menschlichen Existenz, das nach Bultmann dem modernen Menschen eine Existenzmöglichkeit anbietet und darin eine echte Entscheidung herausfordert. Welches

[2] R. Bultmann: „Jesus Christus und die Mythologie", i n : Ges. Aufs. Bd. IV, 1965, S. 156—58.
[3] R. Bultmann: „Zum Problem der Entmythologisierung", in Kerygma und Mythos II 1952/1965 S. 179 ff.
[4] H. Conzelmann: Entmythologisierung, i n : Theologie für Nichttheologen, Herausgeber H. J. Schultz, Stuttgart 1965³, I. Folge S. 85 f.

Existenzverständnis spricht sich nun nach Bultmann in den mythologischen Vorstellungen des N. T. aus?:

Bultmann setzt zunächst mit der Darstellung des unerlösten, „fleischlichen" (Paulus) Menschen ein: *der unerlöste Mensch* lebt von dem Sichtbaren, Verfügbaren (den „Werken des Gesetzes") und ist, weil das Verfügbare vergänglich ist, ständig in der Angst, alles und sich selbst zu verlieren. In dieser Angst verfällt der Mensch der Sorge, d. h. der Welt und dem Tod, obwohl seine eigentliche Bestimmung die Freiheit vom weltlich Verfügbaren und Vergänglichen wäre. Im Gegensatz zu diesem unerlösten ist *der erlöste Mensch*, d. h. der Glaubende frei, weil er alle eigene Sicherheit fahren läßt und sich im Vertrauen auf Gottes Gnade von allem Verfügbaren in der Welt löst (Phil. 3, 4 ff.). Er lebt „entweltlicht", d. h. im Vertrauen auf Gott und in kritischer Distanz zur Welt. „Der Glaube ist die jenem Geltungsdrang entgegengesetzte Haltung, die radikale Preisgabe des Sich-rühmens, des Geltenwollens aus eigener Kraft und Leistung⁵." Glaube ist deshalb nach Bultmann ein „entweltlichtes", d. h. ein „eschatologisches" Existieren, weil hier das Ende dieser Welt im Glauben Ereignis geworden ist. Kurz: „In der uneigentlichen Existenz versteht sich der Mensch aus der verfügbaren Welt, in der eigentlichen Existenz versteht er sich aus der unverfügbaren Zukunft⁶." Das Johannes-Evangelium ist dabei nach Bultmann das entscheidende Zeugnis solchen eschatologischen Glaubens im N. T.: „Wer mein Wort hört und glaubt dem, der mich gesandt hat, der *hat* das ewige Leben und kommt nicht ins Gericht, sondern *ist* aus dem Tode ins Leben hinübergeschritten" (Joh. 5, 24).

Das seiner mythischen Vorstellungsformen entkleidete Christusgeschehen, der eigentliche Sinn („Existenzsinn") des Heilsgeschehens ist nun nach Bultmann der, daß der dem Menschen von Haus aus unmögliche *Übergang von der einen zur anderen Existenz* durch die unableitbare und vor der Welt unausweisbare Heilstat Gottes im Kommen Jesu Christi und durch die Gegenwart dieser Heilstat Gottes in der Verkündigung ermöglicht wird. Das Kommen Jesu Christi ist somit für Bultmann das „eschatologische Ereignis", das menschliches Dasein zu seiner Eigentlichkeit gelangen und sich im Glauben für das Unverfügbare öffnen läßt.

Worum geht es also Bultmann in seiner *theologischen Methode?:* Bultmann geht es um die existentiale Interpretation des Kerygmas. Da *das Kerygma* Zuspruch des Heils, d. h. Eröffnung eines neuen Selbstverständnisses ist, kann es nach Bultmann nicht als Bericht über ein historisches Faktum der Vergangenheit (stellvertretendes Sterben Christi, Auferstehung), sondern nur als *Umschreibung eines neuen Selbstverständnisses im Gegensatz zu dem alten* verstanden werden. Der Mensch darf und soll sich, statt aus dem Sichtbaren der „Werke" (Paulus), aus dem Unverfügbaren verstehen, dessen Wirklichkeit nicht mehr durch die Ableitung aus dem Welthaft-Seienden legitimiert werden kann. Alle Seinsaussagen (Sterben Christi für uns; Christus der Heiland der Welt usw.) sind, weil sich darin in mythologischer Sprache ein Verständnis gläubiger Existenz ausspricht, in zeitgemäße und dem modernen Menschen verständliche Existenzaussagen zu übersetzen.

3. *Die Bedeutung des Kreuzes Christi:*

Welche Bedeutung kommt in diesem Zusammenhang dem Kreuz Christi nach *Bultmann* zu?: Nicht die Verkündigung des historischen Jesus (gegen Ebeling,

⁵ R. Bultmann: „Gnade und Freiheit", i n : Ges. Aufs. Bd. II, 1958, S. 152.
⁶ R. Bultmann: „Zum Problem der Entmythologisierung", in Kerygma und Mythos II 1952/ 1965 S. 179 ff.

Marxsen), sondern *das Wort vom Kreuz* ist der Inhalt des Kerygmas. Das Wort vom Kreuz bedeutet dabei jedoch nicht die Verkündigung des stellvertretenden Leidens und Sterbens Christi im Sinne der Passionsgeschichten — ein solches mythisches Geschehen ist für uns nach Bultmann nicht verständlich. An das Kreuz Christi glauben heißt für uns deshalb nicht, auf jenen mythisch erzählten Vorgang blicken, das heißt ein objektiv anschaubares Ereignis glauben, sondern *an das Kreuz Christi glauben heißt, das Wort vom Kreuz so annehmen, daß man das Kreuz als das je eigene übernimmt und seine alte Existenz mit Christus kreuzigen läßt.* Mit dem „Kreuz Christi" kann also, weil es ein je gegenwärtiges, ein „eschatologisches" Ereignis ist, nicht das vergangene Ereignis der Kreuzigung gemeint sein, vielmehr ist das Kreuz Christi Gegenwart in der Verkündigung und im konkreten Lebensvollzug der Glaubenden (Kol. 1, 24; Phil. 3, 4 ff.). Glauben als die Übernahme des Kreuzes in die je eigene Glaubensexistenz bedeutet also das Ergreifen und *Realisieren der durch das Kreuz beschafften Möglichkeit eines neuen Selbstverständnisses:* In diesem Glauben als dem eigentlichen Osterglauben vollendet sich das Kreuz als Heilsereignis.

4. Die Auferstehung als Ausdruck der Bedeutsamkeit des Kreuzes:
Was folgt daraus für das Verständnis der Auferstehung? Die Auferstehung kann nach *Bultmann* nur im engen Zusammenhang mit dem Kreuz verstanden werden. Vom Kreuz her verstanden ist aber die Auferstehung der „Ausdruck der Bedeutsamkeit des Kreuzes"[6a], das heißt die mythologische Umschreibung der Wahrheit, daß der Kreuzestod Jesu nicht nur ein menschliches Sterben, sondern zugleich die zu einem neuen Selbstverständnis befreiende Heilsoffenbarung Gottes in seinem Gericht über die Welt ist. Das Osterereignis ist also nicht ein Geschehen an dem gestorbenen Jesus, sondern als „Tat Gottes" *die Aufrichtung und Inkraftsetzung des Wortes vom Kreuz, das an den Menschen die Entscheidungsfrage stellt, ob er die neue Möglichkeit des Selbstverständnisses, sich unter das Gericht Gottes zu stellen und aus dem Unverfügbaren zu verstehen, ergreifen will.* Der Glaube an das in der Verkündigung gegenwärtige Kreuz Christi, dieser die Möglichkeit eines neuen Selbstverständnisses ergreifende Glaube ist der echte Osterglaube. *Ostern* ist also nach Bultmann kein Geschehen an dem gestorbenen Jesus, keine Auferweckung von den Toten. Als historisches Ereignis ist lediglich der Osterglaube der Jünger faßbar. Ostern ist im Kern ein eschatologisches Geschehen, das heißt *die Autorisierung und Einsetzung des Kerygmas, die Verkündigung des Kreuzes als Heilsereignis, in der zu einem neuen Selbstverständnis aufgerufen wird.* Ostern ist die Aufrichtung des „Wortes vom Kreuz", das zum Kreuz *hinzukommt* und es als Heilsgeschehen verständlich macht: „Jesus ist in das Kerygma auferstanden." Präziser formuliert: „Gefragt sind wir durch das uns anredende Kerygma. In ihm ist der historische Jesus präsent in der Weise, daß sein Wort in das Kerygma aufgenommen worden ist[7]." „Das bedeutet: die Verkündigung ist selbst eschatologisches Geschehen. In ihr, als Anrede, wird jeweils das Ereignis Jesus Christus präsent, — präsent als das je mich in meiner Existenz treffende Ereignis" (Bultmann)[8].

[6a] R. Bultmann: Kerygma und Mythos I, A. a. O. S. **44.**
[7] R. Bultmann: „Antwort an E. Käsemann", i n : Ges. Aufs. Bd. IV, S. **197.**
[8] R. Bultmann: „Zum Problem der Entmythologisierung", in Kerygma und Mythos II 1952/ 1965 S. 179 ff.

II. Der Text

R. Bultmann: „Neues Testament und Mythologie. Das Problem der Entmythologisierung der neutestamentlichen Verkündigung."[8a]

Die Entmythologisierung der neutestamentlichen Verkündigung als Aufgabe

DAS PROBLEM

1. *Das mythische Weltbild und das mythische Heilsgeschehen im Neuen Testament*

Das Weltbild des neuen Testaments ist ein mythisches. Die Welt gilt als in drei Stockwerke gegliedert. In der Mitte befindet sich die Erde, über ihr der Himmel, unter ihr die Unterwelt. Der Himmel ist die Wohnung Gottes und der himmlischen Gestalten, der Engel; die Unterwelt ist die Hölle, der Ort der Qual. Aber auch die Erde ist nicht nur die Stätte des natürlich-alltäglichen Geschehens, der Vorsorge und Arbeit, die mit Ordnung und Regel rechnet; sondern sie ist auch der Schauplatz des Wirkens übernatürlicher Mächte, Gottes und seiner Engel, des Satans und seiner Dämonen. In das natürliche Geschehen und in das Denken, Wollen und Handeln des Menschen greifen die übernatürlichen Mächte ein; Wunder sind nichts Seltenes. Der Mensch ist seiner selbst nicht mächtig; Dämonen können ihn besitzen; der Satan kann ihm böse Gedanken eingeben; aber auch Gott kann sein Denken und Wollen lenken, kann ihn himmlische Gesichte schauen lassen, ihn sein befehlendes und tröstendes Wort hören lassen, kann ihm die übernatürliche Kraft seines Geistes schenken. Die Geschichte läuft nicht ihren stetigen, gesetzmäßigen Gang, sondern erhält ihre Bewegung und Richtung durch die übernatürlichen Mächte. Dieser Äon steht unter der Macht des Satans, der Sünde und des Todes (die eben als „Mächte" gelten); er eilt seinem Ende zu, und zwar seinem baldigen Ende, das sich in einer kosmischen Katastrophe vollziehen wird; es stehen nahe bevor die „Wehen" der Endzeit, das Kommen des himmlischen Richters, die Auferstehung der Toten, das Gericht zum Heil oder zum Verderben.

Dem mythischen Weltbild entspricht die Darstellung des Heilsgeschehens, das den eigentlichen Inhalt der neutestamentlichen Verkündigung bildet. In mythologischer Sprache redet die Verkündigung: Jetzt ist die Endzeit gekommen; „als die Zeit erfüllt war", sandte Gott seinen Sohn. Dieser, ein präexistentes Gotteswesen, erscheint auf Erden als ein Mensch (Gal. 4, 4; Phil. 2, 6 ff.; 2. Kor. 8, 9; Joh. 1, 14 usw.); sein Tod am Kreuz, den er wie ein Sünder erleidet (2. Kor. 5, 21; Röm. 8, 3), schafft Sühne für die Sünden der Menschen (Röm. 3, 23—26; 4, 25; 8, 3; 2. Kor. 5, 14. 19; Joh. 1, 29; 1. Joh. 2, 2 usw.). Seine Auferstehung ist der Beginn der kosmischen Katastrophe, durch die der Tod, der durch Adam in die Welt gebracht wurde, zunichte gemacht wird (1. Kor. 15, 21 f.; Röm. 5, 12 ff.); die dämonischen Weltmächte haben ihre Macht verloren (1. Kor. 2, 6; Kol. 2, 15; Offb. 12, 7 ff. usw.). Der Auferstandene ist zum Himmel erhöht worden zur

[8a] In: Kerygma und Mythos, Herausgeber H. W. Bartsch, Hamburg 1960[4], Bd. I S. 15 (s. „Diskussion" S. 93).

Rechten Gottes (Apg. 1, 6 ff.; 2, 33; Röm. 8, 34 usw.); er ist zum „Herrn"
und „König" gemacht worden (Phil. 2, 9—11; 1. Kor. 15, 25). Er wird wiederkommen auf den Wolken des Himmels, um das Heilswerk zu vollenden; dann wird die Totenauferstehung und das Gericht stattfinden
(1. Kor. 15, 23 f.; 50 ff. usw.); dann werden Sünde, Tod und alles Leid
vernichtet sein (Offb. 21, 4 usw.). Und zwar wird das in Bälde geschehen;
Paulus meint dieses Ereignis selbst noch zu erleben (1. Thess. 4, 15 ff.;
1. Kor. 15, 51 f., vgl. Mark. 9, 1).
Wer zur Gemeinde Christi gehört, ist durch Taufe und Herrenmahl mit
dem Herrn verbunden und ist, wenn er sich nicht unwürdig verhält, seiner
Auferstehung zum Heil sicher (Röm. 5, 12 ff.; 1. Kor. 15, 21 ff.; 44b ff.).
Die Glaubenden haben schon das „Angeld", nämlich den Geist (Röm. 8, 23;
2. Kor. 1, 22; 5, 5), der in ihnen wirkt und ihre Gotteskindschaft bezeugt
(Röm. 8, 15; Gal. 4, 6) und ihre Auferstehung garantiert (Röm. 8, 11).

2. *Die Unmöglichkeit der Repristinierung [Erneuerung] des mythischen*
   Weltbildes

Das alles ist mythologische Rede, und die einzelnen Motive lassen sich
leicht auf die zeitgeschichtliche Mythologie der jüdischen Apokalyptik und
des gnostischen Erlösungsmythos zurückführen. Sofern es nun mythologische Rede ist, ist es *für den Menschen von heute unglaubhaft,* weil für
ihn das mythische Weltbild vergangen ist. Die heutige christliche Verkündigung steht also vor der Frage, ob sie, wenn sie vom Menschen Glauben
fordert, ihm zumutet, das vergangene mythische Weltbild anzuerkennen.
Wenn das unmöglich ist, so entsteht für sie die Frage, ob die Verkündigung des Neuen Testaments eine Wahrheit hat, die vom mythischen
Weltbild unabhängig ist; und es wäre dann die Aufgabe der Theologie,
die christliche Verkündigung zu entmythologisieren.
Kann die christliche Verkündigung dem Menschen heute zumuten, *das*
mythische Weltbild als wahr anzuerkennen? Das ist sinnlos und unmöglich. *Sinnlos;* denn das mythische Weltbild ist als solches gar nichts spezifisch Christliches, sondern es ist einfach das Weltbild einer vergangenen
Zeit, das noch nicht durch wissenschaftliches Denken geformt ist. *Unmög-*
lich; denn ein Weltbild kann man sich nicht durch einen Entschluß aneignen,
sondern es ist dem Menschen mit seiner geschichtlichen Situation je schon
gegeben. Natürlich ist es nicht unveränderlich, und auch der einzelne kann
an seiner Umgestaltung arbeiten. Aber er kann es doch nur so, daß er auf
Grund irgendwelcher Tatsachen, die sich ihm wirklich aufdrängen, der
Unmöglichkeit des hergebrachten Weltbildes inne wird und auf Grund
jener Tatsachen das Weltbild modifiziert [verändert] oder ein neues ent-
wirft. So kann sich das Weltbild ändern etwa infolge der kopernikanischen
Entdeckung oder infolge der Atomtheorie; oder auch indem die Romantik
entdeckt, daß das menschliche Subjekt komplizierter und reicher ist, als
daß es durch die Weltanschauung der Aufklärung und des Idealismus verstanden werden könnte; oder dadurch, daß die Bedeutung von Geschichte
und Volkstum neu zum Bewußtsein kommt.

Es ist nun durchaus möglich, daß in einem vergangenen mythischen Weltbild Wahrheiten wieder neu entdeckt werden, die in einer Zeit der Aufklärung verloren gegangen waren, und die Theologie hat allen Anlaß, diese Frage auch in bezug auf das Weltbild des Neuen Testaments zu stellen. Aber es ist unmöglich, ein vergangenes Weltbild durch einfachen Entschluß zu repristinieren, und vor allem ist es unmöglich, das *mythische* Weltbild zu repristinieren, nachdem unser aller Denken unwiderruflich durch die Wissenschaft geformt worden ist. Ein blindes Akzeptieren der neutestamentlichen Mythologie wäre Willkür; und solche Forderung als Glaubensforderung erheben, würde bedeuten, den Glauben zum Werk erniedrigen, wie Wilhelm Herrmann — man sollte meinen, ein für allemal — deutlich gemacht hat. Die Erfüllung der Forderung wäre ein abgezwungenes sacrificium intellectus [Preisgabe des Denkens], und wer es brächte, wäre eigentümlich gespalten und unwahrhaftig. Denn er würde für seinen Glauben, seine Religion, ein Weltbild bejahen, das er sonst in seinem Leben verneint. Mit dem modernen Denken, wie es uns durch unsere Geschichte überkommen ist, ist die *Kritik am neutestamentlichen Weltbild gegeben.* . . .

Der moderne Mensch hat merkwürdigerweise die doppelte Möglichkeit, sich ganz als Natur zu verstehen oder als Geist, in dem er sich in seinem eigentlichen Selbst von der Natur unterscheidet. In jedem Falle versteht er sich *als ein einheitliches Wesen,* das sich selbst sein Empfinden, sein Denken und Wollen zuschreibt. Er versteht sich nicht so eigentümlich geteilt wie das Neue Testament den Menschen sieht, so daß fremde Mächte in sein inneres Leben eingreifen könnten. Er schreibt sich die innere Einheit seiner Zustände und Handlungen zu und nennt einen Menschen, der diese Einheit durch den Eingriff dämonischer oder göttlicher Mächte gespalten wähnt, schizophren.

Mag er sich in höchstem Maße als abhängiges Naturwesen auffassen, wie es Biologie oder Psychoanalyse behaupten, so betrachtet er diese Abhängigkeit doch nicht als ein Ausgeliefertsein an fremde Mächte, von denen er sich selbst unterschiede, sondern eben als sein eigentliches Wesen, das er verstehend auch wieder in die Herrschaft nimmt, so daß er sein Leben rational organisieren kann. Versteht er sich als Geist, so weiß er zwar um seine ständige Bedingtheit durch seine naturhafte Leiblichkeit, unterscheidet sich in seinem Selbst aber von ihr und weiß sich selbständig und verantwortlich für seine Herrschaft über die Natur. . . .

Für beide, den Naturalisten und den Idealisten, gilt auch, daß *sie den Tod nicht als Strafe für die Sünde verstehen können;* er ist für sie ein einfacher und notwendiger Naturvorgang. Bedeutet er für jenen überhaupt kein Problem, so erwächst für diesen allerdings das Problem des Todes gerade daraus, daß er ein Naturvorgang ist. Denn als solcher wächst er nicht aus meinem eigentlichen geistigen Selbst, sondern er zerstört dieses. Und das ist die Problematik, daß der Mensch, der ein geistiges Selbst ist im Unterschied von Pflanze und Tier, doch auch der Natur verhaftet ist; daß er gezeugt wird, heranwächst und stirbt wie ein Tier. Er kann aber diese Tatsache nicht als die Strafe seiner Sünde verstehen; denn er ist ja schon vorher, ehe er schuldig ward, dem Tode verfallen. Und daß er infolge der Schuld seines Ahnherrn dazu verdammt sei, dem Todesschicksal eines Naturwesens verhaftet zu sein, kann er nicht verstehen, da er Schuld nur als verantwortliche Tat kennt und deshalb die Erbsünde als eine mit Naturkraft fortwirkende Krankheit für ihn ein untersittlicher und unmöglicher Begriff ist.

Eben deshalb kann er auch *die Lehre von der stellvertretenden Genugtuung durch den Tod Christi* nicht verstehen. Wie kann meine Schuld durch den Tod eines Schuldlosen (wenn man von einem solchen überhaupt reden darf) gesühnt werden? Welche primitiven Begriffe von Schuld und Gerechtigkeit liegen solcher Vorstellung zugrunde? Welch primitiver Gottesbegriff? Soll die Anschauung vom sündentilgenden Tode Christi aus der Opfervorstellung verstanden werden: welch primitive Mythologie, daß ein Mensch gewordenes Gotteswesen durch sein Blut die Sünden der Menschen sühnt! Oder aus der Rechtsanschauung, so daß also in dem Rechtshandel zwischen Gott und Mensch durch den Tod Christi den Forderungen Gottes Genugtuung geleistet wäre: dann könnte die Sünde ja nur juristisch als äußerliche Gebotsübertretung verstanden sein, und die ethischen Maßstäbe wären ausgeschaltet! Und zudem: War Christus, der den Tod litt, Gottes Sohn, das präexistente Gotteswesen, was bedeutet dann für ihn die Übernahme des Sterbens? Wer weiß, daß er nach drei Tagen auferstehen wird, für den will offenbar das Sterben nicht viel besagen!

Ebensowenig kann der moderne Mensch *Jesu Auferstehung* als ein Ereignis verstehen, kraft dessen eine Lebensmacht entbunden ist, die sich der Mensch nun durch die Sakramente zueignen kann. Für den biologisch Denkenden ist solche Rede überhaupt sinnlos, weil für ihn das Todesproblem nicht besteht. Für den Idealisten ist es zwar sinnvoll, von einem Leben zu reden, das dem Tode nicht unterworfen ist; aber daß die Möglichkeit solchen Lebens dadurch beschafft sei, daß ein Gestorbener wieder zum physischen Leben erweckt wurde, ist ihm unvorstellbar. Gottes Handeln erscheint, wenn er durch ein solches Mittel das Leben für die Menschen beschafft, in einer unverständlichen Weise verflochten mit einem· Naturgeschehen. Er könnte Gottes Handeln nur in einem Geschehen sehen, das in die Wirklichkeit seines eigenen eigentlichen Lebens eingreift, ihn selbst umgestaltet. Aber ein solches mirakulöses Naturereignis wie die Lebendigmachung eines Toten — ganz abgesehen von seiner Unglaubwürdigkeit überhaupt — kann er nicht als ein ihn betreffendes Handeln Gottes verstehen.

Und wenn sich der gnostische Gedankengang anbietet, daß der gestorbene und auferstandene Christus eben nicht einfach ein Mensch war, sondern ein Gottmensch, und daß sein Sterben und Auferstehen überhaupt kein auf ihn als individuelle Person isoliertes Faktum, sondern ein kosmisches Geschehen war, in das wir alle hineingezogen sind (Röm. 5, 12 ff.; 1. Kor. 15, 21 ff. 44b), so kann sich der moderne Mensch überhaupt nur mit Mühe in diese Denkweise zurückversetzen, sie aber jedenfalls nicht für sich nachvollziehen, weil in ihr das Selbst des Menschen als Natur, das

Heilsgeschehen als Naturprozeß vorgestellt ist. Damit ist zugleich gesagt: Die Vorstellung von einem als Himmelswesen präexistierenden Christus und ebenso die korrelative Vorstellung von der eigenen Versetzung in eine himmlische Lichtwelt, in der das Selbst himmlische Gewänder, einen pneumatischen Leib erhalten soll, ist für ihn nichtssagend, — nicht nur rational unvorstellbar. Denn er versteht nicht, daß in einem solchen Zustand sein Heil bestehen soll, in dem er zur Erfüllung seines Lebens, seiner Eigentlichkeit käme. . . .

Der Vollzug der Entmythologisierung in Grundzügen

A. DAS CHRISTLICHE SEINSVERSTÄNDNIS

1. *Das menschliche Sein außerhalb des Glaubens*
Was bedeutet im Neuen Testament „Welt"? . . .
„Diese Welt" ist *die Welt der Vergänglichkeit und des Todes*. Als Gottes Schöpfung ist sie das offenbar nicht; denn erst infolge des Falles Adams ist der Tod in die Welt gekommen (Röm. 5, 12). Vergänglichkeit und Tod werden also nicht auf die Materie, sondern *auf die Sünde zurückgeführt*. Nicht ein tragisches Verhängnis hat — wie in der Gnosis — die reine himmlische Seele in den Leib gebannt, sondern der Tod ist der Sünde Sold (Röm. 6, 23; vgl. 1. Kor. 15, 16). Freilich schreibt Paulus dem Fall des Stammvaters der Menschen, Adam, eine ähnliche Wirkung zu, wie die Gnosis es tut. Aber offenbar will er doch die einzelnen wieder verantwortlich machen, wenn er — unausgeglichen mit der Adamtheorie — sagt, daß zu allen Menschen seit Adam der Tod kam, „weil sie alle sündigten" (Röm. 5, 12). Ist durch Adam also nur die Möglichkeit, nicht die Notwendigkeit des Todes in die Welt gekommen? Aber wie dem auch sei, ebenfalls unausgeglichen mit der Adamtheorie steht die stets sich wiederholende Aussage, daß die Sünde und mit ihr der Tod auf das „Fleisch" (sarx) zurückgeht (Röm. 8, 13; Gal. 6, 8 usw.). Was aber heißt „*Fleisch*"? Es ist nicht die Körperlichkeit und Sinnlichkeit, sondern es ist die Sphäre des Sichtbaren, des Vorhandenen, Verfügbaren, Meßbaren und als die Sphäre des Sichtbaren auch die des Vergänglichen. Zur Macht wird diese Sphäre für den Menschen, der sie zur Grundlage seines Lebens macht, der „nach ihr" lebt, d. h. der sich verführen läßt, aus dem Sichtbaren, Verfügbaren zu leben statt aus dem Unsichtbaren, Unverfügbaren, — einerlei, ob er sich in Leichtsinn und Begierde den lockenden Möglichkeiten eines solchen Lebens hingibt, oder ob er sein Leben überlegt und berechnend auf Grund seiner Leistungen, der „Werke des Gesetzes", führt. Denn „Fleisch" umfaßt nicht nur die materiellen Dinge, sondern auch alles Schaffen und Leisten, dem es um den Gewinn von etwas Aufweisbarem geht, wie z. B. die Erfüllung des Gesetzes (Gal. 3, 3); zum „Fleisch" gehört jede zuständliche Qualität, jeder Vorzug, den ein Mensch innerhalb des Sichtbaren, Verfügbaren haben kann (Phil. 3, 4 ff.). Paulus sieht, daß das Leben des Menschen vom „Sorgen" (merimnan) ge-

tragen wird (1. Kor. 7, 32 ff.). Jeder Mensch ist mit seiner Sorge auf etwas gerichtet. Der natürliche Mensch sorgt, sich das Leben zu sichern, und entsprechend seinen Möglichkeiten und Erfolgen im Sichtbaren „vertraut er auf das Fleisch" (Phil. 3, 3 f.), und das Bewußtsein der Sicherheit findet seinen Ausdruck im „Rühmen" (kauchasthai).

Diese Haltung des Menschen aber ist seiner tatsächlichen Situation gegenüber unangemessen, denn er *ist* nicht gesichert. Er verliert so gerade sein „Leben", seine eigentliche Existenz, und verfällt der Sphäre, über die er zu verfügen und aus der er seine Sicherheit zu gewinnen meint. Gerade diese Haltung gibt der Welt, die für ihn Schöpfung sein könnte, den Charakter „dieser Welt", der widergöttlichen Welt. Gerade diese Haltung läßt erst die „Mächte", von denen er abhängig ist, erstehen, und die, weil sie nun ihm gegenüber Mächte geworden sind, als mythische Größen vorgestellt werden können.

Das Sichtbare, Verfügbare ist vergänglich, und deshalb ist, wer von ihm her lebt, der Vergänglichkeit, dem Tode, verfallen. Wer aus dem Verfügbaren lebt, der begibt sich in die Abhängigkeit von ihm. . . .

2. *Das menschliche Sein im Glauben*

Demgegenüber wäre ein echtes Leben des Menschen dasjenige, das aus dem Unsichtbaren, Unverfügbaren lebt, das also alle selbstgeschaffene Sicherheit preisgibt. Das eben ist das Leben „nach dem Geist", das Leben „im Glauben".

Ein solches Leben wird Möglichkeit für den Menschen aus dem Glauben an Gottes „Gnade", d. h. aus dem Vertrauen, daß gerade das Unsichtbare, Unbekannte, Unverfügbare dem Menschen als Liebe begegnet, ihm seine Zukunft entgegenbringt, nicht Tod, sondern Leben für ihn bedeutet.

Die Gnade Gottes ist *sündenvergebende Gnade*, d. h. sie befreit den Menschen von seiner Vergangenheit, die ihn gefangenhält. Jene Haltung des Menschen, der sich sichern will und deshalb zum Verfügbaren greift und sich an das Vergehende und immer schon Vergangene klammert, — sie ist ja die Sünde, weil sie das Sichverschließen gegen das Unsichtbare, gegen Gottes sich schenkende Zukunft ist. Dem der Gnade sich öffnenden Menschen wird seine Sünde vergeben, d. h. er wird frei von der Vergangenheit. Und eben das heißt „*Glaube*": sich frei der Zukunft öffnen. Und solcher Glaube ist zugleich *Gehorsam*, weil er die Wegwendung des Menschen von sich selbst ist, die Preisgabe aller Sicherheit, der Verzicht, sich selbst seine Geltung, sein Leben zu gewinnen, der Verzicht, auf sich selbst zu vertrauen, und der Entschluß, nur auf Gott zu vertrauen, der die Toten erweckt (2. Kor. 1, 9), der das Nichtseiende ins Sein ruft (Röm. 4, 17), die radikale Hingabe an Gott, die alles von Gott, nichts von sich erwartet, die damit gegebene *Gelöstheit von allem weltlich Verfügbaren*, also die Haltung der Entweltlichung, der *Freiheit*.

Die Entweltlichung ist grundsätzlich keine Askese, sondern eine Distanz zur Welt, für die alle Beteiligung am Weltlichen in der Haltung des „als ob nicht" (hos me) vollzogen wird (1. Kor. 7, 29—31). Der Glaubende ist

Herr über alle Dinge (1. Kor. 3, 21—23); er hat die „Vollmacht" (exousia), deren sich auch der Gnostiker rühmt, aber es gilt: „Über alles habe ich Macht, aber ich soll nichts über mich mächtig werden lassen" (1. Kor. 6, 12; vgl. 10, 23 f.). Der Glaubende kann sich freuen mit den Fröhlichen und weinen mit den Weinenden (Röm. 12, 15), aber er verfällt keiner innerweltlichen Größe mehr (1. Kor. 7, 17—24). Alles Innerweltliche ist für ihn in die Indifferenz des an sich Bedeutungslosen hinabgedrückt. „Denn frei von allen, habe ich mich zum Knecht aller gemacht" (1. Kor. 9, 19—23). . . . So existieren aber heißt: *eschatologisch existieren*, ein „neues Geschöpf" sein (2. Kor. 5, 17). Die *apokalyptische und gnostische Eschatologie* ist insofern *entmythologisiert*, als die Heilszeit für den Glaubenden schon angebrochen, das Zukunftsleben schon Gegenwart geworden ist. Am radikalsten ist diese Konsequenz bei Johannes gezogen, der die apokalyptische Eschatologie überhaupt eliminiert [streicht]. Das Weltgericht ist nicht ein bevorstehendes kosmisches Ereignis, sondern ist die Tatsache, daß Jesus in die Welt gekommen ist und zum Glauben gerufen hat (Joh. 3, 19; 9, 39; 12, 31). Wer glaubt, der hat schon das Leben, der ist vom Tode zum Leben hinübergeschritten (5, 24 f. usw.). . . .

Freilich teilt Paulus die populäre Überzeugung, daß sich der „Geist" sichtbar in Wundertaten erweist, und anormale psychische Phänomene gelten ihm als Geisteswirkungen. Aber angesichts des pneumatischen Treibens in Korinth wird er der Zweideutigkeit der pneumatischen Phänomene inne, und indem er die „Geistesgaben" unter den Gesichtspunkt des „zum Aufbau" stellt (1. Kor. 14, 26), durchbricht er die Auffassung vom „*Geist*" als einer naturhaft wirkenden Kraft. Wohl stellt er sich den „Geist" als ein mysteriöses Etwas im Menschen vor, dessen Besitz die Auferweckung garantiert (Röm. 8, 11), wohl kann er vom „Geist" als einem übernatürlichen Stoff reden (1. Kor. 15, 44 ff.). Aber es ist deutlich, daß er im Grunde den „Geist" als die im Glauben erschlossene faktische Möglichkeit eines neuen Lebens versteht. Der „Geist" wirkt nicht als eine Naturkraft, und er ist nicht zum Besitz des Glaubenden geworden, sondern er ist die faktische Möglichkeit des Lebens, die im Entschluß ergriffen werden muß. Daher die paradoxe Mahnung: „Leben wir im Geist, so wollen wir auch im Geist wandeln!" (Gal. 5, 25). Das „Getriebenwerden vom Geist" (Röm. 8, 14) ist kein Naturprozeß, sondern der Vollzug des Imperativs, nicht „nach dem Fleisch" zu leben; denn der Imperativ steht in Einheit mit dem Indikativ. Der Mensch wird nicht aus der Entscheidung entlassen: „Ich sage: wandelt im Geist, so werdet ihr die Begier des Fleisches nicht vollbringen!" (Gal. 5, 16). So ist *der Begriff des „Geistes" entmythologisiert*. . . .

B. DAS HEILSGESCHEHEN

1. *Christliches Seinsverständnis ohne Christus?*
Was ist in diesen Ausführungen geschehen? Es ist das christliche Seinsverständnis existential, unmythologisch interpretiert worden. Wurde es wirklich im Sinne des Neuen Testaments interpretiert? Die Interpretation hat

von Einem abgesehen, davon nämlich, daß *nach dem Neuen Testament der "Glaube" zugleich Glaube an Christus ist.* Das Neue Testament behauptet, daß der "Glaube" als die Haltung neuen echten Lebens nicht nur erst von einer bestimmten Zeit ab *vorhanden* ist — der Glaube sollte "offenbart" werden, er ist "gekommen" (Gal. 3, 23. 25) —, das könnte eine bloß geistesgeschichtliche Feststellung sein; sondern es behauptet, daß der "Glaube" erst von einer bestimmten Zeit ab überhaupt *Möglichkeit* geworden ist, und zwar infolge eines *Geschehens*, des Christusgeschehens. Glaube als gehorsame Preisgabe an Gott und als innere Freiheit von der Welt ist nur möglich als Glaube an Christus.

Das aber ist nun die entscheidende Frage, ob diese Behauptung ein mythologischer Rest ist, der eliminiert oder durch kritische Interpretation entmythologisiert werden muß. Es ist die Frage, *ob das christliche Seinsverständnis vollziehbar ist ohne Christus.* ...

Die eschatologische Existenz ist für den Menschen ... dadurch zur Möglichkeit geworden, daß *Gott gehandelt* und der Welt als "dieser Welt" ein Ende gemacht hat, indem er *den Menschen selbst neu machte:* "Ist einer in Christus, so ist er ein neues Geschöpf. Das Alte verging; siehe, es ward neu!" (2. Kor. 5, 17). So Paulus. Das gleiche sagt in seiner Sprache Johannes. Er sagt, daß die Erkenntnis der in Jesus offenbaren "Wahrheit" Gottes den Menschen frei macht (8, 32), nämlich von der Knechtschaft der Sünde (8, 34). Aus dem Tode wird der Mensch durch Jesus zum Leben gerufen (5, 25), aus dem Dunkel der Blindheit ins Licht (9, 39). Der Glaubende ist "wiedergeboren" (3, 3 ff.), er hat einen neuen Ursprung erhalten; er stammt nicht mehr aus der "Welt", gehört nicht mehr zu ihr, sondern hat sie im Glauben besiegt (1. Joh. 5, 4).

Das in Christus sich ereignende Geschehen ist also die Offenbarung der Liebe Gottes, die den Menschen von sich selbst befreit zu sich selbst, indem sie ihn zu einem Leben der Hingabe im Glauben und in der Liebe befreit. Glaube als die Freiheit des Menschen von sich selbst, als die Offenheit für die Zukunft, ist nur möglich als Glaube an die Liebe Gottes. Glaube an die Liebe Gottes ist aber so lange Eigenmächtigkeit, solange Gottes Liebe ein Wunschbild, eine Idee ist, solange Gott seine Liebe nicht offenbart hat. Christlicher Glaube ist deshalb Glaube an Christus, weil er der Glaube an die offenbare Liebe Gottes ist. Nur wer schon geliebt ist, kann lieben; nur wem Vertrauen geschenkt ist, kann vertrauen; nur wer Hingabe erfahren hat, kann sich hingeben. Wir sind zur Hingabe an Gott dadurch befreit, daß er sich für uns hingegeben hat. "Darin gründet die Liebe, nicht daß wir Gott geliebt haben, sondern daß er uns liebte und seinen Sohn sandte als Sühne für unsere Sünden" (1. Joh. 4, 10). "Wir lieben, weil er uns zuerst geliebt hat" (1. Joh. 4, 19). ...

Dies ist also das Entscheidende, das das Neue Testament von der Philosophie, das den christlichen Glauben vom "natürlichen" Seinsverständnis unterscheidet: das Neue Testament redet und der christliche Glaube weiß von einer *Tat Gottes, welche die Hingabe, welche den Glauben, welche die Liebe, welche das eigentliche Leben des Menschen erst möglich macht.*

Es ist nun die Frage, ob *damit der Entmythologisierung der neutestamentlichen Verkündigung eine Grenze gesetzt ist,* ob wir hier vor einem Mythos stehen bzw. vor einem Ereignis, das mythischen Charakter hat. Was das Neue Testament von der Existenz des vorgläubigen Menschen in mythologischer Sprache sagt, läßt sich entmythologisieren; ebenso, was es von der Existenz des Gläubigen sagt. Aber es bleibt die Frage, ob die Behauptung, daß der Übergang aus jener in diese Existenz, ob die Befreiung des Menschen von sich selbst zu seinem eigentlichen Leben nur als eine Tat Gottes begreiflich sei; ob der Glaube nur als Glaube an die in Christus offenbare Liebe Gottes wirklich sein könne.

2. Das Christusgeschehen

· · · · · · · · · ·

a) Das Problem der Entmythologisierung des Christusgeschehens

Es ist nun keine Frage, daß das *Neue Testament das Christusgeschehen als ein mythisches Geschehen vorstellt.* Aber das ist die Frage, ob es als mythisches Geschehen vorgestellt werden muß, oder ob das Neue Testament selbst eine entmythologisierende Interpretation an die Hand gibt. Nun ist zunächst deutlich, daß das Christusgeschehen nicht in dem Sinne ein Mythos ist wie etwa die Kultmythen griechischer oder hellenistischer Götter. Jesus Christus, als Gottes Sohn, als ein präexistentes Gottwesen eine mythische Gestalt, ist zugleich ein bestimmter historischer Mensch, Jesus von Nazareth; und das Schicksal seiner Person ist nicht nur ein mythisches Geschehen, sondern zugleich ein Menschenschicksal, das mit der Kreuzigung endet. *Historisches und Mythisches sind hier eigentümlich verschlungen;* der historische Jesus, dessen Vater und Mutter man kennt (Joh. 6, 42), soll zugleich der präexistente Gottessohn sein, und neben dem historischen Ereignis des Kreuzes steht die Auferstehung, die kein geschichtliches Ereignis ist. Gewisse *Widersprüche* zeigen an, wie das Miteinander von Mythischem und Historischem für die Vorstellung Schwierigkeiten bietet. Neben der Behauptung der Präexistenz (Paulus, Johannes) steht ja die Legende von der Jungfrauengeburt (Matthäus, Lukas). Nebem dem: „Er entäußerte sich selbst, indem er Knechtsgestalt annahm, den Menschen gleich geworden und an Gestalt wie ein Mensch" (Phil. 2, 7), stehen die Schilderungen der Evangelien, in denen sich Jesu göttliches Wesen in Wundern, Allwissenheit und Ungreifbarkeit kundgibt, steht die Charakteristik: „Jesus von Nazareth, ein Mann, ausgewiesen von Gott her euch gegenüber durch Krafttaten, Wunder und Zeichen" (Apg. 2, 22). Neben der Vorstellung von der Auferstehung als der Erhöhung vom Kreuz oder aus dem Grabe stehen die Legenden vom leeren Grab und von der Himmelfahrt.

So wird die Frage dringlich, *ob die mythologische Rede nicht einfach den Sinn hat, die Bedeutsamkeit der historischen Gestalt Jesu und seiner Geschichte,* nämlich ihre Bedeutung als Heilsgestalt und Heilsgeschehen *zum Ausdruck zu bringen.* Darin hätte sie ihren Sinn, und ihr objektivierender Vorstellungsgehalt wäre preiszugeben.

Für die Aussagen von der *Präexistenz* oder von der *Jungfrauengeburt* dürfte es klar sein, daß ihr Sinn darin besteht, die Bedeutsamkeit der Person Jesu für den Glauben auszusprechen. Was er für mich ist, erschöpft sich nicht in dem, ja kommt gar nicht in dem zutage, als was er für die historisch-feststellende Betrachtung erscheint. Er ist nicht auf seine historische Herkunft hin zu befragen, sondern seine wirkliche Bedeutung wird erst sichtbar, wenn von solcher Fragestellung abgesehen wird. Seine Geschichte, sein Kreuz, ist nicht auf die historischen Gründe hin zu befragen; die Bedeutung seiner Geschichte ergibt sich aus dem, was Gott mir durch sie sagen will. So ist seine Gestalt nicht aus dem innerweltlichen Zusammenhang in ihrer Bedeutsamkeit zu begreifen; d. h. in mythologischer Sprache: seine Herkunft ist aus der Ewigkeit, sein Ursprung ist kein menschlich-natürlicher.

Aber einzelne Motive sollen jetzt nicht weiter verfolgt werden. Schließlich konzentriert sich alles auf die Hauptfrage nach Kreuz und Auferstehung.

b) Das Kreuz

Ist *das Kreuz Christi,* sofern es das Heilsereignis ist, nur als mythisches Ereignis zu verstehen, oder kann es als ein geschichtliches Ereignis verstanden werden, das freilich nicht, sofern es in dem objektivierbaren weltgeschichtlichen Zusammenhang, sondern in seiner Bedeutsamkeit gesehen wird, das Heilsergebnis ist?

Als mythisches Ereignis ist es verstanden, wenn wir den objektivierenden Vorstellungen des Neuen Testaments folgen: gekreuzigt wurde der präexistente, Mensch gewordene Gottessohn, der als solcher sündlos war. Er ist das Opfer, dessen Blut unsere Sünde sühnt; er trägt stellvertretend die Sünde der Welt, und indem er die Strafe der Sünde, den Tod, übernimmt, befreit er uns vom Tod. Diese mythologische Interpretation, in der sich Opfervorstellungen und eine juristische Satisfaktionstheorie mischen, ist für uns nicht nachvollziehbar. Aber *sie besagt auch innerhalb der Anschauung des Neuen Testaments gar nicht, was sie besagen soll.* Denn sie könnte ja höchstens besagen, daß den Menschen die seither begangenen — und etwa auch noch die künftig begangenen — Sünden vergeben werden in dem Sinne, daß die Strafe für sie erlassen wird. Faktisch aber soll vielmehr gesagt sein, nämlich daß der Glaubende durch das Kreuz Christi von der Sünde als der ihn beherrschenden Macht, vom Sündigen, frei geworden ist. Daher tritt z. B. neben den Satz: „Er (Gott), der uns alle unsere Verfehlungen vergab, der die uns verklagende Schuldschrift mit ihren Sätzen, die uns im Wege stand, auslöschte; und er schaffte sie fort, indem er sie ans Kreuz heftete" — der ergänzende Satz: „Er, der die Mächte und Gewalten entwaffnete und sie offen zum Spott machte; in ihm (in Christus) hat er über sie triumphiert" (Kol. 2, 13—15).

Das historische Ereignis des Kreuzes wird in kosmische Dimensionen empor-gehoben. Und gerade indem vom Kreuz als einem kosmischen Ereignis geredet wird, wird *seine Bedeutsamkeit als eines geschichtlichen Ereignisses* deutlich gemacht gemäß der eigenartigen Denkweise, in der geschichtliches

Geschehen als kosmisches, geschichtliche Zusammenhänge als kosmische vorgestellt werden. Denn wenn das Kreuz das Gericht über die „Welt" ist, durch das die Archonten dieses Äon vernichtet werden (1. Kor. 2, 6 ff.), so ist damit gesagt, daß *in ihm das Gericht über uns selbst,* die den Mächten der „Welt" verfallenen Menschen, *vollzogen* ist.

Indem Gott Jesus kreuzigen ließ, hat er für uns das Kreuz errichtet: an das Kreuz Christi glauben, heißt nicht, auf einen mythischen Vorgang blicken, der sich außerhalb unser und unserer Welt vollzogen hat, auf ein objektiv anschaubares Ereignis, das Gott als uns zugute geschehen anrechnet; sondern an das Kreuz glauben, heißt, das Kreuz Christi als das eigene übernehmen, heißt, sich mit Christus kreuzigen lassen. Das Kreuz ist als Heilsgeschehen nicht ein isoliertes Ereignis, das an Christus als mythischer Person passiert ist, sondern dieses Ereignis hat in seiner Bedeutsamkeit „kosmische" Dimension. Und seine entscheidende geschichtsumgestaltende Bedeutung wird dadurch zum Ausdruck gebracht, daß es *als das eschatologische Ereignis gilt;* d. h. es ist nicht ein Ereignis der Vergangenheit, auf das man zurückblickt; sondern es ist das eschatologische Ereignis in der Zeit und jenseits der Zeit, sofern es, in seiner Bedeutsamkeit verstanden und d. h. für den Glauben, *stets Gegenwart* ist.

Gegenwart ist es einmal *in den Sakramenten:* in der Taufe wird man in Christi Tod getauft (Röm. 6, 3), wird mit ihm gekreuzigt (Röm. 6, 6); im Herrenmahl wird jeweils der Tod Christi proklamiert (1. Kor. 11, 26); am gekreuzigten Leib, am vergossenen Blut hat teil, wer das Herrenmahl genießt (1. Kor. 10, 16). Sodann aber ist das Kreuz Christi Gegenwart *im konkreten Lebensvollzug der Glaubenden:* „Die aber, die Christus Jesus zu eigen sind, haben das Fleisch mit seinen Leidenschaften und Begierden gekreuzigt" (Gal. 5, 24). Und so redet Paulus vom „Kreuz unseres Herrn Jesus Christus, durch das mir die Welt gekreuzigt ist und ich der Welt" (Gal. 6, 14); so strebt er danach, die „Teilhabe an seinen Leiden" zu erfahren als einer, der „seinem Tode gleichgebildet ist" (Phil. 3, 10).

Sofern nun das Kreuzigen der „Leidenschaften und Begierden" es einschließt, auch die Scheu und Flucht vor dem Leiden zu überwinden und in der Übernahme der Leiden die Freiheit von der Welt durchzuführen, bedeutet die willige Übernahme der Leiden, in denen ja immer schon der Tod am Menschen wirkt, ein „Einhertragen des Sterbens Jesu an unserem Leibe", ein „Dahingegebenwerden in den Tod um Jesu willen" (2. Kor. 4, 10 f.).

Christi Kreuz und Leiden sind also Gegenwart, und wie wenig sie auf das vergangene Ereignis der Kreuzigung beschränkt werden dürfen, zeigt sich, wenn ein Paulusschüler den Paulus sprechen läßt: „Jetzt freue ich mich, für euch zu leiden, und ergänze, was noch fehlt an den Leiden Christi, an meinem Fleisch für seinen Leib, die Gemeinde" (Kol. 1, 24).

Als Heilsgeschehen ist also das Kreuz Christi kein mythisches Ereignis, sondern ein geschichtliches Geschehen, das in dem historischen Ereignis der Kreuzigung Jesu von Nazareth seinen Ursprung nimmt. Dieses ist in seiner geschichtlichen Bedeutsamkeit das Gericht über die Welt, das befreiende

Gericht über den Menschen. Und insofern es das ist, ist Christus „für uns" gekreuzigt, — nicht im Sinne einer Satisfaktions- oder Opfertheorie. Gerade nicht mythologischem, sondern geschichtlichem Verständnis erschließt sich also das historische Ereignis als Heilsereignis, sofern echt geschichtliches Verständnis ein historisches Ereignis in seiner Bedeutsamkeit versteht. Die mythologische Rede will im Grunde nichts anderes als eben die Bedeutsamkeit des historischen Ereignisses zum Ausdruck bringen. Das historische Ereignis des Kreuzes hat in der ihm eigenen Bedeutsamkeit eine neue geschichtliche Situation geschaffen; die Verkündigung des Kreuzes als des Heilsereignisses fragt den Hörer, ob er sich diese Bedeutung aneignen, ob er sich mit Christus kreuzigen lassen will.

Aber freilich: *Ist dem historischen Ereignis des Kreuzes seine Bedeutung anzusehen?* Ist sie sozusagen von ihm abzulesen? Daß das Kreuz Christi diese Bedeutung hat, liegt es nicht daran, daß es eben das Kreuz *Christi* ist? Dann müßte man also vorher von der Bedeutsamkeit Christi überzeugt sein, an Christus glauben, ehe man an die Heilsbedeutung des Kreuzes glauben könnte? Man müßte also etwa, um das Kreuz in seiner Bedeutung zu verstehen, es als das Kreuz des historischen Jesus verstehen? Wir müßten also auf den historischen Jesus rekurrieren?

Für die ersten Verkündiger wird das gelten. Sie erlebten das Kreuz dessen, mit dem sie in lebendiger Gegenwart verbunden waren. Aus dieser persönlichen Verbundenheit heraus, in der es für sie ein Ereignis ihres eigenen Lebens war, wurde das Kreuz ihnen zur Frage und erschloß es ihnen seinen Sinn. Für uns ist diese Verbundenheit nicht reproduzierbar, und nicht aus ihr kann sich uns die Bedeutung des Kreuzes erschließen; für uns ist es als Ereignis der Vergangenheit kein Ereignis des eigenen Lebens mehr; wir wissen von ihm als historischem Ereignis nur durch historischen Bericht. Aber so wird der Gekreuzigte im Neuen Testament ja auch gar nicht verkündigt, daß sich der Sinn des Kreuzes aus seinem historischen — durch historische Forschung zu reproduzierenden — Leben erschlösse; sondern er wird verkündigt als der Gekreuzigte, der zugleich der Auferstandene ist. Kreuz und Auferstehung gehören zu einer Einheit zusammen.

c) Die Auferstehung

Die Auferstehung Christi aber — ist sie nicht *ein schlechthin mythisches Ereignis?* Ein historisches Ereignis, das in seiner Bedeutsamkeit zu verstehen wäre, ist sie ja jedenfalls nicht. Kann die Rede von der Auferstehung Christi etwas anderes sein als *der Ausdruck der Bedeutsamkeit des Kreuzes?* Besagt sie etwas anderes als eben dieses, daß der Kreuzestod Jesu nicht als ein menschliches Sterben ins Auge gefaßt werden soll, sondern als das befreiende Gericht Gottes über die Welt, das Gericht Gottes, das als solches den Tod entmächtigt? Drückt sich nicht eben diese Wahrheit in dem Satze aus, daß der Gekreuzigte nicht im Tode geblieben, sondern auferstanden sei?

In der Tat: *Kreuz und Auferstehung sind als „kosmisches" Geschehen eine Einheit*, wie es z. B. in dem Satze zum Ausdruck kommt: „Der dahingegeben ward um unserer Verfehlungen willen und auferweckt um unserer Gerechtmachung willen" (Röm. 4, 25). Es steht also nicht so, daß das Kreuz für sich gesehen werden könnte als der Tod und Untergang Jesu, welchem dann, den Tod rückgängig machend, die Auferstehung folgte. Der, der den Tod erleidet, ist ja schon der Gottessohn, und sein Tod selbst ist schon die Überwindung der Todesmacht. Bei Johannes findet das seinen stärksten Ausdruck, wenn er die Passion Jesu als die „Stunde" seiner „Verherrlichung" darstellt, wenn er das „Erhöht werden" Jesu doppelsinnig versteht: als die Erhöhung ans Kreuz und als die Erhöhung zur Herrlichkeit.

Kreuz und Auferstehung sind eine Einheit, indem sie zusammen das eine „kosmische" Ereignis sind, durch das die Welt gerichtet und die Möglichkeit echten Lebens beschafft worden ist. Dann *kann aber die Auferstehung nicht ein beglaubigendes Mirakel sein*, dessen feststellbare Sicherheit den Fragenden davon überzeugen könnte, daß das Kreuz wirklich die ihm zugeschriebene kosmisch-eschatologische Bedeutung hat.

Es ist nun freilich nicht zu leugnen, daß im Neuen Testament die Auferstehung Jesu vielfach als solch beglaubigendes Mirakel aufgefaßt wird. So wenn es heißt, daß Gott den Beweis für Christi Anspruch dadurch geliefert hat, daß er ihn von den Toten erweckte (Apg. 17, 31). So in den Legenden vom leeren Grabe und in den Ostergeschichten, die von Demonstrationen der Leiblichkeit des Auferstandenen berichten (bes. Luk. 24, 39—43). Aber zweifellos sind das spätere Bildungen, von denen Paulus noch nichts weiß. Freilich auch Paulus selbst will einmal das Wunder der Auferstehung durch Aufzählung der Augenzeugen als historisches Ereignis sicherstellen (1. Kor. 15, 3—8). Diese Argumentation ist fatal. . . .

. . . *Die Auferstehung Jesu kann nicht ein beglaubigendes Mirakel sein*, auf das hin der Fragende nun sicher an Christus glauben kann. Nicht nur deshalb, weil sie als mythisches Ereignis — die Rückkehr eines Gestorbenen in das Leben der diesseitigen Welt (darum handelt es sich ja; denn der Auferstandene wird mit den leiblichen Sinnen wahrgenommen) — unglaubhaft ist; nicht nur, weil die Auferstehung auch durch noch so viele Zeugen nicht als objektives Faktum festgestellt werden kann, so daß nun daraufhin ohne Bedenken geglaubt werden könnte und der Glaube seine sichere Garantie hätte. Vielmehr ist die *Auferstehung selbst Gegenstand des Glaubens*; und man kann nicht einen Glauben (den an die Heilsbedeutung des Kreuzes) durch einen anderen Glauben (den an die Auferstehung) sichern. Die Auferstehung Christi ist aber Gegenstand des Glaubens, weil sie viel mehr besagt als die Rückkehr eines Toten in das diesseitige Leben, weil sie ein *eschatologisches Ereignis* ist. Und eben deshalb kann sie nicht beglaubigendes Mirakel sein. Denn das Mirakel, ob es nun glaubhaft ist oder nicht, bezeugt ja nicht die eschatologische Tatsache der Vernichtung der Todesmacht überhaupt; es ist zudem in der Sphäre des mythischen Denkens nicht einmal etwas Unerhörtes.

Das ist nun aber deutlich, daß *die Auferstehung Christi* für das Neue Testament durchweg *die eschatologische Tatsache* ist, durch die Christus den Tod zunichte gemacht und Leben und Unvergänglichkeit ans Licht gebracht hat (2. Tim. 1, 10). Paulus greift deshalb zur Begrifflichkeit des gnostischen Mythos, um die Bedeutung der Auferstehung Christi klar zu machen: wie in Jesu Tod alle gestorben sind (2. Kor. 5, 14 f.), so sind durch seine Auferstehung auch alle vom Tode auferweckt worden, nur daß sich dieses kosmische Geschehen auf den Zeitlauf verteilt (1. Kor. 15, 21 f.). Aber wie er sagen kann: „in Christus werden alle lebendig gemacht werden", so kann er auch, ebenso wie vom Mitsterben mit Christus, vom Mitauferstehen als einem gegenwärtigen Geschehen sprechen. Das Sakrament der Taufe bringt, wie in die Gemeinschaft mit dem Tode Christi, so auch in die Gemeinschaft mit seiner Auferstehung. Wir *werden* nicht nur mit ihm in einem neuen Leben wandeln und mit seiner Auferstehung „verwachsen" sein (Röm. 6, 4 f.), sondern wir *sind* es auch schon: „So müßt ihr urteilen, daß ihr tot seid für die Sünde, lebendig aber für Gott in Christus Jesus" (Röm. 6, 11).

Im konkreten Lebensvollzug erweist sich, wie die Teilhabe am Kreuz Jesu, so auch die Teilhabe an seiner Auferstehung: in der kämpfenden Freiheit von der Sünde (Röm. 6, 11 ff.), im Ablegen der „Werke der Finsternis", in welchem der nahende Tag, der die Finsternis ablösen wird, schon voraufgenommen wird: „Als am Tage laßt uns ehrbar unseren Wandel führen!" (Röm. 13, 12 f.); „Wir gehören nicht der Nacht und der Finsternis ... Als solche, die dem Tage gehören, laßt uns nüchtern sein ...!" (1. Thess. 5, 5—8). Wie Paulus die Teilhabe an den Leiden Christi verspüren möchte, so auch die „Kraft seiner Auferstehung" (Phil. 3, 10). So trägt er an seinem Leibe das Sterben Jesu einher, „damit auch das Leben Jesu an unserem Leib offenbar werde" (2. Kor. 4, 10 f.). Und so kann er den Korinthern, die eine Probe des in ihm redenden Christus verlangen, drohen: „Er (Christus) ist nicht schwach euch gegenüber, sondern ist stark in euch. Denn er ward gekreuzigt aus Schwachheit, aber er lebt aus der Kraft Gottes. Und auch wir sind ja schwach in ihm, aber wir werden mit ihm leben aus der Kraft Gottes euch gegenüber" (2. Kor. 13, 3 f.).

Die Auferstehung ist also kein mythisches Ereignis, das die Bedeutung des Kreuzes glaubhaft machen könnte; sondern sie wird ebenso geglaubt wie die Bedeutung des Kreuzes. Ja, *der Auferstehungsglaube ist nichts anderes als der Glaube an das Kreuz als Heilsereignis,* an das Kreuz als Kreuz Christi. Man kann also nicht zuerst an Christus glauben und daraufhin an sein Kreuz; sondern an Christus glauben heißt, an das Kreuz als das Kreuz Christi glauben. Nicht weil es das Kreuz Christi ist, ist es das Heilsereignis, sondern weil es das Heilsereignis ist, ist es das Kreuz Christi. Abgesehen davon ist es das tragische Ende eines edlen Menschen.

Dann sind wir wieder auf die Frage zurückgeworfen: Wie ist es dem Kreuze anzusehen, daß es das Kreuz Christi, daß es das eschatologische Ereignis ist? Wie kommen wir dazu, an das Kreuz als das Heilsgeschehen zu glauben?

Hier scheint es mir nur *eine* Antwort zu geben: weil es als solches verkündigt wird, weil es mit der Auferstehung verkündigt wird. *Christus, der*

Gekreuzigte und Auferstandene, begegnet uns im Worte der Verkündigung, nirgends anders. Eben der Glaube an dieses Wort ist in Wahrheit der Osterglaube.

Es wäre nämlich eine Verirrung, wollte man hier zurückfragen nach dem historischen Ursprung der Verkündigung, als ob dieser ihr Recht erweisen könnte. Das würde bedeuten: den Glauben an Gottes Wort durch historische Untersuchung begründen zu wollen. Das Wort der Verkündigung begegnet als Gottes Wort, demgegenüber wir nicht die Legitimationsfrage stellen können, sondern das uns nur fragt, ob wir es glauben wollen oder nicht. Es fragt uns aber so, daß es, indem es uns gebietet, an Tod und Auferstehung Christi als das eschatologische Geschehen zu glauben, uns die Möglichkeit des Verständnisses unser selbst eröffnet. Glaube und Unglaube sind deshalb nicht blinder, willkürlicher Entschluß, sondern verstehendes Ja oder Nein.

Der verstehende Glaube an das Wort der Verkündigung ist der echte Osterglaube; er ist der Glaube, daß das verkündigende Wort legitimiertes Gotteswort ist. *Das Osterereignis,* sofern es als historisches Ereignis neben dem Kreuz genannt werden kann, ist ja nichts anderes als die Entstehung des Glaubens an den Auferstandenen, in dem die Verkündigung ihren Ursprung hat. Das Osterereignis als die Auferstehung Christi ist kein historisches Ereignis; als historisches Ereignis ist nur *der Osterglaube der ersten Jünger* faßbar. Der Historiker kann seine Entstehung bis zu einem gewissen Grade begreiflich machen durch Reflexion auf die ehemalige persönliche Verbundenheit der Jünger mit Jesus; für ihn reduziert sich das Osterereignis auf ihre visionären Erlebnisse. Der christliche Osterglaube ist an der historischen Frage nicht interessiert; für ihn bedeutet das historische Ereignis der Entstehung des Osterglaubens wie für die ersten Jünger die Selbstbekundung des Auferstandenen, die Tat Gottes, in der sich das Heilsgeschehen des Kreuzes vollendet.

Der Osterglaube der ersten Jünger ist also nicht ein Faktum, auf das hin wir glauben, insofern es uns das Wagnis des Osterglaubens abnehmen könnte, sondern ihr Osterglaube gehört selbst zu dem eschatologischen Geschehen, das der Gegenstand des Glaubens ist.

Mit anderen Worten: *Das im Osterereignis entsprungene Wort der Verkündigung gehört selbst zum eschatologischen Heilsgeschehen.* Mit dem die Welt richtenden und befreienden Tode Christi ist von Gott auch der „Dienst der Versöhnung", das „Wort der Versöhnung" eingesetzt worden (2. Kor. 5, 18 f.). Dieses Wort also ist es, das zum Kreuz „hinzukommt" und es als Heilsgeschehen verständlich macht, indem es Glauben fordert, indem es die Frage an den Menschen richtet, ob er sich als Mitgekreuzigten und damit auch als Mitauferstandenen verstehen will. Im Erklingen des Wortes werden Kreuz und Auferstehung Gegenwart, ereignet sich das eschatologische Jetzt. Die eschatologische Verheißung Jesaja 49, 8 ist erfüllt: „Siehe, jetzt ist die hochwillkommene Zeit! Siehe, jetzt ist der Tag des Heils!" (2. Kor. 6, 2). Deshalb vollzieht sich in der Predigt des Apostels das Gericht, indem er, der predigende, für die Einen ein „Duft vom Tode zu Tode", für die Anderen ein „Duft vom Leben zum Leben" ist (2. Kor. 2, 16). So wirkt, durch ihn vermittelt, das Auferstehungsleben im Glauben (2. Kor. 4, 12). Und von der Predigt, die Christus verkündigt, gilt das Wort des johanneischen Jesus: „Wahrlich, wahrlich, ich sage euch: wer mein Wort hört und dem glaubt, der mich gesandt hat, der hat ewiges Leben und kommt nicht ins Gericht, sondern ist hinübergeschritten vom Tode in das Leben ... Es kommt die Stunde, und jetzt ist sie da, da die Toten die Stimme des Gottessohnes hören werden und die, die sie hören, leben werden" (Joh. 5, 24 f.). Im gepredigten Wort und nur in ihm begegnet der Auferstandene. „Also, der Glaube kommt aus der Predigt, die Predigt aber durch das Wort Christi" (Röm. 10, 17).

III. Die Fragen

Aus der Vielfalt der an Bultmann im Verlauf der Diskussion um sein Programm der Entmythologisierung und der existentialen Interpretation gestellten Fragen sollen hier nur einige charakteristische zu Wort kommen:

1. Das Christusgeschehen bei Bultmann:

Bornkamm schreibt in seiner Stellungnahme zu Bultmanns Entmythologisierungsversuch: „Es kann kein Zweifel sein, daß Bultmann mit aller Energie auf dem Heilsgeschehen extra nos [= außerhalb von uns] zu beharren versucht. Die Beharrung auf der Bedeutung des Heilsgeschehens ist bei ihm fraglos der Riegel und Damm, der . . . die Auflösung der christlichen Botschaft in bloße Existenzerhellung aufhält (vergleiche seine Auseinandersetzung mit der Philosophie!). Aber das Heilsgeschehen reduziert sich bei ihm auf das brutum factum, die nackte, völlig uneinsehbare, gerade in ihrer völligen Unbegründbarkeit die Unterwerfung des Glaubens fordernde Tatsache, daß in Jesus Christus die Offenbarung Gottes geschehen ist und Gott erlösend gehandelt hat. *Jesus Christus ist zur bloßen Heilstatsache geworden und hört auf, Person zu sein.* Er selbst hat keine Geschichte mehr, er selbst ist nicht mehr eigentlich der in seinem Wort Redende, soll heißen: personhaft mich Ansprechende, personenhaft im Gegenüber des Redenden mir Begegnende; das Wort, in dem er, wie Bultmann natürlich auch mit Nachdruck sagen kann, begegnet, hat nur noch das „daß" der Offenbarung zum Inhalt . . . Jesus ist zur bloßen Heilstatsache geworden . . . Alles, was in der neutestamentlichen Botschaft etwa über den Heilsratschluß Gottes von Ewigkeit her, die Sendung des Sohnes, als die Zeit erfüllet war, das Verhältnis des Vaters zum Sohn, den im Leben und Leiden bewährten Gehorsam Jesu, seine Auferstehung und Erhöhung, sein Eintreten für uns zur Rechten Gottes usw. gesagt ist, alles das ist *nur Ausdruck* für die Tatsache, daß Jesus Christus der ist und bleibt, in dem Gott entscheidend an der Welt gehandelt hat[9]."

Zu Bultmanns These, man habe die Aussagen über Jesus Christus *als Ausdruck des christlichen Selbstverständnisses* zu interpretieren, sagt *Bornkamm:* „Wir vergegenwärtigen uns das an dem, was Paulus Römer 8 über die Erlösung sagt. Wie entfaltet er den Satz ,das Gesetz des Geistes des Lebens in Christo Jesu hat dich befreit vom Gesetz der Sünde und des Todes' (8, 2)? So, daß er von der Geschichte, der Sendung, dem Weg und Werk Jesu Christi redet. Diese Geschichte beginnt bei Gott und steht ganz und gar im Zeichen der Sünde (8, 3). Sie . . . führt zur Überwindung der Sünde und zur Begründung einer neuen

[9] G. Bornkamm: Mythos und Evangelium, A. a. O., S. 18 f.

Existenz des Glaubenden. Aber freilich, vom Glauben redet Paulus hier nicht (im ganzen 8. Kapitel nicht!), sondern von einem neuen In-Sein der Erlösten . . . (8, 1). Die Erlösten also werden von Christus jetzt bergend umfangen. Er ist durch seine Menschwerdung, seinen Gehorsam (5, 18 ff.), sein Sterben und seine Auferstehung zum bergenden Grund einer neuen Existenz geworden. Er ermöglicht mir nicht nur die Entscheidung des Glaubens, die ich zu vollziehen habe, sondern *er ist zuvor die Wirklichkeit einer Entscheidung, die von Gott her erlösend über mich gefallen ist* [Kursiv vom Hrsg.]. Er gibt mir nicht nur die Möglichkeit, mich in meiner Existenz und Geschichte neu zu verstehen, sondern er eröffnet und erschließt mir eine neue Geschichte und Existenz, indem er mich in seine Geschichte aufnimmt. Hier reichen die Interpretationen Bultmanns, wie ich meine, nicht mehr zu, denn sie vermögen die Wirklichkeit des neuen Seins in Christo nicht zu fassen. Sie sind und bleiben an der Frage orientiert: *wie* verstehe ich mich? Für Paulus ist aber die Frage dringlicher: *wo* bin ich? . . . Die neue Existenz des Glaubenden hat darin ihr Wesen, daß mein ‚Ich‘ aufgehoben und in Christus hineingenommen ist (Gal. 2, 20), und zwar nicht im Sinne enthusiastischer Entrückung, sondern so, daß Gott seinen Sohn an die Wirklichkeit meiner Fluch- und Todesgeschichte hingab. So ist Gott für uns, so macht er uns vor ihm gerecht (Röm. 8, 31 ff.) . . . Es reicht also in keiner Weise zu, die Erlösung nur so zu beschreiben, daß ich in meiner Geschichte neu qualifiziert werde. Paulus meint faktisch eine neue Geschichte, die nicht mehr die meine ist. Darauf zielen die eigentümlich ‚lokalen‘ Wendungen von Römer 8, die . . . nicht als mythologisch preisgegeben und durch Seinsbestimmungen, die der Existenz als solcher abzugewinnen sind, ersetzt werden dürfen. Die neue Geschichte Christi, in die er mich aufnimmt, beginnt und endet im Himmel, sie übersteigt in ihrem Grund und Ziel radikal meine Geschichte und das Verständnis meiner Existenz. Sie hat wie alle Geschichten ihre Vergangenheit, ihre Gegenwart und Zukunft[10]."

2. Der Wirklichkeitsbegriff Bultmanns:

Von einem *raumzeitlichen Ereignis in der Geschichte* kann nach Bultmann nur da gesprochen werden, wo dieses mit den Mitteln und Methoden der historischen Wissenschaft festgestellt werden kann. Für ihn gilt damit das Axiom der prinzipiellen Feststellbarkeit alles in Raum und Zeit Geschehenen, d. h. daß nur das wirklich in Raum und Zeit geschehen ist, was man als solches feststellen kann. Bultmann folgert daraus: Die Auferstehung Jesu Christi ist — da mit Mitteln historischer Forschung prinzipiell nicht faßbar — ein mythisches Ereignis, dessen Bedeutsamkeit nur erkannt werden kann, indem es aus der Sprache der Mythologie in eine existentiale Aussage übersetzt, d. h. als Ausdruck eines Selbstverständnisses interpretiert wird.

Barth hat Bultmann gefragt, ob man denn ein „in der Zeit geschehenes Ereignis dann und nur dann als geschehen anerkennen kann, wenn man in der Lage ist, nachzuweisen, daß es ‚ein *historisches Faktum*‘ ist[11]". Hierauf hat Bultmann mit der Rückfrage geantwortet: „Was ist das für eine Weise des ‚Glauben schenkens‘, wenn der Glaube gegenüber der Behauptung von Ereignissen aufgebracht werden soll, die in Zeit und Geschichte geschehen sein sollen, jedoch nicht mit den Mitteln und Methoden der historischen Wissenschaft festgestellt werden können?"[12]

Jedoch auch *Iwand* hat — ähnlich wie Barth — an diesem Punkt anders als Bult-

10 G. Bornkamm: Mythos und Evangelium, A. a. O., S. 24 f.
11 K. Barth: Kirchliche Dogmatik (K D) III, 2, S. 535.
12 R. Bultmann: Glauben und Verstehen, Ges. Aufs., Bd. II, S. 234 f.

mann geurteilt: Die Auferstehung begegnet im N. T. als Gottes alleinige Tat. „Darum neigt man auch leicht dazu, wie in der ganzen Bultmannschule, das Kreuz als das letzte ‚historische' Phänomen anzusehen, weil *hierbei Menschen mitwirken* und es darum in den Bereich menschlicher Geschichte fällt, während die *Auferstehung jenseits aller menschlichen Mitwirkung* steht. Aber die Tatsache, daß der *Auferstandene den Seinen erscheint* und diese Erscheinungen auf *eine bestimmte Zeit* begrenzt bleiben, zeigt doch andererseits, daß auch die *Auferstehung noch in den Bereich der Geschichte,* soweit es die Jünger angeht, hineinreicht[13]."

3. *Die Auferstehung und das Kerygma:*
Graß hat in seinem Buch „Ostergeschehen und Ostergeschichte" an Bultmann die Frage gestellt: „Ist für Bultmann der auferstandene, lebendige Herr eine Wirklichkeit oder ist nur das Kerygma Wirklichkeit, so daß an die Stelle der Formel Kreuz und Auferstehung eigentlich die Formel Kreuz und Kerygma treten müßte[14]?" (Vgl. dazu das in der Einleitung zu Bultmann Gesagte: S. 32—34).

4. *Die Zukunft Christi (die Eschatologie):*
Die Entmythologisierung Bultmanns fordert die *existentiale Interpretation auch der Eschatologie* des N. T., d. h. die Übersetzung der neutestamentlichen Rede von der Zukunft Christi in die existentiale Rede von der Zukünftigkeit und Offenheit der jeweilig glaubenden Existenz. Das ist u. a. von *Bornkamm* kritisiert worden: „Niemand wird ernstlich bestreiten können, daß die urchristliche Eschatologie und Apokalyptik an weltbildhafte Vorstellungen gebunden ist, die für uns nicht einfach wiederholbar sind. Aber ist von Bultmanns hermeneutischem Ansatz aus das sachliche Anliegen dieser Eschatologie zu fassen? Ich glaube nicht und verdeutliche das an den Aussagen des Paulus Philipper 3, 7 ff. Paulus redet hier von der Preisgabe dessen, was ihm einst Gewinn war und ihm nun als Schaden und Dreck erscheint . . . ‚um Christus zu gewinnen'. Dieser Gewinn ist also noch nicht eingebracht. Dieses Ziel steht noch aus. *Die Zukunft* dieses letzten, bergenden Gewinnes vernichtet seine eigene Gerechtigkeit. Schon ist er ergriffen, schon hat er die Gerechtigkeit aus Glauben. Gerade so aber ist er erst unterwegs dem Ziel entgegen: in Christus erfunden zu werden und Anteil zu empfangen an der Auferstehung der Toten. *Noch* ist er erst in das Sterben mit Christus hineingenommen; das Leben liegt vor ihm . . . Warum begnügt sich Paulus nicht mit ihr [der Rechtfertigung]? Warum fährt er fort: ‚ob ich vielleicht zur Auferstehung von den Toten gelangen möge' (3, 11)? Offenbar darum, weil der ihm in Christus zuteil gewordene Freispruch Gottes gerade erst die Ausrichtung auf eine neue Zukunft bedeutet . . . In diese neue Geschichte, die die Geschichte Christi, seiner Menschwerdung, seines Kreuzes, seiner Auferstehung und seiner Zukunft ist, ist der Glaubende leibhaftiggeschichtlich aufgenommen[15]."

5. *Der Botschaftscharakter des Kerygmas:*
Ist das Kerygma des N. T. lediglich *existenzbezogener Entscheidungsruf,* Aufruf zur Entscheidung, zu einem neuen Selbstverständnis oder ist es nicht zugleich und grundlegend *Botschaft von* einem vorgängigen (Röm. 5, 8: „. . . als wir noch Sünder waren"), alle Zeiten übergreifenden Handeln Gottes zugunsten des Menschen in Christus?

[13] H. J. Iwand: Christologie-Vorlesung, Bonn 1958/59 (bisher unveröffentlicht).
[14] H. Graß: Ostergeschehen und Osterberichte, A. a. O., S. 244.
[15] G. Bornkamm: Mythos und Evangelium, A. a. O., S. 26 f.

So sagt z. B. *H. Diem:* „Ist man mit *Bultmann* darüber einig, daß man keine *Begründung* des Glaubens hinter dem Kerygma des Evangeliums suchen darf, dann wird man freilich an der Tatsache trotzdem nicht vorbeigehen können, daß das Kerygma eben ein *Geschehen* bestimmter Heilsereignisse verkündigt. Mögen diese auf der einen Seite historisch nicht ausweisbar sein und auf der anderen Seite den Glauben als ein existentielles Verhalten des Menschen fordern, so lebt jedenfalls das Kerygma selbst und der Glaube an dieses davon, daß jene Ereignisse geschehen sind. Darf man darum die Frage des Wirklichgeschehenseins dieser Ereignisse von der Frage nach ihrer existentialen Bedeutsamkeit so einfach ablösen, wie Bultmann das tut[16]?" Ähnlich hat *W. Kreck* gefragt: „Kann man den Anredecharakter der Verkündigung so herausheben, ohne stets in Rechnung zu stellen, wer hier anredet und womit ich angeredet werde? Ist nicht Jesus Christus selbst das eigentliche Subjekt wie auch der eigentliche Inhalt des hier Verkündigten bzw. der Verkündigung? Gehört darum nicht die Botschaft von einem bestimmten einmaligen Geschehen, das mit seinem Namen und seiner Geschichte unlöslich verknüpft ist, konstitutiv in diese Verkündigung? Ist das bei Paulus unverkennbare Neben- oder besser Ineinander von Kunde und Anrede in seiner Predigt nun doch im Sinne einer Abwertung oder Einschränkung der ersteren zu verstehen? Ist etwa das von Paulus in 1. Korinther 15 aufgenommene alte Credo mit seinem Bezug auf bestimmtes Geschehen, Erscheinungen usw. nur ‚fatal' oder hat dies seine legitime Funktion?". „Es wäre zu zeigen, daß Christus nicht im Kerygma verschwindet, sondern umgekehrt Kerygma, Verkündigung im neutestamentlichen Verstand immer zugleich Botschaft von einem geschehenen und künftigen Handeln Gottes ist[17]." Ebenso hat *Bornkamm* von der Eigenart der urchristlichen Bekenntnisse her gegen Bultmann argumentiert: „Es ist die Eigenart urchristlicher Confessio [= Bekenntnis], daß sie in sehr charakteristischem Unterschied zum Beispiel von den Konfessionen der Psalmen nicht mehr die Geschichte eines Ich entfaltet, sondern nur die Geschichte Jesu Christi: Er, der in göttlicher Gestalt war . . . (Phil. 2, 6 ff.). Er ist das Abbild des unsichtbaren Gottes . . . (Kol. 1, 15 ff.). Er ward offenbar im Fleisch . . . (1. Tim. 3, 16). Die dritte Person ist Kennzeichen urchristlichen Bekenntnisses. Wo es von dem Sein Christi redet als des Herrn und des Sohnes Gottes, umschließt es immer seine Geschichte, und diese Geschichte Christi umfaßt, ob es entfaltet wird oder nicht, immer das Ende unserer Geschichte als der in Sünde und Tod Gefangenen und die Erschließung einer neuen Geschichte, die uns aufnimmt. Immer aber geht die Confessio auf in der akklamierenden Proklamation seiner Würde und seiner Geschichte. Sie entspricht darin dem Evangelium, das zuerst und zuletzt die großen Taten Gottes verkündigt und die Geschichte Jesu Christi erzählt[18]."

[16] H. Diem: Theologie als kirchliche Wissenschaft, Dogmatik Bd. II, Ihr Weg zwischen Historismus und Existentialismus, München 1957[2], S. 64 f.
[17] W. Kreck: Die Zukunft des Gekommenen, Grundprobleme der Eschatologie, München 1966[2], S. 92 f.
[18] G. Bornkamm: Mythos und Evangelium, A. a. O., S. 28.

J. Schniewind
Antwort an R. Bultmann.
Thesen zum Problem der Entmythologisierung [18a]
I. Die Einführung

Die Antwort des Neutestamentlers *J. Schniewind* († 1948) aus Halle auf das Entmythologisierungsprogramm Bultmanns erschien bereits im Jahre 1943, zwei Jahre also nach der Veröffentlichung des Bultmannschen Aufsatzes „Neues Testament und Mythologie", und wurde von Bultmann sofort beantwortet. Das Votum Schniewinds zeichnet sich dadurch aus, daß es dicht an den Thesen Bultmanns bleibt und diese ständig mit den Aussagen des N. T. und der Theologie der Reformatoren konfrontiert. In dem folgenden Auszug sind lediglich die sich auf das Verständnis von *Kreuz und Auferstehung* beziehenden Abschnitte aus der Antwort Schniewinds wiedergegeben.

1. *Das berechtigte Anliegen der Entmythologisierung:*
In der ersten einleitenden These Schniewinds heißt es: „Bultmanns Aufsatz behandelt eine Frage, deren Ernst kein Prediger verkennen kann"[18b]. Schniewind stellt heraus, daß Bultmann die Auflösung des Kerygmas ausdrücklich nicht will und erkennt das Anliegen Bultmanns, sich von der liberalen Theologie (Harnack), die die mythischen Vorstellungsformen als zeitgebundene Hüllen von der zeitlosen Wahrheit abzulösen versuchte, dadurch abzuwenden, daß er den Mythos *nicht eliminieren,* sondern auf das sich in ihm aussprechende Existenzverständnis hin *interpretieren* will. Das *Anliegen und die Aufgabe der Entmythologisierung* teilt Schniewind somit mit Bultmann, da „sie sich schon aus dem [ergibt], was das N. T. selbst vom Wort Gottes sagt: das Wort der Bibel in die jeweilige Situation hinein so zu sagen, daß es vernommen und verstanden werden möchte"[18c]. Bultmann hat Schniewind in seiner Antwort ausdrücklich das Verstehen seines Anliegens bescheinigt.

2. *Das Kreuz als der stellvertretende Fluchtod des Sohnes Gottes:*
Der *grundlegende Einwand Schniewinds* gegen das Verständnis des Kreuzes bei Bultmann ist folgender: „Die Bedeutung des Kreuzes wird [von Bultmann] auf das Mit-Christus-Gekreuzigtsein reduziert; dies wird als ‚Kreuzigen der Leidenschaften' und Überwindung der Leidensscheu definiert"[18d]. Nach Schniewind verlagert sich also durch Bultmanns existentiale Interpretation des Kreuzes das Interesse in gefährlicher Weise *von dem damaligen Heilsgeschehen als dem unüberholbaren und vorgängigen Handeln Gottes in Christus zugunsten des Menschen auf den gegenwärtigen Lebensvollzug des Glaubenden:* das Kreuz Christi als das eigene übernehmen, sich mit Christus kreuzigen lassen. „Von einem einmaligen Geschehen . . . von einer Geschichte Gottes mit dem Menschen, von der geschichtlichen Einmaligkeit der Offenbarung Gottes im Gekreuzigten ([Gott]! Röm. 3, 25; 2. Kor. 5, 18) wird hier nirgend gesprochen"[18e] (Schniewind). Dem stellt *Schniewind* sein eigenes Verständnis des Kreuzes Jesu Christi gegenüber, wie er es in engem Anschluß an die Reformatoren gewonnen hat: „So groß ist unsere Schuld, daß Gott seinen Sohn dahingab, um sie von uns zu nehmen: Galater 2, 21, ein für Luther sehr bedeutsames Wort. Das über uns gefällte Todesurteil ist . . . nur deshalb zu ertragen, weil *Gott selbst in* seinem *einmaligen Handeln* das Todesurteil ins Urteil des Lebens, des Freispruchs ge-

[18a] In: Kerygma und Mythos, Herausgeber H. W. Bartsch, Hamburg 1960⁴, Bd. I S. 77 (s. „Diskussion" S. 93).
[18b] J. Schniewind: Kerygma und Mythos I, A. a. o. S. 77.
[18c] J. Schniewind: Kerygma und Mythos I, A. a. o. S. 78.
[18d] J. Schniewind: Kerygma und Mythos I, A. a. o. S. 88.
[18e] J. Schniewind: Kerygma und Mythos I, A. a. o. S. 93.

wandelt hat. Sonst wäre das Gericht, das über uns vollzogen wird, desperatio [Verzweiflung]"[18f]. Demnach ist das Kreuz also *die stellvertretende Hingabe des Sohnes Gottes in das Gericht der Gottverlassenheit zugunsten des Menschen.*
Bultmanns Antwort auf diesen Einwand erschien damals, hat aber das Bedenken Schniewinds nicht zerstreuen können. Vielmehr ist es neuerdings mit ausdrücklicher Berufung auf Schniewind erneut von *G. Eichholz* formuliert worden: „Ich denke freilich, daß die *Verlagerung* des neutestamentlichen Akzentes, der auf dem Christusgeschehen als dem *Handeln* Gottes *für mich* liegt (in dem ich von Gott her schon vorkomme) — zu *meiner Aneignung* dieses Geschehens in meiner ‚Übernahme' . . . *schon bei Bultmann* vollzogen ist . . . Der Exeget Julius *Schniewind* hat seinerzeit Bultmann gegenüber nicht zufällig das Extra me [= Christus für uns] als Kategorie der neutestamentlichen Christologie hervorgehoben. Das ist nach wie vor hervorzuheben und ist, wenn ich recht sehe, im Horizont des Existenzverständnisses kaum aussagbar. Das Pro me [= für mich] wird anders verstanden, wenn es nicht mehr in dem Extra me [= Christus für uns] gründet[19]."

3. *Die Auferstehung als das Rechtsurteil Gottes und die Erhöhung des Gekreuzigten:*
Der Einsicht Bultmanns über die Auferstehung stimmt *Schniewind* zunächst weitgehend zu: die Auferstehung ist in der Tat *kein beglaubigendes Mirakel*, sie ist vielmehr als ein „eschatologisches Ereignis" *Gegenstand des Glaubens und im Wort der Verkündigung gegenwärtig.* Auch Schniewind versteht die Auferstehung wie Bultmann in engem Zusammenhang mit dem Kreuz, sie ist aber für ihn — anders als für Bultmann — „zunächst das Urteil Gottes über Christus, das dem von Gott und Menschen Verlassenen Recht schafft (1. Tim. 3, 16; Joh. 16, 10; Jes. 53, 11)"[19a]. Und zwar ergeht dieses schöpferische Urteil Gottes in der Erhöhung des Gekreuzigten zum Herrn und Herrscher, in einem *einmaligen Ereignis:* „Wirklich, *einmal* hat sich dies alles ereignet, daß Menschen den Messias, den Gestorbenen und Begrabenen, als den Auferstandenen schauten!"[19b] Und nur weil sich dieses *ereignet* hat, kann von der Auferstehung als einem „eschatologischen", d. h. die Zeit aller Menschen übergreifenden Ereignis gesprochen werden.
Die Auferstehung ist also für Schniewind ein *einmaliges, wirkliches Ereignis, in dem Gott dem stellvertretend in den Fluchtod dahingegebenen Gekreuzigten Recht gibt, ihn darin zum Herrn und Kyrios erhöht* und damit „das Todesurteil ins Urteil des Lebens, des Freispruchs" wandelt!

II. Der Text
J. Schniewind: „Antwort an R. Bultmann. Thesen zum Problem der Entmythologisierung."[19c]

A. *[bei Schniewind These I] Bultmanns Aufsatz behandelt eine Frage, deren Ernst kein Prediger verkennen kann.*

Über Bultmanns Aufsatz ist seit seinem Erscheinen im Ton entrüsteter Ablehnung geschrieben worden: Hier entschwinden alle „Heilstatsachen"; die Weihnachts-, Karfreitags-, Osterpredigt hört auf; das neutestamentliche Kerygma als solches wird in Frage gestellt.

[18f] J. Schniewind: Kerygma und Mythos I, A. a. o. S. 92.
[19] G. Eichholz: Die Grenze der existentialen Interpretation, A. a. O., S. 220 f.
[19a] J. Schniewind: Kerygma und Mythos I, A. a. o. S. 97.
[19b] J. Schniewind: Kerygma und Mythos I, A. a. o. S. 98.
[19c] In: Kerygma und Mythos I, Herausgeber H. W. Bartsch, Hamburg 1960[4], Bd. I S. 77 (s. „Diskussion" S. 93).

Wir halten sofort inne. Denn

1. ist deutlich, daß Bultmann die Auflösung des Kerygma ausdrücklich nicht will. Schon der Tenor seines Aufsatzes zeigt das. Zudem setzt Bultmann sich ausdrücklich vom alten Liberalismus wie *Harnacks* („Gott und die Seele") ... ab. Er weiß um das „Ereignis" der Offenbarung Gottes, kennt das „entscheidende Handeln Gottes in Christo", das „Heilsereignis". Es geht hier nicht, wie im Liberalismus, um die Selbstentfaltung der religiösen Idee, sondern um die Einmaligkeit der Tat, des Ergreifens der Offenbarung Gottes. — Sein Anliegen der Entmythologisierung aber

2. teilt Bultmann mit jedem rechten Prediger. Es gilt für jede Predigt, daß die Sprache des N. T. in die unsere, damit seine Denkformen, seine Bilder in unsere Denkweise, unsere Bildhaftigkeit umzusetzen sind. ...

Das echte Anliegen aber, um das es geht, darf an einigen Beispielen erläutert werden. Wir hörten (das liegt über ein Jahrzehnt zurück) eine theologisch durchdachte Predigt, in der der Prediger auch von Adam gesprochen hatte. Eine gebildete Frau äußerte lebhaft ihr Befremden: Wie kann man von Adam als einer historischen Persönlichkeit sprechen? Und was geht mich an, was ein Urmensch vor Tausenden oder Millionen von Jahren verschuldete? Aber der Prediger hatte tatsächlich das Richtige gemeint, er hätte es nur deutlich sagen sollen. Von Adam sprechen heißt von der Schuldverfallenheit, Schuldverbundenheit der ganzen Menschheit sprechen, von der abalienatio a Deo [Entfremdung von Gott], in der wir alle uns vor und in jeder Einzelschuld vorfinden. So haben es schon die Reformatoren gewußt. — Wir zogen als Marburger Studenten 1906 zur Himmelfahrtspredigt auf den Christenberg; viele dem Christentum Entfremdete waren, durch das Trachtenfest angezogen, hinausgekommen. Würde der Prediger es verstehen, das „Jesus Christus herrscht als König" ihnen so zu verkündigen, daß sie es hören könnten? Aber wir bekamen eine naive Schilderung der Thronbesteigung Christi, die jedem Nichtchristen nur als Mythos erscheinen konnte und die schon durch Luthers Spott getroffen wäre: „Über den gauckelhymel, darynn ein gülden stuel stehe und Christus neben dem vater sitze ynn einer kor kappen und gülden krone, gleich wie es die maler malen." — Ich erlebte als Feldprediger des Weltkrieges, daß nach meiner Osterpredigt die (mir von meinen Bibelstudentensoldaten zugetragene) Kritik hieß: Man könne doch nicht glauben, daß die Knochen wieder aus der Erde kämen. In der Predigt war nichts dergleichen gesagt worden, aber offenbar verband sich das Wort „Auferstehung" bei den Soldaten sofort mit Bildern, die sie aus der heimatlichen Dorf- oder Stadtkirche kannten, Bilder, die in striktem Gegensatz zu Paulus (1. Kor. 15, 36: „Du Narr") aus der Auferstehung der Toten ein in menschlich-irdischen Kategorien ausdrückbares Geschehen machen. — Mir begegnete wiederholt das Befremden urteilsfähiger Theologen über Predigten von Kriegsteilnehmern, wohlgemeinte und fleißige Predigten, denen man dennoch nichts davon anspürte, daß die Prediger angesichts des Todes unter Männern gelebt hatten, denen die gesamte biblische Anschauungswelt fremd geworden ist. Aber die Aufgabe der Predigt als solche war von den jungen Predigern noch nicht erkannt, und doch ergäbe sie sich schon aus dem, was das N. T. selbst vom Wort Gottes sagt: das Wort der Bibel in die jeweilige Situation hinein so zu sagen, daß es vernommen und verstanden werden möchte.

Doch mit alledem sind wir schon mitten in der Arbeit, zu der uns Bultmann auffordert. Was ist eigentlich gemeint mit Römer 5, der Adam-Christus-Parallele? Was mit der Himmelfahrt? Ist die Auferstehung der Toten ein beschreibbares Ereignis? Heißt „predigen" nur: das Wort der Bibel zu reproduzieren, oder gilt es hier zu übersetzen, umzusetzen ...? Bei dem allen könnte es um ein legitimes Interpretieren gehen, das schon von den Reformatoren geübt wurde, ja das schon vom N. T. selbst gemeint und gefordert wird. Oder aber doch: Was das N. T. sagt, ist Mythos, jedenfalls in der Form des Ausdrucks; und der Aufgabe einer Entmythologisierung wäre noch nicht damit genug geschehen, daß wir die Rede des N. T. in die unsere, seine Denkformen in unsere Kategorien umsetzen. Es ginge vielmehr um die Substanz selbst? Sehen wir zu. ...

Was sagt Bultmann über das Christusgeschehen? Wie entfaltet er, rein innerchristlich, das christliche Kerygma? Es ist das Kerygma von Kreuz und Auferstehung, so formuliert es Bultmann in Übereinstimmung mit dem N. T. ...

B. *[Kreuz und Auferstehung; bei Schniewind These IV. A.]*
In der Entfaltung des Christusgeschehens interpretiert Bultmann die „objektivierenden" Vorstellungen des N. T. vom Kreuz als mythologisierenden Ausdruck für die Tatsache, daß der Glaubende von der Sünde freigesprochen ist. Die Bedeutung des Kreuzes wird auf das Mit-Christus-Gekreuzigtsein reduziert; dies wird als „Kreuzigen der Leidenschaften" und Überwindung der Leidensscheu definiert. — Demgegenüber ist abermals die Frage nach dem reformatorischen Grundartikel zu stellen. Sie wird dadurch verschärft, daß das Grundanliegen des neutestamentlichen (und reformatorischen) Kreuzeslogos bei Bultmann nicht erkennbar wird: die Gottverlassenheit des Christus; die intercessio [das fürbittende Eintreten] und die Herrenstellung des Erhöhten als des Gekreuzigten. An diesem Kreuzeslogos fehlen alle mythologischen Züge, er ist vielmehr Ausdruck für die personale Beziehung der Christen zu Christus.

Das Kreuz Christi ist „nicht, sofern es in dem objektivierbaren weltgeschichtlichen Zusammenhang, sondern in seiner Bedeutsamkeit gesehen wird, das Heilsereignis". „*Als mythisches Ereignis* ... ist es verstanden, wenn wir den objektivierenden Vorstellungen des N. T. folgen", d. h. „der präexistente, Mensch gewordene Gottessohn, der als solcher sündlos war, ... ist das Opfer, dessen Blut unsre Sünde sühnt", sie „stellvertretend **trägt**". Dies ist eine „mythologische Interpretation" des Kreuzes Christi, „in der sich Opfervorstellungen und eine juristische Satisfaktionstheorie mischen". Sie „ist für uns nicht nachvollziehbar. Aber sie besagt auch innerhalb des N. T. gar nicht, was sie besagen soll." „Sie könnte höchstens besagen", daß uns „die Strafe erlassen wird". Sie will aber *„viel mehr"* (Hervorhebung von mir) besagen, „nämlich daß der Glaubende durch das Kreuz Christi von der Sünde als der ihn beherrschenden *Macht, vom Sündigen, freigeworden* (Hervorhebung von mir) ist".

Die von uns hervorgehobenen Worte bestätigen unsre ... Vermutung: Es war nicht nur Auseinandersetzung mit der Existenzphilosophie, wenn Bultmann bei der Vergebung den neuen Gehorsam, den Gehorsam des Imperativs, in den Vordergrund rückt, es war seine eigene Theologie. *Vom Sündigen frei zu werden ist viel mehr als Sündenvergebung!* — offenbar ist hier „Straferlaß" dasselbe, was vorher Sündenvergebung hieß. Demgegenüber wäre die Frage nach dem articulus stantis et cadentis ecclesiae [Bekenntnis, mit dem die Kirche steht und fällt] erneut zu stellen. Gewiß geht es für Paulus (wie für das gesamte N. T. in seinen sämtlichen Schriften) jeweils um konkrete Dinge des Tuns und Verhaltens; es geht um den Wandel, um Gut oder Böse; es geht um den Gehorsam gegen Gott, der die Sklaverei der Sünde bricht. ... Gott läßt uns nicht in unserer konkreten Gottlosigkeit und Bosheit stecken. Aber dies ereignet sich eben in dem Maß, wie in der koinonia [Gemeinschaft] des gekreuzigten Auferstandenen das eigene kauchasthai [Rühmen] des Nomisten wie des Antinomisten überwunden wird, das ein für allemal gültige Urteil des Kreuzes jeweils neu vollzogen wird.

Das Urteil des Kreuzes: Damit wären wir bei dem neugestellten Problem. Geht es bei ihm recht eigentlich um Mythologie? Sind *Opfervorstellungen* als solche mythologisch? Es gibt keine Religion der Erde ohne Opfer. Daß man der Gottheit das Liebste (Kindesopfer!) hingeben muß, das ist doch keine mythologische Vorstellung. Daß (so darf man den letzten Sinn des alttestamentlichen Opfers umschreiben) unser Leben vor Gott verwirkt ist und er selbst ein anderes Leben für das Verwirkte eintreten läßt, das ist doch keine Mythologie. Es ist auch nicht zu verwerfen, wenn unser Sprachgebrauch vom Opfer der Mutter, vom Opfer des Krieges spricht: ein Leben opfert sich, gibt sich dahin, für anderer Leben. Wenn jeweils eine bestimmte Opfervorstellung unserer Kritik unterliegt, so deshalb, weil sie der Wirklichkeit des einen wirklichen Gottes nicht entspricht. ... (Auf den Gedanken der Sühne geht Bultmann nicht ein. Hierzu wäre grundsätzlich Ähnliches zu sagen wie zum Opfergedanken. Daß Schuld gesühnt werden muß, weiß jede Religion, jede Rechtspflege aller Völker. Denn Schuld wirkt fort, klagt unablässig weiter an. Hierbei ist wieder nur die Frage, wie diese Vorstellungen aus unserem wirklichen Bezogensein auf Gott zu beurteilen sind. In der Tat, die unablässig fortwirkende Anklage muß getilgt werden. Geschieht dies durch Leistung des Menschen, durch dingliche Mittel, oder dadurch, daß Gott seinen eigenen Sohn als hilasterion [Sühnemittel] hinstellt, ihn „zur Sünde macht"?)

Ob nicht auch sonst die paulinischen Aussagen bei Bultmann ein wenig verzeichnet werden? Ist der Gottessohn „als solcher" sündlos? Es ist der Zug des Gottesknechtes von Jesaja 53. Ist der Gottessohn als solcher präexistent? Es ist der Zug des Menschensohnes von Daniel 7. Paulus spricht im Zusammenhang des logos tou staurou [Wort, Verkündigung vom Kreuz] da am stärksten von der Präexistenz, wo er nicht ausdrücklich von ihr spricht; nämlich Römer 8, 32: Gott selbst opfert seinen Sohn!, und Bultmann hatte eben diese Stelle in ihrer Tiefe verstanden. — Und redet Paulus je irgendwo von „Strafe"? Wenn unsere Kirchenlieder ... den preisen, der Gottes Zorn für uns trug, der unsere Strafe trug, so meinen sie in Wahrheit etwas ganz anderes:

> ... Der du dich für mich gegeben
> in die tiefste Seelennot,
> in das äußerste Verderben ...
> So reiß mich aus den Ängsten
> kraft deiner Angst und Pein.

Hier ist nicht mehr die Rede von einer Äquivalenz[Ersatz-]leistung oder von einer dinglichen Last (dem Zorn, der Strafe), die Jesus auf sich nahm, sondern hier wird der gepriesen, *der in unsre Gottesferne ging*, obschon er selbst Gottes Sohn ist, der, „in dem Gott in einmaliger Gegenwärtigkeit handelt". ...

Eben dies meint Paulus, wenn er von der Gestalt des Sündenfleisches spricht (Röm. 8, 3), wenn er den verherrlicht, der für uns ein Fluch ward (Gal. 3, 13), der für uns zur Sünde gemacht wurde (2. Kor. 5, 21). Eben dies sagt Markus mit der Gethsemanegeschichte, mit dem Kreuzesruf Jesu; das wird in der Verkündigung vom peirasmos [Versuchtsein] Jesu bei Lukas und besonders im Hebräerbrief weiter entfaltet. Dies selbe Kerygma steht hinter dem tarachthenai [Erschüttertsein] Jesu bei Johannes (11, 33; 12,27; 13, 21). ... Dies selbe Kerygma ist der Kreuzeslogos Luthers, der ganz aus dem matthäischen Kreuzesruf gestaltet ist und den „angefochtenen Christus" verkündet. *All dies wird im N. T. völlig unmythologisch gesagt.* Nicht ein Ansatz Ausmalung dessen, was in Jesu Seele vorging, was zwischen Gott und Jesus vorging. (Auch nirgend ein Gespräch Gottes mit dem Präexistenten über das Heilswerk, wie in Luthers und P. Gerhardts Liedern.) Freilich wird bei Johannes gesagt, daß Jesus durch sein Sterben den Satan besiegt (12, 31; 14, 30; 16, 11), aber wieder völlig unmythologisch. Es entzieht sich jeder Anschaulichkeit und jeder Begrifflichkeit, daß Gottes Sohn in die Gottesferne geht, — in den thanatos [Tod]. Nur die Tatsache selbst wird in immer neuen Wendungen bezeugt. Sie ist letzten Endes der Sinn jeder Evangelien- und jeder Epistelperikope.

Dies gesamte Kerygma aber ist unabtrennbar eins mit der Verkündigung des Auferstandenen als des estauromenos [Gekreuzigten]: gerade der *gegenwärtige Erhöhte ist der estauromenos*, ist der mitfühlende Hohepriester des Hebräerbriefes, ist das arnion [Lamm] der Apokalypse [Offenbarung], ist der elthon dia haimatos [der durch Blut kommt] des Johannesbriefes [1. Joh. 5, 6]. Das Eintreten des Erhöhten für uns wird in der urchristlichen Liturgie besungen (Röm. 8, 34; 1. Joh. 2, 1; Hebr. 7, 25 und die Hymnen der Apokalypse). Schon Calvin (zu Joh. 16, 26) verwahrt sich dagegen, daß man sich die Fürbitte Christi anschaulich vorstellen dürfe. In der Tat gibt es im N. T. nicht die geringste Andeutung davon: Wie soll man sich die Fürbitte dessen ausmalen, der „in" den Seinen ist und die Seinen sind in ihm? — Ganz unmythologisch wird auch von der *Herrenstellung* des Erhöhten gesprochen. Die Seinen sind ihm leibeigen, er hat sie sich durch sein Blut, durch die Hingabe seines Lebens erkauft. Wem hat er den Preis gezahlt? Inwiefern besteht eine Äquivalenz zwischen der Hingabe seines Lebens und dem Erwerb der „Vielen"? Davon wird nichts gesagt. Wenn, wie wahrscheinlich, dämonologische Vorstellungen mitschwingen, so ist es bezeichnend, daß sie gerade nicht ausdrücklich angestellt werden, und dies trotz des guten Rechtes der neutestamentlichen Dämonologie. ... Nur daß die Opferterminologie anklingt: *Er* gab sein Leben dahin, um unser verfallenes Leben aus den Banden der Sünde, des Todes, des Teufels zu lösen; und nun ist unser Leben sein eigen.

Wie unwillkürlich sind wir in die Worte des zweiten Artikels von Luthers Katechismus, der ersten Frage des Heidelberger Katechismus, hineingekommen. Es ist nicht zufällig, daß gerade *diese* Sätze neutestamentlicher Verkündigung solch mächtigen Nachhall finden. Sie drücken am einfachsten das aus, was man die *personale Beziehung zu Christus* nennen möchte. Ich gehöre ihm, denn er hat allen mich bindenden Gewalten das Recht genommen. Personale Beziehung, fern aller mythologischen Anschaulichkeit. Die allereinfachste christliche Verkündigung: die Gegenwart Christi, der mit Gott ganz eins ist, gehört ganz zu uns in unsrer Gottesferne; sein Opfer ist ein für allemal geschehen, ephapax, aber dies gilt beständig, ist beständiges nyn [Jetzt].

Wir sagten immer erneut, diese urchristliche Verkündigung sei durchaus unmythologisch. Wir fanden immer wieder, daß, offenbar bewußt, alle Ausmalungen fehlen, daß alle Geheimnisse verhüllt bleiben. Alle Anschaulichkeit fehlt. ... Wir konnten rein beobachtend, rein wissenschaftlich, feststellen, daß dem Kreuzeslogos die mythologischen Züge fehlen. Aber wir sind uns bewußt, daß der Nichtchrist alles seit[-her] Ausgeführte als Mythologie bezeichnen muß. Was soll das schon heißen, daß Jesus in unsre Gottesferne geht? Was soll das heißen: personale Beziehung zum Erhöhten Christus? Seltsame Dinge „über einen gewissen verstorbenen Jesus, von dem Paulus behauptet, er lebe" (Apg. 25, 19).

Auffälligerweise ist von dem, was uns das Entscheidende im neutestamentlichen logos tou staurou war, bei Bultmann, wenn wir recht sehn, nirgend die Rede. Er kennt nur die folgende Alternative: An das Kreuz glauben „heißt entweder: auf einen mythischen Vorgang blicken ... auf ein objektiv anschaubares Ereignis" „im Sinne einer Satisfaktions- oder Opfertheorie". Oder aber: „An das Kreuz glauben heißt, das Kreuz Christi als das eigene übernehmen, heißt sich mit Christus kreuzigen lassen." „In ihm ist das Gericht über uns selbst vollzogen"; dieses bedeutet „das Kreuzigen der Leidenschaften und Begierden", und dies „schließt ein", „auch die Scheu und Flucht vor dem Leid zu überwinden und in der Übernahme des Leidens die Freiheit von der Welt durchzuführen". In diesem Sinn ist das Kreuz Christi „das befreiende Gericht über den Menschen".

Aber was bedeutet es, daß „das Gericht über uns selbst vollzogen" wird?

Es bedeutet, daß Gott über uns sein Todesurteil, sein Verwerfungsurteil fällt. So groß ist unsere Schuld, daß Gott seinen Sohn dahingab, um sie von uns zu nehmen: Galater 2, 21, ein für Luther sehr bedeutsames Wort. Das über uns gefällte Todesurteil ist nur deshalb überhaupt zu begreifen, nur deshalb zu ertragen, weil *Gott selbst in* seinem *einmaligen Handeln* das Todesurteil ins Urteil des Lebens, des Freispruchs gewandelt hat. Sonst wäre das Gericht, das über uns vollzogen wird, desperatio [Verzweiflung]. – Und nur von Gottes Urteil her ist dies Gericht „befreiendes Gericht". Sieht man von *Gottes* Urteil ab, so ergibt sich der Gedanke: Sich selbst verurteilen heißt freigesprochen werden. Paulus (1. Kor. 11, 31) und die Reformatoren können diesen Gedanken bilden, aber sie wagen ihn im Vertrauen auf das Eintreten Christi für uns: „Christe, du bist meine Sünde, und ich bin deine Gerechtigkeit. – Sieht man von der Beziehung auf diese (einmalige und gegenwärtige) Tat Christi ab, so besteht die Gefahr, daß der Gedanke sich verflacht zu dem von der befreienden Macht der Beichte, die der Antike wie der Moderne, auch in säkularisierter Gestalt, vertraut ist. Und „Kreuzigen der Leidenschaften" wird dann nur ein bildhaft starker Ausdruck für Selbstüberwindung, die doch überall in hoher Religion oder religiöser Philosophie erstrebt wird. Auch willige Übernahme der Leiden gibt es allenthalben, doch schon die asketische Sprache des Mittelalters und noch die Sprache unsrer Kirchenlieder hat den neutestamentlichen Worten vom Kreuztragen und Mitgekreuzigtwerden weithin ihre Kraft genommen und sie zum Sinn der Leidensbereitschaft abgeschwächt.

C. [bei Schniewind These IV, B.]
Bultmann hebt die „geschichtliche Bedeutsamkeit" des Kreuzes stark hervor. Damit ist aber nicht die geschichtliche Einmaligkeit der Offenbarung Gottes gemeint, sondern die Geschichtlichkeit als Gestalt menschlichen Lebensvollzuges. – Von einer Beziehung auf das historische Kreuz Jesu als auf ein Ereignis der Vergangenheit wird abgesehen. Damit wird 1. das Gesamtzeugnis des N. T. über die Einmaligkeit Jesu, 2. die Verkündigung der Evangelien als solche und 3. in ihrer Beziehung zur epistolischen Verkündigung, endlich 4. das Urbekenntnis Kyrios Jesus entwertet.
Bultmann redet mit Nachdruck vom Ereignis des Kreuzes als einem *geschichtlichen Ereignis*, einem geschichtlichen Geschehen. Doch damit ist nicht die Einmaligkeit des Geschehens auf Golgatha gemeint. Ein geschichtliches *Ereignis* ist das Kreuz vielmehr als *„das eschatologische Ereignis"*, das heißt: es ist „in seiner Bedeutsamkeit verstanden und das heißt für den Glauben", „stets Gegenwart". Damit ist also nicht die intercessio [das fürbittende Eintreten] des Erhöhten als des Gekreuzigten gemeint, sondern die Tatsache, daß das Kreuz Christi *„im konkreten Lebensvollzug der Glaubenden"* „Gegenwart" ist. Hierin, in der Konkretheit unseres menschlichen Daseins als eines geschichtlichen, wird das Kreuz Christi in seiner Bedeutsamkeit recht verstanden: seine Bedeutsamkeit ist „geschichtliche Bedeutsamkeit", das rechte Verständnis ist „echt geschichtliches Verständnis". Diese Aussagen bleiben streng beschränkt auf unser menschliches

Dasein als solches. Von einem einmaligen Geschehen, das sich vollzieht in der Beziehung des persönlichen Gottes zu den Menschen in ihrem personhaft-geschichtlichen Sein, von einer Geschichte Gottes mit den Menschen, von der geschichtlichen Einmaligkeit der Offenbarung Gottes im Gekreuzigten (theos [Gott]! Röm. 3, 25; 2. Kor. 5, 18) wird hier nirgend gesprochen.

Und die Geschichtlichkeit des Kreuzes wird stark abgehoben von „dem historischen Ereignis der Kreuzigung Jesu von Nazareth". „Das historische Ereignis des Kreuzes hat in der ihm eigenen Bedeutsamkeit eine neue geschichtliche Situation geschaffen; die Verkündigung des Kreuzes als des Heilsereignisses fragt den Hörer, ob er sich diese Bedeutung aneignen, ob er sich mit Christus kreuzigen lassen will."

Aber das historische Ereignis des Kreuzes besagt das nicht. Wenn man das Kreuz „als das Kreuz des historischen Jesus verstehen" wollte, so müßte man ein „Ereignis der Vergangenheit" „reproduzieren". Dies ist unmöglich: Das Kreuz *ist für uns . . . als Ereignis der Vergangenheit kein Ereignis des eignen Lebens mehr"* (Hervorhebung von mir).

Hier erheben sich starke Bedenken.

1. Dem gesamten N. T. in allen seinen Teilen liegt alles an der *Einmaligkeit Jesu.* Der Gekreuzigte ist nicht ein x, sondern er ist Jesus von Nazareth. Schon rein terminologisch ist es merkwürdig, wann und wo Paulus den Namen Jesu ohne jede Zufügung gebraucht, z. B. . . . 2. Korinther 4, 10 f. Es ist immer daran gedacht, daß Einer, der einen Menschennamen trug und unter einer ganz besonderen Signatur starb, der Kyrios [Herr] der Gemeinde ist. Diese Aussagen stehen in einer Linie mit denen über die sarx [Fleisch, Menschsein] Jesu: für Paulus liegt alles daran, daß Jesus unsre sarx trägt und in ihr die uns von Gott trennenden Mächte überwindet (Röm. 8, 3; Kol. 1, 16; Eph. 2, 14, auch Röm. 1, 3). In gleicher Linie steht das Wort vom versuchten Jesus in den Evangelien und im Hebräerbrief. . . .

2. Es geht um urchristliches Kerygma, nicht um das, was wir „den historischen Jesus" nennen, einen Jesus also, dessen unentstellte Züge erst durch historische Kunst wieder sichtbar gemacht werden müßten. *Die Evangelien* als solche sind das Dokument dieses Kerygma: Jesus von Nazareth. Er ist der Gekreuzigte, Auferstandene. *In Bultmanns ganzem Aufsatz kommen* [zur Beschreibung des Kerygma] *die drei ersten Evangelien überhaupt nicht vor,* Johannes nur als Satellit des Paulus. Gerade Johannes aber zeigt, weshalb man Evangelien schrieb: im Gegensatz zur Gnosis, die nur den Christos kennt, wird der irdische Jesus als der Träger der doxa [Herrlichkeit] bezeugt. Ähnliches gilt von den ersten Evangelien. Die Missionspredigt (Markus, Reden der Apg.) erzählt von dem, dessen „doppelseitiger Lebensausgang" *(Kähler)* Sinn und Ziel seines Kampfes auf Erden ist. Die Wortparadosis (Q [= Spruchüberlieferung] usw.) gibt das Wort des Irdischen als Richtlinie für die Gemeinde des Erhöhten. Und wenn unsre Forschung einhellig *Kählers* Formulierung aufnimmt, die Evangelien seien Passionsgeschichte mit ausführlicher Vorrede, so heißt dies gerade nicht, daß die

Vorrede überflüssig sei. Vielmehr wird berichtet, wer denn der Jesus ist, der ans Kreuz ging und auferweckt wurde. *Die Evangelien, rein als solche, sind ein Stück des urchristlichen Kerygma.* Dies kann doch nicht überhört werden? Gerade wenn man in den Evangelien zunächst einmal das Wort der *Gemeinde* sieht, kann doch nicht übersehen werden, daß der urchristlichen Gemeinde das Kerygma vom irdischen Jesus entscheidend wichtig war.

3. Man darf auch nicht einen Schnitt machen zwischen der epistolischen [Brief-] Hälfte des N. T. und den Evangelien. Wie fest *beide Teile des N. T. zusammengehören*, lehren die Apostelgeschichte und der 1. Johannesbrief schon als solche durch ihre Beziehung zum Lukas- und Johannesevangelium. Aber die Beziehung zu den beiden Evangelien wird in der Apostelgeschichte und im Johannesbrief nirgend explizit gemacht. Könnte es mit Paulus ähnlich stehen? Gerade Bultmann hat in seinen zwei Aufsätzen zum Thema „Jesus und Paulus" die unlösliche Beziehung an entscheidenden Stellen gezeigt, an der Lehre vom Gesetz, an der eschatologischen Verkündigung. ... Die Beziehung auf Jesus, der unter das Gesetz getan wurde, der in einer bestimmten Nacht dahingegeben wurde und sein Mahl stiftete, der am dritten Tage auferstand und seinen Boten erschien, — sie gehört ins Zentrum des paulinischen Kerygma. Schon die Bekehrung des Paulus bedeutet (bei jeder Interpretation): Es wird ihm offenbar, daß *Jesus von Nazareth* der Messias ist.

4. Dies entspricht dem *Urbekenntnis* der gesamten Gemeinde. Es heißt: Kyrios Jesous [Herr ist Jesus]. Im Wechsel der Formeln Christos Jesous und Kyrios Jesous bleibt der Menschenname Jesus derselbe. Beidemal, in der palästinischen wie in der hellenistischen Fassung, ist die Formel antithetisch. Der am Fluchholz Getötete ist dennoch der Messias. Jesus, der Fleisch war, ist dennoch der Herr. Der jüdische Widerspruch klingt bis zu Justins Dialog weiter. Der gnostische Widerspruch beginnt mit dem anathema Jesous [verflucht ist Jesus] von 1. Korinther 12, 3. Das Skandalon ist immer die Person Jesu als solche, ihre Einmaligkeit, ihre Niedrigkeit. — Bultmanns Anliegen geht durchaus dahin, das Skandalon bestehen zu lassen, ja seine Unausweichlichkeit eben dadurch zu sichern, daß es von aller Verquickung mit mythologischer Rede gelöst wird. Aber könnte es nicht gerade zum Skandalon gehören, daß die christliche Gemeinde von einem in der Relativität alles Historischen stehenden Menschen sagt, er sei allein die soteria [das Heil, die Rettung]? Obschon alles Historische nur „durch historische Forschung zu reproduzieren" ist, traut die Gemeinde dem Kerygma, der Paradosis [Überlieferung] der apostolischen Gemeinde von der Einmaligkeit ... des Fleischgewordenen, Gekreuzigten, Auferstandenen. Man darf nicht einwenden, die erste Gemeinde habe das Problem noch nicht empfinden können, das uns durch den Abstand der Zeiten und durch die Entfaltung unserer historischen Wissenschaft gestellt ist. Die erste Gemeinde schließt den Anspruch auf die Vertrauenswürdigkeit der Boten mit in ihr Kerygma ein; davon wird sofort für die Auferstehungsberichte zu reden sein. ...

Vorerst haben wir von der Auferstehung zu handeln. In allen Teilen unserer gegenwärtigen These hat sich gezeigt, daß Kreuz und Auferstehung nicht zu trennen sind. Dasselbe sagt Bultmann immer wieder.

D. *[bei Schniewind These V]*
Die Bedeutung der Auferstehung wird von Bultmann richtig abgehoben von der eines „beglaubigenden Mirakels"; denn die Auferstehung ist selbst Gegenstand des Glaubens, ist eschatologisches Ereignis, im Wort der Verkündigung gegenwärtig. Die Erstmaligkeit des Osterglaubens der Jünger wird als das Osterereignis gewürdigt. — Fraglich bleibt, ob die Einmaligkeit dieses Ereignisses (1. Kor. 15) und ob die Beziehung des Osterglaubens auf die Einmaligkeit Jesu zu ihrem Recht kommen.

Das Kreuz ist nach Bultmann als Heilsereignis identisch mit der Auferstehung. Kreuz und Auferstehung sind *„eine Einheit"*. Die Auferstehung ist *„der Ausdruck der Bedeutsamkeit des Kreuzes"*, insofern nämlich, als *„der Kreuzestod Jesu"* *„das befreiende Gericht Gottes über die Welt"* ist, *„das als solches den Tod entmächtigt"*.

„Die Auferstehung" ist *„nicht ein beglaubigendes Mirakel"*, das die Bedeutung des Kreuzes garantiert. Zwar sei die Auferstehung Jesu schon im N. T. *„vielfach als solch beglaubigendes Mirakel aufgefaßt"*, meint Bultmann; die Interpretation der angeführten Stellen läßt sich aber bestreiten und wird uns für 1. Korinther 15 noch beschäftigen. Um so mehr ist dann Bultmanns Grundthese im Recht: *„Die Auferstehung Jesu kann nicht ein beglaubigendes Mirakel sein"*, denn *„die Auferstehung selbst"* ist *„Gegenstand des Glaubens"*. Sie ist ein *„eschatologisches Ereignis"*, ist *„die eschatologische Tatsache"*, durch die Christus den Tod zunichte gemacht und Leben und Unvergänglichkeit ans Licht gebracht hat (2. Tim. 1, 10).

Dies *„erweist sich"* *„im konkreten Lebensvollzug"*, *„im Ablegen der Werke der Finsternis"*. So sind Mitsterben und Mitleben mit Christus ein und dasselbe (Röm. 6, 11 ff.; 2. Kor. 4, 10 f. u. a.): *„Der Auferstehungsglaube ist nichts anderes als der Glaube an das Kreuz als Heilsereignis."* Wie es zu diesem Glauben kommt? Bultmann antwortet, völlig im Sinne des ganzen N. T.: *„Christus, der Gekreuzigte und Auferstandene, begegnet uns im Wort der Verkündigung, n i r g e n d s   a n d e r s. Eben der Glaube an dies Wort ist in Wahrheit der Osterglaube."*

Wie hängt dieser Osterglaube am *Osterereignis?* „Als historisches Ereignis ist nur der *Osterglaube der ersten Jünger* faßbar." Wie auch immer dieser Osterglaube historisch-psychologisch zu erklären sei: der Osterglaube der ersten Jünger ist für unsern Osterglauben „wie für die ersten Jünger selbst die Selbstverkündigung des Auferstandenen, die Tat Gottes, in der sich das Heilsgeschehen des Kreuzes vollendet". „Wir sind gefragt", so hat Bultmann es anderswo formuliert, ob Gott in „visionären Erlebnissen enthusiastischer Personen" „handelte, wie sie selbst es glaubten und wie die Verkündigung es behauptet". In der Tat!, sowohl in der Pfingstgeschichte (Apg. 2, 13) wie im Urteil des Festus (Apg. 26, 24) erscheinen die Apostel als enthusiastische Visionäre, in allen Osterberichten wird geflissentlich und betont vom Zweifel berichtet; in 1. Korinther 15 steht als Bezeugung eines Einmaligen, Unwiederholbaren des Wort ophthe [er erschien, wurde sichtbar], das sonst beständig von Visionen gebraucht wird. Das neutestamentliche Osterzeugnis weiß um seine eigene Paradoxie [Widerspruch, Widersprüchlichkeit]. In der Tat, wir sind gefragt, ob im Osterereignis Gott in einmaliger Gegenwärtigkeit handelte, oder ob wir diese enthusiastischen Visionäre verspotten. Bultmann hat völlig recht: Das Osterzeugnis der ersten Jünger steht auf dem Selbsterweis, es gibt kein Beglaubigendes vorher und nachher. Dies Osterzeugnis lebt fort im Wort der Kirche, von diesem Wort lebt die *Kirche,* sie selbst gehört mit *„zum eschatologischen Geschehen".*

Wir haben wiederholt hervorgehoben, daß und inwiefern Bultmanns Interpretation den Osteraussagen des N. T. gerecht wird. Wir haben nur eine Gegenfrage, aber diese Frage bedeutet freilich alles: es ist die *Frage nach der Einmaligkeit des Osterereignisses.*

Diese Frage wäre zunächst eine Wiederholung des . . . Aufgeführten. Ist das Mitgekreuzigtwerden nur ein innerer Vorgang im Gläubigen, ein geschichtliches Geschehen, das ihm widerfährt, oder hängt hier alles an der Einmaligkeit des Christusgeschehens? Was vom Mitsterben gilt, gilt vom Mitauferstehen. „Das befreiende Gericht Gottes über die Welt, das als solches den Tod entmächtigt", ist zunächst das Urteil Gottes über Christus, das dem von Gott und Menschen Verlassenen Recht schafft (1. Tim. 3, 16; Joh. 16, 10; Jes. 53, 11 LXX [griechische Übersetzung des A. T. aus dem 3. Jh. v. Chr.]) und ihn „verherrlicht", ihn zum Kyrios einsetzt. Der „konkrete Lebensvollzug" ist . . . die neue Existenz, da der Erhöhte als der Kyrios die Seinen in sich einschließt, sie zu sich rechnet.

Zudem aber hat Bultmann für die Auferstehung den Ansatz der Einmaligkeit stärker gefaßt als für das Kreuz. Er sieht den Osterglauben der Jünger als die entscheidende Tatsache, vor die wir gestellt sind, so gewiß das Kerygma der Kirche aller Zeiten dieses Osterzeugnis der ersten Jünger beständig weitergibt. Wir sind in die Entscheidung gestellt, ob wir dieses Zeugnis für Illusion oder für Wirklichkeit halten. Hier durchbricht auch Bultmann wie unwillkürlich die Identifizierung von Kreuz und Auferstehung: Der Osterglaube der ersten Jünger ist „für sie selbst die Selbstbekundung des Auferstandenen . . . in der sich das Heilsgeschehen des Kreuzes *vollendet* (Hervorhebung von mir). Das, was am Kreuz und zu Ostern geschah, ist zweierlei, tapeinosis und hypsosis [Erniedrigung und Erhöhung], so gewiß dennoch der Erhöhte mit dem Gekreuzigten identisch ist. — Von da aus wäre auch die terminologische Änderung angebracht, die wir schon stillschweigend vornahmen: Was uns im Kerygma der Gemeinde begegnet, ist nicht der Osterglaube, sondern das Osterzeugnis der ersten Jünger. Der Glaube weiß nichts von sich selbst zu sagen: Römer 4, 5; Markus 9, 24. Die Berichte der Ostererscheinungen entsprechen dem: der Glaube der Jünger ist der „ungläubige Glaube", der aus Furcht und Zweifel heraus Freude und Botschaft wird. Aber nicht die menschliche Haltung des pisteuein [glauben] in ihrer Armut, sondern das martyrion [Zeugnis] in seiner Vollmacht ist das Ziel der Osterberichte, und entsprechend reden die Apostelgeschichte und Paulus.

Wenn das alles richtig ist, wie kann dann Bultmann Paulus' Argumentation in 1. Korinther 15, 3—8 „fatal" nennen? Diese Argumentation steht ja innerhalb der paulinischen und nachpaulinischen Verkündigung nicht allein. Sie ist nur eine Form der mannigfaltigen Bezeugung des Apostolats als des unwiederholbaren Charisma. Und was 1. Korinther 15 steht, ist doch nur das, was Bultmann selbst in seiner Wichtigkeit erkannt hat: das Osterzeugnis der ersten Jünger. Wirklich, *einmal* hat sich dies alles ereignet, daß Menschen den Messias, den Gestorbenen und Begrabenen, als den Auferstandenen schauten! Diese Würde der Apostel, der apostolischen Zeugen, teilen wir nicht. Das Kerygma der Kirche aller Zeiten ist nichts als Entfaltung des Wortes der „kirchengründenden Predigt" (so umschrieb *Kähler* die besondere Bedeutung des N. T.). Diese Bedeutung beruht nicht darin, daß der Anfang christlicher Verkündigung als solcher den Fortgang überragte; sie wurzelt vielmehr in der Einmaligkeit des Apostolats, in der Einmaligkeit der qualifizierten Zeugenschaft.

Freilich, das apostolische Wort, wie es in der Kirche weitergegeben wird, aufzunehmen und an den Auferstandenen zu glauben, das ist ein und dasselbe. Hier gibt es kein prius und posterius [Vorher und Nachher]. Es wird nicht erst einmal die Tatsächlichkeit der Auferstehung Jesu nachgewiesen und danach als zweites ihre Bedeutung bezeugt, als drittes ihre Kraft erfahren. Das Wort des Zeugnisses steht auf sich selbst, das Wort ins Herz nehmen heißt glauben (Röm. 10, 8—10). Aber dies Zeugnis sagt: der am Kreuz hing, im Grabe lag, der erstand am dritten Tag. (Bultmann verhandelt das Problem des leeren Grabes nicht, so sei es nur im Vorübergehen erwähnt. Auch das leere Grab ist kein beglaubigendes Mirakel. Es ist Furcht und Entsetzen (Mark. 16, 8); ein Unbegreifliches, das nur im Glauben begriffen wird (Joh. 20, 8 f.); dem Unglauben Anlaß zur Verleumdung (Matth. 28, 13—15). Hingegen gehört das leere Grab zum Kerygma schon von 1. Korinther 15: was sollte sonst das etaphe [er wurde begraben] und die trite hemera [der dritte Tag] bedeuten? Die Auferstehung wird *leibhaft* gedacht, wie 1. Korinther 15, 44, so (implizit) 1. Korinther 6, 14 (12—20!); Philipper 3, 21. Dies liegt an einer Bewertung des soma [des Leibes, der Leiblichkeit], die schon in Korinth auf den heftigsten Widerstand stößt.)

Das Zeugnis bezeugt, daß Jesus der Gekreuzigte lebt und herrscht, bezeugt die Identität des Gekreuzigten mit dem Erstandenen. Es bezeugt die Einmaligkeit dessen, was Gott an Jesus von Nazareth getan hat. — Es geht hier wie schon beim Kreuzesgeschehen letztlich um die Einmaligkeit Jesu. Auch hier, wie schon dort, führt uns Bultmann selbst vor das Problem. Hier wie dort lehnt er für unser Kerygma die Bezeugung dieser Einmaligkeit ab. Dennoch führt er uns jetzt eine Strecke weiter als beim Kreuzeslogos.

Er gibt nämlich für den Historiker zu, „die persönliche Verbundenheit der Jünger mit Jesus" mache das Entstehen des Osterglaubens „bis zu einem gewissen Grade begreiflich". Er hat recht darin, daß „der christliche Osterglaube" in dem „historischen Ereignis der *Entstehung* des Osterglaubens" „die Selbstbekundung des Auferstandenen" sieht: die Bekundung Christi also und nicht ein mit relativer Sicherheit nachweisbares oder rekonstruierbares historisches Ereignis innerhalb unserer kausal verknüpften Wirklichkeit. Aber wieder ist zu fragen, ob hier nicht die historische Kunst und das urchristliche Kerygma verwechselt werden. Gewiß gewinnt der Osterglaube seinen Inhalt und seine Gewißheit nicht aus Ergebnissen historischer Forschung. Dennoch ist der gesamte Osterglaube darin beschlossen, daß ein Mensch, den man „nicht tief genug in unser Fleisch ziehen kann" (Luther), von Gott zum Herrn und Herrscher erhöht wird. *Das Osterkerygma ist streng auf Jesus, den Irdischen und Gekreuzigten, bezogen.* Daß dies so ist, bedarf für die Evangelien und die Reden der Apostelgeschichte keines Beweises; es ist im epistolischen [Brief-]Teil des N. T. nicht anders. Die oben gegebenen Andeutungen könnten genügen: es geht beim Kreuz wie bei der Auferstehung um Jesus in seiner Einmaligkeit.

R. Bultmann
Zu J. Schniewinds Thesen.
Das Problem der Entmythologisierung betreffend[19d]

Zu These A. [bei Schniewind These I]
habe ich nur meiner Freude Ausdruck darüber zu geben, daß die Absicht meiner Arbeit deutlich erkannt und das Problem als solches bejaht ist.
. . .
Zu These B. [bei Schniewind These IV, A.]
. . .
Die Opfervorstellung in den primitiven Religionen und in der antiken Religion (einschließlich das A. T.) halte ich für mythologisch. Ist es an sich keine mythologische Vorstellung, daß man bereit sein muß, der Gottheit das Liebste hinzugeben, so wird dieser Gedanke doch sofort mythologisch, wenn Grund und Art der Hingabe nicht durch den echten Gottes-

[19d] In: Kerygma und Mythos, Herausgeber H. W. Bartsch, Hamburg 1960[4], Bd. I S. 122 (s. „Diskussion" S. 93).

gedanken bestimmt sind. Das Kindesopfer, d. h. die Tötung (Schlachtung, Verbrennung oder dgl.) des Kindes auf dem Altar der Gottheit mit dem Zweck, irgendein Unternehmen erfolgreich zu machen oder ein Übel abzuwehren, setzt eine grob mythologische Gottesvorstellung voraus (wobei ich noch ganz von dynamistischen Vorstellungen absehe, die ursprünglich solchen Brauch motiviert haben werden). Eine mythologische Gottesvorstellung liegt ebenso auch dem alttestamentlichen Gedanken zugrunde, daß Gott ein anderes Leben für unser verwirktes Leben eintreten läßt. Wenn unser moderner Sprachgebrauch vom Opfer der Mutter oder des Kriegers redet, so ist etwas ganz anderes gemeint. Hier gebe ich im Opfer wirklich mich selbst hin und sichere mich nicht durch einen Ersatz, will dadurch überhaupt nichts für mich erreichen.

Der Gedanke der Sühne ist ein juristischer, und seine Anwendung auf Gott ist Mythologie ... Inwiefern die Aussagen des Paulus über die Sündlosigkeit und Präexistenz Jesu durch den Verweis auf Jesaja 53 und Daniel 7 ihres mythologischen Charakters entkleidet werden, verstehe ich nicht. Und der Satz: „der in unsere Gottesferne einging" erscheint mir (ohne nähere Interpretation) als ein mythologischer Satz. Daß die Aussagen des N. T., die davon reden, auf die Ausmalung verzichten, daß sich die Tatsache jeder Anschaulichkeit und Begreiflichkeit entzieht, widerlegt nicht das Faktum, daß „die Tatsache selbst" ein Mythologumenon ist, das der Interpretation bedarf. ...

Daß die Fürbitte des Erhöhten im N. T. nicht ausgemalt ist, ändert nichts an der Tatsache, daß die Vorstellung von der Fürbitte des Erhöhten und von seiner Herrenstellung eine mythologische ist. Die Variationen der Formulierung und die Vagheit der Ausdrücke weisen freilich darauf hin, daß mit dem Urteil „mythologisch" nicht das letzte Wort gesagt ist, sondern fordern die entmythologisierende Interpretation. Aber ich sehe nicht, daß diese bei Ihnen konsequent vollzogen ist, und ich sehe vor allem nicht, welches Ihr hermeneutisches Prinzip der Interpretation ist.

Ich muß nun gestehen — und vielleicht zeigt das unsere Differenz am klarsten, daß ich die Rede von der personalen Beziehung zu Christus auch für mythologisch halte, sofern sie nicht streng an Johannes 14, 9 oder an W. Herrmanns „Gott ist in Christus" orientiert ist. Ihre Fragen: „Was soll das schon heißen, daß Jesus in unsere Gottesferne geht? Was soll das heißen: personale Beziehung zum erhöhten Christus?", zeigen ja, daß der neutestamentliche Kreuzeslogos in seiner Form mythologisch ist. Denn diese Fragen stellt ja nicht erst der dezidierte Nichtchrist, sondern schon der christliche Exeget. Verwechseln Sie nicht den Anstoß der mythologischen Rede mit dem echten Skandalon des Kreuzes? Schieben Sie nicht der exegetischen Frage die ungläubige Frage unter? Und bleiben Sie nicht in den mythologischen Formulierungen stecken aus einer gewissen Sorge, mit deren Anstoß auch das echte Skandalon preiszugeben?

Wenn ich dem Satze zustimme: „Das über uns gefällte Todesurteil (um hier davon abzusehen, daß auch dieser Begriff eine Interpretation verlangt) ist nur deshalb zu begreifen, nur deshalb zu ertragen, weil *Gott selbst* in seinem *einmaligen Handeln* das Todesurteil ins Urteil des Lebens, des Freispruchs gewandelt hat", so kann ich den andern Satz: „So groß ist unsere Schuld, daß Gott seinen Sohn dahingab, um sie von uns zu nehmen" nur für einen mythologischen Satz halten. Auf *Gottes* Urteil kommt alles an; gewiß; aber wieso dieses in Christus gesprochen oder geschehen ist, das bleibt verständlich zu machen. Daß aber die Aneignung des Urteils Gottes den Entschluß zur Übernahme des Kreuzes, die Bejahung des göttlichen Urteils in der Selbstverurteilung fordert, — darin meine ich mit Paulus wie mit Luther einig zu sein, und bin es wohl auch mit Ihnen.

Zu These C. [bei Schniewind These IV, B.]
Würde ich von einer Beziehung des Glaubens auf das historische Kreuz Jesu als auf ein Ereignis der Vergangenheit absehen, so würde ich allerdings das Bekenntnis und Kerygma des N. T. preisgeben. Das ist aber jedenfalls nicht meine Absicht. Es handelt sich für mich um die geschichtliche Bedeutsamkeit des einmaligen historischen Ereignisses, vermöge deren es, *obwohl* einmaliges historisches Ereignis, *gleichwohl* das eschatologische Ereignis ist. Nach dem N. T. ist es doch so, daß das historische Ereignis als das eschatologische Ereignis gilt; und es liegt uns als Theologen alles daran, ob dieses ein mythologischer Satz ist, oder ob er der (existentialen) Interpretation fähig ist.
Nun scheint mir der eschatologische Charakter dieses Ereignisses durch die paradoxe Aussage *so* deutlich gemacht werden zu müssen: das einmalige Ereignis der Vergangenheit ist ständig Gegenwart. Damit ist nicht die zeitlose Gegenwart einer Idee gemeint, so daß das Kreuz zum Symbol würde. Vielmehr meine ich die Absicht des N. T. zu treffen, derzufolge das Kreuz einerseits im Kerygma und in den Sakramenten (also jeweils in der Begegnung) jeweils Gegenwart wird; andrerseits im konkreten Lebensvollzug. Das einmalige Ereignis der Vergangenheit ist also stets Gegenwart für den Glauben. . . .
Von einer „Geschichte Gottes mit den Menschen" zu reden . . ., trage ich keine Bedenken; aber erst, wenn dieser Ausdruck durch Interpretation seines mythologischen Sinnes entkleidet worden ist; und um solche Interpretation bemühe ich mich. Man muß doch einsehen, daß hier „Geschichte" einen anderen Sinn hat, als wenn ich etwa von der Geschichte rede, die sich zwischen Deutschland und England abgespielt hat.
Auch trage ich keine Bedenken, von der „geschichtlichen Einmaligkeit der Offenbarung Gottes" zu reden, wenn der Zusammenhang den Sinn unmißverständlich macht . . . Mißverständlich aber ist der Ausdruck, weil er in Gefahr ist, den eschatologischen Charakter des Offenbarungsgeschehens zu verdecken und die Offenbarung Gottes zu einer in der Vergangenheit erfolgten und nun zur Betrachtung vorliegenden Offenbartheit zu machen und demzufolge aus der Verkündigung, in der sich diese Offenbarung weiter vollzieht, den bloßen Bericht über ein vergangenes Faktum . . .
Daß das Kreuz, sofern es nur als ein Faktum der Vergangenheit ins Auge gefaßt wird, für uns kein Ereignis des eigenen Lebens mehr ist, das läßt

sich doch nicht leugnen; es wird das erst in der Verkündigung, die es präsent macht, die es in die gegenwärtige Begegnung erhebt. Die Einmaligkeit Jesu bestreite ich damit nicht, meine sie vielmehr in der Betonung des ho logos sarx egeneto [das Wort wurde Fleisch] (in dem die Verkündigung Ursprung und Legitimation hat) zur Geltung gebracht zu haben. . . .

Zu These D. [bei Schniewind These V]
Zu der Frage kann ich zunächst nur wieder versichern, daß ich die Einmaligkeit des Ostergeschehens keineswegs damit zu leugnen meine, daß ich im Mitauferstehen wie im Mitgekreuzigtwerden ein geschichtliches Geschehen erblicke. Einen bloßen „inneren Vorgang" nenne ich es freilich nicht, da sich das Mitauferstehen gar nicht ereignen kann ohne den Bezug auf das mir begegnende Kerygma und das in ihm präsente Handeln Gottes.

Ich würde vorsichtig sein einem Satz gegenüber wie: „Das befreiende Gericht Gottes über die Welt, das als solches den Tod entmächtigt, ist zunächst das Urteil Gottes über Christus, das dem von Gott und Menschen Verlassenen Recht schafft und ihn ‚verherrlicht', ihn zum Kyrios einsetzt." Mir scheint diese Isolierung der Person Jesu nicht zulässig zu sein. Wenn Paulus Jesus als den eschatos Adam oder deuteros Anthropos [der letzte Adam oder der zweite Mensch] bezeichnet (1. Kor. 15, 45. 47; vgl. Röm. 5, 12 ff.; 1. Kor. 15, 20 ff. und den soma-Christou[Leib-Christi]-Gedanken) . . . so deshalb, weil er ihn nicht isoliert gesehen wissen will, sondern sagen will, daß das, was mit ihm geschehen ist, ohne weiteres auch mit den anderen geschehen ist (sich freilich an ihnen erst in der Begegnung des Kerygmas und dem diesem antwortenden Glauben realisiert). Mir scheint das sachlich das Gleiche zu sein, was in dem reformatorischen extra nos zum Ausdruck kommt. . . .

Gerne dagegen akzeptiere ich Ihre Korrektur: Was uns im Kerygma der Gemeinde begegnet, ist nicht der Osterglaube, sondern das Osterzeugnis der ersten Jünger; das Martyrion [Zeugnis, Verkündigung] in seiner Vollmacht ist das Ziel der Osterberichte. Freilich kann ich 1. Korinther 15, 3—8 nicht als Kerygma anerkennen; die Argumentation dieser Stelle ist deshalb „fatal", weil sie einen Beweis für die Glaubwürdigkeit des Kerygmas erbringen will. Ebensowenig kann ich mich vom Kerygma-Charakter der Legende vom leeren Grabe überzeugen (und daß Paulus diese gekannt haben sollte, ist mir völlig unglaubwürdig). Im übrigen darf ich mich der Übereinstimmung freuen und leugne nicht die strenge Bezogenheit des Osterkerygmas auf Jesus den Irdischen und Gekreuzigten.

Die in diesem Buch angeschnittenen Probleme der

ENTMYTHOLOGISIERUNG
HERMENEUTIK

finden Sie ausführlich dargelegt von Theologen beider confessio
in der Buchreihe

THEOLOGISCHE FORSCHUNG

Herausgeber: Hans-Werner Bartsch, Fritz Buri, Dieter Georgi, Götz Harbsmeier,
James M. Robinson, Klaus Wegenast.

HERBERT REICH EVANGELISCHER VERLAG GMBH
2 HAMBURG 69, BERGSTEDTER MARKT 12,
BUNDESREPUBLIK

W. G. Kümmel
Mythische Rede und Heilsgeschehen im Neuen Testament

I. Die Einführung

In seinem im Jahre 1947 in Schweden erschienenen Aufsatz geht es *W. G. Kümmel* in Auseinandersetzung mit Bultmann entscheidend um folgendes: Die auch von ihm durchaus bejahte Entmythologisierung darf nicht einseitig als Übersetzung aus der Sprache der Mythologie in die von existentialen Aussagen verstanden werden. Kümmel unterscheidet zwischen den *notwendigen mythologischen Vorstellungen,* — mit deren Hilfe das N. T. das objektive Heilshandeln Gottes in Christus, das Eingreifen Gottes in Zeit und Geschichte beschreibt und die ohne Schaden für das Kerygma nicht von diesem ablösbar sind —, d. h. also zwischen den unentbehrlichen mythischen Zügen einerseits und den *entbehrlichen mythologischen Einzelvorstellungen,* die aus dem antiken Weltbild stammen und für uns nicht mehr verbindlich sind, andererseits. Kümmel sieht deshalb anders als Bultmann das Ziel nicht darin, „das Neue Testament im Interesse der weltanschaulichen Bedenken des modernen Menschen von mythischen Zügen völlig zu befreien." Entmythologisierung bedeutet deshalb für ihn keinesfalls „die Beseitigung der mythischen Rede überhaupt". Vielmehr sieht er die entscheidende Aufgabe, „unter eindeutigem Festhalten der zentralen, in mythischer Rede formulierten Tatsachen der Heilsgeschichte die einzelnen mythischen Vorstellungsformen daraufhin zu prüfen, . . . ob sie überhaupt geeignet sind, Ausdrucksform für die mythologische Rede vom geschichtlichen Heilshandeln Gottes in Christus zu sein".

1. *Die Kritik an Bultmanns Mythosbegriff:*

Kümmel kritisiert den Mythosbegriff Bultmanns. Bultmann gebrauche den Begriff des Mythos zu undifferenziert, weil er diesen so weit faßt, daß er auch alle Vorstellungsformen der antiken Weltbildes (räumliches Übereinander von Unterwelt, Erde und Himmel) in sich begreift. Kümmel dagegen beschränkt ähnlich wie Dibelius den Mythosbegriff auf eine Erzählform, die ein Handeln von Göttern in der Geschichte erzählen will. Von dieser von ihrem Gegenstand her *notwendig mythologischen Berichtsform* unterscheidet Kümmel also die *Sprach- und Vorstellungsform,* in der diese Geschichte berichtet wird und fordert: Die Entmythologisierung muß sich auf die „mythischen Vorstellungsformen" (räumliches Übereinander von Himmel und Hölle usw.), nicht aber auf die „mythologische Rede vom geschichtlichen Heilshandeln Gottes in Christus" richten. „Faßt man den Begriff des Mythos in dieser Beschränkung, so liegt mythologische Redeweise und Vorstellungsform überall dort vor, wo von einem in Zeit und Raum sich vollziehenden Handeln *göttlicher* Gestalten die Rede ist, das für die Existenz des Menschen bestimmende Bedeutung hat." Es geht also nach Kümmel nicht an, die Elemente des neutestamentlichen Weltbildes [= entbehrliche *mythologische Vorstellungsformen!]* und die mythische Berichtsform der Christusgeschichte [= *notwendig mythische Erzählform]* unter dem gemeinsamen Begriff des „Mythos" zusammenzufassen.

2. *Das Heilshandeln Gottes in Zeit und Geschichte:*

Kümmel geht zunächst von Bultmanns Erklärung des Kreuzes als Heilsereignis aus: „Es ist das eschatologische Ereignis in der Zeit und jenseits der Zeit, sofern es, in seiner Bedeutsamkeit verstanden und d. h. für den Glauben, *stets Gegen-*

wart ist" (Bultmann)[20]. Kümmel folgert aus diesem Satz: Das Kreuz ist für Bultmann das Heilsereignis nicht darum, weil Gott an einem bestimmten Punkt der geschichtlichen Endzeit in die Geschichte eingegriffen hat, sondern weil das Kreuz als Heilsereignis „jenseits der Zeit", d. h. zeitlos bedeutsam ist. „Dieses Geschehen in Jesus Christus ist [also] Heilsgeschehen nicht darum, weil *dieses* Stück der Geschichte zur wirklichen Endgeschichte gehört, sondern weil *diese* Geschichte trotz ihrer geschichtlichen Einmaligkeit eine zeitlose Bedeutung hat" (Kümmel). Damit aber klammere Bultmann die Zeit aus dem Verständnis des Heilsgeschehens im N. T. aus. Nach Kümmel redet aber das N. T. „in allen seinen Zeugen von einem göttlichen Handeln *in* der Zeit dieser Welt, das als *end-zeitliches* Handeln gewertet und mit dem bevorstehenden Ende dieser Zeit in unauflöslichem Zusammenhang gesehen wird." „Das im Leben, Sterben und Auferstehen Jesu Christi sich vollziehende Handeln Gottes ist also ein *göttliches* Handeln, das sich *in* der Zeit abspielt; *diese* Aussage ist eine mythologische Aussage, und diese zentrale neutestamentliche Aussage kann man nicht von ihrer mythologischen Redeform befreien."

Kümmel betont also die Notwendigkeit der mythischen Redeform für die Ver-kündigung des N. T.. Sie meint nicht — wie der heidnische Mythos — ein zeit-loses Geschehen, sondern beschreibt *mit Hilfe der mythischen Redeweise den umfassenden Wirklichkeitscharakter der Christusgeschichte* (in Raum und Zeit geschehen und zugleich die Grenzen von Raum und Zeit überschreitend). Dieser ihr übergreifender Wirklichkeitscharakter kann aber durch die existentiale Inter-pretation der mythischen Redeweise nicht erfaßt werden. Die Auferstehung Jesu Christi ist folglich nicht der mythologische Ausdruck der existentialen Bedeut-samkeit des Kreuzes, und diese Bedeutsamkeit des Kreuzes ist nicht „jenseits der Zeit" zu suchen (gegen Bultmann). Vielmehr *begründet erst die Auferstehung als Gottes Tat in der Geschichte die Heilsbedeutung des Kreuzes.* „Nach der An-schauung des gesamten Neuen Testaments ist die Auferstehung Christi ein wirkliches göttliches Eingreifen in diese Welt zu einem bestimmten geschichtlichen Zeitpunkt, und ein solches Eingreifen kann, gerade weil es nicht wirklich *beschrie-ben* werden kann, nur in mythischer Rede ausgedrückt werden. Es hieße also die neutestamentliche Verkündigung der Auferstehung des Gekreuzigten und damit die Realität des *geschicht*lichen Heilshandelns Gottes aufheben, wollte man die-sen neutestamentlichen Glauben an die Auferstehung als *Ereignis* in der Ge-schichte preisgeben."

Ebenso ist nach Kümmel die *Zukunftserwartung* des N. T. nicht mit Bultmann als die jeweils durch Gottes Wort qualifizierte Entscheidungszeit der Gegenwart zu interpretieren, weil für das N. T. die Dimension der zeitlichen Erstreckung konstitutiv ist. Denn nicht nur die Gegenwart des *irdischen Jesus* stand in un-auflöslicher Beziehung zur erwarteten Zukunft des Reiches Gottes, sondern auch für die *Urgemeinde* gilt, „daß die Erwartung einer streng zeitlichen, zukünf-tigen Heilsvollendung zum zentralen neutestamentlichen Kerygma hinzugehört." Ähnlich betont auch *E. Käsemann* gegenüber Bultmann, es sei unmöglich, das zielgerichtete (teleologische) Geschichtsdenken des N. T. „einfach durch die mo-derne Einsicht in die Geschichtlichkeit der Existenz ablösen zu wollen, welche, isoliert, den Zusammenhang der Geschichte in eine Folge mehr oder minder unverbundener Situationen zerfallen läßt, Gottes Zukunft auf des Menschen Zukünftigkeit reduziert, die Gegenwart primär von der uns gestellten Forderung aus und die Vergangenheit letztlich als Folie und Modell der von uns zu tref-fenden Entscheidung versteht. Es ist höchst problematisch, wieweit eine derart

[20] R. Bultmann: Neues Testament und Mythologie, in Kerygma und Mythos I. S. 42, 5. A. 1967.

ethische Betrachtungsweise der Geschichte deren eschatologischen Charakter zu wahren vermag." Nach Käsemann hat die urchristliche Apokalyptik von Anfang an den Verlauf der Heilsgeschichte mit dem Ziel in der Parusie des Menschensohnes dargestellt. „Denn wie für sie die Welt einen bestimmten Anfang und ein bestimmtes Ende hat, so verläuft für sie Geschichte auch unwiederholbar in bestimmter Richtung, durch die Folge deutlich voneinander zu unterscheidender Epochen gegliedert[21]."

Das N. T. enthält also nach Kümmel einen unentbehrlichen und vom Kerygma unablösbaren mythischen Zug: *das geschichtliche und zeitliche Heilshandeln Gottes in Christus.* Unveräußerlich ist darum dem Kerygma das Verständnis der Auferstehung als *Ereignis in der Zeit* und als *Grund der Hoffnung* des · Glaubens in Form von realer Zukunftserwartung (futurische Eschatologie), d. h. als Erwartung der zukünftigen Heilsvollendung in der Parusie [= Ankunft] Christi.

Sehr bestimmt hat auch W. *Kreck* gegenüber Bultmann gefragt: Gilt es nicht zu zeigen, „daß die Fleischwerdung des Wortes in Jesus Christus nicht nur die Krisis der Geschichte bedeutet, sondern zugleich ein positives Verhältnis zu ihr, zu der in Zeit und Raum verlaufenden Geschichte? Gilt der Satz: Das Wort ward Geschichte?" (Joh. 1, 14). „Daß Gottes Offenbarung nicht so in die Geschichte eingeht und in ihr aufgeht, daß sie uns verfügbar wird, heißt doch nicht, daß sie nur in diesem negativen, sich radikal ausschließenden Verhältnis zu ihr steht[22]."

3. Die Kritik an unangemessenen mythologischen Vorstellungsformen:
Von der Ermittlung der grundlegenden, in *notwendig-mythologischer Erzählung berichteten Heilstaten Gottes* her sind nun nach Kümmel die einzelnen mythischen Begriffe und Vorstellungsformen im N. T. jeweils daraufhin zu prüfen, ob sie das geschichtliche Heilshandeln Gottes in Christus in geeigneter Weise zum Ausdruck bringen.

Die Notwendigkeit solcher *Kritik an entbehrlichen und mißverständlichen mythischen Zügen* zeigt Kümmel u. a. an der Erwartung eines *tausendjährigen Messiasreiches* vor dem Weltende, wie sie in Offenbarung 20 im Anschluß an spätjüdische Geschichtserwartungen vertreten wird, aber mit der Ablehnung aller apokalyptischen Berechnung durch Jesus (Luk. 17, 21) im Widerspruch steht. Diese Kritik trifft nach Kümmel auch z. B. die *Überlieferung vom leeren Grab*, weil in ihr „eine Verderbnis des Osterglaubens zu einer materialisierenden Auffassung der Auferstehung hin vorliege".

Man mag zu der jeweiligen Kritik Kümmels im einzelnen stehen wie man will (vgl. das in der Einleitung S. 13 ff. dazu Gesagte), jedenfalls ist hier erkannt, daß Bultmanns Methode, den Mythos im N. T. durchgehend mittels der existentialen Interpretation zu deuten, *dem alle Geschichte übergreifenden Wirklichkeitscharakter des Christusgeschehens* nicht gerecht zu werden vermag, weil dieses Geschehen nicht in einer Aussage über meine Existenz eingefangen werden kann. *Die Geschichte Gottes mit den Menschen in Jesus Christus* umgreift alle Menschen und darum auch mich (Iwand), ist aber nicht in gleicher Weise von mir umgreifbar, *übersteigt also den Anwendungsbereich der existentialen Interpretation* (Kümmel).

[21] E. Käsemann: „Die Anfänge urchristlicher Theologie", i n : Exegetische Versuche und Besinnungen, Bd. II, 1964, S. 95.
[22] W. Kreck: Die Zukunft des Gekommenen, A. a. O., S. 71.

II. Der Text
W. G. Kümmel: „Mythische Rede und Heilsgeschehen im Neuen Testament."

. . . .

Bultmanns Forderung einer „Entmythologisierung" des Neuen Testaments
durch eine „anthropologische, besser existentiale" Interpretation des Mythos fand in Deutschland ein starkes, weitgehend negativ lautendes Echo;
in allen diesen Erörterungen ist aber die entscheidende Frage noch nicht
wirklich grundsätzlich genug gestellt worden, wie sich Bultmanns Forderung
einer völligen Entmythologisierung des Neuen Testaments mit der Tatsache
in Einklang bringen läßt, daß das Neue Testament doch zweifellos ein
göttliches Handeln in der *Geschichte,* ein „Heilsgeschehen" verkündigt, wie
Bultmann selber formuliert. Denn will man Bultmann das Recht zur
Forderung auf eine „Entmythologisierung" des Neuen Testaments nicht
überhaupt bestreiten, so muß sich an der Beantwortung *dieser* Frage das
Urteil darüber entscheiden, ob bei der kritischen Eliminierung des Mythos
überhaupt das eigentliche Anliegen der neutestamentlichen Verkündigung
zur Geltung gebracht oder nicht doch aufgehoben wird. Auf diese wichtige
Frage wollen die folgenden Ausführungen eine grundsätzliche Antwort
versuchen, indem an wenigen Beispielen die Notwendigkeit und die Grenze
einer solchen „Entmythologisierung" aufgewiesen wird.

Man hat nun freilich das Recht zur Forderung einer „Entmythologisierung"
des Neuen Testaments schon darum von vornherein abgelehnt, weil das
Neue Testament keinen Mythos und auch keine mythischen Bestandteile
enthalte. Diese Ablehnung des Begriffs Mythos für das Neue Testament
wäre allerdings dann auf keinen Fall möglich, wenn man den Begriff des
Mythischen so weit faßt, wie Bultmann es tut. Denn Bultmann bezieht
in den Begriff des Mythos das Weltbild des räumlichen Übereinanders von
Unterwelt, Erde und Himmel ebenso mit ein wie jede Art von wunder-
haftem Geschehen, so daß als „mythologisch" bezeichnet werden kann
„die Vorstellungsweise, in der das Überweltliche, Göttliche als Weltliches,
Menschliches, das Jenseitige als Diesseitiges erscheint" [Bultmann]. Diese
Ausweitung des Begriffs Mythos empfiehlt sich nun schwerlich, obwohl
der Begriff des Mythos ein sehr schillernder ist und die verschiedensten,
auch sehr umfassenden Sinngebungen empfangen hat; denn wollte man
den Begriff des Mythos so weit fassen, daß er auch alle Vorstellungsformen
des antiken Weltbildes in sich faßt, so müßte man die Äußerungen sämt-
licher antiken Schriftsteller, die wie die Verfasser der neutestamentlichen
Schriften im antiken Weltbild leben, als „mythologisch" bezeichnen, womit
der Begriff seinen konkreten Sinn völlig verlieren würde. Es dürfte vielmehr einer klaren Problemstellung besser dienen, wenn man bei der Erörterung der Bedeutung des Mythos für das Neue Testament den Begriff
des Mythos beschränkt auf „Geschichten . . ., die in irgendeiner Weise
beziehungsvolles Handeln von Göttern erzählen" [M Dibelius]. Faßt man
den Begriff des Mythos in dieser Beschränkung, so liegt mythologische
Redeweise und Vorstellungsform überall dort vor, wo von einem in Zeit

und Raum sich vollziehenden Handeln *göttlicher* Gestalten die Rede ist, das für die Existenz des Menschen bestimmende Bedeutung hat. Ließ sich die Behauptung, das Neue Testament enthalte überhaupt keine mythischen Bestandteile, gegenüber dem ausgeweiteten Mythosbegriff Bultmanns keinesfalls halten, so gilt das gleiche aber auch angesichts des in dieser Weise begrenzten Begriffes des Mythos. Denn das Neue Testament berichtet von einem *göttlichen* Handeln im Ablauf der irdischen Geschichte, und einerseits wird dieses göttliche Handeln mit mythischen Einzelzügen beschrieben (Präexistenz Christi, Herabkunft, Höllen- und Himmelfahrt des Erlösers, endzeitliche Parusie auf den Wolken des Himmels usw.), andererseits erscheint die Gestalt des Erlösers überhaupt als göttliche Gestalt in fleischlicher Erniedrigung. ... Läßt es sich also nicht bestreiten, daß das Neue Testament nicht nur mythische Einzelvorstellungen verwendet, sondern in weitem Umfang mythologische Aussagen zur Glaubensdeutung der Gestalt und Geschichte Jesu macht, besteht andererseits die Bultmannsche Forderung einer „Entmythologisierung" des Neuen Testaments wenigstens prinzipiell zu Recht, so erhebt sich nun mit neuer Dringlichkeit die Frage, wie sich die geforderte Entmythologisierung mit der Tatsache in Einklang bringen läßt, daß das Neue Testament ein „Heilsgeschehen", ein mit mythologischen Vorstellungen beschriebenes Handeln *Gottes* in der *Geschichte* verkündet. Sind die für die Deutung des Christusgeschehens verwerteten mythologischen Vorstellungen ohne Schaden für das Kerygma ablösbar, oder ist die mythologische Rede *notwendige* Ausdrucksform für die Glaubensaussage von dem göttlichen Handeln in der Christusgeschichte?

Wollen wir auf diese entscheidende Frage eine Antwort geben, so ist zunächst Klarheit darüber zu gewinnen, warum überhaupt eine „Entmythologisierung" der neutestamentlichen Verkündigung nötig ist. Bultmann begründet diese Notwendigkeit einerseits damit, daß alle mythologische Rede „für den Menschen von heute unglaubhaft" sei, „weil für ihn das mythische Weltbild vergangen ist", das er nicht mehr als wahr anerkennen *könne*, weil „unser aller Denken unwiderruflich durch die Wissenschaft geformt worden ist"; andererseits sieht Bultmann die Notwendigkeit der Entmythologisierung dadurch begründet, daß der Mythus selber nicht ein objektives Weltbild, vielmehr ein Selbstverständnis des Menschen bieten und darum existential interpretiert werden wolle; und schließlich verlange das Neue Testament selber die Entmythologisierung, weil „innerhalb seiner Vorstellungswelt einzelne Vorstellungen gedanklich unausgeglichen, ja einander widersprechend nebeneinander stehen". Es ist deutlich, daß das treibende Motiv Bultmanns bei seiner Forderung auf eine Eliminierung [Ausscheidung] des Mythos aus dem Neuen Testament also das Bestreben ist, die neutestamentliche Wahrheit dem modernen Menschen annehmbar zu machen, dem das mythische Weltbild unglaubhaft ist und den Zugang zum neutestamentlichen Kerygma versperrt. Diesem Motiv sind die beiden anderen Begründungen, der existentielle Charakter des Mythus und die Widersprüche im Neuen Testament, durchaus untergeordnet. Nun hat Bultmann zweifellos recht mit seiner Feststellung, daß eine Repristination [Erneuerung] des neutestamentlichen Weltbildes unmöglich ist. Aber damit ist noch keineswegs gesagt, daß zu diesem neutestamentlichen Weltbild, das wir nicht nachvollziehen können, auch die mythischen Züge der Christusverkündigung im engeren Sinn, die Vorstellung vom zeitlichen Ablauf der Heilsgeschichte usw., hinzugehören, so daß man von vorneherein auch diese mythischen Züge als für den modernen Menschen unannehmbar hinstellen müßte. Vielmehr rächt sich hier, daß Bultmann den Begriff des Mythus allzuweit gefaßt hat: es geht nicht an, die Elemente des neutestamentlichen Weltbildes und die mythischen Züge des Christuskerygmas unter dem gemeinsamen Begriff des „Mythus" zusammenzufassen, weil so von Anfang an die Möglichkeit verbaut wird, die dem zentralen neutestamentlichen Kerygma vielleicht unentbehrlichen mythischen Züge von den entbehrlichen oder mißverständlichen Zügen und von den bloßen zeitgeschichtlichen Schranken des Weltbildes zu sondern. Und darüber hinaus bringt das Ausgehen von dem intellektuellen Anstoß des modernen Menschen es mit sich, daß das subjektive Moment des „Unglaubhaften" als Kriterium für die „Entmythologisierung" dienen muß, wobei die Grenze des „Unglaubhaften" sehr verschieden weit gezogen werden kann. Und es wäre ja allererst zu fragen, ob nicht das gesamte neutestamentliche Kerygma als „unglaubhaft" zu bezeichnen wäre, so daß man dann dem modernen Menschen die Zustimmung zu dieser Botschaft überhaupt nicht zumuten dürfte. Es kann darum nur als unhaltbar bezeichnet werden, wenn die Begründung und der Maßstab für die geforderte „Entmythologisierung" des Neuen Testaments von Bultmann bei den weltanschaulichen Bedenken des modernen Menschen genommen werden.

Wenn trotzdem die Forderung auf eine „Entmythologisierung" des Neuen Testamentes grundsätzlich berechtigt ist, so kann diese Notwendigkeit nicht vom modernen Menschen her (und auch nicht vom Wesen des Mythus her), sondern nur vom Zentrum der neutestamentlichen Verkündigung aus begründet werden. Und das besagt nichts anderes, als daß zu allererst die Frage geklärt werden muß, ob mythologisches Reden zum zentralen neutestamentlichen Kerygma notwendig hinzugehört oder ob nur bestimmte mythologische Vorstellungsformen dem neutestamentlichen Kerygma untrennbar zugehören, während andere sich als inadäquat [unangemessen] oder zum mindesten als mißverständlich erweisen. Bultmann hat die Bedeutsamkeit dieser Frage selber erkannt, indem er zunächst die Frage stellt, ob die neutestamentliche Verkündigung „nichts als Mythologie ist", diese Frage aber dann schließlich auf die abschließende Frage zurückführt, ob das Christusgeschehen nicht „ein mythologischer Rest ist, der eliminiert oder durch kritische Interpretation entmythologisiert werden muß". Und Bultmann sucht in Beantwortung dieser Frage zu zeigen, daß die mythologische Rede vom Christusgeschehen nur den Sinn habe, „die Bedeutsamkeit der historischen Gestalt Jesu und seiner Geschichte ... zum Ausdruck zu bringen", daß darum ihr objektivierender Vorstellungsgehalt preiszugeben sei. Auch die mythologische Rede von der Auferstehung Christi diene nur dazu, die Bedeutsamkeit des Kreuzes als Heilsereignis auszudrücken. Bultmann stellt also fest, daß im Zentrum der neutestamentlichen Verkündigung das Heilsgeschehen, das Handeln Gottes in Christus, steht, er bestreitet aber, daß diese Verkündigung in Wirklichkeit ein mit mythischen Vorstellungsformen auszudrückendes objektives Geschehen meine. Wie kommt Bultmann dazu, von einem Heils*geschehen* zu reden, also von einem göttlichen Handeln im Ablauf des irdischen Geschehens, in der Geschichte, und doch zu bestreiten, daß es sich dabei um ein objektives Geschehen, um einen Eingriff Gottes in die Geschichte, demnach um ein mit der Vorstellungsform des Mythus auszudrückendes Geschehen handelt? Es ist leicht zu erkennen, wie Bultmann zu dieser Bestreitung des *objektiven* Charakters des Heilsgeschehens in Christus kommt, wenn man seine Erklärung des Kreuzes näher betrachtet: das Kreuz als Heilsgeschehen wird als „eschatologisches Ereignis" bezeichnet; „es ist das eschatologische Ereignis in der Zeit und jenseits der Zeit, sofern es, in seiner Bedeutsamkeit verstanden und d. h. für den Glauben, *stets Gegenwart* ist". Es ist schon mehrfach darauf aufmerksam gemacht worden, daß Bultmann den Begriff der „Eschatologie" hier in einem durchaus ungewöhnlichen und mißverständlichen Sinne gebraucht, indem damit nicht die wirkliche Endgeschichte, sondern die Deutung der Gegenwart als von Gott beanspruchter Entscheidungszeit bezeichnet wird. Aber was sich schon aus dieser Kritik der Verwendung des Begriffes „Eschatologie" ergibt, wird aus Bultmanns Beschreibung des Kreuzes als eines eschatologischen Ereignisses hier noch deutlicher: das Kreuz ist eschatologisch nicht darum, weil ein göttliches Handeln an einem bestimmten Punkte der geschichtlichen Endzeit in diese immanente Geschichte eingreift, sondern weil das Kreuz zwar zeitliches Ereignis, aber zugleich auch zeitlos („jenseits der Zeit") ist. Es ist also bei Bultmann zwar von Heilsgeschehen die Rede; aber dieses Geschehen in Jesus Christus ist Heilsgeschehen nicht darum, weil *dieses* Stück der Geschichte zur wirklichen Endgeschichte gehört, sondern weil *diese* Geschichte trotz ihrer geschichtlichen Einmaligkeit eine zeitlose Bedeutung hat. Dadurch wird aber deutlich, daß Bultmann die Behauptung, das „Heilsgeschehen" sei kein mythologischer Rest, der auch noch beseitigt werden müsse, nur darum aufrecht erhalten kann, weil er die Wirklichkeit der Zeit als des einmaligen Faktums der Vergangenheit aus dem Verständnis des Heilsgeschehens im neutestamentlichen Sinne eliminiert. Und damit verfällt Bultmann gerade in den Fehler, den er der älteren liberalen Theologie vorhält, daß er „das Kerygma als Kerygma eliminiert". . . .

Es dürfte deutlich geworden sein, daß die „Entmythologisierung" des Neuen Testaments, die Bultmann vorschlägt, durch Eliminierung der zeitlichen Heilsgeschichte in der Tat einen „mythologischen Rest" eliminiert, den schon die ältere liberale Forschung streichen zu müssen meinte, damit aber das Zentrum der neutestamentlichen Verkündigung beseitigt. Denn das Neue Testament redet in der Tat in allen seinen Zeugen von einem göttlichen Handeln *in* der Zeit dieser Welt, das als *end*zeitliches Handeln gewertet und mit dem bevorstehenden Ende dieser Zeit in unauflöslichem Zusammenhang gesehen wird. Die neutestamentliche Heilsverkündigung ist darum nicht ablösbar von der Vorstellung der Zeit als einer von der Schöpfung bis zum Weltende führenden Linie, deren Mittelpunkt eben nach neutestamentlicher Verkündigung das Christusgeschehen bildet. Das im Leben, Sterben und Auferstehen Jesu Christi sich vollziehende Handeln Gottes ist also ein *göttliches* Handeln, das sich *in* der Zeit abspielt; *diese* Aussage ist eine mythologische Aussage, und diese zentrale neutestamentliche Aussage kann man nicht von ihrer mythologischen Redeform befreien. Es geht darum nicht an, die mythologische Rede aus dem Neuen Testament *völlig* zu eliminieren, wenn man das neutestamentliche Kerygma erhalten will; und so wenig das Neue Testament einen Mythus verkündet, so wenig läßt er sich gerade in seinem Zentrum von der Denk- und Redeform des Mythus als der einzig möglichen Ausdrucksform für die Glaubensdeutung der Christus*geschichte* befreien. Die Forderung, das Neue Testament völlig zu entmythologisieren, weil das mythische Weltbild vergangen sei und mythologische Aussagen dem modernen Menschen unglaubhaft erscheinen müßten, ist daher unhaltbar, solange das neutestamentliche Kerygma in seinem Verkündigungsanspruch anerkannt bleiben soll. Nicht das antike Weltbild, wohl aber die in mythologischer Rede verkündigte Heilsgeschichte bildet das Zentrum der neutestamentlichen Verkündigung und kann nicht eliminiert werden. . . .

Nach Bultmann ist „die mythische Eschatologie im Grunde durch die einfache Tatsache erledigt, daß Christi Parusie nicht, wie das Neue Testament erwartet, alsbald stattgefunden hat, sondern daß die Weltgeschichte weiterlief"; die apokalyptische Eschatologie sei im Neuen Testament im Grunde schon entmythologisiert, weil die Heilszeit für den Glaubenden schon angebrochen ist. Damit wäre gegeben, daß für das Neue Testament trotz seiner mythischen Rede von der nahe bevorstehenden Parusie, dem Weltende usw. die futurische Eschatologie unwesentlich ist, weil das Neue Testament die Gegenwart bereits als „eschatologische" Heilszeit ansieht; dementsprechend gebraucht Bultmann, wie schon betont, den Begriff der „Eschatologie" in einem von der Zukunftserwartung völlig abgelösten Sinn, nämlich von der „Entscheidungszeit". Umgekehrt haben die Vertreter der „konsequenten Eschatologie" [z. B. A. Schweitzer] immer wieder betont, daß der eigentliche Sinn der Verkündigung Jesu und des Paulus eben die Botschaft vom *nahen* Weltende sei, daß mit dem Nichterfülltwerden dieser Erwartung aber auch jeder Glaube an eine im Neuen Testament verkündete Heilsgeschichte hinfällig geworden sei. Es läßt sich nun deutlich aufzeigen, daß für Jesus die entscheidende Bedeutung seiner Person und dadurch seiner Gegenwart darin besteht, daß die Gegenwart die letzte Zeit vor dem nahe bevorstehenden Ende ist, in der sich bereits das kommende vollendete Heil vorauswirkend zeigt, daß die Gegenwart für Jesus darum ihren heilsgeschichtlichen Sinn durch die unauflösliche Beziehung zur erwarteten Zukunft hat. Nicht anders liegt es in der Urgemeinde, wo das Bewußtsein, die gegenwärtige endzeitliche Messiasgemeinde zu sein, unablöslich mit der futurischen Parusieerwartung zusammenhängt. Auch die Heilsverkündigung des Paulus sieht die Neuschöpfung des Menschen bedingt durch die neue heilsgeschichtliche Situation des Gläubigen, der noch im alten Äon lebend doch bereits versetzt ist in das schon angebrochene Reich des geliebten Sohnes und wartet auf die bald kommende Vollendung. Und selbst die weitgehend präsentische Heilsverkündigung des Johannesevangeliums enthält unverkennbare futurisch-eschatologische Züge, deren Vorhandensein die Trennung des himmlischen Gottessohnes von dem *geschichtlichen* Heilsgeschehen in dem Menschen Jesus überhaupt erst verunmöglicht. Aus all diesen Einzelbeobachtungen ergibt sich aber zwingend, daß die Erwartung einer streng zeitlichen, zukünftigen Heilsvollendung zum zentralen neutestamentlichen Kerygma hinzugehört, daß die Eliminierung dieses „mythischen" Bestandteils der neutestamentlichen Verkündigung darum eine Aufhebung des heils*geschichtlichen* Charakters dieser Verkündigung bedeuten würde. Aber mit dieser Einsicht ist nicht zugleich gegeben, daß die gesamte apokalyptische Ausgestaltung dieser eschatologischen Verkündigung ebenfalls unablösbar zum zentralen neutestamentlichen Kerygma gerechnet werden müsse. Das ergibt sich schon daraus, daß das Johannesevangelium diese apokalyptischen Züge der Eschatologie völlig vermissen läßt und daß in den apokalyptischen Einzelanschauungen zwischen Jesus, Paulus und der Johannesapokalypse starke Unterschiede bestehen. Infolgedessen ist es durchaus falsch zu behaupten, der neutestamentliche Glaube an die durch die Erwartung der zukünftigen Heilsvollendung in ihrem *zeitlichen* Charakter geschützte Heils*geschichte* sei mit dem Hinfälligwerden der *Nah*erwartung infolge des Ausbleibens der Parusie unhaltbar geworden. Es ist aber ebenso unmöglich, eine apokalyptische Sonderanschauung wie die Erwartung eines tausendjährigen Messiasreiches vor dem Weltende, die Offenbarung 20 vertritt, als in engem sachlichem Zusammenhang mit der zentralen neutestamentlichen Verkündigung stehend nachzuweisen; diese Vorstellung ist vielmehr wirklich isoliert, steht zu der Ablehnung aller apokalyptischen Berechnung durch Jesus (Luk. 17, 21) im Widerspruch und ermangelt darüber hinaus eines klaren heilsgeschichtlichen Gehaltes, so daß diese mythologische Einzelvorstellung als dem zentralen neutestamentlichen Kerygma inadäquat durchaus einer kritischen Eliminierung unterworfen werden muß.

Ähnlich steht es mit einer zweiten „mythologischen" Verkündigung, der Auferstehung Jesu Christi. Nach Bultmann ist die Auferstehung Christi kein mythisches Ereignis, obwohl das Neue Testament selber sie vielfach als beglaubigendes Mirakel auffasse; „der Auferstehungsglaube ist nichts anderes als der Glaube an das Kreuz als Heilsereignis"; historisch sei nicht das Osterereignis, sondern nur der Osterglaube der ersten Jünger. Bultmann gibt also selber zu, daß etwa Paulus (1. Kor. 15, 3 ff.) die Ostererfahrungen als Beglaubigung des Faktums der Auferstehung anführt, nennt diese Argumentation des Paulus aber „fatal" und behauptet, die Auferstehung Christi sei im Sinne des Neuen Testaments kein mit mythischen Begriffen beschriebenes historisches Ereignis, vielmehr sei der Glaube an die Auferstehung Christi nur der Ausdruck für die Anerkenntnis der neutestamentlichen Verkündigung vom Kreuz Jesu als dem Kreuz des Christus, vom Kreuz als Heilsereignis. Es ist mit Recht schon darauf hingewiesen worden, daß Bultmann mit diesen Ausführungen das entscheidende Anliegen des Neuen Testaments eliminiert, nämlich die Auferstehung als das in den Auferstehungserfahrungen erfaßte göttliche *Geschehen,* das dem Kreuz erst a posteriori seinen göttlichen, heilsgeschichtlichen Sinn gibt. Nach der Anschauung des gesamten Neuen Testaments ist die Auferstehung Christi ein wirkliches göttliches Eingreifen in diese Welt zu einem bestimmten geschichtlichen Zeitpunkt, und ein solches Eingreifen kann, gerade weil es nicht wirklich *beschrieben* werden kann, nur in mythischer Rede ausgedrückt werden. Es hieße also die neutestamentliche Verkündigung von der den Glauben begründenden Wirklichkeit der Auferstehung des Gekreuzigten und damit die Realität des *geschichtlichen* Heilshandeln Gottes aufheben, wollte man diesen neutestamentlichen Glauben an die Auferstehung als *Ereignis* in der Geschichte preisgeben. Und darüber hinaus leitet die älteste Christenheit seit den Tagen der Urgemeinde den Beginn der himmlischen Herrschaft des Auferstandenen ebenso wie den Beginn der endzeitlichen Gemeinde des Auferstandenen von dem Zeitpunkt des *Ereignisses* der Auferstehung Christi ab; die Bestreitung der Auferstehung Christi als eines Ereignisses in der Geschichte würde also mit sich bringen, daß auch die gesamte neutestamentliche Verkündigung von der seit der Auferstehung vorauswirkenden Endzeit hinfällig würde, womit wieder die Zukunftserwartung des Neuen Testaments ihren eigentlichen Sinn verlöre. Es kann also keine Frage sein, daß die „Entmythologisierung" des Neuen Testaments auch an diesem Punkte nicht möglich ist, ohne das neutestamentliche Kerygma preiszugeben, daß vielmehr die mythologische Rede auch hier als unaufgebbar anerkannt werden muß.

Gehört somit die Auferstehung Christi als in mythologischer Rede verkündetes göttliches Handeln innerhalb der Zeit zum unaufgebbaren Bestand des neutestamentlichen Kerygmas, so gilt dies wiederum nicht für die einzelnen mythologischen Züge, mit denen im Neuen Testament die Auferstehungsbotschaft beschrieben wird. P. Althaus hat behauptet, daß für die ersten Auferstehungszeugen mit den Auferstehungserscheinungen auch die Tatsache des leeren Grabes festgestanden habe, daß darum die Osterbotschaft in Jerusalem von Anfang auf zwei Pfeilern geruht habe, auf den Erscheinungen und auf dem Leerfinden des Grabes; überhaupt könne von Verderbnis des ursprünglichen Osterglaubens im Neuen Testament nicht die Rede sein. ... Nun kann aber keine Frage sein, daß Paulus die Auferstehung Christi nicht als ein Hervorgehen von sarx [Fleisch] und haima [Blut] aus dem Grab angesehen hat und auch ein Betasten des Auferstandenen zum allermindesten für sich nicht in Anspruch nehmen konnte; ebenso wird man die Vorstellung von einer Himmelfahrt des in die irdische Existenzform zurückgekehrten Auferstandenen und vom Essen und Trinken des Auferstandenen mit den Jüngern als Verderbnis des ursprünglichen Osterglaubens bezeichnen müssen, der nur Erscheinungen des Auferstandenen aus seiner himmlischen Existenz her kannte; und schließlich ist es ein reines Postulat und widerspricht dem von Paulus in 1. Korinther

15, 3 ff. wiedergegebenen ältesten Kerygma, daß mit der Erfahrung der Auferstehung Christi die Tatsache des leeren Grabes selbstverständlich gegeben gewesen sei, da das Kerygma ja gerade die Erscheinungen vor Petrus und den Zwölf als völlig ausreichenden Beleg für die Tatsache der Auferstehung nennt. Es kann darum nicht bestritten werden, daß bereits das Neue Testament eine Entwicklung des Osterglaubens von der „mythologisch" formulierten Aussage über die in das zeitliche Geschehen eingreifende, aber nicht zu beschreibende Gottestat hin zur Materialisierung dieser Botschaft kennt und darum bestimmte mythologische Züge mit der Auferstehungsbotschaft verbindet, die gerade vom zentralen Auferstehungskerygma aus als problematisch erscheinen und darum einer kritischen Infragestellung unterzogen werden müssen. Aber gerade eine solche Kritik an der mythologischen Einzelvorstellung kann nur dazu dienen, die Unentbehrlichkeit des in mythologischer Rede verkündeten Auferstehungs-*faktums* um so klarer herauszustellen.

Die kurze Erörterung dieser beiden „mythischen" Vorstellungskreise, der futurischen Eschatologie und der Auferstehung Christi, dürfte gezeigt haben, daß es sich bei der Forderung auf eine „Entmythologisierung" des Neuen Testaments nicht darum handeln kann, das Neue Testament im Interesse der weltanschaulichen Bedenken des modernen Menschen von mythischen Zügen völlig zu befreien, sondern daß es vielmehr die Aufgabe ist, unter eindeutigem Festhalten der zentralen, in mythischer Rede formulierten Tatsachen der Heilsgeschichte die einzelnen mythischen Vorstellungsformen daraufhin zu prüfen, ob sie wirklich mit dem zentralen Kerygma in einer ausreichend engen Beziehung stehen und ob sie überhaupt geeignet sind, Ausdrucksform für die mythologische Rede vom geschichtlichen Heilshandeln Gottes in Christus zu sein.

K. Barth
Die Interpretation der Auferstehung durch R. Bultmann

I. Die Einführung

In seiner Kritik an Bultmann übersieht *K. Barth* nicht, daß Bultmann in seiner Darstellung „die zentrale, die unentbehrliche Funktion des Osterereignisses für das neutestamentliche Denken und Reden nachdrücklich ans Licht gestellt hat". Barth stellt dann aber *fünf Axiome* heraus, von denen er Bultmanns Denken grundlegend geprägt sieht und an deren Gültigkeit bzw. Ungültigkeit sich für Barth schlechterdings alles entscheidet.

1. *Die fünf Axiome Bultmanns:*
Die Axiome Bultmanns betreffen folgende Fragenkreise:
a) *Auferstehung und existentiale Interpretation:* „Ist es wahr, daß man einen theologischen Satz dann und nur dann als gültig bejahen kann, wenn er sich als ein echter Bestandteil des christlichen Verständnisses der *menschlichen Existenz* ausweisen kann?" (Barth)
b) *Auferstehung und historische Forschung:* „Ist es wahr, daß man ein angeblich in der Zeit geschehenes Ereignis dann und nur dann als wirklich geschehen anerkennen kann, wenn man in der Lage ist, nachzuweisen, daß es ein ‚historisches Faktum' ist?" (Barth)
c) *Auferstehung und Glaube:* „Woher soll es denn ausgemacht sein, daß die Botschaft vom auferstandenen Christus durchaus das finstere Gesicht eines Glaubensgesetzes haben müsse, dem man sich, wenn überhaupt, dann nur in einer Art von intellektuellen Krampf unterwerfen könnte?" (Barth)
d) *Auferstehung und modernes Weltbild:* „Ist es wahr, daß es ein ‚unwiderruflich durch die Wissenschaft geformtes' modernes Denken, ein *modernes Weltbild* gibt, das . . . uns in Sachen unseres Ja und Nein gegenüber den konkreten Inhalten der Bibel zum vornherein und unbedingt zu binden und zu verpflichten vermöchte?" (Barth)
e) *Auferstehung und mythisches Weltbild:* „Man sollte . . . nicht verkennen, daß jenes mythische Weltbild Elemente enthielt, von denen die urchristliche Gemeinde, indem sie von Jesu Christus zu zeugen hatte, mit Bedacht und gutem Recht Gebrauch machte." (Barth)

2. *Die Auferstehung und die historische Fragestellung:*
Von den herausgestellten Axiomen hat für Barth das *zweite* entscheidendes Gewicht: der *Wirklichkeitsbegriff Bultmanns.*
Von einem raum-zeitlichen Ereignis in der Geschichte kann nach *Bultmann* nur da gesprochen werden, wo dieses mit den Mitteln und Methoden der historischen Wissenschaft festgestellt werden kann. Daraus folgert Bultmann: Die Auferstehung ist —, weil mit den Mitteln der historischen Forschung prinzipiell nicht faßbar, — ein „mythisches Ereignis", dessen Bedeutsamkeit nur erkannt werden kann, indem es aus der Sprache des Mythos in eine existentiale Aussage übersetzt, d. h. als Ausdruck eines Selbstverständnisses verstanden wird.
Barth lehnt dieses Axiom der prinzipiellen Feststellbarkeit alles in Raum und Zeit verlaufenden Geschehens ab. Er stimmt zwar Bultmann darin zu, daß die Auferstehung mit historischen Mitteln prinzipiell nicht zu fassen ist, zieht aber daraus eine andere Folgerung: „Es könnte Ereignisse geben, die viel sicherer wirklich in der Zeit geschehen sind als alles, was die ‚Historiker' als solche feststellen können. Wir haben Gründe, anzunehmen, daß zu diesen Ereignissen vor

allem die Geschichte von der Auferstehung Jesu gehört." Die Auferstehung ist damit für Barth eine gegenüber dem Kreuz neue (eschatologische) Tat Gottes an Jesus, in der Gott dem Gekreuzigten recht gibt. Als solche ist sie der historischen Forschung prinzipiell nicht zugänglich. Sie ist aber zugleich *ein wirkliches, in Raum und Zeit gegenüber bestimmten Menschen geschehenes Ereignis „mit einem schmalen ,historischen' Rand"*. Letzterer käme allenfalls für die historische Forschung in Betracht.

3. *Die Unterscheidung zwischen Glaubensgrund und Entstehung des Glaubens:*
Seine *entscheidende Kritik* an Bultmann formuliert Barth folgendermaßen: „R. Bultmann ,entmythologisiert' das Osterereignis, indem er es interpretiert als ,die Entstehung des *Glaubens* an den Auferstandenen, in dem die *Verkündigung* ihren Ursprung hat'. Das wird freilich so nicht gehen: die Entstehung des Glaubens an den Auferstandenen kommt zustande durch dessen geschichtliche Erscheinung." Bultmann redet zwar von der „Selbstbekundung des Auferstandenen", aber diese Formulierung ist eine Grenzaussage, die zweideutig bleibt, zudem durch andere Formulierungen („Dieses Wort ist es also, das zum Kreuz ,hinzukommt'": Bultmann)[23] ersetzt werden kann, so daß Barth urteilt: „Die ,Selbstkundgabe' des ,Auferstandenen' spielt sich in ihnen [den Jüngern] selbst und nur in ihnen ab. Es geschah *nichts* zwischen ihm und ihnen; es kam *nicht* zu einer neuen und in ihrer Neuheit entscheidenden und grundlegenden Begegnung zwischen ihm und ihnen, in der dann ihr Glaube entstanden wäre." Damit trifft Barth genau den Punkt, der in Bultmanns Auferstehungsverständnis unklar bleibt: *die Unterscheidung zwischen dem Auferstandenen als Glaubensgrund* einerseits *und der Entstehung des Osterglaubens in den Jüngern* andererseits. Stellt man eine gewisse Verzeichnung Bultmanns durch Barth in Rechnung (nach Bultmann begründet Ostern entscheidend das „Wort vom Kreuz", die Verkündigung, in der sich das Kreuz als Heilsgeschehen weitervollzieht und vollendet), gesteht man also zu, daß Barth den *kerygma*-theologischen Aspekt im Auferstehungsverständnis Bultmanns zu wenig beachtet, so trifft doch Barth insofern den entscheidenden Punkt, als er sagt: „Er, Jesus selber, ist in dieser Geschichte und Zeit faktisch nur im Glauben seiner Jünger auf dem Plan . . . Nur *sie* waren in dieser Zeit. *Er* war es nicht . . . Jesus selber war eben *nicht* auferstanden. In seinem einfältigen Sinn ist dieser Satz nicht zu halten." Die Wirklichkeit der Auferstehung Jesu ist für Bultmann *identisch* (!) mit der Entstehung des Osterkerygmas und des Osterglaubens. Damit verschiebt sich aber die Wirklichkeit der Auferstehung von einem *Geschehen an dem gekreuzigten Jesus* zu einem *Geschehen an der Existenz der Jünger*. Der auferstandene Herr und der Glaube der Jünger, die Auferstehung als der Grund des Glaubens und der Glaube als die Folge der Auferstehung drohen bei Bultmann ineinander zu fallen, so daß die Konturen verschwimmen und beides seine Eindeutigkeit verliert.
Barth sagt deshalb: „Wir rechnen hier damit, daß gerade das Gegenteil richtig ist: Der Satz gilt gerade in seinem einfältigen Sinn, und so und nicht anders ist er der Zentralsatz des ganzen neutestamentlichen Zeugnisses. Also: Jesus selber *ist* auferstanden und seinen Jüngern erschienen, und dies ist der Inhalt der Ostergeschichte."

---

[23] R. Bultmann: Neues Testament und Mythologie, in Kerygma und Mythos I. S. 47, 5. A. 1967.

II. Der Text
K. Barth: „Die Interpretation der Auferstehung durch R. Bultmann".

R. Bultmann „entmythologisiert" das Osterereignis, indem er es interpretiert als „die Entstehung des *Glaubens* an den Auferstandenen, in dem die *Verkündigung* ihren Ursprung hat". Das wird freilich so nicht gehen: die Entstehung des Glaubens an den Auferstandenen kommt zustande durch dessen geschichtliche Erscheinung, und diese als solche, nicht die Entstehung des Glaubens an ihn ist das Osterereignis. Aber Bultmann gibt sich ja offen Rechenschaft darüber, daß die neutestamentlichen Zeugen selbst es anders gesagt haben als er. Und man muß zum Ruhm seiner Darstellung sagen, daß sie jedenfalls die zentrale, die unentbehrliche Funktion des Osterereignisses für das neutestamentliche Denken und Reden nachdrücklich ans Licht gestellt hat. ...

Wir hörten: sie [die Auferstehung Jesu] ist für Bultmann „die Entstehung des *Glaubens* an den Auferstandenen" — das und *nur* das. „Kann die Rede von der *Auferstehung* Christi etwas Anderes sein als der Ausdruck der Bedeutsamkeit des *Kreuzes?* Besagt sie etwas Anderes als dieses, daß der Kreuzestod Jesu nicht als ein menschliches Sterben ins Auge gefaßt werden soll, sondern als das befreiende Gericht Gottes über die Welt, das Gericht Gottes, das als solches den Tod entmächtigt?" Als *Aufleuchten der Bedeutsamkeit* des Kreuzes Christi ist sie freilich (mit diesem letzten Akt des eigentlichen *Christus*geschehens zusammen), die „Tat Gottes", die den Glauben, die Verkündigung, die Kirche begründet — Bultmann kann auch sagen: „die Selbstbekundung des Auferstandenen" — und so das „eschatologische Heilsgeschehen": aber eben diese *Bedeutsamkeit* des Kreuzes ist im Unterschied zu diesem selbst nicht *in der Zeit,* sondern *jenseits* der Zeit zu suchen. Zu diesem eschatologischen Geschehen gehören außer dem Kreuz und der so verstandenen Auferstehung Jesu auch: „das dem Osterereignis entsprungene Wort der *Verkündigung",* die *Kirche,* „in der das Wort weiterverkündigt wird und innerhalb derer sich die Glaubenden als die ‚Heiligen', d. h. als die in die eschatologische Existenz Versetzten sammeln", die *Sakramente* und vor allem: der „*konkrete Lebensvollzug*" der Glaubenden, ihre Teilhabe an Christi Kreuz und Auferstehen, in welchem sie in ihrem Verhältnis zu Sünde und Welt mit ihm sterben, um fortan in „kämpfender Freiheit" mit ihm zu leben. Das Alles nämlich, sofern dabei allerhand *zeitliches* Geschehen objektiv — und für den Glauben dann auch subjektiv — überzeitlichen Inhalt und Charakter hat. „Eschatologisch" nennt Bultmann nämlich ein solches zeitliches und historisch feststellbares Geschehen, das zugleich eine nur dem Glauben erkennbare überzeitliche Bedeutung hat. Also eben: Kreuzestod Jesu, der Glaube der ersten Jünger, ihre Verkündigung, die Gemeinde, die Sakramente, das Leben in der Nachfolge Jesu. Was aber nach Bultmann *nicht* zu diesem eschatologischen Geschehen gehört, was vielmehr als „mirakulöses Naturereignis", als „beglaubigendes Mirakel" der durchgreifenden „Entmythologisierung" des Neuen Testamentes verfallen, d. h. was als irrtümlich „objektivierender Vorstellungsgehalt" des christlichen Existenzverständnisses in dessen Wirklichkeit zurückinterpretiert werden muß, weil es als zeit- und raumerfüllendes Ereignis nicht verstanden und also auch nicht in seinem überzeitlichen Inhalt und Charakter erkannt werden kann — das ist das angebliche „objektive Faktum" der Lebendigmachung und des Lebendigseins des am Kreuz gestorbenen Menschen Jesus, die Rückkehr dieses Toten in das diesseitige Leben in den vierzig Tagen. Es kann ein „Osterereignis" in diesem Sinn nur als der durch das mythische Weltbild jener Zeit bedingte und geformte Vorstellungsgehalt des urchristlichen Osterglaubens gewürdigt werden, der für uns, die wir jenes Weltbild längst nicht mehr haben, nicht mehr maßgebend sein kann. Das *wirkliche Osterereignis* im Zusammenhang jenes eschatologischen Geschehens ist die durch kein zeitliches Geschehen, sondern allein durch die überhistorisch-überzeitliche Tat Gottes begründete Entstehung des Osterglaubens der ersten Jünger. Dem Osterglauben der späteren Kirche und unserem Osterglauben *bedeutet* sie jedenfalls eine Tat Gottes: „die Tat Gottes, in der sich das Heilsgeschehen des Kreuzes vollendet". Wobei Bultmann sich bewußt ist, daß er mit diesem Begriff die Grenze mythischer Rede selber schon streift oder überschreitet, worüber er sich aber zu trösten weiß mit der Erwägung, daß das jedenfalls nicht mehr „Mythologie im alten Sinne" sei, weil es kein „mirakelhaftes supranaturales Geschehen" sei, was damit bezeichnet werde, sondern „ein geschichtliches Geschehen im Raum und in der Zeit".

... Die Ostergeschichte ist dann nur die erste Glaubensgeschichte und die Osterzeit nur die erste Glaubenszeit. Und die Erinnerung an diese Geschichte und Zeit ist dann nur insofern eine Erinnerung an Jesus selber, als es diese Geschichte und Zeit war, in der die ersten Jünger über ihre Auffassung von ihm und insbesondere von seinem Tode mit sich ins Reine kamen, in der sie das allerdings in einer durch das mythische Weltbild ihrer Zeit aufs Schwerste belasteten und darum für uns unverbindlichen und praktisch unannehmbaren Weise getan haben. *Er,* Jesus selber, ist in dieser Geschichte und Zeit faktisch *nur* im Glauben seiner Jünger auf dem Plan. Die „Selbstkundgabe" des „Auferstandenen" spielt sich in ihnen selbst und *nur* in ihnen ab. Es geschah *nichts* zwischen ihm und ihnen; es kam *nicht* zu einer neuen und in ihrer Neuheit entscheidenden und grundlegenden Begegnung zwischen ihm und ihnen, in der dann ihr Glaube entstanden wäre. Nur *sie* waren in dieser Zeit. *Er war es nicht.*

Sie waren allein — gewiß mit ihrem auf einmal (was dann „bedeuten" mag: durch die „Tat Gottes") entstandenen Glauben, mit ihrem auf einmal möglichen und wirklichen Durchschauen des Geheimnisses des Kreuzes — aber *allein.* Ihr Glaube hatte keinen von seiner eigenen Wirklichkeit verschiedenen Gegenstand, keinen Grund, durch den er als Glaube allererst begründet gewesen wäre. Er stand souverän auf sich selber. Die „Tat Gottes" war identisch damit, daß sie glaubten. Und daß es geschah, daß sie glaubten, das ist der wirkliche Inhalt der Ostergeschichte, der Osterzeit, das der Inhalt der christlichen Verkündigung, der Existenzgrund der Kirche und der Sakramente. Jesus selber war eben *nicht* auferstanden. In seinem einfältigen, über das Alles hinausführenden Sinn ist dieser Satz nicht zu halten.

Wir rechnen hier damit, daß gerade das Gegenteil richtig ist: Der Satz gilt gerade in seinem einfältigen Sinn, und so und nicht anders ist er der Zentralsatz des ganzen neutestamentlichen Zeugnisses. Also: Jesus selber *ist* auferstanden und seinen Jüngern erschienen und dies ist der Inhalt der Ostergeschichte, der Osterzeit, des christlichen Glaubens und der christlichen Verkündigung damals und zu allen Zeiten, dies der Existenzgrund der Kirche und ihrer Sakramente, dies — wenn man es so nennen will — das „eschatologische Geschehen" in seiner offenbaren, in der österlichen Gestalt, dies die Tat Gottes — in der Gott in der Herrlichkeit seines fleischgewordenen Wortes zunächst dem Unglauben, dann, in dessen Überwindung dem Glauben der Jünger *gegenüber*trat, so daß sie mit ihrem Glauben nicht allein waren, so daß ihr Glaube durch ihn, in diesem Gegenüber, begründet, geweckt, geschaffen wurde — ihr *Glaube,* der nun doch erst *sekundär* darin bestand, daß sich Jesu Sterben und Auferstehen auch in ihrem Leben nachbildete, gewissermaßen abschattete — *primär* aber darin, daß sie sich für solche halten und als solche verhalten durften, *für die* Jesus gestorben und auferstanden war. *Er selbst für sie!* Darum sind Jesus und seine Jünger im Osterereignis nicht einerlei, sondern zweierlei. Er selbst war mit ihnen in der Zeit: nun auch so, nun auch in *dieser* Zeit, *jenseits* der abgelaufenen Zeit seines Lebens von seiner Geburt bis zu seinem Tode, nun auch in dieser Offenbarungszeit. *Das* ist es, was damals geschehen ist. Wir meinen, daß man den Texten des Neuen Testamentes höchste Gewalt antun muß, um es anders, um es so wie Bultmann zu sagen. — Aber wir wollen uns der Pflicht nicht entziehen, über diese Feststellung hinaus kurz zu erklären, warum wir uns durch Bultmanns Darlegung nicht für überzeugt halten können.

Bultmann ist Exeget. Aber ich denke nicht, daß man exegetisch mit ihm diskutieren kann, weil er zugleich ein Systematiker von solchem Format ist, daß es wohl kaum einen Text geben dürfte, in dessen Behandlung nicht sofort gewisse Axiome [Grundvoraussetzungen] seines Denkens so beherrschend sichtbar werden, daß an der Frage ihrer Gültigkeit schlechterdings Alles sich entscheidet. Ich versuche im Folgenden eine Stellungnahme zu den in diesem Zusammenhang wichtigsten seiner Axiome:

1. Ist es wahr, daß man einen theologischen Satz dann und nur dann als gültig bejahen kann, wenn er sich als ein echter Bestandteil des christlichen Verständnisses der *menschlichen Existenz* ausweisen kann? Bultmann verwirft den Satz, daß die Auferstehung Jesu in der Zeit und im Raume geschehen sei, darum, weil er dieses Postulat nicht erfüllt. Er erfüllt es in der Tat nicht. Gottes Handeln erscheint ja da „in unverständlicher Weise verflochten mit einem Naturgeschehen". Die sämtlichen Hauptsätze des christlichen Bekenntnisses erfüllen dieses Postulat auch nicht. Sie beziehen sich wohl alle auf die menschliche Existenz. Sie ermöglichen und begründen

deren christliches Verständnis, und so werden sie denn — abgewandelt — auch zu Bestimmungen der menschlichen Existenz. Sie sind es aber nicht von Haus aus.

Sie bestimmen von Haus aus das Sein und Handeln des vom Menschen *verschiedenen*, des dem Menschen *begegnenden* Gottes: des Vaters, des Sohnes, des Heiligen Geistes. Sie sind schon darum nicht auf Sätze über das innere Leben des Menschen zu reduzieren. Und sie sind schon darum auch voll „Natur", voll Kosmos. So auch der Satz von der Auferstehung Jesu Christi von den Toten. Die anthropologische Enge, in die Bultmann die systematische und mit ihr leider auch die exegetische Theologie verweist, ist ein Erbe von W. Herrmann und weiterhinauf von Albr. Ritschl und Schleiermacher — ein Erbe, das man mit guten Gründen auch ausschlagen kann, um dann auch gegen die Auferstehung Jesu jedenfalls von hier aus keinen grundsätzlichen Einwand haben zu müssen.

2. Ist es wahr, daß man ein angeblich in der Zeit geschehenes Ereignis dann und nur dann als wirklich geschehen anerkennen kann, wenn man in der Lage ist, nachzuweisen, daß es ein „historisches Faktum" ist? — „historisch", d. h. feststellbar mit den Mitteln und Methoden und vor allem auch unter den stillschweigenden Voraussetzungen der modernen historischen Wissenschaft? Dies ist Bultmanns Meinung. Er verwirft also den Bericht über die Geschichte der vierzig Tage, weil er ihren Inhalt, soweit es sich um den lebendigen Jesus und nicht nur um die an ihn glaubenden Jünger handelt, nicht unter die „historischen Fakta" in diesem begrenzten Sinn des Begriffs einzureihen vermag. Er hat darin ganz recht: niemand vermag das. Er hat aber darin nicht recht, er macht damit einen unerlaubten Sprung, wenn er folgert, daß das Berichtete aus diesem Grund nicht *geschehen* sei. Kann sich nicht auch *solche* Geschichte wirklich ereignet haben, und kann es nicht eine legitime Anerkennung auch *solcher* Geschichte geben, die „historisches Faktum" zu nennen man schon aus Gründen des guten Geschmacks unterlassen wird, die der „Historiker" im modernen Sinn des Begriffs gut und gerne „Sage" oder „Legende" nennen mag, weil sie sich den Mitteln und Methoden samt den stillschweigenden Voraussetzungen dieses Historikers in der Tat entzieht? Es hängt mit dem Sachgehalt der Bibel zusammen, daß sie zwar ein großer zusammenhängender Geschichtsbericht und nun doch von Anfang bis zu Ende voll ist von Berichten gerade über *solche* Geschichte, während sie verhältnismäßig sehr wenig „Historie" enthält. . . . Die Ostergeschichte ist es fast ganz: mit einem schmalen „historischen" Rand. Warum soll sie darum nicht geschehen sein? Es beruht auf einem Aberglauben, daß nur das „historisch" Feststellbare wirklich in der Zeit geschehen sein könne. Es könnte Ereignisse geben, die viel sicherer wirklich in der Zeit geschehen sind als alles, was die „Historiker" als solche feststellen können. Wir haben Gründe, anzunehmen, daß zu diesen Ereignissen vor allem die Geschichte von der Auferstehung Jesu gehört. „Sie ist kein historisches Phänomen in dem Sinne der Weltgeschichte; sie ist aber ein geschichtliches Phänomen in dem

Sinne, daß sie sich in der Geschichte verwirklicht." Bultmann sagt das von der Kirche. Eben das ist — in eminentem Sinn — von der Auferstehung Jesu zu sagen.

3. Ist es wahr, daß die *Feststellung* des wirklichen Geschehenseins einer solchen kraft ihres Inhalts der „historischen" Feststellung unzugänglichen — sagen wir es denn: einer solchen sagen- oder legendenhaften Geschichte nur den Charakter des „blinden Akzeptierens" eines Mythologumens und also den Charakter eines Willküraktes, einer Erniedrigung des Glaubens zum Werk, eines abgezwungenen, unwahrhaftigen sacrificium intellectus [Preisgabe des Denkens] haben könne? So verklagt Bultmann — hier unter ausdrücklicher Beschwörung des Schattens von W. Herrmann — die, die zum wirklichen Geschehensein der Auferstehung Jesu nun dennoch Ja sagen. Muß man sich das gefallen lassen? Woher soll es denn ausgemacht sein, daß die Botschaft vom auferstandenen Christus durchaus das finstere Gesicht eines Glaubensgesetzes haben müsse, dem man sich, wenn überhaupt, dann nur in einer Art von intellektuellem Krampf unterwerfen könne?

Im Neuen Testament selbst jedenfalls hat sie den Charakter einer Freudenbotschaft, der man Glauben schenken *darf*: den Glauben sogar, den man gerade ihr selbst zu *verdanken* sich bewußt ist und das wirklich nicht nur darum, weil sie den Leuten damals — des allgemein herrschenden mythischen Weltbildes wegen — angeblich so viel leichter einging als uns Heutigen. Reichlich „unglaubwürdig" scheint die Osterbotschaft ja doch schon damals nicht nur den Gebildeten auf dem Areopag, sondern schon den ersten Jüngern selbst erschienen zu sein. Es ist nicht abzusehen, warum sie nicht auch heute in Freiheit und Freude bejaht werden könnte. Wo sie anders denn als eine Sache der Freiheit und der Freude ausgerichtet wird, da wird sie eben falsch ausgerichtet. Das ist dann; aber noch lange kein Grund, sie als eine Sache, die nur unter unwürdigem Gewissenszwang bejaht werden könne, zu verneinen.

4. Ist es wahr, daß es ein „unwiderruflich durch die Wissenschaft geformtes" modernes Denken, ein *modernes Weltbild* gibt, das dem „mythischen" in der Weise entgegengesetzt und überlegen wäre, daß es uns in Sachen unseres Ja und Nein gegenüber den konkreten Inhalten der Bibel zum vornherein und unbedingt zu binden und zu verpflichten vermöchte? Wieder vertritt hier Bultmann die wohlbekannte, die reichlich humorlose Marburger Tradition, laut derer das erste Gebot der Wahrhaftigkeit unweigerlich darin bestünde, daß man sich in dieser Hinsicht nur ja keine Freiheiten erlauben dürfe. „Man kann nicht elektrisches Licht und Radioapparat benützen, in Krankheitsfällen moderne medizinische und klinische Mittel in Anspruch nehmen und gleichzeitig an die Geister- und Wunderwelt des Neuen Testamentes glauben." Wen schauderte da nicht? Aber wenn nun das moderne Weltbild in Wirklichkeit gar nicht so abgeschlossen, das moderne Denken so einheitlich gar nicht wäre, wie man es uns einst unter der Diktatur der Marburger Kant-Schule glauben machen wollte? Welche

111

Kritik am Neuen Testament erwächst nun eigentlich mit *Notwendigkeit* „aus der Situation des modernen Menschen"? Und vor allem: wenn es nun unter bestimmten Voraussetzungen auch für diese und jene Radiobenützer usf. ein Gebot der Wahrhaftigkeit gäbe, das für sie bei allem Respekt vor den Errungenschaften der Neuzeit *noch* zwingender wäre als das, sich den Forderungen des neuzeitlichen common sense unter allen und jeden Umständen zu unterziehen? Wenn sie nun eben — nicht zu einer fides implicita gegenüber irgend einer „Geister- und Wunderwelt", wohl aber zum Glauben an den von den Toten auferstandenen Jesus Christus in heiterer Freiheit rein faktisch Ja sagen dürften, gar nicht anders können, als eben dazu Ja zu sagen?

5. Ist es wahr, daß man einen Satz heute schon darum zu verneinen hat, weil er — oder so etwas Ähnliches wie er — auch im *mythischen Weltbild* der Vergangenheit seine Möglichkeit und seinen Ort hatte? Ist es wahr, daß er schon darum für uns nicht wahr sein kann? Ist es nicht eine Art von Katastrophenpolitik, wenn Bultmann uns zumutet, jenes mythische Weltbild entweder ganz oder dann eben gar nicht zu akzeptieren, als ob die Christenheit überhaupt den Auftrag hätte, Weltbilder zu akzeptieren oder zu verwerfen! Als ob sie hinsichtlich der verschiedenen Weltbilder nicht aus guten Gründen immer eklektisch gewesen wäre! Wir brauchen uns wirklich nicht auf jenes mythische Weltbild festzulegen.
Man sollte aber auch nicht verkennen, daß jenes mythische Weltbild Elemente enthielt, von denen die urchristliche Gemeinde, indem sie von Jesus Christus zu zeugen hatte, mit Bedacht und mit gutem Recht Gebrauch machte, während sie in dem, was wir als unser modernes Weltbild zu kennen meinen, mit Unrecht verschwunden oder doch zurückgetreten sind, so daß wir allen Anlaß haben, in bestimmten Zusammenhängen mit bestem Gewissen „mythisch" zu reden, weil wir sonst, wenn wir uns allzu gründlich „entmythologisieren" würden, gerade von Jesus Christus nicht mehr zeugen könnten. Indem Bultmann z. B. den Zusammenhang zwischen Sünde und Tod, den Begriff der Stellvertretung, die Beziehung zwischen Tod und Auferstehung als besonders störende und für uns „erledigte" Elemente jenes mythischen Weltbildes bezeichnet, dürfte er doch selbst ein Beispiel dafür sein, wie man einem allzu schneidigen Fertigsein mit dem Ganzen jenes mythischen Weltbildes als Theologe richtig zum Opfer fallen kann. Die „Entstehung des Osterglaubens" in den ersten Jüngern ist eine gute Sache. Man sollte uns aber nicht einreden wollen, daß das Zeugnis von dieser Sache das abhanden gekommene „mythische" Zeugnis von dem von den Toten auferstandenen Jesus Christus in angemessener Weise ersetzen könne!
Ich meine damit die entscheidenden Gründe genannt zu haben, weshalb und in welchem Sinn wir *trotz* Bultmann dabei bleiben müssen, die Auferstehung Jesu und seine Erscheinung als Auferstandener unter seinen Jüngern als eine wirkliche, zu ihrer besonderen *Zeit* geschehene *Geschichte* zu verstehen.

K. Barth
Der Richter als der an unserer Stelle Gerichtete

I. Die Einführung
Im ersten grundlegenden Teil seiner Versöhnungslehre beschreibt K. Barth unter dem Thema: „Der Herr als Knecht" *die Geschichte der Erniedrigung des Sohnes Gottes.*

Jesus Christus ist — so lautet die grundlegende These K. *Barths* — als wahrer Gott und wahrer Mensch das, was er tut; sein Sein ist seine Geschichte. Barth beschreibt also nicht zunächst abstrakt die zwei Naturen Christi (göttliche und menschliche Natur), nicht zunächst ein ruhendes Sein des Gottessohnes, um dann erst zu der Darstellung seines Wirkens und Amtes überzugehen. Nein: *Jesu Gottessohnschaft ist Ereignis in seiner Erniedrigung,* in seinem Sterben am Kreuz. Was über das göttliche und das menschliche Sein und Wesen Jesu Christi dann in der Tat zu sagen ist, kann nur die nachträgliche Deutung dieses Geschehens der Erniedrigung des Sohnes Gottes im Kreuz, nur die nachträgliche Entfaltung dieser einen gott-menschlichen Aktion sein. „So, in dieser Herablassung, ist er der ewige Sohn des ewigen Vaters[24]." Jesus Christus ist somit, was er tut; *sein Sein ist seine Geschichte.*

1. Die Erniedrigung des Sohnes Gottes:
Die Versöhnung ist die *Geschichte der Erniedrigung Gottes in Jesus Christus,* in der er sich als Gott nicht aufgibt, sondern gerade sein wahres Gottsein erweist. Barth entwickelt also nicht abstrakt und vorgängig einen Begriff von Gott, sondern erklärt durchgehend: In diesem Versöhnungsgeschehen, in dieser Geschichte Jesu Christi offenbart sich erst, wer Gott in Wahrheit ist. Wenn der Sohn Gottes in die Fremde geht, wenn er sich selbst erniedrigt, dann offenbart er gerade darin, wer Gott ist. Indem sich Gott in dem Gekreuzigten offenbart, indem er das Kreuz zur Stätte seiner Offenbarung wählt, ist deutlich: Gott kann niedrig sein; er kann, ohne sein Gottsein aufzugeben, die „Gestalt des Knechtes" annehmen. Ja gerade so bewährt und offenbart Gott sein wahres Gottsein. *Das Kreuz ist für Barth kein Selbstwiderspruch Gottes, vielmehr die tiefste und eigentlichste Bewährung seiner Gottheit.* Denn: „Wer Gott und was göttlich ist, das haben wir da zu lernen, wo Gott sich selbst und damit auch seine Natur, das Wesen des Göttlichen, offenbart hat. Und wenn er sich nun in Jesus Christus als der Gott offenbart hat, der solches tut, dann kann es nicht an uns sein, weiser sein zu wollen als er und zu behaupten, daß Solches mit dem göttlichen Wesen in Widerspruch stehe[25]."

Dieser Weg in die Fremde und Niedrigkeit, der der göttlichen Natur ganz entspricht, geschieht zugleich in der Freiheit der Liebe Gottes, geschieht „in wunderbar konsequenter letzter Fortsetzung eben der Geschichte, in der er Gott ist[26]." Barth geht es also entscheidend um die Frage, ob Gott sich im Tod am Kreuz verloren hat, um dann zu antworten, „daß Gott vielmehr in solcher Erniedrigung aufs höchste Gott, in diesem Tode aufs höchste lebendig war, daß er seine Gottheit gerade in der Passion dieses Menschen als seines ewigen Sohnes eigentlich bewährt und offenbar gemacht hat[27]."

2. Der Richter als der Gerichtete:
Indem Gott sich in Jesus Christus erniedrigt, indem der Sohn Gottes den Weg

[24] K. Barth: Kirchliche Dogmatik (KD), IV, 1, S. 141.
[25] K. Barth: Kirchliche Dogmatik (KD), IV, 1, S. 203.
[26] K. Barth: Kirchliche Dogmatik (KD), IV, 1, S. 223.
[27] K. Barth: Kirchliche Dogmatik (KD), IV, 1, S. 271.

in die Fremde geht, tritt der *Richter an die Stelle der Gerichteten* und stellt die gebrochene Ordnung des Bundes wieder her. Indem Jesus Christus den Ort und die Stelle der sündigen Menschen einnimmt, macht er sich ihre verlorene Lage zu eigen und erweist sich darin als „Gott für uns". Es tritt so der Richter der Menschen an die Stelle der Sünder: der Richter wird zum Gerichteten. Jesus Christus ist so für uns, daß er an unserer Stelle gelitten hat, gekreuzigt wurde und gestorben ist. Eben damit hat er aber mit uns als Sündern und mit der Sünde in seiner Person Schluß gemacht. So geschieht in diesem Leiden und Sterben die Versöhnung der Gott widersprechenden und widerstehenden Welt. „Wir dürfen und müssen jetzt den entscheidenden Satz aussprechen: Es geschah da, daß der Sohn Gottes das gerechte Gericht über uns Menschen damit vollstreckte, daß er selbst als Mensch *an unsere Stelle* trat und an unserer Stelle *das Gericht*, dem wir verfallen waren, *über sich selbst* ergehen ließ. Dazu trat und war er unter uns. So, in solchem ,für uns' war er als unser Richter gegen uns[28]."

3. *Die Versöhnung als die Erfüllung des Bundes:*
Die Versöhnung in Jesus Christus ist die von Gott selbst vollzogene *Erfüllung seines Bundes mit Israel und der ganzen Menschheit.* Die Versöhnung ist nach Barth nämlich nicht nur Gottes Reaktion auf den „Zwischenfall der Sünde", sondern der *Vollzug des ursprünglichen Bundeswillens Gottes,* der allerdings um der Sünde der Menschen willen die Gestalt der Versöhnung angenommen hat. Die Geschichte Jesu Christi läßt sich also nach Barth nur im Zusammenhang mit der Erwählung und Selbstbestimmung Gottes in Christus zur Gemeinschaft mit dem Menschen, nur von Gottes Gnadenwahl her verstehen. Hat also die Versöhnung den Bund zur Voraussetzung, ist also die Versöhnung der Welt in Christus die Erfüllung und Behauptung dieses Bundes, so gilt dies nicht im Sinne einer an das Christusgeschehen eigenmächtig herangetragenen Voraussetzung. Vielmehr ist dies ebenfalls aus dem Christusgeschehen selbst zu erheben und hat den Sinn, *die Versöhnung in Christus jeder Zufälligkeit und Willkürlichkeit zu entkleiden* und sie als Gottes ursprüngliche Absicht und als seinen Ur- und Grundwillen, mit dem Geschöpf in Gemeinschaft zu sein, herauszustellen. Die Versöhnung ist somit Aktion Gottes, nicht lediglich Reaktion bzw. Reparatur des Sündenfalls oder Wiederherstellung des alten Zustandes. Die Versöhnung ist vielmehr die Durchführung der ursprünglich von Gott gewollten Partnerschaft mit dem Menschen, das *Werk der durchhaltenden Treue Gottes.*

II. Der Text
K. Barth: „Der Richter als der an unserer Stelle Gerichtete."

Daß Jesus Christus wahrer Gott ist, erweist sich in seinem Weg in die Fremde, in der er, der Herr, zum Knecht wurde. Denn es geschah in der Herrlichkeit des wahren Gottes, daß der ewige Sohn seinem ewigen Vater darin gehorsam wurde, daß er sich selbst dazu hergab und erniedrigte, des Menschen Bruder zu werden, sich neben ihn, den Übertreter zu stellen, ihn damit zu richten, daß er sich selbst an seiner Stelle richten und in den Tod geben ließ. Gott der Vater aber hat ihn von den Toten erweckt und sein Leiden und Sterben eben damit als die für uns, als unsere Umkehrung

[28] K. Barth: Kirchliche Dogmatik, (KD), IV, 1, S. 244.

*zu ihm hin, vollbrachte Rechtstat und so als unsere Errettung vom Tode
zum Leben anerkannt und in Kraft gesetzt.*

. . .

Was aber geschah da? Wir dürfen und müssen jetzt den entscheidenden
Satz aussprechen: Es geschah da, daß der Sohn Gottes das gerechte Gericht
über uns Menschen damit vollstreckte, daß er selbst als Mensch *an unsere
Stelle* trat und an unserer Stelle *das Gericht,* dem wir verfallen waren, *über
sich selbst* ergehen ließ. Dazu trat und war er unter uns. So, in solchem
„*für uns*" war er als unser Richter gegen uns. Das geschah, als uns die
göttliche Anklage in seiner Gegenwart im Fleisch gewissermaßen auf den
Leib rückte. Das geschah, als uns die göttliche Verurteilung durch diesen
unseren Mitmenschen gewissermaßen Auge in Auge widerfahren mußte.
Und das geschah, als es dann auf Grund der göttlichen Anklage und Verurteilung zum Treffen kommen mußte: zu unserem Verlorengehen nämlich, zu unserem Verderben, zu unserem Absturz in das Nichtige, zu unserem Tode. Es geschah uns das Alles Punkt für Punkt, wie es uns geschehen
mußte — aber nun, denn so wollte Gott sein Gericht in seinem Sohn an
uns vollziehen — in seiner Person, als *ihn* treffende Anklage, Verurteilung
und Tötung. Er richtete — und es war der *Richter,* der da gerichtet wurde,
sich selber richten ließ! Weil er ein *Mensch* war wie wir, darum war er
in der Lage, als Mensch gerichtet zu werden, wie es *uns* zukam! Weil er
Gottes Sohn und selbst Gott war, darum hatte er die Kompetenz und
Macht, sich das an unserer Stelle widerfahren zu lassen! Weil er der in
unsere Mitte getretene göttliche *Richter* war, darum hatte er die Autorität,
eben damit — in dieser seiner Selbsthingabe ins Gericht an unserer Stelle —
die göttliche Justiz der Gnade zu üben, uns auf Grund dessen, was ihm
an unserer Stelle widerfuhr, in Wahrheit gerecht und also von Anklage,
Verurteilung und Strafe freizusprechen, uns aus dem uns drohenden
Verlorengehen und Verderben zu erretten! Und weil er sich in göttlicher
Freiheit auf dem Wege des *Gehorsams* befand, darum weigerte er sich
nicht, in solcher Hingabe den Willen seines Vaters seinen eigenen sein zu
lassen. Es *geschah,* indem er solches für uns tat, indem er — „auf daß alle
Gerechtigkeit erfüllt werde" — unsere Anklage, unsere Verurteilung, unsere
Strafe auf sich nahm, an unserer Stelle und für uns erlitt, unsere *Versöhnung* mit Gott. Cur deus homo? [Warum mußte Gott Mensch werden?]
Damit Gott als Mensch solches für uns, die Unrechttäter, tue, leiste, voll-
bringe, vollende, damit es so durch ihn selbst zu unserer Versöhnung mit
ihm, zu unserer Umkehr zu ihm hin komme.

Es geschah, haben wir nun gesagt: wie man es eben sagt, wenn man eine
an bestimmtem Ort zu bestimmter Zeit in der Welt geschehene *Geschichte*
erzählt. Es bleibt, wenn man hier weiterdenken und im einzelnen verstehen
will, tatsächlich nichts übrig, als sich das einfach in der Weise der Erzählung von so geschehener Geschichte (um solche handelt es sich!) — erzählen,
als objektiv geschehen, vorhalten zu lassen. Dort, damals, in der Existenz
des Menschen Jesus von Nazareth, der Gottes Sohn war, geschah es, daß
in der königlichen Freiheit des gerade in seiner Treue und Barmherzigkeit

heiligen und gerechten Gottes dies Ereignis wurde. Dort und damals geschah das wunderliche Gericht, in dem es zu des Menschen, des Unrechttäters, Freispruch und Errettung gekommen ist — zur Ermöglichung dessen, gegen dessen Möglichkeit alles zu sprechen scheint. Seine *Verwirklichung* war seine Ermöglichung. Und seine Verwirklichung geschah, indem Gott in Jesus Christus Mensch wurde, um an unserer Stelle, für uns, das zu tun! Sie geschah in *Ihm*, dem *Einen* und darum, nochmals: *dort* und *damals*, illic et tunc, *auch* in ihrer Bedeutsamkeit hic et nunc, *auch* für uns in unserem Hier und Heute. Sie kann und darf, gerade um in dieser ihrer Bedeutsamkeit erkannt, erklärt und verkündigt zu werden, nicht zugunsten dieser ihrer Bedeutsamkeit ignoriert und aufgelöst werden, in dieser verschwinden. Sie will und muß vielmehr aller Erwägung ihrer Bedeutsamkeit vorangehend, als das in solcher Bedeutsamkeit *Bedeutsame* und also als die damals und dort geschehene, erzählbare und zu erzählende Geschichte Jesu Christi für sich vernommen sein: So *geschah* es für uns. Denn daß es so für uns *geschah,* daran hängt es, daß es uns, als für uns geschehen, *bedeutsam* werde. Und daß es uns als so *geschehen* vor Augen stehe, daran hängt es, daß es uns in seiner Bedeutsamkeit *erkennbar* werde. Wo kein Bedeutsames ist und als solches erkannt wird, da ist auch keine Bedeutsamkeit und keine Erkenntnis einer solchen. Das Bedeutsame ist aber das in *Ihm*, in *Jesus Christus*, in diesem *Einen* Geschehene, *seine* Geschichte als solche. Sie *allein* ist der Grund zum Glauben, und ihre Verkündigung *allein* ist der Aufruf zum Glauben an jenes wunderliche Gericht, die Einladung und Nötigung, uns ihm zu unterwerfen. *Jesus Christus für uns,* dieses höchst „objektive" Geschehen ist das Wort von der Versöhnung, auf Grund dessen es einen Dienst der Versöhnung gibt.

. . .

Man sehe aber zu, daß man das strenge „für uns", um das es hier geht, auch sonst nicht umdeute in ein unsere Existenz mit der Jesu Christi verbindendes „mit uns", in welchem er dann doch bloß der Anfänger und Initiant dessen wäre, was sich auf derselben Ebene mit ihm auch in uns und durch uns, in seiner Nachfolge, in der Gemeinschaft mit ihm zu vollziehen hätte, als ob das unter seinem Namen zu verkündigende und zu glaubende Heilsereignis nun doch ein ihn und uns umgreifendes Geschehen wäre. Es ist wahr, daß Jesus Christus auch der uns exemplarisch vorangehende, uns den Weg zeigende Mitmensch ist, daß es auch eine Nachfolge Christi, eine Gemeinschaft mit ihm und insofern eine Existenz des Christen mit ihm gibt. Es ist ja wahr, daß das in ihm geschehene, in seinem Namen zu verkündigende und zu glaubende Heilsereignis ein umgreifendes, die christliche, ja in bestimmtem Sinn die menschliche Existenz überhaupt in sich begreifendes ist. Aber wenn man genau sehen, denken und reden will, nun doch gerade *kein* ihn und uns Andere umgreifendes, sondern das in *seiner* Existenz uns Andere umgreifende, mit in sich begreifende Heilsereignis. Er ist der uns exemplarisch vorangehende, uns den Weg weisende Mitmensch daraufhin und in Kraft dessen, daß er „für uns" ist: in einem „für uns", das sich mit keinem „mit uns" zur Deckung bringen läßt, durch das Alles hier in Frage kommende „mit uns" vielmehr — gewissermaßen von außen her — begründet sein, aus dem alle Nachfolge allererst ihren Sinn und ihre Kraft empfangen muß. Nachfolge, christliches Sein mit ihm beruht auf der Voraussetzung, kann nur von der Voraussetzung her vollzogen werden, daß Jesus Christus schon *in sich selbst für uns* ist: *ohne* daß wir mit ihm sind, ohne allen Nach- und Mitvollzugs seines Seins — im Gegenteil (Röm. 5, 6 f.): da wir noch Schwache, Gottlose, Feinde waren. Er *wird* also nicht erst „für uns", indem es bei uns zu irgendwelchen Nach- und Mitvollzügen kommt, sondern er *ist* „für uns", *unabhängig* von der Beantwortung der uns allerdings gestellten Frage nach solchem Mit- und Nachvollzug, in sich selber. Das Heilsereignis geschah dort, damals, *in Ihm,* und so *für uns. In Ihm,* als das damals und dort geschehene umgreift es uns, begründet es dann auch Gemeinschaft, ruft es dann auch nach Nachfolge, aber nicht so, daß es in unserem Gehorsam gegen diesen Ruf zum Heilsereignis erst *würde* oder in unserem Ungehorsam das Heilsereignis gar nicht *wäre,* sondern so, daß es uns zwar als das in Ihm für uns geschehene Heilsereignis immer wieder vor die Frage nach unserem Gehorsam oder Ungehorsam stellt, in sich selbst aber das für uns geschehene Heilsereignis *ist* und *bleibt,* wie auch unsere Antwort auf seine Frage lauten möge.

„*Jesus Christus für uns*" heißt: Jesus Christus ist als dieser eine wahre Mensch in der Autorität, Vollmacht und Kompetenz des einen wahren Gottes *an unsere,* an vieler Menschen *Stelle* getreten, um daselbst in Sachen unserer Versöhnung mit Gott und also zu unserer Errettung und zu unserem Heil, ohne unsere Mitwirkung, in unserer Vertretung, in unserem Namen und so gültig und kräftig für uns zu handeln. In dem Ereignis *seiner,* der evangelischen Geschichte, ist das geschehen, was uns erlaubt und gebietet, auch unsere Geschichte als Heils- und nicht als Unheilsgeschichte zu verstehen. Es ist in seiner Geschichte *vollständig,* abschließend, alle Notwendigkeit irgend einer Ergänzung ausschließend, geschehen. Es kann ihm also durch Alles, was in der Folge dessen, daß „Jesus Christus für uns" ist, weiter geschehen muß, nichts hinzugefügt werden. Es kann da nur um die Folge des in Ihm vollständig, keiner Ergänzung bedürftig, schon Geschehenen gehen. Es kann von dem Allem nur im Rückblick darauf geredet werden, daß dieser Eine als wahrer Mensch und wahrer Gottessohn gehandelt, und zwar in unserer *Vertretung,* in *unserem* Namen gehandelt, daß seine Fleischwerdung, sein Gehorsamsweg in die letzte Tiefe darin seinen Sinn gehabt und erfüllt hat, daß er eben das tun wollte und getan hat: sein *stellvertretendes* Handeln *für uns.*
. . .

Jesus Christus war und ist für uns, indem er an unserer Stelle *gelitten* hat, *gekreuzigt* wurde und *gestorben* ist. Das Christuszeugnis des Neuen Testamentes läuft auf der Linie, die wir hier verfolgen (in den Evangelien), diesem Satz entgegen, um (in der Apostelgeschichte und in den Episteln) von diesem Satz herzukommen. Das Tun des Herrn, der ein Knecht wurde, der Weg des Sohnes Gottes in die Fremde, seine Erscheinung im Fleische, seine Erniedrigung zielt auf das, wovon dieser Satz redet. Das Werk seines in Demut geleisteten Gehorsams ist in seiner Vollendung dieses Geschehen. Der Richter, der Israel und die Welt damit richtete, daß er sich selbst richten ließ, vollzieht dieses wunderliche Gericht als der Mann, der unter Pontius Pilatus gelitten hat, gekreuzigt wurde, gestorben ist und begraben wurde. Es ist klar, daß wir diesem Satz unsere ganz besondere Aufmerksamkeit zuwenden müssen.

Es geht jetzt, auf Grund der in unsern ersten Überlegungen aufgezeigten Voraussetzungen, um den eigentlichen Vollzug dessen, was Gott in Jesus Christus für uns tun sollte: um die *Passion Jesu Christi.* Wir werden zunächst allgemein hervorheben müssen, daß es sich in ihr (1) als Passion um eine Aktion, eine Tat, handelt. Daß das Subjekt der evangelischen Geschichte in ihr zum Objekt wurde, ändert nichts daran. Es geschah auch das und gerade das in der Freiheit dieses Subjektes. Jesus Christus selbst hat es nach dem einmütigen Zeugnis der Evangelien nicht nur gewußt, sondern auch gewollt, daß es so geschehen müsse. Das hebt seine Passion in der Reihe der sonstigen Passionen in der übrigen Weltgeschichte (die man ja im Blick auf das Meer von Tränen und Blut, als das sie sich immer wieder darstellt, sehr wohl als eine einzige Passionsgeschichte bezeichnen und auffassen kann) hervor, macht sie freilich auch sehr rätselhaft. Ein Opfer, das sich selbst opfert — und das ohne erkennbaren Sinn und Zweck! Aber eben um ein solches freies Sichopfern und insofern um eine Tat und nicht etwa um ein Schicksal handelt es sich in dieser Passion. Wir müssen erläuternd (2) hinzufügen: um eine auf Erden, im *Raum* und in der *Zeit* geschehene, mit dem Namen eines bestimmten *Menschen* unauflösbar verknüpfte Tat. Von leidenden und sterbenden Gottheiten weiß die Geschichte der religiösen und kultischen Spekulation auch sonst; die Ähnlichkeit mit diesen Gebilden drängt sich auf. Aber die Evangelien reden nicht von einer Passion, die sich ebensogut hier wie dort, damals wie zu anderer Zeit, in einem himmlischen oder in irgendwelchen imaginären Räumen und Zeiten zugetragen haben könnte, sondern sie verweisen auf einen ganz bestimmten, mit keinem anderen zu verwechselnden Punkt der Weltgeschichte und ihres irdischen Schauplatzes, nicht auf einen Durchgangspunkt im zyklischen, zeitlos-jederzeitigen Geschehen eines Mythos, sondern auf ein einmaliges Geschehen ohne Präzedenzfall und Wiederholung. Auf dieses nun allerdings (3) als auf eine Tat *Gottes,* die mit dem freien Tun und Leiden eines Menschen zusammenfällt, so aber, daß sich dieses menschliche Tun und Leiden als Aktion und also auch als Passion Gottes selbst darstellt und verstanden sein will, die als solche in ihrer ganzen geschichtlichen Einmaligkeit nicht nur eine allgemeine „Bedeutsamkeit" für alle Menschen aller Zeiten und Räume hat, durch die vielmehr deren Situation, ob sie es wissen oder nicht, objektiv entscheidend *verändert* ist. Wobei es selbstverständlich so sein muß, daß sich sowohl ihre Erkenntnis als Tat Gottes als auch die Erkenntnis dieser durch sie hervorgebrachten Veränderung der Weltsituation für jeden Menschen nur in der Entscheidung seines Glaubens vollziehen kann, in welchem diese Tat gerade ihm zum Wort, und zwar zum gehorsam vernommenen Wort Gottes wird — seines Glaubens, in welchem sich ihm die Passion Jesu Christi als gerade für ihn und eben damit dann als wirklich für die Welt geschehen bezeugt.

Verweilen wir zunächst noch ein wenig bei einem Versuch allgemeinen Verstehens.

Unübersehbar viele Menschen haben im Verlauf der menschlichen Geschichte Schweres und Schwerstes erlitten. Der Gedanke legt sich nahe, daß Viele doch sehr viel Schwereres länger und schmerzlicher erlitten haben möchten als jener Eine in der immerhin beschränkten Prozedur jenes einen Tages. Vielen, denen dabei von Menschen Leid geschah, geschah damit formal nicht geringeres, sondern wohl noch größeres Unrecht als ihm. Viele haben es gleich ihm willig auf sich genommen, solches zu leiden. Und Viele haben damit etwas getan, was nach ihrer Absicht oder rein tatsächlich auch für Andere, vielleicht für viele Andere bedeutsam wurde, was heilsam verändernd in ihr Leben eingriff. . . . Das gilt auch von der Passion Jesu von Nazareth, aber von ihr als einer menschlichen Passion doch nicht grundsätzlich anders als von anderen. Wenn sie den Skopus der evangelischen Erzählung und den Ausgangspunkt der evangelischen Verkündigung bildet, so ist es nicht die Meinung des Neuen Testamentes, so ist es auch nie ernstlich die Meinung der sich selbst vom Neuen Testament her verstehenden Kirche gewesen: daß es sich in dieser *menschlichen* Passion als solcher um ein grundsätzlich einzigartiges Geschehen gehandelt habe. Was auf dieser Linie — zur Hervorhebung dieser menschlichen Passion vor anderen — zu sehen und zu sagen ist, mag an sich bemerkenswert sein, kann uns aber zum Verständnis dessen, worum es in diesem Geschehen geht, keinen Schritt weiterhelfen. Wir haben darum schon vorhin Punkt für Punkt über diese Linie hinausdeuten müssen.

Das Geheimnis dieser Passion, der damals und dort durch die Hand der Römer geschehenen Peinigung, Kreuzigung und Tötung dieses einen Juden ist die Person und die Sendung dessen, der da leidet, gekreuzigt wird und stirbt. Seine *Person*: es ist der eine ewige Gott selber, der sich in seinem Sohn dazu hergegeben hat, Mensch zu sein und als Mensch solche, diese menschliche Passion auf sich zu nehmen. Seine *Sendung*: es ist der Richter, der in dieser Passion an die Stelle derer tritt, die zu richten er gekommen ist, der sich in dieser Passion an ihrer Stelle selbst richten läßt. Also: Gott regiert nicht nur als Schöpfer und Herr auch in und über diesem menschlichen Geschehen. Das tut er freilich auch; aber er tut mehr als das: er gibt sich dazu her, in diesem Geschehen selbst die menschlich handelnde und leidende Person zu sein, er selbst das Subjekt, das in diesem Geschehen in eigener Freiheit zum Objekt wird, das hier darin handelt, daß es sich mißhandeln läßt. Es ist nicht irgendeine Erniedrigung und Entwürdigung eines Geschöpfs, eines edlen oder doch relativ unschuldigen Menschen, was da stattfindet. Es ist nicht das Problem der Theodizee: Wie kann Gott solches in der Welt seiner guten Schöpfung wollen oder doch zulassen? das sich hier stellt. Es geht um die Erniedrigung und Entwürdigung Gottes selbst, um *die Frage*, neben der die Theodizeefrage völlig blaß wird: ob er, indem er sich solches widerfahren lassen wollte, nicht sich selbst als Gott preisgegeben, verloren haben, ob Gott nicht, kapitulierend vor der Macht der Torheit und Bosheit seines Geschöpfs, auf seine Gottheit (wie etwa 1945 der Kaiser von Japan) verzichtet haben möchte? ob er wohl gar gestorben und tot sein möchte? Und es geht um *die Antwort* auf diese Frage: daß Gott vielmehr eben in solcher Erniedrigung aufs Höchste Gott, in diesem Tode aufs Höchste lebendig war, daß er seine Gottheit gerade in der Passion dieses Menschen als seines ewigen Sohnes eigentlich bewährt und offenbar gemacht hat. Und weiter: es hat diese menschliche Passion nicht nur irgendeine Bedeutung und Wirksamkeit in ihrer historischen Situation, innerhalb der übrigen Menschheit und Welt. Es ist ja eben die Sendung, der Auftrag, das Werk des Sohnes Gottes, was in ihr zur Vollendung kommt: die Versöhnung der Welt mit Gott. Es geschieht hier ja Gottes heilsames Gericht über alle Menschen. Er ist ja zum Vollzug dieses Gerichtes an aller Menschen Stelle, nämlich an ihre Stelle als Sünder gegen ihn getreten. Es ist der Bund zwischen Gott und Mensch, der, vom Menschen gebrochen, von Gott aber gehalten, in dieser Passion rechtmäßig wiederhergestellt wird. Es ist — mit allem, was das in sich schließt — diese umfassende Wendung in der Geschichte der ganzen Schöpfung, die an jenem einen Leidenstag jenes einen Menschen sich vollzogen hat.

Weil es um *diese* Person und *ihre* Sendung ging, darum war das Leiden, die Kreuzigung, der Tod dieses einen Menschen ein einzigartiges Geschehen. Darum hatte diese seine Passion denn auch eine reale Tiefendimension, die in der endlosen Reihe der menschlichen Passionen so nur ihr eigen sein konnte. Es ging in ihr — auf Gott wie auf den Menschen gesehen — nicht um Etwas, sondern ums Ganze: nicht nur um eine von den vielen verborgenen und gnädigen Fügungen Gottes, sondern um Ihn selbst in der Fülle seiner Gnade, aber auch in der Fülle von deren Verborgenheit, um sein Tun, in welchem es sich in seinem Verhältnis zu seiner Schöpfung um Sein oder Nichtsein und so um seine eigene Ehre oder Unehre handelte. Und so ging es nicht nur um irgend ein Leiden, sondern um Gottes und dieses Menschen Leiden angesichts des die ganze Schöpfung, jeden Menschen, bedrohenden und damit Gott als ihren Schöpfer in Frage stellenden Verderbens, um die schmerzliche Konfrontierung Gottes und dieses Menschen nicht nur mit irgend einem Ungemach und auch nicht nur mit dem Sterben, sondern mit dem ewigen Tode, mit der Gewalt des Nichtigen schlechthin. Und so ging es nicht nur um irgend eine Sünde oder auch um viele solche, die Gott neben vielen anderen wieder einmal, einmal mehr und vielleicht hier ganz besonders beleidigten und unter deren Auswirkungen dieser Mensch nun eben an seinem Teil zu leiden hatte und freiwillig leiden wollte. Es ging vielmehr um die Sünde selbst und als solche: die Beschaffenheit, Ausrichtung und Daseinsbestimmtheit des Menschen, der seinen Ort als Geschöpf verlassen und den Bund mit Gott gebrochen hat — um die Verkehrtheit, die nun eben Gott selbst in diesem einen Menschen zu seiner Sache gemacht, für die er selbst die Verantwortung übernehmen wollte. Hier, in dieser Passion, in der er sich als Richter richten ließ, vollzog Gott diese Verantwortung, hat er selbst sich an aller Menschen Stelle mit dem auseinandergesetzt, was sie von ihm trennt, trug er selbst die Folge dieser Trennung, um sie eben damit aufzuheben.

Darauf also zielt das Neue Testament, wenn es in den Evangelien auf die Passionsgeschichte Jesu Christi hin und in den Episteln von der Passionsgeschichte Jesu Christi her in die Zukunft der Gemeinde und so in die Zukunft der Welt und eines jeden Menschen blickt. Es geht schon um *Geschichte*. Alles hängt ja daran, daß eben diese Wendung von Gott her und für uns Menschen nicht nur als eine wahre Lehre von frommen und tiefsinnigen Leuten erdacht und vorgetragen wurde, sondern so *geschah:* im selben Raum und in derselben Zeit, die die aller Menschen sind. Es geht aber um *diese* Geschichte. Daß sie als *diese* einmal, dort, damals geschah, das ist es, was das Leiden, die Kreuzigung, den Tod dieses einen Juden unter allen Geschehnissen im Raum und in der Zeit, mit denen die Passion Jesu Christi im übrigen alle möglichen Ähnlichkeiten haben mag, schlechthin auszeichnet. In dieser Auszeichnung ist sie der Gegenstand des christlichen Glaubens und der christlichen Verkündigung.

Was aber ist da zu glauben? Was zu verkündigen? Die Erklärung, daß es sich in jener einmal, dort, damals, in der Passion jenes einen Menschen um *„Gottes Tat für uns"* handle, ist richtig. Sie darf aber keine Abweisung der Frage nach jenem Was bedeuten. Sie darf sie auch nicht umdeuten in die Frage nach ihrer „Bedeutsamkeit", d. h. nach derjenigen Bestimmtheit des menschlichen Daseins, die da stattfindet, wo diese Passion einem Menschen verkündigt und von ihm geglaubt wird. Auch diese Frage ist legitim und notwendig. Ihre Beantwortung setzt aber eine bestimmte Kunde über diese Passion selbst und als solche voraus. Der neutestamentliche Glaube und die neutestamentliche Verkündigung implizieren in der Tat eine bestimmte Erfahrung vom Dasein des die Verkündigung von Jesus Christus im Glauben annehmenden Menschen; sie implizieren die Imperative, die in solchem Vernehmen an ihn ergehen, die Fragen, vor die er, und die Entscheidung, in die er damit gestellt wird. Sie erschöpfen sich aber nicht in diesen Implikationen. Der neutestamentliche Glaube kreist nicht als fides qua creditur [Glaubensakt] in oder um sich selber, und der Inhalt der neutestamentlichen Verkündigung geht nicht auf in der Beschreibung und Empfehlung dieser fides qua creditur. Sie beziehen und begründen sich vielmehr auf eine primäre Kunde von *Jesus Christus selber*, zu der hin der neutestamentliche Glaube offen ist, sich immer wieder öffnen muß, die auch immer wieder das erste Wort der neutestamentlichen Verkündigung bilden muß: nicht nur, weil es sich in dieser Kunde um ihren historischen Anfang, sondern weil es sich in ihr um ihren Ursprung und um ihren primären Gegenstand handelt, weil ohne sie auch jene Implikationen gar nicht stattfinden könnten, weil eben diese Kunde ja das Implizierende ist, ohne das alles, was von ihr her über das menschliche Dasein zu sagen ist, in der Luft hängen, ein Nebensatz ohne Hauptsatz sein würde. Die Frage nach jenem Was fragt primär nach diesem Hauptsatz, nach der Kunde von der Passion Jesu Christi selbst und als solcher. Ihre Beantwortung wird diesem primären Gehalt der Frage standhalten müssen und nicht ausweichen dürfen.

Soll sie ihm standhalten, soll sie das Was also nicht umdeuten, sondern mit einem klaren Das beantworten, dann wird man sich nicht scheuen dürfen, jene richtige Erklärung, daß wir es in der Passion Jesu Christi mit *„Gottes Tat für uns"* zu tun haben, auch umgekehrt zu formulieren: daß wir es eben in der *Passion Jesu Christi* mit der „Tat Gottes für uns" zu tun haben. Sie besagt dann — sicher, indem sie weiterer Erläuterung bedürftig ist — von dieser „Tat Gottes für uns" etwas Bestimmtes und Inhaltliches, und zwar etwas von der im Glauben an sie und in ihrer Verkündigung visierten und implizierten besonderen menschlichen Daseinserfahrung zunächst und an sich *Unabhängiges.* Sie redet dann von dem, was diese Daseinserfahrung *begründet,* von dem *Woher* der an die die Verkündigung im Glauben vernehmenden Menschen ergehenden Imperative, von dem *Woher* der Frage, vor die sie — oder der Entscheidung, in die sie gestellt sind. Sie lautet dann als Antwort auf die Frage nach jenem Was dahin: es ist — alle Erläuterungen und alle legitimen und notwendigen Implikationen dieses Geschehens vorbehalten — die Passion Jesu Christi selbst und als solche, die als die Tat Gottes für uns zu glauben und zu verkündigen ist. . . .

Was ist in jenem Leiden und Sterben geschehen? Wir bleiben noch im Allgemeineren, wenn wir zunächst im Blick auf die Aussagen des Neuen Testamentes und im Rückblick auf die Überlegungen, die wir hier bis zu diesem Punkt angestellt haben, antworten: Es geschah in diesem Leiden und Sterben, von Gott selbst in seinem Sohn vollzogen, die *Versöhnung* der mit ihm veruneinigten, ihm widersprechenden und widerstehenden Welt mit ihm, ihre Umkehrung zu ihm hin. Die Welt selbst ist dieser Umkehrung nicht fähig. Der Mensch kann sich selbst nicht bekehren, kann sich selbst nicht aus einem Feind zu einem Freund Gottes machen. Er kann sich selbst auch dem Verderben nicht entziehen, das seiner Feindschaft gegen Gott notwendig folgen muß. Er kann nichts dafür tun, dem Zorne Gottes, der ihm dort, wo er selbst sich hingestellt, droht, zu entrinnen. Er kann daran, daß dieser sein Ort ein Schattenloch ist, nichts ändern, und nichts daran, daß er von diesem Ort aus schon im Abrutschen in die äußerste Finsternis begriffen ist.

Es ist nicht eine pessimistische Anthropologie und nicht eine überspitzte Sündenlehre, von der aus das zu sagen ist, sondern die Tatsache, daß es laut des in Kraft getretenen und offenbarten Ratschlusses Gottes keines Geringeren als seiner selbst bedurfte, um die Verkehrtheit unseres Seins, um uns selbst, zurechtzustellen, die Ordnung zwischen ihm als dem Schöpfer und der Welt als seinem Geschöpf wiederherzustellen, den vom Menschen gebrochenen Bund aufrecht zu erhalten und wieder aufzurichten, ihn gegen den Menschen für den Menschen zu seinem Ziel zu führen und so und damit den Menschen vom Verderben zu erretten. Wo es des Eintretens Gottes in eigener Person bedarf, da wäre ohne sein Eintreten offenbar Alles verloren, alle Selbsthilfe des Menschen ausgeschlossen. Daß Gott in eigener Person für uns eingetreten ist, das ist die frohe Botschaft des Karfreitags. Denn im Leiden und Sterben Jesu Christi hat er das getan: in dem Ereignis, in dem er, der Richter, sich dahingab, sich selbst richten zu lassen. Er konnte es wirklich nur *gegen* uns tun: indem er unserem Widerspruch seinen überlegenen Widerspruch, unserem Widerstand seinen überlegenen Widerstand entgegensetzte. Wir standen alle auf der anderen Seite. Wir stehen, auf uns selbst gesehen, immer noch und immer wieder auf der anderen Seite. Er hat also, was er getan hat, bestimmt *ohne* uns, ohne die ganze Welt, ohne den Rat und Beistand alles dessen, was Fleisch ist und noch im Fleische lebt, getan: mit alleiniger Ausnahme des Fleisches Jesu Christi. Er hat es ganz allein in diesem seinem Fleisch gewordenen Wort getan. Versöhnung ist zwar ein komprehensives — in dem Einen, in dem sie geschah, Viele, und durch die Vielen sogar Alle umgreifendes — sie ist aber kein vielfaches, geschweige denn ein allgemeines Geschehen. Es gibt keine andere Versöhnung der Welt mit Gott und für keinen Menschen eine andere als die in diesem Einen geschehene, die in *Ihm* der Welt und direkt oder indirekt jedem Menschen zugute kommt. *In Ihm* ist die Welt zu Gott umgekehrt. *In Ihm* ist der Mensch Gottes Freund und nicht mehr sein Feind. *In Ihm* ist der von Gott in Treue gehaltene, vom Menschen gebrochene Bund erneuert und wiederhergestellt. *Er* ist — alle Anderen in sich darstellend und vertretend — der menschliche Partner Gottes in diesem neuen Bunde. Er in der Rechtskraft, Geltung und Macht *seines* Leidens und Sterbens!

Er ist es aber *für uns*. In Ihm ist Gott selbst — indem er unser aller Gericht vollstreckt, aber eben so vollstreckt — für uns. Es ist in diesem Gottesgericht die in der Passion dieses *Einen* vollzogene Versöhnung die *unsrige*. Das ist der Ursprung und primäre Gegenstand des Glaubens und der Verkündigung. Und eben von daher geht es im Glauben primär darum, an Jesus Christus zu glauben, und in der Verkündigung primär darum, Ihn zu verkündigen: Ihn, in welchem uns Gott Alles schenken wird (Röm. 8,32). Alles! Aber das Verhältnis zwischen ihm und Allem, was er uns schenken wird, darf nicht umgekehrt werden, wenn man nicht mit der Wahrheitsfrage, vielmehr mit der in Gottes in Ihm für uns geschehenen Tat vollzogenen Beantwortung der Wahrheitsfrage in Konflikt kommen will. Er ist die Wahrheit, ist die Eröffnung und Erkenntnis dessen, was ist. Denn er *ist*. Aus der Wahrheit sein heißt: in der Begegnung und im Gegenüber mit *Ihm* zuerst *seine* Stimme hören — nicht zuerst die Stimme alles dessen, was Gott uns in Ihm schenken wird, sondern zuerst seine eigene Stimme. Die Wahrheit glauben heißt also: zuerst an *Ihn* glauben. Und die Wahrheit verkündigen heißt: zuerst *Ihn* verkündigen: zuerst diesen Hauptsatz, dann erst und daraufhin die sich aus ihm ergebenden Nebensätze. . . .

Wir fragen endlich: warum und in welchem Sinn es nun gerade das *Leiden* und *Sterben* Jesu Christi ist, in welchem wir es mit Gottes für uns geschehener Tat zu tun haben? Die Antwort darauf muß (wieder im Blick auf die sehr ausdrücklichen Aussagen des Neuen Testamentes und im Rückblick auf unseren bisherigen Weg) jedenfalls unter ganz besonderer Achtsamkeit auf den Begriff und die Realität der menschlichen *Sünde* gesucht werden: auf ihre Beziehung zur Wirklichkeit der *Versöhnung* auf der einen und nun eben zu der des *Todes* auf der anderen Seite.

Des Menschen Sünde und Sünden bilden den störenden Faktor innerhalb der Schöpfung, der die *Versöhnung*, den neuen Frieden mit Gott, die Wiederherstellung des Bundes im Blick auf Gottes Ehre und im Blick auf des Menschen Errettung und Heil als Werk der freien Barmherzigkeit Gottes notwendig macht. Die Sünde also ist das in der Versöhnung der Welt mit Gott als ihre Umkehrung zu ihm hin aufzuhebende und zu beseitigende Hindernis. Eben sie ist aber auch die in der Versöhnung zu verstopfende Quelle des den Menschen bedrohenden, ihn schon umfangenden, schon herniederziehenden *Verderbens. Ihr* Sold ist der *Tod* (Röm. 6, 23). *Sie* ist dessen Stachel (1. Kor. 15, 56). Mit *ihr* kam er in die Welt (Röm. 5, 12). Wobei der Begriff des Todes im Neuen Testament nicht nur des Menschen Sterben, sondern das des Menschen Sterben qualifizierende, vielmehr disqualifizierende Verderben, den ewigen Tod — den Tod als die übermächtig drohende Gewalt der Zerstörung bedeutet. Diesem Ort treibt der Mensch als Täter der Sünde entgegen.

Es geht also in der Versöhnung zentral um die *Beseitigung* der *Sünde:* in ihrem Charakter als die menschliche Rebellion gegen Gott und in ihrem Charakter als Grund des hoffnungslosen menschlichen Todesschicksals. Zum Vollzug dieses *Gerichtes* über die Sünde tritt Gottes Sohn als Mensch an unsere, der Sünder, Stelle. Er vollzieht aber dieses Gericht, indem er — als Mensch an unsere Stelle getreten — in der Vollmacht des Gottessohnes unser aller Werk, den Weg der Sünder, zu Ende geht bis zu ihrem bitteren Ziel im Tod, im Verderben, in der grenzenlosen Qual der Gottesferne: indem er also den sündigen Menschen seinem und mit ihm die Sünde selbst in seiner eigenen Person ihrem, dem ihr zukommenden *Nichtsein* überliefert — dem Nichtsein, ja der Nichtigkeit, der der Mensch als Sünder verfallen ist und unaufhaltsam entgegenläuft. Man kann auch sagen: er vollzieht dieses Gericht, indem er selbst die *Strafe* erleidet, die wir Alle auf uns gezogen haben. . . .

Entscheidend ist nicht dies, daß er erlitten hat, was wir erleiden müßten, so daß wir es nicht erleiden müssen: das Verderben, dem wir durch unsere Schuld verfallen sind, und insofern die uns zukommende Strafe. Das ist freilich auch wahr. Das ergibt sich aber erst aus dem Entscheidenden, das in Jesu Christi Leiden und Tod geschehen ist: er hat eben damit, daß er — der an unsere, der Sünder Stelle trat — in den Tod gegangen ist, mit *uns als Sündern* und damit mit der *Sünde selbst* in seiner Person *Schluß gemacht.* Er hat in seiner Person uns als Sünder und damit die Sünde der Vernichtung überliefert, aufgehoben, negiert, durchgestrichen: uns selbst, die Sünde, und damit die uns treffende Anklage, Verurteilung, Verdammnis. Das ist es, dessen wir nicht fähig, zu dem wir nicht einmal willig sein können. Wie sollten wir dessen fähig und dazu willig sein, uns selbst als Täter der Sünde und damit die Sünde selbst aufzuheben? Das ist es, was er in seinem Recht, in seiner Autorität, in seiner Macht als Sohn Gottes, indem er als Mensch an unsere Stelle trat, an unserer Stelle tun konnte, wollte und tatsächlich getan hat. Der Mensch der Sünde, der erste Adam, der mit Gott im Streit liegende Kosmos, dieser ganze „gegenwärtige böse Aeon" (Gal. 1, 4) ist in und mit Ihm ans Kreuz geschlagen, getötet, begraben worden. Damit hat er einerseits in der Geschichte des Bundes zwischen Gott und Mensch ein neues Blatt aufgeschlagen, die Versöhnung, den Frieden des Menschen mit Gott hergestellt, den versperrten Zugang des Menschen zu Gott wieder aufgetan. Dieser Zugang war ja von innen, vom Menschen her, verriegelt und mußte von innen, vom Menschen her, wieder aufgetan werden. Eben das ist es, was geschehen ist, indem Jesus Christus die Sünde, zu deren Träger und Vertreter er sich selbst machen wollte, in seiner eigenen Person (als der des einen großen Sünders!) ans Kreuz schlagen und *töten* ließ. Und eben damit — nicht im Erleiden unserer Strafe als solcher, sondern in der Auslieferung des sündigen Menschen und der Sünde selbst an die *Vernichtung,* die er mit dem Erleiden unserer Strafe vollzogen hat — hat er andererseits allerdings auch die Quelle unseres Verderbens verstopft, hat er auch dafür gesorgt, daß wir nicht leiden müssen, was zu leiden uns zukäme, hat er ja eben auch die uns treffende Anklage, Verurteilung und Verdammnis aufgehoben, nämlich gegenstandslos gemacht, hat er uns also dem Verderben entrissen, uns aus dem ewigen Tode errettet.

Die *Passion Jesu Christi* als das Gottesgericht, in welchem der Richter selbst der Gerichtete war, ist zentral dieser für uns, an unserer Stelle, erfochtene *Sieg* im Kampf gegen die *Sünde.* Es dürfte jetzt sichtbar sein, warum es so wichtig ist, diese Passion von Anfang an als göttliche *Aktion* zu verstehen. Sie ist gerade als die Passion des für uns Mensch gewordenen Sohnes Gottes die radikale, die das primäre Übel der Welt in der Wurzel angreifende und zerstörende göttliche Aktion: das Handeln des zweiten Adam, der an die Stelle des ersten tritt, das Handeln des ersten an dessen eigenem Ort rückgängig und ungültig macht und eben damit einen neuen Menschen auf den Plan stellt, eine neue Welt begründet, einen neuen Aeon eröffnet. Das Alles in seiner *Passion.* Nur als seine Passion konnte sie ja *diese* Aktion sein: nur indem die Sünde gewissermaßen im Rücken angegriffen, indem sie gerade von dem die Welt bedrohenden Verderben und Vernichtetwerden, vom ewigen Tod her aufgehoben wurde, nur indem eben dieses *Schlimmste* in der Hand des barmherzigen und allmächtigen Gottes zum Instrument der Beschaffung des *Besten* wurde. Es mußte und sollte um dieses *Besten* willen dem sündigen Menschen eben dieses *Schlimmste* widerfahren — *nicht* aus irgend einer göttlichen Vergeltungs- und Rachsucht, sondern kraft der Radikalität der göttlichen *Liebe,* die sich selbst nur eben in der völligen Auswirkung ihres Zornes gegen den Menschen der Sünde, nur eben in seiner *Tötung,* Auslöschung und Beseitigung „*genug tun*" konnte. Hier dürfte dieser problematische Begriff am Platz sein: Gott hat in der Passion Jesu Christi, in der Dahingabe seines Sohnes in den Tod das zum siegreichen Kampf gegen die Sünde, sollte dieser Sieg radikal und total sein, *Genügende* getan: das Genügende zu ihrer Beseitigung und also zur Herstellung der Ordnung.

125

zwischen sich als Schöpfer und seinem Geschöpf, zur Heraufführung des mit ihm versöhnten, mit ihm im Frieden existierenden neuen Menschen und also zu des Menschen Errettung aus dem Tode. Eben dieses Genügende ist das, was Gott in der Passion Jesu Christi getan hat. Eben darum ist das *Gottesgericht*, in dem der Richter zum Gerichteten wurde und also die *Passion* Jesu Christi als solche die für uns geschehene göttliche Versöhnungsaktion.

K. Barth
Das Urteil des Vaters

I. Die Einführung

In einer Übergangsüberlegung fragt K. Barth zunächst, mit welchem Recht das, was Christus damals getan hat, auch für uns heute gilt. Wie kommen wir dazu, das Versöhnungsgeschehen als für uns gültig und uns betreffend anzuerkennen? Im Hintergrund steht die alte Frage Lessings nach unserer Überwindung des „garstigen Grabens" zu der Vergangenheit. Barth antwortet mit dem Hinweis auf *die Auferweckung Jesu Christi von den Toten, in der sich der Übergriff der Versöhnung auf alle Zeiten und die Einbeziehung aller Menschen bereits ereignet hat.* In der Auferweckung Jesu Christi von den Toten proklamiert Gott sein Urteil über den Gekreuzigten, gibt er dem Gekreuzigten recht, setzt er die Versöhnung der Welt in Kraft. Barth entwickelt sein Verständnis der Auferstehung in fünf Punkten:

1. *Die Auferweckung als alleinige Tat Gottes:*
Die Auferweckung Jesu Christi wird im N. T. in gleichem Ernst als eine Tat Gottes aufgefaßt und verstanden wie das ihr vorangegangene Kreuzesgeschehen. Im Unterschied zum Kreuzesgeschehen fehlt der „Auferweckung" Jesu durch Gott jedoch jegliche Komponente menschlichen Tuns und Wollens. Die Auferweckung Jesu Christi ist gänzlich dem Zusammenhang menschlicher Entscheidung und Aktion entnommen und darum *exklusiv [= ausschließlich] Gottes eigene Tat.*

2. *Die Auferweckung als neue Tat Gottes:*
Die Auferweckung Jesu Christi von den Toten ist eine dem Kreuzesgeschehen gegenüber selbständige, *neue Tat Gottes,* nicht nur dessen noetische Kehrseite [= Bedeutungsaspekt], d. h. nicht „der Ausdruck der Bedeutsamkeit des Kreuzes" (Bultmann), nicht nur das Aufleuchten von dessen Heilsbedeutung im Osterglauben der Jünger. Die Auferweckung ist vielmehr im Kreuz noch nicht enthalten, sondern folgt auf dieses als ein von ihm *verschiedenes, neues Geschehen.*

3. *Der unauflösliche Zusammenhang von Kreuz und Auferstehung:*
Wie für Barth das Kreuz in seiner Heilsbedeutung nicht erkennbar ist ohne die Auferstehung, so ist auch *die Auferstehung nicht verstehbar ohne das Kreuz.* Dies macht die *unauflösliche Einheit von Kreuz und Auferstehung* aus. Die positive Beziehung zwischen Tod und Auferstehung besteht dabei darin, „daß diese beiden Taten Gottes mit- und nacheinander die beiden Grundereignisse der einen Geschichte Gottes mit der sündigen und verkehrten Welt" sind. Unsere Versöhnung wird hier und dort vollzogen: „Um unsere Übertretungen geht es dort, um unsere Rechtfertigung hier (Röm. 4, 25)."

4. *Der Wirklichkeitscharakter der Auferstehung Jesu Christi:*
In einer „formalen, aber wichtigen Ergänzung" des in den ersten drei Punkten Entfalteten kommt Barth auf den *Wirklichkeitscharakter* der Auferstehung zu sprechen: Die Auferstehung Jesu Christi ist nach Barth „insofern im gleichen Sinn geschehen wie seine Kreuzigung und sein Tod, als auch sie im menschlichen Raum und in menschlicher Zeit als ein innerweltliches wirkliches Ereignis von gegenständlichem Gehalt geschehen ist". Hier ist der Gegensatz zu Bultmann besonders deutlich ausgesprochen.

5. *Kreuz und Auferstehung als die Einheit einer unumkehrbaren Folge:*
Kreuz und Auferstehung bilden als Taten des einen Gottes eine unauflösliche
Einheit. Kreuz und Auferstehung liegen nach Barth nicht auf zwei verschiedenen
Ebenen, der historischen und der kerygmatisch-existentialen (wie bei Bultmann),
sondern sind *in unumkehrbarer Folge zwei aufeinander bezogene Taten Gottes
in der Geschichte,* die in ihrer unauflöslichen Einheit die exemplarische Gestalt
der Offenbarung Gottes, der Ursprung der Verkündigung und der Grund des
Glaubens sind. Dabei versteht Barth die Einheit von Kreuz und Auferstehung
als den Zusammenhang einer unumkehrbaren Folge, was ein Absehen von der
Auferstehung und ein Zurückgehen auf ein abstraktes Kreuz ausschließt: „Es
gibt keinen Gekreuzigten in abstracto und also auch keine Kreuzespredigt in
abstracto . . . Es gibt ja kein Zurück hinter den Ostermorgen". Also gibt es auch
keine Interpretation des Kreuzes (wie bei Bultmann), die von der Auferstehung
als einem wirklichen Ereignis in der Geschichte abstrahieren könnte. Wie die
Auferstehung nicht ist ohne das Kreuz, so ist auch umgekehrt *das Kreuz nicht
ohne die Auferstehung.* So ist die unauflösliche Korrelation [gegenseitiges
Wechselverhältnis] von Kreuz und Auferstehung für Barth das *Grundaxiom,
Ursprung, Inhalt und Ziel aller Theologie.* Theologie ist damit ihrem Wesen
nach die Entfaltung und Deutung des „differenzierten Zusammenhangs von
Kreuz und Auferstehung" (Barth).
Es ist für die Lektüre des Textauszuges wichtig zu wissen, daß sich Barth, be-
sonders in der Entfaltung seiner Lehre von der Auferstehung, „in intensivem, in
der Hauptsache stillem Gespräch mit R. Bultmann befunden" hat. (Vgl. dazu
das in „Einleitung" und „Einführung" über Bultmann Gesagte).
(Vgl. weiter das in der Einleitung über Barth Gesagte: S. 25 f., 45).

II. Der Text
K. Barth: „Das Urteil des Vaters."

. . .

Die *Erweckung,* bzw. die *Auferstehung des gekreuzigten und gestorbenen*
(laut der hervorgehobenen Tatsache seines Begräbnisses wahrhaft und
wirklich gestorben!) *Jesus Christus von den Toten:* Es ist tatsächlich ein
überlegenes Jenseits, das nach dem neutestamentlichen Zeugnis in diesem
Ereignis heraufgeführt wird. Es fällt nach ihm in diesem Ereignis die Entscheidung über den Sinn und Charakter des ganzen von ihm bezeugten
Christusgeschehens. Es ist dieses Ereignis zweifellos der feste Grund und
Boden, von dem her die neutestamentlichen Zeugen auf Jesu Christi Kreuzigung und Tod, aber auch auf den Weg, der ihn zu diesem Ziel führte
und führen mußte, aber auch auf das, was dieser Weg und dieses Ziel
für sie selbst und für alle Menschen implizierte, auf jenes in und mit Jesus
Christus katastrophal über uns Alle hereingebrochene Widerfahrnis *zurück-*
blicken. Man kann ruhig sagen — und man muß es so sagen: von diesem
Ereignis her denkt und redet das ganze Neue Testament; und wer es verstehen will, der muß sich wohl oder übel darauf einlassen, mit ihm von
diesem Ereignis her zu denken. . . .

Wir . . . beginnen . . . (1) mit der grundlegenden Feststellung, daß die Auferweckung Jesu Christi (mit allem, was sie für uns selbst, für alle Menschen impliziert) im Neuen Testament in gleichem Ernst als eine Tat *Gottes*

aufgefaßt und verstanden wird wie das ihr vorangehende Kreuzesgeschehen mit seiner Implikation für uns und alle Menschen. Wie das dort vollzogene *Gericht* der Gnade Gottes Werk, von ihm allein vollziehbar und vollzogen war, so auch hier das Hervorbrechen der *Gnade* dieses Gerichts: der Gnade, die dieses Gericht als solches zwar nicht aufhebt, nicht Lügen straft, wohl aber als ihre Voraussetzung, als ihr erstes Werk, hinter sich läßt.

In gleichem Ernst, aber nun doch in einer von jenem charakteristisch ausgezeichneten und hervorgehobenen Weise ist auch sie von Gott *allein* vollziehbar und faktisch vollzogen. Ganz und allein *Gottes* Tat und Werk ist zwar auch der *Tod* Jesu Christi, sofern er eben das an ihm als dem von Gott eingesetzten Stellvertreter aller anderen Menschen vollzogene Todesgericht ist. Der *Weg* zum Kreuz und in den Tod aber, in welchem es zu diesem Gericht *kommt*, ist wohl das Werk des in Demut gehorsamen Sohnes Gottes, aber eben als solches *auch* das Werk des in seiner Identität mit dem Sohne Gottes gehorsamen *Menschen* Jesus von Nazareth, wie denn auch seine Verurteilung und Hinrichtung, obwohl von Gott beschlossen und gewollt, *zugleich* das Werk der diesen Beschluß und Willen Gottes ausführenden sündigen *Menschen*, der Juden und Heiden ist, in deren Hände Jesus überliefert wird, sich selbst überliefert. Es hat das Geschehen von Golgatha als solches insofern, obwohl und indem es als Gottes Gericht allein *Gottes* Tat und obwohl und indem sein Vollzug aufs genaueste von *Gott* verordnet ist, eine Komponente — teils gehorsamen und also guten, teils ungehorsamen und also bösen — *menschlichen* Tuns. Man kann im Blick auf diese Komponente des Kreuzesgeschehens sagen, daß es auch einen „*historischen*" Charakter hat, d. h. daß es auch im Zusammenhang der Pragmatik menschlicher Entscheidungen und Aktionen verstanden und gedeutet werden kann — d. h. dann freilich sofort: in seinem eigentlichen Sinn mißverstanden und mißdeutet werden wird: weil ja sein wirklicher Sinn von daher nicht sichtbar werden kann.

Das Geschehen am dritten Tage *nach* dem Geschehen von Golgatha aber ist zwar in gleichem Ernst wie dieses Gottes Tat, ist aber vor diesem dadurch unzweideutig ausgezeichnet, daß ihm jene Komponente *menschlichen* Wollens und Tuns völlig *fehlt*. Es ist nicht nur in seiner Absicht und Anordnung, sondern auch in seinem Vollzug *ausschließlich* Gottes Tat. Es geschieht außerhalb aller Pragmatik menschlicher Entscheidungen und Aktionen. Es geschieht also, ohne daß es von daher verstanden bzw. mißverstanden, gedeutet, bzw. mißdeutet werden könnte. Es geschieht, aber es geschieht offenkundig, ohne daß man es in jenem Zusammenhang sehen, ihm also auch einen „historischen" Charakter zuschreiben könnte. Es geschieht — darin der Schöpfung vergleichbar — als souveräne Gottestat und *nur* so.

Wir folgern das nicht nur aus seinem spezifischen Inhalt: dem Lebendigwerden eines wirklich und wahrhaft gestorbenen und schon begrabenen Menschen. . . .

Lebendigwerden und Lebendigsein eines gestorbenen Menschen als *mensch-*

liches Werk wäre eine contradictio in adiecto [Widerspruch in sich selbst]. Die Überlegung ist richtig. Daß aber die Auferweckung und also das Lebendigwerden und Lebendigsein des Menschen Jesus nach seinem Tod, seine Auferstehung aus dem Grabe, *Gottes* Tat und im Unterschied zu seinem Tod am Kreuz *nur* das war, das ist kein auf dem Weg solcher Überlegung erreichbarer Satz — wer von dem dem Menschen Unverfügbaren redet, hat damit noch lange nicht von *Gott* geredet! — das kann nur der in diesem Ereignis stattfindenden göttlichen *Offenbarung* entnommen werden. Für die neutestamentlichen Zeugen dieses Ereignisses war es aber eben dies — kein Jesus Christus beglaubigendes Mirakel also, sondern *die* Offenbarung Gottes in ihm. Es war ihnen nicht nur das, nicht nur dieses Formale, Noetische also. Es war ihnen aber *auch* das: die eigentliche, ursprüngliche, exemplarische Gestalt seiner *Offenbarung* in ihm und also seiner Offenbarung überhaupt — die Offenbarung, in der alles andere Offenbarwerden und Offenbarsein Gottes (in ihm und überhaupt) erst zum Leuchten kam. Es war das Ereignis des Ostertages, es waren die Erscheinungen des Auferstandenen in den 40 Tagen für die erste, für die durch dieses Ereignis begründete Gemeinde die Vermittlung, und zwar die untrügliche, in einer neuen Tat Gottes gerade das unzweideutig klar machende Vermittlung der Erkenntnis: daß *Gott* war in Christus (2. Kor. 5, 19), d. h. daß Gott *selbst* in dem Menschen Jesus am Werk gewesen war, geredet, gehandelt, gelitten hatte und in den Tod gegangen war und nicht trotz dieses Endes, sondern eben auf seinem bis dahin zu Ende gegangenen Weg in die Fremde, in dieser seiner tiefsten Erniedrigung — eben dort, wo es mit diesem Menschen ganz und gar zu Ende war — als der eine hohe, wahre Gott gehandelt und sich erwiesen hatte.

Es war ihr dieses Ereignis die Vermittlung einer ihr *zuvor verschlossenen* und unzugänglichen Erkenntnis.

Vermittelt wurde ihnen jene Erkenntnis, indem er jetzt, am dritten, am Ostertage, so wieder unter sie trat, daß seine Gegenwart als der Mensch, der er gewesen war (*gewesen* war!) *ausschließlich* und also *unzweideutig* ohne jede Komponente menschlichen Wollens und Tuns, *Gottes* Tat war und sein konnte, nur und ausschließlich als solche von ihnen verstanden wurde und verstanden werden konnte — ausschließlich und also unzweideutig als Gottes Selbstbezeugung in diesem Menschen ohne alle Mitwirkung eines ihr dienenden menschlichen Zeugnisses. *Vermittelt* wurde ihnen jene Erkenntnis, *begreiflich* wurde ihnen Gott in Christus also gerade in der *unbegreiflichen* Gestalt der *unmittelbaren* Gegenwart und Aktion ihres Ursprungs und ihres Gegenstandes unter Fehlen aller sonstigen Vermittlung: in solcher Selbstbezeugung des Herrn, angesichts derer ihm der Jünger nur zu Füßen fallen kann wie ein Toter, bis er seine Rechte auf ihn legt und ihm erlaubt und befiehlt, sich nicht zu fürchten: „Ich war tot und siehe, ich bin lebendig von Ewigkeit zu Ewigkeit!" (Offb. 1, 18 f.). Das war das Formale der Auferstehung Christi, das sie zur eigentlichen, ursprünglichen, exemplarischen Gestalt der in ihm geschehenen *Offenbarung* Gottes machte. Das war es, was ihr als Tat Gottes für die erste Gemeinde ihren besonderen, ausgezeichneten, für ihre ganze Erkenntnis Jesu Christi entscheidenden und grundlegenden Charakter, aber auch ihre eigentümlich undiskutable Gewißheit gegeben hat. Das machte die vierzig Tage für sie zu dem festen überlegenen Standort, von dem aus sie auf das Leben und den Tod Jesu in erleuchteter Erkenntnis der in diesem Leben und Sterben geschehenen Tat Gottes *zurück*blickte und dann *vorwärts* auf die Bestimmung ihres eigenen Daseins und dessen der ganzen Welt, die ihm von diesem Leben und Sterben her gegeben war. . . .

Wir müssen nun aber (2) hervorheben: eine dem Kreuzesgeschehen gegenüber *selbständige, neue* Tat Gottes. Also nicht nur dessen noetische Kehrseite [Bedeutungsaspekt]! Nicht nur die Offenbarung und Erklärung von dessen positiver Bedeutung und Tragweite. Das ist sie, wie wir sahen, *auch*. Und selbstverständlich bezieht sie sich auch sachlich auf jenes. Sie tut es aber, indem sie sich als ein Ereignis besonderen Charakters von jenem *abhebt*. Sie ist also in jenem noch nicht enthalten, sondern sie folgt auf jenes als ein von ihm *verschiedenes* Geschehen. Wie sie auch umgekehrt nicht etwa das Licht ist, in dessen Glanz jenes erste Geschehen zu einem bedeutungslosen Schatten würde. Es kann und darf die theologia crucis [Kreuzestheologie] die theologia resurrectionis [Auferstehungstheologie] nicht resorbieren [aufsaugen], so gewiß auch das Umgekehrte nicht geschehen darf. Es ist das Osterereignis in seiner unlöslichen Beziehung zum Kreuzesgeschehen ein Ereignis von *eigenem* Gehalt und von *eigener* Gestalt. . . .

Jesu Christi Erweckung zum Leben *aus* dem Tode tritt als Gottes Gnadentat seinem Sein *im* Tode gegenüber, d. h. aber seinem Nichtmehrsein als Gekreuzigter, Gestorbener, Begrabener, Ausgelöschter, Vergangener, Gewesener. Es war sein Sein in dem Tode, in den er zuvor als in das Ziel seines Weges in die Fremde, in den er in Vollendung seines Gehorsams an unserer Stelle, in seiner Selbstdarbringung als gerichteter Richter, als geopferter Priester hineingegangen war. Er war „um unserer Übertretungen willen überliefert" (Röm. 4, 25). Er selbst hatte sich dazu ausgeliefert (Gal. 2, 20). Seine Erweckung von den Toten strich das nicht aus. Sie hatte in seinem Tod an unserer Stelle ihren unaufgehobenen terminus a quo [Ausgangspunkt]. Der Auferstandene war kein Anderer als der Gekreuzigte, Gestorbene und in Bewährung dessen auch Begrabene. Der Erhöhte war kein Anderer als der Erniedrigte. . . .

Es *bestätigte* seine Erweckung, seine Auferstehung, sein neues Leben — seinen Tod. Sie war Gottes *Antwort* darauf: insofern in der Tat dessen Offenbarung und Erklärung. Eben als Gottes Antwort darauf hob sie sich aber von jenem ab. Sie war Gottes *Bekenntnis* zu Jesus Christus, zu seinem Leben und Sterben. Sie hatte, indem sie ein freier göttlicher Gnadenakt war, formell auch den Charakter eines Rechtsaktes Gottes des Vaters in seinem Verhältnis zu Jesus Christus als seinem Sohn, wie ja auch dessen Gehorsam bis zum Kreuzestod, indem es seine freie Liebestat war, formell auch den Charakter eines Rechtsaktes des Sohnes in seinem Verhältnis zu

Gott dem Vater hatte. Sie war nämlich, indem sie mitten in seinem wirklichen und wahren Tode anhob und ihn dem Tode entriß, die Aussprache und der Vollzug des *Urteils* Gottes über den Weg, den er dahin gegangen war: seine richterliche Feststellung, daß Jesu Christi Tun und Leiden nicht ohne, nicht gegen, sondern nach seinem heiligen und guten Willen, und vor Allem: daß es als sein Sterben an unserer Stelle nicht umsonst, sondern *gültig*, und nicht zu unserem Verderben, sondern zu unserem *Heil* geschehen sei. Sie war — und insofern war sie eben ein zweiter göttlicher Rechtsakt *nach* jenem ersten — dessen göttliche Validierung [Inkraftsetzung], die Anerkennung des von Jesus Christus geleisteten Gehorsams, die Annahme seines Opfers, die Proklamation und das Inkrafttreten der Folge, und zwar der *heilvollen* Folge seines Tuns und Leidens an unserer Stelle.

. . . .

Wir fassen zusammen: Die Auferweckung Jesu Christi ist das große *Gottesurteil*, der Vollzug und die Proklamation der göttlichen Entscheidung über das *Kreuzesgeschehen*. Sie ist seine *Gutheißung* als die den göttlichen Zorn, aber diesen im Dienst der göttlichen Gnade vollziehende Tat des zu unserem Stellvertreter eingesetzten Sohnes Gottes. Sie ist seine *Gutheißung* als Tat seines die Welt richtenden, aber mit dem Ziel ihrer Errettung richtenden Gehorsams. Sie ist seine *Gutheißung* als die Tat seines Sohnes, den er (und in dem er auch uns) je und je geliebt, den er (und in dem er auch uns) gerade in dieser Tat nicht von sich gestoßen, sondern zu sich gezogen hat aus lauter Güte (Jer. 31, 3). Seine Auferstehung ist eben damit die *Rechtfertigung Gottes selbst:* Gottes des Vaters, des Schöpfers des Himmels und der Erde, der dieses Geschehen gewollt, geplant und angeordnet hatte. Sie ist die Rechtfertigung *Jesu Christi,* seines Sohnes, der dieses Geschehen erleiden wollte und bis in seine letzte Tiefe hinein erlitten hat. Und sie ist in seiner Person die Rechtfertigung der Gesamtheit der sündigen *Menschen,* über deren Tod in diesem Geschehen entschieden war, für deren Leben also kein Raum mehr bleiben konnte. In der Auferstehung Jesu Christi ist *sein* Leben und mit ihm *ihr* Leben tatsächlich *jenseits* ihres Todes Ereignis geworden: „Ich lebe und *ihr sollt auch leben*" (Joh. 14, 19).

Wir kommen zu dem für unsere Untersuchung entscheidenden Punkt, wenn wir nun (3) nach dem positiven *Zusammenhang* zwischen dem Tod Jesu Christi und seiner Auferstehung fragen. Die umfassende Antwort auf diese Frage, mit der dann diese ganze Untersuchung abzuschließen ist, wird lauten müssen: sie hängen darin zusammen, daß in diesen beiden Taten Gottes mit- und nacheinander das eine Ja des Versöhnungswillens Gottes kräftig und ausgesprochen wurde: das Ja, dessen Vollstrecker und Verkündiger — zuerst in seinem Sohnesgehorsam an unserer Stelle, dann — wieder an unserer Stelle — als erster Empfänger der Gnade Gottes des Vaters — *der eine Jesus Christus war.* Wir antizipieren [vorwegnehmen] jetzt diese letzte Antwort und sagen zu der Frage nach diesem Zusammenhang zunächst das, was ja in jener inbegriffen ist: die positive Beziehung zwischen Tod

und Auferstehung Jesu Christi besteht darin, daß diese beiden Taten Gottes mit- und nacheinander die beiden Grundereignisse der *einen Geschichte Gottes* mit der sündigen und verkehrten *Welt*, seiner Geschichte mit *uns* als seiner verirrten und verlorenen Kreatur sind. Um *unsere* Übertretungen geht es dort, um *unsere* Rechtfertigung hier (Röm. 4, 25). In umfassendem Sinn „für *uns*" ist Jesus Christus „gestorben *und* auferweckt" (2. Kor. 5, 15). *Unsere* Sache wird hier wie dort geführt, *unsere* Umkehrung zu Gott hin wird hier und dort vollzogen, auf dem Weg von hier nach dort nämlich, in der Folge und Entsprechung des hier und dort Geschehenen. Der Zusammenhang der beiden Ereignisse ist der Zusammenhang der in ihnen vollzogenen *Veränderung unserer* Situation, *unseres* Standes, *unseres* Dranseins. Zum Vollzug dieser Veränderung und also der Versöhnung der Welt mit Gott gehört Beides: der freie Gehorsam des Sohnes in seinem Tod *und* die Gnade Gottes des Vaters in dessen Auferweckung, das Ereignis von Golgatha *und* das Ereignis im Garten des Joseph von Arimathia. ...
Es bewährte und offenbarte die in Jesu Christi *Auferweckung* vollzogene *Rechtfertigung*, in welchem Sinn Gott in dessen Tod recht hatte und behielt: nicht in Preisgabe, sondern in Behauptung seines *Rechtes gegen* die sündigen Menschen, die im Tode ihres Stellvertreters als solche gerichtet wurden, zu ihrem Ende kamen, mit ihm gekreuzigt werden und sterben mußten — aber nun nicht in Preisgabe seines *Rechtes auf* diese Menschen als seine Geschöpfe und so nun auch nicht in Preisgabe des eigenen Rechtes dieser seiner Geschöpfe, sondern mit dem Ziel von dessen neuer Aufrichtung und Behauptung. Es wurde aber, indem der *Tod* Jesu Christi seiner Auferstehung voranging, indem Gott dort sein *Recht* gegen, aber auch auf den Menschen, indem er eben damit auch das Recht des Menschen selbst aufgerichtet und behauptet hatte, auch deutlich, in welchem Sinn er in Jesu Christi Auferweckung ihn und sich selbst *rechtfertigen* wollte und *gerechtfertigt* hat: um nämlich eben jenes sein doppeltes Recht, samt dem Recht des Menschen als seines Geschöpfs, so, wie er es dort aufgerichtet und behauptet hatte, als Begründung und Anfang einer neuen Welt zu proklamieren, in Kraft und Geltung zu setzen, die Geschichte der Erniedrigung seines Sohnes, die Geschichte seines Weges in die Fremde als *Heils*geschichte inmitten der *Welt*geschichte ans Licht zu bringen: gegen den Menschen und gerade so für ihn.
So also folgten und entsprachen sich der Tod Jesu Christi und seine Auferstehung, waren sie mit- und nacheinander die Grundereignisse der Veränderung der menschlichen Situation, in der die Versöhnung der Welt mit Gott zum Vollzuge kommt. ...
... Wir haben gesehen: die *Auferweckung* Jesu Christi von den Toten als eine zweite, andere, neue göttliche Tat war die Offenbarung des Sinns und der Absicht des von Jesus Christus verlangten und geleisteten Gehorsams und also seines *Todes*, die Antwort der Gnade Gottes des Vaters auf die Selbsterniedrigung des Sohnes, sein Bekenntnis zu ihm, die Validierung seiner Tat als Aufrichtung und Behauptung seines Rechtes gegen und für uns, die Rechtfertigung Gottes selbst als des Vaters und als unseres

Schöpfers und damit die Rechtfertigung Jesu Christi und eben damit auch unsere Rechtfertigung als seine Geschöpfe, Gottes Urteil. In ihrem differenzierten sachlichen *Miteinander* haben wir diese beiden Taten Gottes, diese beiden durch und an Jesus Christus geschehenen Grundereignisse der Veränderung der menschlichen Situation bis jetzt zu verstehen versucht. Wir werden, um weiter zu verstehen, davon ausgehen müssen, daß es hier zweifellos auch ein *zeitliches Miteinander* gibt.

Eben das besagt ja die Auferweckung Jesu Christi, eben darüber ist ja in dieser zweiten Gottestat — der in seinem Urteil vollstreckten Tat Gottes — entschieden: daß er *als der Gekreuzigte „lebt und regiert in Ewigkeit"* (Luther), als der laut seines Begräbnisses Gewesene kein Vergangener, nicht in die Schranken seiner durch seine Geburt und sein Sterben befristeten Zeit eingeschlossen blieb, sondern als der, der in dieser seiner Zeit *war*, der Herr aller Zeit, ewig wie Gott selber *wurde* und *ist* und also jederzeit gegenwärtig ist. Eben daß er auferstanden ist, um nicht mehr zu sterben, um der Herrschaft des Todes entnommen zu sein (Röm. 6, 9), schließt in sich: sein *damaliges* Leben, Reden und Handeln, sein Sein auf dem Weg vom Jordan bis nach Golgatha, sein Sein als der dort Leidende und Getötete wurde und ist als solches sein *ewiges* und also auch sein an jedem Tag unserer Zeit *heutiges* Sein. Eben was am dritten Tag *nach* seinem Tode geschah, erhob ja das ganze *zuvor* Geschehene in seiner gangen *Einmaligkeit* (nicht trotz, sondern wegen seiner Einmaligkeit!) zum *ein für allemal* Geschehenen. Es ist in der Kraft des Ereignisses dieses *dritten* Tages gerade das Ereignis des *ersten* — als damals und dort geschehenes — kein vergangenes, kein erst durch Erinnerung, Überlieferung, Verkündigung zu vergegenwärtigendes — sondern als solches ein gegenwärtiges, ja das alle Gegenwart erfüllende und bestimmende Ereignis.

Kraft seiner Auferstehung von den Toten *ist* Jesus Christus — „der Mensch Christus Jesus, der sich selbst als Lösegeld für alle gegeben hat" (in derselben Weise, wie der eine Gott *ist!*) — der eine *Mittler* zwischen Gott und dem Menschen (1. Tim. 2, 5). Er war es in dem Ereignis des Karfreitags, um es — das ist es, was das Ereignis des Ostertags offenbart, bestätigt und gültig gemacht hat — für immer zu *sein*. Er trat nicht nur, sondern er *tritt* für uns ein. Er trug nicht nur, sondern er *trägt* die Sünde der Welt. Er *hat* die Welt nicht nur mit Gott versöhnt, sondern er *ist* als der, der das einmal getan hat, ihr ewiger, ihr ein für allemal tätiger und wirksamer Versöhner. Er *ging* also nicht nur den Weg vom Jordan nach Golgatha, sondern er *geht ihn noch* und wieder und wieder. Seine Geschichte wurde nicht Historie, d. h. sie war wohl seine Geschichte zu seiner Zeit, um gerade als solche *ewige* Geschichte zu werden: *die* Geschichte Gottes mit den Menschen aller Zeiten und also auch heute und hier geschehend, wie sie damals geschah. Er ist der *lebendige* Heiland. Das wäre eine phantastische und wenig oder gar nicht tröstliche Aussage, wenn darunter zu verstehen wäre: er war wohl einmal etwas Derartiges für gewisse Menschen seiner Zeit, und durch die Erinnerung an ihn, die Überlieferung und Verkündigung von ihm, auf dem Wege nachfühlenden Erlebens seiner Person, oder auf dem Wege irgend eines Nachvollzuges seines Werkes mag er etwas Derartiges auch für gewisse Menschen anderer Zeiten werden. Er wäre dann lebendig vermöge des Lebens, das die Menschen anderer Zeiten ihm als einer historischen Figur, d. h. aber als einem Toten nachträglich wieder einzuhauchen vermöchten. Daß er der *lebendige* Heiland ist, ist aber wahr und tröstlich, weil er von den Toten auferstanden ist und also — der Vater, von dem dasselbe zu sagen ist, hat es ihm gegeben — *das Leben in sich selber hat* (Joh. 5, 26) und also in *eigener* Vollmacht, Initiative und Tat hier und heute derselbe ist, der er dort und damals war: der Mittler zwischen Gott und uns Menschen. . . .

Eben dies: daß der Gekreuzigte auferstanden ist und als solcher „für Gott lebt" (Röm. 6, 10) — gestern und heute derselbe und in Ewigkeit, eben dieses durch Gottes Urteil geschaffene zeitliche Miteinander des Jesus Christus vom Karfreitag und des Jesus Christus vom Ostermorgen ist als der Realgrund seines Lebens für die Menschen aller Zeiten der Realgrund der *Veränderung* ihrer *Situation*. Das Ereignis des Ostertages ist die Öffnung der Schranke zwischen seinem Leben in seiner Zeit und ihrem Leben in ihren anderen Zeiten, der Antritt seiner Herrschaft als der Herr aller Zeit. Was er in seiner Zeit getan hat, das hat er ja als Stellvertreter aller anderen Menschen, als *der* erwählte Mensch, für *sie* getan. In seiner Auferstehung von den Toten ist darüber entschieden, daß er eben das, was er zu seiner Zeit getan hat, auch in ihrer Zeit für *sie*, auch an *ihnen* tut. . . .

So begründen der Tod und die Auferstehung Jesu Christi *miteinander* — sein Tod in der ihm durch seine Auferstehung verliehenen Kraft, Gültigkeit, Wahrheit und dauernden Neuheit — die *Veränderung* der *Situation* der Menschen aller Zeiten. Sie sind laut des in Jesu Christi Tod aufgerichteten göttlichen Rechtes und laut der ihnen in seiner Auferweckung widerfahrenen Rechtfertigung schon nicht mehr, was sie waren, schon, was sie sein werden, schon nicht mehr Gottes Feinde, schon seine Freunde, mehr noch: seine Kinder, nicht mehr von ihm also, sondern von ihrem Sein in ihrer Vergangenheit abgewendet, ihm aber zugewendet, schon nicht mehr Sünder, sondern Gerechte, schon nicht mehr verloren, sondern gerettet. Das Alles, indem er zu ihnen gehört und sie zu ihm: er als der, der er zu seiner Zeit war, zu ihnen in ihrer Zeit! sie in ihrer Zeit zu ihm in seiner Zeit! Indem er heute derselbe ist und dasselbe für sie tut, was er gestern war und tat, indem er der Herr ihrer Zeit und aller ihrer Inhalte ist! Die Auferweckung Jesu Christi macht eben das wahr, was in seinem Tode wirklich ist: die in ihm geschehene Umkehrung aller Menschen zu Gott hin. Weil und indem sie nämlich das laute und vernehmliche Wort ist, das, in jeder Zeit gesagt, dahin lautet, daß alle Menschen in Ihm, dem Einen, sind und Er, der Eine, in ihnen: Er, der Eine, in ihrer Mitte.

Nicht alle hören dieses Wort, nicht alle sind ihm gehorsam. Es geht aber sie alle an, betrifft sie alle, ist für sie alle und zu ihnen allen gesagt, ist auch für sie alle laut und vernehmbar genug gesagt. Und ihrer aller Situation *ist* die durch dieses Wort veränderte Situation. Sie ist also nicht erst in ihnen und durch sie zu verändern. Sie können und sollen sie nur als die in ihm und durch ihn veränderte erkennen und anerkennen, nur die Folgerungen ziehen, die sich aus dieser Veränderung ergeben, sich nur beugen unter Gottes Urteil, nur Buße tun angesichts des über sie ergangenen und noch ergehenden Gerichtes. Sie können und sollen die ihnen widerfahrene und noch widerfahrende Rechtfertigung nur glauben, es nur annehmen, daß sie Gottes Kinder sind, das Alte nur eben das Alte, das Neue nur eben das Neue sein lassen. ... Laut und vernehmbar ist das Wort nicht erst im Hören ihrer Ohren, im Glauben ihres Herzens, im Bekenntnis ihres Mundes. Vielmehr gerade als solches Wort hören, glauben, bekennen sie es, das — ob gehört, geglaubt, bekannt oder nicht — in und durch sich selbst, als Wort des gekreuzigten und auferweckten Herrn, in Wahrheit von Wirklichkeit redet, laut und vernehmbar ist, in ihrer wie zu jeder Zeit, für sie und für alle Menschen richtig und wichtig ist. In Jesus Christus geschah *einst* — und in ihm geschieht *heute* die Veränderung der menschlichen Situation, der der Christen und der aller Menschen, die Versöhnung der Welt mit Gott: in ihm, dem kraft seiner Auferstehung lebendigen Mittler zwischen Gott und den Menschen. Was *ihnen* bleibt, ist für sie gerade hoch und angemessen, freudig und streng genug: Gottes Urteil entgegenzunehmen und in großer Verantwortlichkeit ernst zu nehmen, ihr Wissen darum nicht für sich zu behalten, sondern durch das Zeugnis ihrer Existenz und ihrer Verkündigung der durch dieses Urteil schon veränderten, aber ihm gegenüber noch blinden und tauben Welt bekannt zu machen. Ihre Existenz in der Welt hängt daran, daß das und das allein ihre besondere Gabe und Aufgabe ist: daß sie dem Sein und Tun des lebendigen Heilands, der ihr Herr und der Herr der Welt ist, nicht nachzuhelfen, ihm nichts hinzuzufügen, geschweige denn: es durch ihr eigenes Sein und Tun zu ersetzen haben. Die Gemeinde ist keine Prolongatur seiner Inkarnation [Verlängerung seiner Menschwerdung], seines Todes und seiner Auferstehung, der Taten Gottes und ihrer Offenbarung. Sie hat keine solche zu vollziehen. Sie ist ihr Zeuge. Daß sie das sein darf, ist ihr Trost, daß sie das sein soll, ist ihr Marschbefehl.

. . . .

Die Auferweckung Jesu Christi von den Toten ... ist (4) *geschehen*. Sie ist insofern im gleichen Sinn geschehen wie seine Kreuzigung und sein Tod, als auch sie im menschlichen Raum und in der menschlichen Zeit als ein innerweltlich wirkliches Ereignis von gegenständlichem Gehalt geschehen ist ... weil sie mitten in der Zeit, als eine besondere Geschichte in der allgemeinen menschlichen Geschichte in konkreter Gegenständlichkeit *geschehen* ist. Im Verlauf dieser besonderen Geschichte erscheint Jesus Christus seinen Jüngern, d. h. offenbart er sich als der von den Toten Auferstandene, von keinem Sterben mehr Bedrohte, sondern (Röm. 6, 10) Gott, und also heute wie gestern Lebende. Daß er ihnen — mit Allem, was das implizierte — erschienen, daß diese Geschichte *geschehen* ist, das ist der Inhalt des apostolischen Kerygmas, der Gegenstand des durch dieses erweckten Glaubens der Gemeinde (1. Kor. 15, 14). Daß die göttliche Validierung und Proklamation dessen, was zuvor, in Jesus Christus für uns, zur Errettung, zu unserem Heil, zur Veränderung der ganzen menschlichen Situation, wie sie endlich und zuletzt direkt und allgemein offenbar werden soll, *geschehen* ist, das besagt das Kerygma, davon lebt der Glaube. Das *Geschehen* dieser Geschichte krönt und offenbart den zuvor geleisteten Gehorsam des Sohnes mit der ihm und in ihm allen Menschen zugewendeten Gnade und Barmherzigkeit des Vaters. Ihr *Geschehen* ist unsere aus dem dort aufgerichteten und behaupteten Gottesrecht und Menschenrecht folgende Rechtfertigung, ist selbst das die menschliche Situation von Grund aus verändernde Urteil Gottes. ... Das Kreuz Jesu Christi ist uns darum Licht und nicht Finsternis, und es muß darum nicht erst in der Weise aus einem sog. „nackten Kreuz" in irgend etwas Besseres verwandelt werden, daß wir unser Kreuz auf uns nehmen, weil seine Erweckung von den Toten ebenso wie sein Kreuzestod *geschehen* ist.

Man kann und darf die *Unterschiede* zwischen diesem und jenem Geschehen nicht übersehen. Sie unterscheiden sich ja eben *sachlich* wie Gottes Recht und Gottes Rechtfertigung, wie Abschluß und Neuanfang, wie Werk und Offenbarung. Sie unterscheiden sich auch als die Tat des gehorsamen Sohnes und des gnädigen Vaters. Sie unterscheiden sich aber auch formal in der Art, in der sie im menschlichen Raum und in der menschlichen Zeit geschehen und also als *Geschichte* zu verstehen sind.

Man kann die Evangelien nicht lesen ohne den starken Eindruck, daß man bei dem Übergang von der Leidensgeschichte zu den Osterberichten in einen Geschichtsbereich anderer, eigener Art geführt wird. Schon daß jetzt wieder am Anfang der evangelischen Berichte von der Erscheinung und vom Wort der *Engel* die Rede ist, fällt auf. Ferner: wie Jesus gelitten hat, gekreuzigt wurde und starb, das wird an seinem Ort breit erzählt, während seine Auferweckung von den Toten bekanntlich *nicht* erzählt, sondern nur eben durch die Hinweise auf das leer gefundene Grab als deren Zeichen angedeutet und dann — in Form von Bezeugungen der Erscheinungen des Auferstandenen — stillschweigend vorausgesetzt wird. Das ist darum umso auffallender, weil die Evangelien die Auferweckung anderer Toter, die der Tochter des Jairus (Matth. 9, 18—25), die des Jünglings von Nain (Luk. 7, 11—16), die des Lazarus (Joh. 11) in aller Form, die letztere sogar ziemlich ausführlich und plastisch erzählt und beschrieben hatten. Hier ist eben von keinem Jesus Christus überlegenen Anderen zu berichten, der ihn mit seiner Hand ergriffen und durch sein Wort aus dem Tode ins Leben gerufen hätte. Hier ist nur eben der als solche nicht zu beschreibenden und darum auch nicht erzählten Tat Gottes zu gedenken von ihr her des Faktums: er selbst trat mitten unter sie (Luk. 24, 36). Da entsteht aber auch aus den verschiedenen Berichten über die Erscheinungen des Auferstandenen selbst weder im einzelnen noch wenn man sie unter sich zusammenhält, ein konkretes und kohärentes [geschlossenes] *Bild*, einer Historie jener 40 Tage. Da steht man vielmehr vor den bekannten Dunkelheiten und nicht auszugleichenden Widersprüchen und kann sich wohl wundern, daß bei der Entstehung des Kanons niemand daran Anstoß genommen zu haben scheint, niemand den Versuch gemacht hat, die verschiedenen Relationen von diesem für die neutestamentliche Botschaft so grundlegend wichtigen Geschehen einander auszugleichen ...

Es ist nicht zu verkennen, daß das Neue Testament selbst die *Eigenart* — die alle allgemeinen Vorstellungen von einer im Raum und in der Zeit geschehenen und als geschehen feststellbaren Geschichte sprengende Eigenart — *dieser* Geschichte nicht zu verhüllen wußte und offenbar auch nicht verhüllen wollte. Ein (im Sinne heutiger historischer Wissenschaft so zu nennender) *Beweis* für das Geschehensein dieser Geschichte wird *nicht* geführt, konnte und sollte offenbar nicht geführt werden. ...

Indem im Neuen Testament ein solcher Beweis *nicht* geführt und offenbar nicht einmal beabsichtigt ist, wird man ihn seinen Texten auch nachträglich nicht entnehmen können. Versteht man unter „historischem Boden" (im Sinn heutiger Wissenschaft) den Umriß eines in seinem Wie unabhängig von der Stellungnahme des Betrachters übersichtlichen, einsichtig zu machenden, eines in sich und in seinen besonderen und allgemeinen Zusammenhängen und im Blick auf die Analogien sonstigen Geschehens nachprüfbaren und so als sicher geschehen feststellbaren Ereignisses, dann gibt uns das Neue Testament selbst keine Möglichkeit zu dem Satz, daß wir uns bei dem hier berichteten Ereignis auf „historischem Boden" befinden. Es hätte keinen Sinn, das zu bedauern: nach Allem, was wir von dem Wesen, dem Charakter, der Funktion der Auferstehung Jesu Christi als Begründung und im Zusammenhang der neutestamentlichen Botschaft gehört haben, kann es gar nicht anders sein, als daß wir mit dem „historischen" Begriff von Geschichte hier nicht durchkommen. ... Als „Historie" kann allenfalls der Tod, als „Historie" kann aber die Auferstehung Jesu Christi *nicht* erfaßt werden.

Nur damit würde man sich nun allerdings eines fundamentalen Mißverständnisses der ganzen neutestamentlichen Botschaft schuldig machen, wenn man die Auferstehungsgeschichte darum, weil sie als „Historie" offenbar nicht faßbar ist, *entweder* überhaupt als nicht geschehen *oder* als nicht in gleicher Weise wie der Tod Jesu Christi im Raum und in der Zeit geschehen, *oder* schließlich als nur im Glauben oder nur in Form von dessen Begründung und Entstehung geschehen interpretieren wollte. ... Von einem im Raum und in der Zeit *gegenständlichen*, nur eben „historisch" nicht faßbaren, aber *wirklichen* Geschehen kann ja auch in solchen Berichten die Rede sein, die gemessen an den Maßstäben heutiger Wissenschaft, weil ihr Inhalt historisch nicht faßbar ist, als sagen- oder legendenhaft und also als „unhistorisch" zu beurteilen sind. Besser würde man freilich dann, wenn man Anlaß hat, mit einem in solchen Berichten dargestellten, wie historisch unfaßbar immer, so doch wirklich geschehenen Ereignis zu rechnen, von einem *„prähistorischen"* Geschehen reden. Aber welche Begriffe man zur Charakterisierung der neutestamentlichen Auferstehungsberichte und ihres Inhalts wähle, das ist sicher, daß man sie *nicht* interpretiert, d. h. daß man sie nicht sagen läßt, was sie sagen wollen, wenn man die in ihnen berichtete *Geschichte* als solche — und zwar als im *Raum* und in der *Zeit*, und zwar nicht nur im Wandel einer Konzeption der Jünger, sondern als die diesen Wandel begründende, *gegenständlich* geschehene Geschichte *weg*interpretiert.

Das Problem konzentriert sich auf den letzten Punkt. Denn daß es sich bei dem Eigenartigen, von dem das Neue Testament an jener für seine Botschaft so entscheidenden Stelle in so eigenartiger Weise berichtet, um ein *Geschehen* gehandelt haben muß, das konnte und kann von einer einigermaßen gesunden und insofern wenigstens diskutablen Exegese nun einmal nicht bestritten werden. Und man darf hier den Umkreis des vorauszusetzenden Einverständnisses sogar noch weiter ziehen: es ist ein Geschehen im *Raum* und in der *Zeit*, von dem das Neue Testament hier reden will. Das kann ja nicht übersehen werden, daß es sich bei dem, was es hier zur Sprache bringt, einerseits um das Telos [Ziel], den Kulminationspunkt der vorher erzählten konkreten Geschichte des Lebens, Leidens und Sterbens Jesu Christi handelt, die nun eben in seiner Auferweckung von den Toten zu ihrem Ziel kommt — und andererseits um den Ursprung der ebenso konkreten Geschichte des Glaubens an ihn, der Existenz der sein Wort, ihn selbst als das lebendige Wort Gottes vernehmenden und verkündigenden Gemeinde. Da die Voraussetzung und die Folge des neutestamentlichen Osterberichts diese sind, würde es *sinnlos* sein, zu *leugnen*, daß dieser (in der Mitte zwischen beiden) ebenfalls von einem im Raum und in der Zeit stattgefundenen Geschehen handelt — *sinnlos* sein, *anzunehmen*, daß er von dem raum- und zeitlosen Sein irgendwelcher allgemeiner Wahrheiten, Ordnungen, Verhältnisse reden wolle: nur eben unter Einkleidung dessen, was er eigentlich sagen wollte, in die uneigentliche Form einer Erzählung. . . .

Wir setzen also Einverständnis darüber voraus, daß eine einigermaßen gesunde Exegese hier nicht idealisieren, nicht symbolisieren, nicht allegorisieren darf, sondern damit rechnen muß, daß das Neue Testament hier ebenso, wie wenn es vom Leben und Sterben Jesu Christi und nachher von der Begründung der Gemeinde redete — jenseits jenes ersten und diesseits dieses zweiten Bereichs seiner Erzählung — von wirklich geschehener *Geschichte* reden wollte. Und nun können wir den Bereich dieses Einverständnisses im Blick auf den Stand der heutigen Diskussion sogar noch ausdehnen. Es kann sich das Einverständnis bekanntlich auch darauf erstrekken, daß man den neutestamentlichen Osterberichten nur dann gerecht wird, wenn man ihre Voraussetzung aufnimmt, daß es sich bei der von ihnen berichteten Geschichte um eine „*Tat Gottes*" gehandelt habe: um die Tat Gottes nämlich, in der den Jüngern das Kreuzesgeschehen als Heilsgeschehen offenbart, dessen Verheißung ihnen zugesprochen und so die Gemeinde und ihre Botschaft begründet wurde. .

Aber eben hier stehen wir nun bekanntlich erst *vor* der eigentlichen Entscheidung. In *was* bestand diese Geschichte? *was* tat Gott in ihrem Geschehen?

Wir können davon ausgehen: ihr *Ergebnis* war die Erweckung und Begründung des *Glaubens* der Jünger an Jesu Christi lebendige Gegenwart und Aktion und als Schaffung dieses ihres Osterglaubens die Legung des Fundaments der *Gemeinde*, des „Fundaments der apostolischen *Botschaft*". Aber schon diese Feststellung bedarf der Präzisierung. An dem war es ja nach der Darstellung des Neuen Testamentes nicht, daß in den Ereignissen der 40 Tage unmittelbar und als solchen der Anfang der Existenz der Gemeinde, das „Ausgehen" der Apostel auch nur zu den Menschen in Jerusalem, geschweige denn zu den Völkern in aller Welt stattgefunden hätte. Eben dazu werden ja die Jünger in den Ereignissen der 40 Tage erst bestimmt und befohlen. Es werden diese Ereignisse genau genommen nur als die *Voraussetzung* dieses mit der Pfingstgeschichte anhebenden Geschehens beschrieben. Dort erst, in und mit der Ausgießung des Heiligen Geistes, wird der Glaube der Jünger als solcher sichtbar und zum geschichtlichen Faktor werden. Erst von dorther sind sie, wozu sie hier bestimmt und befohlen werden: Träger des Kerygmas. Dort erst entfaltet sich die Gemeinde aus ihrer Urform des an den lebendigen Jesus Christus glaubenden Jüngerkreises zur Kirche, die in die Welt hinaus wächst und zunimmt. Zu diesem, dem Ostergeschehen allerdings unvermeidlich folgenden Aufbau wird hier doch erst das unentbehrliche *Fundament* gelegt. . . . Es fragt sich schon von da aus, ob es sich als Exegese dieser Texte verantworten läßt, das in ihnen bezeichnete und als Tat Gottes bezeugte Geschehen mit der Erweckung und Entstehung des Glaubens der Jünger einfach gleichzusetzen und, was in diesem Geschehen nicht aufzugehen scheint, nun doch auch — in einiger Ähnlichkeit mit jener die Geschichte als solche eskamotierenden [ausscheidenden] Auslegungsmethode — als bloß erzählerische, mythologisierende Gestalt zu behandeln, die für das Verständnis des Gehalts der Texte letztlich irrelevant und also auszuscheiden sei. Wo diese doch eigentlich gerade an Mitteilungen über das, was nach solcher Exegese ihre wesentliche, ja letztlich ihre einzige Aussage wäre — eben über den Osterglauben der Jünger — verhältnismäßig sehr arm, in dieser Hinsicht jedenfalls sehr zurückhaltend sind!

Müßte man sich in dieser Hinsicht nicht schon durch die lexikographische Beobachtung gewarnt sein lassen, daß das Wort pistis [Glaube] in den Ostertexten überhaupt nicht, das Wort pisteuein [glauben] nur in Johannes 20 vorkommt?

Wer und *was* die Jünger zu diesem Glauben *gebracht*, veranlaßt, genötigt hat, interessiert diese Berichte — *nicht* aber, nicht primär jedenfalls, daß und wie sie ihrerseits dazu *kamen*, daß und wie er in ihnen *entstand*. Von irgendeiner greifbaren Gestalt dieses Glaubens ist in ihnen überhaupt nicht die Rede: es wäre denn, man wollte die große Verwirrung und Verblüffung einem unwidersprechlich zu ihnen redenden Faktum gegenüber, als die die Haltung der Jünger beschrieben wird, die Gestalt nennen, die ihr Glaube in diesem Stadium seiner Begründung hatte. Das ist doch das bestimmende Element dieser Texte: daß die Jünger sich einem *Faktum gegenüber* gestellt fanden, *von dem her* es dann zur Erweckung und Entstehung ihres Glaubens kam. Interpretiert man sie nun wirklich, wenn man diese letztere, die doch höchstens nur den Inhalt ihrer *sekundären* Aussage bildet, als das Primäre, das Eigentliche bezeichnet, von dem sie reden, das sie als Gottes Tat bezeichnen wollten?

Nehmen wir an — was man gewiß annehmen muß — sie hätten hier wirklich von der Legung des *Fundamentes*, der Schaffung der *Voraussetzung* aller weiteren Geschichte reden wollen. Wie kann man aber ihren besonderen Bericht von dieser *grundlegenden* Geschichte mit der Wiederholung des Satzes erklären, daß es sich in dieser Geschichte eigentlich um die Entstehung des Glaubens der Jünger gehandelt habe, daß diese — und in Wahrheit *nur* diese — das Ostergeschehen gewesen sei? Wir hören, wie das gemeint sein soll. Es sei gerade das so zu bezeichnende Ostergeschehen als eine besondere „Tat Gottes" zu verstehen. Eben als eine solche ist das Ostergeschehen in den Texten sicher verstanden. Aber wie ist das, wenn jene Restriktion gelten soll, gemeint? Als eine Art Parthenogenesis [Selbstgeburt] eines Glaubens *ohne* äußeren Grund: ohne Grund in einem ihn erzeugenden Gegenstand? Eines nun doch eigentlich überweltlichen Glaubens? Eines trotzig, fast prometheisch ins Leere hineingreifenden und dort sich selbst setzenden und behauptenden „Dennoch"? Eines Glaubens, der durch sich selbst — *ohne* ein ihm vorgegebenes *Darum* — das Bild des Gekreuzigten zu deuten, in diesem Gekreuzigten den lebendigen Herrn zu erkennen vermochte? eines Glaubens, der also (*vor* der Ausgießung des Heiligen Geistes!) aus sich selbst mächtig gewesen wäre, jene Offenbarung und Inkraftsetzung des Kreuzesgeschehens als Heilsgeschehen zu vollziehen? Rechnet man hier nicht mit dem Begriff eines Glaubens, dessen Subjekt eigentlich nur Gott selbst gewesen sein konnte? Nun, bei Gott ist kein Ding unmöglich. Natürlich war es auch im Sinn der Texte Gott und Gott allein, der den Glauben — oder die hier in Frage kommende Vorform des Glaubens — der Jünger geschaffen hat. Und gewiß hätte Gott diesen Glauben auch in Form einer solchen creatio ex nihilo [Schöpfung aus dem Nichts] schaffen können. Wir müßten dann eben in Kauf nehmen, daß die Kirche mit dem übrigen Neuen Testament unter dem Titel des Glaubens an die Auferweckung Jesu Christi und an Jesus Christus als den Auferstandenen, in Wahrheit an die Entstehung des Osterglaubens der Jünger als an diese creatio ex nihilo geglaubt hätte. Das muß man zugeben: das Rätsel, durch das dann das in den Texten, so wie sie lauten, gestellte Rätsel *ersetzt* wäre, wäre nicht leichter, es wäre sogar noch viel schwerer als dieses. Wem die Wahrheit da am wahrscheinlichsten zu finden ist, wo ihre Paradoxie am Größten ist, der würde also auch (und vielleicht gerade!) bei dieser Interpretation der Osterberichte auf seine Rechnung kommen. Wenn wir nur in der biblischen Literatur irgend ein Beispiel eines solchen von Gott aus dem Nichts geschaffenen Glaubens hätten! Und wenn doch nur wenigstens hier die Texte irgendetwas davon verraten würden, daß es sich bei dem von ihnen berichteten Geschehen im Grunde um eine solche creatio ex nihilo gehandelt habe! Wenn wir nur wenigstens von ihnen her aufgefordert wären, in dieser Richtung zu denken! Gerade von ihnen her sind wir aber dazu bestimmt *nicht* aufgefordert. Sie reden, wie es die Bibel auch sonst tut, von einer den beteiligten Menschen widerfahrenden Begründung ihres Glaubens, von seiner Bezeichnung von seinem Gegenstand her. Und eben diese als solche, eine gegenständlich gestaltete

Tat Gottes, eine Reihe von Erscheinungen und Worten des vom Tod erweckten und aus dem Grab auferstandenen Jesus Christus ist notorisch das Thema ihrer Aussage, der Inhalt ihrer Erzählung. Daß sie davon (und nur von dorther dann auch von der Entstehung jener Vorform des Glaubens der Jünger) reden, ist dann auch die Voraussetzung des übrigen Neuen Testamentes. Wie man auch dazu Stellung nehme: die Exegese dieser Texte wird sich damit auseinandersetzen müssen, daß dies das Thema ihrer Aussage, der Inhalt ihrer Erzählung ist. . . .

Hier fällt die Entscheidung. Die Texte reden nicht primär von der Entstehung des Osterglaubens als solchen, sondern von dessen *Begründung* durch den den Jüngern nach seinem Tod (nicht außer-, sondern innerweltlich!) als Lebendiger begegnenden und mit ihnen redenden *Jesus Christus selbst*, der sie durch diese *Tat* seines Lebens von seinem Lebendigsein und damit von seinem Tod als von dem von Gott gewollten Heilsgeschehen unwidersprechlich überzeugt hat. Dieses *Konkrete* war nach den Texten das Ereignis der 40 Tage und die Tat Gottes in diesem Ereignis. Dieses Konkrete in seiner *Äußerlichkeit*, in seiner *Gegenständlichkeit*, das als solches nicht in ihrem Glauben, sondern im Konflikt mit ihrem Unglauben geschah, das ihren Unglauben überwand und beseitigte, ihren Glauben erst schuf! . . .

Es war das Oster*geschehen* nach den Texten — bei aller Dunkelheit, bei allen Widersprüchen, in denen sie davon reden, bei aller sagen- oder legendenhaften, unhistorischen oder prähistorischen Form ihrer Aussage darüber — klar und deutlich das Geschehen einer *Begegnung,* und zwar einer solchen Begegnung mit Gott und insofern einer solchen Tat Gottes an den Jüngern, in der Gott nach wie vor und nun erst recht — nun erst als solcher ihnen offenbar und von ihnen erkannt — in der Person *Jesu Christi selbst* vor ihnen stand und mit ihnen redete. Sie sahen die *Herrlichkeit* des *Fleisch* gewordenen Wortes (Joh. 1, 14), sie hörten, sie betasteten sie auch (1. Joh. 1, 1). In diesem Sehen und Hören und Betasten, in dieser Begegnung wurden sie zum Glauben gebracht und kamen sie ihrerseits zum Glauben. Wir sind nicht aufgefordert, von dieser Begegnung, d. h. von ihrem Wie mehr wissen zu wollen und sagen zu können, als die Berichte selbst sagen. Wir sind nicht aufgefordert, das Unaussprechliche, das sie bezeugen (etwa wie man es früher immer wieder versucht hat: durch Bildung einer Theorie über die neue Leiblichkeit des ihnen Begegnenden oder über die Art, in der er gesehen, gehört und betastet wurde), in ein Aussprechliches zu übersetzen. Jede solche Übersetzung kann ja das Entscheidende, das hier gesagt ist, doch nur verhüllen und verwischen. Wir sind aber allerdings aufgefordert, uns das, was die Texte sagen, *sagen* zu lassen, und uns bei unserer eigenen Stellungnahme — ob sie nun bejahend oder verneinend oder zweifelnd sei — an das von ihnen Gesagte zu *halten*, dieses also nicht unter dem Vorwand, daß sie der Interpretation bedürftig seien, durch ein von ihnen *nicht* Gesagtes ersetzen zu wollen. Das von ihnen Gesagte ist aber eben die den Jüngern widerfahrende Erscheinung des vom Tode erweckten Jesus Christus *vor* ihrem Glauben an ihn, *seine* Existenz als Lebendiger in ihrer klaren Unterschiedenheit von ihrer eigenen, nicht durch den Glauben an ihn, sondern durch ihren Unglauben bestimmten Existenz. Das von ihnen Gesagte ist *seine* Aktion und *sein* Wort als begründender Gegenstand ihres Glaubens. Sie berichten, daß den Jüngern dies geschehen ist — *nach* seinem Tod und *vor* ihrem Glauben — und daß sie nachher unter *dieser* Voraussetzung, als von *daher* Belehrte, Jesus Christus so erkennend, wie er sich ihnen *dort* zu erkennen gegeben hatte, den Heiligen Geist empfingen: von ihm als solche, die ihn selbst nicht hatten, die ihn eben nur von ihm *empfangen* konnten, in eben dem Gegenüber, in welchem er sich ihnen in den Oster-tagen selbst erschlossen hatte. ...

... ...

Wir haben die Auferweckung Jesu Christi als das *Jenseits* seines Todes verstanden: das Jenseits des Gerichtes, das über ihn als unseren Repräsen-tanten und Stellvertreter und also in ihm über uns alle, über jeden Men-schen abschließend und unwiderruflich ergangen ist. Aber eben: ... sie ist Jesu Christi und unsere und so auch Gottes eigene Rechtfertigung, kraft deren eben aus diesem *Tod* faktisch das *Leben*: das Leben Jesu Christi und in ihm auch unser Leben hervorgegangen ist. Wir haben die Auferweckung Jesu Christi als das Gnadenwerk Gottes des *Vaters* verstanden. Aber eben: dieses Gnadenwerk ist doch ganz und gar die Antwort auf das in seiner Dahingabe in den Tod vollzogene Gehorsamswerk des *Sohnes*. Es ist die-ses Gnadenwerk und jenes Gehorsamswerk als die Tat Gottes des Vaters und des Sohnes und des Heiligen Geistes ein einziges Werk. Wir haben die Auferweckung Jesu Christi als Gottes *Proklamation* und *Offenbarung* verstanden. Aber eben: was kann sie proklamieren und offenbaren, was kann sie ans Licht bringen als das in seinem Tod, in dem in ihm vollzoge-nen und von ihm erlittenen Gericht ein für allemal vollstreckte *Versöh-nungs*- und *Heils*geschehen, das göttliche *Ja*, das schon unter jenem Nein verborgen war. Sie bringt eben die Gnade an den Tag, sie setzt eben das Erbarmen in Kraft, das Gottes Absicht und Ziel schon in dem Geschehen der Finsternis von Golgatha gewesen war. Und wenn nun dem einen Tod Jesu Christi am Kreuz sein Leben als Auferstandener in dessen Ganzheit — in den Ostertagen, zur Rechten des Vaters und durch seinen Heiligen Geist mitten unter uns, bis er wiederkommen wird in seiner Herrlichkeit — gegenübersteht, so ist doch dieser Lebende in allen Zeiten und Gestalten seines Lebens kein Anderer als der auf Golgatha einmal Gekreuzigte, der dort für uns eintrat, der dort in seiner Person unser Gericht über sich ergehen ließ und eben damit unsere Versöhnung mit Gott, unsere Um-kehrung zu ihm hin vollzogen hat. Er *lebt* als der, der das für uns getan hat und in ihm als solchem *haben* wir die Verheißung unseres Lebens; in ihm hat *unser* Leben schon angefangen. In dieser *Einheit* sind der Tod und die Auferstehung Jesu Christi miteinander die Geschichte Jesu Christi und als solche die Heilsgeschichte, auf die alles Frühere, was man im weiteren Sinn auch so nennen kann, hinstrebte und hinzeigte, und von der alles Spätere, was im weiteren Sinn auch Heilsgeschichte heißen kann, herkommt und Zeugnis gibt. Hier, in der Einheit dieses Todes und dieser Auferwek-kung aus dem Tode geschieht sie in nuce [im Kern]. Sie ist eine *unauflös-*

liche Einheit. Man kann und muß das eine ihrer beiden Momente immer vom anderen her erklären. Man redet vom Tod Jesu Christi nicht recht, wenn man nicht schon bei ihm seine Auferweckung, sein Sein als der *Auferstandene* klar und deutlich vor Augen hat.

DIE DISKUSSION
UM KREUZ UND AUFERSTEHUNG

H. Zahrnt
Gelitten, gekreuzigt, gestorben. Die Bedeutung des Kreuzes Christi (1)
Auferstehung (2)

I. Die Einführung

In seinem ersten hier abgedruckten Aufsatz gibt *Zahrnt* eine Antwort auf die
Frage nach der *Bedeutung des Kreuzes Christi:* Der Glaube an das Kreuz Christi
ist nach seiner Darstellung das Vertrauen zu Gott und die Zuversicht („gute
Vermutung") zu seiner Liebe als der bestimmenden Macht in unserem Dasein.
Das Kreuz Jesu, in dem Jesus die Zeugenschaft der Liebe, das Zeugnis von
Gottes Liebe bewährt und unter dem Einsatz seines Lebens durchhält, ist für
die Menschen das Zeichen der Wirklichkeit der Liebe Gottes, die wider den
Augenschein der Welt der tiefste Grund aller Geschichte ist.

1. *Das Weltverhältnis des Menschen und das Kreuz Christi:*
Fragt man nach der Bedeutung des Kreuzes Christi, so hat man nach *Zahrnt*
zunächst die Frage zu stellen, „wo das Kreuz Christi in meinem Leben seinen
‚Ort' hat . . ., in welcher Beziehung es zu meiner Situation steht, auf welche
Frage und Not der Existenz des Menschen in der Welt es eine Antwort bietet".
Um das Kreuz Christi in seiner Bedeutung als Antwort auf meine existentiellen
Fragen verstehen zu können, muß ich also (nach Zahrnt) *„zunächst"* unabhängig
vom Kreuz die Not und die Frage der menschlichen Existenz kennen, die sich
aus dem „Verhältnis des Menschen zur Welt" ergibt. Dieses Weltverhältnis
des Menschen ist aber nach Zahrnt im christlichen Glauben als ein Wechsel-
verhältnis von Schuld und Schicksal, „als ein unentrinnbares Geflecht aus beidem" erkannt. Und gerade „das ist die Situation, in der das Kreuz Christi für
mich bedeutsam wird; das ist die Frage und Not, auf die der Karfreitag eine
Antwort gibt".
Man beachte hier die gegenüber Paulus *veränderte Fragestellung:* Zahrnt fragt
nicht, wie etwa Paulus (2. Kor. 5, 14. 19 f.), wo die Menschheit (und darum
auch ich) ihren „Ort" im Kreuz Christi hat, um von dorther die Ortsbestim-
mung des Menschen in der Welt, um von daher das Weltverhältnis des Menschen zu bestimmen. Zahrnt sagt also nicht wie z. B. *K. Barth:* „Seine Geschichte [das Geschehen des Kreuzestodes und der Auferweckung Christi] ist
also *unsere* Geschichte und nun eben, unverhältnismäßig viel direkter und
intimer als alles, was wir als unsere eigene Geschichte zu kennen meinen,
unsere *eigenste* Geschichte. Er, Jesus Christus, geht uns an. In Ihm sind wir bei
uns selbst[29]." Nein: Zahrnt fragt *„zunächst"* danach, „wo das Kreuz Christi in
meinem Leben seinen ‚Ort' hat", um die Bedeutung des Kreuzes auf das zuvor
bestimmte Weltverhältnis des Menschen und seine Existenznot hin zu bestimmen.
Die Konsequenzen dieses Ansatzes: Zahrnt bestimmt die Schuld des Menschen
als einen Aspekt des Verhältnisses des Menschen zur Welt, das er als unentrinnbares Geflecht aus Schuld und Schicksal verstehen zu können meint. Schuld
ist also mit dem komplexen Weltverhältnis des Menschen gegeben.

[29] K Barth: Kirchliche Dogmatik (K D), IV, 1, S. 612 f.

Ganz anders haben *Paulus* und die *Reformatoren* geurteilt: Schuld war für sie zwar auch ein Verhältnisbegriff; Schuld bestimmte sich aber für sie nicht aus dem Verhältnis des Menschen zur Welt, vielmehr hatten sie das Verhältnis zu Gott im Blick, genauer: Sie schauten von Anfang an auf das Kreuz Christi. Dort erkannten sie die Sünde, wo Gott in dem Tod seines Sohnes die Sünde der Welt richtete (Gal. 1, 13), wo Gott Christus „für uns zur Sünde gemacht hat" (2. Kor. 5, 21), so daß unsere Sünde im Kreuz Christi konkrete Gestalt annahm. Was Menschen abgesehen vom Kreuz als Sünde meinen erkennen zu können, ist lediglich ein moralisches, gesellschaftliches oder sonstwie gestörtes Weltverhältnis, nicht aber des Menschen völlig verkehrtes Gottesverhältnis. *Die Konsequenz des Ansatzes von Zahrnt* ist deutlich: Das Kreuz Christi ist zunächst die Antwort auf des Menschen gestörtes Weltverhältnis (nicht aber die Überwindung der Sünde und des zerstörten Gottesbezuges des Menschen) und erst darin — die Liebe Gottes als der tiefste Grund der Geschichte (Zahrnt)! — die Aufrichtung eines neuen Gottesverhältnisses.

2. *Jesus als der Stellvertreter Gottes vor den Menschen:*
In einer Art Zwischenüberlegung macht Zahrnt eine weitere Voraussetzung, ohne die nach seiner Meinung die Bedeutung des Kreuzes Christi nicht zu erkennen ist: „Während frühere Generationen . . . einseitig die Gottheit Christi betont haben, ist für uns heute das Menschsein Jesu wichtig geworden. Und während frühere Generationen den Akzent vor allem darauf gesetzt haben, daß Christus die Menschen vor Gott vertritt, legen wir heute Wert darauf, daß Jesus Gott vor den Menschen vertritt."
Man beachte zunächst den *Umschwung,* der sich hier vollzogen hat und den Zahrnt selbst so umschreibt: „Jesus ist für uns nicht Gott, aber Gott ist für uns Jesus." Man beachte ferner die *Alternative,* die Zahrnt aufstellt: Jesus vertritt die Menschen vor Gott oder Jesus vertritt Gott vor den Menschen. — Ist aber diese Alternative überhaupt berechtigt und zwingend? Ist nicht für Paulus *das rettende Eingreifen Gottes zugunsten des Menschen in Jesus Christus* „das königliche *Thema* der paulinischen Theologie" (Eichholz)[30]. Und folgt nicht für Paulus aus diesem rettenden Eingreifen Gottes *die Gegenwart und Erniedrigung Gottes in Jesus Christus:* „Gott war in Christus" (2. Kor. 5, 19)?! Zeigt nicht der Vergleich von Galater 1, 4 („Christus, der *sich selbst* für uns dahingegeben hat") und Römer 4, 25 („*Gott hat ihn* dahingegeben um unserer Sünden willen"), ebenso wie der Vergleich von Markus 2, 10 („*Der Menschensohn* hat Vollmacht Sünden zu vergeben") und Markus 2, 5 („*Gott* vergibt dir deine Sünden") usw., daß die von Zahrnt aufgestellte Alternative im N. T. bereits überholt bzw. verworfen ist? Ist es nicht so, daß die in den neutestamentlichen Texten zum Ausdruck kommende *Handlungskonformität und -identität des vorösterlichen Jesus mit Gott* in der Auferweckung Jesu als Seinskonformität Jesu mit Gott (Röm. 10, 9; Apg. 2, 36) offenbart worden ist?
Also nicht: „Gott ist für uns Jesus", d. h. Jesus handelt an Gottes statt (Zahrnt), sondern: *Gott (!) erniedrigt sich in Jesus und handelt so an des Menschen statt* (2. Kor. 5, 19).

3. *Das Kreuz Christi als die Bewährung der Zeugenschaft der Liebe:*
Wie ist aber die Bedeutung des Kreuzes Jesu unter diesen *beiden Voraussetzungen* Zahrnts (1. die Bedeutung des Kreuzes ist nur aussagbar unter *vorgängiger* (!) Analyse des menschlichen Weltverhältnisses und 2. *Gott ist für uns Jesus,* d. h. Jesus handelt an Gottes statt) zu bestimmen?

[30] G. Eichholz: Die Grenze der existentialen Interpretation, A. a. O., S. 219.

Zahrnt antwortet zunächst mit Recht, daß man den Tod Jesu nicht von seinem Leben isolieren darf, vielmehr „das Leben und Sterben Jesu als eine Einheit zu nehmen und als *ein* Werk zu deuten" ist. Jesu ganze Geschichte, von seiner Taufe über die Tischgemeinschaft mit Zöllnern und Sündern bis zu seinem Tod am Kreuz, „ist von einem einzigen Motiv bestimmt: Hin zu den Gottlosen!". Und so hat Jesus „nicht nur durch sein Verkündigen, sondern durch sein ganzes Verhalten Gottes Willen gegenüber den Menschen als einen gnädigen kundgetan. Gegen den Anspruch der Frommen und wider den Augenschein der Welt hat er die Liebe Gottes als den tiefsten Grund der Geschichte und als die letzte, befreiende Macht über unser Dasein geltend gemacht. Dafür hat er sein Leben, sich selbst zum Pfand gegeben". Zum Motto, das den Inhalt und zugleich die Einheit von Verkündigung und Werk Jesu präzise zusammenfassen soll, wählt Zahrnt charakteristischerweise Johannes 13, 1: „Wie er die Seinen geliebt hatte, so liebte er sie bis ans Ende."

Was Zahrnt sagen will, ist also folgendes: Jesus ist der *Zeuge der Liebe Gottes*, denn er hat durch sein ganzes Verhalten Gottes Willen als einen gnädigen kundgetan. Das Kreuz ist *die Bewährung* und (angesichts der Tatsache, daß Jesus diese Zeugenschaft auch durchhält) das besondere Zeichen und „Pfand" dafür, daß Gott Liebe ist; ja mehr: daß die Liebe Gottes der tiefste Grund aller Geschichte ist. Die Auferstehung schließlich ist die *gewißmachende Bestätigung*, die Jesus als dem Zeugen der Liebe durch Gott widerfährt.

mhr

Angesichts dieser sehr geschlossenen Konzeption erheben sich jedoch erhebliche Bedenken: Ist die Geschichte Jesu *identisch* (!) mit der Zeugenschaft der Liebe, ist ihr *„einziges* [!] *Motiv"* die Solidarität mit den Gottlosen? Geht die Aussage von Markus 1, 9—11 (sog. „Taufe Jesu") darin auf, daß Jesus sich „zusammen mit den Sündern" (Zahrnt) von Johannes taufen läßt? Ist nicht Markus 1, 9—11 im Schema der alttestamentlichen *Berufungsvisionen* gestaltet (Zimmerli) und sagt nicht die Stimme Gottes (Mark. 1, 11 = Jes. 42, 1), *daß Jesus nicht nur mit* (!) *den Sündern, sondern für* (!) *die Sünder ist, an ihrer Statt die Sünde auf sich nimmt*, so daß Johannes 1, 29. 36 die Bedeutung dieses Ereignisses durchaus richtig wiedergibt?

Ist nicht von Zahrnt übersehen, daß die Solidarität Jesu mit den Sündern und Ausgestoßenen die Kehrseite des *Leidens Jesu*, sein Ausgestoßensein aus der jüdischen Gemeinschaft die Kehrseite seiner Solidarität mit den Gottlosen ist? Jesus leidet, indem er vergibt, und, indem er vergebend Solidarität übt, leidet er. Und ist es wirklich so, daß Jesus „schließlich als ein scheinbar Gottloser *zwischen* Gottlosen am Kreuz gehangen" hat (Zahrnt)? Hier hängt doch — nach dem Zeugnis des N. T. bis in seine ältesten Schichten hinein (z. B. Röm. 4, 25; 1. Kor. 15, 3 f.) — nicht nur ein scheinbar Gottloser *mit* (!) und *zwischen* (!) den Gottlosen, sondern *für* (!) die Gottlosen, in stellvertretendem Sterben für die ungezählten dem Gericht Gottes Verfallenen (Mark. 10, 45; 14, 24); gerade *nicht nur mit* (!) den Schächern, *sondern für* (!) und anstelle der Verurteilten (vgl. Barabbas: Mark. 15, 6—15).

Nein, die Geschichte Jesu ist zwar *auch* (!) seine Solidarität mit den Sündern, aber sie ist *nicht identisch* (!) mit dem Vollzug mitmenschlicher Solidarität und der Bewährung der Zeugenschaft der Liebe Gottes; sie ist mehr, bzw. die Zeugenschaft der Liebe durch Jesus ist ein Vorschein und Aspekt dieses Mehr. Dies zeigt sich nicht zuletzt gerade an dem von Zahrnt gewählten Motto aus Johannes 13, 1: Ist Zahrnt denn entgangen, daß Johannes 1, 29. 36 so betont und deshalb von Johannes gewiß absichtlich an den Anfang seines Evangeliums gestellt worden ist? Ist ihm entgangen, daß das gesamte Johanneische Schrifttum

Zahrnt: Jesus in Solidarität *mit* den Gottlosen
Klappert: Jesus stellvertretend *für* die Gottlosen!

147

den Begriff der „Liebe Gottes" inhaltlich von dem stellvertretenden und versöhnenden Sterben Christi her füllt (Joh. 10, 11. 15. 17. 18; 1. Joh. 1, 7; 2, 2; 3, 16; 4, 8—10) und daß auch Paulus hier nicht anders verfährt (Röm. 5, 8; 8, 31 ff. 35)? Kann Zahrnt entgangen sein, daß gerade im Johannes-Evangelium — entgegen der wahrscheinlich historisch zutreffenden Chronologie der ersten drei Evangelien — Jesus bereits zu dem Zeitpunkt stirbt (18, 28), an dem im Tempel zu Jerusalem die Passahlämmer geschlachtet wurden, um Jesus als das wahre Passahlamm herauszustellen (vgl. 1. Kor. 5, 7) und somit in Aufnahme des Themas von Johannes 1, 29. 36 Jesu Passion gerade unter diesen umfassenden Gesichtspunkt zu stellen?

Und geschieht nicht bei Zahrnt, indem er die Geschichte Jesu lediglich als den Vollzug und die Bewährung der Zeugenschaft der Liebe in der Solidarität mit den Gottlosen versteht, ja sie damit identifiziert (!), unter der Hand eine Umkehrung des auch von ihm zustimmend zitierten Satzes von M. Kähler, daß „die Evangelien Passionsgeschichten mit ausführlicher Einleitung" sind? Werden die Evangelien nach Zahrnt nicht unwillkürlich zu einer Jesusgeschichte mit bewährender Ausleitung? Ist die Verkündigung und das Wirken Jesu von Anfang an vom Kreuz her (so die Evangelien) oder auf das Kreuz hin (so Zahrnt) zu interpretieren? Und hat Jesus die Liebe Gottes lediglich „geltend gemacht", „kundgetan", oder ist die Liebe Gottes nicht grundlegend und primär in Kreuz und Auferstehung, in Gericht und Gnade Ereignis geworden (Röm. 5, 8. 18)? Jesus ist deshalb nicht lediglich das Erkennungszeichen und — indem er die Zeugenschaft der Liebe bewährt — das „Pfand der Liebe Gottes", sondern er ist in Kreuz und Auferstehung das Ereignis der Liebe Gottes katexochen (= grundlegend, 1. Kor. 15, 3 f.; Röm. 4, 25).

Bei diesem Ansatz Zahrnts ist die Gefahr gegeben, daß die Liebe Gottes mit dem Phänomen menschlicher Solidarität verwechselt wird. Gott wäre, weil seine Liebe der tiefste Grund der Geschichte ist, wieder einmal nur der Garant dieses allgemein menschlichen Phänomens der mitmenschlichen Liebe. Das ist die Konsequenz, wenn eine Theologie in ihren Überlegungen über das Weltverhältnis des Menschen und die allgemein menschliche Existenz bzw. die menschliche Existenz Jesu anfängt, anstatt von Anfang an bei Kreuz und Auferstehung Jesu Christi einzusetzen und von daher Weltverhältnis und Mitmenschlichkeit zu bestimmen. Weiter: Wie kann „Gott für uns Jesus" sein, wenn „Jesus für uns" nicht „Gott" ist? Ein Mensch, den wir „Gott" nennen, kann zwar unser gestörtes Weltverhältnis ändern. Unser gestörtes Gottesverhältnis aber kann nur der Gott ändern, der sich in Jesus Christus aus Liebe zu uns Menschen erniedrigt, um sich im Kreuz in Gericht und Gnade zu offenbaren.

Wir haben nicht bestreiten wollen, daß man Jesus auch als den Zeugen der Liebe Gottes verstehen könnte (wie sollte man das nicht auch sogar müssen!). Hier sollte vielmehr gegen Zahrnt herausgestellt werden, daß das N. T. den Begriff der „Liebe Gottes" inhaltlich entscheidend und zuerst von der Selbsterniedrigung Gottes und seinem rettenden Eingreifen in Kreuz und Auferstehung Jesu Christi zugunsten des Menschen her versteht und daß dieses Handeln Gottes als das Ereigniswerden der Liebe Gottes in der Solidarität Jesu mit den Gottlosen, in seiner Zeugenschaft der Liebe sozusagen erst „vorscheint", sein Licht vorauswirft. Der Dissensus läßt sich deshalb auf die Frage bringen: Ist die Solidarität Jesu mit den Gottlosen der Vorschein seines Kreuzes (Kähler) oder ist das Kreuz Jesu die Konsequenz und die Bewährung seiner Zeugenschaft der Liebe Gottes (Zahrnt)? Sind die Evangelien Passions-(und Oster-)geschichten mit ausführlicher Einleitung oder schildern sie lediglich Jesusgeschichten mit bewährender Ausleitung? M. a.

W.: Ist das irdische Auftreten Jesu ein Implikat seiner Passionsgeschichte (Kähler) oder ist die Passionsgeschichte ein Implikat des irdischen Jesus und seiner Verkündigung (Zahrnt, Ebeling)?

4. *Ostern als der Anbruch des Reiches Gottes und der Einbruch der neuen Schöpfung:*

Wenn Jesu Verkündigung und Wirken als die Zeugenschaft der Liebe und sein Kreuz als die Bewährung dieser Zeugenschaft gilt, was bedeutet dann *Ostern?* Zahrnt antwortet (in seinem 2. Aufsatz):

Schien die Kreuzigung die göttliche Sendung Jesu radikal in Frage zu stellen, schien sie seinen Anspruch durchzustreichen, so „beglaubigt" Gott in der Auferweckung Jesu von den Toten, „daß Jesu Anspruch nicht nur in seinem eigenen Herzen wurzelte", bestätigt sie, „daß Gott sich in Jesus von Nazareth offenbart hat und dieser Jesus von Nazareth also Gottes entscheidendes, endgültiges Wort über die Welt ist". Ostern ist nach Zahrnt also nicht primär — in engem Zusammenhang mit dem Kreuz — das Urteil Gottes, in dem Gott die Versöhnung am Kreuz in Kraft setzt (Röm. 4, 25; K. Barth), sondern — *in engem Zusammenhang mit dem Anspruch Jesu — „die göttliche Ratifikation seines [Jesu] Offenbarungsanspruches".*

Indem aber Zahrnt *die Auferstehung lediglich als Bestätigung des durch das Kreuz in Frage gestellten Anspruchs Jesu* begreift, wird sie unwillkürlich zur Aufhebung des Kreuzes, das Kreuz Jesu lediglich zu einem durch die Auferstehung endgültig überholten Durchgangsstadium, das von Ostern her als Bewährung der Zeugenschaft der Liebe, als „Pfand der Liebe Gottes" verstehbar wird.

Denkt man also wie Zahrnt in dem Schema: *Anspruch* (Jesus) — *Infragestellung* (Kreuz) — *Bestätigung* (Auferweckung), so kommt dem Kreuz des Auferstandenen keinerlei selbständige Bedeutung mehr zu, ganz im Gegensatz zu Paulus, der sein Kerygma zusammenfassend als „Wort vom Kreuz" (1. Kor. 1, 18), sein Amt als „Dienst der Versöhnung" (2. Kor. 5, 19) bezeichnen konnte, und ganz im Gegensatz zu der Urgemeinde, die Kreuz und Auferstehung in den Mittelpunkt ihrer Verkündigung gestellt hat.

Indem die Auferstehung den Anspruch Jesu, der das Reich Gottes „angesagt" hat, bestätigt und bewährt, bricht mit ihr zugleich, wie Zahrnt nun weiter entfaltet, das Reich Gottes und damit die neue Schöpfung an. Dem soll nicht widersprochen werden, denn hier ist erneut (im Anschluß an Käsemann und Moltmann) die kosmische Weite und universale Bedeutung der Auferstehung, ihre kosmische Dimension im Gegensatz zu einer anthropologischen Verengung bei Bultmann erkannt und mit Recht deutlich herausgestellt. Jedoch beachte man folgendes: Der Reduktion der Geschichte Jesu vor Ostern auf den Vollzug und die Bewährung der Zeugenschaft der Liebe Gottes einerseits entspricht die Einengung der Bedeutung der Auferstehung auf den Anbruch des Reiches Gottes, die Vorwegereignung des Endes und den Einbruch der neuen Schöpfung andererseits. Daß sich eine solche Einseitigkeit mit Notwendigkeit ergibt, *wenn man den historischen Jesus sowie die Auferstehung nicht von vornherein im engsten Zusammenhang mit dem Kreuz durchdenkt,* wird hier erneut deutlich.

(Zu der von *Zahrnt* mit Recht im Anschluß an v. Campenhausen vollzogenen positiven Zuordnung sowie Begrenzung der Zuständigkeit der historisch-kritischen Forschung hinsichtlich der Auferstehung vgl. die Einleitung S. 18 ff., 51 f.).

II. Der Text
H. Zahrnt: 1. „Gelitten, gekreuzigt, gestorben. Die Bedeutung des Kreuzes Christi."

Seit der Kundgebung in der Dortmunder Westfalenhalle ist uns mehrfach die Frage gestellt worden, welchen Glauben denn nun das Sonntagsblatt vertrete. Kann sich das heute weit verbreitete Mißverständnis dessen, was christlicher Glaube heißt, deutlicher ausdrücken als in dieser Frage? Als ob der christliche Glaube ein Objekt wäre, eine Lehre, Meinung oder Idee, die man vertreten kann, so, wie sie eine politische Richtung vertritt.

Dennoch meine ich, aus jener falsch gestellten Frage einen berechtigten Wunsch herauszuhören: man möchte wissen, was der andere glaubt. Freilich möchte man es nicht erfahren, um sich mit ihm im Glauben auszutauschen, sondern um seinen Glauben zu beurteilen. Dabei läßt man sich von einem quantitativen Glaubensverständnis leiten: man wiegt den Glauben des anderen ab, ob sein Quantum ausreicht. Auf diese Weise wird aus dem Glauben, den Luther eine „gute Vermutung zu Gott" nennt, eine Leistung von Menschen vor Menschen.

Immerhin hat der fromme Lärm der letzten Wochen eine positive Nebenwirkung gehabt: künftig kann sich niemand mehr nur auf seine theologische Meinung herausreden, sondern er muß sagen, was er glaubt. Und so möchte ich im folgenden sagen, welchen Glauben nun zwar nicht das Sonntagsblatt, aber sein theologischer Leiter „vertritt". Ich will es nicht im allgemeinen und obenhin tun, sondern konkret im Blick auf den Karfreitag. Ich möchte bekennen, was für mich als einen sogenannten „modernen Theologen" das Kreuz Jesu Christi bedeutet.

Zunächst frage ich, wo das Kreuz Christi in meinem Leben seinen „Ort" hat. Denn ich kann nun einmal nur etwas glauben, was ich verstehe. Das heißt nicht, daß ich das Ereignis von Golgatha rational begreifen und erklären will. Aber ich muß seine Bedeutung für mich erkennen. Das vermag ich nur, indem ich gewahr werde, in welcher Beziehung es zu meiner Situation steht, auf welche Frage und Not der Existenz des Menschen in der Welt es eine Antwort bietet.

1) Grob gerechnet, gibt es drei Stufen der Erkenntnis im Verhältnis des Menschen zur Welt. Auf der ersten Stufe nimmt der Mensch die Welt so hin, wie sie ist. Ob sie ihm dabei als ein freundliches Geschick oder als ein dunkles Verhängnis erscheint, ob er sich dankbar oder zynisch zu ihr verhält, ob er sie gierig genießt oder in Verantwortung verwaltet — auf jeden Fall begegnet die Welt ihm als „Schicksal" und damit als etwas, „für das er nichts kann".

2) Auf der nächsten Stufe erkennt der Mensch, daß die Welt durch ihn so ist, wie sie ist. Die Welt begegnet ihm als sein eigenes Werk; er ist der Täter. Das bedeutet die Entdeckung der „Schuld" durch den Menschen. Mit ihr erreicht der Mensch eine Würde, die ihn vor aller übrigen Kreatur auszeichnet. Aber auch diese Erkenntnis, so tief sie ist, reicht nicht aus. Aus der Schuld des Menschen allein läßt sich der böse Lauf der Welt nicht

erklären. Es gibt nicht nur subjektive Schuld, sondern auch objektive Verhängnisse in der Welt, Taten und Tatsachen, die nicht nur dem guten oder bösen Willen des Menschen entspringen.

3) Das führt zur dritten Stufe der Erkenntnis, auf der der Mensch die Welt nicht nur entweder als Schicksal oder als Schuld erfährt, sondern als ein unentwirrbares Geflecht aus beidem, wo ihm seine eigene Schuld als Schicksal und Verhängnis aufgeht, freilich als ein Schicksal und Verhängnis, an dem er handelnd teilnimmt, und darum immer auch als Schuld.

Diese dritte Stufe der Erkenntnis hat der christliche Glaube erschlossen. Darum geht es in der Bibel nie nur um die persönliche Schuld des einzelnen, sondern immer auch um den Sinn und das Schicksal der ganzen Welt, nie nur um die Gerechtigkeit des Menschen vor Gott, sondern immer auch um die Gerechtigkeit Gottes in der Welt.

Und darum hat gerade der Christ alles Verständnis für Camus' eindringliche Frage, warum in dieser Welt Kinder gefoltert werden, leiden müssen und sterben. Das ist die Situation, in der das Kreuz Christi für mich bedeutsam wird; das ist die Frage und Not, auf die der Karfreitag eine Antwort gibt.

Um die Antwort des Karfreitags auf unsere Situation zu verstehen, dürfen wir den Tod Christi freilich nicht von seinem Leben isolieren und ihn als ein besonderes Heilsfaktum nehmen. Nicht ein moderner Theologe, sondern Martin Kähler hat gesagt: Unsere Evangelien sind keine Biographien mit einem tragischen Schluß, sondern Passionsgeschichten mit ausführlichen Einleitungen. Danach haben wir uns zu richten. Wir haben das Leben und Sterben Jesu als eine Einheit zu nehmen und es als *ein* Werk zu deuten. Als Motto können wir darüber den Satz stellen, mit dem der vierte Evangelist seinen Bericht über die Passion Jesu einleitet: „Wie er die Seinen geliebt hatte, so liebte er sie bis ans Ende." In diesem kurzen Satz liegt das ganze Leben und Sterben Jesu Christi für uns beschlossen.

Während frühere Generationen — bis auf wenige Ausnahmen, zu denen Bernhard von Clairvaux und Martin Luther gehörten — einseitig die Gottheit Christi betont haben, ist für uns heute das Menschsein Jesu wichtig geworden. Und während frühere Generationen den Akzent vor allem darauf gesetzt haben, daß Christus die Menschen vor Gott vertritt, legen wir heute Wert darauf, daß Jesus Gott vor den Menschen vertritt. Aber damit ist nicht eine „Irrlehre" unter uns ausgebrochen, wie viele befürchten; es hat nur eine Akzentverschiebung stattgefunden: dieselbe Offenbarung wird nur von der anderen Seite betrachtet. Wir können den Umschwung, der sich vollzogen hat, auf die knappe Formel bringen: Jesus ist für uns nicht Gott, aber Gott ist für uns Jesus.

Jesus Christus handelt an Gottes Statt. Seine ganze Geschichte ist von einem einzigen Motiv bestimmt: hin zu den Gottlosen! Er hat sich zusammen mit den Sündern von Johannes dem Täufer im Jordan taufen lassen, er hat mit Zöllnern und Sündern am Tisch gesessen, er hat den „Armen" das Evangelium verkündigt, und er hat schließlich als ein scheinbar Gottloser zwischen Gottlosen am Kreuz gehangen. So hat er nicht nur durch sein

151

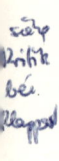

Verkündigen, sondern durch sein ganzes Verhalten Gottes Willen gegenüber den Menschen als einen gnädigen kundgetan. Gegen den Anspruch der Frommen und wider den Augenschein der Welt hat er die Liebe Gottes als den tiefsten Grund der Geschichte und als die letzte, befreiende Macht über unser Dasein geltend gemacht. Dafür hat er sein Leben, sich selbst zum Pfand gegeben. Durch die Auferweckung hat Gott beglaubigt, daß Jesu Verkündigen und Verhalten nicht nur in seinem eigenen Herzen wurzelte, sondern dem Weltwalten Gottes entsprach, so daß Leben und Sterben, Person und Werk, Existenz und Geschichte sich hier in einzigartiger Weise decken. Und so nenne ich denn Jesus Christus das Pfand der Liebe Gottes in der Welt. Fortan brauche ich nicht mehr vor Gott zu fliehen, sondern kann „mein Vater" zu ihm sagen.

Wenn Camus fragt, warum Gott zuläßt, daß in dieser Welt Kinder gefoltert werden, leiden und sterben, so kann ich ihm auch jetzt keine Antwort darauf geben, wenigstens nicht die Antwort, die er von mir erwartet, und ich glaube auch nicht, daß diese Antwort uns beiden wirklich helfen würde. Ich kann ihm nur bezeugen, daß Gott auch diese Kinder in seiner Hand hält und selbst im Leiden bei ihnen steht.

Und wenn Camus mich dann weiterfragte, woher ich solches wisse, so könnte ich ihn nur auf Jesus Christus verweisen. Jesus Christus erhellt mir den Sinn der Welt, nicht indem er mich über die Welt belehrt, sondern indem er mir eine „gute Vermutung" zu Gott gibt, so daß ich beten kann: „Unser Vater in dem Himmel." Und noch etwas anderes kann ich tun: ich kann zusammen mit Camus und seinen Gesinnungsgenossen dafür sorgen, daß in dieser Welt weniger Kinder gefoltert werden, leiden und sterben.

Früher haben die Menschen zunächst nach ihrem ewigen Heil gefragt, und die Antwort darauf hat ihnen geholfen, das Leben auf dieser Erde zu bestehen. Wir fragen heute zunächst nach der Gewißheit in diesem Leben, was uns auf dieser Erde hält und trägt, und hoffen, daß uns die Antwort darauf auch durch den Tod hindurch ins ewige Leben geleiten wird.

Das ist mein Glaube an das Kreuz Christi; das ist es, was ich am Karfreitag zu bekennen habe. Wenn nun jemand kommen sollte, dem das Quantum meines Glaubens zu gering erscheint, und mich deswegen vor ein Ketzergericht zitiert, so würde ich ihn zunächst auffordern, daß wir miteinander das Vaterunser beten. Und wenn ihm das Quantum meines Glaubens dann immer noch zu gering erschiene, das heißt, wenn er von mir einen größeren Glauben verlangte, als selbst Jesus Christus ihn gehabt hat, dann würde ich ihn daran erinnern, daß Jesus Christus nicht von den Unfrommen gekreuzigt worden ist, weil sie gegen die göttliche Wahrheit waren, sondern von den Frommen, die die göttliche Wahrheit zu besitzen meinten.

2. „Auferstehung."

Der Apostel Paulus erklärt der Gemeinde in Korinth: „Wenn Christus nicht auferweckt ist, so ist unsere Predigt leer und leer euer Glaube." Für die Wahrheit dieser Behauptung läßt sich aus dem Neuen Testament fast ein statistischer Nachweis erbringen: Während zum Beispiel die Jung-frauengeburt nur an zwei, zudem literarisch verhältnismäßig späten Stellen und die Höllenfahrt sogar nur an einer, literarisch noch späteren Stelle auftaucht, ist von der Auferstehung Jesu fast auf jeder Seite des Neuen Testaments die Rede. Wer also die Jungfrauengeburt oder die Höllenfahrt Christi herauslöst, *verletzt* den christlichen Glauben allerhöchstens; wer aber die Auferstehung Christi herauslöst, der *zerstört* ihn von Grund auf. Das heißt: Ostern geht es nicht um ein partielles Ereignis der göttlichen Offenbarung, nicht um ein Teilstück der christlichen Wahrheit, sondern um das Ganze des christlichen Glaubens. Ostern entscheidet es sich, ob es denn wahrhaftig wahr ist, daß Gott sich in Jesus von Nazareth offen-bart hat und dieser Jesus von Nazareth also Gottes letztes, entscheidendes, endgültiges Wort an die Welt ist. Ohne Ostern wäre die Geschichte Jesu für uns sinnlos und Gottes Offenbarung keine Offenbarung.

Wer also die Auferstehung Jesu verstehen will, darf sie nicht isoliert be-trachten als ein extraordinäres, mirakulöses Ereignis, sondern muß sie im Zusammenhang mit dem Ganzen des Geschickes Jesu sehen und nicht nur mit dem Ganzen des Geschickes Jesu, sondern mit dem Ganzen der univer-salen Geschichte der Offenbarung Gottes überhaupt. In diesem Zusammen-hang bedeutet die Auferstehung Jesu die göttliche Ratifikation seines Offenbarungsanspruches und damit zugleich die Vollendung und Endgül-tigkeit der Selbstoffenbarung Gottes. Indem Gott Jesus von Nazareth von den Toten auferweckt, beglaubigt er, daß Jesu Anspruch nicht nur in sei-nem eigenen Herzen wurzelte, sondern dem göttlichen Weltwalten ent-sprach, so daß Existenz und Geschichte sich hier in einzigartiger Weise decken.

Worin bestand nun der Anspruch Jesu? Er bestand darin, daß er, Jesus, die Nähe des Reiches Gottes und damit das erwartete Ende der Geschichte, ihre Erfüllung und Vollendung, ansagte. Jesus bringt die souveräne, durch keine Instanz legitimierte Zusage: Gott kommt, Gott will da sein für alle, die auf ihn warten, insonderheit für die, die bisher ausgeschlossen schie-nen von seinem Heil und seinem Reich. Jesus selbst ist nicht das Reich Gottes, aber die Nähe des Reiches Gottes steht mit seinem eigenen Auf-treten in engstem Zusammenhang. Denn er ist es, der die Nähe des Reiches Gottes ansagt, und durch diese Ansage ist er selbst, seine Person, der entscheidende Faktor in dem Geschehen, das jetzt in Gang gekommen ist. Durch die Worte, der er redet, und durch die Zeichen, die er wirkt, wirft das Reich Gottes seine Schatten voraus, ist es in dieser Zeit und Welt schon jetzt verborgen wirksam. So sind die eschatologischen Aussagen nicht vom Selbstbewußtsein Jesu zu trennen. Indem Jesus sich als den Ansager des Reiches Gottes weiß, an dessen Wort sich Gericht und Gnade, Heil und Unheil des Menschen entscheiden, ist die Eschatologie mit seiner Person aufs engste verknüpft.

Mit alledem aber entsprach die Gestalt und Botschaft Jesu nicht den Er-wartungen der Zeitgenossen. Das Bild, das sie sich von der Zukunft machten, sah anders aus. Auch sie glaubten wohl an die überlieferten

Verheißungen Gottes, aber sie knüpften an sie ganz bestimmte, eigenwillige Erwartungen: *so* sollten sie sich erfüllen, so und nicht anders! — und rechneten in ihrer Selbstverschlossenheit nicht damit, daß Gott seine Verheißungen anders erfüllt, als die Menschen es sich vorstellen, daß die Erfüllung, wenn anders es sich um *Gottes* Verheißungen handelt, notwendig über ihren faßbaren Inhalt hinausgeht. Darum kam es zum Konflikt, und der Konflikt endete mit der Hinrichtung Jesu am Kreuz.

Die Kreuzigung aber mußte die göttliche Sendung Jesu in Frage stellen. Sie schien jeden Anspruch, jedes Wort von ihm durchzustreichen. Im allgemeinen braucht der Tod eines Menschen, auch wenn er in der Form einer Hinrichtung geschieht, sein Wort noch nicht zu widerlegen. Im Gegenteil, er kann es sogar bekräftigen und bestärken. Das sehen wir sowohl an Sokrates wie an den Männern des 20. Juli. Anders dagegen bei Jesus! Bei ihm bildete seine Botschaft eine unauflösliche Einheit mit seiner Person; sein Wort setzte sein Dabeisein voraus. Darum mußte sein Tod seine Botschaft widerlegen, und darum konnten die Jünger nach seinem Tode auch nicht den Inhalt seiner Botschaft von seiner Person abstrahieren und als eine allgemeine, zeitlose Wahrheit verkündigen, wie es später die liberale Theologie getan hat. War also die Sache Jesu mit seinem Tode ausgelöscht? Das war die Frage, vor die das Kreuz stellte.

Auf diese Frage gibt Ostern die Antwort. Mit der Auferweckung Jesu von den Toten hat Gott den Anspruch Jesu vor aller Welt beglaubigt. Wenn dieser Anspruch Jesu aber darin bestand, daß er, Jesus, die Nähe des Reiches Gottes und damit das erwartete Ende der Geschichte, ihre Erfüllung und Vollendung, ansagte, dann bedeutet die Beglaubigung dieses Anspruches durch die Auferweckung, daß jetzt das Reich Gottes, das Ende der Geschichte, ihre Erfüllung und Vollendung, angebrochen ist. Wer also an die Auferstehung Jesu von den Toten glaubt, glaubt nicht nur, daß Jesus selber auferstanden ist, sondern daß sich in seinem Geschick, in seinem Sterben und Auferstehen, das Ende der Geschichte, ihre Erfüllung und Vollendung, vorweggereignet hat. Wenn sich aber in dem Geschick Jesu, in seinem Sterben und Auferstehen, das Ende der Geschichte, ihre Erfüllung und Vollendung, vorweggereignet hat, dann bedeutet dies, daß wir Jesus Christus nicht hinter uns, im Rücken, haben als ein Ereignis der Vergangenheit, sondern daß er vor uns steht, am Ende der Geschichte, und von dort, vom Ende her, auf uns zukommt und uns herausführt aus dem Gefängnis unserer Vergangenheit in die Freiheit, Offenheit und Weite einer unbegrenzten Zukunft.

An Jesus von Nazareth ist bereits geschehen, was für uns noch aussteht. Über die Auferstehung von den Toten gibt es kein Hinaus; sie zeigt die Endgültigkeit und Universalität der Offenbarung Gottes in Christus an: endgültiger, universaler, weltweiter, kosmischer geht es nimmer. Dabei müssen wir uns freilich darüber klar sein, daß der Ausdruck „Auferstehung von den Toten", mit dem wir das den Jüngern zu Ostern widerfahrene Ereignis zu bezeichnen pflegen, nur ein Gleichnis und Symbol ist, das aus der spätjüdischen Apokalyptik stammt. Aber wie können wir vom Ende der Geschichte, von dem, was von allem irdischen Leben verschieden, was *jenseits* des Todes lebendig ist, auch anders reden als in Bildern, Gleichnissen und Symbolen?

Aber wenn sich in der Auferstehung Jesu bereits das *Ende* der Geschichte vorwegereignet hat, inwiefern ist sie dann noch als ein *geschichtliches* Ereignis zu begreifen, das in unserer Welt, in Raum und Zeit stattgefunden hat? Rudolf Bultmann schneidet auch hier jede historische Rückfrage über das Kerygma hinaus kurzweg ab; er dekretiert: „Der christliche Osterglaube ist an der historischen Frage nicht interessiert." Wolfhart Pannenberg behauptet dagegen in seiner Reaktion gegen Bultmann auch hier das Gegenteil. Er meint, daß es nur die in der Geschichtswissenschaft herrschende „Allmacht der Analogie", das Postulat der prinzipiellen Gleichartigkeit alles Geschehens sei, das den Historiker hindere, an dieser Stelle das Besondere, Andersartige, das die Analogie des sonst Gewohnten Durchbrechende unbefangen wahrzunehmen und so die Historizität der Auferstehung Jesu anzuerkennen. Die Wahrheit liegt in der Mitte zwischen beiden Positionen, nicht weil die Wahrheit etwa immer in der Mitte läge — das tut sie keineswegs —, sondern weil dies der geschichtlichen Eigenart der vom Neuen Testament bezeugten Osterereignisse entspricht.

Die Auferstehung Jesu ist nicht ein historisches Geschehen, das sich wie sonst ein Geschehen in Raum und Zeit beobachten und „dingfest" machen läßt. „Am dritten Tage auferstanden von den Toten" — das trägt einen anderen Tatsachencharakter als die unmittelbar vorangehenden Aussagen des Glaubensbekenntnisses. „Gelitten unter Pontius Pilatus, gekreuzigt, gestorben und begraben" — das sind feststellbare Tatsachen, die sich auch von anderen Menschen aussagen lassen. Auch andere Menschen haben damals unter Pontius Pilatus gelitten und sind unter ihm gekreuzigt, gestorben und begraben. „Am dritten Tage auferstanden von den Toten" aber ist kein historisches Ereignis im strengen Sinne mehr, sondern *sprengt die Grenzen der Geschichte*, so gewiß alle Geschichte ihre Grenze am Tode hat — oder wir nehmen, im Gegensatz zur Bibel, den Tod nicht ernst als wirkliches, totales Ende des Lebens. Bei der Auferstehung kann es sich also nie um eine unmittelbare Fortsetzung des irdischen Lebens und Wirkens Jesu, nur auf eine andere, sogenannte „geistige" Weise oder auf einer anderen, sogenannten „höheren" Ebene handeln. Vielmehr ist in dieser Fortsetzung der Geschichte Jesu ein Moment der Diskontinuität, eine Wende enthalten, die ebensowenig selbstverständlich ist wie die Wende vom Tod zum Leben. Daß es hier trotz des Todes eine Fortsetzung gibt, ist nur als Tat Gottes zu erfassen. Und darum hat die gegenwärtige Theologie fraglos recht, wenn sie so radikal betont, daß die Auferstehung Jesu in den Bereich des Glaubens gehöre und diesem allein zugänglich sei. Das bedeutet jedoch nicht, daß der christliche Osterglaube an der historischen Fragestellung überhaupt nicht interessiert wäre. Denn so gewiß die Auferstehung Jesu alle Analogien des sonst in der Geschichte Gewohnten und Erfahrbaren sprengt, so gewiß ist sie doch ein Geschehen in dieser Zeit und Welt und wird als ein wirkliches Ereignis der geschichtlichen

Vergangenheit überliefert. Deshalb kann der Glaube den historischen Fragen, die sich ihm hier stellen, auch nicht einfach ausweichen.

Wer die neutestamentlichen Zeugnisse von der Auferstehung Jesu historisch-kritisch betrachtet, muß zwei Tatsachen konstatieren:

Erstens, daß sich innerhalb des Jüngerkreises Jesu nach der Katastrophe des Karfreitags im Laufe weniger Wochen ein merkwürdiger Stimmungsumschwung vollzogen hat. Zuerst ein Bild völligen Scheiterns: Ratlosigkeit, Furcht, Flucht und vollkommenes Verstummen — und alsbald darauf das genaue Gegenteil davon: die unaufhaltsame Verkündigung Jesu Christi in aller Welt. Wie ist dieser Wandel zu erklären?

Auch der unvoreingenommene Historiker muß zugeben, daß inzwischen „etwas" geschehen sein muß, das diesen Umschwung verständlich macht — „etwas", das die Jünger wieder von Galiläa nach Jerusalem zurückführt, „etwas", das sie zu neuer Aktivität befähigt, „etwas", das sie den Entschluß zur „christlichen Predigt" fassen läßt. Ohne dieses „Etwas" bleibt die Entstehung der christlichen Kirche historisch unverständlich.

Was ist nun dieses „Etwas", das dies alles bewirkt hat? Damit stehen wir vor der *zweiten* Tatsache, die der Historiker zu konstatieren hat: Petrus und die anderen Jünger behaupten nach dem einhelligen Zeugnis des Neuen Testaments, daß Jesus nicht im Tode geblieben, sondern auferstanden sei. Wohlgemerkt, der Historiker kann nicht konstatieren, daß Jesus auferstanden sei. Was er immer nur konstatieren kann, ist, daß Petrus und die anderen Jünger behaupten, daß Jesus auferstanden und ihnen erschienen sei.

Solche Berichte über Erscheinungen des Auferstandenen finden sich im Neuen Testament eine ganze Reihe. Der älteste und zuverlässigste steht im 15. Kapitel des 1. Korintherbriefes. Er stellt im Grunde nichts anderes dar als eine trockene Aufzählung der Erscheinungen des Auferstandenen: erst vor Petrus, dann vor den Zwölfen, dann vor 500 christlichen Brüdern auf einmal, dann vor dem Herrnbruder Jakobus, dann vor allen Aposteln und schließlich zuletzt vor Paulus selbst.

Paulus leitet seinen Bericht mit der Versicherung ein, daß er hier nur „überliefere", was er selbst bereits „empfangen" habe. Das heißt, daß wir es mit altem, zur Formel geprägtem und dadurch konserviertem Traditionsgut zu tun haben, das zeitlich über Paulus hinaus zurückweist. Der 1. Korintherbrief ist im Frühjahr 56 oder 57 von Paulus in Ephesus geschrieben worden, also etwa 25 Jahre nach Jesu Tod. Der Tod Jesu fällt in das Jahr 30 oder 33, die Bekehrung des Paulus hat etwa drei Jahre danach, zwischen 33 und 35, stattgefunden. Paulus wird die von ihm zitierte Bekenntnisformel bald nach seiner Bekehrung entweder noch in Damaskus selbst oder etwas später in Antiochien oder Jerusalem übernommen haben. Zwischen ihrer Entstehung und den durch sie überlieferten Ereignissen kann also kaum ein Jahrzehnt, wahrscheinlich kaum ein halbes verflossen sein. Hinzu kommt, daß der Bericht durch die namentliche Erwähnung noch lebender Zeugen der Kontrolle ausgesetzt war; überdies hat Paulus die Hauptzeugen auch persönlich gekannt. Das alles bedeutet, daß wir mit dem Bericht des Paulus chronologisch ganz nahe an die Erscheinungen des Auferstandenen selbst heranreichen, so nahe jedenfalls, wie dies nur bei sehr wenigen Ereignissen der antiken Geschichte der Fall ist.

Im Vergleich zur paulinischen Überlieferung sind die Auferstehungsgeschichten, die die vier Evangelien enthalten, zeitlich jünger und historisch unzuverlässiger. Sie bieten zwar eine Fülle konkreter Einzelangaben, bei näherer Prüfung zeigt sich jedoch, daß diese das Werk frommer Ausmalung sind. Trotz aller legendären Ausschmückungen aber wird in keinem der kanonischen Evangelien — im Unterschied zu den apokryphen — erzählt, *wie* Jesus auferstanden ist. Ihr Interesse hängt nicht an dem *Wie*, sondern an dem *Daß* der Auferstehung. Damit bleibt das Geheimnis der Auferstehung auch von ihnen gewahrt.

Ansonsten aber enthalten die neutestamentlichen Ostergeschichten viele legendäre Züge, Widersprüche und Unstimmigkeiten. Diese Unstimmigkeiten, Widersprüche und legendären Ausschmückungen brauchen nun aber die Tatsache der Auferstehung Jesu noch nicht zu widerlegen. Denn was zur Ausgestaltung der Berichte trieb, war keineswegs nur müßige Phantasie; vielmehr standen bestimmte theologische und verkündigungsmäßige Tendenzen dahinter, vor allem aber das Interesse, die Objektivität und Leibhaftigkeit der Auferstehung Jesu zu betonen. Dadurch sollte jede spiritistische Mißdeutung der Auferstehung abgewehrt, vor allem aber der Verdacht widerlegt werden, daß der Leichnam Jesu von den Jüngern gestohlen worden sei. Das alles zeigt, daß wir es auch hier wie überall in den Evangelien nicht mit historischen Berichten, mit Chroniken oder gar Protokollen, sondern mit Glaubenszeugnissen zu tun haben.

Die Auferstehung Jesu auf historischem Wege beweisen zu wollen, würde der Intention gerade der neutestamentlichen Zeugnisse widersprechen. Denn allen diesen Zeugnissen ist es eigen, daß sie das Wirklich- und Wirksamwerden der Auferstehung Jesu an den Glauben binden. Dieser Zusammenhang zwischen Auferstehung und Glaube wird durch eine überraschende Beobachtung bestätigt: Alle Erscheinungen des Auferstandenen, die uns im Neuen Testament berichtet werden, geschehen vor Menschen, die glauben, oder richtiger, vor Menschen, die eben durch dieses Geschehen zu Glaubenden werden. Von niemandem wird berichtet, daß ihm der Auferstandene erschienen sei, ohne daß er eben dadurch zum Glauben gekommen wäre. Darum werden auch im ganzen Neuen Testament keine der Erscheinungen Jesu vor neutralen Zeugen oder gar vor seinen Gegnern erzählt, etwa vor den Schriftgelehrten, den Hohenpriestern, Pontius Pilatus oder dem Hohen Rat. Es bedarf der Öffnung des Auges durch den Glauben, wenn der Auferstandene erkannt werden soll.

Nun spielt in den Ostererzählungen aller vier Evangelien das *„leere Grab"* eine Rolle. Während die Erscheinungsgeschichten die Auferstehung Jesu positiv bezeugen, tun es die Grabesgeschichten gewissermaßen negativ von der Entdeckung her, daß das Grab leer war. In der heutigen Theologie wird das leere Grab meistens mit einer raschen Handbewegung abgetan. Entgegen dieser allgemein herrschenden theologischen Zeitströmung hat der Heidelberger Kirchenhistoriker Hans von Campenhausen in einer viel-diskutierten Akademieabhandlung historisch nachzuweisen versucht, daß das Grab Jesu wahrscheinlich leer gewesen sei. Dabei stützt er sich vor allem auf die Überlieferung des Markus. Er schließt seine kritische Prüfung des Markusberichtes mit dem Urteil: „Prüft man das, was sich prüfen läßt, so kommt man meines Erachtens nicht darum herum, die Nachricht vom leeren Grab selbst und von seiner frühen Entdeckung stehen zu lassen. Es spricht vieles für und nichts Durchschlagendes und Bestimmtes gegen sie; sie ist also wahrscheinlich historisch."

Mehr über das leere Grab zu sagen, sollten uns freilich sowohl unsere historische Vorsicht wie unsere theologische Einsicht verbieten. Was kann das leere Grab auch schon theologisch für den Osterglauben bedeuten? Auf keinen Fall kann man den Glauben an die Auferstehung Jesu durch den Glauben an das leere Grab stützen, denn das hieße einen Glauben durch den anderen sichern. Das aber ist unmöglich. Der Glaube trägt seine Gewißheit in sich selbst und bedarf nicht des bestätigenden Mirakels. Was könnte das leere Grab schließlich auch anderes beweisen als die Rückkehr eines Toten in die diesseitige Welt? Rückkehr von den Toten in das Leben kennt man aber auch sonst im mythischen Bereich. Wiedergänger kommen in vielen Sagen vor.

Jesus Christus aber ist kein Wiedergänger. Der christliche Glaube an die Auferstehung Jesu meint etwas ganz anderes und viel mehr als ein zu-fällig in die Geschichte eingestreutes Mirakel. Er meint, daß sich in dem Sterben und Auferstehen Jesu das Ende der Geschichte, ihre Erfüllung und Vollendung, vorweggereignet hat, daß die Geschichte der ganzen Welt da-mit in eine ewige Bewegung hineingerissen ist. Und wie eine Geburt, wenn sie einmal in Gang gekommen ist, sich nicht mehr aufhalten läßt, so läßt sich auch dieser Prozeß der Erneuerung und Vollendung der Schöpfung Gottes nicht mehr aufhalten. Er wird ans Ziel gelangen, so gewiß der Donner nicht ausbleiben kann, wenn der Blitz geleuchtet hat.

Das Christentum ist nicht, wie wir so häufig meinen, am Ende, sondern es hat gerade erst angefangen. Denn Christsein heißt nicht, eine Religion haben oder zu einer Kirche gehören — die Religionen kommen, und die Kirchen gehen —, sondern Christsein heißt, an die neue Schöpfung, an die neue Wirklichkeit glauben, die mit der Auferstehung Jesu von den Toten begonnen hat. Christsein heißt, eine Leidenschaft für das neue Sein haben.

W. Künneth
Gottes Offenbarung in Kreuz und Auferstehung.
Die Einheit von Wirklichkeit und Wahrheit

I. Die Einführung

Das eigentliche und maßgebliche Anliegen, das *W. Künneth* in seinem Aufsatz geltend macht, ist folgendes: Für den christlichen Glauben gibt es keine Ablösbarkeit des Wahrheitsgehaltes von der ihn begründenden Wirklichkeit. Die Bedeutsamkeit bzw. Wahrheit eines Ereignisses können nicht behauptet werden, wenn es eine sie begründende Wirklichkeit gar nicht gibt. Kurz: *Wirklichkeit begründet Bedeutsamkeit und Bedeutsamkeit ist nur auf Grund von Wirklichkeit aussagbar.* Und insofern diese Einheit von Wirklichkeit und Wahrheit für die Offenbarung Gottes in Kreuz und Auferstehung grundlegend ist, gipfelt seine Darlegung in dem Satz: „Die christologische Wahrheit löst sich in nichts auf, wenn die christologische Wirklichkeit preisgegeben wird."

1. *Das Auferstehungsereignis als Grund des Glaubens*[31]:
Nach Künneth gilt es, die *fundamentale Bedeutung der Auferstehung Christi* für alle christlichen Aussagen herauszustellen. Die Auferstehung Jesu ist die Urvoraussetzung der christlichen Botschaft überhaupt. Das Osterzeugnis ist nicht nur das älteste urchristliche Bekenntnis (Luk. 24, 34), sondern auch spezifischer Inhalt des christlichen Glaubens (1. Kor. 15, 3. 21; 12, 3; Röm. 5, 15; 8, 34; 10, 9 usw.). In ihm kulminiert die gesamte Heilsoffenbarung (Röm. 4, 25; 6, 4; 8, 11. 34). Die Begegnung der Jünger, einschließlich des Paulus, mit dem Auferstandenen begründet das Apostolat (Apg. 1, 2. 22; 10, 41; 13, 31; 20, 24; Gal. 1, 10. 16; 1. Kor. 9, 1; Röm. 1, 5; 15, 6) und prägt die missionarische Verkündigung (Apg. 2, 32; 4, 2. 33; 13, 33 f.; 24, 21; 25, 19). Aus diesem Tatbestand ergibt sich die Schlüsselstellung der Auferstehung Christi für das Verständnis der christlichen Offenbarung (Künneth).

„Als Gottes schöpferische Tat, die den gekreuzigten Jesus von Nazareth zu einem Herrlichkeitsleben erweckt, steht dieses Ereignis jenseits der immanenten menschlichen Erkenntnismöglichkeit . . . Demnach besagt die Auferstehung Christi die Setzung einer neuen Lebenswirklichkeit, den Beginn einer zweiten Schöpfung, den Anfang des ‚neuen Äons'. Der geschichtliche Niederschlag des unanschaulichen *Auferstehungsereignisses* manifestierte sich primär und wesenhaft in der Selbstbezeugung des Auferstandenen durch seine ‚Erscheinungen' und sekundär in dem Zeugnis vom ‚leeren Grab' . . . Die Auferstehungserscheinungen repräsentieren eine unvergleichliche Dimension, die paradox einerseits die Identität mit dem Gekreuzigten, andererseits die ‚Doxa' [= Herrlichkeit] des göttlichen Herrn zum Inhalt hat (Joh. 20, 28; Phil. 3, 21; 1. Kor. 15, 42 f.). Die mit dem Osterzeugnis unlösbar verbundene Nachricht vom ‚leeren Grab' (Mark. 16, 6; Matth. 28, 6; 12, 40 f.; Luk. 24, 3. 12; Joh. 20, 2. 5. 7) vermag zwar nicht den Auferstehungsglauben zu begründen, ist aber dogmatisch bedeutsam als Abwehr jeder symbolischen, spiritualistischen . . . und existentialen Deutung der Auferstehung Christi" (Künneth).

2. *Die Trennung von Wirklichkeit und Wahrheit:*
Die grundlegende *Einheit von Wirklichkeit und Wahrheit*, von Geschehensein und Deutung, wird nun von Künneth besonders gegenüber *W. Marxsen* geltend

---

[31] Vgl. zu diesem Abschnitt W. Künneth: Artikel „Auferstehung Christi, II, Dogmatisch", in RGG³, Bd. I, Sp. 700 f.

gemacht: Nach Marxsen gibt es zwei Ebenen eines Geschehens: die historische und die theologische Ebene. Diese sind sauber auseinanderzuhalten, und zwar deshalb, weil wir unter Umständen aus einer komplexen historischen und theologischen Darstellung im N. T. nur den theologischen Aspekt (den der Bedeutsamkeit) für richtig halten, während wir die historische Überzeugung jener Zeugen nicht mehr teilen können. Auf die Auferstehung Jesu angewandt heißt das (nach Marxsen): Die Menschen damals waren einerseits von dem wirklichen Ereignetsein der Auferstehung Jesu überzeugt *(historischer Aspekt)*, andererseits haben sie aus der Auferstehung Jesu (genauer: aus den „Erscheinungen Jesu") die Sendung und die Beauftragung zur Verkündigung abgeleitet *(theologisch-kerygmatischer Aspekt)*. Da wir aber das wirkliche Ereignetsein der Auferstehung Jesu (genauer: die Überzeugung der Urgemeinde und des Paulus von dem Ereignis der Auferstehung Jesu) nicht mehr zu teilen vermögen (so Marxsen), „können [wir] eben wirklich nur kerygmatisch, nicht aber historisch von der Auferstehung Jesu reden[32]". Dieser kerygmatisch-theologische Sinn der Auferstehung sei dabei so zu umschreiben: „Die Sache Jesu geht weiter." Ostern ist dann nicht ein Handeln Gottes an dem gekreuzigten Jesus, sondern im Kern die Weitereignung des Jesuskerygmas! Die Rede von der Auferstehung Jesu meine also (dies sei ihr bleibend kerygmatischer Sinn): Die Verkündigung Jesu setzt sich auch über seinen Tod hinaus in der Verkündigung der Zeugen fort. „Sie [die Zeugen] stehen in ihrer Funktion nun an Jesu Statt[33]." Die Unterscheidung zwischen historischer und theologischer Aussage führt also bei Marxsen in der Auferstehungsfrage einerseits zur Reduktion der Auferstehung als einer Tat Gottes an dem gekreuzigten Jesus auf das historische Ereignis des „Sehens des Gekreuzigten", andererseits zur Interpretation dieses Widerfahrnisses, in dem es im Kern um die Auslösung einer Funktion, die Weitereignung des Jesuskerygmas in der Verkündigung der Jünger geht.

Gerade diese Trennung von *Wirklichkeit* (Auferstehung als ein Ereignis) und *Bedeutsamkeit* (Begründung der Sendung) hat nun *Künneth* im Auge, wenn er sagt: „Die Auferstehung selbst ist nicht geschehen, aber man hält an dem Begriff ‚Auferstehung' fest, in dem man die Wahrheit dafür, daß ‚die Sache Jesu weitergetrieben wird' (Marxsen) . . . ausgedrückt findet." So versucht man „trotz totaler Bestreitung der Wirklichkeit der Auferstehung wenigstens den Wahrheitsgedanken von Ostern gelten zu lassen" (Künneth).

3. *Die Einheit von Wirklichkeit und Bedeutsamkeit:*
Diese Einheit von Wirklichkeit und Bedeutsamkeit, die bereits im alttestamentlichen Urcredo (5. Mose 26, 5—11) als der deutenden Bezeugung von konkretem Heilshandeln Jahwes an Israel vorgebildet ist, erläutert *Künneth* an Markus 2, 1—12: „Heilung des Gichtbrüchigen" und Markus 4, 31—35: „Stillung des Sturmes" und läßt ihn angesichts der *unlöslichen Einheit von Vergebung und Heilung* bei Jesus (Mark. 2, 1—12) zu Recht urteilen: „Demgemäß ist es nicht gestattet, sich an dem Heilungswunder vorbeizuschleichen und die Wahrheit der Vergebung festzuhalten." Denn in diesen Erzählungen sind Wirklichkeit und Wahrheit, Heilung und Vergebung unlöslich verknüpft.

Angesichts der *Auferstehung Jesu* stellt sich die Frage nach der unlösbaren Einheit von Wirklichkeit und Wahrheit noch einmal in aller Dringlichkeit: „Alles konzentriert sich hier auf die Kardinalfrage, wie es mit der Wirklichkeit

[32] W. Marxsen: Die Auferstehung Jesu als historisches und dogmatisches Problem, A. a. O., S. 10.
[33] W. Marxsen: Die Auferstehung . . ., A. a. O., S. 25.

und Wahrheit der Auferstehung Jesu steht" (Künneth). Die Bedeutsamkeit der Auferstehung kann nicht für sich in Anspruch nehmen, wer die Wirklichkeit dieses Ereignisses als schöpferische Tat Gottes an dem gekreuzigten Jesus bestreitet! Bedeutsamkeit gibt es hier streng nur auf Grund und unter Voraussetzung von Wirklichkeit. Wie sollte Wahrheit wirklich „Wahrheit" sein, wenn Deutung nicht wahrhaft „Wirklichkeit" deutet? Denn Wahrheit sagt, was wirklich ist, oder sie ist wirklich Unwahrheit.

Dieses hier von Künneth zu Recht entfaltete Anliegen hat K. Barth einmal in ähnlicher Frontstellung so formuliert: Die Wirklichkeit des Christusgeschehens „kann und darf, gerade um in dieser ihrer Bedeutsamkeit erkannt . . . zu werden, nicht zugunsten dieser ihrer Bedeutsamkeit ignoriert . . . werden, in dieser verschwinden . . . Denn daß es so für uns *geschah*, daran hängt es, daß es uns . . . *bedeutsam* werde . . . Wo kein Bedeutsames ist . . ., da ist auch keine Bedeutsamkeit . . .[34]"

4. Die Auferstehung Jesu, — „Faktum" und „Tatsache"?

Betont *Künneth* also zu Recht die Einheit von Wirklichkeit und Wahrheit, so bedient er sich doch andererseits einer Begrifflichkeit, die sein Anliegen verdunkelt. Hat Künneth in seinen früheren Veröffentlichungen z. B. zwischen dem „*Faktum*" (!) des leeren Grabes in seiner historischen Konstatierbarkeit einerseits und dem „*Ereignis*" (!) der Auferstehung Jesu andererseits sorgsam unterschieden[35], so bedient er sich nun — natürlich infolge der polemischen Zuspitzung seiner Sätze — doch *solcher Wendungen, die dem umfassenden Wirklichkeitscharakter der Auferstehung nicht gerecht zu werden vermögen.* So kann Künneth von *Heilsfakten, Heilstatsachen* oder z. B. von der *realen Tatsache* und dem *realen Faktum* der Auferstehung sprechen. Ein Faktum ist aber seinem Begriff nach etwas „Festgestelltes", ist immer etwas Zuhandenes, Konstatierbares und dingfest Gemachtes.

Die Auferstehung ist jedoch in ihrem Wirklichkeitscharakter *als Tat Gottes* (Tiefendimension) ein Ereignis, das die immanente, also auch historische Erkenntnismöglichkeit des Menschen übersteigt, denn sie ist in ihrem Wesen als *ein alle Zeiten übergreifendes, Zukunft eröffnendes Geschehen* (Zukunftsdimension) der historischen Forschung prinzipiell nicht faßbar.

Die Auferstehung hat zwar einen historischen Rand (Erscheinungen, leeres Grab), sie ist deshalb von diesem faktischen, historischen Geschehen nicht ablösbar, *sie hat also in ihrem historischen Rand durchaus teil am Faktischen und Tatsächlichen* unserer Geschichte. Aber — eben weil sie lediglich daran teil hat, sollte sie selbst nicht eine „Heilstatsache", nicht ein reales „Faktum" genannt werden. Denn *dem Wirklichkeitscharakter der Auferstehung wird man weder dadurch gerecht, daß man dieses Ereignis von seinem historischen Rand (Erscheinung, leeres Grab) ablöst, noch bezeichnet man ihn damit richtig, daß man ihn mit historischen Kategorien, mit Begriffen wie „Faktum" und „Tatsache" beschreibt.*

---

[34] K. Barth: Kirchliche Dogmatik (K D), IV, 1, S. 245.
[35] W. Künneth: 1. RGG³, Sp. 701; 2. „Theologie der Auferstehung", München 1951⁴, S. 84 unterscheidet Künneth zwischen dem „brutum f a c t u m" des leeren Grabes und dem „dahinterstehenden E r e i g n i s".

II. Der Text
W. Künneth: „Gottes Offenbarung in Kreuz und Auferstehung. Die Einheit von Wirklichkeit und Wahrheit."

Die Frage der Gemeinde

Seit fast zweitausend Jahren werden in der Christenheit auf Erden die mannigfachen Berichte und Erzählungen der Evangelien sowie die apostolischen Briefe gelesen und verkündigt. Die gläubige Gemeinde ist davon überzeugt, daß ihr in diesen, im Neuen Testament begründeten Aussagen die Wahrheit bezeugt wird, daß Jesus Christus als historischer Mensch in Judäa und Galiläa gelebt, daß er gepredigt und Wunder gewirkt hat, daß sein irdisches Leben im Kreuzestod auf Golgatha endete, aber auch, daß dieser Jesus nach seinem Tode in göttlicher Majestät einem bestimmten Kreis auserwählter Jünger erschienen ist und sie als Sendboten seines Heilswerkes in die Welt sandte. Die christliche Botschaft aller Zeiten behauptet das wirkliche Geschehensein der Offenbarung Gottes in Jesus Christus, dem Mensch Gewordenen, dem Gekreuzigten, dem Auferstandenen. Die Wirklichkeit und Wahrheit der Offenbarung Gottes sind Inhalt des Glaubens der Gemeinde. Wenn es so steht, muß es daher als eine Täuschung und Irreführung von der Gemeinde empfunden werden, wenn ihr etwas in der Kirche verkündigt würde, was der Realität entbehrt, was sich überhaupt nicht zugetragen hat. Damit müßte die gesamte Verkündigung den Stempel des Unglaubwürdigen erhalten. Mit Recht fragt darum die Gemeinde nach der Echtheit und Gültigkeit der biblischen Aussagen und hat ein brennendes Interesse daran, ob Gottes Offenbarung wirklich geschehen ist.

Die theologische Diskussion

Diese so selbstverständlich erscheinenden Erwartungen und Behauptungen des Gemeindeglaubens aber werden heute sehr ernsthaft von bestimmten theologischen Erwägungen und Urteilen in Frage gezogen. So stellt W. Marxsen in der gegenwärtigen Theologie die These auf, daß man zwischen historischen Feststellungen und den Aussagen des Glaubens, zwischen einem *Geschehensein* und *der Deutung*, zwischen Wirklichkeit und Wahrheit einen klaren Trennungsstrich ziehen müsse. Da wir modernen Menschen „alle Kinder der Aufklärung" sind, müssen wir ihre Entdeckung gelten lassen: „nämlich die Unterscheidung zwischen einer exakten Darstellung eines Geschehens einerseits und der deutenden, erklärenden Darstellung dieses Geschehens andererseits" (W. Marxsen, Der Streit um die Bibel, 1965. S. 40). Es gibt demnach zwei „Ebenen, die historische und die theologische", die man beide „sauber" auseinanderhalten muß (S. 39). Dabei ist zu beachten, daß die Dimension des Historischen, geschichtlich Berichteten, des Tatsächlichen und Geschehenen überaus fragwürdig erscheint. In diesem Bereich herrscht uneingeschränkt und radikal die historisch-kritische Forschung, und ihre Resultate lassen die Skepsis und Resignation verständlich werden, daß man letztlich über Ereignisse in der Vergangenheit keine gewisse und zuverlässige Auskunft geben kann: In dieser Sicht werden viele Aussagen des Neuen Testaments als „historisch unecht" bezeichnet. „So läßt sich die Frage nach dem genauen Datum des Todes Jesu wahrscheinlich historisch überhaupt nicht mehr ermitteln" (S. 37). Dieses negative Ergebnis, so wird hier versichert, hat jedoch seinen „theologischen Schrecken eingebüßt" (37), denn eine Aussage kann auch dann „theologisch" „richtig" sein, wenn sie rein historisch „gar nicht stimmt" (31). Dieses Urteil ist allerdings folgenschwer und von einer weittragenden Bedeutung. Damit wird nämlich nichts Geringeres behauptet, als daß es auf Fakten, Tatsachen, Geschehnisse eigentlich gar nicht ankommt. Dann kann also die Frage offen bleiben, ob Jesus wirklich diese Worte gesprochen oder jene Wunder getan hat, ob er wirklich nach seinem Tode auferweckt und als der lebendige Herr gesehen wurde oder ob sich das alles gar nicht so zugetragen hat. In diesem Fall begnügt man sich damit, nicht nach dem Geschehensein, sondern nach dem Wahrheitskern eines Berichtes zu fragen, nach seinem inneren Sinn, nach seiner „Bedeutsamkeit". Man wird demgemäß die neutestamentlichen Texte danach befragen, welchen Wert sie für mich persönlich besitzen, was sie für mein persönliches Leben zu sagen haben, gleichviel ob das erzählte Heilsgeschehen sich wirklich ereignet hat, oder ob es sich nur um eine bildhafte Darstellungsform handelt, in der uns eine Wahrheit überliefert werden soll. Wir haben es bei dieser Trennung zwischen Wirklichkeit und Wahrheit mit einer Schwerpunktsverlagerung zu tun, der ein elementares Gewicht für das Verständnis, ja die Existenz des christlichen Glaubens zukommt.

Mythologische Vorstellungen

Angesichts dieser Thesen gilt es zu überlegen, ob diese theologische Uninteressiertheit an historischem Geschehensein der spezifischen Eigenart der Christusbotschaft gerecht zu werden vermag. Es zeigt sich nämlich vielmehr folgender aufschlußreiche Vorgang. Je mehr man den Glauben von Heilsfakten im Raum der Geschichte löst und ihn lediglich auf den von der historischen Wirklichkeit unabhängigen Wahrheitsgehalt konzentriert, nähert man sich der Vorstellungswelt religionsgeschichtlicher Mythologien. Mythen, Sagen und Legenden sind Aussageformen des menschlichen Geistes, der sich bemüht, in dramatischen Bildern die Geheimnisse von Leben und Tod, von Wachstum und Ersterben der Vegetation im Rhythmus des Jahres, von Auf- und Niedergang der Sternbilder am kosmischen Horizont darzustellen, zu deuten und ihren Sinn zu ergründen. Daher finden wir in der Religionsgeschichte eine Fülle von Fruchtbarkeitsriten, von Vegetationskulten, von Astralmythen, in denen das Zugrundegehen und Wiederaufleben der Natur in dem Schicksal sterbender und auferstehender Gottheiten symbolisiert wird. In der Form solcher „Mysterien" erlebt der heidnische Mensch die religiöse Wahrheit, daß für seine Existenz eine Reinigung, eine Preisgabe des alten Seins, eine Erneuerung nottut, daß also diese alten Mythen für ihn persönlich bedeutsam sind. Charakteristisch jedoch für alle derartigen mythologischen Vorstellungen und Kulte aber war es, daß sie mit einer geschichtlichen Wirklichkeit überhaupt nichts zu tun hatten. Niemand in jener mythologisch bestimmten Welt ist jemals auf den Gedanken gekommen, daß die „Wahrheiten" des „Mythus" irgendwo einmal in der Geschichte sich realisiert hätten oder daß es sich bei der Vorstellung von einer sterbenden und wiederauferstehenden Gottheit um einen historischen Menschen gehandelt habe.

Wir stoßen also auf die grundlegende Erkenntnis: In der Welt mythologisch-legendärer Vorstellungen, im philosophischen Denkbereich geht es um Wahrheiten, Ideen, die nicht den Anspruch erheben, in einer geschichtlichen Wirklichkeit existent geworden zu sein. So redet man von der Gottesidee, von den Ideen der Liebe, des Lebens, der Wahrheit, der Unsterblichkeit. Aber alle diese Ideen und Wahrheiten gelten ohne geschichtliches Fundament. „Gott" ist dann aber auch keine Wirklichkeit, die in der Geschichtswelt sich in einem bestimmten Menschen erschlossen hat, sondern nur ein „Name", eine auswechselbare „Chiffre" für das Unendliche, Jenseitige, für die Urtiefe alles Seins. Eine wirkliche Offenbarung Gottes, die diesen Namen verdient, ist daher niemals geschehen.

Der Blick auf die religionsgeschichtliche und philosophische Situation macht klar, wie verhängnisvoll eine Trennung zwischen Wahrheit und Wirklichkeit sich für die christliche Verkündigung auswirken muß. Liegt der entscheidende Akzent nicht mehr auf einem Geschehensein der Offenbarung, sondern auf der Frage nach dem Wahrheitsanspruch und seiner persönlichen Bedeutsamkeit, dann rückt das biblische Zeugnis in die Nähe religiöser Sagen und Märchen, deren Lektüre wertvoll und deren Wahrheitsgehalt anzuerkennen ist.

Das biblische Anliegen

Wie aber steht es demgegenüber mit Wesen und Charakter des Schriftzeugnisses, sowohl der alttestamentlichen als auch der neutestamentlichen Überlieferung? Darüber kann kein Zweifel bestehen, daß sämtliche biblischen Zeugnisse bei aller Verschiedenartigkeit der Verfasserschaft, der dahinter stehenden Quellen und Traditionen, der Stileigentümlichkeiten und Darstellungsweisen, der Begriffe, Bilder und Vorstellungen darin übereinstimmen, daß sich Gott ganz konkret in der Geschichte offenbart, durch bestimmte Menschen geredet und gehandelt hat (Hebr. 1, 1) und seine Offenbarung in dem Christusgeschehen von Kreuz und Auferstehung zum Höhepunkt geführt hat. Der „offenbare Gott" ist nicht eine bloße Idee, nicht ein Begriff, mit denen man das Unsagbare, Geheimnisvolle der Welt umschreibt, sondern der Geschichtsmächtige, der in realen Fakten, wie in der Geburt, im Wirken, im Leiden, im Sterben und in der Auferstehung Jesu gehandelt hat. Die urchristliche Botschaft stellt daher in die Mitte ihrer Verkündigung nicht allgemeine Wahrheiten und moralische Ideen, die in der Ausdrucksform mythologischer Erzählungen dargeboten werden, sondern umgekehrt in aller Klarheit die Bezeugung geschehener Heilsereignisse. Die erste christliche Predigt hat „die großen Taten Gottes" zum Thema (Apg. 2, 11). Lukas legt bei dem Entwurf seines Evangeliums den größten Wert darauf, daß Augen- und Ohrenzeugen der in Jesus Christus geschehenen Offenbarung die für ihn maßgebende Autorität darstellen, und betont mit Nachdruck, daß nicht legendäre Wahrheitsideen, sondern Heilstatsachen den „gewissen Grund" für den christlichen Glauben darstellen (Luk. 1, 1—4). Unmißverständlich formuliert Johannes: „was wir gesehen und gehört haben, das verkündigen wir euch" (1. Joh. 1, 3). Märchen und Mythen aber können nicht gesehen werden, sondern nur geschichtliche Wirklichkeiten. Paulus faßt das Urbekenntnis der Gemeinde in dem Satz zusammen, zu glauben, „daß Gott ihn (Jesus) von den Toten auferweckt hat" (Röm. 10, 9) und bezeichnet damit das tragende Fundament der christlichen Existenz (1. Kor. 3, 11). Schließlich wird noch ausdrücklich vor einer Verwechslung der Christusbotschaft mit geistvollen Wahrheitsideen gewarnt mit dem Hinweis: „Wir sind nicht klugen Mythen gefolgt, da wir euch kundgetan haben die Kraft und Zukunft unseres Herrn Jesus Christus, sondern wir haben seine Herrlichkeit selbst gesehen" (2. Petr. 1, 16).

Das einhellige biblische Zeugnis ist durch und durch von dem Wissen um die unlösbare Einheit von Wirklichkeit und Wahrheit bestimmt. Es gibt keine prophetisch-apostolische Bezeugung einer geschichtlichen Tatsache, die nicht zugleich mit einer Deutung dieses Geschehens verbunden wäre, und es gibt kein deutendes Bekennen, das nicht in einem realen Geschehen verwurzelt wäre. Das israelitisch-prophetische Bekenntnis zum Gotteswunder der Befreiung des Volkes aus der ägyptischen Knechtschaft meint nicht eine geschichtliche Idee, sondern hat eine historische Wirklichkeit im Hintergrund (5. Mose 26, 5—11). Das johanneische Zeugnis „Das Wort ward Fleisch und wohnte unter uns und wir sahen seine Herrlichkeit" (Joh. 1, 14) redet nicht von einer philosophischen Idee, daß das Ewige sich mit dem Zeitlichen verbindet, ohne daß in der Geschichte etwas geschehen wäre, sondern legt gerade umgekehrt den Akzent darauf, daß dieses „ewige Wort Gottes", der „göttliche Logos" selbst als ein konkreter historischer Mensch geboren wurde und gelebt hat, so daß in seiner geschichtlichen Existenz Gottes Herrlichkeit transparent und darum sichtbar wurde. In dem wirklichen Geschehen ist schon das erkennende und deutende Verstehen enthalten.

Eine geradezu klassische Ausformung der Einheit von Wahrheit und Wirklichkeit bietet das Selbstzeugnis Jesu: „Ich bin der Weg und die Wahrheit und das Leben" (Joh. 14, 6). Würde es sich um eine philosophische Aussage handeln, dann wäre es letztlich gleichgültig, wer diese Worte gesprochen hat und ob dieser Mensch gelebt hat. Dann käme es nur darauf an, die Idee der Wahrheit und die Lebensideen weiterzutragen und sinnvoll zu entfalten. Diese Ideen würden dann eine Eigenständigkeit besitzen unabhängig von der Wirklichkeit des Jesus Christus. Dieses Zeugnis aus dem Johannesevangelium behauptet nun allerdings genau das Gegenteil davon. „Die Wahrheit" und „das Leben" kann man niemals losgelöst von Jesus Christus besitzen und betrachten, sie würden dann ihren Sinn und ihre Kraft verlieren und sich bald auflösen. Alles kommt hier darauf an, daß Jesus Christus selbst identisch ist mit der „Wahrheit" Gottes, mit dem „Leben", das dem Tod nicht verfällt. In Jesus Christus sind leibhaft, personhaft die Wahrheit und das Leben sichtbar, greifbar geschichtliche Wirklichkeit geworden. Wem es um die „Wahrheit" und das „Leben" zu tun ist, der muß sich an die Wirklichkeit Jesu Christi halten, muß in eine personale Verbindung mit ihm treten und kann sich nicht wie heidnische Philosophen mit der Wahrheitsidee und der Idee des Lebens begnügen. Die Christuswahrheit und das Christusleben sind von der geschichtlichen Wirklichkeit des Christus nicht zu trennen. Indem der Evangelist von der „Fleischwerdung" des „Logos" redet, deutet er zugleich die Existenz des historischen Jesus von Nazareth.

Die Heilstatsachen
Die biblische Überlieferung ist bis zum Rande mit Berichten über „Heilsereignisse" erfüllt, und das will sagen über „Geschehnisse", in denen Gott selbst wirksam geworden ist und sich bezeugt hat. Schon der Begriff „Heilsereignis" aber läßt erkennen, daß beides zusammengehört, ein Geschehen und seine Deutung, ein Faktum und sein Verständnis. Als Jesus sich bei seinen Jüngern erkundigt, wie wohl das Urteil der Umwelt über ihn lautet, ist es kennzeichnend, daß die Menschen von sich aus in Begegnung mit der Gestalt und den Taten Jesu nicht verstehen, wer er eigentlich ist. Sie sind bereit, ihn mit dem höchsten Titel eines „Propheten" zu schmücken, aber erst die aus einer Offenbarungserleuchtung des Petrus stammende Erkenntnis: „Du bist Christus, des lebendigen Gottes Sohn" schenkt die entscheidende Deutung des außergewöhnlichen Phänomens der Wirklichkeit des Jesus von Nazareth (Matth. 16, 16). Daher fallen in der Botschaft über Jesus Christus wirkliche Existenz und deutendes Verstehen zusammen.

Folgende Beispiele mögen erhärten, daß es für den christlichen Glauben keine Ablösbarkeit des Wahrheitsgehaltes seiner Substanz von dem faktischen historischen Geschehen geben kann, daß die Bedeutsamkeit und die Sinnaussagen nicht aufrechterhalten werden können, wenn es eine sie begründende Wirklichkeit gar nicht gibt. Demonstrativ hierfür ist die Episode, die von der Heilung des Gichtbrüchigen durch Jesus handelt (Mark. 2, 1—12). Jesus sagt zu dem Kranken das rettende Wort: „Mein Sohn, deine Sünden sind dir vergeben" (V. 5). Diese Dokumentation seiner göttlichen Vollmacht erregt bei den anwesenden Schriftgelehrten helle Empörung, die in dem Verwerfungsurteil kulminiert: „Wie redet dieser solche Gotteslästerung" (V. 7). Wenn mit diesem Satz die Erzählung schließen würde, so wären alle diejenigen Theologen befriedigt, denen es auf reale Fakten nicht ankommt. Sie würden in diesem Bericht eine beispielhafte Darstellung der sündenvergebenden Gnade und Liebe Gottes finden, gleichviel ob diese Geschichte wirklich passiert ist oder nicht. Nun aber kommt es dem Evangelisten auf etwas ganz anderes an, und diese Erzählung hört darum hier nicht auf, sondern Jesu Wort konzentriert sich in einer realen Handlung, die jedermann sehen kann, in einer wirklichen Aktion. „Auf daß ihr aber wisset, daß der Menschen-Sohn Macht hat, zu vergeben die Sünden auf Erden — sprach er zu dem Gichtbrüchigen: Ich sage dir, stehe auf, nimm dein Bett und gehe hin!" (V. 10. 11). Die Gültigkeit der Vergebung wird mit der Realität der Krankenheilung unlösbar verknüpft. Ist nichts geschehen, bleibt der Gichtbrüchige unheilbar, dann ist auch die Sündenvergebung durch Jesus in Frage gestellt. Demgemäß ist es nicht gestattet, sich an dem Heilungswunder vorbeizuschleichen und die Wahrheit der Vergebung festzuhalten. Mit dem Verzicht auf die Tat Jesu fällt auch sein Wort. Vergebungsvollmacht und Heilungsvollmacht bilden eine untrennbare Einheit. Die Wahrheit der Gnade realisiert sich in einer ganz konkreten Wirklichkeit, so daß diese geschichtliche Szene in das Erstaunen der Menschen einmündet: „Wir haben solches noch nie gesehen" (V. 12). Derselbe Sachverhalt spiegelt sich in dem Bericht über die „Stillung des Sturmes" wider (Mark. 4, 35—41), an dem sowohl der einstige liberaltheologische als auch der heutige existentialtheologische Standpunkt restlos scheitert. So glaubt man urteilen zu müssen, daß derartige außergewöhnliche Eingriffe den Rahmen der immanenten Gesetzmäßigkeiten unserer Geschichtswelt sprengen und daher nur als Legenden und mythologische Vorstellungen deklariert werden können. Für die christliche Verkündigung, so urteilt man dann, ergibt sich jedoch trotzdem die Möglichkeit, diese seltsame Erzählung, auch wenn sie selbstverständlich sich historisch nicht zugetragen hat, „existential" zu interpretieren und nach ihrer Bedeutsamkeit für unser Leben zu fragen. Der See Genezareth besitzt dann kein Interesse als „geographischer Ort" eines wirklichen Geschehens, sondern lediglich als „theologischer Ort", an dem wir erkennen, daß inmitten der Ängste des Lebens ein furchtloser Glaube gefordert wird.

Jeder Bibelleser, aber auch der theologische Forscher, wird sofort einsehen, daß man mit dieser Methode dem Zeugnis der Evangelien nicht gerecht wird, sondern es zur Unkenntlichkeit entstellt. Wiederum wird gerade hier eindrucksvoll, daß man die Wahrheit des christlichen Glaubens nicht festhalten kann, wenn man die Wirklichkeit, die ihn hervorruft, ausklammert. Natürlich ist es niemandem verwehrt, eine derartige Berichterstattung als unglaubwürdig und legendär abzutun, aber dann sollte man redlicherweise auch nicht den Anschein erwecken, als könne man den Glauben an Jesus Christus, den Herrn, noch festhalten. Bei der „Stillung des Sturmes" geht es ja auch gar nicht um eine absonderliche Geschichte aus dem Bereich mythologischer Vorstellungen, sondern um die majestätische Vollmacht Jesu, auch die Naturgewalten in ihre Schranken zu verweisen. Hier steht aber nichts Geringeres auf dem Spiel als die Anerkennung Jesu als des einzigen Menschen, in dem Gottes Schöpfer- und Herrentum unmittelbar präsent und wirksam geworden ist. Wer jedoch von der Voraussetzung ausgeht, daß Jesus „nur ein Mensch, und nichts anderes als ein Mensch" gewesen sein kann (Hartmann), dem muß diese gewaltige Szene völlig verschlossen bleiben und als ein fataler Fremdkörper in dem Evangelium erscheinen. In diesem Fall ist aber dann auch einem Festhalten an einer bedeutsamen Wahrheit für uns der reale Boden entzogen. Der

Schriftsteller schildert die Wirklichkeit einer aufregenden Schiffskatastrophe, bei der es um Tod und Leben ging. In dieser ausweglosen Situation wird die entscheidende Frage brennend: „Wer ist der? Denn Wind und Meer sind ihm gehorsam?" (V. 41). Die christologische Wahrheit löst sich in nichts auf, wenn die christologische Wirklichkeit preisgegeben wird.

Kreuz und Auferstehung als reales Heilsereignis

Alle bisherigen Erwägungen besitzen ihren Grund und finden ihre Bestätigung in den Ereignissen von Kreuz und Auferstehung Jesu gerade in ihrer unlösbaren Einheit von Wirklichkeit und Wahrheit. Nur von der Auferstehungswirklichkeit her empfängt das Wunderhandeln Jesu seine sinnvolle Garantie, seine tiefste Wahrheitsbegründung. So sehr in der heutigen Diskussion das Kreuz Jesu als historisches Faktum unangefochten bleibt, so wird andrerseits die Wahrheit dieses Geschehens verfehlt, indem man es nur als tragischen Abschluß des menschlichen Lebens Jesu, als Zeichen menschlicher Ohnmacht oder als höchste Bewährungsprobe des Glaubens, als Manifestation des Zeugentums verstehen zu können glaubt. Der eigentliche Grund aber dieses Scheiterns an der neutestamentlichen Kreuzesbotschaft von der versöhnenden und stellvertretenden Opfertat Gottes aber liegt in dem Nichtverstehen, der Leugnung oder der Umdeutung des Ostergeschehens. An dieser Stelle allerdings fällt die letzte Entscheidung über die gesamte christliche Verkündigung überhaupt. Alles konzentriert sich auf die Kardinalfrage, wie es mit der Wirklichkeit und Wahrheit der Auferstehung Jesu steht.

In Umkehrung der Fehldeutung des Kreuzes Jesu sucht man bei aller Bestreitung der Wirklichkeit des Auferstehungsereignisses gerade an dessen Wahrheitsgehalt festzuhalten. Diese „Wahrheit" aber repräsentiert sich dann — sei es im Aspekt der gnostischen Spekulation, sei es der idealistischen oder existentialistischen Philosophie — in den Bezeichnungen der Auferstehung Jesu als einer Idee, einem Symbol und Sinnbild, als Chiffre oder Interpretament für einen sittlich-religiösen Wertgedanken, als Ausdruck von Bedeutsamkeit. Die Auferstehung Jesu selbst ist nicht geschehen, aber man hält an dem Begriff „Auferstehung" fest, in dem man die Wahrheit dafür, daß „die Sache Jesu weitergetrieben wird" (Marxsen), daß man „Liebe und Glaube einüben" müsse, ausgedrückt findet. In dem Urteil „Jesus ist in das Kerygma der Kirche hinein auferstanden" versucht man trotz totaler Bestreitung der Wirklichkeit der Auferstehung wenigstens den Wahrheitsgedanken von Ostern gelten zu lassen.

Mit dieser Trennung von Wahrheit und Wirklichkeit freilich hat man sich selbst und die Umwelt betrogen, denn damit stürzt alles zusammen, was die christliche Überlieferung berichtet. „Ist Christus nicht auferstanden", also keine Wirklichkeit, dann ist auch der Aussage über das Leben, die Worte, die Wunder Jesu das Fundament entzogen (1. Kor. 15, 17).

Die christliche Proklamation der Welterlösung gründet somit zentral in dem „wahrhaftig auferstanden" (Luk. 23, 34; 1. Kor. 15, 15; 15, 17). Eine Osterwahrheit kann es nur geben, wenn sie in der Osterwirklichkeit ihren

Grund, ihre Voraussetzung hat. Die Wirklichkeit des Auferstandenen aber bezeugt, daß der zum Herrn erhöhte Jesus Christus derselbe ist wie der „historische Jesus", der Crucifixus, der Gestorbene und ins Grab Gelegte. Nicht ein spirituelles Phänomen, sondern die neue pneumatische Leiblichkeit einer Person, die in göttlicher Vollmacht redet und handelt, beruft und verheißt.

In diesem Zusammenhang von Wahrheit und Wirklichkeit gewinnt auch die Nachricht vom „leeren Grab" ein wesentliches Gewicht. Sie ist nicht nur eine Sicherung gegenüber nebelhaften subjektiven Visionshypothesen, sondern sie stellt vor die Realität eines Geschehens. Gewiß ist das „leere Grab" als solches vieldeutig, aber es ist ein historisches Zeichen eines faktischen Geschehenseins, das sich dann in den Erscheinungen Jesu als personhafte Wirklichkeit dokumentiert.

Auf dieser Wirklichkeit ruht der Schwerpunkt christlichen Glaubens. Die Wirklichkeit und Wahrheit der Auferstehung in Einem ermöglicht das Gebet zum auferstandenen Kyrios. Gibt es nur eine Wahrheitsidee, ein „Interpretament" als Geistprodukt des Gemeindeglaubens, dann ist ein Anrufen des Auferstandenen sinnlos geworden. Gilt jedoch die Wirklichkeit des neuen Lebens Jesu, dann bezeichnet diese „Wirklichkeit" das persönliche Du, das bleibende Gegenüber des Auferstandenen zu seiner Gemeinde, der „bei ihr sein will bis an der Welt Ende".

Das Resultat

Kein Christ hat jemals in Abrede gestellt, daß das biblische Zeugnis mit dem Geschehensein der Offenbarung Gottes nicht eine neutrale Feststellung meint, die man gleichsam von außen her als unbeteiligter Zuschauer betrachten könnte. Dieses Zeugnis ist vielmehr wie ein Pfeil Gottes, der auf das Herz und das Gewissen des Menschen abzielt, also eine höchst bedeutungsvolle und aktuelle Qualität besitzt. Aber solches persönliche Betroffensein ist nur möglich, wenn hinter dieser Botschaft ein „est", eine Wirklichkeit steht. Daher wird begreiflicherweise die Gemeinde mißtrauisch, wenn die „Heilsfakten", das Fundament des Glaubens, bagatellisiert oder erschüttert werden.

In einer theologischen Abhandlung unserer Tage heißt es in der Annahme, daß das Evangelium an Jesus Christus uns in „zeitbedingten Einkleidungen" und in mythischen Ausdrucksformen überliefert sei: „Der Mythos will nicht gefragt werden: Ist das Erzählte innerhalb der raumzeitlichen Welt wirklich geschehen? sondern: Welches Verständnis der menschlichen Existenz spricht sich hier aus?, und zwar in Denkformen, die nicht mehr die unsrigen sind" (H. Conzelmann, Evang. Digest 1966, Heft 6, S. 39). Es ist gewiß richtig, daß die Mythologien geschichtsgleichgültig sind, aber das Offenbarungsgeschehen hat, wie wir gezeigt haben, mit mythologischen Ideen nichts zu tun. Gerade deshalb aber wird weder in der christlichen Botschaft das menschliche Selbstverständnis zum Thema, noch bewegt sich der christliche Glaube um diese Mitte, sondern das Evangelium ist auf ein ganz anderes Zentrum bezogen, nämlich auf die reale Wirklichkeit geschehener Offenbarung. Es mag sein, daß man historisch über bestimmte Einzelheiten der Berichterstattung verschiedener Meinung sein kann, etwa über den genauen Zeitpunkt des Todes Jesu oder der Einsetzung des Abendmahles, aber entscheidend allein ist die Wirklichkeit eines Geschehenseins. Darüber aber läßt das gesamte neutestamentliche Zeugnis uns nicht im Zweifel: „Das Evangelium, das ich euch verkündigt habe, welches ihr auch angenommen habt, in welchem ihr auch steht, durch welches ihr auch gerettet werdet", hat zum Inhalt eine wahre Wirklichkeit und eine wirkliche Wahrheit, ein bedeutsames Geschehen: „Daß Christus gestorben ist für unsere Sünden . . ., daß er begraben ist und daß er auferstanden ist am dritten Tag und daß er gesehen worden ist" (1. Kor. 15, 1. 3. 4. 5).

Bezeugt werden also nicht philosophische Weisheiten, die rational einsichtig gemacht werden können, sondern fundamentale Heilswirklichkeiten, die wohl im Horizont des menschlichen Verstehens „Ärgernis" und „Skandalon" sein müssen, aber in denen die Wahrheit des Glaubens enthalten ist. Nicht hat ein späterer Gemeindeglaube dichterisch und schöpferisch Geschichten produziert. Es wäre somit schlechthin verhängnisvoll, wollte man das Verhältnis von Heilswirklichkeit und Heilsglaube auf den Kopf stellen und damit Ursache und Wirkung verwechseln. Die in Jesus Christus geschehene Offenbarung Gottes ist dem Glauben als Grundlage vorausgegeben und repräsentiert die Einheit von Wirklichkeit und Wahrheit, die erst den Glauben ermöglicht.

J. Jeremias
Der Opfertod Jesu Christi

I. Die Einführung

Die Abhandlung: „Der Opfertod Jesu Christi" gibt einen wichtigen Einblick in das Lebenswerk von J. Jeremias, und zwar sowohl was seine Methode als auch was seine eng damit verknüpfte theologische Gesamtkonzeption anbetrifft.

1. Die angewandte Methode:

Jeremias geht in seiner Untersuchung Stufe um Stufe den Aussagen nach, die im N. T. den Sinn und die Bedeutung von Jesu Sterben umschreiben, und zwar charakteristischerweise so, daß er die Deutungen des Opfertodes Jesu in der Urgemeinde hinterfragt, um sie schließlich auf Jesus selbst zurückzuführen und bei ihm zu begründen. Jeremias setzt dabei methodisch beim Hebräer- und dem 1. Petrus-Brief ein, stellt dann die Zeugnisse des Paulus und der Urgemeinde dar und kommt so — rückwärtsschreitend — zu der Frage, was sich über Jesu eigene Deutung seines Sterbens von der historischen Forschung her sagen läßt.

2. Das inhaltliche Ergebnis:

Indem Jeremias so, wie ein Ausgräber durch die sich überlagernden Schichten, auf die Urschicht stößt, macht er die Entdeckung, daß die oberen Schichten in ihren verschiedenen Ausprägungen das Ursprüngliche erhalten haben. M. a. W.: Im ganzen N. T. und in allen seinen Schichten findet sich — wenn auch in immer neuen Bildern, so doch sachlich gleichbleibend — die eine Aussage: *Das Sterben Jesu am Kreuz ist Gottes Handeln „für uns", die Stellvertretung des Sündlosen für die Sünder.*
Ist für den Hebräerbrief der „Karfreitag . . . der große Versöhnungstag des neuen Bundes", so ringt Paulus darum, „den Stellvertretungsgedanken seinen Hörern . . . in immer neuen Bildern verständlich zu machen". Und ist schon für die älteste Urgemeinde vor Paulus die Deutung des Kreuzestodes Jesu mit Hilfe des Kapitels vom leidenden Gottesknecht (Jes. 53) grundlegend, so läßt sich gar mit hoher Wahrscheinlichkeit „die urchristliche Sinndeutung des Sterbens Jesu als Erfüllung von Jesaja 53 bis auf Jesus selbst zurückverfolgen."

3. Das Sendungsbewußtsein Jesu:

Worin ist nach Jeremias die Notwendigkeit dieses Rückschritts begründet? Jeremias schreibt: „Das Kerygma, die Christusverkündigung der Urkirche, weist auf Schritt und Tritt über sich selbst zurück. Denn das Kerygma — Gott war in Christus und versöhnte die Welt mit sich selbst — bezieht sich auf ein historisches Ereignis. Gott offenbarte sich in einem Geschehen in der Geschichte. Weil die Urkirche gewiß ist, daß Gott sich in Jesus offenbarte, begnügte sie sich nicht mit dem Kerygma [der Missionspredigt], sondern ergänzt es, was immer wieder in verhängnisvoller Weise übersehen wird, durch die Didache [die Unterweisung der Gemeinde], den erzählenden Bericht über das Wirken Jesu, sein Sterben und seine Auferstehung. Insbesondere aber ist die Kernaussage des Kerygma ‚gestorben nach den Schriften für unsre Sünden' Deutung eines historischen Ereignisses: Dies Sterben geschah für uns. Damit erhebt sich die Frage, ob diese Deutung des Kreuzestodes Jesu willkürlich den Ereignissen aufgeprägt ist, oder ob es irgendeinen Umstand in den Ereignissen selbst gibt, der zu dieser Deutung Anlaß gab. Mit anderen Worten: Wir müssen fragen: Hat Jesus selbst sich über sein bevorstehendes Sterben geäußert, und wie hat er es gedeutet?"[36]

Gegenüber einem großen Zweig gegenwärtiger neutestamentlicher Forschung, die *die Leidensankündigungen* dem historischen Jesus pauschal abspricht und sie durchgängig für vaticinia ex eventu (aus den Ereignissen selbst nachträglich abgeleitete und Jesus in den Mund gelegte Weissagungen) hält, gelangt Jeremias durch kritische Einzelbeobachtungen (z. B. Rückgriff auf das Aramäische) zu einem sachentsprechenderen bzw. differenzierteren Ergebnis[37].

Die Behauptungen der Evangelien, *daß Jesus mit seinem gewaltsamen Tode rechnete,* hat stärkste historische Wahrscheinlichkeit für sich: Auf der vorsätzlichen Übertretung des Sabbaths (Mark. 2, 23 — 3, 6) wie auch auf der Jesus vorgeworfenen Lästerung (Mark. 2, 7) stand der Steinigung, die Todesstrafe auf Zauberei (Mark. 3, 22; Matth. 9, 34) und falscher Prophetie (Luk. 13, 33). Die wiederholte Gefahr der unmittelbaren Steinigung (Luk. 4, 29; Joh. 8, 59 u. ö.) wie auch die Erwartung des Martyriums und Prophetenschicksals (Matth. 23, 34—37; Luk. 13, 33) und die Leidensankündigungen (Mark. 8, 31; 9, 12; 9, 31 u. a.) führen Jeremias mit Recht zu diesem Schluß.

Rechnete Jesus aber mit seinem gewaltsamen Tode, dann mußte er sich angesichts der außerordentlichen Bedeutung, die im alttestamentlichen (3. Mose 16; Jes. 53) und spätjüdischen Denken[38] *die Sühnkraft des Todes besaß, Gedanken über den Sinn seines Todes machen.* Und so ist die Behauptung der Quellen, Jesus habe den Schlüssel und den Sinn für die Notwendigkeit seiner Passion in Jesaja 53 gefunden, von Jeremias historisch sehr wahrscheinlich gemacht (Matth. 11, 5; Luk. 4, 18 ff. u. a.). Unter anderen folgende Stellen lassen Jesus die Gottesknechtsaussagen aus Jesaja 53 auf sich beziehen: Markus 9, 12 (Jes. 53, 3); 9, 31; 10, 45 (Jes. 53, 10); 14, 24 (Jes. 53, 12); Lukas 22, 37 (Jes. 53, 12); 23, 34 (Jes. 53, 12). *Jesus hat also die Erfüllung von Jesaja 53 als die ihm von Gott gestellte Aufgabe angesehen und seinen Tod als stellvertretendes Sterben für die ungezählte Schar* (Mark. 10, 45; 14, 24) *der dem Gericht Gottes Verfallenen gedeutet* (Jeremias).

4. *Die theologische Konzeption:*

Der „historische Jesus" als das *Kriterium der Christusverkündigung der Urgemeinde:* Nach Jeremias ist der historische Jesus nicht eine neben anderen Voraussetzungen neutestamentlicher Theologie (Bultmann), sondern der entscheidende, jedes spätere Kerygma der Urgemeinde normierende Gegenstand. „Historischer Jesus" meint dabei nicht nur die Verkündigung Jesu, sein Vergebungswort an die Verachteten und Sünder, sondern entscheidend auch *sein Leben, Wirken und Sterben* (Mark. 1, 9—11: Berufung Jesu zum Gottesknecht, Leidensankündigungen, Abendmahlsworte, Gottesknechtsworte): „Das Leben, Wirken und Sterben Jesu, das Vollmachtswort dessen, der Abba sagen durfte, der in Gottes Vollmacht die Sünder an seinen Tisch rief und der als der Gottesknecht ans Kreuz ging, ist der Ruf Gottes[39]." Für Jeremias ist dabei wichtig, daß die Verkündigung Jesu streng von seinem Kreuzestod, seinem stellvertretenden Sterben her zu verstehen ist, die Geschichte Jesu also im strengen Sinn eine „Passionsgeschichte mit ausführlicher Einleitung" (M. Kähler) darstellt.

[36] J. Jeremias: Das Problem des historischen Jesus, Calwer Hefte, Herausgeber Th. Schlatter, 1960², Heft 32, S. 14.

[37] Vgl. zum Folgenden: J. Jeremias, Abba, Studien zur Neutestamentlichen Theologie und Zeitgeschichte, Göttingen 1966, S. 209—216.

[38] J. Jeremias: Abba, A. a. O., S. 216 ff. und E. Lohse: Märtyrer und Gottesknecht, Untersuchungen zur urchristlichen Verkündigung vom Sühnetod Jesu Christi, A. a. O. haben dafür den umfassenden Nachweis geführt.

[39] J. Jeremias: Das Problem des historischen Jesus, A. a. O., S. 23.

Auf diese von Jeremias als entscheidende Offenbarung und als „Ruf Gottes" verstandene Geschichte Jesu (seine Verkündigung, Zuspruch der Vergebung und sein stellvertretendes Leiden als Gottesknecht) antwortet das Kerygma der Urgemeinde, das deshalb dieser Offenbarung Gottes nicht gleichsteht, sondern sich zu dieser wie die Antwort zum Ruf verhält und diesen Ruf antwortend entfaltet. Die nachösterliche Verkündigung der Urgemeinde ist das *geistgewirkte Zeugnis von* (!) der einmaligen Offenbarung in Jesus, das vielfältige Glaubenszeugnis eines Paulus, Johannes, Hebräerbriefes usw. folglich an dieser als Ruf Gottes verstandenen Geschichte Jesu zu messen. Bleibt auch die Geschichte Jesu („die Frohbotschaft in Wort und Tat") tote Historie ohne das antwortende Zeugnis der Urgemeinde, so hat doch wiederum das neutestamentliche Kerygma in der Geschichte Jesu des Gottesknechtes und seiner Verkündigung seine alles bestimmende Mitte. Denn das Leben des vorösterlichen Jesus, seine Verkündigung und sein Sterben, ist der das Zeugnis des N. T. begründende Ruf. Die Verkündigung der Urgemeinde ist dagegen primär *Botschaft* von diesem bestimmten, einmaligen Geschehen, in der das universale und stellvertretende Sterben Christi proklamiert wird, nicht aber lediglich *der Aufruf*, „das Kreuz Christi als das eigene [zu] übernehmen" (Bultmann). Denn: „Golgatha ist nicht überall, sondern es gibt nur *ein* Golgatha, und es liegt vor den Toren Jerusalems" (Jeremias)[40].

5. Die Bedeutung der Auferstehung

Jeremias hat darauf aufmerksam gemacht, daß die Tischgemeinschaft des Auferstandenen mit seinen Jüngern die Wiederaufnahme der geflohenen Jünger in die alte Gemeinschaft mit Jesus Christus und damit die Gewährung der Vergebung der Sünden bedeutet[41]. Er hat weiter darauf hingewiesen, daß Jesus in seinen Herrlichkeitsankündigungen (Luk. 13, 32: Vollendung; Mark. 14, 58: Erscheinen des neuen Tempels) von dem „Triumph Gottes in kürzester Frist", von der „großen Wende Gottes" gesprochen hat, Jesu Geschichte und Verkündigung also offen gewesen ist auf ein endgültiges Eingreifen Gottes, das Ankommen seines Reiches (Mark. 14, 25): „In kürzester Frist wird Gott mich vollenden" (Luk. 13, 32)[42].
Aber ist die *grundlegende Bedeutung, die der Auferstehung Jesu innerhalb des N. T. zukommt* (Röm. 10, 9), in der theologischen Gesamtkonzeption von Jeremias — trotz gelegentlicher Andeutungen in dieser Richtung — nicht doch zu wenig berücksichtigt? Ist nicht nach dem N. T. das Kreuz Jesu, genauer: Jesu Verkündigung und sein stellvertretendes Sterben in Einheit mit der Auferweckung Jesu durch Gott die grundlegende Offenbarung (Apg. 2, 36; 3, 15)? Und ist nicht erst diese Geschichte Gottes, Kreuz und Auferstehung in ihrer unauflöslichen Einheit — die Versöhnung der Welt durch Gott, der Inhalt und das Kriterium der neutestamentlichen Verkündigung, der Grund des Glaubens? Muß man die Evangelien nicht *auch* von Ostern her lesen und als „Ostererzählungen mit ausführlicher Einleitung" (K. H. Rengstorf)[48] verstehen? Folgt nicht in der vorpaulinischen Formel *Römer 4, 25* auf die (das Werk und die Geschichte Jesu zusammenfassende) Wendung „dahingegeben um unserer Übertretungen willen" (= Jes. 53, 5: der stellvertretende Tod des Gottesknechtes) nun doch auch der Satz: „auferweckt um der Rechtfertigung willen?" Und betont nicht auch *Paulus* das „um wieviel mehr; wieviel gewisser" (Röm. 5, 8—10), das erst

[40] J. Jeremias: ebd., S. 23: Nach Jeremias ist also die ntl. Verkündigung streng Botschaft von dem „ein für allemal" (Hebr. 7, 27) des stellvertretenden Sterbens Jesu für die Völkerwelt.
[41] J. Jeremias: Die Abendmahlsworte Jesu, A. a. O., S. 196. Vgl. die „Einleitung" S. 24 f.
[42] J. Jeremias: Abba, A. a. O., S. 214.
[48] K. H. Rengstorf: Die Auferstehung Jesu Christi, A. a. O., S. 40.

auf Grund der Auferstehung gesagt werden kann? Hat nicht *K. Barth* recht, wenn er einmal sagt: „Kann uns die Hingabe Jesu Christi in den Tod . . . gewiß nicht genug beschäftigen, so müßte uns doch gerade das, was er in ihm für uns getan hat, entgehen, wenn wir es abstrahiert von dem, was er in seiner Auferstehung für uns empfangen hat . . . betrachten wollten"[44]?

Wir müssen deshalb teils in wörtlicher Anlehnung, teils in stärkerer Betonung des von Jeremias nur gelegentlich Erwähnten sagen: *Das Leben, Wirken, Sterben und (!) die Auferstehung Jesu, der in Gottes Vollmacht die Sünder an seinen Tisch rief, der als der Gottesknecht ans Kreuz ging und (!) den Gott auferweckt hat, ist in unauflöslicher Einheit die entscheidende Offenbarung, der alles begründende Ruf Gottes.*

II. Der Text
J. Jeremias: „Der Opfertod Jesu Christi."

A.
Die Sinndeutung des Kreuzes wird im Neuen Testament am ausführlichsten im *Hebräerbrief* entfaltet. Diese älteste uns erhaltene heidenchristliche Predigt (Hebr. 13, 22), die sich durch große Kraft und Klarheit des theologischen Denkens auszeichnet, unterscheidet zwischen christlicher Elementarlehre (5, 12) und tieferer Erkenntnis (6, 1), . . . die in dem großen Mittelstück des Briefes Hebräer 7, 1 — 10, 18 entfaltet wird.

Christus ist der Hohepriester nach der neuen Gottesordnung, der sein eigenes Blut im himmlischen Allerheiligsten darbrachte, Priester und Opfer zugleich — das ist das Thema dieser vier Kapitel. Der Hebräerbrief legt dieser Sinndeutung des Todes Jesu das Ritual des Versöhnungstags, wie es 3. Mose 16 festgesetzt ist, als Anschauungsmaterial zugrunde. Der Versöhnungstag, im Herbst am 10. Tischri gefeiert, war der große Buß- und Sühnetag des jüdischen Volkes, der einzige Tag im Jahr, an dem eines Menschen Fuß das Allerheiligste betrat. Zitternd, weil der geringste Verstoß gegen den Ritus der sichere Tod gewesen wäre, vollzog der Hohepriester zweimal im Dunkel hinter dem Vorhang die sühnende Blutsprengung, zuerst für sich und sein Haus, dann für Israel. Diesen Ritus deutet der Hebräerbrief in zweifacher Weise typologisch auf Christus. Er knüpft an Älteres an, wenn er Christus mit dem fehllosen Opfertier vergleicht, dessen stellvertretendes Sterben, im Unterschied von den Opfern des Alten Bundes, ein für allemal die volle Vergebung und durch sie die volle Gemeinschaft mit Gott herstellt. Und er verbindet mit dieser Deutung eine zweite, wenn er Christus im Anschluß an Psalm 110, 4 zugleich als den sündlosen, ewigen Hohenpriester schildert, der nach dem einmaligen Vollzug der Sühne allezeit vor Gott steht, um barmherzig und mitfühlend für die Seinen vor ihm einzutreten (7, 25; 9, 24, vgl. 2, 18; 4, 14—16).

Diese . . . Christologie des Hebräerbriefes ist ein mit großer Eindringlichkeit durchgeführter Versuch, der Gemeinde das Geheimnis des Kreuzes in neuer Weise mit Hilfe der typologischen Deutung von 3. Mose 16 nahezubringen. Sachlich besagt diese Christologie: Karfreitag ist der große

[44] K. Barth: Kirchliche Dogmatik (K D), IV, 1, S. 623 f.

Versöhnungstag des Neuen Bundes. Alle Versöhnungstage, Jahr für Jahr gefeiert, sind Typus und Vorbild dieses *einen* Versöhnungstages. Ein Zweifaches ist seine Gabe. Erstens: in der Stellvertretung des sündlosen Sterbens auf Golgatha kommt das Schreien nach Vergebung zur Ruhe — ein für allemal (7, 27; 9, 12; 10, 10); und zweitens: die Frucht dieser ewig gültigen Sühne wirkt fort in der Fürsprache des selbst einst angefochtenen Christus für die angefochtene Gemeinde.

Wie wenig bei dieser Sinndeutung des Todes Jesu am typologischen Anschauungsmaterial liegt, wie alles vielmehr auf die sachliche Aussage ankommt, die mit Hilfe der Typologie verdeutlicht werden soll, nämlich auf dieses zweifache *für uns*: er starb für uns, er tritt für uns ein — das wird deutlich, wenn wir uns dem 1. *Petrusbrief* zuwenden. Wie der Hebräerbrief, so nimmt auch der 1. Petrusbrief den älteren Vergleich Jesu mit dem Opfertier auf: er ist das wahre makellose und fehlerfreie Verschonungslamm (1, 18 f.), das ein für allemal zur Sühnung der Sünden starb (3, 18). Daneben bezieht sich — zweitens — der 1. Petrusbrief auf Jesaja 53: das Christuslied 1. Petrus 2, 22—25 preist Christus als den Gottesknecht, „der unsere Sünden selbst an seinem Leibe an das Kreuz trägt, damit wir, von den Sünden befreit, der Gerechtigkeit leben, er, durch dessen Striemen ihr geheilt wurdet" (2, 24). Und schließlich — drittens — wird zur Sinndeutung des Sterbens Jesu das Theologumenon von der Hadesfahrt und Hadespredigt (3, 19 f.; 4, 6) herangezogen bzw. geprägt. Für das Verständnis des Hadesfahrt-Passus ist es entscheidend wichtig zu wissen, daß er ein gegensätzliches Vorbild im äthiopischen Henochbuch hat, das seine heutige Gestalt nach dem Parthereinfall 37 v. Chr. erhalten hat. Dort wird in den Kapiteln 12—16 geschildert, wie Henoch beauftragt wird, zu den gefallenen Engeln von 1. Mose 6 zu gehen und ihnen zu eröffnen, daß sie „keinen Frieden und keine Vergebung finden werden" und daß Gott ihre Bitte um Frieden und Barmherzigkeit abweisen werde. Von Furcht und Zittern gepackt bitten sie Henoch, eine Bittschrift zu verfassen mit der Bitte um Nachsicht und Vergebung. Henoch wird entrückt zu Gottes von Feuer umlodertem Thron und vernimmt dort, was er als Antwort auf die Bittschrift den gefallenen Gottessöhnen mitteilen soll. Der Entscheid besteht aus dem kurzen schrecklichen Satz: „Ihr werdet keinen Frieden haben." Es ist kaum zu bezweifeln, daß das Theologumenon von der Hadesfahrt Christi den geschilderten Henochmythus zum Vorbild hat. Zu den ungehorsamen Geistern im finstersten Verlies der Unterweltsfestung dringt nochmals ein Gottesbote mit einer Gottesbotschaft vor. Aber während Henoch ihnen die Botschaft von der Unmöglichkeit der Vergebung übermitteln mußte, lautet seine Botschaft anders: Frohbotschaft (4, 6). So will die Lehre von der Hadespredigt Christi dies zum Ausdruck bringen: der Gerechte starb für die Ungerechten (3, 18); auch für die hoffnungslos Verlorenen hat sein sühnendes Sterben Rettung erworben.
Beide Briefe, der Hebräerbrief und der 1. Petrusbrief, wollen veranschaulichen, was am Karfreitag geschah, aber sie bedienen sich grundverschiede-

nen Anschauungsmaterials. . . . Entscheidend ist, daß die sachliche Aussage übereinstimmt. Denn beide Briefe wollen dasselbe ausdrücken, der Hebräerbrief im kultischen Bild, der 1. Petrusbrief im mythischen Bild: die Sühnkraft des Todes Jesu ist ewig gültig und grenzenlos.

B.

Sowohl der Hebräerbrief wie der 1. Petrusbrief geben vielfältig zu erkennen, daß ihre Theologie derjenigen des Apostels Paulus verpflichtet ist. Wenden wir uns — rückwärts schreitend — nunmehr den Aussagen *der paulinischen Briefe zu*, die den Sinn des Todes Jesu deuten, so bietet sich ein neues Bild. Nicht als ob Paulus *sachlich* anderes zu sagen hätte als die nachpaulinischen Schriften. Im Gegenteil: die unbeirrte Konstanz der sachlichen Aussagen im ganzen Neuen Testament ist eines der wichtigsten Kennzeichen unseres Themas . . .

Es ist keine Übertreibung, wenn man sagt, daß die Christologie des Paulus geradezu um das Bemühen kreist, das „für uns", also den Stellvertretungsgedanken, seinen Hörern und Lesern in immer neuen Bildern verständlich zu machen. Vier Gedankenreihen heben sich heraus:

a) Von der Tradition vorgegeben war ihm die *kultische* Gedankenreihe. 1. Korinther 5 fordert Paulus die korinthische Gemeinde auf, ein Gemeindeglied, das durch schwere Sünde Ärgernis gab, in Kirchenzucht zu nehmen, und er gebraucht dabei das Bild vom Sauerteig, der den ganzen Teig durchsäuert. Das veranlaßt ihn, da das Passahfest vor der Tür steht, zur Erläuterung eine urchristliche Osterandacht heranzuziehen, die nach Ausweis von Sprache und Stil älter als Paulus ist. Zu jeder Passahfeier gehörte eine solche Osterandacht, in der der Hausvater die Riten und Elemente des Mahles den Mahlteilnehmern, besonders den Kindern, deutete. So zitiert Paulus: „Ihr seid frei vom Sauerteig. Denn als unser Passahlamm ist Christus geopfert. So laßt uns das Fest feiern nicht im alten Sauerteig, nicht im Sauerteig der Schlechtigkeit und Bosheit, sondern im Ungesäuerten, nämlich in Reinheit und Wahrheit." Christ sein, sagt Paulus, heißt im Passah leben, im Osterlicht stehen, im neuen Leben — das Passahfest ist angebrochen, als unser Passahlamm auf Golgatha geopfert wurde. Vergleicht Paulus hier, ebenso wie der 1. Petrusbrief und das Johannesevangelium, Christus mit dem fehllosen Verschonungslamm, um dessentwillen Gott in Ägypten die Häuser der Israeliten verschonte, so Römer 3, 25 mit dem Sühne wirkenden Opfer des Versöhnungstages. Römer 8, 3 mit dem Sündopfer, Epheser 5, 2 mit dem Ganzopfer. Zur kultischen Gedankenreihe gehören schließlich noch alle die Stellen, die vom Blut Jesu reden (Röm. 3, 25; 5, 9; Kol. 1, 20; Eph. 1, 7; 2, 13). Die Kreuzigung war eine unblutige Todesart; wenn Paulus vom Blut Jesu spricht, hat er also primär nicht den historischen Vollzug der Hinrichtung vor Augen, sondern das Opfer. Gemeinsam ist allen diesen Aussagen, die die Opferterminologie benutzen, daß sie ein Doppeltes zum Ausdruck bringen wollen: 1. Jesus stirbt als der Sündlose (2. Kor. 5, 21); 2. er stirbt stellvertretend für unsere Sünden. In seinem Tod fassen sich alle Opferveranstaltungen des Alten

176

Bundes zusammen; er ist das Opfer schlechthin für die Sünden der Menschheit.

b) Eine zweite Gedankenreihe, mit deren Hilfe Paulus die Stellvertretung Christi verdeutlicht, ist dem *Strafrecht* entnommen. Hierher gehören die Stellen, die auf Jesaja 53 Bezug nehmen, das Kapitel vom leidenden Gottesknecht, der die Strafe für unsere Schulden erduldet. „Er wurde um unserer Übertretungen willen dahingegeben", heißt es Römer 4, 25 im Anschluß an Jesaja 53, 12, „Gott gab ihn für uns alle dahin" Römer 8, 23 im Anschluß an Jesaja 53, 6, „er gab sich selbst für unsere Sünden dahin" Galater 1, 4 im Anschluß an Jesaja 53, 10. An Jesu Fleisch vollzog Gott die Todesstrafe, die wir hätten tragen müssen (Röm. 8, 3); ihn ließ er den Fluch tragen, der auf uns lag (Gal. 3, 13). Mit besonderer Eindringlichkeit hat Paulus es Kolosser 2, 14 verstanden, diesen Gedanken des stellvertretenden Ertragens des endgerichtlichen Urteils zu verdeutlichen: „Gott tilgte die uns belastende, die übertretenen Satzungen aufzählende Schuldurkunde und beseitigte sie, indem er sie an das Kreuz heftete." Über dem Gekreuzigten hängt am Kreuz der Titulus, eine Tafel, die der Verbrecher auf dem Weg zur Hinrichtung um den Hals getragen hat und auf der seine Untaten stehen, derentwegen er verurteilt worden war. Auch zu Jesu Häupten hängt der Titulus. Aber siehst du nicht, sagt Paulus, da ist eine Hand, die den Titulus entfernt und ihn durch einen anderen ersetzt, dicht beschrieben, Zeile um Zeile? Du mußt schon sehr nahe herzutreten, wenn du ihn entziffern willst, diesen neuen Titulus — es ist deine und meine Schuld, die auf ihm steht.

c) Neben der kultischen und strafrechtlichen Gedankenreihe steht eine dritte, die Paulus dem *Sklavenwesen* entnahm. „Erwerben" (1. Kor. 6, 20; 7, 23), „loskaufen" (Gal. 3, 13; 4, 5), „gegen Bezahlung" (1. Kor. 6, 20; 7, 23) sind hier die Stichworte: Christus hat uns durch seinen Tod aus der Sklaverei losgekauft. Das Bild aus dem Leben, das Paulus vor Augen steht, ist nicht, wie A. Deißmann meinte, der sakrale Loskauf, bei dem ein Sklave zum Schein an die Gottheit verkauft wird, in Wahrheit aber den Kaufpreis selbst beibringt, sondern ein Vorgang, der ungleich drastischer ist: nämlich der stellvertretende Eintritt in die Sklaverei, um einen Sklaven frei zu machen. Dieses kaum überbietbare Liebesopfer, den freiwilligen Verzicht auf die Freiheit um eines anderen willen, hat Paulus im Auge, wenn er 1. Korinther 13, 3 als Beispiel für höchste Aufopferung nennt: „und ließe mein Leben brennen". „Und wenn ich alle meine Habe (an die Armen) verteilte, ja wenn ich mir freiwillig (zur Befreiung eines Bruders) das Sklavenmal aufbrennen ließe, und hätte der Liebe nicht, so wäre mir's nichts nütze." Aus dem 1. Klemensbrief wissen wir, daß solche letzten Opfer in der ältesten Christenheit tatsächlich gebracht worden sind (55, 2). *Das* ist es, sagt Paulus, was Christus für uns tat. Wir waren in der Sklaverei der Sünde (Röm. 3, 9 u. ö.), des Gesetzes (Gal. 4, 5) und des Gottesfluches (Gal. 3, 13); der Gekreuzigte hat sich an unserer Stelle zum Sklaven dieser Mächte gemacht, um uns rechtmäßig loszukaufen (Gal. 3, 13; 4, 5). Man muß die schreckliche Lage der Sklaven im Altertum vor

Augen haben, die der Laune und Willkür ihrer Herren wehrlos preisgegeben waren und sich in Bergwerken und auf Galeeren zu Tode arbeiten mußten wie ein Stück Vieh, um den wundervollen Klang ins Ohr zu bekommen, den in der damaligen Welt das Wort „Loskauf" für die zahlreichen Sklaven hatte, die zu den ältesten Gemeinden gehörten.

d) Selten (soviel ich sehe, nur zweimal) begegnet eine vierte Gedankenreihe: die des stellvertretenden *Gehorsams*. Sie findet sich einerseits Römer 5, 18 f., wo in zwei gegensätzlichen Parallelsätzen die universale Wirkung des Ungehorsams Adams und der Gehorsamstat Christi gegenübergestellt wird („durch den [stellvertretend geleisteten] Gehorsam des Einen werden die vielen zu Gerechten"), andererseits Galater 4, 4 f.: „Christus wurde Sklave des Gesetzes, um die, die Gesetzessklaven waren, (durch stellvertretende Gesetzeserfüllung) loszukaufen, damit wir die Kindschaft empfingen."

So verschieden die Bilder sind, in allen vier Gedankenreihen geht es Paulus um ein und dasselbe Anliegen: er möchte das „für uns", die Stellvertretung des Sündlosen für die Sünder, veranschaulichen. Darin, daß diese Stellvertretung den Gottlosen (Röm. 4, 5; 5, 6), den Gottesfeinden (5, 10), der Gott hassenden Welt (2. Kor. 5, 19) gilt, offenbart sich die grenzenlose Allmacht der allumfassenden Liebe Gottes (Röm. 5, 8). . . . Die Stellvertretung am Kreuz — das ist der Zentralgedanke der paulinischen Verkündigung — ist die Konkretisierung und Aktualisierung, das Sichtbarwerden und Ereigniswerden der Liebe Gottes.

C.

Wenn wir uns — nochmals einen Schritt zurückgehend — drittens der vorpaulinischen *Urgemeinde* zuwenden, so sind wir nicht wie bei Paulus in der glücklichen Lage, Originaldokumente zu besitzen. Dennoch können wir mit Bestimmtheit sagen, daß bereits für die älteste Gemeinde die Sinndeutung des Kreuzes zentrales Anliegen gewesen ist. Die historische Situation zwang sie vom Ostertag an, zu dem quälenden Rätsel des Kreuzes Stellung zu nehmen. Für den antiken Menschen war das Kreuz ja nicht nur Inbegriff der furchtbarsten Qualen, sondern Inbegriff der Schande (Hebr. 12, 2), und für jüdisches Empfinden kam noch hinzu, daß diese in Israel unbekannte Todesstrafe nach 5. Mose 21, 23 als sichtbares Zeichen des Gottesfluches galt. Wie war es möglich, daß der, den Gott in der Auferstehung legitimiert hatte, den Fluchtod starb? Das alte Kerygma zeigt, wo man die Antwort fand, wenn es verkündigte: Christus starb für unsere Sünden nach der Schrift (1. Kor. 15, 3). „Für unsere Sünden" besagt: sein Tod war stellvertretendes Sterben. Und „nach der Schrift" begründet diese Sinndeutung des Todes mit Jesaja 53; denn nur hier im ganzen Alten Testament findet sich eine dem „er starb für unsere Sünden" entsprechende Aussage. Wie man diese Bezugnahme auf Jesaja 53 hat bezweifeln können, wird mir für immer verborgen bleiben. Auf den Plural (wörtlich: „nach den Schriften"), der angeblich auf eine Vielzahl von Schriftbelegen hinweise, hätte man sich jedenfalls lieber nicht berufen sollen, weil die

Behauptung ein sprachlicher Irrtum ist; der diesem griechischen Plural zugrunde liegende aramäische Plural . . . bezeichnet *die* Schrift und muß im Deutschen singularisch übersetzt werden. Aber wir haben noch andere Belege als 1. Korinther 15, 3. Es ist doch ein eindrucksvoller Tatbestand, daß sich die außerordentlich zahlreichen christologischen Bezugnahmen auf Jesaja 53, die bei Paulus zu finden sind, ohne jede Ausnahme als vorpaulinisches Traditionsgut zu erkennen geben: teils vom stilistischen, teils vom sprachlichen Befund, meist von beiden Seiten her. So kann kein Zweifel daran bestehen, daß die Urgemeinde längst vor Paulus im Kapitel vom leidenden Gottesknecht (Jes. 53) den Schlüssel für die Lösung des dunklen Geheimnisses gefunden hat, daß der Gottessohn den Schmachtod sterben mußte.

D.

Die *Evangelien* berichten, daß diese Sinndeutung des Todes Jesu auf ihn selbst zurückgeht. Ist das glaubhaft?

Untersucht man die Leidensankündigungen Jesu literarkritisch, so beobachtet man die offenkundige Tendenz der Überlieferung, Jesus nachträglich Ankündigungen seines Leidens in den Mund zu legen (z. B. Matth. 26, 1—4 verglichen mit der Vorlage Mark. 14, 1. 2), und darüber hinaus die Neigung, die Leidensankündigungen schrittweise immer stärker dem faktischen Verlauf der Ereignisse anzugleichen (vgl. Mark. 9, 31 mit 8, 31 und 10, 33 f.). Es ist verständlich, daß man weithin aus diesem unbestreitbaren Tatbestand den Schluß zieht, alle uns überlieferten Worte Jesu über sein Leiden seien sogenannte vaticinia ex eventu (aus den Ereignissen selbst nachträglich abgeleitete Weissagungen). In Wahrheit kann davon keine Rede sein. Auch wenn man so kritisch und behutsam wie möglich vorgeht, stößt man sowohl bei den Leidens- wie bei den Herrlichkeitsankündigungen auf einen vorösterlichen Kern.

Was die *Leidensankündigungen* anlangt, so ist davon auszugehen, daß der Gesamtverlauf des Lebens Jesu ihn zwingen mußte, immer stärker mit Verfolgung, ja mit einem gewaltsamen Tod zu rechnen. Sowohl die Übertretung des Sabbats als auch die Lästerung Gottes und die angebliche Zauberei (Mark. 3, 22b), die ihm vorgeworfen wurden, waren Vergehen, die die Strafe der Steinigung mit nachfolgendem Aufhängen des Leichnams nach sich zogen. Hinzu kam, daß Jesus sich selbst wiederholt — in Worten, die wegen der scheinbar niedrigen Christologie Anspruch auf Ursprünglichkeit haben — in die Reihe der Propheten gestellt hat; gerade in Jesu Tagen aber galt das Martyrium, wie wir aus dem Neuen Testament, den zeitgenössischen Prophetenlegenden und der damals im Aufblühen begriffenen Auszeichnung der Prophetengräber durch Sühnedenkmäler wissen, als Bestandteil des prophetischen Amtes. Jesus selbst hat in der Heilsgeschichte eine ununterbrochene Kette von Martyrien der Gerechten von Abel bis Zacharias, dem Sohn des Jojada (Matth. 23, 35), gesehen, und namentlich das Schicksal des letzten in der Reihe, des Täufers, deutete ihm sein eigenes Schicksal an (Mark. 9, 11—13).

179

Schwerer noch als diese Erwägungen wiegt das Zeugnis der Texte selbst. Die Leidensankündigungen, bei denen keineswegs nur an die drei sogenannten Leidensweissagungen (Mark. 8, 31; 9, 31; 10, 33 f.) zu denken ist, gehören der vorhellenistischen Überlieferungsschicht an, wie schon das aramäische Wortspiel *bar nascha / bene nascha* (Mark. 9, 31: Gott wird den Menschen an die Menschen ausliefern) zeigt, aber auch das fast völlige Fehlen von Bezugnahmen auf den griechischen Bibeltext. Sie sind teilweise so fest im Kontext verankert, daß sie nicht aus ihm gelöst werden können (man denke nur an die Bezeichnung des Petrus als Satan Mark. 8, 32 f., die nicht Erfindung sein kann). Sie gehören ferner den verschiedensten Gattungen an: neben der offenen Leidensweissagung in ihren verschiedenen Varianten[44a] stehen verhüllte Leidensankündigungen in Bildworten (wie Kelch, Taufe u. a.)[44b] und Rätselworten (wie Jonaswort, Schwerterwort u. a.)[44c]. Vor allem aber enthalten die Leidensankündigungen eine Reihe von Zügen, die sich nicht buchstäblich erfüllt haben. Das gilt beispielsweise von der Erwartung des Verbrecherbegräbnisses (Mark. 14, 8) und von der Erwartung, daß ein Teil der Jünger Jesu Schicksal teilen müssen (Mark. 10, 32—40; Luk. 22, 36 f.); seltsamerweise waren die Behörden zufrieden mit Jesu Tötung und ließen zunächst die Jünger unbehelligt. Derart gehäufte Feststellungen, die sich vermehren lassen, verbieten es, die Leidensankündigungen Jesus in Bausch und Bogen als vaticinia ex eventu abzusprechen. Die Skepsis wird ungewollt zur Geschichtsverfälschung, wenn sie sich durch zutreffende kritische Einzelbeobachtungen verleiten läßt, das gesamte Material kritiklos für Gemeindebildung zu erklären.

Genauso wie für die Leidensankündigungen läßt sich für die mit ihnen verbundenen *Herrlichkeitsankündigungen* zeigen, daß ihr Kern vorösterlich ist. Ich beschränke mich auf ein Beispiel: die drei Tage. Neben der an Hosea 6, 2 anknüpfenden Fassung „nach drei Tagen wird er auferstehen" stehen ganz andere Drei-Tage-Worte. Nach drei Tagen, sagt Jesus, werde er den neuen Tempel errichten (Mark. 14, 58 par). Heute und morgen treibt er Dämonen aus und vollzieht er Heilungen, am dritten Tag wird er vollendet werden (Luk. 13, 32). Heute und morgen und am folgenden Tag muß er wandern, danach in Jerusalem das Prophetenschicksal erleiden (13, 33). Noch eine kurze Zeit, dann werden sie ihn nicht sehen — abermals eine kurze Zeit, dann werden sie ihn sehen: heute Gemeinschaft mit ihm, morgen die Trennung, am dritten Tag die Wiederkunft (Joh. 16, 16). Es ist deutlich: Jesus hat in vielfältigen Wendungen die große Wende Gottes angekündigt, und schon das Fehlen einer Differenzierung zwischen Auferstehung und Wiederkunft zeigt, daß auch die Herrlichkeitsankündigungen nicht vaticinia ex eventu, sondern im Kern vorösterlich sind.

Ist aber sowohl die Leidens- wie die Herrlichkeitsankündigung in ihrem Kern auf Jesus selbst zurückzuführen, dann wird man die Behauptung der Texte, Jesus habe mit der Leidensankündigung die *Leidensdeutung* ver-

[44a] Mark. 8, 31; 9, 31; 10, 33 f.; 14, 21. 41
[44b] Mark. 10, 38 f.
[44c] Matth. 12, 39; 16, 4; Luk. 11, 29

bunden, nicht mit leichter Hand als Dogmatik der Urgemeinde beiseite schieben dürfen. Im Gegenteil! Wer einen Eindruck von der außerordentlichen Bedeutung gewonnen hat, die die Vorstellung von der Sühnkraft des Leidens und des Todes im antiken Judentum besaß, der wird es für vollständig undenkbar halten müssen, daß Jesus Leiden und Tod erwartet haben sollte, ohne sich Gedanken über ihren Sinn gemacht zu haben.

Entscheidend sind auch hier die Texte. An erster Stelle unter den Leidensdeutungen Jesu sind die Abendmahlsworte zu nennen. Ich begnüge mich mit zwei Bemerkungen zu ihnen. Erstens: die Worte „für viele", auf die es hier ankommt, finden sich — mit Abweichungen in der Stellung und im Wortlaut (Mark. 14, 24; Matth. 26, 28; 1. Kor. 11, 24; Luk. 22, 19. 20; Joh. 6, 51) — in allen fünf Fassungen der Deuteworte, die uns das Neue Testament überliefert. Von den verschiedenen Fassungen der Wendung ist die des Markus „für viele" als Semitismus sicher älter als die paulinisch-lukanische „für euch". Da Paulus seine Fassung der Abendmahlsworte, die sprachlich stark gräzisiert ist, in Antiochia Anfang der vierziger Jahre erhalten haben wird, führt uns das ältere „für viele" des Markus in das erste Jahrzehnt nach Jesu Tod zurück. Wer die beiden Worte als Interpretament streichen will, muß sich bewußt sein, daß er eine ganz alte Überlieferung preisgibt und daß es keine sprachlichen Gründe gibt, auf die er sich berufen könnte. Zweitens: die Worte „für viele" sind, wie Markus 10, 45b bestätigt, Bezugnahme auf Jesaja 53. Auf diese Schriftstelle weist sowohl das „für", also der Stellvertretungsgedanke, als auch das „viele"; denn artikelloses „viele" im einschließenden Sinn von „die vielen, die große Schar, alle" findet sich in Jesaja 53 gehäuft und ist geradezu das Stichwort dieses Kapitels. Das „für viele" der Abendmahlsworte besagt also, daß Jesus in Jesaja 53 den Schlüssel für die Deutung seines Leidens und Sterbens gefunden hat.

Komplizierter ist die Überlieferungsgeschichte des engstens mit den Abendmahlsworten verwandten Wortes vom Lösegeld, weil hier Markus (10, 45 par. Matth. 20, 28) und Lukas (22, 27) voneinander abweichen. Es scheint so zu liegen, daß beiden Fassungen ein Logion Jesu zugrunde liegt, das von seinem Dienst sprach; in der lukanischen Sonderquelle ist dieser Dienst Jesu mit Hilfe seines Tischdienstes, bei Markus mit Hilfe von Jesaja 53 illustriert. Bei Lukas ist der Kontext sprachlich stark gräzisiert; bei Markus ist nicht nur die Sprache, sondern auch der Vorstellungsgehalt des Logions semitisch, denn die religiöse Verwendung des Loskaufbildes ist spezifisch palästinisch. Das gibt der Markusüberlieferung ein hohes Alter. Das mindeste, was man wird sagen müssen, ist dieses: Markus besaß neben den Abendmahlsworten eine weitere alte Überlieferung, derzufolge Jesus sein Leiden mit Hilfe von Jesaja 53 gedeutet hat.

Ganz alte Überlieferung, ja ich möchte sagen, ein Stück Urgestein der Überlieferung haben wir in dem der lukanischen Sonderquelle entstammenden Schwerterwort Lukas 22, 35—38 vor uns. Da wird den Jüngern zunächst in Vers 35 f. der unmittelbar bevorstehende Anbruch der Notzeit angekündigt, ein vorösterliches Wort, weil es eine unerfüllte Weissagung darstellt, da das kollektive Leiden der Jünger *so* nicht eintrat. Die unentbehrliche Begründung für den totalen Umschwung in der Stimmung der Umwelt von gastlicher Freundlichkeit zu blutigem Haß gibt das Wort aus Jesaja 53, 12: „und er wurde den Gottlosen zugerechnet". Und nochmals folgt in Vers 38 ein ganz altertümliches Wort, der Hinweis der Jünger auf die zwei Schwerter, deshalb alt, weil es das völlige Unverständnis der Jünger ohne jede Schonung oder Beschönigung zugibt. Wieder bietet Jesaja 53 die Deutung für das auf Jesus zukommende Leiden.

Vorösterliche Überlieferung wird man auch in Markus 14, 27 f. zu erblicken haben, dem Wort vom Hirten, der geschlagen wird und dessen Schafe sich zerstreuen, und zwar wegen des Fortgangs in Vers 28, wo das Bild vom Hirten weitergeführt wird mit der Verheißung, daß er (seiner Herde) „nach Galiläa voranschreiten werde", was nicht ex eventu formuliert sein kann. Man muß den Kontext des zitierten Sacharjawortes (13, 7) vor Augen haben, um zu sehen, daß auch hier eine Leidensdeutung im Hintergrund steht: der Tod des Hirten leitet die Trübsal und die auf sie folgende Sammlung der geläuterten Herde ein. Und Johannes 10, 15. 17 f. zeigt darüber hinaus, daß mit dem Hirtenbild mindestens in der Überlieferung Jesaja 53 verbunden war.

Schließlich sei noch Lukas 23, 34 genannt, die Fürbitte am Kreuz. Sie wird nicht von allen Handschriften bezeugt, beruht aber auf alter Überlieferung, wie Form und Inhalt (die Anrede „mein Vater", die Fürbitte für die Feinde) übereinstimmend zeigen. Auch hier spielt die Leidensdeutung herein; denn Jesus spricht die Fürbitte anstelle des Sühnevotums „mein Tod sei Sühne für alle meine Sünden", das jeder Hinzurichtende zu sprechen hatte, und wendet damit die Sühnkraft seines Todes anstatt sich selbst seinen Henkern zu. Auch hier steht Jesaja 53 im Hintergrund, schließt dieses Kapitel doch mit den Worten: „und für die Übeltäter tat er Fürbitte" (V. 12).

Die Zahl der Stellen, an denen Jesus nach den Berichten der Evangelien Jesaja 53 auf sich selbst bezieht, ist größer, aber doch begrenzt. Das hängt damit zusammen, daß Jesus nur in der Jüngerlehre, nicht in der öffentlichen Predigt die letzten Geheimnisse seiner Sendung enthüllt hat. Nur seinen Jüngern hat er das Geheimnis erschlossen, daß er die Erfüllung von Jesaja 53 als die ihm von Gott gestellte Aufgabe ansah, und nur ihnen hat er seinen Tod als Stellvertretung für die vielen, die ungezählte Schar der dem Gericht Gottes Verfallenen gedeutet. Ein Vierfaches ist es, was nach Jesaja 53 dem stellvertretenden Tod des Gottesknechtes so grenzenlos sühnende Kraft gibt: es ist freiwilliges (V. 10), geduldig getragenes (V. 7), von Gott gewolltes (V. 6. 10), unschuldiges (V. 9) Leiden. Es ist Leben aus Gott und mit Gott, das hier in den Tod gegeben wird.

Wenn wir mit großer Wahrscheinlichkeit — von Sicherheit kann nicht die Rede sein — die urchristliche Sinndeutung des Sterbens Jesu als Erfüllung von Jesaja 53 bis auf Jesus selbst zurückverfolgen konnten, so ist uns damit die existentielle Frage nicht abgenommen. Sie bleibt. Aber sie liegt jetzt dort, wohin sie gehört: bei Jesus selbst.

G. Bornkamm
Kreuz

I. Die Einführung

G. Bornkamm behandelt in seinem Aufsatz über das Thema „Kreuz" ein historisches und ein theologisches Problem: 1. Welchen Anteil haben die Juden einerseits und die Römer andererseits an der Verhaftung, Verurteilung und Hinrichtung Jesu gehabt? und 2. Worin ist es begründet, daß christlicher Glaube das Kreuz als Heilsgeschehen, als Versöhnung der Welt versteht?

1. *Der Anteil der Juden und Römer am Tod Jesu (das historische Problem).*
Bornkamm wendet sich gegen eine doppelte Verzeichnung des Geschichtsbildes: Zunächst gegen das einseitige (bis hin zu den Judenverfolgungen des 3. Reiches ungeheuer folgenreiche) Urteil: Die Juden sind schuld am Tod unseres Herrn Jesus Christus. Demgegenüber heißt es: „Von einer Alleinschuld der Juden an Jesu Tod kann in der Tat keine Rede sein; sie wird auch in den Evangelien nicht behauptet."
Sodann wendet sich Bornkamm gegen das ebenso einseitige, wenn auch nicht gänzlich unberechtigte Urteil des jüdischen Gelehrten *P. Winter*, der eine jüdische Mitwirkung am Prozeß Jesu nahezu vollständig bestreitet. Jesus, letztlich nichts anderes als ein den Pharisäern nahestehender Jude, sei dem römischen Statthalter wegen einer von ihm entfachten politischen Bewegung verdächtig gewesen und durch seine Soldaten verhaftet worden.
Bornkamm selbst geht von der historisch unbezweifelbaren Tatsache aus, daß Jesus nicht gesteinigt (dem jüdischen Recht hätte die Steinigung entsprochen), sondern *von dem Statthalter Pontius Pilatus gekreuzigt worden ist.* Die Kreuzigung ist aber ohne Zweifel eine spezifisch römische Strafe gewesen, die der römischen Gerichtsbarkeit vorbehalten war und für politische Vergehen verhängt wurde. Bornkamm betont aber andererseits gegenüber P. Winter, „daß die jüdische Behörde, um den verhaßten Propheten aus Galiläa loszuwerden, ihn unter politischen Verdächtigungen dem Römer in die Hände gab[45]" (Luk. 23, 2; Joh. 19, 12. 15).
Das Ergebnis: Die Kreuzigung Jesu ist also nicht die Folge davon, daß ein von dem hohen Rat der Juden der römischen Besatzungsmacht zur Begutachtung vorgelegtes Todesurteil durch den Statthalter lediglich bestätigt und zur Exekution freigegeben worden ist, sondern sie ist im strengen und vollen Sinn die Folge eines Urteils der römischen Justiz. „Neben dem Volk, das im Verein mit den geistlichen Führern den Tod des Verkündigers des Evangeliums fordert, steht der Römer Pilatus, der Vertreter der Nation des Rechtes, der heidnischen Obermacht, welche die Verantwortung im Lande an sich genommen hat. Beide zusammen überantworten den Verkündiger der großen Frohbotschaft Gottes, die den Armen ins Reich Gottes einlädt, zum Tode[46]."

2. *Die Heilsbedeutung des Kreuzes auf Grund der Auferstehung (das theologische Problem).*
Worin ist begründet, daß trotz des schmählichen Todes Jesu am Kreuz („Verflucht ist, wer am Holz hängt"; 5. Mose 21, 23) die Urgemeinde das Kreuz Christi als göttliches Heilshandeln begreift? *Bornkamm* antwortet: Durch die Erscheinungen des Auferstandenen wurden die Jünger gewiß, daß Gott diesen

[45] G. Bornkamm: Jesus von Nazareth, Urban-Taschenbücher, Bd. 19, Stuttgart 1960[4], S. 151.
[46] W. Zimmerli: Israel und die Christen, Neukirchen 1964, S. 72.

Jesus zum Herrn erhöht und sich damit zum Gekreuzigten bekannt hat. „Der Auferstandene selbst öffnet darum erst das Geheimnis seiner Geschichte und seiner Person, vor allem den Sinn seines Leidens und Sterbens[47]." So wird durch die Erscheinungen des Auferstandenen den Jüngern das Ja zu dem gekreuzigten Jesus aufgenötigt: „Gottes Versöhnungstat an der ihm feindlichen Welt — das ist fortan der Sinn seines Sterbens". Deshalb gilt: *Das Kreuz ist in seiner Heilsbedeutung ohne die Auferstehung nicht erkennbar und nicht denkbar.* Dies betont Bornkamm zu Recht im Unterschied zu Jeremias.

3. Die Heilsbedeutung des Kreuzes in der ältesten Urgemeinde

Bornkamm sagt jedoch einschränkend: „Allem Anschein nach hat es das Denken der ersten Jünger im Anfang noch nicht verstanden, dem Kreuz Christi selbst eine Heilsbedeutung abzugewinnen." Urchristliches Denken habe vielmehr *zunächst* die Auferstehung Jesu als Erhöhung zu seiner himmlischen Herrschaft, das Kreuz also lediglich als „Durchgang", Jesu bitteres Ende lediglich als „Vorspiel" seiner Erhöhung verstanden. Bornkamm begründet diese These mit älterem Formelgut aus der Apostelgeschichte (vgl. 2, 23. 36; 3, 14 f.; 4, 10; 5, 30), das in antithetischer [in Form eines Gegensatzes formulierter] Aussage den Weg Jesu beschreibt: „Ihr habt ihn ans Kreuz schlagen lassen, Gott aber hat ihn auferweckt." Die Urgemeinde hätte demnach *erst später* das Kreuz als Versöhnungsgeschehen Gottes an der ihm feindlichen Welt verstanden (vgl. 1. Kor. 15, 3 f.).

Zu fragen wäre, ob der inhaltliche Unterschied der Formeln aus der Apostelgeschichte einerseits und der alten Überlieferung in 1. Korinther 15, 3 f. andererseits mit Bornkamm als *zeitliches Nacheinander*, oder ob er nicht vielmehr aus einer *verschiedenen* Ausrichtung („Sitz im Leben") dieser Formeln zu erklären ist. Die antithetischen Formeln der Apostelgeschichte spiegeln nämlich den missionarischen Bußruf an die jüdischen Zeitgenossen und stellen die Auferweckung als Erhöhung zu Gott dem Kreuz als Fluchttod und Freveltat der Juden gegenüber (vgl. Gal. 3, 13 mit Apg. 5, 30). Dagegen ist 1. Korinther 15, 3—5 eine katechetische Zusammenfassung („katechetische Lehrtradition") für die Unterweisung der Gemeinde, die von der Heilsbedeutung des Sterbens Jesu „für uns" spricht[48]. Zudem beweist das Alter dieser Formel „daß bereits für die älteste Urgemeinde die Sinndeutung des Kreuzes zentrales Anliegen gewesen ist . . . [und] daß die Urgemeinde längst vor Paulus im Kapitel vom leidenden Gottesknecht (Jes. 53) den Schlüssel für das Rätsel des Todes Jesu gefunden hat" (Jeremias; neben 1. Kor. 15, 3 f. bezieht sich auch Röm. 4, 25 auf Jes. 53; beide stammen bereits aus der aramäisch sprechenden Urgemeinde und gehören deshalb zu den ältesten Bekenntnissen des N. T.).

II. Der Text
G. Bornkamm: „Kreuz"

Das Kreuz, von dem wir hier zu reden haben, ist das Kreuz, an dem Jesus von Nazareth starb. Von einem geschichtlichen Ereignis also ist die Rede, nicht von einem zeitlosen Mythos und nicht von einem tiefsinnigen religiösen Symbol. Zum Wesen von Symbolen und Sinnbildern im Bereich der Religionen gehört ja wohl, daß in ihnen in mannigfaltiger Weise das Heilige im Irdischen geheimnisvoll-zeichenhaft erscheint. Es läge nahe,

[47] G. Bornkamm: ebd., S. 169.
[48] Vgl. übrigens das gleiche Nebeneinander in 1. Thess. 1, 9 f. (Missionskerygma) und Röm. 5, 6 ff. (Didache) innerhalb der paulinischen Briefe.

derlei Gedanken auch auf Christi Kreuz anzuwenden. Doch wäre das ein verfehltes Bemühen, und wir würden schon mit unsern ersten Worten jedenfalls nicht mehr vom Kreuze *Christi* reden. Im Zeitalter Jesu und in der Umwelt des Urchristentums wäre kein Mensch, kein Jude noch Heide, auf den Gedanken gekommen, ausgerechnet eine Kreuzigung in Verbindung mit Ideen und Vorstellungen der Religion zu bringen. Die Hinrichtung eines Menschen am Kreuz, nach römischer Auffassung die grausamste und scheußlichste Todesart, ist für die damalige Zeit das Profanste, was sich nur denken läßt. Die Römer haben diese Strafe zwar nicht erfunden, wohl aber reichlich zum Schutze der staatlichen Sicherheit und Ordnung praktiziert, aber nur an Sklaven und politischen Rebellen; an römischen Bürgern durfte sie nicht vollstreckt werden. Unzählige Freiheitskämpfer im jüdisch-römischen Krieg im ersten nachchristlichen Jahrhundert sind so geendet.

Es gehört zu den gesichertsten Daten, die wir aus der Geschichte Jesu kennen, daß er diesen Tod gestorben ist. Das aber heißt: er starb als Gefangener der Römer, von Pilatus wegen politischer Umtriebe gegen Rom vor Gericht gestellt und zum Tode verurteilt, wie ja auch die Inschrift an seinem Kreuz seine Schuld vor aller Augen bekanntmachen und ihn als gefährlichen Messias-Prätendenten bezeichnen sollte. Sicher hat also Pilatus ihn für einen solchen Führer der jüdischen Widerstandsbewegung gehalten, die die römische Fremdherrschaft beseitigen und ein theokratisch-messianisches Reich in ihrem unterdrückten Land aufrichten wollte. Viele Einzelheiten der Passionsgeschichte sonst lassen sich nicht mehr mit derselben Sicherheit aufhellen. Zwar wird sie von allen vier Evangelien ausführlich erzählt und enthält fraglos nicht wenige historisch unanfechtbare Angaben. Doch zeigen ihre ersten, lange Jahrzehnte später abgefaßten und zum Teil nicht unerheblich differierenden Berichte, daß sie nicht primär unter chronistischem und historischem Interesse geformt und niedergeschrieben sind. Ihre Erzähler haben keine Prozeßakten benutzt und waren nicht Historiker im antiken oder gar modernen Sinn, sondern Zeugen und Boten des Christusglaubens — auch und gerade in der Weise, wie sie Jesu Passion erzählen. Das wird zum Beispiel schon daran deutlich, daß sie die Geschichte von Jesu Leiden und Sterben immer wieder in das Licht alttestamentlicher Weissagungen rücken. Der Historiker heute darf sie unbesehen als zuverlässige Quellen verwenden.

Eine der schwierigsten und kaum noch völlig aufzuhellenden historischen Fragen betrifft die Rolle, die der jüdische Hohe Rat und das jüdische Volk in der Passion Jesu gespielt haben. Bekanntlich stellen es die Evangelienberichte so dar, daß die Führer der Juden die eigentlich verantwortlichen Akteure waren, der Hohe Rat Jesus zum Tode verurteilte und Pilatus solange von ihnen unter Druck gesetzt wurde, bis er endlich nach vergeblichen Versuchen der Abwehr, selbst von Jesu Unschuld überzeugt, dem Drängen der aufgehetzten Menge und ihrer Führer nachgab und Jesus kreuzigen ließ. Die Richtigkeit dieser Darstellung ist seit langem von der Forschung angefochten, zuletzt in einem Buch des jüdischen Forschers Paul

Winter, betitelt On the Trial of Jesus (1961), das eine heftige Diskussion der Gelehrten hervorgerufen hat. Nach Winters Meinung trägt die Verantwortung für Jesu Verhaftung, Verurteilung und Hinrichtung allein Pilatus, der Vertreter der römischen Besatzungsmacht. Die jüdischen Behörden sind auch nach Winter gewiß nicht völlig unbeteiligt gewesen, doch haben sie, vom Statthalter dazu veranlaßt, nur unmaßgebliche Handlangerdienste geleistet, wie sich ja auch sonst in derlei Fällen eine Besatzungsmacht der Behörden im Lande zu bedienen pflegt. Von einer tödlichen Feindschaft der Juden gegen Jesus könne jedoch keine Rede sein. Dieser Eindruck sei erst durch die tendenziöse Darstellung der späteren christlichen Gemeinde hervorgerufen. Weil Christen und Juden später in einem unversöhnlichen Gegensatz zueinander standen, belastete man ungerechterweise das jüdische Volk und seine Führer immer stärker und entlastete gleichzeitig den Statthalter Pilatus und machte ihn tendenziös zu einem Zeugen der Unschuld Jesu, weil man sich bei den Römern um Gunst und Duldung bemühen und den Verdacht politischer Aufsässigkeit von dem Meister abwehren wollte.

Wir haben allen Grund, diese radikale Kritik des traditionellen christlichen Geschichtsbildes sehr ernst zu nehmen. Denn es kann nicht zweifelhaft sein, daß aus ihm das verhängnisvolle schreckliche Dogma von der Alleinschuld der Juden an Jesu Tod, ja der Kollektivschuld und dem Gottesfluch, der für alle Zeiten auf diesem Volke liegen soll, erwachsen ist. Es fehlt weiß Gott nicht an grauenvollen Äußerungen solcher Art in der Geschichte der christlichen Kirchen, die allerdings mit dem, was das Neue Testament selbst sagt und meint, sehr bald nichts mehr zu tun hatten. Von einer Alleinschuld der Juden an Jesu Tod kann in der Tat keine Rede sein; sie wird auch in den Evangelien nicht behauptet. Erst recht aber verkehrt das schauerliche Dogma von der fortdauernden Kollektivschuld des jüdischen Volkes den neutestamentlichen Sinn des Todes Jesu in sein gerades Gegenteil. Oft und fälschlich hat man sich dafür auf das Geschrei des Volkes vor Pilatus berufen: „Sein Blut komme über uns und unsere Kinder", als ob dieses Wort einen ewigen Fluch Gottes gegen dieses Volk ausspräche und das Blut Christi nicht gerade nach urchristlichem Verständnis das Blut der Versöhnung und nicht der Rache gewesen sei. Doch wird man schon im Blick auf die historischen Vorgänge sagen dürfen: im strengen historischen und juristischen Sinn ist Jesus wirklich ein Opfer römischer Justiz geworden. Soweit werden Winter und andere Gelehrte vor ihm durchaus recht haben.

Steht das fest, dann wird man sich den Anteil der Juden an Jesu Verurteilung und Hinrichtung anders, als die Passionsberichte es schildern, zu denken haben: nicht als eine förmliche Verurteilung zum Tode. Dagegen spricht, von sonstigen Unstimmigkeiten der Berichte abgesehen, auch die Tatsache, daß dem jüdischen Gericht zur Zeit Jesu wohl sicher das Recht noch belassen war, im Bereich der eigenen, vor allem religiösen Angelegenheiten zu richten und Todesurteile etwa durch Steinigung zu vollstrecken, wovon die Juden im Falle Jesu jedoch keinen Gebrauch machten. Indessen wird man im Unterschied zu Winter annehmen müssen, daß die Führer der Juden Jesus dem römischen Prokurator als politischen Verbrecher zuschoben, um sich auf diese Weise des gefährlichen Propheten aus Galiläa, dem die Menge nachlief, zu entledigen. So werden die Evangelien doch darin recht haben, daß die Juden Pilatus unter Druck setzten und nicht umgekehrt. Der Prokurator, sonst — wie wir wissen — ein grausamer, rücksichtsloser Mann, hatte Grund genug, darauf einzugehen. Denn in den Tagen des Passahfestes, als Tausende von Pilgern und politisch Unzufriedenen in Jerusalem waren, hatte er erst recht für Ordnung und Sicherheit zu sorgen und alles, was zu Unruhen und Provokationen führen konnte, im Keim zu ersticken. Bei aller Bereitschaft zu gebotener historischer Kritik bleiben wir mit dieser Annahme den Passionsberichten erheblich näher als Winters Darstellung und vermeiden Hypothesen, die der Text nicht rechtfertigt. Vor allem aber sind wir dann in der Lage, Jesu Leiden und Sterben im engsten Zusammenhang des Gegensatzes zu sehen, in dem die Führer des jüdischen Volkes zu Jesus standen.

Die Tiefe dieses Gegensatzes ist in dem genannten Buch des jüdischen Gelehrten erheblich unterschätzt und für die Passionsberichte überhaupt nicht in Anschlag gebracht. Ohne diese entscheidende Tatsache würden Jesu ganze Geschichte einschließlich der Geschichte seines Endes und die Entstehung seiner Gemeinde unverständlich. Doch kann darüber kein Zweifel sein: Jesus selbst und nicht erst eine spätere Gemeinde hat die tiefe Feindschaft der Führer des jüdischen Volkes erregt. Seine Botschaft vom Kommen des Gottesreiches, das schon jetzt anbricht in seinem Wort und Handeln, Freudenbotschaft für die Sünder und Armen und Gericht für die vermeintlich Gerechten; Jesu Verkündigung, die die Grundlage jüdischer Religion — Kultus, Tora und Tradition — erschütterte und nicht einmal vor dem geheiligten Buchstaben des Mose-Gesetzes haltmachte; und sein Verhalten gegenüber Zöllnern und Dirnen, mit denen er Tischgemeinschaft hielt — das alles war ein unerträglicher Angriff auf die heiligen Ordnungen Gottes und hat endlich Jesu Tod heraufgeführt.

Man kann sich die Gewalt des Anstoßes, den Jesu schmähliches Ende auch für seine Jünger und die späteren Hörer ihrer Botschaft bedeutete, wohl kaum ernst genug vorstellen. Die messianisch-politischen Hoffnungen, die auch viele von ihnen auf Jesus und das Kommen des Gottesreiches gesetzt hatten, waren zerbrochen. Das Ärgernis der Frage, ob dieser am Kreuz — wir würden sagen: am Galgen — gescheiterte Jesus der Bote Gottes mit dem letzten, entscheidenden Wort sei, stand vor ihnen nicht minder hart als vor allen ihren Zeitgenossen. Ja genauer gesagt: gerade vor ihnen und vor ihnen erst im eigentlichen Sinn. Denn für Pilatus und die Führer des Volkes gab es hier keine Frage mehr. Für den Prokurator und die Römer war die Angelegenheit sicher nicht mehr als eine ärgerliche, aber erledigte Episode, und nicht einmal eine einzig dastehende. Und die Juden hatten nicht mehr dazu zu sagen als „Verflucht ist, wer am Kreuze hängt" — verworfen nicht nur aus dem Reich der Lebendigen, sondern aus dem Bund mit Gott. Sein Schicksal ist eine Bestätigung *ihres* Glaubens und *ihrer* geheiligten Tradition. Die urchristliche Gemeinde aber fängt mit dem Ja zu diesem gekreuzigten Jesus an, und zwar mit einem Ja, das nach übereinstimmendem Zeugnis des Neuen Testamentes nicht die Jünger, nach anfänglicher Verstörung sich mutig aufraffend, sich abgerungen haben, sondern das Gott ihnen abgezwungen hat durch die Erscheinung des Auferstandenen. Durch sie wurden sie gewiß, daß dieser Jesus zum Herrn erhöht und er und kein anderer der Bringer des Heils nicht nur war, sondern ist und sein wird.

In diesem Lichte stand für sie fortan auch Jesu Kreuz. Sein Tod war für sie nun nicht mehr nur eine geschichtliche Katastrophe wie andere auch, nicht mehr nur eine Manifestation menschlicher Gewalt und menschlichen Unrechts oder ein bedauerlicher Justizirrtum, sondern bedeutete Erfüllung des göttlichen Willens.

Allem Anschein nach hat es das Denken der ersten Jünger im Anfang noch nicht sofort verstanden, dem Kreuz Christi selbst eine Heilsbedeutung abzugewinnen. Es war ihnen zunächst genug, zu bekennen, daß Jesu Kreuzestod Gottes heiligem Willen nicht widersprach, sondern entsprach, Jesu sogar von den Heiden bezeugte Unschuld zu verteidigen und sein Ende als Durchgang zu seiner himmlischen und künftigen Herrschaft zu bezeugen. „Ihr habt ihn ausgeliefert und ans Kreuz schlagen lassen, Gott aber hat ihn auferweckt und zum Christus erhöht" — darin hat sich anfangs ihr Zeugnis erschöpft.

Bald aber bricht das urchristliche Denken zu einer tieferen Erkenntnis durch, die ihren Grund nicht nur in der Auferstehung und Erhöhung Christi findet, zu der sein bitteres Ende nur das Vorspiel war, sondern der urchristliche Glaube schließt nun das Kreuz selbst in das göttliche Heilsgeschehen ein und findet schon und gerade in seinem Tod die Verwirklichung und das Angebot der Gnade Gottes für alle Menschen. Johannes redet darum in geheimnisvollem Doppelsinn von Jesu Erhöhung am Kreuz, also seiner Erniedrigung und seiner Erhöhung in die göttliche Herrlichkeit, beides in äußerster Paradoxie geeint (Joh. 3, 14; 12, 31 f.; 13, 31; 17, 1 ff.). Nicht anders kann Paulus das ganze Evangelium in einer Wendung zusammenfassen: „Das Wort vom Kreuz", ein Skandal den Juden, die von Gott Erweise seiner Kraft erwarten, und eine Narrheit in den Augen der Griechen, die Gott nach den Maßnahmen ihrer Weisheit messen, aber Gottes verborgene Kraft und Weisheit denen, die allen Selbstruhm aufgeben und die Botschaft Gottes im Glauben annehmen (1. Kor. 1. 18—25).

Im Johannesevangelium sagt Pilatus im Blick auf den vor ihm stehenden, gefangenen Jesus: „Da seht — der Mensch" (19, 5) — da seht die Jammergestalt. Das Wort, das dem Statthalter da entfahren ist, läßt sich wohl anders, als es gemeint war, auch auf die Gestalten anwenden, die Jesus umgeben: Pilatus, der nur die Gesetze der Staatsräson kennt und die Frage nach der Wahrheit Gottes achselzuckend abtut; die Juden, die Gott in dem festen Gefüge ihrer Religion zu haben meinen und sich als Gottes Anwälte aufspielen; das Volk, das bald hier, bald da mitläuft, sicher keine ausgepichten Bösewichter, aber dem Anruf Gottes verschlossen; die Soldaten, die nur den Befehl kennen und Glaubensdinge für Hirngespinste halten. Aber auch die Jünger, die glauben, solange es gut geht, doch im entscheidenden Augenblick das Weite suchen. Da seht — der Mensch!

Aber wäre das das einzige, was wir über Passion und Kreuz Christi sagen könnten, so wäre ihr Sinn trostlos, nur eine Bestätigung des Ewig-Menschlichen. In Wahrheit sagt das Wort vom Kreuz, daß Gott sich zu diesem Gekreuzigten bekannt hat und in ihm zu der Welt, die ihn verwarf. Gott hat den Menschen, der Ihn los sein will, nicht losgelassen und die Stätte der Schande und Erniedrigung zur Stätte seiner Epiphanie, seiner Nähe, seiner Liebe gemacht. Versöhnung der Welt, Gottes Versöhnungstat an der ihm feindlichen Welt — das ist fortan der Sinn dieses Sterbens. Das Geheimnis dieses Geschehens hat die urchristliche Botschaft in vielen Bildern ausgesprochen, wenn sie vom Opfer Christi, von seinem stellvertretenden Sterben spricht und den Sieg verkündet, den er an seinem Kreuz über alle gottfeindlichen Mächte der Welt errungen hat. Das Wort vom Kreuz schließt alle in einer großen Solidarität der Gottlosigkeit, der Schuld vor Gott zusammen; erst recht aber schließt es alle inmitten einer von Feindschaft und Vernichtung bedrohten Welt zusammen in der noch größeren Solidarität der Gnade.

Hans Frhr. v. Campenhausen
Der Ablauf der Osterereignisse und das leere Grab

I. Die Einführung
Wir haben uns in der „Einleitung" (S. 10 ff.) der Rekonstruktion des Ablaufs
der Osterereignisse durch W. Pannenberg angeschlossen. Den entscheidenden
Unterschied zwischen seiner Rekonstruktion und derjenigen, die v. *Campen-*
hausen gegeben hat, markiert folgender Satz: „Der entscheidende Anstoß, der
alles ins Rollen brachte, war die Entdeckung des leeren Grabes" (v. Campenhausen).

1. *Der Ablauf der Osterereignisse:*
Für den *Ablauf der Osterereignisse* ergibt sich für v. Campenhausen folgendes[40]:
a) Nach der Verhaftung und dem Tode Jesu sind die Jünger zunächst in Jerusalem geblieben und haben sich zu der Zeit, als das leere Grab entdeckt wurde,
noch in der Stadt befunden (alle Evangelien), sind aber in der Öffentlichkeit
nicht mehr hervorgetreten (Mark. Matth.). Über die Stimmung der Jünger sind wir
nicht näher unterrichtet, jedoch *erscheint die von Lukas in der Emmausgeschichte*
geschilderte Situation sehr wahrscheinlich: danach sind die Jünger nicht einfach
auseinandergelaufen bzw. haben sich nach dem ersten Schrecken doch wieder
zusammengefunden. Sie reden miteinander und suchen den Sinn des scheinbar
ganz unbegreiflichen Geschehens zu ergründen, sind aber damit keineswegs
fertig geworden. *Petrus sei überhaupt niemals an Jesus irre geworden, sondern*
habe trotz allem „Glauben" (Luk. 22, 31 f.) gehalten und damit zuletzt die übrigen
Jünger bestimmt und gewonnen.
b) Sehr bald, wahrscheinlich „am dritten Tage", entdeckten Frauen des Anhän-
gerkreises Jesu, daß seine Grabstätte geöffnet und leer war (alle Evangelien),
Erscheinungen Jesu erfolgten jedoch am Grab zunächst nicht (Mark. Luk.).
c) Die Nachricht rief unter den Jüngern Unruhe hervor. Petrus, der in den
kritischen Tagen der Katastrophe den „Glauben" nicht preisgegeben und die
Jünger zusammengehalten hatte, *hat das leere Grab als Unterpfand der erfolgten*
Auferstehung verstanden: Wo sollte Jesus zu finden sein? Jerusalem, die Stadt
seiner Feinde, war für sein Wiedererscheinen nicht der gegebene Ort. Er mußte
in die Heimat gezogen sein, nach Galiläa, wo er gewirkt hatte, seine Anhängerschaft besaß und wo er und alle seine Jünger zu Hause waren.
d) Die Jünger haben sich daraufhin unter der Führung des Petrus nach Galiläa
begeben, in der Hoffnung, Jesus dort anzutreffen (Mark. Matth.).
e) Es erfolgte zunächst eine Erscheinung vor Petrus allein (1. Kor. 15, 5; Luk.),
dann vor den „Zwölfen" (1. Kor. 15, 5; alle Evangelien), dann vor fünfhundert
Brüdern (1. Kor. 15, 6), dann vor Jakobus (15, 7) und dann vor „allen Aposteln"
(15, 7). Die letzte oder die beiden letzten dieser Erscheinungen haben möglicherweise bereits in Jerusalem stattgefunden. Hierhin sind jedenfalls Petrus, Jakobus,
die „Zwölf" und ein weiterer Kreis von galiläischen Jüngern bald zurückgekehrt
(Paulusbr.; Apg.).
f) Viel später ist die letzte Erscheinung vor Paulus erfolgt, die in jeder Hinsicht
aus der Reihe fällt (1. Kor. 15, 8—11; Apg.).
Der entscheidende Anstoß, der alles ins Rollen brachte, war die Entdeckung des

---

[40] Vgl. zum Folgenden v. Campenhausen: Der Ablauf der Osterereignisse . . ., A. a. O.,
S. 42 ff. Wir geben hier den Inhalt des im folgenden Textauszug fast gar nicht abgedruckten
Abschnitts III in v. Campenhausens Studie kurz wieder, in dem dieser eine zusammenhän-
gende Rekonstruktion des Ablaufs der Osterereignisse bietet.

leeren Grabes. Es gibt kein glaubwürdiges Augenzeugnis darüber, wie das Grab Jesu geöffnet und der Leib selbst daraus verschwunden ist. Von seiten der Christen gibt es hier nur das Bekenntnis zur Auferstehung (v. Campenhausen).

2. *Der Bestätigungscharakter des leeren Grabes:*
Nach *v. Campenhausen* sind die Jünger also in Jerusalem geblieben und erst durch die Entdeckung des leeren Grabes veranlaßt worden, nach Galiläa zu ziehen, indem das Petrus das leere Grab als Unterpfand der erfolgten Auferstehung verstand.

Fraglich bleibt bei v. Campenhausens These, ob die Jünger nach einer evtl. Auffindung des leeren Grabes nicht in Jerusalem geblieben wären, um dort das Weltende zu erwarten, wie sie ja in der Tat nach den ihnen in Galiläa zuteil gewordenen Erscheinungen des Auferstandenen nach Jerusalem zurückgekehrt sind (Pannenberg) und ob die Quellen, die von dem resignierten Zustand der Jünger und ihrer Rückkehr in ihre alten Berufe sprechen (u. a. Joh. 21; Luk. 24, 11. 17—25. 37 ff.; Matth. 28, 17; Mark. 14, 27), nicht doch voraussetzen, daß die Jünger schon vor Ostern in ihre Heimat geflohen sind bzw. nicht mehr in Jerusalem waren, als das leere Grab entdeckt wurde. Es legt sich dann gegenüber v. Campenhausens Darstellung die Annahme nahe, *daß die Rückkehr der Jünger nach Galiläa unabhängig von der Entdeckung des leeren Grabes erfolgte, die Ostererscheinisse für die Jünger also in Galiläa begannen* und daß sie erst bei ihrer Rückkehr nach Jerusalem vom leeren Grab Kenntnis erhalten und dies als zeichenhafte Bestätigung der Selbstbekundung des Auferstandenen in Galiläa verstanden haben. So gründet der Osterglaube der Jünger in der Selbstoffenbarung des Auferstandenen in den Ostererscheinungen: *Auf die Entstehung und Begründung des Osterglaubens in Galiläa unabhängig vom leeren Grab, folgte somit die zeichenhafte Bestätigung dieses Osterglaubens bei der Rückkehr der Jünger nach Jerusalem durch das leere Grab.* Dies macht den „Zeichen- und Bestätigungscharakter" des leeren Grabes aus.

3. *Die historische Frage nach der Auferstehung:*
Die Auferstehung Jesu Christi ist nach v. Campenhausen mit historisch-kritischen Mitteln prinzipiell nicht zu fassen, sie ist aber, weil immer auch ein wirkliches Ereignis der Vergangenheit (wenn auch nicht ein „vergangenes Ereignis"), auch der historischen Forschung zugänglich, d. h. *sie hat als ein in Raum und Zeit gegenüber bestimmten Menschen geschehenes Ereignis einen der historischen Forschung durchaus zugänglichen Rand* (vgl. Einleitung S. 18 ff., 51 f.). (v. Campenhausen).

II. Der Text
V. Campenhausen: „Der Ablauf der Osterereignisse und das leere Grab."

Die Ostergeschichten haben wie immer so auch im letzten Menschenalter die Wissenschaft beschäftigt, und die allgemeinen Fortschritte in der Erforschung des Urchristentums sind dieser Arbeit naturgemäß zugute gekommen. Mir scheint aber, daß ... die Frage nach dem einfach Geschichtlichen über Gebühr zurückgetreten ist, d. h. die Frage nach dem geschichtlichen Kern dessen, was die Überlieferung historisch bezeugt. Das Interesse an den Ostergeschichten droht die Ostergeschichte zu verdecken. Aber die philologische Arbeit, die bei der Beurteilung der Quellen selbstverständlich das erste Wort hat und behalten muß, darf nicht dazu führen, daß die eigentlich historische Frage nach dem Gewesenen, nach dem wirklichen Ablauf und nach dem inneren Zusammenhang des Geschehenen zweitrangig erscheint und womöglich gar als banausisch an den Rand geschoben wird. Berechtigte kritische Bedenken gegen einen naiven Psychologismus und Historismus haben uns in der direkten Ausbeutung und Ausdeutung der alten Texte zurückhaltend gemacht; aber sie dispensieren noch nicht von der Aufgabe, auf Grund einer besseren und vorsichtiger gehandhabten Methode die alte, unausweichliche Frage des Historikers von neuem zu stellen und auch zu beantworten, d. h. auszumachen, wieweit und mit welchem Grade von Wahrscheinlichkeit die tatsächlichen Geschehnisse und ihr Ablauf noch zu ermitteln sind.

Die folgende Untersuchung ist in diesem Sinne historisch gemeint. Sie möchte . . . nur das Material verwenden, das nach entsprechender kritischer Sichtung brauchbar erscheint, um die äußeren Vorgänge nach Jesu Tode zu rekonstruieren, bis hin zu den ersten Osterbegegnungen, die für das Entstehen der Kirche schließlich entscheidend geworden sind. Ich hoffe zeigen zu können, daß diese Rekonstruktion in den Hauptzügen durchaus möglich ist, daß jedenfalls kein Anlaß besteht, von vornherein an der historischen Erkennbarkeit des Wesentlichen zu verzweifeln. Das so gewonnene Ergebnis kann dann, wie mir scheint, auch für das theologische Verständnis der Auferstehungsbotschaft nicht einfach gleichgültig bleiben; aber diese Seite der Sache lasse ich in der Untersuchung selbst völlig beiseite.

A.

Die älteste und zuverlässigste Nachricht, die uns für die Ostererlebnisse der Jünger zur Verfügung steht, ist der paulinische Bericht im fünfzehnten Kapitel des Ersten Korintherbriefs (1. Kor. 15, 1–11). Das ist allgemein zugestanden. Dieser Bericht ist der gegebene Ausgangspunkt für jede einschlägige Untersuchung. Der Bericht ist in dem, was er historisch mitteilt, ebenso erfreulich exakt wie betrübend knapp; es ist eigentlich nur eine Aufzählung der grundlegenden Erscheinungen Christi — erst vor Petrus, dann vor den Zwölf, dann vor fünfhundert christlichen Brüdern auf einmal; es folgt eine Erscheinung vor Jakobus (dem Herrnbruder), dann vor allen Aposteln und schließlich, zuletzt noch eine Erscheinung vor Paulus selbst.

Diese Mitteilung entspricht allen Anforderungen historischer Zuverlässigkeit, die sich an einen derartigen Text nach Lage der Dinge überhaupt stellen lassen. (Die Versuche, die Echtheit von 1. Kor. 15, 1 ff. zu bestreiten, sind heute nicht mehr ernst zu nehmen und besitzen höchstens historisches Interesse.) Der Erste Korintherbrief dürfte im Frühling des Jahres 56 oder 57 nach Christus in Ephesos geschrieben sein. Paulus sagt aber, daß er die Daten selbst schon „empfangen" und seinerseits weiter „überliefert" habe. Er hat sie als ein „Hauptstück" seiner Missionspredigt zugrunde gelegt, so daß sie auch den Korinthern wohl bekannt sind. Sie werden an das früher Gelehrte nur erinnert, und Paulus setzt eine entsprechende Kenntnis überall, wo Christus gepredigt wird, als selbstverständlich und gegeben voraus. Es handelt sich hierbei nicht nur um eine alte, sondern auch um eine alt geformte, zur Formel geprägte und dadurch konservierte Überlieferung. Man wird also annehmen dürfen, daß er selbst sie schon zu Beginn seiner apostolischen Tätigkeit „übernommen" hat — sei es in Damaskus, sei es etwas später in Antiochien oder Jerusalem, wo die Formel wahrscheinlich entstanden ist. Zwischen ihrer Prägung und den durch sie überlieferten Ereignissen kann danach kaum mehr als ein Jahrzehnt verflossen sein, wahrscheinlich kaum ein halbes. Nun ist es allerdings umstritten, wieweit der eigentliche Text dieser alten, ursprünglich aramäisch konzipierten Formel unmittelbar reicht. Die Bekehrung des Paulus kann keinesfalls noch dazu gehört haben, und schon bei der Erwähnung der fünfhundert Brüder schiebt Paulus von sich aus eine Bemerkung ein, die ebenfalls nicht zum alten Texte gehört. Wahrscheinlich bricht dieser schon hinter der Erwähnung der Zwölf ab. Aber es besteht trotzdem kaum eine Veranlassung, die folgenden Daten für weniger zuverlässig oder gar für rein phantastisch und legendarisch zu halten. Paulus hat nicht nur Petrus, sondern auch Jakobus persönlich gekannt und noch im Anfang seiner Laufbahn in Jerusalem aufgesucht (Gal. 1, 18 f.). Zu den Aposteln zählte er selbst. Es ist auch bei größter Skepsis, die ein „rein historisches" Interesse der Beteiligten mit Recht außer Betracht läßt, nahezu undenkbar, daß die grundlegenden Geschehnisse, die die maßgebenden Persönlichkeiten selbst erfahren hatten und auf die sie sich in ihrer Predigt bezogen, dennoch zwischen ihnen niemals zur Sprache gekommen sein sollten. Paulus war also über das, was er weitergibt, zugleich auch unmittelbar aus erster Hand orientiert. Dazu kommt, daß Paulus, der kein Wirrkopf war (sein Interesse an genauen Daten erkennt man auch 2. Kor. 11 und Gal. 1 f.), auf die Zuverlässigkeit dieser Nachrichten erklärtermaßen Gewicht legt, daß er sie nicht bloß im Vorübergehen oder im Blick auf ganz andere Fragen nebenbei erwähnt, sondern daß er sie mit feierlicher Betonung als völlig gesichert und unbezweifelbar herausstellt und nachdrücklichst unterstreicht. Es handelt sich schließlich auch nicht etwa um irgendwelche komplizierten Dinge, keine theologischen Deutungen und ausgeführten Texte, bei denen sich immer noch kleine Verschiebungen und Nuancierungen unwillkürlich ergeben könnten, sondern um ganz einfache, wichtige, bestimmte und bekannte Fakten. (Es erscheint mir aus diesem Grund äußerst unwahrscheinlich, daß die Visionen des Jakobus und der Apostel mit denen des Petrus und der Zwölf ursprünglich rivalisiert hätten, daß die verschiedenen Anhängerkreise die Erlebnisse ihres Führers also jeweils für die ersten und grundlegenden ausgegeben hätten und die verschiedenen Berichte erst „später" (?) in eine Reihe gerückt worden wären, so, wie sie bei Paulus erscheinen.) Wer ihre Zuverlässigkeit trotzdem bezweifeln will, der muß füglich alles bezweifeln, was im Neuen Testament überliefert ist — und mehr als dies!

Daß die von Paulus gebotene Aufzählung chronologisch gemeint ist, hätte man niemals bezweifeln sollen. Ihr Ausgangspunkt ist der Tod, das Be-

gräbnis und die Auferstehung Jesu „am dritten Tage". Die Herkunft dieser
letzten Zeitangabe ist zweifelhaft. Sie selbst beruft sich auf die „Schrift",
und diese Angabe muß insofern auch zutreffen, als das Datum als solches
nur durch eine biblische Beziehung das „dogmatische" Interesse gewinnen
konnte, das seine Aufnahme in die alte Formel ermöglicht hat. Alles, was
man sonst zu seiner Erklärung ins Feld führen kann, bleibt gewichtslos und
ganz problematisch. Andererseits kann sie aus der Schrift allein doch
schwerlich gewonnen sein. Denn hier gibt es — in den uns erreichbaren
Texten — kaum ein Zeugnis, das ohne weiteres in diesem Sinne verstanden
werden müßte. ... Man muß also als wahrscheinlich voraussetzen, daß
„der dritte Tag" irgendwie schon vorgegeben war, ehe man ihn im Alten
Testament entdecken und daraufhin auch in das Bekenntnis übernehmen
konnte. ... So wird man die Möglichkeit zum mindesten offen lassen
müssen, daß die Angabe des „dritten Tages" geschichtlich gegeben war.
(Wenn H. Conzelmann ... einfach erklärt, die Datierung sei „ihrer Natur
nach kein historisches, sondern ein ‚dogmatisches' Datum", so hat er einen
m. E. falschen Gegensatz konstruiert und die entscheidende Schwierigkeit
einer rein dogmatischen Ableitung damit gerade nicht behoben.) Natürlich
kann dieses geschichtliche Datum dann nicht unmittelbar in der Auferstehung selber gefunden werden, für die es nach den Berichten der älteren,
kanonischen Evangelien keine Zeugen gegeben hat. Es wäre als solches zunächst vielmehr nur auf das Bekanntwerden, die „Entdeckung" der statt-
gehabten Auferstehung zu beziehen. Doch kann diese Entdeckung, wie ich
gleich hier bemerken möchte, dann schwerlich erst durch die ersten Erscheinungen des Auferstandenen veranlaßt worden sein, auf die das Datum
niemals unmittelbar bezogen wird. Diese gehören aller Wahrscheinlichkeit
nach nicht nach Jerusalem, sondern nach Galiläa, und für den Weg von
Jerusalem dorthin ist der Zeitraum — besonders wenn man den Sabbath
mit in Rechnung stellt — gewiß zu kurz.
Daß die Jünger ihre ersten Begegnungen mit dem Auferstandenen in
Galiläa hatten, ist im Markusevangelium ausdrücklich angekündigt (Mark.
14, 28; 16, 7) und im Matthäusevangelium ... geschildert (Matth. 28, 16).
Natürlich folgt Matthäus auch hier der Markusvorlage. Aber daß seine
selbständige Ausführung der galiläischen Geschehnisse 28, 16 ff. ausschließlich auf Markus zurückgehen sollte, ist gewiß nicht anzunehmen ...) Einen
Nachhall dieser Anschauung enthält auch das Anhangskapitel des Johannesevangeliums, das sonst jerusalemisch orientiert ist (Joh. 21, 1). Von den
älteren Evangelien hat nur Lukas die galiläische Überlieferung getilgt und
alle Osterereignisse konsequent nach Jerusalem oder in dessen nächste
Umgebung bezogen. Die theologischen Gründe, die für diese Lokalisierung
maßgebend waren, sind hier nicht zu erörtern. Daß die jerusalemische Tradition sekundär ist, dürfte schon aus dem Übergewicht der älteren Zeugen
zu folgern sein. Ein letztes Argument liefert unser Paulustext. Die hier
erwähnte Erscheinung vor fünfhundert Brüdern (und Schwestern?) läßt
sich in Jerusalem kaum unterbringen; sie weist also ebenfalls nach Galiläa.
Auch wenn die runde Zahl der „Fünfhundert" übertrieben sein kann, ist

die Versammlung für ein Privathaus zu groß, und eine Synagoge — wenn sie ausgereicht haben sollte — wird den Anhängern Jesu in Jerusalem schwerlich zur Verfügung gestanden haben. Einen Waldgottesdienst am Ölberg wird man ebenfalls nicht in Erwägung ziehen wollen. Höchstens der Tempel käme noch in Betracht. Aber ganz abgesehen von der inneren Unwahrscheinlichkeit einer derartigen Tempelerscheinung und von der Unmöglichkeit, die Ungläubigen dann noch wie üblich von ihr fernzuhalten, wäre ein so außerordentliches Ereignis niemals spurlos in Vergessenheit geraten, und gerade Lukas hätte es bei seiner Vorliebe für den Tempel höchst wichtig und willkommen sein müssen. Es bleibt für diese Erscheinung also nur eine Versammlung unter freiem Himmel irgendwo in Galiläa, und hier hat die Angabe, was die äußeren Umstände betrifft, auch am wenigsten Befremdliches an sich. Galiläa war ja die alte Heimat Jesu, wo seine Anhängerschaft herkam und stark war, und noch später hat es hier größere, von Jerusalem unabhängige Gemeinden gegeben, die auch Mission trieben.

Die Erscheinung vor fünfhundert Brüdern ist bei Paulus bereits die dritte in der Reihe und gehört, wie gesagt, vielleicht schon nicht mehr in das alte Kerygma hinein. Am Anfang steht die Erscheinung vor Petrus allein. Dies ist nach der klaren Angabe bei Paulus nicht zu bezweifeln und paßt auch zu der überragenden Stellung, die gerade Petrus in der urchristlichen Überlieferung zuteil wird. Petrus wird durch dieses Ereignis zum Felsen, auf den die Kirche gebaut ist. Darum wird diese Petrusbegegnung auch von Lukas erwähnt, wie es scheint, auch hier in einer übernommenen, kerygmatischen Formulierung. Aber sie wird seltsamerweise trotzdem nicht wirklich erzählt. Vor ihre Darstellung schiebt sich die Geschichte der Jünger von Emmaus (Luk. 24, 13—35), die nicht einmal zum Zwölferkreise gehörten und denen der Auferstandene außerhalb Jerusalems entgegentritt. Als sie mit der großen Nachricht in die Stadt zurückkehren, werden sie hier aber bereits mit dem Jubelruf empfangen, der Herr sei wahrhaftig auferstanden und Simon erschienen. Diese auffallende Verschachtelung der Berichte, die die Hauptsache wohl verkündigen, aber nicht beschreiben, hat von jeher den Verdacht nahegelegt, Lukas müsse bestimmte Gründe gehabt haben, eine Schilderung der Petruserscheinung zu vermeiden. Vielleicht ließ sie sich in ihrer Besonderheit nicht vom Boden Galiläas ablösen und widersprach damit der jerusalemischen Tendenz seiner Darstellung. Er konnte sie aber auch nicht einfach fortlassen; denn sie war grundlegend und gehörte zum ältesten Überlieferungsbestand. . . .

Entschieden in diese Richtung weisen dagegen die späteren Auferstehungsgeschichten des Johannes-Anhangs (Joh. 21, 1 ff.) . . ., in [dem] der Auferstandene Petrus wieder am See Genezareth beim Fischen erscheint und das Motiv des wunderbaren Zuges und der Sendung . . . noch einmal auftaucht. Eine mehr als hypothetische Lösung ist hier natürlich nicht möglich; aber eine gewisse Wahrscheinlichkeit spricht m. E. in der Tat dafür, daß die erste Erscheinung des Auferstandenen vor Petrus beim Fischfang am See Genezareth in Galiläa erfolgt ist. . . .

Die Erscheinung vor den Zwölfen, d. h. genau genommen: vor den übriggebliebenen elf Jüngern, die nach Paulus auf die Petruserscheinung gefolgt ist, hat sich so gut wie überall in der Überlieferung gehalten. (Das alte Markusevangelium scheint überhaupt keine Ostererscheinungen erzählt zu haben; aber die Erscheinung vor den Zwölf — und wahrscheinlich auch die vor Petrus — ist nach Mark. 16, 7 als bekannt vorauszusetzen.) Das ist verständlich, wenn man die Bedeutung bedenkt, die „die Apostel" in diesem Sinne für die spätere Kirche gewonnen haben. Wenn die Petruserscheinung und die Erscheinung vor den Fünfhundert in Galiläa gespielt hat, so gilt dies natürlich auch für die Erscheinung vor den Zwölfen, die zwischen beiden in der Mitte steht. ... Die Erscheinung könnte anläßlich eines gemeinsamen Mahles der Jünger stattgefunden haben oder hat vielleicht in einem Mahl mit dem Auferstandenen gegipfelt. Die häufige Erwähnung des Essens und Trinkens in den Ostergeschichten könnte in diese Richtung weisen, auch wenn der Sinn dieses Vorgangs nicht mehr gleichmäßig verstanden und gedeutet wird (Luk. 24, 30 f.; Joh. 21, 12 ff.; Mark. 16, 14; vgl. Apg. 1, 4 (?); 10, 41). Aber dies bleibt unsicher, und wir müssen uns mit der bloßen, bei Paulus bezeugten Tatsache dieser Erscheinung begnügen. Paulus sagt auch nichts darüber, wie ihr Zusammenhang mit der ersten Erscheinung vor Petrus geschichtlich zu denken ist. Petrus ist auch bei der zweiten Erscheinung mit dabei; irgendein Zusammenhang muß also bestanden haben. Man könnte sich etwa denken, Petrus habe, durch sein Erlebnis zu voller Gewißheit gelangt, die anderen Jünger versammelt, und dann habe sich die Erscheinung wiederholt. Mit der dritten Erscheinung ist die Entwicklung offensichtlich viel weiter fortgeschritten. Jetzt ist es bereits ein stattlicher Kreis, der sich um die Jünger geschart hat; die „Kirche" ist im Entstehen, und die Gemeindebildung im großen Stil hat in Galiläa begonnen.

Bei den zwei nächsten Angaben, die Paulus macht, tappen wir fast völlig im dunklen. Über die Erscheinung vor Jakobus haben wir nur einen späten, ganz unglaubwürdigen Bericht des Hebräerevangeliums. Es ist möglich, aber nicht notwendig, daß sie für Jakobus zugleich die Bedeutung einer Bekehrung gehabt hat; denn zu Lebzeiten seines Bruders scheint er ihm noch ferngestanden zu haben (Mark. 3, 21. 31 ff. par.; 6, 3 par.; vgl. Joh. 7, 6. 10). In diesem Fall müßte die Erscheinung wohl gleichfalls nach Galiläa verlegt werden; denn was sollte Jakobus sonst in Jerusalem? Jedenfalls wird die bedeutsame Rolle, die er von nun an in der Urgemeinde spielt, mit dieser Christusbegegnung innerlich zusammenhängen. Aber wir wissen nichts Näheres.

Für die Erscheinung vor „allen Aposteln" fehlen uns überhaupt weitere Quellen. Es wird sich hier um einen Berufungs- und Sendungsakt gehandelt haben; denn die Apostel sind die frühesten Missionare der Kirche. Sie bilden einen eigenen, nicht ganz kleinen Kreis von Personen, zu dem jedenfalls Petrus und später auch Paulus gehört haben. Für Jakobus ist dies jedoch fraglich, und insoweit bleiben auch alle Versuche, zwischen seiner Christusbegegnung und der Erscheinung des Herrn vor „allen Apo-

steln" einen bestimmten Zusammenhang zu finden, ungewiß. Es ist denkbar, daß die Erscheinung vor den Aposteln schon nach Jerusalem gehört.
Es ist aber ebenfalls möglich, daß gerade sie den Führern der jungen Gemeinde zum Anlaß wurde, nach Jerusalem aufzubrechen und hier, im
heiligen Zentrum Israels, den Kampf um das Volk zu beginnen, zu dem
sie berufen waren.

Die nachträgliche Berufung des Paulus steht für sich. Sie ist, wie er selbst
betont, die letzte Erscheinung gewesen, und eigentlich eine Ungeheuerlich-
keit. Wahrscheinlich hat Paulus hierbei nicht nur dies im Auge, daß sie
einem wütenden Verfolger zuteil wurde, der mit einem Mal durch sie
herumgeworfen und zum Apostel erhoben wurde, sondern er denkt auch
an das Verspätete, in jeder Hinsicht Unvermutete dieses Geschehnisses in
einer Zeit, da die Kirche bereits gegründet war und weitere Erscheinungen
nicht mehr zu erwarten standen. Für sein eigenes Urteil hat freilich auch
diese Erwählung einen kirchen- und heilsgeschichtlichen Sinn. Denn Paulus
verstand sich nicht als einen Apostel, der die schon begonnene Verkündigung
lediglich weiterführen sollte, sondern als den Apostel der Heidenvölker
schlechthin und hat mit diesem universalen Verständnis seines Auftrags
tatsächlich Epoche gemacht.

Aus den seither verstrichenen etwa zwei Jahrzehnten sind Paulus keine
weiteren Christuserscheinungen bekannt geworden. Allem Anschein nach
hält er die Reihe für abgeschlossen — enthusiastische Erlebnisse und et-
waige „Visionen" stehen für ihn auf einem anderen Blatt. Daß die Aufzählung der Christuserscheinungen, so wie er sie gegeben hat, vollständig
sein will, ist vorauszusetzen; d. h. Paulus nennt hier sämtliche zuverläs-
sigen Zeugnisse und Zeugen, von denen er weiß. Die Liste kann natürlich
trotzdem lückenhaft sein; es kann sein, daß es noch weitere Osterbegegnungen gegeben hat, von denen Paulus nicht wußte, weil sie nicht zur
Standard-Überlieferung gehörten, oder auch, weil sie ihm im Augenblick
der Niederschrift nur nicht gegenwärtig waren. Aber Anzeichen, die dies
besonders wahrscheinlich machen könnten, gibt es nicht. Das weitaus
meiste von dem, was in dieser Hinsicht über die paulinische Überlieferung
hinaus schon in den kanonischen und vollends in den apokryphen Evangelien erzählt wird, muß als legendäre Wucherung angesehen werden und
hat auf geschichtliche Glaubwürdigkeit keinen Anspruch.

B.

Die Nachrichten, die Paulus bringt, sichern die Ostergeschehnisse, soweit
sie nach Galiläa gehören. Für die frühen jerusalemischen Vorgänge bieten
sie uns nichts. Nur dies wird gesagt, daß Jesus gestorben und begraben
wurde und am dritten Tage wieder auferstand. Aber die Folgerung, Paulus
müsse vom leeren Grabe schon gewußt haben, weil er das Begräbnis erwähnt, ist gewiß zu kühn. Möglicherweise rechnet Paulus mit einer realen
Verwandlung und Verklärung des gestorbenen Leibes und insofern auch
mit einem „Leer"-werden des Grabes; aber auf bestimmte Nachrichten

braucht er sich dabei nicht gestützt zu haben. „Gestorben und begraben" —, eine solche Wendung soll vielleicht nur die Realität und scheinbare Endgültigkeit des Todes als solche unterstreichen und besagt hierüber hinaus dann nichts weiter. Wir müssen uns also für das, was in Jerusalem geschah, ausschließlich an die evangelische Überlieferung halten und ... ausschließlich der Markusüberlieferung ... folgen, die in allen weiteren Evangelien als Quelle verarbeitet und fortentwickelt ist. Zwar bietet auch Markus nicht einfach den Bericht eines „Augenzeugen". Auch hier zeigt die Passions- und Ostergeschichte bereits die Widersprüche verschiedener Traditionen, Erweiterungen und legendarische Züge. Aber im ganzen ist der Bericht doch keineswegs rein phantastisch; offensichtlich alte Nachrichten liegen vielfach zugrunde, und die Darstellung selbst ist weithin so nüchtern und sachgemäß, daß es keinesfalls erlaubt ist, das, was sie enthält, von vorneherein als unglaubwürdig abzutun. Man muß alle Angaben und somit auch die Angaben über das leere Grab vielmehr Schritt für Schritt einzeln prüfen und untersuchen.

Schon dies ist beachtlich, daß Markus im Gegensatz zu den späteren evangelischen Berichten kaum einen Versuch macht, die furchtbare Einsamkeit zu verschleiern, in der das Ende Jesu sich vollzog. Das letzte Abendmahl feiert er noch mit den Zwölfen (Mark. 14, 17 ff.); in der Gethsemane-Szene sind nur noch drei Jünger unmittelbar bei ihm (Mark. 14, 33), und bei der Verhaftung mögen sich noch einige weitere Pilger, die auf dem Ölberg lagerten, um ihn gedrängt haben. Aber dann verlassen sie ihn alle und fliehen (Mark. 14, 50). Auch Petrus wagt Jesus nur mit Abstand zu folgen, bis in den Hof des Hohenpriesters hinein, und läßt ihn dann ebenfalls im Stich (Mark. 14, 53 ff.). Von jetzt an ist in seiner Umgebung kein Jünger mehr zu finden. Bei der Kreuztragung durch Simon von Kyrene wird an dessen Söhne erinnert, die der Gemeinde später wohl angehört haben oder sonst bekannt geworden sind; denn ihre Namen werden genannt (Mark. 15, 21). Die Kreuzigung selbst wird nur „von ferne" durch einige Frauen beobachtet, die von Galiläa her mit Jesus gezogen waren (Mark. 15, 40 f.). Die Beisetzung endlich erfolgt durch Joseph von Arimathia, einen Mann, wie es scheint, der jerusalemischen Aristokratie, der Jesus und seiner Bewegung mit Sympathie gegenüberstand, aber noch nicht zu dessen eigentlichem Anhang gezählt wird (Mark. 15, 43). Das ist alles.

Diese Darstellung ist durchaus vertrauenerweckend und glaubwürdig. Für die Jünger war es nach der Wendung, die die Dinge seit der Verhaftung Jesu genommen hatten, nicht mehr ratsam, sich öffentlich zu zeigen und zu Jesus zu stellen. Man wird annehmen müssen, daß sie sich verborgen hielten. So hatte die Gemeinde für alles Geschehene später kein anderes christliches Zeugnis erster Hand zur Verfügung als das Zeugnis der Frauen, die auch bei der Grablegung zugegen waren (Mark. 15, 47). Man versteht, daß sie unter diesem Gesichtspunkt mit Nachdruck genannt und hervorgehoben werden. Natürlich kann man auch diese Angaben — eben um ihrer absichtlichen Betonung willen — in Zweifel ziehen und dann auch das, was über die Beisetzung Jesu erzählt wird, für ungeschichtlich halten. Aber angesichts der Nennung Josephs besteht dazu kein Recht. An und für sich sind die Dinge so, wie sie erzählt werden, durchaus plausibel und fordern keinen Zweifel heraus. Dies muß man sich klargemacht haben, wenn man die Erzählung über den Ostermorgen beurteilen will, an dem diese Frauen noch einmal in Aktion treten (Mark. 16, 1—8). Muß sie grundsätzlich anders beurteilt werden als das, was Markus sonst an konkreten geschichtlichen Angaben zu überliefern weiß? Dies ist die entscheidende Frage, auf die es jetzt ankommt.

Die letzte Erzählung des Evangeliums hat insofern einen anderen Charakter als das Bisherige, als in ihrem Mittelpunkt nicht nur das leere und geöffnete Grab steht, sondern auch ein „Jüngling", d. h. ein Engel, der dieses Phänomen deutet und den Frauen den Befehl gibt, Petrus und die Jünger darüber zu unterrichten. Jesus, der Auferstandene, erklärt er, sei nicht mehr hier; er ist bereits unterwegs nach Galiläa, wohin sie ihm folgen sollen. Dort werden sie ihn dann selbst zu Gesicht bekommen. Das ist ohne Zweifel ein legendarischer Zug, der die später folgenden Ereignisse in einer wunderbaren Ankündigung vorwegnimmt. Auch der vorausgehende Bericht über den Gang der Frauen zum Grabe ist nicht frei von Seltsamkeiten. Der Wunsch, einen schon beigesetzten, in Leintücher gewickelten Toten „am dritten Tage" noch zu salben, ist, wie man ihn auch deuten mag, durch keine uns geläufige Sitte gedeckt und bei den klimatischen Verhältnissen Palästinas in sich selbst widersinnig; und daß die Frauen erst unterwegs auf den Gedanken kommen, sie hätten eigentlich Hilfe nötig, um den Stein abzuwälzen und ins Grab zu gelangen, verrät ein mehr als erträgliches Maß von Gedankenlosigkeit. . . . Aber so unwahrscheinlich der Markusbericht hier auch sein mag — irgendeine wunderhaftphantastische Tendenz wird in solchen Einzelzügen nicht erkennbar. Sie dürften vielmehr als bloße, naive Hilfsmittel einer etwas primitiven Erzählungskunst zu bewerten sein: der Salbungswunsch dient dazu, den Gang zum Grabe irgendwie konkret zu motivieren, und die Sorge um den Stein wird nur vorgebracht, „um das Wunder vorzubereiten und den Effekt zu steigern" (Ed. Meyer). Ein Wunder im strengen Sinne wird überhaupt nicht erzählt, und das, was ohne diese erzählerischen „Kunstmittel" übrig bleibt — ein Gang zum Grabe, das sich geöffnet und leer erweist — ist ein sehr einfacher und durchaus nicht undenkbarer Tatbestand. Auch die Tätigkeit des Angelus interpres [Deuteengel] hält sich in engen und bescheidenen Grenzen. Daß Jesus selbst nicht erscheint und nach den Worten des Engels auch anschließend am Grabe offenbar noch nicht erscheinen soll, ist ebenfalls wohl zu beachten. Es ist ein auffallender Zug von Zurückhaltung, den, von Lukas abgesehen, kein späterer Bericht bewahrt hat. Eine Legende, die zur Sicherung und Ergänzung der Auferstehungsbotschaft nachträglich entworfen worden wäre, hätte doch wohl anders aussehen müssen, und „religionsgeschichtlich" betrachtet ist die Szene überhaupt ohne brauchbare Analogie.

Allein eine weitere Schwierigkeit ist mit dem allen noch nicht berührt, und auf diese in erster Linie stützt sich auch die entgegengesetzte Anschauung.

Sie liegt im letzten Satz der Geschichte, der mit Recht immer wieder Befremden erregt hat. Nachdem die Frauen das leere Grab geschaut und den Engel vernommen haben, eilen sie nicht etwa, wie man annehmen sollte und wie sie geheißen sind, zu den Jüngern und sonstigen Anhängern Jesu zurück, um sie in Kenntnis zu setzen, sondern fliehen nur stumm von der Stätte; „denn ein zitternder Schrecken hatte sie befallen, sie waren außer sich und sagten niemand ein Wort davon; denn sie fürchteten sich" (Mark. 16, 8). Damit schließt die Geschichte und, wie heute wohl mit Recht meist angenommen wird, das ganze Markusevangelium höchst überraschend ab. Es entsteht der schwerlich erwünschte Eindruck, die Frauen seien nach diesem wunderbaren Erlebnis dem eindeutigen Befehl des Engels nicht gehorsam gewesen. Der klar und nachdrücklich formulierte Auftrag kommt also, muß man folgern, überhaupt nicht ans Ziel, und es bleibt unklar, wie die Jünger dann überhaupt noch nach Galiläa gelangt sind, wo ihnen Christus erscheinen soll. Trotzdem wird das völlige Schweigen der Frauen so nachdrücklich begründet und hervorgehoben, daß man es keineswegs überhören kann. Der Erzähler ist hieran interessiert, er will damit etwas Besonderes sagen; hier meldet sich unverkennbar eine gewisse Absicht, es erscheint eine auf den ersten Blick einigermaßen rätselhafte Tendenz. . . .

Und so hat die kritische Auslegung zu einer traditionsgeschichtlichen Erklärung gegriffen, die zuerst wohl bei Wellhausen auftaucht und seitdem mit mancherlei Variationen im Grunde doch gleichlautend vorgetragen wird. Mit diesem letzten Verse, sagt man, soll das verspätete Auftauchen der Grabesgeschichte gewissermaßen entschuldigt werden; er soll es verständlich machen, „daß dieser Auferstehungsbericht der Frauen erst nachträglich bekannt wurde" (J. Wellhausen). Das heißt: hier wird es also deutlich, daß es sich bei der ganzen Überlieferung vom leeren Grabe um eine späte und nachträgliche Legende handelt und daß der Berichterstatter dies selbst noch ahnt oder weiß, indem er sich gegen alle Bedenken hinsichtlich seiner willkommenen, aber doch überraschenden Nachricht im voraus zu decken sucht. Das Grab war wirklich leer, diese Tatsache ist damit erwiesen, und wenn sie bisher noch nicht bekannt gewesen ist, so liegt dies eben daran, daß die Frauen geschwiegen haben. . . .

Diese Deutung ist heute, wie gesagt, noch weit verbreitet. Aber ich glaube nicht, daß sie sich halten läßt. Schon die ungeschickt-raffinierte Absicht, mit der ihr zufolge der fragliche Satz formuliert wäre, läßt sich wohl irgendeinem mittelalterlichen Legendenfabrikator zutrauen, wäre aber innerhalb der alten evangelischen Überlieferung völlig ohne Beispiel. . . . Man kann den Text im Sinne jedes naiven Lesers und somit auch des Verfassers schwerlich anders verstehen, als daß die Frauen *zunächst* geschwiegen hätten, so daß die folgenden Geschehnisse also ohne ihr Zutun und ohne Rücksicht auf das leere Grab in Gang kamen. Das kann Tage, vielleicht Wochen gedauert haben; aber spätestens das Bekanntwerden der galiläischen Erscheinungen und die Entstehung der glaubenden Gemeinde muß ihnen dann doch die Zunge gelöst haben. Ein um Jahre oder gar Jahrzehnte verspätetes Auftauchen der Erzählung kann auf diesem Wege unmöglich erklärt werden. Von hier aus läßt sich also der Bericht nicht wohl in Zweifel ziehen. . . .

. . . .

Lenken wir . . . noch einmal zum Grundbericht des Markusevangeliums zurück! Wir haben gesehen, wie die apologetische Auseinandersetzung mit den jüdischen Verdächtigungen in fast allen andern Evangelien, d. h. im Matthäusevangelium, . . . Petrusevangelium und im Johannesevangelium, unübersehbare Spuren hinterlassen hat. [Matthäusevangelium: der Bericht über die Grabeswächter (27, 62—66) und den Betrug der jüdischen Hierarchen (28, 11—15). Über das Motiv gibt das Evangelium selber Auskunft Nachdem, heißt es, die Entdeckung des leeren Grabes bekannt geworden war, hätten die Hohenpriester und Ältesten die Lüge aufgebracht, der Leichnam sei nachts von den Jüngern selbst gestohlen worden, „und diese Erzählung wurde unter den Juden allgemein verbreitet bis auf den heutigen Tag" (28, 15). Diese feindliche Erfindung soll durch die Geschichte von den Grabeswächtern nunmehr widerlegt werden. — Johannesevangelium: Die Geschichte 20, 11 ff. ist die unmittelbare Antwort auf jüdische Anklagen und die dadurch geweckten Zweifel. Die spätere jüdische Polemik kennt verschiedene Berichte darüber, wie der Leichnam Jesu in Wirklichkeit abhanden gekommen sei. Aber die weitaus häufigste Form ist die, daß „Juda der Gärtner" als redlicher Mann den Schwindel vorausgesehen und darum den Leichnam beiseite geschafft habe. Als die Jünger dann mit ihrem Auferstehungsmärchen herausrückten und die Juden bereits in größte Verlegenheit kamen, war er es, der den verschwundenen Leichnam wieder zur Stelle schaffen konnte. Johannes setzt bereits eine entsprechende polemische Darstellung voraus, der er seinerseits begegnen möchte.] Sollte die allgemeine apologetische Tendenz unter diesen Umständen nicht auch bei Markus schon eine Rolle gespielt haben? Diese Frage erscheint auf alle Fälle erlaubt.

An einer Stelle der Markuspassion ist schon bisher eine solche Möglichkeit gelegentlich erwogen worden. Es erscheint einigermaßen auffallend, mit welchem Nachdruck hier die Tatsache des Todes Jesu festgestellt und gleichsam amtlich bestätigt wird. Pilatus zeigt sich zunächst ungläubig und erstaunt, als er durch Joseph von Arimathia erfährt, Jesus sei bereits gestorben. Er ruft persönlich den Centurio heran, befragt ihn und läßt sich die Nachricht ausdrücklich bestätigen, ehe er den Leichnam, den „Kadaver" . . ., wie es mit einem starken Ausdruck heißt, dem Bittsteller freigibt (Mark. 15, 43—45). Man kann natürlich sagen, diese Nachricht sei weiter nichts als eben „historisch". Joseph könnte sie etwa den Frauen weitergegeben haben, und der Evangelist habe sie bloß aufgenommen und verzeichnet. Aber was hatte er daran für ein Interesse? Man könnte die Notiz in einem antidoketischen Sinne verstehen; sie würde in diesem Falle ausschließen, daß Jesus ein bloßes Geistwesen, ein „Gespenst" gewesen sei, das nicht wirklich sterben konnte, und somit auch nicht wirklich und leibhaftig auferstanden ist. Eine solche Deutung ist nicht unmöglich, aber angesichts der sonstigen Haltung des Evangeliums doch recht unwahrscheinlich. Soweit wir sehen können, setzt sich Markus noch nicht mit den christologischen Spekulationen der „Gnostiker" auseinander. Darum liegt es näher, an dieser Stelle mit massiveren Einwendungen zu rechnen: Jesus war wirklich tot, d. h. er wurde nicht vorzeitig, etwa als Scheintoter, vom Kreuz heruntergeholt, und das spätere Verschwinden seines Leibes läßt sich von hier aus nicht erklären. Wir wissen freilich nichts davon, daß ein derartiger Gedanke sich schon in so früher Zeit jemals gemeldet hätte. Aber angesichts des schnellen Verscheidens Jesu ist es nicht ausgeschlossen, daß er trotzdem geäußert worden ist. Wir hätten es in diesem Falle dann also ebenfalls schon mit einer gewissen Abwehr gegenüber skeptischen, rein „natürlichen" Erklärungen der vermeintlichen Auferstehung Jesu zu tun, die auf der Linie der späteren jüdischen Polemik lägen.

Aber dies mag auf sich beruhen bleiben. Viel wichtiger ist, daß auch der letzte, schwierige Vers des Evangeliums vielleicht von hier aus beleuchtet und verstanden werden kann. Er ist ja die eigentliche Crux interpretum [„Kreuz der Interpreten"] für die eine brauchbare Erklärung noch aussteht. Die Frauen haben das leere Grab entdeckt; aber obgleich sie sich von dieser Tatsache unmißverständlich überzeugt haben und ein wunderbarer Jüngling sie über den Sinn des Geschehenen aufgeklärt und dazu noch einen bestimmten Auftrag erteilt hat, können sie, von Furcht und Schrecken befallen, mit dieser Erkenntnis nichts anfangen und führen den himmlischen Befehl nicht aus: sie sagen von dem Geschauten und Gehörten „niemand ein Wort". .... Angesichts der jüdischen Verleumdungen, wie wir sie etwa aus dem Matthäusevangelium kennen, gewinnt eine solche Feststellung trotzdem mit einem Mal einen verständlichen, apologetischen Sinn. Die Jünger, will der Evangelist sagen, hatten mit dem leeren Grabe überhaupt nichts zu tun. So wie sie schon bei der Beisetzung tatsächlich nicht beteiligt waren, so haben sie auch später bei dem, was hier erfahren wurde, ihre Hände schlechterdings nicht im Spiel gehabt; die Nachricht von dem leeren Grabe hat sie zunächst überhaupt nicht, nicht einmal nachträglich erreicht. Die Fäden, die zwischen ihnen und dem leeren Grabe laufen könnten, werden also einfach durchgerissen, und alle Verdächte, die in der einen oder anderen Form gegen ihre Lauterkeit erhoben sind, werden damit zu willkürlichen und unhaltbaren Verleumdungen. Das leere Grab ist ein Geschehen für sich, dessen Zeugnis zu den Erfahrungen, die die Jünger später in Galiläa machen werden, erst nachträglich hinzugetreten ist; es verdient darum doppelt Glauben und Beachtung, die Jünger selbst aber hatten nichts mit ihm zu schaffen. ....

Die vorgetragene Erklärung hat, wie gesagt, den Vorzug, mit einer auch sonst in der Überlieferung bezeugten Tendenz übereinzustimmen; sie ist nicht — wie der Wellhausensche Versuch — auf einen völlig frei konstruierten Zusammenhang bezogen. Man mag darüber hinaus auch darauf hinweisen, daß mit dem Schweigen der Frauen nicht nur das leere Grab von den Jüngern geschieden, sondern auch die Selbständigkeit dieser Jünger geschützt wird: sie sind mit ihren späteren Ostererfahrungen ursprüngliche Zeugen der Auferstehung, in keiner Weise durch die Frauen schon vorbereitet und in das zweite Glied gedrängt. Das sind dann gewissermaßen nur zwei Seiten eines einzigen Motivs, das das eine Mal im Blick auf die Probleme des leeren Grabes, das andere Mal mehr im Blick auf die Würde der Jünger entwickelt wäre. Doch wird dieser zweite Gesichtspunkt in den Quellen selbst nirgends deutlich erkennbar; ich möchte ihn daher meinerseits nicht in den Vordergrund schieben.

Im übrigen hat bezeichnenderweise kein einziger der späteren Evangelisten die von Markus gewählte Gewaltlösung beibehalten wollen, d. h. sie rechnen damit, daß die Frauen ihren Auftrag an die Jünger auch ausgerichtet haben. Gegen das Judentum schlägt die Apologetik andere Wege ein, um die Möglichkeit eines Betruges oder einer ungewollten Täuschung auszuschließen. Den weiteren Gedanken, daß die Entdeckung des Grabes für den Osterglauben nicht ausgereicht habe und als solche noch nicht entscheidend gewesen sei, haben sie jedoch bewahrt. . . .

Stellen wir nun zum Abschluß noch einmal die entscheidende Frage nach der historischen Glaubwürdigkeit der Nachricht, die die letzte Markus-Perikope überliefert. Ist unsere Deutung richtig, hat also schon Markus den Bericht einer gewissen, absichtlichen Bearbeitung unterzogen, so ist dieser selbst auf alle Fälle älter als das Evangelium, und die apologetische Auseinandersetzung um das leere Grab, die wir später deutlicher verfolgen können, hatte damals bereits begonnen. Das ist natürlich noch kein Beweis dafür, daß die Nachricht historisch sein muß. Es ist denkbar, daß die Legende, wenn sie es war, zunächst einmal ganz arglos in Umlauf gesetzt wurde, und die Schwierigkeiten, die sie enthielt, sich erst nachträglich offenbarten und dann beseitigt werden mußten. Die Erzählung hat ja bis zu einem gewissen Grade zweifellos legendarischen Charakter, und man kann die Frage aufwerfen, ob es unter diesen Umständen überhaupt erlaubt sei, nach einem historischen „Kern" zu forschen und ihn rationalistisch herausschälen zu wollen. Aber andererseits wurde schon betont, daß die Geschichte im ganzen durchaus keinen besonders wunderhaften, phantastischen oder irgendwie unglaubwürdigen Eindruck macht. Nur die Gestalt des „Jünglings", den wir als Engel verstehen sollen, erscheint als eindeutig „legendarisch", und diese läßt sich ohne viel Mühe entfernen. Die Namen der Frauen, der knappe und spröde Inhalt dessen, was sie am Grabe finden und zunächst nicht zu deuten wissen, spricht keineswegs für reine Erfindung, und die vermeintlichen Hinweise auf einen späteren Ursprung, die man hat entdecken wollen, sind unserer Meinung nach anders zu verstehen. Besonders auffallend ist, wie schon früher gesagt wurde, das Fehlen von Christuserscheinungen am Grabe; solche werden vielmehr den Jüngern und Petrus erst für Galiläa in Aussicht gestellt (Mark. 16, 7). Auf diese Weise stimmen die Angaben völlig mit dem alten paulinischen Katalog überein — es läßt sich jedenfalls kein Widerspruch nachweisen; auch Paulus, der die Entdeckung des Grabes nicht erwähnt, kann sie in dieser Form wohl gekannt und überliefert haben. Auch von hier aus lassen sich also keine Einwendungen oder Bedenken ins Feld führen.

Jedenfalls läßt sich die Geschichte als ganze nicht einfach zu einer apologetischen Tendenzlegende erklären. Dann hätte sie nicht ausgerechnet drei Frauen (die als solche nach jüdischem Recht gar nicht zeugnisfähig sind) zu entscheidenden Zeugen gemacht. Schon der Jude des Kelsos spottet über eine so schwache Stütze für ein, wie er meint, fundamentales Datum des christlichen Auferstehungsglaubens. Ist die Nachricht vom leeren Grab dagegen historisch, so ist es in der Situation nach der Hinrichtung Jesu, wie wir schon betont haben, sehr wohl verständlich und zum mindesten in keiner Weise unnatürlich, daß es zunächst nur ein paar Frauen seines Anhangs gewesen sind, die sich bis zum Grabe vorwagten. Ebenso läßt sich das Datum des „dritten Tages" historisch nur von hier aus erklären, nicht von den späteren Erscheinungen in Galiläa. Noch ein letztes Moment spricht, wie mir scheint, vor allem für die Glaubwürdigkeit der Überlieferung. Der Name Josephs von Arimathia und damit auch die Nachricht über eine Beisetzung Jesu müssen historisch sein; sie lassen sich nicht einfach löschen. Gab es aber in der ersten Gemeinde über die Bestattung Jesu irgendeine sachlich begründete Kunde, so müssen die Nachforschungen nach dem Grabe zum mindesten sehr bald begonnen haben. Man fand und zeigte aller Wahrscheinlichkeit nach wirklich ein leeres Grab, und wenn wir nicht alles im Sinne der Juden für Schwindel und nachträgliche Mache erklären wollen, so ist es nicht einzusehen, warum dessen Entdeckung nicht so, nicht durch die Personen und zu dem Zeitpunkt erfolgt sein sollte, wie es uns die älteste Überlieferung an die Hand gibt. Alles andere ist unkontrollierbar. Wer mit einer Umbettung, Verwechslung oder sonstigen Unglücksfällen rechnen möchte, kann seine Phantasie natürlich beliebig spielen lassen — hier ist alles möglich und nichts beweisbar. Aber das hat mit kritischer Forschung dann nichts mehr zu tun. Prüft man das, was sich prüfen läßt, so kommt man m. E. nicht darum herum, die Nachricht vom leeren Grab selbst und von seiner frühen Entdeckung stehen zu lassen. Es spricht vieles für und nichts Durchschlagendes und Bestimmtes gegen sie; sie ist also wahrscheinlich historisch.

C.
. . . .
Rätselhaft bleibt ... nur ... die Frage nach dem Verbleib des Leichnams Jesu. Es gibt kein glaubwürdiges Augenzeugnis darüber, wie das Grab Jesu geöffnet und der Leib selbst daraus verschwunden ist. Von Seite der Christen gibt es hier nur das Bekenntnis zur Auferstehung, das sich auf die nachfolgenden Erscheinungen beruft, von Seite der Juden eine Reihe von tendenziösen Berichten, die sich mit anderen Erklärungen dagegen stellen, jedoch nirgends den Eindruck machen, auf positive Beobachtungen und wirkliche, alte Nachrichten zurückzugehen. Die Angelegenheit bleibt also, historisch betrachtet, dunkel. Dies heißt selbstverständlich nicht, daß sie nur mit einem „Wunder" erklärt werden könnte. Man kann, wie gesagt, an eine nachträgliche Umbettung oder Verwechselung der Grabstätte, an Leichenraub (nur nicht gerade durch die Jünger!), an ein böswilliges Vorgehen der Jesus-Gegner oder an irgendeinen beliebigen Zufall denken ...

— die Phantasie hat hier, bei dem völligen Fehlen brauchbarer Nachrichten, ein ebenso weites wie unfruchtbares Feld. Wer anstatt dessen die leibliche Auferstehung annehmen möchte, verläßt den Bereich des analogisch Verständlichen und damit den Bereich jeder mit historischen Mitteln durchführbaren Diskussion. Doch wird dies den, der an Jesu leibliche Auferstehung glaubt, nicht schrecken. Da es sich hierbei in der Tat um ein in jedem Sinne einzigartiges Ereignis handeln soll, mit dem der neue „Äon" beginnt und an dem die alte Welt mit ihren Gesetzen darum wirklich endet, erscheint die natürliche Unmöglichkeit, etwas Derartiges als „wahrscheinlich" anzunehmen, eher geradezu als notwendig und theologisch sozusagen „natürlich". Schwierig ist die Lage nur für den, der den Auferstehungsglauben ernst nehmen möchte, die leibliche Auferstehung jedoch für überflüssig oder gar unannehmbar hält. Ihm bleibt nur der einigermaßen peinliche Ausweg, in dem Bekenntnis zum Auferstandenen den alten Christen, in dem aber, was dies Bekenntnis hervorgerufen hat, vielmehr den Juden zu folgen.

D.

... Es versteht sich von selbst, daß man die trockenen geschichtlichen Daten, die wir ermitteln konnten, keinesfalls als eine zureichende Wiedergabe dessen auffassen kann, was die urchristliche Osterbotschaft einst ihrem Sinne und Gehalt nach gewesen ist. Diese Botschaft ist nicht ohne ein entsprechendes deutendes Verständnis der Geschehnisse zu fassen und auch nicht ohne eine Entfaltung der unmittelbar anredenden Gewalt, die sie darin gewonnen haben. So begegnen die bloßen Daten im Neuen Testament selbst niemals in dieser methodisch präparierten Nacktheit und Profanität. „Der Glaube kommt aus der Predigt" (Röm. 10, 17), die das Faktum und seine Deutung grundsätzlich als unauflösliche, aktuelle Einheit begreift und so auch darbietet. Die Glaubwürdigkeit der Botschaft ruht nicht auf rein historischen Beweisen, sondern einerseits auf der existentiellen Bewährung im Geist und durch „mitfolgende Zeichen", andererseits auf dem heilsgeschichtlichen Erfüllungscharakter des verkündigten Geschehens, also dogmatisch geredet: auf dem „Schriftbeweis". Aber man darf die Geschichte darum doch nicht etwa für bedeutungslos erklären. Sie gehört vielmehr notwendig in das Zeugnis mit hinein, und dieses würde ohne sie seinen Sinn verlieren. Die Auferstehung bleibt unbeschadet ihres aktuellen, Leben wirkenden Sinns doch immer auch ein wirkliches Ereignis der geschichtlichen Vergangenheit und wird als solches überliefert, verkündigt und geglaubt. Ihre Verkündigung kann der historischen Frage also auch nicht ausweichen und darf keinesfalls der historischen Prüfung entzogen werden. (... Es liegt auf der Hand, daß jeder solche Versuch bei der Auferstehungsüberlieferung sehr bald an eine unübersteigbare Grenze stößt. ... Aber es genügt, daß diese Grenze gesehen und respektiert wird. Ein prinzipielles Verbot, über die Texte als solche hinauszufragen und das Problem der hinter ihnen stehenden Geschehnisse als solches kritisch zu stellen, würde Recht und Pflicht der historischen Arbeit von vornherein abschneiden, und das wäre m. E. gerade in diesem Fall auch theologisch verhängnisvoll. . . .) Schon die alten Evangelisten haben sich in ihren Osterberichten dementsprechend verhalten. Sie haben in all ihrer Naivität und Unbeholfenheit die „kritischen" Bedenken, die sich meldeten, aufgenommen und, so gut es gehen mochte, „historisch" widerlegt. Auch Paulus hat das getan, so gewiß der Glaube selbst für ihn nicht einfach „historisch" zu begründen ist. . . .

Man betont und übertreibt jetzt, von richtigen Erkenntnissen ausgehend, gerade die Unzulänglichkeit und Unentwirrbarkeit der erhaltenen Nachrichten und erklärt, daß der Auferstehungsgeschichte selbst mit den Mitteln historischer Kritik überhaupt nicht beizukommen sei. Was bleibt, sei lediglich das biblische Zeugnis als solches, das Kerygma, das den Glauben fordert und dem man sich darum im Glauben zu unterwerfen habe. Aber auch diese Lösung ist zu einfach. Das Bündnis, das ein vermeintlich besonders radikaler Glaube auf diese Weise mit dem historischen Skeptizismus schließt, dient in Wirklichkeit nur dazu, ihn der eigentlichen Anfechtung durch die Geschichte und die geschichtliche Vernunft überhaupt zu entziehen.

Demgegenüber war es ein Anliegen dieser Studie, zu zeigen, daß zu einer so weitgehenden Skepsis angesichts der wirklichen Überlieferungsverhältnisse, historisch geurteilt, kein Recht besteht. Aber diese Feststellung bedeutet nicht ohne weiteres eine Erleichterung. . . . Die Dinge, die sich uns erschlossen haben, sind weder absolut wunderbar noch auch absolut unerkennbar. Es läßt sich alles sehr wohl auch rein „natürlich" deuten oder mißdeuten. (Dies gilt gerade auch für die entscheidenden Christusbegegnungen selbst, die man sehr wohl als bloße „Visionen" im Sinne von Halluzinationen verstehen kann. Das hat die kritische Forschung unzählige Male auch getan und dabei meist nicht einmal gefühlt, wohin sie mit ihren Interpretationen geraten war.) Der Glaube ist also keineswegs aus der gefährdenden Anfechtbarkeit entlassen, wenn er an das Zeugnis von der Auferstehung als das einmalige, wunderbare Heilshandeln Gottes gewiesen wird, das ihn von der „Welt" frei machen soll. Allein erst so gelangt er in die richtige, ihm gemäße Situation und in seinen wahren Ernst, und gerade dies gilt es, angesichts der historischen Möglichkeiten ohne Vorbehalt zu erkennen. Die Tat Gottes begegnet niemals in einem gleichsam dafür ausgesparten Raum wie eine neutrale und unbezweifelbare Gegebenheit. Sie bleibt „unsichtbar" und erschließt sich in ihrer Wirklichkeit immer nur dem Glauben selbst. Und wenn Gott vom Himmel herab redete — für das Volk, das dabeisteht, hat es dennoch nur ganz natürlich „gedonnert" (Joh. 12, 28 f.).

So muß eine Theologie der Auferstehung . . . dazu bereit sein, auf die zweifelhaften „Beweise" zu verzichten, mit der eine vermeintlich historisch arbeitende, psychologische, logische oder auch skeptische Vernunft den Glauben an die Auferstehung erleichtern und die Wahrheit Gottes etwas „wahrscheinlicher" machen möchte. Dazu ist keine Vernunft imstande, und der Glaube hat eine so gefährliche Hilfe nicht nötig. Aber eine Klärung dessen, was sich vernünftig klären läßt, muß ihm willkommen sein.

L. Goppelt
Das Osterkerygma heute

I. Die Einführung

1. In seinem Aufsatz wendet sich *L. Goppelt* nicht nur gegen *die historisierende und psychologisierende Auflösung* der Auferstehung durch *J. Weiß* (Der Osterglaube der Jünger als Ausdruck des nachwirkenden Eindrucks der religiösen Persönlichkeit Jesu), sondern auch gegen *die existentiale Interpretation* der Auferstehung durch *R. Bultmann* (Ostern als die Entstehung des Osterglaubens der Jünger, in der die Verkündigung ihren Ursprung hat). Gegenüber dem Historismus auf der einen und der existentialen Interpretation auf der anderen Seite geht es *Goppelt* positiv (in Aufnahme des theologischen Anliegens von *J. Schniewind*) um eine *„heilsgeschichtliche Betrachtungsweise"* der Auferstehung Jesu, die *„dem heilsgeschichtlichen Denken Jesu und des Neuen Testamentes gerecht [zu] werden"* vermag[50]. Demgemäß ist die Auferweckung Jesu Christi durch Gott „Ziel und Erfüllung aller vorhergehenden Heilsoffenbarung Gottes und zugleich Ausgangspunkt des . . . auf die Vollendung der Welt zielenden Wirkens Gottes". Die Osterverkündigung „stellt [darum] den Angeredeten in ein ihn gegenwärtig umgebendes und treffendes Heilswirken Gottes hinein". Im Rahmen und in der Klammer dieser *heilsgeschichtlichen Betrachtungsweise* lautet dann:

2. *Goppelts These: Die Ostererscheinungen sind der Grund, nicht die Wirkung des Glaubens. Das Osterbekenntnis ist bezeugende Deutung von Ereignissen, nicht lediglich Ausdruck von Glaubensentscheidung.*

a) Das Osterbekenntnis und die Osterverkündigung der Urgemeinde sind von Anfang an (1. Kor. 15, 3—5) nicht Ausdruck des Osterglaubens, sondern *deutende Bezeugung „der großen Taten Gottes"* (vgl. 5. Mose 26, 5—11) durch die Jünger, Proklamation der Auferweckung Jesu durch Gott.

b) In den *Ostererscheinungen,* die das Osterbekenntnis begründen, tritt der Auferstandene aus der Verborgenheit Gottes heraus. Das Bekenntnis „Er ist auferstanden" ist dabei eine sowohl der griechischen Vorstellungswelt fernliegende, als auch für die jüdische Welt einzigartige und unerhörte Aussage, da die Juden die Auferstehung erst beim Anbruch der kommenden neuen Welt, und zwar als Auferstehung *aller* Toten erwartet haben. Das Osterbekenntnis ergibt sich jedoch nicht etwa aus dem Auffinden des (historisch an sich zuverlässig bezeugten!) leeren Grabes, sondern aus *der personhaften Begegnung des Auferstandenen mit seinen Jüngern,* die als Offenbarung Gottes (Gal. 1, 15), als seine Selbstdarbietung erfahren worden ist.

c) Die Begegnung des Auferstandenen mit seinen Jüngern bedeutet inhaltlich: Der Erscheinende wird (1) von den Jüngern als Jesus von Nazareth *wiedererkannt* und gewährt ihnen die *Sündenvergebung,* indem er die von den Jüngern gebrochene Gemeinschaft (Flucht, Verleugnung) wieder herstellt. Er betraut (2) die Osterzeugen mit dem *Apostelamt* und begründet darin (3) den *Glauben* der Jünger. „Auf diese Weise entstand in den Ostererscheinungen der Osterglaube."

3. *Die Osterverkündigung ist nicht Bericht eines Geschichtsschreibers, sondern zum Glauben überführende Anrede.*
Die Verkündigung begegnet uns *nicht nur als Botschaft von einer vergangenen*

[50] L. Goppelt: Der verborgene Messias. Zu der Frage nach dem geschichtlichen Jesus, i n : Der historische Jesus und der kerygmatische Christus, Herausgeber H. Ristow und K. Matthiae, Berlin 1962², S. 374. Vgl. auch H. J. Kraus: Julius Schniewind, Charisma der Theologie, Neukirchen 1965, S. 97 ff., bes. S. 103 ff.

Tat Gottes und ihrer Bedeutung. Vielmehr, weil die Auferstehung Jesu kein abgeschlossenes und vergangenes, sondern ein weiterwirkendes Geschehen ist, begegnet der auferstandene Herr selbst im Wort seiner Zeugen. Die Verkündigung der Auferstehung ist immer zugleich *Anrede*, die in den Glauben ruft; der Glaube ist deshalb niemals lediglich ein Fürwahrhalten vergangener Sachverhalte, etwa des isolierten „Faktums" der Auferstehung, sondern das *gehorsame Hören auf den im Wort der Zeugen gegenwärtigen Herrn*. „Der Glaube lebt nicht von einem Wort, das Welt und Geschichte nur deutet, sondern von dem Wort, das wirkt, was es sagt (Röm. 4, 17. 21)" (Goppelt).

II. Der Text
L. Goppelt: „Das Osterkerygma heute."

Die Frage nach der Osterbotschaft ist die Schlüsselfrage christlicher Theologie und christlichen Lebensvollzuges. Im christlichen Sinne glauben heißt nach Paulus glauben „an den, der unseren Herrn Jesus von den Toten auferweckt hat" (Röm. 4, 24). „Ist aber Christus nicht auferweckt worden, dann ist euer Glaube leer" (1. Kor. 15, 17). Und doch ist es für keinen von uns selbstverständlich, daß diese Botschaft wirklich wahr ist!

Wie finden wir heute einen Zugang zu dieser Botschaft? Es scheint die vordringlichste Aufgabe zu sein, diese Botschaft mit dem neuzeitlichen Welt- und Geschichtsverständnis zu konfrontieren. Um diese Aufgabe bemüht sich die systematische Theologie. Vorher aber ist schlichter und elementarer im Sinne der neutestamentlichen Wissenschaft zu fragen: Was besagt die neutestamentliche Osterbotschaft eigentlich? Genauer: Was ist heute historisch-exegetisch über die Osterbotschaft des Neuen Testaments zu sagen? In diesem Sinne wollen wir nach dem Osterkerygma heute fragen. Mit dieser historischen Fragestellung ziehen wir uns nicht aus dem Widereinander zwischen dem Denken der Neuzeit und dem Osterglauben in eine sturmfreie ferne Welt des Neuen Testamentes zurück. In der historischen Fragestellung ist vielmehr der Geist der Neuzeit lebendig. Die historische Schriftforschung wurde ja im 18. Jahrhundert eben vom Geist der Neuzeit hervorgebracht. In ihr begegnet der Geist der Neuzeit am unmittelbarsten der biblischen Botschaft. Der historischen Fragestellung weiß sich heute alle ernsthafte Schriftforschung auch innerhalb der katholischen Kirche theologisch verpflichtet; denn wir sehen unausweichlich den geschichtlichen Charakter der biblischen Bücher. In der Art der historischen Fragestellung aber werden die jeweiligen Denkvoraussetzungen des Exegeten wirksam. Daher werden die theologischen Probleme neuzeitlichen Denkens gerade dann akut, wenn wir historisch-exegetisch nach Gestalt und Sinn des Osterkerygmas im Neuen Testament fragen.

Das wird sogleich sichtbar, wenn wir in einer Einleitung die beiden historisch-theologischen Erklärungen des Osterkerygmas darstellen, von denen die Diskussion unseres Themas in der neueren protestantischen Theologie in Deutschland weithin ausgeht.

Die historistische Erklärung des Ostergeschehens
Um 1900 entwickelte ein extremer Zweig der historischen Schriftforschung

eine Erklärung des Osterkerygmas, die sich von allem schied, was bis dahin christliche Theologie war. Sie spricht aus folgenden Sätzen des bekannten Exegeten Johannes *Weiß*. Er kommt 1909 in einer Stellungnahme zu dem damals erstmals heiß umstrittenen Problem „Paulus und Jesus" (S. 4 f.) zu folgendem Ergebnis: Schon für Paulus ist das Christentum „Christusreligion, d. h. im Mittelpunkt steht das innige Glaubensverhältnis zum erhöhten Christus. Diese Form der Religion hat Jahrtausende hindurch als das eigentliche Christentum gegolten, und es gibt heute noch ungezählte Christen, die keine andere *Form des Glaubens* kennen und wünschen. ... Daneben geht (heute) eine religiöse Strömung her, welche ein religiöses Verhältnis zum erhöhten Christus nicht mehr zu finden vermag und ihr volles Genüge daran hat, sich von Jesus von Nazareth zum Vater führen zu lassen. Beide Formen religiösen Lebens stehen in unserer Kirche nebeneinander. ... Ich mache kein Hehl daraus, daß ich mit der Mehrheit der neueren Theologen mich zu der zweiten Anschauung bekenne, und daß ich hoffe, diese werde allmählich in unserer Kirche zur Herrschaft kommen." Diesem Verständnis des christlichen Glaubens entspricht die *historische Erklärung* des Ostergeschehens, die Johannes Weiß 1917 in seiner „Geschichte des Urchristentums" (S. 22) wieder als die Durchschnittsmeinung eines breiten Stromes damaliger protestantischer Forschung gibt: Die Ostererscheinungen sind „nicht, wie es (den Jüngern) damals schien, der Grund, sondern eine Wirkung ihres Glaubens!" Unter dem nachwirkenden Eindruck der religiösen Persönlichkeit Jesu faßten die Jünger den kühnen Glauben, ihr Meister sei auferstanden. Diesem Glauben entsprangen die Visionen! Die Erzählung vom leeren Grab wurde später hinzugedichtet, weil man sich eine Auferstehung nur als Hervorgehen aus dem Grabe vorstellen konnte. Wie die Osterbotschaft, so ist nach der faszinierenden Darstellung Wilhelm *Boussets* auch ihre Entfaltung in der neutestamentlichen Christologie lediglich die zeitgebundene Form, in der sich der Eindruck der religiösen Persönlichkeit Jesu symbolisch Ausdruck verlieh („Kyrios Christos", 1913, S. 17 f.). In dieser historisch-theologischen Erklärung des Osterkerygmas hatten sich um 1910 die Vertreter der liberalen Theologie und der Religionsgeschichtlichen Schule zusammengefunden. Hinter dieser Erklärung steht — das ist wichtig zu sehen — ein unabhängig von theologischen Erwägungen entwickeltes hermeneutisches [Verstehens-] Prinzip, nämlich das *Prinzip* des *Historismus*: Die Geschichte ist als lückenloser, immanenter Kausalzusammenhang zu erklären — wie nach der damaligen Naturwissenschaft die Natur. Die liberale Theologie meinte, dieses Prinzip als wissenschaftlich vorgegeben anerkennen und deshalb das Religiöse aus der Geschichte wie aus der Natur in die Innerlichkeit des Menschen zurückverlegen zu müssen. So erklärt Johannes Weiß (a. a. O., S. 20) zu den Ostererscheinungen: „... die moderne Betrachtung, die mit dem Kausalzusammenhang rechnet, kann diese Erlebnisse der Jünger nur als ‚Vision' ansehen. Wissenschaftlich versteht man darunter den Vorgang, daß im Gesichtsfeld ein Bild auftaucht, dem kein äußerer Gegenstand entspricht."

Das Osterkerygma existential interpretiert

In dialektischer Antithese zu dieser historistischen Erklärung, von der er selbst herkam, entwickelte Rudolf *Bultmann* auf Grund der nach 1918 eingetretenen philosophischen und theologischen Wende seinen Entwurf, den wir nun als zweiten in unserer Einleitung charakterisieren wollen. Sein *hermeneutischer Ansatz* [Ausgangspunkt des methodischen Verstehens] geht bekanntlich vor allem von der Existenzphilosophie Heideggers aus, bleibt jedoch ein Stück weit dialektisch mit dem Historismus verbunden. Er analysiert die Texte zunächst weitgehend nach historistischer Methode, um sie dann existential zu interpretieren. Auch dieses hermeneutische Prinzip gibt sich als allgemein gültig. Es ist, wie Bultmann betont, von der Theologie unabhängig, korrespondiert ihr jedoch. Mit diesem philosophisch-hermeneutischen Ansatz verbindet sich ein theologischer, der vor allem unter dem Einfluß von Karl Barth entstand. Bultmann sieht, daß es im Neuen Testament nicht um Religion, sondern um das Wort von Gott her und um Glauben geht.

Auf Grund dieser Prinzipien *erklärt* Bultmann die *Entstehung* des *Osterkerygmas* wie folgt: Jesus war nicht „religiöse Persönlichkeit", die Religion entzündete, sondern der letzte Ruf Gottes, der Glaubensentscheidung will. „Die Entscheidung für Jesu Sendung, die seine Jünger einst durch ihre Nachfolge gefällt hatten, mußte von neuem und radikal gefällt werden infolge der Kreuzigung Jesu. ... Die Gemeinde mußte das Ärgernis des Kreuzes überwinden und hat es getan im Osterglauben. Wie sich diese Entscheidungstat im einzelnen vollzog, wie der Osterglaube ... entstand, ist in der Überlieferung durch die Legende verdunkelt worden und ist sachlich von keiner Bedeutung" (Theologie des N. T., 1959[8], § 7, 3). Diese Glaubensentscheidung spricht sich im Osterkerygma aus; dieses erzeugt seinem eigenen Ursprung gemäß weiterhin in steter Wechselwirkung Glaubensentscheidung und erneute Verkündigung als pneumatische Tradition. Demgemäß gilt: „Der Glaube an die Auferstehung Christi und der Glaube, daß im verkündigten Wort Christus selbst, ja Gott selbst, spricht (2. Kor. 5, 20), ist identisch" (a. a. O., § 33, 6c).

Diese Erklärung des Osterkerygmas löste in der Auseinandersetzung um die Entmythologisierung die Frage aus: „Ist für Bultmann der lebendige auferstandene Herr eine Wirklichkeit oder ist nur das Kerygma Wirklichkeit?" Auf sie antwortete Bultmann in dem sein Vermächtnis zusammenfassenden Heidelberger Akademievortrag von 1960 (S. 27): „Mehrfach und meist als Kritik wird gesagt, daß nach meiner Interpretation des Kerygmas *Jesus ins Kerygma auferstanden* sei. Ich akzeptiere diesen Satz." Er ist völlig richtig, vorausgesetzt, daß er richtig verstanden wird. „Er besagt, daß Jesus im Kerygma wirklich gegenwärtig ist, daß es *sein* Wort ist, das den Hörer im Kerygma trifft." Wieder muß man fragen: ist er also nur in der Weise präsent, daß es „*sein* Wort" ist? Was heißt „sein Wort"? Der Glaube im Sinne des Neuen Testaments weiß um Jesu Person hinter dem Wort und ruft sie im Gebet an. Von dieser Wirklichkeit des erhöhten Herrn kann Bultmann auf Grund seiner Hermeneutik [Auslegungs-, Verstehensmethode] nicht reden; er bestreitet sie nicht, aber er schweigt von ihr! So bleibt offen, was nach dem Neuen Testament nicht offen bleiben darf; denn der Ruf zum Glauben wird gesetzliche Forderung, wenn der lebendige Herr hinter dem Kerygma verschwindet.

Seit etwa zehn Jahren ist vielen unter den in der Forschung stehenden *Schülern Bultmanns* diese Aporie bewußt geworden. Sie bemühen sich nun, das Kerygma durch ein *Zurückfragen* nach der *Person* des *irdischen Jesus* zu füllen. Diese neue Fragestellung hat zusammen mit anderen Faktoren zu einem Umbruch innerhalb der Schule Bultmanns geführt, so daß sich etwa seit 1960 neue Ansätze und neue Gruppierungen abzeichnen.

Die einen, vor allem Günther *Bornkamm* („Jesus von Nazareth", 1956, S. 168 f.), betonen nun, daß der Osterglaube durch eine den Jüngern widerfahrende neue Offenbarung begründet wurde; aber die Aussagen über die Auferstehung bleiben matt, weil der irdische Jesus immer nur als Werkzeug von Gottes Heilswirken und nicht als der Verheißene in Person gesehen wird. Ein anderer Zweig der Schule, Ernst *Fuchs* und Gerhard *Ebeling*, aber rückt nun über diesem Zurückfragen nach dem irdischen Jesus von dem Grundsatz Bultmanns, daß das Osterkerygma der Ansatz des neutestamentlichen Glaubens und Verkündigens sei, ab und zieht sich auf eine Begründung des Glaubens durch den irdischen Jesus zurück. So schreibt Ernst Fuchs jetzt: „Wäre es nicht richtiger, nun auch den sog. ‚Osterglauben' zu entmythologisieren? ... Oder wie wäre jener Osterglaube etwa von dem Glauben an die Sündenvergebung zu unterscheiden, wie er sich im Gleichnis vom verlorenen Sohn ... ausspricht?" (ZThK 58 [1961], S. 205). Eine ähnliche Verflüchtigung des Ostergeschehens durch Interpretation versucht W. Marxsen historisch mit der — exegetisch unhaltbaren — Annahme zu begründen, den Jüngern sei lediglich ein vieldeutiges „Sehen" des Gekreuzigten widerfahren, das sie ursprünglich nur als Auftrag verstanden, „die ‚Sache Jesu'" weiterzubringen, und erst später als Ausdruck der Auferstehung deuteten („Die Auferstehung Jesu ...", 1965², S. 19. 24 f.; s. u. B, 2).

Wir müssen uns hier mit diesen notwendig schematischen Hinweisen begnügen. Wenn man gegenwärtig das Bemühen der von Bultmann herkommenden Forschung um unser Problem verfolgt, gewinnt man insgesamt den Eindruck: Die exegetische Arbeit drängt allenthalben über das hermeneutische [Verstehens-] Prinzip Bultmanns hinaus, aber sie bleibt ihm vorerst noch verhaftet. Dieses Prinzip, die dialektische Antithese [wechselseitige Bezogenheit] zwischen historistischer Analyse und existentialer Interpretation, bedeutet vor allem dreierlei:

1. Die historische Analyse der neutestamentlichen Texte wird „rein historisch" betrieben; das Ergebnis der Analyse erscheint als eine theologisch unantastbare „wissenschaftliche" Gegebenheit!

2. Der Sinngehalt des Textes wird durch existentiale Interpretation dieses Ergebnisses gewonnen.

3. Nur durch dieses doppelte Filter hindurch wird der Inhalt des Textes Ruf zum Glauben.

Diesem Verfahren korrespondiert der Glaubensbegriff. Glaube ist immer nur Glaubensentscheidung gegenüber einer Selbstverständnis vermittelnden Anrede. Er flieht aus der Geschichte in die Geschichtlichkeit der Existenz. Das Kerygma wird in geradezu magischer Weise zum ausschließlichen Heilsgeschehen; und der Glaubensinhalt geht in geradezu mystischer Weise im Glauben auf. Gerhard Ebeling kann z. B. sagen: „Das Erscheinen Jesu (in den Ostererscheinungen) und das Zum-Glauben-kommen dessen, dem die Erscheinungen zuteil wurden, war darum ein und dasselbe" (Das Wesen des christlichen Glaubens, 1959, S. 81). . . .

Der Anspruch des Neuen Testamentes verpflichtet uns m. E. vielmehr, die Exegese in einem *ständigen kritischen Dialog* zwischen *historischer Analyse* und *theologischem Verstehen* zu vollziehen. In diesem Dialog ergibt sich, daß nicht wenige „rein historische" Urteile auf zu einfachen weltanschaulichen Vorurteilen und auf sachlichem Mißverstehen beruhen. Der Anspruch des Neuen Testaments fordert weiterhin, daß philosophische Prinzipien ebensowenig wie ein kirchliches Dogma statische Voraussetzung des Verstehens werden; auch sie müssen dem kritischen Dialog mit dem Anspruch der Texte ausgesetzt werden. Das Neue Testament verwirft jede securitas [Sicherheit], die von verfügbaren, vorgegebenen Maßstäben aus urteilt (Joh. 9, 29 f.). Nur auf Grund dieses nie abgeschlossenen kritischen Dialogs kann der Glaube die Verbindung von Offenbarungsgeschehen und geschichtlichen Vorgängen, die für die biblische Offenbarung konstitutiv ist, durchhalten. In dieser Weise, die hier nicht genauer erläuter' werden kann, wollen wir Gestalt und Sinn des Osterkerygmas nun an Hand von drei Fragen entwickeln.

A. *Wie lautet das Osterkerygma?*
1. Die *älteste* uns erreichbare *Gestalt* des *Osterkerygmas* [= Osterbotschaft] ist nicht in den Ostererzählungen der Evangelien zu suchen, sondern in der christologischen Formeltradition aus vorpaulinischer Zeit, die wir durch formgeschichtliche Analyse in den paulinischen Briefen und in der Apostelgeschichte entdecken. Neben der bekannten Formel 1. Korinther 15, 3—5, die Paulus ausdrücklich als Tradition bezeichnet, finden wir in diesen Schriften auf Grund stilistischer und begriffssprachlicher Merkmale eine nicht genau abgrenzbare, aber nicht unerhebliche Zahl von Formeln über Jesu Weg und Würde, die ohne ausdrückliche Zitierung in den Text eingeflochten sind. Das älteste Osterkerygma ist nicht in den Sätzen, die auf Grund des Weges die Würde des Erhöhten aussagen (z. B. Apg. 2, 36; Röm. 1, 3 f.), zu suchen, sondern in den Formeln über Jesu Weg. Unter diesen halten manche Exegeten die kürzesten Formeln, die nur das Faktum aussprechen, für die ältesten, z. B. Römer 10, 9: „Gott hat (Jesus) von den Toten auferweckt", die ausführlicheren, z. B. 1. Korinther 15, 3—5 für spätere, theologische Ausgestaltungen. Dieser Gesichtspunkt der Entwicklung ist jedoch zu formal. Wir müssen den „Sitz im Leben" beachten. Dann zeigt es sich, daß diese kurzen Formeln von Haus aus Bekenntnisformeln sind, die der Verkündigung antworten, so jedenfalls Römer 10, 9. Als Verkündi-

gung wären die nur das Faktum aussprechenden Formeln unbrauchbar; denn wie könnte ein jüdischer Mensch diese bloße Behauptung in seinen Glauben hineinnehmen? Sobald wir nach Formeln fragen, die eindeutig Verkündigung sein wollen, heben sich aus dem Formelgut zwei Überlieferungen heraus: Die eine finden wir in den Petruspredigten in Apostelgeschichte 2—5. Ihnen liegt ein Aufriß der missionarischen Verkündigung unter Israel zugrunde, den Lukas fremde Eigentümlichkeiten als Tradition erweisen. Das Alter dieser Tradition ist einer überraschenden Beobachtung zu entnehmen. Dieser Aufriß deckt sich nämlich in wesentlichen Stücken mit einer zweiten Überlieferung, der Formel in 1. Korinther 15. Diese Formel stammt, wie man inzwischen fast allgemein sieht, in ihrem Grundbestand (V. 3—5) aus der palästinischen Urkirche, d. h. aus Jerusalem. Paulus hat sie aller Wahrscheinlichkeit nach bei seiner Bekehrung oder bei seinem ersten Besuch in der Urgemeinde, also spätestens fünf Jahre nach Jesu Ausgang, als verbindliche Tradition übernommen (1. Korinther 15, 3a). Die Stücke, in denen diese beiden Formelüberlieferungen übereinstimmen, sind demnach die Elemente des ältesten Osterkerygmas.

2. Das älteste Osterkerygma *enthielt* somit folgende *drei Elemente:* a) Eine antithetische [in einem Gegensatz formulierte] Aussage über Jesu Weg. Sie lautet im Aufriß der Petruspredigten (Apg. 2, 23; 3, 15; 4, 10; 5, 30):

> Ihr habt Jesus getötet,
> Gott aber hat ihn auferweckt.

Und 1. Korinther 15:

> Jesus ist gestorben (für unsere Sünden nach der Schrift
> und wurde begraben)
> und wurde auferweckt am dritten Tage (nach der Schrift
> und ist Kephas erschienen, darauf den Zwölfen).

Diese Aussage ist in 1. Korinther 15 wie in der Apostelgeschichte mit zwei weiteren Elementen verbunden, nämlich b) mit dem Hinweis auf die Erfüllung der Schrift und c) mit dem Hinweis auf die Zeugen der Ostererscheinungen (vergleiche die Klammern).

3. Wenn dies aller Wahrscheinlichkeit nach der älteste Bestand des Osterkerygmas war, ergeben sich zwei weitreichende Folgerungen über die *Aussageweise.* Dann war das Osterkerygma a) seiner Herkunft nach nicht Ausdruck des Osterglaubens, sondern *deutende Bezeugung* eines *Widerfahrnisses.* Die Ostererscheinungen werden — selbstverständlich im Glauben — bezeugt und als Bekundung der Auferstehung gedeutet. Das Osterkerygma hat dann in der Aussageweise seine nächste Entsprechung in dem alttestamentlichen Urcredo [Urbekenntnis] 5. Mose 26, 5—11. Es will gleich jenem einfach „die großen Taten Gottes" im Glauben bezeugen. Dieses Zeugnis aber ergeht nun b) nie als nur referierender Bericht, sondern als eine Gottes Tat *proklamierende Aussage.* Deshalb liegt dieser Inhalt in den Petruspredigten und in 1. Korinther 15 bereits in unterschiedlicher Ausprägung vor.

4. Worin besteht der Unterschied? *Die beiden Ausprägungen* des Urkerygmas weisen in *unterschiedlicher* Weise auf den Weg Jesu vor der Auf-

erstehung hin. Die Petruspredigt verweist ausdrücklich auf sein Erdenwirken; 1. Korinther 15 dagegen schweigt vom Erdenwirken. Umgekehrt
redet 1. Korinther 15 von einer Heilsbedeutung des Sterbens Jesu, während
die Petruspredigt davon schweigt. Dieser Unterschied erklärt sich in erster
Linie aus einer verschiedenen kerygmatischen Ausrichtung, nicht etwa aus
unterschiedlichen Christologien. Der Aufriß der Petruspredigten ist missionarischer Bußruf an die jüdischen Zeitgenossen Jesu. Sie werden bei
ihrem Verhalten gegenüber dem Gottesmann Jesus behaftet (vgl. Matth.
11, 20—24). Demgegenüber ist 1. Korinther 15, 3—5 katechetische Zusammenfassung des Osterkerygmas für die Gemeinde, die sie sich im Wir-Stil
des Bekenntnisses zu eigen macht; ihr wird der Tod Jesu als für sie geschehen zugesprochen.
Daß das Osterkerygma von Anfang an in einer nach außen und in einer
nach innen gewandten Ausprägung auftrat, ist nicht überraschend; denn
beide Aspekte waren bereits im Erdenwirken Jesu wirksam, einfach weil
sie durch die Sache gegeben waren: In den Erdentagen ruft Jesus im Blick
auf das nahe Kommen des Reiches alle zur Umkehr (Matth. 4, 17). Aber
„das Geheimnis des Reiches Gottes" (Mark. 4, 11), nämlich das gegenwärtige Kommen des Reiches in seinem Wirken, und das Geheimnis seiner
Würde wie seines Ausganges erschließt er nur den Nachfolgenden (vgl.
Mark. 8, 30 f.); denn dies ist nur dem Glauben zugänglich. Daher ist es
nicht verwunderlich, daß nach Jesu Ausgang beide Aspekte, wenn auch
abgewandelt, erneut auftraten, sowohl bei der Gestaltung des Osterkerygmas wie bei seiner Entfaltung in der Markus- und Q [Herrenworte]-
Überlieferung. Für die historisch verobjektivierende Analyse fallen die
beiden Gestalten des Osterkerygmas ebenso auseinander wie die beiden
Seiten des Erdenwirkens Jesu und die beiden Stämme der synoptischen
Tradition (Mark. und Q); für eine theologisch verstehende Analyse gehören sie als missionarisches und katechetisches Kerygma sachlich zusammen.
So ergibt sich: Das Osterzeugnis war auf Grund seines Inhaltes auf Verkündigung ausgerichtet und wurde daher von Anfang an immer in *kerygmatischer Interpretation* [verkündigender Deutung] wiedergegeben. Seine
kerygmatische Interpretation aber führte zu einer Entfaltung, die das
Osterkerygma zur Wurzel der gesamten urchristlichen Verkündigung, die
ihren Niederschlag im Neuen Testament fand, machte.
Daß das Osterkerygma die *Wurzel der gesamten urchristlichen Verkündigung* wurde, ist weithin anerkannt, unklar aber ist, wie dies geschah. Das
Osterkerygma wurde m. E. in zwei Richtungen entfaltet. Es mußte einerseits von Jesu Erdenwirken her erläutert werden. Dies war der entscheidende Ansatz für die Entstehung der Evangelienüberlieferung. Sie will
primär vom Osterkerygma her Jesu Erdenwirken auf das Kreuz hin darstellen und der Gemeinde sagen, wer der Auferstandene ist. Was der
Erhöhte der Gemeinde zu sagen hat, verkündigt die Gemeindepredigt,
von der die neutestamentliche Briefliteratur ausgeht. Sie entspringt entscheidend der Entfaltung des Osterkerygmas in der anderen Richtung,

nämlich seiner Anwendung auf die Gemeindesituation, vor allem durch christologische Interpretation. Dieser doppelten Entfaltung des Osterkerygmas können wir hier nicht weiter nachgehen; denn dringlicher als sie ist in unserem Zusammenhang die Frage nach seiner Entstehung.

B. *Wie entstand die Aussage „Er ist auferstanden"?*

1. Fragen wir zunächst: Was konnte die *jüdische Umwelt* zu dieser Aussage beitragen? Wenn man die Aussage „Er ist auferstanden" mit den Ohren der Umwelt hört, dann enthält sie eine völlig einzig dastehende, ungeheure Behauptung. Schon im außerbiblischen Griechisch bedeuten die hier im Neuen Testament verwendeten Worte (anistemi, egeiro, anastasis) [auferstehen, auferwecken, Auferstehung] in Anwendung auf Verstorbene die Rückkehr in eine leibhafte Existenz, z. B. die Wiederbelebung eines eben Verstorbenen, aber nie ein Fortleben der Seele. In der jüdischen Umwelt der ersten Gemeinde bezeichnen diese Worte, bzw. ihre hebräisch-aramäischen Entsprechungen, präzise gebraucht, die Auferweckung zum ewigen Leben in einer neuen Welt. Diese Vorstellung hatte die alttestamentlich-jüdische Apokalyptik, einsetzend mit der Apokalypse in Jesaja 24—27 (25, 8; 26, 19) und Daniel 12, 2 entwickelt; sie war in den Tagen Jesu verbindliche Lehre des pharisäischen Rabbinismus geworden. Aber niemand sagte von einem Verstorbenen, er sei auferstanden! Die Auferstehung, eine neue leibhafte Existenz, erwartete man durchweg erst beim Anbruch der kommenden neuen Welt. Wenn die Jünger von der Auferstehung Jesu reden, dann sagen sie von diesem einen das eschatologische Ereignis schlechthin aus. Es ist in ihrem Sinne, wenn Paulus die Auferweckung Jesu mit der eschatologischen Totenauferweckung zusammenstellt und den Auferstandenen als den Erstling der neuen Welt kennzeichnet (1. Kor. 15, 20—26). So ist das *Osterkerygma* für die jüdische Welt eine *einzigartige* und *unerhörte Aussage*. Der hellenistischen Welt aber liegt sie fern. Dort kennt man Mythen von sterbenden und wiederauflebenden Göttern bzw. die Apotheose [Versetzung in die Götterwelt] großer Menschen, — aber keine Auferstehung (vgl. Apg. 17, 32).

Wie kommen die Jünger zu dieser Aussage? Sie können sie nicht aus jüdischen Vorstellungen erschließen, sie können tatsächlich, wie das Kerygma besagt, nur ihnen *Widerfahrenes bezeugen*. Nichts legte nahe, die Auferstehungserwartung der alttestamentlich-jüdischen Apokalyptik auf Jesus zu übertragen. Auch weiterhin im Neuen Testament begründete nicht sie den Osterglauben, sondern dieser begründete umgekehrt die Auferstehungshoffnung der Christen (1. Kor. 15, 12 f.). Die Apokalyptik gab lediglich das Ausdrucksmittel in die Hand, um ein unerhörtes Widerfahrnis zu verstehen und in Worte zu kleiden.

Was ist also den Jüngern widerfahren? Sie haben nicht die Auferstehung selber wahrgenommen. Das ist sachgemäß; denn die Auferstehung ist nicht, wie die Wiederbelebung des Lazarus, eine Rückkehr in dieses Leben, sondern eschatologisches Ereignis, Anbruch der neuen Welt Gottes. Es widerspricht dem Wesen des Vorgangs, wenn das apokryphe Petrusevangelium die

Wächter das Hervorgehen aus dem Grabe wahrnehmen läßt. Im Neuen Testament findet sich allein bei Matthäus ein kleiner Schritt in dieser Richtung: Er läßt im Zuge der ihm eigenen Grabeswächtererzählung das Öffnen des Grabes beobachten (Matth. 28, 2—4). Nach dem Osterkerygma wird die Auferstehung nicht wahrgenommen, sondern auf Grund der Ostererscheinungen bezeugt.

2. Das Osterkerygma beruft sich — das muß in diesem Zusammenhang kurz festgehalten werden — auch nicht auf das *Leerfinden* des *Grabes,* weder in 1. Korinther 15 noch in den Petruspredigten der Apostelgeschichte. Dieses Schweigen ist nicht traditionsgeschichtlich, sondern sachlich begründet. Die Berichte über das Leerfinden des Grabes sind, wie zuletzt Wolfgang Nauck (ZNW 47 [1956], S. 243—267) zeigte, sehr alte und zuverlässige Überlieferungen. Aber das leere Grab soll nach der ältesten Form des Berichtes auf die Ostererscheinungen hinweisen, nicht eigenständiges Zeugnis für die Auferstehung sein. In diesem Sinne wird es Markus 16, 6 f. durch das Engelwort gedeutet: „Ihr sucht Jesus von Nazareth ... er ist auferweckt worden, er ist nicht hier ... sagt seinen Jüngern und Petrus: Er geht vor euch nach Galiläa; *dort werdet ihr ihn sehen,* wie er euch gesagt hat." Das Leerfinden des Grabes ist ein vieldeutiges Zeichen, das die Ostererscheinungen vorbereitet und erst durch sie gedeutet wird. Das Osterkerygma setzt es voraus, auch das „er wurde begraben" in 1. Korinther 15, 4, aber es gründet sich nicht auf dieses Zeichen, sondern auf die Erscheinungen.

3. Wie ergibt sich aus den *Ostererscheinungen* die Aussage: Er ist auferstanden?

Das *Bekenntnis* kennzeichnet den Inhalt der Erscheinungen mit dem griechischen Wort ophthe (1. Kor. 15, 5—8; Luk. 24, 34; Apg. 13, 31; vgl. 9, 17; 26, 16). Dieser Begriff ist nicht zu übersetzen „er wurde gesehen", sondern *„er erschien".* Der Begriff ist bereits in der griechischen Übersetzung des Alten Testaments Terminus [Spezialausdruck], der ein Offenbarungsgeschehen bezeichnet, selbst wenn es nicht mit visionellen Wahrnehmungen verbunden war. „Offenbarung" ist dabei streng theozentrisch [auf Gott bezogen] als Selbstdarbietung Gottes zur Gemeinschaft zu verstehen. Diesen Sprachgebrauch nimmt im Neuen Testament z. B. die Stephanusrede auf und sagt Apostelgeschichte 7, 2: „Der Gott der Herrlichkeit erschien unserem Vater Abraham, als er (noch) in Mesopotamien war ... und sprach zu ihm" (vgl. 7, 30—35). Demgemäß kennzeichnet Paulus die ihm widerfahrene Erscheinung ausdrücklich als Gottes Offenbarung: Es hat Gott gefallen, „mir seinen Sohn zu offenbaren" (Gal. 1, 15). Daher sind die alttestamentlichen Theophanien [Erscheinungen Gottes] nicht zufällig die nächste gattungsgeschichtliche Analogie zu den Erscheinungserzählungen, — eine Beziehung, die genauere Untersuchung wert wäre. Die Frage nach dem Wirklichkeitsgehalt der Ostererscheinungen gehört demnach zusammen mit der Frage nach der Wirklichkeit der revelatio specialis [besonderen biblischen Offenbarung Gottes], nicht mit der nach Totenerscheinungen oder nach apokalyptischen Visionen. Von dieser Wesensbestimmung her gesehen reicht es nicht aus, wenn Hans Graß in seiner Monographie über das Ostergeschehen (S. 246 ff.) erklärt: Die Ostererscheinungen waren „objektive Visionen". Gott „hat in einer Reihe von Visionen einem auserwählten Jüngerkreis Christus als lebendigen und erhöhten Herrn offenbart, so daß sie gewiß wurden: er lebt!" Diese Erklärung rückt den Begriff „offenbaren" in die Nähe von „mitteilen". Für das Neue Testament aber ist Offenbarung Selbstdarbietung Gottes. Den Jüngern wird nicht ein Bild gezeigt, das ihnen die Auferstehung Jesu mitteilt, ihnen begegnet vielmehr die Selbstdarbietung des Auferstandenen bzw. die Selbstdarbietung Gottes durch ihn.

Die Kennzeichnung der Erscheinungen im Osterbekenntnis führt uns weiter zu den *Erzählungen* der *Evangelien* über die Ostererscheinungen. Sie sind *traditionsgeschichtlich* gesehen nicht Paradigmen [Beispielerzählungen], die das Osterkerygma illustrieren; sie entfalten vielmehr den Hinweis auf die Zeugen im Osterkerygma. Leider haben wir keine Evangelienüberlieferung, die die Zeugenreihe in 1. Korinther 15 entfaltet. Der Hauptbestand der Ostererzählungen entspricht dem Kerygma der Petruspredigten, das summarisch von den Jüngern redet (Matth. 28, 16—20; Luk. 24, 36—49; Joh. 20, 19—29). ... Wir versuchen die allen Berichten gemeinsamen Grundlinien zu ermitteln; diese Grundlinien sind, da die Berichte sehr verschiedenen Überlieferungsströmen angehören, alte Tradition, zumal wenn sich ihr Ansatz mit dem Bekenntnis deckt. Von ihr heben sich spätere Ausgestaltungen deutlich ab.

Nach dieser Grundlinie geht es in den Ostererscheinungen durchweg nicht einfach um Schauungen, sondern um *Begegnungen dialogischen* [in Rede und Antwort] *Charakters*. Sie haben sämtlich einen doppelten Inhalt.

Die eine Seite ist das *Wiedererkennen*. Der Erscheinende wird jedoch nicht einfach an seinem Aussehen, sondern an seinem Verhalten erkannt; sein Erscheinen als solches erregt zunächst Frage und Zweifel (Matth. 28, 17; Luk. 24, 32. 41; Joh. 21, 4; Apg. 9, 5). Er wird an seinem Verhalten erkannt, weil es das den Jüngern in den Erdentagen Widerfahrene zum Ziel führt. Die erste Erscheinung widerfährt dem Jünger, der ihn verleugnet hat, Petrus. Sie bedeutet nicht Demonstration, sondern erneute vergebende Selbstdarbietung. Vergebende Selbstdarbietung war die Grundlage der Nachfolge gewesen; sie kommt in dieser Erscheinung zum Ziel (1. Kor. 15, 4; Luk. 24, 34). Gleicher Art sind die Begegnungen mit den übrigen Jüngern: Sie haben ihn verlassen und aufgegeben, er bietet sich ihnen erneut zur Gemeinschaft dar. Vielleicht hat er ihnen erneut als Hausvater das Brot gebrochen (Luk. 24, 30. 41 ff.; Apg. 1, 4; 10, 41; Joh. 21, 13). Vielleicht hat er ihnen, die Jüngerbelehrung der Erdentage abschließend, den Sinn seines Weges erschlossen (Luk. 24, 25 f., 45). Die eine Seite der Erscheinungen war auf alle Fälle die Erneuerung der Gemeinschaft. Die andere war die *Sendung*. Ein Kreis der Osterzeugen wird mit dem Apostolat beauftragt. Das setzt das Kerygma in 1. Korinther 15, 7 f. ebenso voraus, wie die Ostererzählungen (Matth. 28, 19; Luk. 24, 47; Joh. 20, 21; 21, 15). In den Evangelien ist der Auftrag so formuliert, wie ihn die zweite christliche Generation verstand; er ist auf die Elf beschränkt und auf die universale Wandermission bezogen. Ursprünglich hat der Erscheinende, das steht fest, einen bestimmten Kreis der Osterzeugen beauftragt, als seine Stellvertreter in besonderer Weise sein Erdenwirken, das „Dienen", fortzusetzen. Mit diesem Auftrag hängt eine Reihe von Weisungen zusammen, von denen wir nicht mehr ermitteln können, wie weit sie die Überlieferung zurecht mit den Ostererscheinungen verbindet: der Taufbefehl (Matth. 28, 19b) und die Verheißung der über Raum und Zeit erhabenen Gegenwart bei Matthäus (28, 20; vgl. 18, 20) bezw. die Verheißung des Geistes bei Lukas (24, 49; Apg. 1, 7 f.; vgl. Joh. 20, 22).

Demnach waren die Ostererscheinungen insgesamt Begegnungen, welche die Selbstdarbietung Jesu an die Seinen in den Erdentagen abschlossen; sie haben nichts mit der Parusie gemein. Daher entspricht es ihrem Wesen, daß sie nach allen Berichten auf die Jesus in den Erdentagen Nahestehenden beschränkt blieben. Sie widerfahren keinem Gegner, keinem Fernstehenden, keinem Späteren. Paulus bezeichnet sich selbst als die Ausnahme: „Am letzten von allen als der unzeitigen Geburt erschien er auch mir" (1. Kor. 15, 8). Bei Lukas bringt die „Himmelfahrt" als zeichenhafter Abschluß einer Erscheinung schematisch zum Ausdruck, daß die Erscheinungen abgeschlossen sind (Apg. 1, 9 ff.; vgl. Luk. 24, 51). Das ganze Neue Testament unterscheidet die Ostererscheinungen grundsätzlich von den Christusvisionen im Geist, die vielen weiterhin zuteil wurden (2. Kor. 12, 1).

Das *Ziel* der *Erscheinungen* ist wie bei der Selbstdarbietung in den Erdentagen nicht Wissen, sondern *Glauben*. Die Erscheinungen erwecken grundsätzlich nicht in anderer Weise Glauben als die Begegnungen der Erdentage. Glaube bedeutet hier wie dort, Jesu Auftreten in den Glauben an den Gott Israels hineinnehmen. Was ist jetzt der Inhalt dieses Auftretens? Jesus begegnet abschließend als der, der sich an Gottes Statt vergebend zur Gemeinschaft darbietet, und als der, der die Seinen nicht als Vertreter einer Sache, sondern als seine persönlichen Stellvertreter, als Apostel, sendet. Er *begegnet* auf diese Weise als *Person* im *Vollsinn*, d. h. in der Sprache des Neuen Testaments *leibhaft!* (Noch für Paulus ist Leib seinem Wesen nach das, was wir Person nennen; in den lukanischen und johanneischen Ostererzählungen sind Elemente des substanzhaften griechischen Leibbegriffes eingedrungen.) Leibhafte Existenz eines Verstorbenen aber ist nach alttestamentlich-jüdischer Vorstellung das Wesen der Auferstehung (1. Kor. 15, 35 ff.), die Seelen der Verstorbenen sind nur Schatten (2. Kor. 5, 1 ff.). Sobald die Jünger demnach die personhaften Begegnungen mit Jesus bei den Ostererscheinungen in ihren Glauben an den Gott Israels hineinnehmen, können sie nur bekennen: Gott hat an ihm das eschatologische Heilswerk vollbracht: Er hat ihn auferweckt!

Diese einsame Auferweckung wäre ein sinnloses Mirakel, wenn sie irgendeinem Menschen, einem Rabbi oder Propheten, widerfahren wäre. Die Jünger aber können sie *im Glauben verstehen*, so wenig sie aus dem Glauben zu folgern war. Die Jünger bekunden dies Verstehen, indem sie *die Auferweckung*, wie die ältesten christologischen Formeln besagen, *als Er-*

höhung deuten (Apg. 2, 36; Röm. 1, 3 f.). Auferstehung und Erhöhung gehören vom Alten Testament her zusammen. In den ältesten Auferstehungsworten der Bibel, in Psalm 73, 23—28, in Jesaja 26, 7—19 und in Daniel 12, 1—3 ist die Auferweckung die Erhöhung der Gerechten, die von den Menschen verworfen wurden. Jesus aber ist für die Jünger der Gerechte schlechthin; wahrscheinlich hat Jesus selbst bereits typologisch seinen Weg im Licht der atl. Worte von den Gerechten gesehen. Daher verstehen die Jünger seine Auferweckung und deuten sie als seine Erhöhung zum himmlischen messianischen Herrscher, der Gottes endzeitliche Herrschaft weiterhin durch Dienen aufrichtet, bis er sie in naher Zukunft durch seine sichtbare Parusie vollendet. . . .

Demnach wurde die Begegnung mit Jesus in den Ostererscheinungen von zwei alttestamentlich-jüdischen Traditionen her gedeutet: Die apokalyptische Erwartung der universalen, eschatologischen Auferstehung, wie sie das nachalttestamentliche Judentum ausbildete, gab den Vorstellungsrahmen; die alttestamentliche Gewißheit um die Erhöhung des Gerechten aber, die Auferstehung bedeutet, die eigentliche Mitte. Auf diese Weise *entstand* durch die *Ostererscheinungen* der *Osterglaube.* (Was wir gedanklich rekonstruieren, vollzog sich natürlich in meditativer Unmittelbarkeit.) Im Osterkerygma aber wird sachgemäß nicht der Glaube, sondern die ihn begründende Tat Gottes proklamiert.

Deshalb begegnet uns das *Osterkerygma* in 1. Korinther 15 als eine *historische Tradition,* d. h. als Formel, die historische Elemente enthält und wörtlich weitergegeben wird (1. Kor. 15, 3a). Wäre das Osterkerygma in seinem Wesen Ausdruck einer Glaubensentscheidung der Jünger, dann hätte es nur gelautet: Jesus ist auferstanden, und es könnte als Chiffre für ein Selbstverständnis aufgenommen und als rein pneumatische Tradition im Sinne Rudolf Bultmanns und Gerhard Ebelings weitergegeben werden. Bei Paulus aber wird das Osterkerygma als historische Tradition weitergegeben, *und doch zugleich* in 1. Korinther 15, 1 f. als „Evangelium", als zum Glauben überführende Anrede, bezeichnet.

. . . Aber wie kann diese Tradition, die historisch und kerygmatisch zugleich ist, im Glauben aufgenommen werden, ohne daß der Glaube zum Fürwahrhalten historischer Angaben wird? Das ist unsere letzte Frage.

C. Wie ist Glaube an das Osterkerygma möglich?

Das Neue Testament gibt in überraschender Einhelligkeit zwei Antworten, die wir vor allem aus Paulus belegen wollen.

1. Das Osterkerygma wurde nie isoliert verkündigt; es wurde von Anfang an *interpretiert* und *entfaltet,* so daß es *verstehend erfaßt* werden konnte. In welchem Sinne es entfaltet wurde, ergibt sich aus dem Sinn des Glaubens. Es wurde nie verlangt, daß Menschen die Auferstehung Jesu als isoliertes Faktum für wahr halten sollten, weil es glaubwürdige Zeugen bekundeten; solches Für-wahr-halten wäre nicht Glaube! Der Glaube richtet sich immer auf Gott, nie auf das Faktum der Auferstehung als solches. Die Bekenntnisformel Römer 10, 9: „Wenn du in deinem Herzen glaubst, daß Gott ihn

von den Toten auferweckt hat", ist im Sinn von Römer 4, 24 gemeint: „Wir glauben an den (Gott), der Jesus auferweckt hat." Demgemäß wird die Auferweckung Jesu den Menschen in der Weise nahegebracht, daß sie als Ziel und Erfüllung aller vorhergehenden Heilsoffenbarung Gottes und zugleich als Ausgangspunkt seines uns begegnenden Heilshandelns verkündigt wird. Sie wird Mitte des Glaubens als die zentrale Erweisung der Gottheit Gottes, dessen Heilsoffenbarungen immer schon auf sie abzielten und uns als einzelnen wie als Gemeinde und Welt von ihr her begegnen. Gott würde für Paulus aufhören Gott zu sein, wenn er nurmehr auf die Seele oder die Existenz bezogen wäre, nicht mehr auf das gesamte Weltgeschehen. Deshalb ist die Auferweckung Jesu für ihn als Offenbarungsereignis zentraler Inhalt der Verkündigung wie des Glaubens.

Demgemäß wird die Auferweckung Jesu einerseits als das *Ziel der vorhergehenden Selbstbekundungen Gottes* verkündigt, die das Alte Testament bezeugt. Christus, der „Leben schaffender Geist" wurde, erscheint als das vorgesehene Gegenbild Adams (1. Kor. 15, 22. 45; Röm. 5, 14). Der Glaube an den Gott, der ihn auferweckt hat, ist die typologische [gegenbildliche] Erfüllung des Glaubens, zu dem Abraham, der Vater der Verheißung, gerufen war (Röm. 4, 17, 23 f.). Solche höchst unsystematische typologische Meditationen lassen Paulus vom Alten Testament her die Auferweckung Jesu als das Ziel der bisherigen Heilsoffenbarung Gottes verstehen. Vollends ist Jesu Auferweckung die Vollendung des Erdenweges Jesu, nicht etwa nur seine Bestätigung (1. Kor. 11, 25; Phil. 2, 8 f.). In der Tat ist Jesu Auferweckung von den Evangelien her gesehen genau das radikal Neue, auf das das ganze Erdenwirken mit seiner totalen Umkehrforderung wie mit der bedingungslos vergebenden Selbstdarbietung abzielt; dies Neue wird grundlegend leibhaft realisiert in Jesu Auferstehung! So tritt nach Paulus in der Auferweckung Jesu endgültig Gottes Gemeinschaft stiftende Verheißungstreue, seine Gerechtigkeit, hervor (Röm. 4, 25). Ihre Verkündigung bezeugt endgültig den Sinn aller biblischen Gottesoffenbarung, nämlich daß Gott sich uns in unserem Lebensbereich, in der Geschichte, zur Gemeinschaft darbietet und damit seine universale heilvolle Herrschaft aufrichtet; denn die Auferweckung entspricht als Gegensatz dem Kennzeichen aller Geschichte, dem Sterben (1. Kor. 15, 17—28).

Deshalb ist die Auferweckung Jesu zugleich *Ausgangspunkt des uns treffenden und auf die Vollendung der Welt zielenden Wirkens Gottes.* So wird die Auferweckung in Römer 4, 25 verkündigt als das Hervortreten unserer Rechtfertigung, in Römer 6, 4 ff. als die Ursache unseres Mitauferstehens, in Römer 8, 11 als der Ursprung des Geisteswirkens und in dem urchristlichen Grundbekenntnis Römer 1, 3 f. vor allem als der Anbruch der Herrschaft Christi. Diese Entfaltung der Osterbotschaft stellt den Angeredeten in ein ihn gegenwärtig umgebendes und treffendes Heilswirken Gottes hinein. Das Auferstehungsgeschehen bezieht den Angeredeten ein und stellt ihn unter die Herrschaft des Auferstandenen in die Gemeinde, die der verborgene Anbruch der neuen Welt ist (1. Kor. 15, 20—28).

2. Dieses Weiterwirken des Ostergeschehens aber vollzieht sich nicht durch die Geschichtsmächtigkeit Gottes, wie sie die Apokalyptik darstellt, sondern *durch das Wort*, das sich in Taufe und Herrenmahl leibhaft konkretisiert. Das Wort, das das Osterkerygma expliziert [entfaltet], begegnet nicht lediglich als menschliches Zeugnis von einer vergangenen Tat Gottes und ihrer Bedeutung. *Im Wort der Zeugen* wird vielmehr *Gott selbst* auch *gegenwärtig wirksam*. Paulus kann von seiner Verkündigung sagen: „Gott vermahnt durch uns" (2. Kor. 5, 20). Wer glaubt, nimmt sie nicht als Menschen-, sondern als Gotteswort auf (1. Thess, 2, 13). Das Wort der Verkündigung läßt im Herzen den Glauben aufleuchten wie einst das „es werde Licht" die Helle in der Welt (2. Kor. 4, 6). Das Ich des Glaubens ist nicht der alte Mensch, der sich, eine ihm angebotene Möglichkeit ergreifend, für Gott entscheidet, sondern ein neues Ich, das dem alten gegenübertritt und Gott antwortet (2. Kor. 5, 17). Als Antwort des neuen Ich ist der Glaube für Paulus zugleich Gehorsam des Menschen (Röm. 10, 16). Der Glaube ist in seinem Wesen ein Überführtsein, aber er ist nicht magischer Zwang, sondern personaler Gehorsam, weiterhin Erkennen, Verstehen und für Johannes sogar Sehen!

Wir kommen zu dem Schluß: Die Auferstehung Jesu wird die Mitte unseres Glaubens an Gott, wenn wir sie als Ziel, Mitte und Anfang seines Heilswirkens sehen und dieses Heilswirken uns selbst erreicht und einbezieht. Wir sind einbezogen, wo immer das entfaltete Kerygma im Heiligen Geist das neue Ich ins Dasein ruft, daß „sich für tot der Sünde und lebend für Gott in Christo erachtet" (Röm. 6, 11).

Es ist das Wesensmerkmal dieses Heilswirkens gegenüber dem Weltgeschehen, daß Gott selbst in ihm sein Walten nach dem Gesetz durchbricht. Die von der Aufklärung herkommende ratio der Neuzeit sieht die Gesetzmäßigkeit in Natur und Geschichte noch strenger als der Mensch der neutestamentlichen Zeit. Wir müssen es, wie wir eingangs sagten, der systematischen Theologie überlassen, den Osterglauben und diese ratio samt ihren Welt- und Geschichtsbildern zueinander ins Verhältnis zu setzen. Grundsätzlich aber war die Situation des Menschen der neutestamentlichen Zeit nicht anders als unsere. Auch der antike Mensch kennt das Gesetz, daß keiner von den Toten wiederkehrt. Die Weisheit redet in erschütternder Weise über dieses Geschick. Glaube bedeutet immer entgegen dem Augenschein dem trauen, der das Nichtseiende ins Dasein ruft, der den Sünder gerecht macht und uns und unsere Toten mit Christus in ein neues Leben ruft. Der Glaube lebt nicht von einem Wort, das Welt und Geschichte nur deutet, sondern von dem Wort, das wirkt, was es sagt (Röm. 4, 17. 21), das uns aus den Teilwahrheiten in die Wahrheit und aus den Teilwirklichkeiten in die Wirklichkeit stellt.

O. Weber
Die Versöhnung. Christus für uns

I. Die Einführung

O. Weber möchte in seiner Darstellung und Entfaltung der Versöhnungslehre einen doppelten Abweg vermeiden: Die Versöhnung ist (1) kein *„objektives Faktum"* der Vergangenheit, dem dann auf der anderen Seite eine subjektive, vom Menschen zu leistende Aneignung entspräche. Die Versöhnung ist aber (2) auch nicht lediglich die *„Ermöglichung eines neuen Selbstverständnisses"* im Bultmannschen Sinne. Denn eine solche Reduzierung und Anthropologisierung der Versöhnung würde im Grunde nur die Ersetzung eines Objektivismus in der Versöhnungslehre durch einen existential-philosophisch gefaßten Subjektivismus bedeuten. Die Versöhnung ist (3) vielmehr *das vergangene und gegenwärtige Handeln des gekreuzigten und auferstandenen Jesus Christus und als solches die Grundlegung (!) und zugleich die Verwirklichung (!) eines neuen Gottesverhältnisses des Menschen.* M. a. W.: Die am Menschen durch die gegenwärtige Wirksamkeit Jesu Christi selbst geschehende *Vollstreckung der Versöhnung* gehört zur Versöhnung grundlegend hinzu, sie ist ein Aspekt der Versöhnung und nicht nur deren Folge.

In der Versöhnungslehre geht es also nach Weber einmal um die Frage, wie Gott in Christus dem sündigen Menschen das Heil *beschafft* —, zum anderen aber um die Frage, wie der sündige Mensch das Heil *erlangt.*

1. *Die Versöhnung als objektives Faktum der Vergangenheit?:*
Stellvertretung meint, daß Gott in Jesus Christus vollbracht hat, was wir nicht vollbringen konnten; meint, daß Gott in Jesus Christus ohne unser Mitwirken — deshalb redet *Weber* von „exklusiver Stellvertretung" — das Verhältnis zum Menschen neu geordnet hat. Aber dieses „für uns", „an unserer Statt" besagt nicht lediglich, daß mit der Versöhnung gleichsam ein *objektives Faktum in der Vergangenheit* aufgerichtet wäre. Was Gott in Jesus Christus für uns getan hat, ist zwar in sich selbst gültig und keiner menschlichen Ergänzung bedürftig. Aber es bliebe bei einem solchen objektivierenden Versöhnungsverständnis unklar, „ob der von Gottes versöhnendem Tun betroffene Mensch seinerseits Versöhnung erfährt, und wieso er das tut[51]".

Diese Vorstellung von der Versöhnung als einem gleichsam objektivierten und uns zuhandenen Tatbestand der Vergangenheit könnte dazu führen, „daß in unserem Denken Gottes Tun in Christus der Errichtung eines Guthabens zugunsten der Person X gleichstünde[52]". Hinter jeder konkreten Versündigung stünde bereits die Vorstellung, daß Gott zur Versöhnung da ist. Der Libertinismus und ein freisinniges Rechnen mit „billiger Gnade" (Bonhoeffer) wären die Folge. Ein zweites sich aus einer verobjektivierenden Versöhnungsauffassung ergebendes Mißverständnis würde den Gedanken mit sich bringen, „Gott habe in der Versöhnung das Verhältnis zwischen sich und dem Menschen gleichsam auf den Nullpunkt gebracht". Versöhnung ist aber nicht lediglich die Beseitigung eines Kriegszustandes, sondern *die versöhnende Aufrichtung der Gemeinschaft mit dem Geschöpf durch den Schöpfer".*

2. *Die Versöhnung als die Übernahme der menschlichen Schuld?:*
Stellvertretung bedeutet, daß Christus für uns stirbt, unsere Schuld und Strafe

[51] O. Weber: Das dogmatische Problem der Versöhnungslehre, i n : Evangelische Theologie, Herausgeber E. Wolf, 26, 1966, S. 258—272. S. 260.
[52] O. Weber: Das dogmatische Problem . . ., A. a. O., S. 260.

trägt. Aber wie ist es — so fragt Weber — zu denken, „daß Gott in Christus *des Menschen Schuld* auf sich genommen habe[53]", wenn Schuld *unübertragbar* ist, also gar nicht von einem anderen übernommen werden kann, weil Schuld uns als Person anhaftet, folglich unabtretbar ist? *Kant* hat den oft wiederholten Einwand gegen die Stellvertretung sehr scharf formuliert: „Diese ursprüng-liche . . . Schuld, die auch dasjenige ist, was . . . wir unter dem radikalen Bösen verstanden, kann, soviel wir nach unserem Vernunftsrecht einsehen, nicht von einem anderen getilgt werden; denn sie ist keine *transmissible* Verbindlichkeit [übertragbare Größe], die etwa wie eine Geldschuld (bei der es dem Gläubiger einerlei ist, ob der Schuldner selbst oder ein anderer für ihn bezahlt), auf einen anderen übertragen werden kann, sondern die *allerpersönlichste*, nämlich eine Sündenschuld, die nur der Strafbare, nicht der Unschuldige, er mag auch noch .so großmütig sein, sie für jenen übernehmen zu wollen, tragen kann[54]." Weber erkennt diesen Einwand grundsätzlich an, indem er sagt, „daß echte, in Person erworbene Schuld tatsächlich unübertragbar ist. Der Mensch muß für seine Ver-fehlung in jedem Falle selbst einstehen. Er wird deshalb in seiner Schuld ein-sam[55]".

3. *Die Versöhnung als die Aufrichtung eines neuen Seins des Menschen:*
Schuld kann deshalb — so folgert nun Weber — dem Menschen nur abgenom-men werden, wenn er *sich selbst gleichsam abgenommen* wird. *Stellvertretung Christi ist deshalb zugleich der Eingriff Gottes in das Selbst des Menschen:* „Versöhnung kommt uns einzig dadurch zu, daß wir unser Ich verlieren und darin wiederum gewinnen . . .: der, welcher für uns eintritt, nimmt uns in sein Sterben und Auferstehen hinein. Das würde dann bedeuten: im Sterben Jesu ist über mich das tötende Urteil ergangen, das dadurch vollstreckt wird, daß ich mich verliere, meine falsche Herrschaft über mein Leben aus den Händen gebe und in seinen Herrschaftsbereich versetzt werde[56]." Die Gemeinschaft mit Christus ist die Tötung des alten Menschen. Indem er sich selber los wird, wird er von seiner Schuld geschieden. Diese *Christusgemeinschaft*, „die dem Menschen zuteil wird, ist die an ihm geschehende Vollstreckung der Versöhnung und also ein Aspekt der Versöhnung selbst, nicht bloß deren Folge. Wieder mit anderen Worten: die Versöhnung besteht in der Aufrichtung der Herrschaft Jesu Christi über unser Leben[57]". Das Versöhnungsgeschehen schließt also den Menschen bereits in sich ein, so daß *das Sein des Menschen in Christus nicht Folge der Versöhnung, sondern die Versöhnung selbst ist.* Die Wandlung des Menschen ist in die Versöhnung mit eingeschlossen (Weber).

4. *Die Versöhnung als die Aufrichtung eines neuen Seins der Welt:*
Paulus sagt in 2. Korinther 5, 19, daß die Versöhnung Gottes in Jesus Christus der „*Welt*" widerfährt: „Es ist nicht zufällig, daß von der Versöhnung der *Welt* vor allem erben an der Paulusstelle die Rede ist, an der das Geschehen der Versöhnung am deutlichsten als das Werk *Gottes* erscheint . . . Also u. a. nicht als das Werk des Sohnes *gegenüber* dem Vater! . . . Die Versöhnung ist daher nicht ein Kampf gegen Gott, sondern ein Kampf Gottes gegen die knech-tenden Mächte im Menschen. Gott bestimmt sich für den Menschen — das ist Versöhnung[58]!" Dieser *kosmische Begriff der Versöhnung* wird von Weber be-

[53] O. Weber: ebd., S. 262.
[54] I. Kant: Die Religion innerhalb der Grenzen der bloßen Vernunft, Herausgeber K. Vorlän-der, Philosophische Bibliothek, Bd. 45, 1961[6], S. 77,
[55] O. Weber: Das dogmatische Problem . . ., A. a. O., S. 264.
[56] O. Weber: ebd., S. 265 f.
[57] O. Weber: ebd., S. 266.
[58] O. Weber: ebd., S. 271.

sonders gegenüber Bultmanns Versöhnungsverständnis betont: In Christus geschieht die tatsächliche Entmythisierung der Welt, „die Unterwerfung der ‚Mächte' unter den Auferstandenen. Das Heils*geschehen* erscheint bei Bultmann im Grunde als Eröffnung eines neuen *Verstehens*, nicht jedoch, wie im N. T., als die Aufrichtung eines neuen Seins des Menschen *und* der ‚Welt'. Die Reduktion des Glaubens auf das ‚Verstehen' bedeutet daher auch noch keine Überwindung der Subjekt-Objekt-Polarität, sondern eine umfassende Anthropologisierung und damit im Grunde die Ersetzung des ‚Objektivismus' durch einen existentialphilosophisch gefaßten Subjektivismus" (Weber)[59].

II. Der Text
O. Weber: „Die Versöhnung. Christus für uns."

Es wäre vermessen, wenn eine Dogmatik versuchen wollte, das Geheimnis der Versöhnung, namentlich das Geheimnis des Leidens Christi, auf einsichtige Formeln zu bringen. An keinem Punkt ist die Dogmatik so sehr auf das behutsam interpretierende Nachsprechen des neutestamentlichen Zeugnisses angewiesen wie an diesem. Das hat schon darin seinen Grund, daß menschliche Rede stets analogisch ist; das schlechthin Einmalige können wir mit Begriffen, die auch das „sonst" Auftretende meinen, nie aussagen.

Es läge nahe, in diesem Zusammenhang an die zahllosen Leiden Unschuldiger zu denken, von denen die Geschichte Kunde gibt. Seit ältester Zeit hat man in der Kirche vor allem an *Sokrates* gedacht. Dies liegt besonders nahe, wenn man die Deutung heranzieht, die *Platon* dem Leiden seines Lehrers im Kriton gegeben hat. *Sokrates* verschmäht die ihm eröffnete Möglichkeit zur Flucht, weil er damit die „Gesetze" antasten würde, ohne die doch die Polis [politische Gemeinschaft] nicht leben kann. Er stirbt also insofern aus Achtung vor den Gesetzen, die *Platon* personifiziert als Anwälte ihrer selbst auftreten läßt. Indessen, es sind *die* „Gesetze", aus denen die Polis *lebt*, es ist nicht *das* Gesetz, an dem der Mensch den Tod erleidet. Und *Sokrates* ist in keinem Sinne der *Verworfene*, der *Gescheiterte*, an dem sich Gottes Verdammungsurteil vollzöge, sondern er ist der *Held*, der sterbend dem Gesetz zum Recht verhilft bzw. — historisch — seine eigenen Gedanken *bestätigt*. Darum geht *Sokrates* hochgemut in den Tod, während Jesus die Last der menschlichen Verfehlung trägt, mit der er sich sterbend solidarisch macht — der jüdischen, aber zugleich der Verfehlung des Menschen überhaupt. *Sokrates* bekundet in seinem Sterben seinen eigenen Adel, *Jesus* erfährt die Verworfenheit *aller*. Darum ist hier kein Vergleich möglich.

Indessen: läßt sich etwas darüber sagen, *wieso* Jesus des *Menschen* Verworfenheit und Verlorenheit ertragen und weggetragen hat? Läßt sich aussprechen, wieso er *„für uns"* eintritt? Die Versöhnungslehre kommt an dieser Frage nicht vorbei.

Im Blick auf das lytron [Lösegeld] von Markus 10, 45; Matthäus 20, 28 könnte die Antwort noch leicht sein. Denn das Wort vom Lösegeld enthält

[59] O. Weber: Artikel „Hermeneutik", in EKL, Herausgeber H. Brunotte und O. Weber, 1962², Bd. II, Sp. 125.

ein Bild. Der Sklave kann sich nicht selbst loskaufen. Ein Anderer, eine Privatperson, ein Herrscher, ein Heiligtum muß tun, was er nicht tun kann. Immerhin ist damit gesagt: was Jesus für die Vielen tut, können sie *nicht* tun. Soweit läßt sich die Wendung durchaus interpretieren.

Doch Paulus legt uns ein schweres Rätsel vor. Er verwendet statt des lytron [Lösegeld] regelmäßig das hyper . . . [für . . .]. Er tut dies 1. Korinther 15, 3, wo er alte Paradosis [Überlieferung] wiedergibt. Auch Galater 1, 4 mag altes Gut im Hintergrund stehen. Aber auch sonst steht ja oft genug z. B. hyper hemon, hyper panton [für uns, für viele], auch hyper anthropon [für Menschen]. Und dem Paulus gesellt sich das spätere neutestamentliche Zeugnis zu (1. Tim. 2, 6; Tit. 2, 14; 1. Petr. 2, 21; Hebr. 5, 1; 10, 12). Bildlichkeit besteht hier nur vereinzelt. Dagegen liegt augenscheinlich alte Tradition vor. Das „für uns", „an unserer Stelle", „uns zugut" ist bereits vorgeprägt. Jesus ist unser „Stellvertreter". . . .

Was soll das „für uns" bedeuten? Wir müssen zunächst das Neue Testament befragen, ob es nicht wenigstens die Umrisse einer Interpretation ermöglicht. Wir werden dann aber weiter fragen müssen, ob, alles wohl bedacht, der Begriff der „Stellvertretung", der dem Neuen Testament nicht eigen ist, nicht seine besonderen, inneren Probleme aufweist, die sich erst im Versuch der Interpretation zeigen.

(Das Opfer als Bildlichkeit für das „pro nobis" [für uns].) Daß Jesu Eintreten für uns, daß sein sühnendes Tun mit den Begriffen des Opfers umschrieben wird, haben wir bereits gesehen. Die neutestamentlichen Zeugen haben vom Opferwesen noch eine lebendige Anschauung. Wir können daher annehmen, daß „Opfer" (thysia) für sie keine bloß traditionelle Formel war. Sie denken sämtlich an das alttestamentliche Opfer. Einzig 1. Korinther 8—10 kommt, polemisch, auch das heidnische in den Blick. Das alttestamentliche Opfer ist überwiegend Darbringung von *Tieren,* deren Blut vergossen wird und für niemand genießbar ist. Ohne Blutvergießen geschieht keine Vergebung (Hebr. 9, 22). Verwirktes Leben des Menschen wird nur durch Lebenshingabe ausgeglichen. Aber das Blut ist, als Inbegriff des „Lebens", *Gabe* Jahwes (3. Mose 17, 11). *Sein* Wille ist, daß Israel mit ihm „in Ordnung" sei und daß die Verwirkung des Lebens aufgehoben wird. Er will des Sünders Tod nicht — das gilt nicht nur im Sinne von Hesekiel 18, 23; 33, 11, sondern auch für den Opferkultus. Das Tier erleidet, was der Mensch nicht erleiden *soll.* Es steht da, wohin der opfernde Mensch gehörte, in dessen Namen Sünde bekannt wird (3. Mose 16, 21 im Ritual des Großen Versöhnungstages). Das geopferte Tier jedoch ist allemal ein *Haus*tier, mit dem Menschen durch ein gemeinsames tabu verbunden, und der Opfernde stemmt ihm die Hand auf (3. Mose 1, 4 u. ö.). Es ist nicht irgendein Etwas, sondern das, was zum Lebensstande des Menschen gehört. Wer hier von „Stellvertretung" sprechen wollte, müßte sagen: sie ist sowohl exklusiv, weil der Mensch *nicht* erleiden soll, was das zu ihm gehörige Tier erleidet, als auch inklusiv, weil es sein eigenes, das ihm *zugehörige* Tier ist, das er darbringt, und mit dem er sich durch den Akt des Aufstemmens solidarisiert.

Es kann kaum bezweifelt werden, daß für die neutestamentlichen Zeugen das Opfergeschehen, auf dessen Einzelmerkmale sie allerdings für gewöhnlich nicht eingehen . . ., das hyper [für] gleichsam anleuchtete. Aber ebensowenig ist es zu bezweifeln, daß das Opfer nur eine *mittelbare* Analogie bietet. Das „für uns" des Opfers ist ohnehin im Alten Testament nur eine in der späten Zeit besonders hervorgetretene Gestalt des „mit uns" im kommunikativen Opfer. Es weist darauf, daß dieses „mit uns" des *schelem* [kommunikatives Opfer] keineswegs ungestört ist. Vor allem aber gewährt uns, vom Neuen Testament her gesehen, das Opfer nicht mehr als einen „Schatten" (Hebr. 10, 1), nicht mehr als die Erhaltung der göttlichen anoche [Geduld] (Röm. 3, 26). Das alttestamentliche Opfer ist nur „Wahrheit", „es entbehrt aber der Wirklichkeit". Es gilt von ihm, daß es „significat" [bezeichnet, hinweist], aber nicht „est" [ist] (K. Barth). Das „Opfer" Jesu Christi ist im Gegensatz zu den alttestamenlichen einmalig und endgültig (1. Petr. 3, 18; vgl. auch Hebr. 10, 18 und für die Terminologie Röm. 8, 3). Gewiß, *Gott* hat das Blut (des Tieres) zur Versühnung „gegeben". Aber für den Menschen kann nur der Mensch eintreten. Wie das ganze Alte Testament, so ist auch, von allem Mißbrauch noch abgesehen, das alttestamentliche Opfer „unerfüllt". Wie soll auch das Blut von Ochsen und Böcken (Hebr. 9, 12 f. 19), von fehlbaren Priestern als Opfer dargebracht (Hebr. 7, 27 f.) und stets wiederholt (Hebr. 7, 27 u. ö.), in einem irdischen Heiligtum vollzogen (Hebr. 9, 24), die „Reinigung" vollbringen? Das „Opfer" des Neuen Bundes ist zwar nicht ohne Analogie, aber die Analogie ist mittelbar, mehr nicht. Die Opferterminologie führt an die Schwelle, aber nicht über sie hinaus.

(Die Bildlichkeit der Rechtsvorstellung.) Schon das Opfer war Gegenstand des Sakralrechts. Erst recht wird ein Begriff wie der des lytron [Lösegeld] in das Sakralrecht gehören: Sklavenloskauf durch ein Heiligtum war bewährte Gewohnheit. Es ist begreiflich, daß sich Paulus, um das „für uns" zu umschreiben, rechtlicher Begriffe bedient. Hier ist an erster Stelle an Galater 3, 13 zu denken: Christus hat uns vom Fluch des Gesetzes freigekauft, indem er für uns zum Fluch wurde: *er* ist Gegenstand der (sakralrechtlichen) Verfluchung geworden, und daraufhin sind wir *frei*. Ähnlich werden wir Kolosser 2, 14 f. zu verstehen haben: da besteht eine „Handschrift", eine gegen uns wirksame — sakrale — Rechtsurkunde, und diese hat Gott getilgt und an das Kreuz geheftet. Die dogmata [Satzungen], die uns im Wege standen, sind damit erledigt, und die Mächte, die uns verklagend bedrängten, sind ihrer Gewalt entkleidet und im Triumphzug — wie Gefangene — einhergeführt worden. Die Sünde hat ihre effektive Verbindlichkeit verwirkt. Sie hat kein Anrecht mehr auf den Menschen. Gott hat zugunsten des Menschen, gegen die Mächte, gegen die Sünde, gegen das sonst gültige Urteil verfügt. *Er schafft sich sein Recht.* Er spricht sein verdammendes Urteil über die Sünde (Röm. 8, 3. 34). Aber es trifft nicht „uns", sondern Christus. Die Haft, in der wir uns befinden, löst er selber — das besagen Ausdrücke wie exagorazein [loskaufen] Galater 4, 5 oder agorazein [loskaufen], 1. Korinther 6, 20; 7, 23 oder auch apeleutheros

kyriou [Freigelassener des Herrn] 1. Korinther 7, 22 (im Hintergrund wohl wieder das Bild des sakralen Sklavenloskaufs) und doch ebenfalls 1. Korinther 1, 30; Römer 3, 24; Kolosser 1, 14; Epheser 1, 7 und Galater 5, 1; Römer 6, 18. 22; Galater 5, 13. Auch 1. Petrus 1, 18 f.; Hebräer 9, 12 und in etwa 2. Petrus 2, 1, vielleicht gar Johannes 8, 36 werden hier beachtet werden müssen. Aber wie weit man auch den Bogen spannt, so besteht das Problem fort: *Kann eigentlich ein Mensch für den anderen rechtswirksam vor Gott eintreten?* Die Rechtsvorstellung hat den Vorteil, von kultischen Geschehnissen unabhängig zu sein. Aber weist nicht der Opferkultus materiell doch über sie hinaus? Über eine Bildlichkeit werden wir auch mit den rechtlichen Vorstellungen gewiß nicht hinweggeführt. Wichtig bleibt nur, daß Gott sein Anrecht nicht preisgibt. Er bleibt auch im Geschehen der Versöhnung der Heilige.

Wieso kann Christus für den schuldverhafteten Menschen eintreten? Er kann es nur, wenn dieser Mensch mit ihm *zusammengehört*. Ob diese Auskunft hinreicht, mag vorerst offenbleiben. Das Neue Testament deutet sie jedenfalls an. So etwa Apostelgeschichte 20, 28: die episkopoi [Vorsteher] sollen die „Gemeinde Gottes" weiden, die *er* sich mit dem eigenen Blut erworben hat. So 1. Petrus 2, 24: Christus, der unsere Sünden „hinaufgetragen hat an seinem eigenen Leibe an das Holz", ist der (königliche) „Hirt" und „Aufseher" der Gemeinde. Die Gemeinde *gehört ihm zu.* Das gilt in umfassenderem Sinne, wenn wir die explizit bei Paulus auftretenden Aussagen über Jesus Christus als den „zweiten Adam" in Betracht ziehen. Der neue Mensch (Röm. 5, 18; bereits 5, 12 ff.; 1. Kor. 15, 22. 45 ff.) ist der Beginn einer neuen, befreiten Schöpfung. Ihm gehört der Mensch schlechthin zu, weil Gott jedes Menschen Schöpfer ist und weil allen seine Heilstat gilt. Er wirkt die dikaiosis zoes [Rechtstat, die zum Leben führt] (Röm. 5, 18), und in ihm werden alle lebendig (1. Kor. 15, 22). Er ist das „Haupt" (vgl. 1. Kor. 11, 3 und vor allem Eph. 1, 22; 4, 15; 5, 23; Kol. 1, 18; 2, 19, in weitester Sicht Kol. 2, 10 . . .). „Rechtlich" kann man diesen Aspekt nicht nennen. Aber er schließt weitere auf. Und er macht sichtbar, daß die aus dem Recht genommene Bildlichkeit einen über das Recht hinausgehenden Hintergrund hat.

(Der Mensch „in Christus".) Die Bildlichkeit des Opfers ist als Element des alttestamentlichen Vor-Wortes zu verstehen. Darin liegt ihre Grenze. Die Bildlichkeit des Rechtlichen ist für das, was Versöhnung meint, schon leichter transparent. Denn hier geht es um das Verhältnis von Person und Person. Aber auch hier stießen wir auf eine Grenze, die sich nur durch das Auftreten eines nicht mehr rechtlich faßbaren Aspekts öffnet. Das Neue Testament kennt noch eine dritte Aussageweise. Sie hat ihr Zentrum in der bei Paulus sehr häufigen Wendung „in Christus". Von der Bildlichkeit des Rechtlichen ist sie nicht klar geschieden. Denn „in Christus" bedeutet: in seinem Machtbereich. Das zeigt sich an Römer 6, 1 ff. Hier ist nicht die Taufe das Thema, sondern die neue Verfassung des Lebens. Aber sie ist denen zuteil geworden, die in Christus hineingetauft sind. Die Taufe begründet einen Rechtsstand. Wer getauft ist, der ist „der Sünde gestor-

ben" (Röm. 6, 2). Denn der Getaufte ist auf den Tod Christi getauft; sein eigenes, eigenmächtiges und eigenwilliges Leben ist auf Grund dessen zu Ende, daß Jesus gestorben ist. Über den alten Menschen ist das Urteil gesprochen. Er ist „mitgekreuzigt" worden, damit der Sündenleib zunichte werde und wir der Sünde nicht mehr dienen. „Denn wer gestorben ist, der ist von der Sünde durch Rechtsspruch getrennt" (dedikaiotai; Röm. 6, 6. 7). Die Sünde hat ihr Anrecht verloren. Auf dem Plan ist als eschatologische Gabe die Auferstehung, die die Neuheit des Lebens zum Inhalt hat (Röm. 6, 4. 8. 11). *Danach* soll sich der glaubende Mensch beurteilen. Er hat ein „aberkennendes und absprechendes", aber auch ein „zuerkennendes und zusprechendes" Urteil empfangen. *Er?* Genau müßte man sagen: er-in-Christus! Denn es geht um „des Menschen in Jesus Christus schon *verwirklichte* Versetzung in den Raum und das Reich seines Friedens mit Gott" (K. Barth).

Andere Aussagen gehen in die gleiche Richtung. So namentlich Epheser 2: Gott hat uns, die wir tot waren in den Übertretungen, *mit dem Christus* lebendig gemacht (V. 4 ff.). Das Mit-*Sterben* ist als Vorgang hier nicht ausgesprochen. Aber Epheser 2, 13 f. zeigt, daß auch daran gedacht ist. Indem die Glaubenden „in Christus" sind, wird das, was er getan hat, auch ihnen eigen. Ja, es wird auch an ihnen das Sterben Christi kund (Röm. 8, 17; Phil. 3, 8—11; 2. Kor. 1, 5; 4, 10; Kol. 1, 24; 2. Tim. 2, 11 ff.). In unserem Zusammenhang ist aber noch stärker an Galater 2, 19 zu erinnern: „Ich bin durch das Gesetz dem Gesetz gestorben, damit ich Gott lebe. Ich bin (nämlich) mit Christus gekreuzigt worden!" Hier haben wir die knappste Formel für das, was aus Römer 6 zu entnehmen war. Ähnlich finden wir es Römer 7, 7.

(Christus für uns.) Unsere Erwägungen kehren zum Ausgangspunkt zurück. Immer wieder begegnete uns die Frage, wie das „für uns" zu verstehen sei. Wir müssen sie jetzt zusammenfassend durchdenken.

Das „für uns" meint gewiß, daß Jesus, daß Gott in Jesus Christus vollbracht hat, was wir *nicht* vollbringen können. Verwenden wir den abkürzenden Begriff der „Stellvertretung", so ist sie zunächst „exklusiv" zu verstehen. Wir *tun* Sünde. Aber wir *werden* nicht zur Sünde *gemacht.* Wir führen das Sterben des alten Menschen nicht herbei. Wir begründen das neue Leben nicht. Wir sind ganz darauf angewiesen, daß Jesus Christus unser Gottesverhältnis ohne unser Zutun neu gegründet *hat.* Wir können sein Werk nicht ersetzen, nicht nachmachen, nicht ergänzen. Dies braucht jetzt nicht mehr näher dargelegt zu werden.

Dennoch: unsere Erwägungen können damit nicht zu Ende sein. Denn der „exklusive", unser Mitwirken ausschließende Charakter der „Stellvertretung" könnte zu zwei Mißverständnissen führen und hat zu ihnen geführt. *Einmal* könnte unter der erwähnten Voraussetzung die Versöhnung als Vergangenheit *objektiviert* werden. Wir hätten dann von dem vergangenen „Faktum" lediglich Kenntnis zu nehmen. *Zum anderen* könnte sich unter der gleichen Voraussetzung die Ansicht bilden, Versöhnung sei gleichsam die Herbeiführung eines *Nullpunktes* zwischen Gott und dem Menschen. Diesen zu überwinden, wäre dann des Menschen eigene, neue Sache.

In beiden Fällen ist der „exklusive" Vollzug der „Stellvertretung" mit der Schaffung eines an sich bestehenden, in sich objektiven Tatbestandes verwechselt. Es liegt auf der Hand, daß damit die christliche Existenz einem zerstörerischen Mißverständnis ausgesetzt wird. Aus der Kenntnisnahme von einem in sich objektiven Tatbestand kann dann nämlich *einerseits* der Libertinismus erwachsen. Er lebt, als Verfallsform der christlichen Existenz, von der Vorstellung, es sei ja durch Christus alles gut gemacht, und wir hätten nun den Weg offen, nach unserem Belieben zu leben. Es entstünde die von Dietrich *Bonhoeffer* so scharf bekämpfte Meinung von der „billigen Gnade". Daß eine „gut reformatorische" Predigt leicht dahin umschlagen kann, liegt deutlich zutage. Es könnte sich aber andererseits aus der gleichen Grundanschauung der „Synergismus" ergeben. Er ginge nicht darauf aus, dem Werk Christi als einem objektiv-vergangenheitlichen Geschehen *als solchem* etwas hinzuzusetzen. Sondern es ergäbe sich aus der Vorstellung vom Nullpunkt, die ja unmöglich jemanden befriedigen kann, die Meinung, der Mensch müsse und solle *nun*, gleichsam mit einer in der Erkenntnis jenes Tatbestandes begründeten Antriebskraft, über den Nullpunkt hinauszukommen trachten, und es gilt dann als Wirkung des Heiligen Geistes, daß uns dies auch gelingt. So betrachtet, ist die Versöhnung zwar die *Grundlage* eines neuen Gottesverhältnisses, aber nicht dessen *Verwirklichung.*

Das „für uns" läßt sich offenbar unmöglich objektivieren. Wenn wir von „exklusiver Stellvertretung" sprechen, so kann damit *dies* nicht gemeint sein. Gemeint ist vielmehr das „Christus solus" [Christus allein], wie es seit *Augustin* als die zentrale Wirklichkeit gesehen worden ist. *Nicht* ein objektives Geschehen, so gewiß dann auch von einem Geschehen zu sprechen ist, sondern die exklusive und gegenwärtige Wirkung Jesu selbst ist im Blick. *Er selbst und er allein!*

Jedoch muß noch weiter gefragt werden. Wie soll ich mir vorstellen, daß Jesus „für *mich*" gelebt hat und gestorben und auferstanden ist? Die kirchliche Lehre antwortet: Er hat meine Schuld getragen. Auf ihm hat die Strafe gelegen.

Schuld aber ist nicht übertragbar. Zwischen einem Subjekt und einem anderen gibt es die verschiedensten Formen der Kommunikation. Daß wir nicht notwendig einsam sind, erfahren wir tagtäglich. Aber es kann uns ein anderer Mensch so nahe stehen wie nur denkbar — Schuld kann er uns nicht abnehmen. In unserer Schuld sind wir einsam. Sie ist unser Eigenstes. An ihr erfahren wir die Urgewalt und Größe, aber auch den Fluch unseres Ich-Seins. „*Da* tritt kein andrer für ihn ein" — *Schiller* meint den Tod. Und in der Tat: wie jeder seinen eigenen Tod stirbt, so hat auch jeder seine eigene Schuld. Auch gemeinsame Schuld schafft als solche keine Gemeinschaft. Sie kann eine Räuberbande begründen. Sie kann auch die Einzelnen gleichsam in ihre Höhlen bannen. Aber wo viele schuldig sind, kommt keiner mit der Ausrede davon, er sei doch nur *mit*schuldig. Daß Schuld und Tod unübertragbar sind, hat seinen Grund darin, daß wir in beiden vor Gott stehen. Auch wer das nicht weiß, der mag an der Schuld etwas davon ahnen. Und wer Schuld vor sich selbst versteckt, lebt in einem nur zu wirksamen neurotischen Selbstwiderspruch.

Auch *Strafe* ist nicht übertragbar. Es kann gewiß vorkommen, daß ein Unschuldiger im Wege des Justizirrtums „Strafe" verbüßen muß. Aber was er dann erleidet, betrifft als solches seine Person nicht. Es ist ein Unglück, das ihm widerfahren ist, keine Strafe. Denn Strafe trifft die Person. Daher ist das Strafmaß, personal gesehen, so wenig entscheidend. Was von der gerichtlichen Strafe gilt, zeigt sich genau so von der außergerichtlichen — in der Familie, in der Schule, in jeder Gemeinschaft, selbst beim Sport.

Die Unübertragbarkeit von culpa [Schuld] und poena [Strafe] ist unbestreitbar. Wo es um das Letzte und Eigentliche geht, da ist der Mensch erselbst. Und wenn niemand seine Ich-Einsamkeit aufbricht, so ist er einsam. Von hier aus könnte man die Tatsache verstehen, daß weder das Neue Testament noch die ältere Theologie von „Stellvertretung" im heute üblichen Sinne spricht. „Stellvertretung" gibt es freilich in den verschiedensten Formen. Der Anwalt vertritt seinen Klienten. Der Vormund vertritt sein Mündel. Die Eltern vertreten ihre unmündigen Kinder. Eine Regierung vertritt innerhalb der verfassungsmäßigen Grenze das Volk. Die „Stellvertretung" ist solange ohne besonderes Problem, wie *Dinge* zur Sprache kommen. Wie ein Ding übertragbar ist, so kann auch das Recht an ein Ding oder die Wahrnehmung eines Rechtsstreites um ein Ding im Sinn der Vertretung übertragen werden. Schwieriger ist es, daß „Stellvertretung" auch personale Bereiche berührt. Erfolg oder Mißerfolg eines Vaters oder auch einer Regierung haben Folgen für Menschen, die nicht selbst beteiligt waren. „Vertretung" wird dann, wie ähnlich auch in unserer Gesetzessprache, zu einem anderen Wort für „Verantwortung". Ein Ding mag ersetzt werden können. Was einem Menschen zugefügt ist, bleibt als solches ohne Ausgleich. Freilich kennt das Alte Testament sehr wohl den Fall, daß das Volk dem Zorne Jahwes verfällt, weil seine führende Schicht schuldig geworden ist. Das Volk ist eine Einheit. Aber nicht die einzelne Person wird dann auf die Schuld der Obersten angesprochen, sondern eben diese Einheit. Und je mehr das Personsein des Menschen in den Vordergrund tritt, desto schärfer wird betont, daß niemand sich gar mit dem Verschulden anderer, etwa der „Väter", entschuldigen kann (Hes. 18).

„Stellvertretung" scheint hiernach als personal gewendeter Begriff wenig geeignet. Und gerade darauf käme es doch an, wenn wir im Blick auf Jesus Christus in seinem Verhältnis zu uns von „Stellvertretung" sprechen wollten.

Es hilft ein wenig weiter, wenn wir in Betracht ziehen, daß in der engsten personalen Beziehung auch das Phänomen einer bisher nicht in den Blick genommenen „Stellvertretung" vorkommt. Eine Frau kann die Schuld ihres Mannes, ein Mann die Schuld seiner Frau als die eigene erleiden.

Nur — damit ist sie nicht beim schuldigen Teil abgetan. Anders mag es mit den in der Psychotherapie vorkommenden Übertragungsphänomenen stehen: der Kranke überträgt seine Krankheit oder deren Phänomene auf den Arzt, und der Fall ist vorgekommen, daß ein Arzt, der eine schwere psychische Störung heilte, darüber selbst an ihr erkrankte. In diesem äußersten Bereich tauchen Phänomene auf, die das Wort „Stellvertretung" nahelegen. Aber niemand wird sagen, der Arzt habe in einem solchen Fall des anderen *Schuld* abgetragen. Er hat das — auch bei der Behandlung von Infektionskrankheiten naturgemäß besonders häufige — ärztliche Risiko bis in die Tiefe seines seelischen Lebens auf sich genommen.

Aber „Stellvertretung", wo *Schuld* gesühnt wird? Solange die Ich-Einsamkeit des Menschen, die Ich-Ich-Polarität nicht aufgebrochen ist, kann davon keine Rede sein. Meine Schuld kann mir nur Einer abnehmen, der mich gleichsam *mir selber abnimmt.* Oder auch: der meiner Verhaftung in mich selbst ein Ende setzt. „Stellvertretung" ist daher in dieser Sicht kein objektivierbares Geschehen, sondern *Eingriff* in mein Selbst. Wenn wir Jesus als den „Menschen für den Menschen" bezeichneten, so kann das nicht heißen, er habe uns neu über Gott und uns selber denken gelehrt, es heißt auch nicht, er sei uns „gut" gewesen, sondern es heißt: er hat unsere Verkehrtheit, unseren eigenmächtigen Versuch, mit Gott fertigzuwerden, unser Leben mit Hilfe des Gesetzes (irgendeines Gesetzes!) zu zwingen, er hat unser in sich verschlossenes, geängstigtes und trotziges Ich in seiner eigenen Hingabe für sich in Anspruch genommen und mit seinem Wort gewonnen.

„*Ich* lebe nicht mehr (als Ich), es lebt aber in mir Christus", heißt es Galater 2, 20. „Ich" bin nicht mehr im Mittelpunkt. „Ich" als der alte Mensch habe ausgespielt. Der sündige Mensch ist untergegangen.

Wir stehen damit vor dem Begriff der *„inklusiven"* Stellvertretung. ... Folgendes [wird] zu sagen sein: Indem ich mein — neues — Sein aus der Person (dem Person-Werk) Jesu Christi empfange, indem er sich mir zum Herrn macht, indem ich Glied an seinem Leibe bin, *empfange ich mich selbst, weil ich mich verliere.* Jesus Christus macht meiner Verschlossenheit gegen Gott ein Ende, indem er sie machtvoll aufbricht. Er befreit mich aus der Ich-Einsamkeit, die aus der Schuld erwächst und selber wiederum Schuld ist. Er gewährt mir die Freimütigkeit (parresia) Gott gegenüber (Eph. 3, 12; 1. Tim. 3, 13; Hebr. 3, 6; 4, 16, vor allem 10, 19; auch 1. Joh. 3, 21; 4, 17; 5, 14).

Anders gesagt: was Jesus getan hat, das ist gewiß unvertretbares Werk *für uns,* aber es kann von der *Person* des Wirkers nicht gelöst werden, und *darum* auch nicht von uns je als *Person.* Wir empfangen die Versöhnung, indem wir *ihn* bei uns haben, *ihn,* der gestorben und auferstanden ist. Was von *ihm* gilt, das gilt auch von *uns,* weil und insofern wir ihm zugehören, in seinem Machtbereich uns befinden, aus ihm leben und mit ihm sterben. Damit wird unserem *eigenen* Werk von vornherein ein Ende gesetzt. Aber *sein* Werk geschieht, wie es *für uns* geschehen ist, auch *an* uns. Die Verhaftung an die Schuld, die sich bei uns als Verhaftung in das vereinsamte Ich hinein bekundet, hat er aufgehoben. Wir sind an dem, was er für uns getan hat, *mitbeteiligt,* indem wir ihm gehören. Er ist uns gegenüber keine „fremde" Person, die uns die Schuld nie und nimmer abnehmen, die nie und nimmer für uns eintreten könnte, sondern er ist mit uns *eins;* wir sind „in ihm".

Nur die in diesem Sinn verstandene „inklusive" „Stellvertretung" entspricht dem personhaften Wesen der Versöhnung. Wo es sich um eine Sache handelt, ist exklusive Vertretung möglich. Das gilt für die Sache selbst, aber auch für je mein Interesse an ihr, das ich von meiner Person abtrennen kann. Versöhnung aber betrifft „mich", „uns", die „Welt", die „Kirche"; auch die „Welt" ist als Inbegriff *personaler* Bezüge und Mächte verstanden. *Da* läßt sich der Mensch nicht neutralisieren oder zum bloßen Objekt machen. Er wirkt gewiß *nichts.* Aber er wird für den *Wirkenden* aufgetan und mit ihm zusammengeschlossen. Sein Tod, an unserer Statt und uns zugut erlitten, ist auch das gültige Urteil über uns. Seine Auferstehung, der für uns, an unserer Statt und uns zugut errungene Sieg über Tod und Sünde ist auch uns zugesprochen. Wie wir nicht zwischen Wirker und Werk scheiden können, so können wir nicht zwischen dem Wirker und dem Beschenkten polarisieren. Wir empfangen nicht nur seine Gabe, sondern ihn, und damit empfangen wir uns selbst.

W. Pannenberg
Die historische Problematik der Auferstehung Jesu

I. Die Einführung
1. *Der Ablauf der Osterereignisse.*
Nach der Kreuzigung sind die Jünger nicht in Jerusalem geblieben und nicht durch die Entdeckung des leeren Grabes veranlaßt worden, nach Galiläa zu ziehen (gegen v. Campenhausen). Vielmehr ist die Rückkehr der Jünger nach Galiläa *unabhängig* von der Entdeckung des leeren Grabes erfolgt. Von ihm haben die Jünger erst bei ihrer Rückkehr nach Jerusalem Kenntnis erhalten *(Pannenberg).* (Vgl. die Einleitung, S. 10 ff.).

2. *Die historische Problematik der Auferweckung Jesu.*
Die Auferstehung Jesu ist nach Pannenberg *ein historisches Ereignis.* Sie ist mit historischen Mitteln in ihrer Bedeutung im Rahmen ihres ursprünglichen traditionsgeschichtlichen Zusammenhangs faßbar, d. h. im Horizont der apokalyptischen Zukunftserwartung der allgemeinen Auferstehung der Toten zu verstehen *(Pannenberg).* (Vgl. die Einleitung, S. 21 ff.).

3. *Die Auferstehung Jesu und die apokalyptische Erwartung.*
Im Folgenden soll kritisch nach dem *Verstehenshorizont,* d. h. nach dem von Pannenberg vorausgesetzten Rahmen, in welchem allein die Auferweckung Jesu zu verstehen sei und aus welchem allein ihr Sinn und ihre Bedeutung erschlossen werden könne, gefragt werden.
Fragt man nach der Bedeutung der Auferstehung Jesu, so kann nach Pannenberg nicht nach einem isolierten, aus seinem historischen Zusammenhang gelösten Ereignis gefragt werden. Denn man könne die geschichtlichen Ereignissen innewohnende Bedeutung nur erkennen, wenn man diese in ihrem von Haus aus eigenen *Geschichtszusammenhang* wahrnehme, in dem sie ihre eigene Sprache, die „Sprache der Tatsachen" sprächen. Für die Auferweckung Jesu ergibt sich daraus: „Erst in bezug auf das Geschichtsverständnis der Apokalyptik und ihre Erwartung einer endzeitlichen Totenauferstehung hat die Auferweckung Jesu . . . [ihre] Bedeutung[60]." Erhellt sich aber die Bedeutung der Auferstehung Jesu nur aus der apokalyptischen Erwartung der allgemeinen Auferstehung der Toten, so folgt daraus: „Wenn Jesus auferweckt ist, dann ist das Ende der Welt angebrochen." „Als den Jüngern Jesu dann der Auferstandene begegnete, da haben sie das zweifellos ebenfalls als den Beginn der allgemeinen Totenauferweckung, als den Beginn der Endereignisse verstanden[61]." (Vgl. 1. Kor. 15, 20: „Jesus der *Erstling* der Entschlafenen!").

4. *Die Auferstehung als Bestätigung des Anspruchs Jesu.*
Aber nicht nur das Geschick (Auferweckung Jesu durch Gott), sondern auch das *Auftreten Jesu* ist nach *Pannenberg* entscheidend durch die prophetisch-apokalyptische Enderwartung bestimmt: Wie nämlich die Worte der Propheten erst durch ihre künftige Erfüllung als Worte Jahwes erwiesen wurden (Jer. 28, 9; 5. Mose 18, 22), wie die Geschichtsschau der Apokalyptiker — die ebenfalls künftiges Geschehen im voraus erfaßten — der Bestätigung durch den Lauf der Ereignisse selbst bedurfte, um sich als göttlich erweisen zu können, so blieb „das ganze Wirken Jesu auf zukünftige Bewährung seines Vollmachtsanspruches angelegt, auf eine Bestätigung, die Jesus selbst nicht mehr leisten konnte, eben

[60] W. Pannenberg: Offenbarung als Geschichte, A. a. O., S. 107.
[61] W. Pannenberg: Christologie, A. a. O., S. 61 f.

weil und insofern es sich dabei um die Legitimierung seiner eigenen Person handelte, die an das Eintreffen des angekündigten Endgeschehens gebunden ist[62]". Daraus folgt: „Wenn Jesus auferweckt ist, dann kann das für einen Juden nur bedeuten, daß Gott selbst das vorösterliche Auftreten Jesu bestätigt hat" (Pannenberg)[63].

5. Die Auferweckung und das Kreuz Jesu Christi.

Nach *Pannenberg* ist also das Geschick Jesu in seiner Bedeutung *entscheidend* (!) durch die prophetisch-apokalyptische Enderwartung bestimmt, folglich *die Auferweckung als Bestätigung des Vollmachtsanspruches Jesu und als Anbruch der Endereignisse* (allgemeine Totenauferstehung) verstanden.

Indem aber Pannenberg in dem (prophetisch-apokalyptischen?) *Schema:* „Anspruch-Bestätigung" denkt, wird unwillkürlich das *Kreuz* diesem Schema eingeordnet und zur radikalen Infragestellung des Anspruchs Jesu. Die Auferweckung wiederum hebt diese Infragestellung auf und bestätigt damit den Vollmachtsanspruch Jesu. *Die Auferstehung würde also* (konsequent gedacht) *die Infragestellung des Anspruchs Jesu durch das Kreuz aufheben;* die Auferweckung Jesu wäre (etwas überspitzt formuliert) die Aufhebung und Überwindung des Kreuzes. Das Kreuz Jesu wäre ein durch die Auferstehung überwundenes und überholtes Durchgangsstadium.

Das Kreuz Christi ist jedenfalls für Pannenberg nicht der (!) Deutehorizont der Auferweckung Jesu. Der Zusammenhang von Kreuz und Auferstehung ist für sein Verständnis der Auferweckung Jesu nicht grundlegend. Der von Pannenberg primär gewählte *prophetisch-apokalyptische Deutehorizont der Auferstehung* und der daraus resultierende Bestätigungs- und Bewährungscharakter der Auferweckung Jesu durch Gott dürfte also konsequent (systemlogisch) auf die Aufhebung und die Überwindung des Kreuzes hinauslaufen. Die Frage bleibt, ob nicht aus der unauflöslichen Einheit von Kreuz und Auferstehung im N. T. notwendig folgt, daß die Auferstehung Jesu primär und entscheidend in Einheit mit dem Kreuz Christi und erst von daher im Horizont prophetisch-apokalyptischer Erwartungen verstanden werden will.

Es soll hier nicht behauptet werden, daß Pannenberg die Auferstehung faktisch als Überwindung des Kreuzes verstanden wissen will, sondern es sollte gefragt werden, ob sich nicht in konsequenter Durchführung *dieses Ansatzes* die Bedeutung der Auferstehung Jesu als Aufhebung und Überwindung des Kreuzes logisch ergeben müßte. Es sollte weiter lediglich deutlich werden, *daß der historische (universalhistorische) Aspekt eben nicht der (!) entscheidende Zugang zum Auferstehungsgeschehen sein kann* und apokalyptisches Geschichtsverständnis und Enderwartung nicht der entscheidende Verstehenshorizont für die Auferweckung Jesu Christi von den Toten bilden, denn „die Anknüpfung an apokalyptisches Vorstellungsmaterial und apokalyptische Hoffnungen geschieht in den Osterberichten und in der urchristlichen Ostertheologie offensichtlich eklektizistisch [= auswahlweise]" (Moltmann)[64]. Erst in enger Klammer und unauflöslicher Einheit mit dem Kreuz ist die Auferstehung in der ihr eigenen Bedeutung zu verstehen, weil sie erst so in dem von Gott gesetzten Geschehenszusammenhang erscheint. Zu der Aussage „auferweckt um der Rechtfertigung willen" (Röm. 4, 25b) kann eben erst kommen, wer vorher bereits „dahingegeben um unserer Übertretungen willen" (Röm. 4, 25a) gesagt hat.

[62] W. Pannenberg: ebd., S. 59 f.
[63] W. Pannenberg: ebd., S. 62.
[64] J. Moltmann: Theologie der Hoffnung, S. 175.

II. Der Text
W. Pannenberg: „Die historische Problematik der Auferweckung Jesu."

A. *Die Vorstellung der Auferweckung von den Toten*

Bevor man das historische Problem der Auferweckung Jesu anschneidet, sollte man sich zunächst Rechenschaft geben über den Sinn des Ausdrucks „Auferweckung von den Toten". Sonst weiß man gar nicht, was bei der Frage nach der Auferweckung oder Auferstehung Jesu eigentlich zur Debatte steht. Die urchristlichen Zeugen haben damit ja nicht ein beliebiges Mirakel gemeint, sondern eine ganz bestimmte Wirklichkeit, die vom nachexilischen Judentum in Verbindung mit dem Endgeschehen erwartet wurde. Diese Erwartung drückte sich in ganz bestimmten Vorstellungen aus, die ihren Ansatzpunkt schon in der Wortbildung „Auferweckung von den Toten" haben.

Als erstes müssen wir eine mehr formale Beobachtung machen . . .: Die Rede von der Totenauferweckung ist nicht vergleichbar dem Reden von einem beliebigen, jederzeit durch Sinneserfahrung zu identifizierenden Sachverhalt. Es handelt sich vielmehr um eine metaphorische Rede. Das geht ohne weiteres aus ihrer eigenen Logik hervor: Wie man vom Schlaf aufgeweckt wird und aufsteht, so soll es sich auch bei den Toten ereignen. Einen alltäglich erfahrbaren Vorgang enthält nur das erste Vergleichsglied, das Aufwachen vom Schlafe. Das eigentliche Ziel der Vorstellung liegt jedoch nicht hier, sondern bei einem anderen Vorgang, der sich der alltäglichen Erfahrung entzieht und daher nur mittelbar, nämlich im Bilde des alltäglichen Aufwachens vom Schlafe, ausgesagt wird. In diesem Sinne ist die Rede von einer Auferweckung oder Auferstehung metaphorisch. Der jedermann bekannte Vorgang des Gewecktwerdens und Aufstehens vom Schlafe dient als Gleichnis für das ganz unbekannte Geschick, das die Toten erwartet. Schon der älteste biblische Beleg für die eigentliche Auferstehungshoffnung, Jesaja 26, 19, redet parallel von auferstehen und aufwachen. Nach Daniel 12, 2 werden viele von denen, die im Erdenstaube „schlafen", am Ende der Zeiten „erwachen". . . . Im Neuen Testament redet Paulus 1. Thessalonicher 4, 13 ff. im Zusammenhang mit der künftigen Auferweckung von den Entschlafenen, benutzt aber dieses Bildwort auch sonst, wenn er von den Toten spricht (1. Kor. 11, 30; 15, 6; 15, 51). Den auferstandenen Jesus nennt er den „Erstling der Entschlafenen" (1. Kor. 15, 20).

Aus der Beobachtung der metaphorischen Struktur der Rede von der Auferstehung der Toten ergibt sich sofort eine schwerwiegende sachliche Konsequenz: Die gemeinte Wirklichkeit und die Weise, wie von ihr geredet wird, sind wesentlich verschieden. Die gemeinte Wirklichkeit entzieht sich für den Menschen, der diesseits des Todes lebt, der Erfahrung. So kann von ihr nur gleichnisweise, im Bilde diesseitiger Vorgänge gesprochen werden. Wer sich dieser Struktur des Redens von der Auferstehung der Toten bewußt geworden ist, kann nicht mehr wähnen, das so Ausgesagte in der Weise zu kennen, wie man einen physikalisch erforschten Vorgang kennt.

Vielmehr wird gleichnishaft gesprochen von einem Geschehen, das uns in seinem wahren Wesen noch verborgen ist.

Das Urchristentum ist sich dieser schon in der Form des Redens von einer Totenauferstehung zum Ausdruck kommenden Begrenztheit unseres Wissens von der Wirklichkeit, auf die sich die Auferstehungshoffnung richtet, schwerlich so deutlich bewußt gewesen, wie es heute zum Zwecke einer Abgrenzung von der exakten Erkenntnis der Naturwissenschaften und dem durch sie bestimmten Wirklichkeitsverständnis unumgänglich nötig ist. Aber auch das Urchristentum hat auf seine Weise die Andersartigkeit des in der Rede von der Totenauferstehung Gemeinten gegenüber aller diesseitigen Erfahrung zum Ausdruck zu bringen gewußt.

Die von der Analogie des Schlafens und Erwachens her nächstliegende Vorstellung von der Auferstehung der Toten wäre die einer Wiederbelebung des Leichnams, im Sinne eines Aufstehens und Umherwandelns des Gestorbenen. Auf solche Weise ist jedoch in der urchristlichen und jedenfalls in der ältesten, der paulinischen Vorstellung, die Auferstehung der Toten ganz sicher nicht verstanden worden. Auferstehung meint bei Paulus das neue Leben eines neuen Leibes, nicht Rückkehr des Lebens in den gestorbenen, aber noch unverwesten Fleischesleib. Paulus behandelt einmal ganz ausdrücklich die Frage nach der Leiblichkeit der vom Tode Auferstehenden (1. Kor. 15, 35—56). Dabei gilt es ihm als selbstverständlich, daß der künftige Leib ein anderer sein wird als der jetzige, nicht ein Fleischesleib, sondern — wie er sagt — ein Geistleib. Wie es schon in der gegenwärtigen Schöpfung unterschiedliche Körper gibt unter den irdischen Geschöpfen selbst und bei den himmlischen im Unterschied zu den irdischen, so werden auch die Auferstandenen einen Leib haben, aber einen anderen, besonderen (V. 38—42), nicht einen vergänglichen, sondern einen unvergänglichen, in Herrlichkeit und Kraft, nicht einen beseelten Fleischesleib, sondern einen Geistesleib (V. 43 f.). Das Verhältnis dieses Geistleibes zum jetzigen, vergänglichen Leib beschreibt Paulus als radikale Verwandlung: „Das sage ich aber, Brüder, daß Fleisch und Blut das Reich Gottes nicht ererben kann, noch die Vergänglichkeit die Unvergänglichkeit ererbt" (V. 50). Die „Verwandlung" wird aber andererseits nach Paulus eben dem jetzigen, sterblichen Leibe widerfahren. „Denn es muß dies Vergängliche Unvergänglichkeit anziehen und dies Sterbliche Unsterblichkeit anziehen" (V. 53). Die Verwandlung des vergänglichen in einen geisthaften Leib wird also einerseits so radikal sein, daß nichts unverändert bleibt. Es gibt keine substantielle oder strukturelle Kontinuität von der alten zur neuen Existenz. Andererseits aber wird die Verwandlung demselben irdischen Leib, der wir hier sind, widerfahren; es wird nicht an seiner Stelle etwas anderes hervorgebracht, sondern es besteht eine geschichtliche Kontinuität im Sinne des kontinuierlichen Übergangs im Vollzug der Verwandlung selbst. Der Ausdruck „geschichtliche Kontinuität" meint dabei nur diejenige Verbindung zwischen Anfangs- und Endpunkt, die in dem noch so radikal gedachten Verwandlungsvorgang selbst liegt.

Die Ausführungen 1. Korinther 15, 35—56 betreffen zunächst nicht speziell die Auferstehung Jesu Christi, sondern *die* Auferstehung, die die Christen von der Zukunft erwarten. Dieselbe Vorstellung muß Paulus nun aber auch von dem auferstandenen Jesus gehabt haben; denn die Auferweckung Jesu und die der Christen wird bei Paulus durchweg und vollständig in sachlicher Parallele gedacht. Daß Paulus die Auferstehung von den Toten und also auch die Auferweckung Jesu nicht als bloße Wiederbelebung des Leichnams, sondern als radikale Verwandlung verstanden hat, ist besonders deswegen bedeutsam, weil wir in den paulinischen Äußerungen den einzigen Bericht eines Mannes, der den Auferstandenen selbst gesehen hat, vor uns haben. Von den übrigen Zeugen der Auferstehung Jesu sind uns ja offenbar keine persönlichen, schriftlichen Aufzeichnungen überliefert. Es liegt daher nahe, das, was sich über die Erscheinung, die dem Paulus zuteil geworden ist, ausmachen läßt, für den ursprünglichen Charakter der Ostererscheinungen überhaupt in Anspruch zu nehmen. Paulus selbst war ja zweifellos der Meinung, daß er einer Erscheinung von derselben Art wie vor ihm die übrigen Apostel gewürdigt worden war. Die dem Paulus widerfahrene Christuserscheinung aber muß, wenn man das soeben Erwogene in Rechnung stellt, jedenfalls derart gewesen sein, daß sie mit einem wiederbelebten Leichnam nicht zu verwechseln war, sondern daß ihm dabei eine Wirklichkeit von gänzlich anderer Art als alles sonst Erfahrene begegnet ist.

Es ergibt sich: Man muß die Totenauferstehung der christlichen Zukunftshoffnung und des Osterglaubens scharf unterscheiden von *den* Totenauferweckungen, die sonst gelegentlich in der antiken Literatur als besonders erstaunliche Wundertaten berichtet werden, auch von den Totenauferweckungen, die nach Darstellung der Evangelien Jesus selbst vollbracht hat, etwa am Jüngling von Nain (Luk. 7, 11—17; Matth. 8, 5—13) oder an der Tochter des Jairus (Mark. 5, 35—43 parr.) oder an Lazarus (Joh. 11). . . . Bei Lazarus und dem Jüngling von Nain, auf dem Gipfel der wunderbaren Heilungstätigkeit Jesu, geht es um die *vorübergehende* Rückkehr eines schon Toten in dieses Leben. Dabei ist es aber für die Erzähler schwerlich zweifelhaft, daß die so zum Leben Wiedererweckten später doch wieder gestorben sind. Bei der Auferstehung Jesu und bei der christlichen Auferstehungshoffnung hingegen handelt es sich um ein Leben ganz anderer Art als alles uns bekannte Leben, um ein unvergängliches, durch keinen Tod begrenztes Leben, das also jedenfalls von der uns bekannten organismischen Lebensform grundverschieden sein muß. Dieser tiefgreifende sachliche Unterschied zwischen der eschatologischen Totenauferweckung und der vorübergehenden Wiederbelebung eines schon Gestorbenen ist auch von der späteren kirchlichen Lehrüberlieferung festgehalten worden.

. . . .

B. *Die historische Problematik der Auferstehung Jesu*

Die Osterüberlieferungen des Urchristentums verteilen sich auf zwei verschiedene Traditionsstränge: Es gibt Überlieferungen von Erscheinungen des Auferstandenen, und es gibt Überlieferungen von der Auffindung des

leeren Grabes Jesu ... In der ältesten Überlieferungsschicht ... sind beide
Stränge noch getrennt: Markus berichtet nur vom leeren Grabe (Kap. 16),
Paulus nur von Erscheinungen des Auferstandenen (1. Kor. 15). Man muß
also historisch beide Überlieferungen getrennt untersuchen. Ich setze mit
einer Zusammenfassung der Erscheinungsüberlieferung ein.

Die historische Frage der Erscheinungen des Auferstandenen konzentriert
sich ganz auf den paulinischen Bericht 1. Korinther 15, 1–11. Die in den
Evangelien berichteten Erscheinungen, die bei Paulus nicht erwähnt sind,
haben so stark legendären Charakter, daß man kaum einen eigenen historischen Kern in ihnen finden kann. Auch die den Angaben des Paulus
entsprechenden Berichte in den Evangelien sind stark legendär gefärbt,
besonders durch die Tendenz zur Unterstreichung der Leibhaftigkeit der
Erscheinungen.

Paulus zählt in 1. Korinther 15 die Reihe der grundlegenden Erscheinungen
des auferstandenen Jesus auf: Zuerst erschien der Auferstandene dem
Petrus, dann vor den Zwölfen, dann vor fünfhundert christlichen Brüdern
auf einmal; dann vor dem Bruder Jesu, Jakobus, dann vor allen Aposteln,
schließlich noch dem Paulus selbst. Die Absicht dieser Aufzählung geht
deutlich dahin, einen Zeugenbeweis für die Tatsächlichkeit der Auferwek-
kung Jesu zu geben. Die Beweisabsicht tritt besonders in Vers 6 hervor,
wo bei Erwähnung der Erscheinung vor fünfhundert Brüdern auf einmal
hinzugefügt wird, daß zwar einige von ihnen entschlafen sind, die meisten
aber noch jetzt leben. Man kann also noch immer andere Zeugen befragen.
Ob das kein „historischer Nachweis im modernen Sinne" sein soll, wie ...
H. Graß behauptet, das hängt an der Entscheidung der Frage, was der
Ausdruck „historischer Nachweis im modernen Sinne" besagt. Wenn damit bloße „historische Neugier" ohne innere Beteiligung gemeint ist (so
Graß), dann ist gewiß zuzugeben, daß Paulus in anderer Weise, nämlich
aus einer inneren Beteiligung, argumentiert. Aber ist mit jener Charakteristik das historische Interesse und die Eigenart historischer Nachweise denn
wirklich richtig getroffen? Liegt nicht allem historischen Fragen ein Lebens-
interesse des Forschers schon zugrunde, so gewiß solches Interesse keine
Vorentscheidung hinsichtlich der Resultate herbeiführen darf? Berücksichtigt man in gebührender Weise diese ... Voraussetzungen des historischen
Fragens selbst, so wird man die Intention des Paulus, einen für damalige
Verhältnisse überführenden historischen Nachweis zu geben, jedenfalls
nicht von einer angeblichen Interesselosigkeit historischen Fragens her in
Zweifel ziehen können.

Bei der Beurteilung des paulinischen Berichtes ist zunächst dessen große
Nähe zu den Ereignissen selbst zu betonen. Dabei handelt es sich erstens
um die Person des Paulus, zweitens aber auch um das Alter der Formel
als solcher. Der 1. Korintherbrief ist wohl im Frühjahr 56 (oder 57?) in
Ephesos geschrieben. Paulus spricht aber aus noch älterer, eigener Kenntnis.
Er ist nach Galater 1, 18 drei Jahre nach seiner Bekehrung in Jerusalem
gewesen und hat dort mindestens Petrus und Jakobus besucht. Darauf
könnte die Hervorhebung der Erscheinung vor Jakobus zurückgehen (Graß).

Wenn die Bekehrung des Paulus nach den Angaben in Galater 1 auf das Jahr 33 (35?), der Tod Jesu auf das Jahr 30 anzusetzen ist, so wäre Paulus sechs bis acht Jahre nach den Ereignissen in Jerusalem gewesen. Schon daraus ergibt sich eine große Nähe der Angaben von 1. Korinther 15 zu den Ereignissen selbst. Diese Feststellung wird durch einen weiteren Befund noch verstärkt. Nicht nur der Verfasser des uns vorliegenden Textes steht den Ereignissen sehr nahe, sondern außerdem benutzt er bereits geprägte Formulierungen. Er schöpft seine Angaben also nicht nur ... aus einer vielleicht unzuverlässigen Erinnerung, sondern er bezieht sich auf formelhafte Überlieferung, für deren Bildung zwischen dem Geschehen und der Abfassung des 1. Korintherbriefes nicht sehr viel Zeit bleibt. Man wird ihre Entstehung aus verschiedenen Gründen sogar in sehr früher Zeit, nämlich vor dem Besuch des Paulus in Jerusalem, vermuten müssen.

Nun ist es fraglich, ob es sich bei den Angaben des Paulus im Kernbestand um eine einheitliche Formel handelt oder nicht. Im allgemeinen wird das erstere behauptet: Danach würde der Kern der Aufzählung in 1. Korinther 15 aus einer alten, ursprünglich aramäischen Formel, die jedoch nur Vers 3b—5 umfaßt haben dürfte, bestehen (Graß): „Christus ist für unsere Sünden gestorben nach der Schrift und wurde gesehen von Kephas, danach von den Zwölfen." Diese alte Formel hätte Paulus, vermutlich nach in Jerusalem erhaltenen Informationen, durch die V. 6 f. berichteten Erscheinungen selbst ergänzt. Die Formel selbst müßte, wenn Paulus sie schon bald nach seiner Bekehrung empfangen haben sollte, in das erste Jahrfünft nach Jesu Tod zurückreichen. ...

In Anbetracht des Alters der von Paulus angeführten, geprägten Überlieferungen und der Nähe des Paulus zu den Ereignissen ist die Annahme, daß Erscheinungen des Auferstandenen von einer Reihe von Gliedern der urchristlichen Gemeinde wirklich erfahren und nicht etwa erst durch spätere Legendenbildung frei erfunden worden sind, historisch gut fundiert. Für die *Entstehung* der urchristlichen Botschaft von der Auferstehung Jesu religionsgeschichtliche Parallelen verantwortlich zu machen, ist unter solchen Umständen ein müßiges Unterfangen. Auch J. Leipoldt, der der möglichen Tragweite von Motiven der religionsgeschichtlichen Umwelt für die urchristliche Botschaft von Jesu Auferweckung im einzelnen nachgegangen ist, hat das nachdrücklich betont: „Man kann nicht bezweifeln, daß die Jünger überzeugt sind, den Auferstandenen zu sehen. Sonst wird der Ursprung der Jerusalemer Gemeinde und damit der Kirche zu einem Rätsel." Die Frage kann nur sein, ob und inwieweit die Formelsprache der religiösen Umwelt bei der *Überlieferung* von den Erscheinungen des Auferstandenen benutzt worden ist. Aber auch hier ist Vorsicht geboten, solange die Feststellung G. Kittels gilt, daß von Kulten sterbender und auferstehender Götter im Palästina des 1. Jahrhunderts „kaum die geringsten Spuren" nachzuweisen sind. Das bedeutet, daß jedenfalls für das Frühstadium der urchristlichen Überlieferung nur bei ganz eindeutigen, aus palästinischen Voraussetzungen nicht erklärbaren Ähnlichkeiten mit Motiven der religiösen Umwelt Beeinflussungen angenommen werden dürften. Formale

Parallelen sind nicht ohne weiteres als Indizien für Motive der christlichen Traditionsbildung zu werten, sowenig derartige Einflüsse grundsätzlich ausgeschlossen werden können.

Das Ergebnis, daß man mit tatsächlichen Erfahrungen der Apostel von Erscheinungen des auferstandenen Jesus zu rechnen hat, läßt nun freilich noch nichts über die Art dieser Erfahrungen ausmachen. Hier erst erheben sich die größten Schwierigkeiten.

Zunächst muß die Frage nach dem Inhalt der Erscheinungen gestellt werden. Auch dabei wird man von Paulus ausgehen müssen; denn einerseits bieten die Berichte der Evangelien mit ihrer tendenziösen Unterstreichung der Leibhaftigkeit der Begegnungen keinen festen Boden für historische Erwägungen, zumal sie damit im Gegensatz zu Paulus stehen. Andererseits aber setzt Paulus 1. Korinther 15 offenbar voraus, daß die ihm widerfahrene Erscheinung von derselben Art gewesen ist wie die, welche den anderen Aposteln zuteil geworden sind. Für die Frage, welcher Art wohl die Erscheinung des Auferstandenen vor Paulus gewesen sein mag, sind die Berichte der Apostelgeschichte (9, 1—22; 22, 3—21; 26, 1—23) nur insoweit verwendbar, als sie sich mit den eigenen Aussagen des Paulus im Galaterbrief (1, 12 und 16 f.) decken. Hier lassen sich nun fünf Züge hervorheben: Erstens ist für Paulus die Beziehung der Erscheinung zu dem Menschen Jesus deutlich gewesen. Gott hat in ihm seinen Sohn offenbart (Gal. 1, 16), Paulus hat den Herrn Jesus Christus gesehen (1. Kor. 9, 1). Zweitens haben wir bereits früher festgestellt, daß Paulus bei Damaskus einen Geistleib ... gesehen haben muß, nicht eine irdisch-leibhaftige Person. Drittens wird es sich nicht um eine auf Erden stattfindende Begegnung, sondern um eine Erscheinung von der Höhe her, vom „Himmel" her, gehandelt haben; dieser Zug der Damaskuserzählung in Apostelgeschichte 9 entspricht ganz der Tatsache, daß für die ältesten Zeugnisse im Neuen Testament Auferstehung und Entrückung Jesu in den Himmel zusammenfallen (Phil. 3, 9; Apg. 2, 36; 5, 30 f.; Mark. 14, 62). Die Erscheinungen des Auferstandenen werden also als Erscheinungen vom Himmel her erlebt worden sein. Nimmt man die beiden letztgenannten Züge, Herrlichkeitsgestalt und Erscheinung vom Himmel her zusammen, so ergibt sich viertens, daß die Damaskuserscheinung sich sehr wohl als ein Lichtphänomen ereignet haben kann, wie es Apostelgeschichte 9, 3 f. beschrieben wird ... Fünftens ist die Christophanie des Paulus sicher auch mit einer Audition verbunden gewesen; allerdings geht auch hier der Inhalt der Audition kaum über das hinaus, was die Christuserscheinung selbst in der Situation des Paulus bedeuten mußte. Das ist jedoch nicht weniger als sein gesetzesfreies Evangelium (Gal. 1, 12).

Diese fünf Züge werden, mit Ausnahme vielleicht des vierten, der Lichterscheinung, auch für die anderen Erscheinungen des Auferstandenen vorauszusetzen sein. Jedenfalls haben alle Zeugen in der Erscheinung Jesus von Nazareth wiedererkannt. Daß die völlig andersartige Wirklichkeit, die in diesen Erscheinungen erfahren wurde, als Begegnung eines von den Toten Auferstandenen verstanden werden konnte, das wird nur von der

Voraussetzung einer besonderen Form apokalyptischer Erwartung der Totenauferstehung her zu erklären sein.

Ich komme nun zur Art und Weise der Ostererscheinungen. Hier ist zunächst zu bedenken, daß es sich um eine außerordentliche Schau gehandelt haben dürfte, nicht um ein jedermann sichtbares Geschehen. Das ist besonders deutlich im Blick auf das Damaskusereignis. Es ist ganz unwahrscheinlich, daß Paulus als Beauftragter der jüdischen Behörde ohne Begleiter nach Damaskus gereist wäre. So ist auch kaum etwas einzuwenden gegen den Zug der Darstellung von Apostelgeschichte 9, daß die Begleiter des Paulus zwar bei dem ihm widerfahrenen Geschehnis dabei waren, aber die Erscheinung nicht wahrnahmen bzw. ihren Sinn nicht verstanden. (Nach Apg. 22, 9; 26, 13 f. hätten die Begleiter des Paulus an der Lichterscheinung teilgenommen, aber die Stimme nicht gehört . . ., *verstanden* hätte in diesem Fall nur Paulus die Erscheinung . . .) Der besondere Charakter der Erscheinung als Christophanie, wie Paulus sie erfuhr, scheint jedenfalls von seinen Begleitern nicht wahrgenommen worden zu sein. Das hätte sich die Überlieferung sonst wohl auch kaum entgehen lassen. Ein derartiges Geschehen muß nun aber als Vision bezeichnet werden. Wenn jemand etwas sieht, was andere Anwesende nicht zu sehen vermögen, dann handelt es sich um eine Vision. Graß betont mit Recht, daß die Art und Weise, die Erfahrungsform, in der die Erscheinungen des Auferstandenen wahrgenommen worden sind, nur durch den Begriff der Vision bezeichnet werden kann. Es handelt sich eben um außerordentliche Gesichte, die nicht allen zuteil werden und auch (jedenfalls im Falle des Paulus) nicht von allen Anwesenden wahrgenommen werden. Das sind die Kennzeichen von Visionen. Darum braucht das Geschehene jedoch noch keineswegs imaginär zu sein. . . . Auch Paulus selbst dürfte die Art und Weise seiner Schau des Auferstandenen von sonstigen Gesichten, wie er sie 2. Korinther 12 berichtet, unterschieden haben: Eine Begegnung des Auferstandenen ist ihm nach 1. Korinther 15, 8 nur *einmal*, zugleich als letzte Erscheinung überhaupt, zuteil geworden. Dagegen kennt er auch später noch apokalypseis kyriou [Offenbarungen des Herrn] (2. Kor. 12, 1). Daß dabei an den Kyrios nur als Autor, nicht auch als Inhalt der Gesichte gedacht wäre (so Graß), ist jedenfalls dem Text nicht zu entnehmen. . . . Auch sonst ist es nicht sehr wahrscheinlich, daß das visionäre Erleben des urchristlichen Enthusiasmus ausgerechnet Christusvisionen nicht gekannt haben sollte. Man denke nur an die Vision des Stephanus (Apg. 7, 55). Wenn der Ausdruck Vision auf die Ostererscheinungen Anwendung finden soll, muß also zugleich berücksichtigt werden, daß die Urchristenheit selbst anscheinend zu unterscheiden wußte zwischen ekstatischen Schauungen und den grundlegenden Begegnungen mit dem Auferstandenen. Allerdings ist die Frage, wie dieser Unterschied im Urchristentum verstanden worden ist, schwer zu beantworten. . . .

Mit dem Ausdruck „Vision" kann jedenfalls in unserem Zusammenhang nur etwas über die subjektive Erfahrungsweise ausgesagt sein, nicht etwas über die Realität des in dieser Form erfahrenen Geschehens. Der psychia-

trische Begriff der Vision, der vornehmlich an Untersuchungen von Geistes-
kranken gewonnen ist, kann nicht ohne weiteres auf religionsgeschichtliche
Phänomene übertragen werden. Wenn man unter einer Vision von vornherein einen psychogenen Vorgang ohne eine korrespondierende Wirklichkeit außersubjektiver Art versteht, dann ist ein solcher „subjektiver" Vi-
sionsbegriff für die Auferstehungserscheinungen sicher nicht in selbstver-
ständlicher Weise vorauszusetzen. Er könnte nur dann zur Anwendung
kommen, wenn die entsprechenden psychiatrischen Anhaltspunkte sich aus
den Texten erschließen ließen. . . .

Man hat seit D. F. Strauß immer wieder versucht, die Erscheinungserlebnisse der Jünger Jesu unter Ausklammerung der Frage der Auferstehungswirklichkeit aus sonstigen seelischen und historischen Voraussetzungen auf
seiten der Jünger zu erklären. Diese Erklärungen sind bisher fehlgeschlagen.

1. Daß die Erscheinungen durch die enthusiastisch erregte Imagination der
Jünger zustande kamen, ist jedenfalls für die ersten und grundlegenden
Erscheinungen nicht stichhaltig. Die Ostererscheinungen sind nicht aus dem
Osterglauben der Jünger, sondern nur umgekehrt der Osterglaube der
Jünger aus den Erscheinungen zu erklären. Alle versuchten Konstruktio-
nen, wie der Glaube der Jünger die Krise des Todes Jesu ungebrochen
überdauert hätte, bleiben gerade psychologisch problematisch, auch wenn
man die sichere Erwartung des baldigen Weltendes in Rechnung stellt,
mit der wohl Jesus in den Tod gegangen ist und in der seine Jünger gelebt haben. Daß trotz alledem der Tod Jesu den Glauben seiner Jünger
einer äußersten Beanspruchung aussetzen mußte, kann nicht bestritten
werden. Die Produktion von Bestätigungserlebnissen wird man dem unter
solcher Belastung stehenden Glauben der Jünger wohl kaum zumuten dürfen. Solche psychologischen Erwägungen sind für sich allein freilich ebensowenig geeignet, irgendwelche Schlußfolgerungen zu tragen, wie diejenigen der Kritik an den neutestamentlichen Überlieferungen. Sie gewinnen
ihr Gewicht erst in Verbindung mit traditionsgeschichtlichen Befunden, hier
der Unwahrscheinlichkeit der Annahme, daß Leute, die aus jüdischer Tradition kommen, den Anbruch der Endereignisse für Jesus allein ohne zwingenden Anlaß konzipiert hätten. Die urchristliche Kunde von der eschatologischen Auferweckung Jesu — in zeitlichem Abstand vor der allgemeinen Totenauferweckung — ist ja religionsgeschichtlich ein Novum, gerade
auch im Rahmen der apokalyptischen Überlieferung. Die Urchristenheit
brauchte lange, um zu lernen, daß mit der Auferstehung Jesu das Ende
noch nicht allgemein angebrochen sei, sondern noch weiter auf unbestimmte
Zeit ausstehe. Man sieht, wie die Osterbotschaft als Bericht von einem
nur Jesus widerfahrenen Geschehen sich erst langsam im apokalyptischen
Traditionshorizont profiliert hat. So etwas entsteht nicht als seelische Reaktion auf die Katastrophe Jesu.

2. Die zweite Hauptschwierigkeit der „subjektiven Visionshypothese" besteht in der Mehrzahl der Erscheinungen und ihrer zeitlichen Streuung.

242

Man hat behauptet (besonders E. Hirsch), daß die Jünger Jesu besonders visionär veranlagte Menschen gewesen seien und daß die Mannigfalt der Erscheinungen durch eine Art Kettenreaktion zu erklären sei, die auf die erste Erscheinung vor Petrus gefolgt wäre. Nun sind, was das erste Glied der Argumentation betrifft, die enthusiastischen Erscheinungen in der Urchristenheit, soweit die Überlieferungen ein Urteil erlauben, erst eine Folge der Erscheinungen des Auferstandenen gewesen. Das zweite Glied der Argumentation, die Annahme einer seelischen Kettenreaktion, ist schon deshalb fragwürdig, weil „die einzelnen Erscheinungen gar nicht so rasch aufeinander gefolgt sind" (Graß). Bei der Aufeinanderfolge der Erscheinungen müssen wenigstens drei, die zeitlich nicht unbeträchtlich voneinander getrennt sind, unterschieden werden: erstens die Erscheinung vor Petrus, die wohl bald nach dessen Rückkehr nach Galiläa stattgefunden hat, sodann die vor Jakobus, der offenbar nicht zu dem ersten Zug der nach Jerusalem zurückkehrenden Anhänger Jesu gehörte, sondern erst später zur Jerusalemer Gemeinde stieß, wie es sich aus dem wenigen, was wir über die Vorgänge in der Urgemeinde wissen, ergibt, und schließlich drittens die Erscheinung vor Paulus, drei Jahre nach dem irdischen Ende Jesu in Jerusalem. Dazwischen sind die Erscheinungen vor den „Zwölfen", vor „allen Aposteln" und vor „fünfhundert Brüdern" anzusetzen, falls auch diese als historisch zu gelten haben. Für ihre genauere zeitliche Fixierung lassen sich keine näheren Anhaltspunkte angeben. ... Die Erscheinung vor fünfhundert Brüdern auf einmal kann ... keine sekundäre, traditionsgeschichtlich zu erklärende Bildung sein, da Paulus gerade hier auf die Möglichkeit einer Nachfrage verweist durch die Angabe, daß die meisten derselben noch leben.

Wenn so die Versuche zu einer rein psychogenen Erklärung der Ostererscheinungen als Imaginationen der Jünger fehlschlagen, indem einerseits positive Anhaltspunkte für die Anwendung des psychiatrischen Visionsbegriffs fehlen, andererseits aber erhebliche Schwierigkeiten dagegen im Überlieferungsbestand sich zeigen, so bleibt der Historiker doch verpflichtet, den geschichtlichen Zusammenhang der Ereignisse, die zur Entstehung des Urchristentums geführt haben, zu rekonstruieren. Welche Möglichkeiten er dabei in Rechnung stellen kann, das hängt freilich von seinem schon mitgebrachten Wirklichkeitsverständnis ab. Wenn der Historiker an seine Aufgabe in der Überzeugung herantritt, daß „die Toten nicht auferstehen", dann ist es von vornherein ausgemachte Sache, daß auch Christus nicht auferstanden ist (vgl. 1. Kor. 15, 16). Wenn hingegen der apokalyptischen Erwartung hinsichtlich der Auferstehungshoffnung ein Wahrheitsgehalt zuzubilligen ist, dann wird der Historiker auch diese Möglichkeit für die Rekonstruktion des Geschehensverlaufs in Erwägung ziehen müssen, sofern nicht besondere Umstände des Überlieferungsbestandes eine andere Erklärung nahelegen. Daß letzteres bisher nicht der Fall ist, haben wir gesehen. Es besteht also die Möglichkeit, bei der Rekonstruktion des Geschehensverlaufes nicht nur von Visionen der Jünger Jesu, sondern auch von Erscheinungen des auferstandenen Jesus zu sprechen. Man redet dabei ebenso wie die Jünger selbst in einer symbolischen Sprache. Aber das braucht uns ebensowenig wie sie zu hindern, den Hergang des Geschehens mit Hilfe des durch solche Sprache Bezeichneten zu verstehen, wenn andere Erklärungsmöglichkeiten sich als nicht haltbar erweisen.

In diesem Sinne also wäre die Auferweckung Jesu als ein historisches Ereignis zu bezeichnen: Wenn die Entstehung des Urchristentums, die abgesehen von anderen Überlieferungen auch bei Paulus auf Erscheinungen des auferstandenen Jesus zurückgeführt wird, trotz aller kritischen Prüfung des Überlieferungsbestandes nur verständlich wird, wenn man es im Lichte der eschatologischen Hoffnung einer Auferstehung von den Toten betrachtet, dann ist das so Bezeichnete ein historisches Ereignis, auch wenn wir nichts Näheres darüber wissen. Als historisch geschehen ist dann ein Ereignis zu behaupten, das nur in der Sprache der eschatologischen Erwartung aussagbar ist.

Man hat gegen die Möglichkeit der Historizität der Auferstehung Jesu eingewendet, daß die Auferstehung eines Toten auch im Sinne der Auferweckung zu unvergänglichem Leben ein die Naturgesetze durchbrechendes Geschehen wäre. Deshalb sei Auferstehung als historisches Ereignis unmöglich. Doch es scheint so, daß von den Voraussetzungen heutiger Physik her viel vorsichtiger geurteilt werden muß. Erstens ist immer nur ein Teil der Naturgesetze bekannt. Außerdem ist in einer Welt, die als ganze einen einmaligen, unumkehrbaren Prozeß darstellt, das Einzelgeschehen nie restlos naturgesetzlich determiniert. Die Gesetzlichkeit erfaßt nur einen Aspekt des Geschehens. Nach der anderen Seite hin ist alles Geschehen kontingent, und die Geltung der Naturgesetze selbst ist kontingent. Deshalb spricht die Naturwissenschaft zwar die allgemeine Geltung von Naturgesetzen aus, muß sich aber für außerstande erklären, von daher über die Möglichkeit oder Unmöglichkeit eines Einzelgeschehens definitiv zu urteilen, so sicher sie wenigstens im Prinzip das Maß für die Wahrscheinlichkeit seines Eintretens anzugeben vermag. Das Urteil darüber, ob ein noch so ungewöhnliches Ereignis geschehen ist oder nicht, ist jedoch letztlich Sache des Historikers und kann durch naturwissenschaftliche Erkenntnisse nicht vorentschieden werden.

Man pflegt theologisch gegen die Möglichkeit, daß die Auferweckung Jesu historisches Ereignis sein könnte, einzuwenden, daß es sich bei der Auferweckung von den Toten doch um den Anbruch des neuen Äon handle. Die Wirklichkeit des neuen Äon aber könne selbstverständlich nicht mit den Augen des alten Äon wahrgenommen werden. Der Historiker müsse aber innerhalb der Regeln des alten Äon urteilen und könne daher nichts von Totenauferweckung sagen. An dieser Argumentation ist etwas Richtiges. Weil es sich bei dem Leben des Auferstandenen um die Wirklichkeit einer neuen Schöpfung handelt, darum ist der Auferstandene tatsächlich nicht als ein Gegenstand unter anderen in dieser Welt wahrnehmbar; darum war er nur durch die außerordentliche Erfahrungsweise der Vision und nur in einer symbolischen Sprache zu erfahren und zu bezeichnen. Aber in dieser Weise hat er sich nun doch in dieser unserer Wirklichkeit kundgetan, zu einer ganz bestimmten Zeit, in einer begrenzten Zahl von Ereignissen, gegenüber näher bezeichneten Menschen. Mithin sind diese Ereignisse auch als historische Ereignisse, als zu einer bestimmten damaligen Zeit tatsächlich geschehene Begebenheiten, zu behaupten oder zu bestreiten. Wenn wir auf den Begriff eines historischen Ereignisses hier verzichten würden, dann ließe sich überhaupt nicht mehr behaupten, daß die Auferweckung Jesu bzw. die Erscheinungen des auferweckten Jesus in dieser unserer Welt zu bestimmter Zeit wirklich geschehen sind. Es gibt keinen Rechtsgrund, die Auferweckung Jesu als ein wirklich geschehenes Ereignis zu behaupten, wenn sie nicht historisch als solches zu behaupten ist. Ob vor zweitausend Jahren ein bestimmtes Ereignis stattgefunden hat oder nicht, darüber verschafft nicht etwa der Glaube uns Gewißheit, sondern allein die historische Forschung, soweit überhaupt Gewißheit über derartige Fragen zu gewinnen ist. . . .

Im bisherigen wurde nur von den Erscheinungen des Auferstandenen vor seinen Aposteln gesprochen. Der zweite Überlieferungsstrang der Osterberichte, die Überlieferung vom leeren Grabe Jesu, wurde bisher noch nicht berührt. Das bedeutet, daß die bisher gewonnenen Ergebnisse ihre Geltung auch unabhängig von der Beurteilung der Grabestradition besitzen. Die Entscheidung der Frage nach der Historizität des leeren Grabes Jesu ist dennoch für das Gesamtergebnis nicht etwa bedeutungslos.

Daß Paulus das leere Grab Jesu nirgends erwähnt, braucht die Zuverlässigkeit dieser Nachricht noch nicht zu erschüttern; denn das leere Grab Jesu betrifft nicht die Parallelität zwischen dem Christusgeschehen und dem Geschick der Glaubenden, die Paulus in seinen Briefen immer wieder darlegt. Das leere Grab Jesu, wenn es historische Tatsache sein sollte, gehört zur Besonderheit des Geschickes Jesu, der dann eben nicht wie die übrigen Toten viele Jahre in seinem Grabe gelegen hätte und verwest wäre, sondern nach kurzer Zeit zu einem anderen Leben „transformiert" wäre, was immer ein solcher Ausdruck besagen mag. Diese nur für Jesus wegen der Kürze der Zeit zwischen Tod und Auferweckung bestehende Besonderheit brauchte die Christusverkündigung des Paulus nicht zu interessieren, selbst wenn er — was wohl zweifelhaft ist — die Jerusalemer Tradition von der Auffindung des Grabes Jesu gekannt haben sollte. Für die Jerusalemer Urgemeinde war die Situation ganz anders. Man stelle sich doch vor, wie die Jünger Jesu in Jerusalem in der Lage waren, seine Auferweckung zu verkündigen, wenn sie ständig durch die Anschauung des Grabes, in dem der Leichnam Jesu beigesetzt war, widerlegt werden konnten. Hier hat P. Althaus recht gesehen: „In Jerusalem, am Orte der Hinrichtung und des Grabes Jesu, wird nicht lange nach seinem Tode verkündigt, er sei auferweckt. Dieser Tatbestand *fordert*, daß man im Kreise der ersten Gemeinde ein verläßliches Zeugnis dafür hatte, daß das Grab leer gefunden ist." Das Auferstehungskerygma „hätte sich keinen Tag, keine Stunde in Jerusalem halten können, wenn das Leersein des Grabes nicht als Tatsache für alle Beteiligten festgestanden hätte". E. Hirsch hat dagegen eingewendet, das Postulat von Althaus scheine „auf dem Unvermögen zu beruhen, sich hineinzudenken in Verhältnisse, wo

Grab und Leiche von tabuähnlichem Schauer umgeben sind, wo also niemand an die Öffnung von Grabkammern denken kann, um Leichen herauszuholen und durch wissenschaftliche Untersuchungen zu identifizieren". Eigentümlicherweise läßt ja nun jedenfalls der Bericht von der Grabesauffindung, dessen Ursprung doch wohl in der Jerusalemer Gemeinde gesucht werden muß, nichts davon erkennen, daß derartige Nachforschungen auf grundsätzliche Bedenken gestoßen wären, die dann doch auch bei den ursprünglichen Hörern einer solchen Erzählung vorauszusetzen wären, die die Erzählung also irgendwie hätte beruhigen müssen. Außerdem ist es schwer vorstellbar, daß jener „tabuähnliche Schauer" um Grab und Leiche nicht wenigstens insoweit ausnahmsweise durch die jüdische Behörde hätte aufgehoben werden können, daß man sich von der Intaktheit des Grabes Jesu — falls man wußte, wo es zu suchen war — überzeugte. An eine Exhumierung brauchte ja gar nicht gedacht zu werden. Wenn auch nur ausnahmsweise, unter besonderen Verhältnissen ein solcher Schritt möglich war, mußte er von der jüdischen Behörde getan werden angesichts der urchristlichen Verkündigung von der Auferweckung Jesu am Orte seiner Hinrichtung. Ebenso mußten die Christen alles Interesse an dieser Frage haben. Die Annahme, daß der „tabuähnliche Schauer" um Grab und Leiche für diese Zeit gänzlich unaufhebbar gewesen wäre, ist wohl schon dadurch ausgeschlossen, daß die römischen Behörden sich in der frühen Kaiserzeit veranlaßt gesehen haben, gegen offenbar in Palästina überhand nehmenden Grabfrevel einzuschreiten.

Zu den allgemeinen historischen Gründen, die für die Zuverlässigkeit der Nachricht von der Auffindung des leeren Grabes Jesu sprechen, gehört vor allem auch die Tatsache, daß die frühe jüdische Polemik gegen die christliche Botschaft von der Auferstehung Jesu, die bereits in den Evangelien ihre Spuren hinterlassen hat, keinerlei Hinweise darauf bietet, daß das Grab Jesu unberührt gewesen wäre. Die jüdische Polemik hätte an der Aufbewahrung einer solchen Nachricht alles Interesse haben müssen. Sie teilte aber ganz im Gegenteil mit ihren christlichen Gegnern die Überzeugung, daß das Grab Jesu leer war. Sie beschränkte sich darauf, diese Tatsache in einem eigenen, der christlichen Botschaft abträglichen Sinne zu erklären.

So zeigen schon allgemeine historische Erwägungen, daß die Verkündigung der Botschaft von der Auferweckung Jesu in Jerusalem, die die christliche Gemeinde begründet hat, kaum anders als unter der Annahme, daß das Grab Jesu leer war, verständlich wird. Es kommt für eine Urteilsbildung über diese Frage gar nicht in erster Linie auf das Ergebnis einer Analyse von Markus 16 an. Selbst wenn der uns erhaltene Bericht von der Auffindung des Grabes Jesu sich als eine späte, erst in der hellenistischen Gemeinde konzipierte Legende erweisen sollte, bliebe das Gewicht der aufgeführten Argumente bestehen. Nur wenn man sich einseitig auf die Analyse der Textüberlieferung beschränkt für die Begründung des historischen Urteils, wie noch Graß es getan hat, kann man eigentlich in der Frage des leeren Grabes Jesu zu einem negativen Ergebnis gelangen. ... Wenn man von der historischen Erwägung der Situation des Auferstehungskerygmas in der ersten Jerusalemer Gemeinde ausgeht, dann bestätigt der Überlieferungsbefund jedoch, was schon anderweitig als das historisch Wahrscheinliche vorauszusetzen ist: daß man in Jerusalem wußte, das Grab sei leer. Nur wenn der Textbefund zu einem entgegengesetzten Urteil geradezu zwänge, könnte dem Gewicht des historischen Argumentes vom Zusammenhang zwischen Auferstehungsverkündigung in Jerusalem und dabei vorauszusetzendem Leersein des Grabes Jesu überhaupt begegnet werden. . . . Graß begründet seine Skepsis gegenüber der Überlieferung von der Auffindung des Grabes Jesu damit, daß die Jünger Jesu nach seiner Gefangennahme schon vor seinem Tode nach Galiläa zurückkehrten und erst nach Ablauf mehrerer Wochen wieder in Jerusalem eintrafen, um dort Jesus, der ihnen in Galiläa erschienen war, zu verkündigen. Er setzt voraus, daß dann „keine sichere Auskunft über den Verbleib des Leichnams mehr zu erhalten war, daß ein Nachforschen von Freund und Feind vergeblich blieb, von den Freunden allerdings auch nicht mit besonderem Eifer betrieben wurde, weil man des auferstandenen Herrn durch die Erscheinung gewiß war". Die Möglichkeit, daß der Leichnam Jesu und sein Grab schon nach so kurzer Zeit verschollen waren, ist nun aber doch nur unter der Voraussetzung erwägenswert, daß man annimmt, Jesus sei als Verbrecher in irgendeinem gerade leerstehenden Grabe oder gar in einem Massengrab bestattet worden, ohne daß jemand sich die Mühe gemacht hätte, den Anhängern Jesu die Lage des Grabes mitzuteilen. Doch solche Vermutungen bleiben ganz phantastisch. Sie sind schon deswegen extrem unwahrscheinlich, weil sich von einer vergeblichen Suche nach dem Grabe Jesu nicht die geringste Andeutung in der Überlieferung erhalten hat, auch nicht — und das wiegt wieder besonders schwer — in der jüdischen Polemik. Dort hat man behauptet, daß die Jünger selbst den Leichnam Jesu entfernt hätten, aber nicht, daß das Grab Jesu unbekannt geblieben sei. So ist die von Graß erwogene Möglichkeit als praktisch irrelevant zu beurteilen. Die wenn auch stark legendär überwucherten Überlieferungen weisen in die entgegengesetzte Richtung, die von vornherein historisch als Voraussetzung des Auferstehungskerygmas der Jerusalemer Gemeinde anzunehmen war: Auf jüdischer wie auf christlicher Seite kannte man die Tatsache des leeren Grabes.

Die von Graß vorgetragenen Erwägungen beruhen auf der Voraussetzung, daß die Grablegungsgeschichte Markus 15, 42—47 eine reine Legende ohne jeden historischen Wert bildet. Die abenteuerliche Weise, in der man sich nach Graß das Wachsen der Grablegungslegende vorzustellen hätte, spricht für sich bereits gegen seine These. Der Vorgang selbst ist an den Namen des Joseph von Arimathia geknüpft. Dieser kann kaum sekundär hinzuerfunden worden sein, weil die ganze Überlieferung von der Grablegung Jesu an diesem Namen hängt. Die Notiz Apostelgeschichte 13, 27—29, wonach „die Juden", also die Gegner Jesu, ihn begraben hätten, kann keinen historischen Wert beanspruchen, weil die Kreuzesabnahme in die Zuständigkeit der römischen Behörde fiel. Außerdem weist die Terminologie „die

Juden" auf das lukanische Schema der Aktareden hin. Die Grablegungs-geschichte scheint ebenso wie die von der Auffindung des Grabes einen festen Platz in der vormarkinischen Jerusalemer Passionsüberlieferung zu haben, und auch das paulinische etaphe [er ist begraben] 1. Korinther 15, 4 gibt einen Hinweis auf das Alter der Grabestradition. . . .

Außerordentlich schwierig ist die . . . Frage nach dem Verhältnis der Auffin-dung des leeren Grabes zu den Erscheinungen des Auferstandenen. Die heutige Forschung stimmt weithin darin überein, daß die grundlegenden Erscheinungen in Galiläa stattgefunden haben, das Grab dagegen wurde natürlich in Jerusalem entdeckt. Für den Zusammenhang zwischen beiden Ereignissen ist die Lösung der Frage entscheidend, ob die Jünger nach der Gefangennahme Jesu sogleich nach Galiläa zurückgekehrt sind — dabei brauchen sie Jerusalem nicht unbedingt fluchtartig verlassen zu haben — oder ob sie zunächst noch in Jerusalem geblieben sind. Wenn die Jünger sofort die Heimkehr nach Galiläa angetreten haben, dann wird das leere Grab ohne sie aufgefunden worden sein, und die Ostererscheinungen sind dann von der Auffindung des leeren Grabes unabhängig. Die Annahme einer „Jüngerflucht" nach Galiläa lehnt nun aber v. Campenhausen als „Legende der Kritik" ab. Nach seiner Meinung sind die Jünger in Jeru-salem geblieben und erst durch die Entdeckung des leeren Grabes veran-laßt worden, nach Galiläa zu ziehen: „Wo sollte Jesus jetzt noch zu finden sein? . . . Er mußte in die Heimat gezogen sein, nach Galiläa, wo er ge-wirkt hatte, wo er seine Anhängerschaft besaß, wo er und alle Jünger zu Hause waren . . ." Der Sache nach folgt v. Campenhausen also der Auf-fassung des Markus vom Jüngerzug nach Galiläa, ersetzt aber die Weisung des Engels, den die Frauen nach Markus 16, 1—8 im Grab treffen, durch Überlegungen des Petrus. . . . Die psychologische Motivierung, die v. Cam-penhausen für die Rückkehr nach Galiläa angibt, ist in der Tat schwer haltbar. Sehr viel überzeugender ist seine Bemerkung in der zweiten Auf-lage seiner Abhandlung: „Einmal mußten die Jerusalem-Pilger ja doch in ihre Heimat aufbrechen." Dazu aber muß die Entdeckung des leeren Grabes nicht vorausgesetzt werden, und es ist sogar fraglich, ob die Jünger nach seiner Auffindung nicht in Jerusalem geblieben wären, um dort das Weltende zu erwarten, wie sie ja in der Tat nach den ihnen zuteil gewor-denen Erscheinungen des Auferstandenen in Galiläa nach Jerusalem zu-rückgekehrt sind. Es legt sich also die Annahme nahe, daß die Rückkehr der Jünger nach Galiläa unabhängig von der Entdeckung des leeren Grabes erfolgt ist: Von ihr mögen die Jünger erst bei der Rückkehr nach Jerusalem Kenntnis erhalten haben. Das wird . . . unterstützt . . . durch die ursprüng-liche Selbständigkeit der beiden Überlieferungsstränge, Erscheinungstradi-tion und Grabestradition. Außerdem entstehen auch im Hinblick auf eine Reihe von Einzelzügen der Passionsüberlieferung Schwierigkeiten, wenn man von der Annahme ausgeht, daß die Jünger bis zur Entdeckung des leeren Grabes in Jerusalem geblieben sind (Graß): „Wenn die Jünger noch in Jerusalem weilten, warum hören wir nichts davon, daß sie der Hinrich-tung Jesu wenigstens von ferne beiwohnten?" Erst im Blick auf Johannes konstatiert Graß eine „Tendenz der Tradition, die Jünger mit dem Kreuz in Verbindung zu bringen". Und weiter: „Warum spielten die Jünger bei der Bestattung keine Rolle?" Ferner haben sich die Jünger nach den ältesten Überlieferungsschichten auch um das leere Grab nicht gekümmert. Alle diese Beobachtungen tragen zur Stützung der Annahme bei, daß die Grabesüberlieferung einerseits und die Erscheinungsüberlieferungen andererseits unabhängig voneinander entstanden sind. Die zuletzt angestellten Erwägungen besitzen erhebliches Gewicht für die ganze Frage nach der Historizität der Auferweckung Jesu: Wenn die Erscheinungsüberlieferungen einerseits und die Grabesüberlieferung andererseits unabhängig voneinander entstanden sind, dann lassen sie durch ihre gegenseitige Ergänzung die Behauptung der Tatsächlichkeit der Auferweckung in dem oben erläuterten Sinne als historisch sehr wahrscheinlich erscheinen, und das heißt in historischen Untersuchungen immer: Es ist bis auf weiteres vorauszusetzen.

J. Moltmann
Die Auferstehung des Gekreuzigten und die Zukunft Christi

I. Die Einführung

Die *Zukunftsbezogenheit* und die *Zukunftsoffenheit* der Auferstehung Jesu Christi ist in der neueren Theologie neben W. Kreck besonders von *J. Moltmann* betont worden. Moltmann versteht die Theologie im strengen Sinn als Rede von der Zukunft Gottes in Jesus Christus. Damit steht und fällt das Christentum mit der Wirklichkeit der Auferweckung Jesu von den Toten durch Gott. „Es gibt im Neuen Testament keinen Glauben, der nicht apriori [von vornherein] bei der Auferstehung Jesu einsetzt[65]." Das Bekenntnis zur Person Jesu als des Herrn und das Bekenntnis zum Werk Gottes, der Jesus von den Toten auferweckt hat, gehören untrennbar zusammen (Röm. 10, 9). „Christlicher Glaube, der nicht Auferstehungsglaube ist, kann darum weder christlich noch Glaube genannt werden[66]."

[1] *Die Auferstehung Christi als die Inkraftsetzung der Verheißung:*
Jesus hat nicht erst *die Zukunftserwartungen* ins Leben gerufen. Er trat vielmehr in einem Volk auf, das wie kein anderes von Zukunfts- und Enderwartungen bewegt wurde. Deshalb stand die Frage nach „dem Kommenden" (Matth. 11, 2 ff.), nach der verheißenen und schmerzhaft entbehrten Zukunft Gottes für eine Welt im Elend bei dem Volk im Exil im Mittelpunkt. „Gott selbst kommt und hilft euch" (Jes. 35, 4). Der Gott Abrahams und der Gott der großen Propheten wurde in der jüdischen Hoffnung immer als die Macht der Zukunft verstanden, dessen Wirken aus dem Überschuß der verheißenen Zukunft über den Zustand der Gegenwart hinaus erwartet wurde. Die vielen konkreten Hoffnungen des A. T. auf Land, Segen und Kinder schießen schließlich in der Erwartung der *Herrschaft Gottes und seiner Herrlichkeit auf Erden zusammen*, so daß der Zukunft Gottes allein eine Welt entspricht, in der das Elend überwunden, der Tod vernichtet und die Tränen getrocknet sind (Offb. 21). Deshalb sei für Paulus Christus *nicht die Erfüllung der Verheißung*, sondern deren *Bekräftigung und Bestätigung* (Röm. 15, 8). Weil Gott Christus von den Toten auferweckt hat, sei die Erfüllung der universalen und kosmischen Verheißungen gewiß. „Die alttestamentliche Verheißungsgeschichte findet im Evangelium nicht einfach eine Erfüllung . . ., sondern sie findet im Evangelium ihre Zukunft" (2. Kor. 1, 20)[67]. In der Auferweckung Jesu Christi setze Gott die Verheißung in Kraft. Das Christusgeschehen sei demnach die „In-Kraftsetzung der Verheißung" (Moltmann), *wird schon die Erfüllung!*

[2] *Die Auferstehung und die Zukunft Christi:*
Die Auferweckung Jesu Christi von den Toten ist also nach Moltmann ein Geschehen, das als Verheißung auf eine noch ausstehende Zukunft verstanden werden muß. Christliche Hoffnung unterscheidet sich von alttestamentlichem Verheißungsglauben sowie von der apokalyptischen Enderwartung, weil sie sachlich auf die Person Jesu von Nazareth, auf das Ereignis seiner Auferweckung bezogen und auf die Zukunft, die in dieser Person und in diesem Geschehen liegt, ausgerichtet ist. Christliche Eschatologie redet so von „Christus und seiner Zukunft[68]". Sie redet also nicht abstrakt von den „letzten

[65] J. Moltmann: Theologie der Hoffnung, A. a. O., S. 150.
[66] J. Moltmann: ebd., S. 150.
[67] J. Moltmann: ebd., S. 133.
[68] J. Moltmann: ebd., S. 174.

Dingen" und künftigen apokalytischen Ereignissen im allgemeinen. Christliche Eschatologie redet von *Christus und seiner Zukunft*, weil Kreuz und Auferstehung Christi nach dieser Zukunft rufen, weil sie ohne diese Zukunft nicht sind, was sie sind (1. Kor. 15, 16). Die Auferstehung Christi erkennen heißt darum in diesem Geschehen *die Zukunft Christi* und darin *die Zukunft Gottes* zur Welt und *die Zukunft der Menschen* erkennen. Die Auferstehung ist deshalb eine Verheißung, die solange Unruhe stiftet, bis sie in der Auferstehung der Toten und der neuen Schöpfung, bis sie in der universalen Herrschaft Christi und Gottes ihre Entsprechung gefunden hat. Haben die Erscheinungen des Auferstandenen etwas von der zukünftigen Herrlichkeit Christi vorscheinen lassen, so ist die in der Auferstehung Jesu gründende Christuserkenntnis ein vorgreifendes Erkennen seiner Zukunft und der Zukunft Gottes. „Darum bricht die Zukunft Gottes mit der Auferweckung der Toten an. Einer muß weichen: Gott oder der Tod. Solange die Toten tot sind und die Lebendigen sterben, ist Gott noch nicht Gott, sind nicht alle Lande seiner Ehre voll. Es ist nur konsequent, wenn die Jünger Jesu die rätselhaften Ostererscheinungen des Gekreuzigten als Ankunft dieser Zukunft Gottes, nämlich als Totenauferweckung, verstanden . . . also als verborgene Gegenwart der Zukunft Gottes und der Freiheit aller Kreatur. Die Auferstehung Christi stand für sie nicht wie ein himmlisches Wunder in einer . . . unverwandelten Welt, sondern im Zusammenhang mit einer erwarteten Verwandlung dieser Welt und bekam von daher ihren Sinn. Er erschien ihnen in der Herrlichkeit des kommenden Gottes[69]."

3. Die Auferstehung und das Kreuz Christi:
„Der auferstandene Christus ist und bleibt der gekreuzigte Christus[70]." Das Kreuz ist — wie Moltmann betont — nicht lediglich das Durchgangsstadium seines Weges zur himmlischen Herrschaft, vielmehr wird von der Erkenntnis des Auferstandenen her die Erinnerung an sein Wirken, Leiden und Sterben in den Evangelien wachgehalten. Das Kreuz Christi bleibt bis zum erwarteten Eschaton hin die bestimmende Signatur der Herrschaft des Auferstandenen in der Welt[71]. In der Auferweckung des Gekreuzigten bricht somit die Zukunft Gottes an, aber für eine Gegenwart, die im Kreuz Christi als Gottverlassenheit sichtbar geworden ist. *Die Zukunft der Herrschaft Christi kommt deshalb der Gegenwart* nur via crucis, d. h. *nur in der Vermittlung durch das Kreuz Christi zu.* Ist die Zukunft der Herrschaft Gottes in der Auferweckung des Gekreuzigten in Erscheinung getreten, so wird sie unserer Gegenwart nur im Kreuz des Auferstandenen und im Leiden und Widerspruch zu einer unerlösten Welt vermittelt (Moltmann). Insofern verweist das Kreuz Christi auf eine offene Zukunft, die auch durch die Auferstehung Jesu Christi und die Entstehung der Gemeinde noch nicht geschlossen ist. „Durch die Erkenntnis der Auferstehung des Gekreuzigten wird der ständig und überall wahrnehmbare Widerspruch einer unerlösten Welt, werden Trauer und Leiden an ihr, hineingenommen in die Zuversicht der Hoffnung, und wird auf der anderen Seite die Zuversicht der Hoffnung irdisch und universal[72]."

4. Die Auferstehung und die existentiale Interpretation:
Moltmann grenzt sich im Vollzug der Entfaltung seiner „Theologie der Hoffnung" gegenüber der *existentialen Interpretation* ab, wie sie durch R. Bultmann

[69] J. Moltmann: „Die Zukunft Christi", in : Radius 1966, 3, S. 9 f.
[70] J. Moltmann: Theologie der Hoffnung, A. a. O., S. 155.
[71] J. Moltmann: ebd., S. 143.
[72] J. Moltmann: ebd., S. 178.

entwickelt worden ist, insofern als sich in ihr eine grundlegende Akzentverschiebung vollzogen hat, eine Verlagerung des neutestamentlichen Akzentes von der Auferweckung Jesu Christi von den Toten zum Osterglauben und der Osterverkündigung der Jünger. Das Interesse der existentialen Interpretation richtet sich nämlich nicht mehr auf die *Auferstehung als ein Geschehen an dem gekreuzigten Jesus,* sondern ist an der *Entstehung des Kerygmas und des Jüngerglaubens* orientiert. Die Auferstehung Jesu Christi wird somit identisch mit der Entstehung des Osterglaubens und des Osterkerygmas, jene begegnet dem Menschen unmittelbar nur im Zuspruch der Verkündigung und in der Entscheidungsfrage des Glaubens: „Der Osterglaube der Jünger stellt sich [nach der existentialen Interpretation] als eine Existenzmöglichkeit dar, die man in der Fraglichkeit der eigenen Existierens wiederholen und erwidern kann. Nur in dieser unmittelbaren Betroffenheit durch die heutige Predigt des Glaubens . . . werden wir dann der Wirklichkeit der Auferstehung ansichtig[73]."

Die von der existentialen Interpretation an die Osterberichte gestellte Frage ist also nicht die nach der hinter diesen Berichten stehenden Wirklichkeit der Auferstehung Jesu Christi, sondern die der Fraglichkeit der menschlichen Existenz und des geschichtlichen Daseins. „Wenn aber die radikale Fraglichkeit . . . [der] eigenen geschichtlichen Existenz die Fragehinsicht an das Kerygma der Auferstehung abgibt, so richtet sich . . . [die] Frage nicht mehr auf das einstmalige Geschehensein der Auferstehung . . ., sondern auf das in diesen Berichten zum Ausdruck kommende Verständnis menschlicher Existenz" (Moltmann)[74].

Moltmann geht zwar mit Bultmann von der Erkenntnis der „Formgeschichte" aus, daß die Auferstehungsüberlieferung nicht durch Archivare, sondern durch Missionare gestaltet worden ist, zieht aber eine andere Folgerung: „Wenn die Wirklichkeit der Auferstehung uns nur auf die Weise missionarischer Verkündigung [= Kerygma] überliefert und vermittelt ist, und diese Weise der Überlieferung und Vermittlung offenbar zur Wirklichkeit der Auferstehung selber hinzugehört, so muß gefragt werden, *ob die innere Nötigung zu dieser Art der Aussage und der Mitteilung nicht in dem Eigenart des Geschehens selber begründet ist* [kursiv vom Hrsg.] . . . Die Wirklichkeit, die hinter den verkündigenden Berichten steht, muß offenbar eine solche sein, die zur Verkündigung an alle Völker . . . nötigte."[75]

5. *Die Auferstehung und die Sendung der Gemeinde:*
Die Erscheinungen des Auferstandenen wurden von den Jüngern nicht als „Mirakel", sondern als *Beauftragung zu Dienst und Sendung* erfahren; die Beauftragung zum apostolischen Dienst an der Welt galt ihnen als das eigentliche Wort des Auferstandenen. „Seine Erscheinungen waren Berufungserscheinungen, die die Betroffenen in die Nachfolge der Sendung Jesu stellten . . . Die Wahrnehmung des Geschehens der Auferweckung an ihm führte also folgenotwendig in eine Wahrnehmung der eigenen Sendung[76]", in die missionarische Verkündigung an alle Völker. Diese Sendung führt aber zugleich in die *Verfolgung,* in Anklage, Leiden und Martyrium hinein. Christliche Sendung steht im Zeichen des Kreuzes und weiß darin um den Widerspruch der unerlösten Welt[77]. (Vgl. über das Gesagte hinaus die Einleitung: S. 26—29, 41).

[73] J. Moltmann: ebd., S. 167.
[74] J. Moltmann: ebd., S. 168.
[75] J. Moltmann: ebd., S. 170 f.
[76] J. Moltmann: ebd., S. 183.
[77] J. Moltmann: ebd., S. 177 f.

II. Der Text
J. Moltmann: „Die Auferstehung des Gekreuzigten und die Zukunft Christi."

„Gelobt sei Gott und der Vater unseres Herrn Jesu Christi, der uns nach seiner großen Barmherzigkeit wiedergeboren hat zu einer lebendigen Hoffnung durch die Auferstehung Jesu Christi von den Toten" (1. Petr. 1, 3).

Die Auferstehung Christi ist umstritten. Viele wissen nicht mehr, was sie mit ihr anfangen sollen. Sie paßt nicht in die Welt der berechenbaren und verfügbaren Dinge. Ist sie ein Ereignis unter anderen Ereignissen, die es gab und gibt? Ist sie ein Symbol aus der Sprache einer fernen Zeit, mit der Christen damals ausdrückten, was ihnen Jesus wert war? Kann man beweisen, daß so etwas an Jesus geschehen ist, wenn doch in unserer Erfahrung nichts Ähnliches vorkommt?
In solchen Verlegenheiten retten die einen ihren Glauben in biblischer Selbstbehauptung: Es ist so, weil es so geschrieben steht! Andere bemühen sich, den Wahrheitsgehalt solcher Glaubensaussage in die Vorstellungen und Einstellungen unserer Zeit zu überführen. Das Wort aus dem 1. Petrusbrief aber fordert uns auf, anders zu denken: Nicht „wir und die Auferstehung Christi", sondern „Gott und die Auferstehung Christi" sollen zusammen bedacht werden. Nicht was wir mit ihr anfangen können, sondern was Gott durch sie mit uns und der Welt anfangen will, steht in Frage. Die Auferweckung Christi ist hier Mittel zum Zweck, Weg für eine Zukunft, Geschichte zu einem Ziel.
Unser Text ist ein Stück aus einem Sendschreiben an verstreute und bedrängte Christen in Kleinasien. Als „Fremdlinge" hin und her in Pontus, Galatien und anderswo werden sie angeredet. Ihr Glauben hat sie von ihren Familien, Freundschaften, Nachbarschaften, Volks- und Landesgemeinschaften entfremdet. Das bringt, wie überall, Ärger, Unruhe, Mißtrauen und Verachtung hervor. Wie sollen sie nun den Verfremdungseffekt ihres Glaubens ihrer Umwelt gegenüber rechtfertigen? Sie werden zwischen Selbstbehauptung und Anpassung geschwankt haben wie wir. Dieser Brief aber lehrt sie, eben diesen schmerzlichen Verfremdungseffekt als Erwählung Gottes zu verstehen und sich ganz in den Weg und das Ziel ihrer Sendung hineinzugeben. Darum werden sie „die erwählten Fremdlinge" genannt. Sie können Gott sogar darüber loben; denn was er ihnen an Heimatgefühl und Geborgenheit in ihrer Welt genommen hat, ist klein im Vergleich zu der Hoffnung, die er ihnen gab. Durch ihre Hoffnung tritt der Stachel einer Zukunft wahren Lebens in die Gegenwart hinein, der alles verwandelt und öffnet und nichts bleiben läßt, wie es ist. In der Geburt eines neuen Menschen hebt die Erneuerung einer alten und müden Welt an. Woran merkt man das? An der unwiderstehlichen Infektion mit Hoffnung, am Durst nach Leben, am Hunger nach Gerechtigkeit. Wenn Ostern Auferstehung Christi und Auferstehungshoffnung für uns bedeutet, dann ist das eine Zumutung — nicht nur an unseren Verstand, sondern noch viel mehr an unsere Lebensführung.

Im Urchristentum stand, wie das Neue Testament dokumentiert, die Auferstehung Christi im Mittelpunkt. Glaube war Auferstehungshoffnung. Man erinnerte sich an alles, was Jesus getan und gesprochen hatte, weil sein Tod nicht sein Ende, sondern seine Auferstehung sein wahrer Anfang war. Man erwartete von ihm die Erfüllung alles dessen, was Gott verheißen hatte: Freiheit und Gerechtigkeit, Frieden und ein endlich gelungenes glückliches Leben, das den Tod nicht mehr kennt. Man gedachte so in Erinnerung und Erwartung jeden Sonntagmorgen der Auferweckung des gekreuzigten Christus. Aber schon in der alten Kirche verschob sich das Interesse. Das Weihnachtsfest, das Fest der Menschwerdung Gottes, verdrängte das Auferstehungsfest. Die Reformation und der Pietismus stellten die Passion und das Kreuz Christi in den Vordergrund. Erst seit der Aufklärung gewann das Totenfest an Bedeutung. Wie kam es zu diesen Verschiebungen im Zentrum des christlichen Glaubens? Sie gehen merkwürdigerweise parallel mit der Verlagerung der Blickrichtung des Glaubens von der Hoffnung auf die Erinnerung, von der Zukunft auf die Vergangenheit, von der Geschichte, die kommt und etwas Neues verwirklicht, auf die Ewigkeit, die immer ist. Für das Neue Testament bedeutet die Auferweckung Jesu vom Tode immer den Anfang der allgemeinen Totenauferstehung und die Ankunft des messianischen Reiches der Freiheit von Schuld und Tod. Ist Jesus vom Tode auferweckt, so werden die Toten leben, so werden die Schuldigen freigesprochen, so werden die Feinde versöhnt und die Elenden glücklich. Diese Erfüllung der messianischen Hoffnung schien für die Jünger mit der Erscheinung des auferstandenen Christus zum Greifen nahe zu sein. Dachten sie an ihn, so dachten sie an diese Zukunft. Ihr Glaube an Christus war ihre Hoffnung auf diese Zukunft, und ihre Hoffnung auf diese Zukunft wurde durch ihren Glauben an Christus zur Gewißheit.

Doch als die Hoffnung, daß diese Zukunft kommen werde und schon jetzt ganz nahe sei, sich im Flugsand der Geschichte verlor, verwandelte sich auch ihr Glaube: der auferstandene Christus war nicht mehr Anfang und Gegenwart solcher Zukunft für die Erde, sondern er war der Verewigte, der Vergeistigte, der zu Gott emporgehobene Mensch. Man glaubte, mit ihm in den Himmel zu kommen, aber hoffte nicht mehr, mit ihm die Zukunft einer neuen Erde zu gewinnen. Man glaubte an ein himmlisches Leben nach dem Tode, aber man hoffte nicht mehr auf die Vernichtung des Todes. Man glaubte an die Erlösung der Seele von den Schmerzen des Leibes, aber man hoffte nicht mehr auf die Erlösung des geschundenen Leibes. Ostern hieß nur noch: Es gibt ein Leben nach dem Tode. Mit solchen Auflösungserscheinungen in der Hoffnung ging auch das Verständnis für Ostern und für die Auferstehung verloren. Das Christentum, das damit begann, als eine messianische und missionarische Bewegung die Menschheit mit Hoffnung und Freiheitsverlangen zu infizieren, verwandelte sich zu einer Weltreligion, die den Menschen die teuersten Güter der Ewigkeit verwahrte. Diese Zeit geht heute zu Ende. Die Christen müssen darum versuchen, sich auf ihren Ursprung, ihre bewegende Kraft und ihren eigentlichen Auftrag zu besinnen. Mir scheint, er liegt nicht darin, religiöse Gefühle zu erwecken und Menschen zum Gottesglauben zu bringen, sondern darin, mit der Botschaft der Auferweckung des Gekreuzigten jene Hoffnungskraft zu vermitteln, die bereit macht, das Kreuz der Liebe auf sich zu nehmen, die ein Leben der Freiheit entgegenführt. Ostern kann nicht nur heißen: Es gibt ein Leben nach dem Tode. Das klingt wie eine Vertröstung. Ostern muß heißen: Das Leben hier wandelt sich, es wird frei von den vielen Bedrückungen, es wird frei von Schuld und Tod.

Wollen wir tiefer eindringen, so müssen wir uns fragen, was das Neue Testament eigentlich mit dem Ausdruck „Auferweckung von den Toten" gemeint hat. Man hat damit ja nicht irgend etwas ganz Wunderbares bezeichnet, was nur an Jesus geschehen ist, sondern man hat damit bestimmte Hoffnungen und Erwartungen für sich selbst und für die Menschen verbunden. Zunächst ist dieser Ausdruck ein Gleichnis, mit dem etwas Unvergleichliches bezeichnet werden soll: Wie man vom Schlaf aufgeweckt wird und dann sich erhebt und aufsteht, so soll es sich bei denen ereignen, die den Tod erleiden müssen. Der bekannte Vorgang des Gewecktwerdens, wenn es Zeit ist aufzustehen, dient dazu, ein ganz unbekanntes und von noch keinem erfahrenes Geschick, das erst die Toten erwartet, auszudrükken. Man sieht sofort, daß dieses Gleichnis ganz unzureichend ist. Wenn man morgens erwacht, kehrt man in das alte Leben zurück, man nimmt die Arbeit und das Leiden und die Schuld dort wieder auf, wo man sie abends aus der Hand legte. Man schläft oft ein und steht oft wieder auf. Mit dem Tod aber ist das doch zu Ende. Er ist endgültig. Man „schläft" nicht nur „ein", wie man sich wohl ausdrückt, um die Härte des Sterbens zu verhüllen, sondern hört auf zu leben. „Auferweckung der Toten" kann darum nicht heißen, daß man „dem Leben wiedergeschenkt wird", denn dieses Leben ist ja zu Ende. „Auferweckung der Toten" kann auch nicht heißen, daß ein nur schlafendes Leben wieder wach wird, denn wo alles tot und erstorben ist, da kann man auch nichts mehr aufwecken. Der Ausdruck ist aus unseren täglichen Erfahrungen genommen, er will aber etwas ansagen, was wir noch nicht erfahren haben. Was ist das? Gemeint ist ein Leben aus dem Tode, das durch den Tod nicht mehr erniedrigt wird. Auferweckung von den Toten ist also nicht die Rückkehr eines Toten in dieses Leben, das zum Tode läuft, sondern ein schlechterdings neues Leben, das den Tod hinter sich hat. Es entsteht nicht aus einer Erweckung eines Schlafenden, sondern — und so hat es Paulus gemeint — durch eine neue Schöpfung Gottes, der das Nichtseiende ins Sein ruft, der die Toten lebendig macht, so wie er die Welt aus dem Nichts ins Leben rief. Worauf also warten diejenigen, die auf Auferstehung hoffen? Sie warten auf eine neue Schöpfung Gottes. Sie warten auf ein Leben und auf Lebensverhältnisse, zu denen Gott und dann auch die Menschen werden sagen können: „Siehe, es ist alles sehr gut: denn es ist alles neu geworden." Der Tod ist nicht mehr. Die Schuld ist vergeben, das Böse ist überwunden. Das Leiden hat sich in Glück verwandelt und die Tränen in Freude.

Alles dieses ist für die Jünger in den Ostererscheinungen Jesu zum Vorschein gekommen: der in der Nacht der Verlassenheit von Gott und den Menschen starb, ihn sahen sie im Glanz der Ankunft dieser neuen Schöpfung Gottes. Was ist ihm geschehen, den sie sterben sahen und der ihnen dann so schwer faßlich begegnete? Keiner ist dabeigewesen, keiner hat es gesehen, aber aus dem ganzen Material ihrer Vorstellungen legt sich nur diese eine nahe: er ist auferweckt von den Toten, mit ihm beginnt jene neue Schöpfung der Welt: die Freiheit von der Erniedrigung des Todes. Er lebt, und wir werden auch leben. Eine neue Zukunft aus Gott beginnt sich an einer gottlosen Welt zu erfüllen. Indem die Jünger sagen: er, Christus, ist auferstanden, verbinden sie ihre Zukunftshoffnung mit ihrer Christuserkenntnis und ihre Christuserkenntnis mit ihrer Zukunftserwartung. Es ist darum ganz verständlich, daß Menschen, denen die Zukunft keinen Anlaß mehr zu solcher Hoffnung bietet, auch mit der Auferstehung Christi nichts mehr anfangen können. In dem Maße, wie die Zukunft dunkel wird, wird auch Christus dunkel. Erst am Leitfaden der Hoffnung lernt man ihn verstehen.

Doch nun haben wir natürlich das Gefühl, daß alle Vorstellungen von der Zukunft und erst gar von einer Zukunft nach dem Tode Träume sind, Phantasien, Spekulationen. Von der Zukunft wissen wir nichts Genaues, und dem, der davon etwas zu wissen vorgibt, glauben wir besser nicht. Wie soll einer denn von der Zukunft reden, die noch gar nicht da ist? Wie kann er von zukünftiger Geschichte reden, bei der er doch nicht dabeigewesen sein kann? Was sollen uns Bilder vom Leben nach dem Tode, wenn wir doch erst einmal das Leben bestehen müssen? Hoffnungen gibt es überall, sagen wir. Es hofft der Mensch, solang er lebt. Niemals ist er fertig, es sei denn, daß er müde wird und Erfolglosigkeit und Tod ihn fertig machen. Was sollte darum Besonderes an dieser Hoffnung der Christen sein? Unser Text spricht zuerst vom Grund dieser Hoffnung. So wenig wir Glauben aus uns selber fassen und lieben, ohne geliebt zu sein, so wenig hat diese Hoffnung ihren Grund in Stimmungen der Jugend oder Prozessen der Geschichte. Sie hat ihren Grund außerhalb ihrer selbst in einer Tat, darin Gott gegenwärtig ist. Diese Tat wird hier „Gottes Erbarmen" genannt. Unsere Barmherzigkeit besteht zumeist darin, daß wir mit Leidenden Mitleid haben und das Elend mildern. Gottes Erbarmen aber ist schaffende Tat, die Neues in die Welt bringt. Er ruft das Nichtseiende ins Sein, macht die Toten lebendig, verschafft dem Rechtlosen Recht und dem Sterbenden Leben. Sonst wäre er nicht „Gott". Darum wird hier in der Auferweckung des gekreuzigten Christus und in der Wiedergeburt der Hoffnungslosen Gottes Barmherzigkeit erkannt. Sie ist keine Gesinnung Gottes, sondern ist zukunftseröffnende Geschichte. Der eiserne Ring, den der Tod um dieses Leben schließt, wird in dieser Geschichte gesprengt: an Jesus durch Auferweckung ins Leben — an uns durch den Aufruhr und Aufstand in die lebendige Hoffnung.

Diese Hoffnung ist also im Sieg des Lebens über den Tod begründet, und dieser Sieg kommt auf keine andere Weise heraus als in einer Hoffnung, die wie die Geburt den ganzen Menschen in ein neues Leben stellt. Das ist die Auferstehungshoffnung. Sie sprengt den Rahmen des Möglichen, denn sie setzt sich in Widerspruch zur härtesten Gegentatsache des Lebens und seiner Hoffnungen hier: zum Tod. Sie nimmt Gott selbst gegen den Tod in Anspruch und hat Grund zu dieser Verwegenheit in der Auferweckung Christi von den Toten. Darum ist sie unzerstörbare, bleibende Hoffnung. Wir würden die christliche Hoffnung also sehr mißbrauchen, wenn wir sie zum Tummelplatz aller unserer unerfüllten Wünsche machen würden. Sie wäre dann wirklich nur eine Vertröstung. Diese Hoffnung spricht aber nicht von irgendeiner Zukunft. Sie spricht allein von Christus und seiner Zukunft. Der Name Christi ist dabei kein leerer Titel. Er bezeichnet den Grund und die Realität dieser Hoffnung. Das Neue Testament spricht niemals einfach davon, daß Christus auferstanden sei und nun eine herrliche Zukunft für alle Menschen beginne. Es spricht von der Auferstehung immer nur im Zusammenhang mit seinem Kreuz, spricht darum auch von der Hoffnung immer nur im Zusammenhang mit Leiden und Geduld der Liebe. Nicht jedes Leben gibt Anlaß zur Hoffnung, wohl aber dieses Leben Jesu, das in der Liebe das Kreuz und den Tod auf sich nahm. An diesem Sterben kam Auferstehung zum Vorschein. An seinem Tode wird offenbar, was alles im menschlichen Leben nicht stimmt, was übel ist, unmenschlich und gegen Gott. An seiner Auferstehung entsteht darum eine Leidenschaft des Hoffens, die solches Leiden annimmt. Sie realisiert sich nicht in leeren Zukunftsträumen, sondern immer nur im Widerspruch gegen die sichtbar gewordene Wirklichkeit der Gottlosigkeit und der Unmenschlichkeit. Zukunftsträume haben es an sich, daß sie die Gegenwart entwerten. Der Mensch lebt mit seinen Gedanken im Unwirklichen, das noch nicht ist und vielleicht niemals sein wird. Die christliche Hoffnung aber zieht umgekehrt die Zukunft in die Gegenwart herein, denn für sie wurde jene Zukunft Gottes am gekreuzigten Christus Gegenwart. Hier kommt sie an. Es wäre ja kein Widerspruch, würde man sagen: Hier ist das eine Leben, und nach dem Tode kommt ein anderes Leben. Beide wären durch den Tod geschieden und hätten sich nichts zu sagen. Das aber wäre nicht lebendige Hoffnung, sondern Aufschub und Vertagung. Lebendig wird die Hoffnung erst, wenn die Zukunft gegenwärtig wird und die Gegenwart nicht bleiben läßt, wie sie ist. Hoffnung auf ein Leben nach dem Tode ist nicht lebendig, wohl aber Hoffnung gegen den Tod. Die Auferstehungshoffnung beweist ihre Wahrheit im gegenwärtigen Widerspruch des wahren Lebens gegen ein todverfallenes Leben, im Widerspruch der Gerechtigkeit gegen das Böse und des Friedens gegen die Zerrissenheit. Sie führt nicht dazu, daß Menschen sich mit den Verhältnissen abfinden, wie sie eben sind. Sie ist nicht nur ein Trost in einem mühsamen und zum Sterben verurteilten Leben. Die Auferweckung Christi vom Tode ist auch der Protest Gottes gegen den Tod und gegen die Erniedrigung des Menschen durch das Elend. Nennt Paulus den Tod „den letzten Feind" (1. Kor. 15, 26) Gottes und des Menschen, so müssen umgekehrt der auferstandene Christus und die Hoffnung als Feinde des Todes und einer Welt, die sich mit ihm eingerichtet hat, verstanden werden.

Hoffnung macht darum nicht geduldig, sondern ungeduldig, nicht ruhig, sondern unruhig. Wer so zu hoffen beginnt, kann sich nicht mehr abfinden mit den Dingen, wie sie eben sind, er beginnt an dieser unerlösten Welt und der Unmenschlichkeit des Menschen in ihr zu leiden. Nur wer liebt, wird verwundbar und leidet. Hoffnung wird zur Kraft einer Liebe, die leiden kann. Hätten wir nur das vor Augen, was wir sehen, so würden wir uns heiter oder verdrossen abfinden, würden die Achseln zucken und sagen: Da kann man nichts machen. Daß wir uns aber an den Verhältnissen reiben, uns nicht damit abfinden, daß es zwischen uns und der Wirklichkeit zu keiner freundlichen Übereinstimmung kommt, das macht die unauslöschliche Hoffnung und der Funke der Liebe zum wahren Leben, den sie in uns anzündet. Sie hält Menschen unabgefunden bis zur großen Erfüllung aller Verheißungen durch Gott. Sie hält Menschen geschichtlich in Atem und macht sie weltoffen, so daß sie über alles Gegebene und Gemachte hinausdrängen. Hoffnung ist eine permanente Unruhe, eine Sehnsucht nach dem wahren Leben aus Gott und ein Leiden an einem Leben ohne ihn, wie man es hier führen muß. Nicht Trost, sondern Protest, nicht träumerische Schwärmerei, sondern Widerstand und Leiden, nicht Ausflucht, sondern Liebe bringt sie ins Leben hinein.

Wenn wir finden, daß christlicher Glaube so zu einer Hoffnung für ein liebendes und leidendes Leben wird, so müssen wir auch sagen, daß die eigentliche Sünde dann in der Hoffnungslosigkeit liegt. „Nicht so sehr unsere Sünden, als vielmehr die Verzweiflung stürzt uns ins Unheil", sagte der Kirchenvater Chrysostomus. Nicht nur, daß der Mensch sein will wie Gott — wer will denn das? —, sondern mehr noch, daß er nicht der Mensch sein will, zu welchem ihn Gott erhöht hat, macht sein Elend aus. Aus Hoffnungslosigkeit, Verzagtheit, Trägheit und Traurigkeit entsteht die Frustration eines Lebens, das sich selber nur noch ein wenig mitmacht, das nicht mehr weiß, was es mit sich anfangen soll, und sich treiben läßt. Nicht nur im Bösen, das man tut, sondern mehr noch im Guten, das man nicht tut, wird man schuldig. Nicht unsere Untaten, sondern unsere Versäumnisse klagen uns an. Sie klagen uns des Mangels an Hoffnung an. Hoffnungslosigkeit kann immer zwei Formen haben: Sie kann Vermessenheit sein und sie kann Verzweiflung sein. Die Vermessenheit ist eine unzeitige, eigenwillige Vorwegnahme des von Gott Erhofften. Die Verzweiflung ist eine ebenso eigenmächtige Vorwegnahme der Unerfüllbarkeit des Erhofften. Beide empören sich gegen das Leiden der Hoffnung. Beide wollen jetzt schon Erfüllung oder überhaupt nicht Hoffnung. Aber, wie Josef Pieper so schön sagt, „in der Vermessenheit wie in der Verzweiflung erstarrt und gefriert das eigentlich Menschliche, das allein die Hoffnung in strömender Gelöstheit zu bewahren vermag".

Diese Verzweiflung an der Hoffnung braucht dabei nicht einmal ein verzweifeltes Gesicht zu zeigen. Sie kann die bloße schweigende Abwesenheit von Sinn, Aussicht, Zukunft und Absicht sein. Sie kann das Gesicht lächelnder Entsagung haben: bonjour tristesse! Was bleibt, ist ein gewisses Lächeln derer, die alle ihre Möglichkeiten durchprobiert haben und nichts in ihnen fanden, was zum Hoffen Anlaß geben könnte. Geh an der Welt vorüber! Sie ist nichts! Es gibt, wie mir scheint, kaum eine Verhaltensweise, die in den Verwesungsprodukten eines resignierten Christentums und ihm folgend in einer nach-christlichen Welt so verbreitet ist wie diese tristesse, diese wissende Traurigkeit, dieses belanglose Spiel mit der verblichenen Hoffnung. „Klar denken und nicht hoffen" ist zwar die Parole des tapferen Helden unserer Zeit, des Sisyphus. Aber gewinnt das Denken Klarheit und das Handeln einen Sinn ohne den Horizont und ohne die Kraft der Hoffnung?!

Diese Verzweiflung an der Hoffnung kann auch Glück verheißen: „Warum in die Ferne schweifen? Sieh, das Gute liegt so nah, lerne nur das Glück ergreifen, denn das Glück ist immer da", dichtete Goethe und hielt Hoffnung für einen Betrug und eine Quälerei, die den Menschen daran hindern, ganz gegenwärtig und im Gegenwärtigen ganz glücklich zu sein. „Niemals halten wir uns an die Gegenwart. Wir nehmen die Zukunft vorweg, als käme sie zu langsam. Wir erinnern die Vergangenheit, um sie aufzuhalten, da sie so rasch entschwindet. So leben wir nie, sondern hoffen immer zu leben, und so ist es unvermeidlich, daß wir in der Erwartung, glücklich zu werden, es niemals sind", hatte schon Pascal geklagt. Man möchte die Last der Hoffnung immer gerne einmal abschütteln, um sich ganz dem Genuß der Gegenwart hinzugeben. Ein ewig Zukünftiger ist ja niemals da, er ist immer schon woanders. In der Hoffnung zu leben, das kann etwas Großes, es kann aber auch etwas tief Unwirkliches sein.

Wieder müssen wir daran denken, daß die christliche Hoffnung nicht aus einem träumerischen Spiel mit unwirklichen Möglichkeiten entstanden ist, sondern eine Leidenschaft darstellt, die aus dem Leiden geboren ist. Gibt es denn ein Glück der Gegenwart, das ungetrübt und ewig ist? Muß man nicht vergessen, was war und was kommt, vergessen, was andere leiden, um sich seines eigenen Glücks zu erfreuen? Ganz gegenwärtig zu sein, ewige Gegenwart Gottes: das ist auch das Glück, auf das die christliche Hoffnung hofft. Das wäre das Heil, in dem alles heil wird und ganz und gut und vollkommen. Aber solange die Schuld da ist, mit der Menschen sich und andere unglücklich machen, solange der Tod eine Macht ist, die alles Glück in die Verwesung stürzt, müßte man ja die Augen schließen, um sich gegenwärtig für glücklich und heil zu halten. Glück und Heil und wahres Leben sind für die Hoffnung, die die Augen offen hält, hier erst verborgen da in jenem Christus, der der Welt Schuld, Leid und Tod in der Liebe trägt. Darum preist diese Hoffnung nicht die Reichen glücklich, sondern die Armen, die Elenden, die Erniedrigten und Beleidigten, die Schuldbeladenen und die Sterbenden, wie es in den Seligpreisungen Jesu geschieht und in seiner Auferstehung verbürgt ist. Glücklich wird man nicht, indem man vom Elend der Elenden wegsieht, sondern indem man in der Liebe zum Verlorenen die Arbeit und das Leiden auf sich nimmt. Dazu aber braucht man Geduld. Und zur Geduld braucht man Hoffnung. Geduld ist geradezu die Kunst des täglichen Hoffens. Immer wieder spricht das Neue Testament von der „Geduld der Hoffnung". „Wenn wir hoffen,

Christl. Hoffnung aus dem Leiden geboren

was wir nicht sehen, so warten wir darauf mit Geduld", sagt Paulus. Doch was für eine Geduld ist das? Wir sagten am Anfang: Hoffnung macht nicht geduldig, sondern ungeduldig, sie findet sich nicht ab, sondern bedrängt die Zukunft. Geduld aus Resignation, das wäre Hoffnungslosigkeit. Geduld aus Hoffnung ist etwas ganz anderes: Die Geduld der christlichen Hoffnung hat ihren Grund und ihr Vorbild in der Geduld Jesu, in seiner Liebe, in seiner Selbstentäußerung. Fassen wir es allgemeiner, so können wir sagen: Die wahre Geduld läßt dem anderen Menschen Zeit, sie schenkt ihm Freiheit, sie rechnet mit seinen Möglichkeiten, einschließlich der noch nicht erwachten Möglichkeiten Gottes an ihm, sie gewährt ihm also Zukunft. Sie nimmt den Menschen nicht nur, wie er ist. Sie erpreßt ihn auch nicht mit Forderungen, wie er sein sollte. Sie hat Hoffnung für den anderen und öffnet ihm Möglichkeiten, sich zu wandeln. Sie gibt ihm „eine Chance", wie man sagt. Sie macht ihn frei. Der Realismus behauptet: Nimm die Menschen, wie sie sind. Nimm die Dinge, wie sie kommen. Ändern kannst du nichts. Die Revolutionen wollen hingegen die Welt verändern, indem sie die Menschen erpressen. Die christliche Hoffnung nimmt sich des Elends in Sanftmut an, trägt es in beharrlicher Geduld der erhofften Verwandlung entgegen. In der Geduld des Hoffenden dringt die kommende Freiheit in die unerlöste Welt hinein. Die Auferstehung Christi ist der Grund für den Aufstand der Geduld und der Zuversicht gegen eine ungeduldige und verzagte Welt.

Niemand begreift das Mittel und den Realitätsgehalt der Auferstehung, der nicht den Zweck und die Zukunft, die darin angebahnt wird, ins Auge faßt. Nicht in Verteidigung und nicht in Anpassung, sondern allein im Angriff und im Vorwärtsschreiten auf das Ziel des ewigen Lebens und des Reiches Gottes ist die Auferstehung Christi erweisbar. Die Welt, für die wir geboren werden, ist von Vergänglichkeit und Tod gezeichnet. Sie ist für das, was in Christi Auferstehung zum Vorschein und zum Zuge gekommen ist, nicht beweisfähig. Darum begreift allein die Wiedergeburt zur Hoffnung des Lebens und der Veränderung der Welt die Wirklichkeit und die Bedeutung des Ostergeschehens. Nehmen wir dem Ostergeschehen die Zukunft, für die es spricht, so wird es stumm. Schaut der Glaube angstvoll zurück, so wird er dumm. Ostern ist ein zukunfteröffnendes Geschehen, darum wird man seiner Realität inne in der Hoffnung.

Nun wird sie in unserem Text aber auch „lebendige Hoffnung" genannt. Das wird verständlich, wenn wir auf den Gegenstand der Hoffnung sehen. Immer öffnet sich der Mensch im Hoffen für den Einfluß des Erhofften auf seine Gegenwart. Echte Hoffnungen entleeren nicht die Gegenwart mit Zukunftsträumen, sondern ziehen die erhoffte Zukunft in die Gegenwart hinein. Durch das Hoffen wird diese Zukunft der Gegenwart mächtig, durchdringt und beseelt sie, versetzt sie in Spannung. „Hoffnung reißt in das Erhoffte hinein" (Luther). Hoffnung, die aus der Auferstehung Christi geboren wird, ist Hoffnung auf ewiges, erfülltes, bleibendes Leben aus Gott. Sie ist darum selber Leben von diesem Leben, ist Lebendigkeit von der Lebendigkeit des kommenden Gottes. Hoffnung auf solches Leben ist

„lebendige Hoffnung", denn sie macht im Hoffen schon hier lebendig, frei und glücklich.

Wer durch Ostern zur Hoffnung wiedergeboren ist, der beginnt an dieser gottlosen Welt und der Unmenschlichkeit des Menschen in ihr zu leiden. Er läßt sich nicht abfinden. Nicht nur Trost, sondern auch Protest, nicht Ausflucht, sondern Liebe, Hunger und Durst nach dem wahren Leben bringt die Hoffnung in dieses Leben hinein. Aus der Auferstehung Christi entspringt die Wiedergeburt zur Hoffnung, und aus ihr wird der leidende und tätige Aufstand gegen eine selbstverschlossene und darum resigniert-langweilige Welt geboren. Die Anfechtung lehrt uns, das Osterwort der Verheißung zu verstehen. Wer aber nicht ficht, der wird auch nicht angefochten.

W. Kreck
Der Gekreuzigte als Sieger über den Tod

I. Die Einführung

W. Kreck hat in seinem Buch „Die Zukunft des Gekommenen", dem der folgende Auszug entnommen ist, gegenüber dem durch die existentiale Interpretation geprägten Verständnis von Eschatologie [= Qualifizierung des Jetzt durch den Entscheidungsruf] das Recht und die Notwendigkeit der *futurischen Eschatologie* erneut herausgestellt. Es geht ihm dabei entscheidend um die folgende *These:* Weil der gekommene Christus zugleich der kommende ist, ist christliche Eschatologie Christologie unter eschatologischem Aspekt, hat sie die *Zukunft des bereits Gekommenen* auszusagen.

1. *Die Zukunft des Gekommenen:* (der eschatologische Aspekt der Christologie)
W. Kreck schreibt: „Eine grundlegende These der vorliegenden Schrift war die, daß Eschatologie primär Christologie ist, d. h. daß sie *von der Zukunft dieses gekommenen Jesus Christus* redet und dem, was dies erwartete Kommen Jesu Christi als Erlösung für Mensch und Welt einschließt. In einer theologischen Situation, in der es weithin fraglich erschien, ob man überhaupt von einer Zukunft Jesu Christi reden könne, die nicht aufginge in der Zukünftigkeit der jeweilig glaubenden Existenz . . ., galt es festzustellen, daß es uns angesichts der in Christus geschehenen und im Evangelium verkündigten Offenbarung Gottes nicht freigestellt ist, ob und wie wir von der Zukunft, von einem zukünftigen Handeln Gottes in Jesus Christus reden . . . Wenn der Gekreuzigte als der Auferstandene und Erhöhte verkündigt wird, so ist damit gesagt, daß er bereits unwiderruflich der Kyrios [= Herr] ist. Daß er es aber allem Augenschein zum Trotz ist, das erfordert seine künftige Offenbarung in Herrlichkeit, der wir entgegensehen[78]."

2. *Der Sieg Christi über den Tod:*
Die christliche Hoffnung richtet sich — wie *W. Kreck* weiter ausführt — auf die *Offenbarung der Herrlichkeit Jesu Christi,* die Beseitigung aller gottfeindlichen Mächte und *die Neuschöpfung der Kreatur.* Die erwartete Beseitigung aller gottfeindlichen Mächte hat aber ihren Grund darin, daß *der Gekreuzigte der Sieger über den Tod ist.* Was Tod und Sterben eigentlich heißt, das kann ich nicht am Tod allgemein ablesen, vielmehr sagt es mir das Evangelium, das mir Jesu Christi Tod verkündigt. Denn an Jesu Christi *Tod* wird erst offenbar, was Sterben heißt, worin die Substanz des Todes besteht: Der Stachel des Todes ist die Sünde (1. Kor. 15, 56). Wenn aber die neutestamentlichen Texte „auf alle Fälle dies eine sagen wollen, daß Gott diesen Gekreuzigten nicht im Tode gelassen hat, daß er ihn auferweckt hat und in einer neuen Leiblichkeit den Seinen begegnen ließ", wenn Jesus Christus verkündigt wird als der, der dem Tode die Macht genommen hat, so ist zu fragen, was dies für das *theologische Verständnis der Auferstehung* bedeutet.

3. *Die Auferstehung als die Proklamation des göttlichen Urteils:*
W. Kreck wendet sich gegen ein doppeltes Mißverständnis:
Auf der einen Seite gilt es abzuwehren, daß *die Auferstehung als ein „Faktum"* verstanden wird, das man mit den Mitteln der historischen Forschung dingfest

---

[78] W. Kreck: Die Zukunft des Gekommenen, Grundprobleme der Eschatologie, München 1966², S. 199.

zu machen und mit Hilfe des historischen Nachweises, daß das Grab leer war, festzustellen sucht. Hier wäre sowohl *der Zeichencharakter* der Erscheinungen und des leeren Grabes als auch die prinzipielle Nichtverifizierbarkeit (-faßbarkeit) der Auferstehung Jesu Christi mit den Mitteln der historischen Forschung verkannt. „Es gibt ein welthaftes . . . Reden von Ostern, das trotz des Gleichklangs mit den biblischen Worten mit der christlichen Osterbotschaft nichts mehr zu tun hat" (W. Kreck).

Auf der anderen Seite gilt es abzuwehren, „daß alle Rede von der Auferstehung Jesu Christi nur *die mythologische Umschreibung der Bedeutsamkeit seines Todes* und des damit uns eröffneten neuen Selbstverständnisses ist". Die Auferstehung ist eben nicht lediglich der „Ausdruck der Bedeutsamkeit des Kreuzes" (Bultmann), so daß es nicht angeht, „das Kreuz Christi mit seiner Auferweckung gleichsam koinzidieren [zusammenfallen] zu lassen" (Kreck).

Die positive These, die *Kreck* in dem vorliegenden Text entfaltet, lautet deshalb: *Wie das Kreuz in seiner Heilsbedeutung nicht erkennbar ist ohne die Auferstehung Jesu, so ist auch seine Auferstehung nicht verstehbar ohne das Kreuz.* Das bedeutet: Wie das *leibliche Sterben* Jesu auf Golgatha das ergehende Gericht Gottes über die Sünde ist (der Stachel des Todes ist die Sünde!), so bedeutet die *leibliche Auferweckung* Jesu Christi von den Toten das *Ja Gottes zu diesem Gekreuzigten.* „Ostern ist dieser göttliche Rechtsakt und Urteilsspruch." Die Ostertexte bezeugen, „daß Gott sich zu diesem Gekreuzigten bekannt hat, daß er ihn zum Kyrios [= Herrn] gemacht hat." „Gott gibt Jesus recht und damit gibt er dem Sünder recht, so gewiß Paulus sagen kann, Christus sei um unserer Gerechtigkeit willen auferweckt" (Röm. 4, 25).

Ist das gesehen, ist die *Auferstehung Jesu Christi entscheidend als Rechtsakt und Freispruch Gottes* verstanden, in dem Gott dem Sünder recht gibt, so ist es „dennoch . . . den Texten nicht unwichtig, daß dieses Ja Gottes zu Jesus in der Gestalt seiner Auferweckung vom Tode sich ereignet und daß der Auferstandene sich seinen Jüngern bezeugt. Es liegt ihnen offensichtlich daran zu bezeugen, daß hier eine Tat Gottes geschieht, die höchsten Wirklichkeitsrang beansprucht".

Kreck geht es also, indem er den unauflöslichen Zusammenhang von Kreuz und Auferstehung streng im Auge behält, entscheidend darum: 1. Ostern ist das *Ja Gottes* zum Gekreuzigten und Verfluchten, „aber in Gestalt seiner Auferweckung vom Tode". Und wiederum: 2. Ostern ist die „leibhafte Auferweckung" Jesu, aber darin das Urteil und der *Rechtsakt Gottes*, die Rechtfertigung des Gottlosen und das Aufbrechen der in sich verschlossenen Welt der Sünde. Erst ein Verstehen, das den *Urteils- und Rechtscharakter* sowie den *Wirklichkeitscharakter* der Auferweckung Jesu Christi gleichermaßen im Auge behält, vermag den Auferstehungstexten des N. T. gerecht zu werden (Kreck).

II. Der Text
W. Kreck: „Der Gekreuzigte als der Sieger über den Tod."

Christus der Sieger über den Tod! Aber so gewiß es über diese Aussage in der christlichen Kirche keinen Streit geben kann, so erhebt sich doch die Frage, was damit gemeint sei. In welchem Sinn ist hier Tod verstanden? Geht es dabei jedenfalls auch um das Sterben, mit dem unser irdisches Leben endet, und hat die Christusbotschaft Konsequenzen für diesen Tod, oder geht es „nur" um den „ewigen Tod" der Gottesferne?

Diese Frage stellen uns die neutestamentlichen Texte selbst, indem sie auf der einen Seite — vor allem natürlich Johannes — von der Gegenwart des „Lebens", von dem im Glauben an Christus bereits vollzogenen Durchgang durch den Tod zu diesem Leben mit Nachdruck reden, und doch andrerseits — wie etwa deutlich bei Paulus — von einer noch ausstehenden künftigen Aufhebung des Todes trotz der Gegenwart des eschatologischen Heils in Christus und seinem bereits errungenen Sieg über den Tod gesprochen werden kann. Schließt sich nicht beides — nicht nur den Vorstellungsgehalten nach, sondern sachlich — aus? Und ist nicht gerade hier einleuchtend, daß eine radikale Gegenwartseschatologie, die nicht über das Grab hinaus träumt, dem recht verstandenen Evangelium entspricht? Wenn man bedenkt, wie sich gerade an dieser Stelle der ungebrochene Lebenswille des alten Menschen austobt, wie uralte Mythologie durch die Jahrhunderte hindurchgeschleppt wird, um ihm Nahrung zu geben, wie leicht hier das Evangelium in „christliche" Weltanschauung absinkt, dann kann man wohl vor jeder auch nur zeichenhaft andeutenden inhaltlichen Aussage zurückschrecken. Kann man noch mehr sagen als die alles umfassende Verheißung: „Wer an den Sohn glaubt, der *hat* das ewige Leben . . ."? Aber was meint andrerseits Paulus, wenn er sagt: „Hoffen wir allein in diesem Leben auf Christum, so sind wir die elendesten unter allen Menschen" (1. Kor. 15, 19). H. J. Iwand sagt einmal: „Indem Paulus so die ‚Macht' des lebendigen Gottes mit der ‚Todestatsache' konfrontiert, indem er diese beiden, Gott und den Tod, ohne Zwischenglieder aufeinander bezieht, . . . erreicht er die letzte, äußerste Position, um das Evangelium von Jesus Christus als den Sieg Gottes auf der ganzen Linie zu verkündigen. Von jenseits des Todes her, von außerhalb der durch den Tod bestimmten Menschheitsgeschichte stammt die Christusbotschaft. Wenn sie nicht untrennbar verbunden bleibt mit dem anderen, mit der unfaßlichen Wirklichkeit der Totenauferstehung als der Grenzüberschreitung dieses Äons und seiner Gesetze, dann ist sie sinnlos, dann ist unser Christentum mit allem, was zu ihm gehört, mit Sündenvergebung und Unsterblichkeit, nichts anderes als eine der vielen, damals wie heute so zahlreichen ‚Erlösungsreligionen', mit denen sich die Gefangenen über die Unzerbrechlichkeit ihres Gefängnisses hinwegtrösten."

Man muß das Doppelgesicht des Todes in der Schrift ins Auge fassen, wenn man verstehen will, was Jesu Christi Sieg über den Tod bedeutet.

a) *Der Doppelsinn des Wortes Tod*

Es könnte so scheinen, als ob in der Aussage „Auferstehung der Toten" zwar das Wort Auferstehung für uns eine radikale Unbekannte, dagegen das Wort „Tote" oder Tod eine bekannte Größe sei, so daß wir mit Hilfe dieser Bekannten jene Unbekannte zu finden versuchten. Aber wissen wir wirklich, was Tod heißt? Natürlich wissen wir, daß unser Leben unwiderruflich zu Ende geht: Alle Menschen müssen sterben! Gewiß kann der Gedanke daran sehr beunruhigend sein, und die Geschichte der menschlichen Religionen und Weltanschauungen ist dessen Zeuge. Aber es wäre ein Irrtum zu meinen, in unserer Erfahrung des Todes sei die Grenzsituation gegeben, die den Menschen notwendig vor die letzte Frage stellt, auf die dann das Evangelium antwortet. Man kann mit dem Tod auf mancherlei Weise zurechtkommen.

So wird ein Idealismus, der den Menschen als Vernunftwesen unsterblich weiß, mit dem Tode im Grunde spielend fertig. Fichte kann sagen: „Der Tod ist eine Erscheinung wie alle anderen Erscheinungen: keine Erscheinung aber trifft das Ich." Das reine Ich ist gar nicht in der Zeit, sondern immer schon in der Ewigkeit. Geburt und Tod verlieren ihre Bedeutung, sind „täuschende Phänomene"; folglich bedarf es auch keiner Auferstehung als Rettung von einem Tode, den man gar nicht glaubt. Der Unsterblichkeitsglaube, der hier in einem ethischen Idealismus begründet ist, geht wie ein breiter Strom, von der Antike gespeist, durch die ganze abendländische Geschichte. Für die Aufklärung gehörte er zu den Grundwahrheiten der Vernunft, und mit welcher Ruhe man dem Tod entgegensah, ist erstaunlich. Mendelssohn etwa konnte ihn als erwünschtes Ziel betrachten, an dem die Seele den überlästigen Gefährten des Leibes loswird. Für den romantischen Idealismus des frühen Schleiermacher in seinen „Reden" wird der persönliche Unsterblichkeitsglaube fragwürdig, es läuft hinaus auf ein Aufgehen im Universum, der Tod ist die einzige Gelegenheit, „um über die Menschheit hinauszukommen". Das Universum spricht zu uns: „Wer sein Leben verliert um meinetwillen, der wird es erhalten ..." Für W. v. Humboldt verliert der Tod seinen Schrecken, da die durchgebildete Persönlichkeit durch ihn nicht vernichtet werden kann. Er kann einmal sagen: „Es gibt eine geistige Individualität, zu der aber nicht jeder gelangt, und diese eigentümliche Geistesgestaltung ist einzig und unvergänglich. Was sich so nicht zu gestalten vermag, das mag wohl in das allgemeine natürliche Leben zurückkehren."

Wir brauchen hier nicht auf die verschiedenen Begründungen solchen Unsterblichkeitsglaubens einzugehen, angefangen von Platons Beweis im Phaidon, wo aus der Immaterialität der Seele, ihrer Einfachheit usw. auf ihre Unzerstörbarkeit geschlossen wird (den Kant in dieser Form kritisiert und zerstört hat), bis hin zu den modernen Versuchen, aus unsrer Geistigkeit und Personenhaftigkeit auf ein Fort- und Weiterleben nach dem Tode zu schließen. Am imponierendsten ist darunter wohl immer noch der moralische Beweis Kants oder auch der Fichtes. Fichte kann sagen: „Ich werde, wenn ich jene erhabene Aufgabe übernehme, nie vollendet haben; ich kann also, so gewiß die Übernehmung meine Bestimmung ist, ich kann nie aufhören zu wirken und mithin nie aufhören zu sein. Das, was man Tod nennt, kann mein Werk nicht abbrechen; denn mein Werk soll vollendet werden, mithin ist meinem Dasein keine Zeit bestimmt und ich bin ewig. ... Ich habe meine Bestimmung ergriffen und sie ist ... ewig, und ich bin ewig wie sie." ...

Aber so tief solches idealistische Denken christlicher Eschatologie bis hinein in die praktische Frömmigkeit, die Kirchenlieder, die Kunst usw. beeinflußt und mit einem bestimmten Vorverständnis von Tod und Leben belastet hat, so ist das doch nur *eine* solche Möglichkeit. Heute hat unzählige Menschen ebenso stark wohl ein naturalistisches Denken in seinen Bann gezogen, nach dem menschliches Leben und Sterben in Analogie zur Natur und ihrem Blühen und Welken verstanden wird. Ist der Mensch nicht hineingebunden in die Natur, ist er nicht wesenhaft ein leibliches Wesen bzw. ein solches, dessen psychosomatische Einheit nicht zu übersehen ist? Was sind Leben und Tod für den biologisch denkenden modernen Menschen? Zumal wenn man die Tatsache bedenkt, daß es längst schon durch unendliche Zeiträume hindurch Sterben in der Welt gab, ehe der Mensch auf den Plan trat, so daß von daher schon eine anthropozentrische Deutung des Todes, etwa als der Sünde Sold, problematisch erscheint. Man kann selbst in solchem naturalistischen oder auch materialistischen Denken eine Erinnerung an christliche Erkenntnisse finden, die vergessen wurden. Es könnte dadurch (wie vor einigen Jahren die Erklärung des Bruderrates der Bekennenden Kirche im Blick auf den Marxismus es aussprach) eine idealistisch verengte Christenheit an die Einheit von Leib und Geist, ja, an die Botschaft von der Auferstehung gemahnt werden. Aber das hindert nicht, daß man hier auf ganz andre Weise mit dem Problem des Todes fertig zu werden meint. Man kann die Menschheitsgeschichte, das Auf und Ab der Völker und Kulturen, man kann vollends sein eigenes Leben offenbar durchaus als einen solchen Prozeß des Werdens und Vergehens fassen, mit dem man sich zufrieden oder resigniert abfindet. Zufrieden, mit der Natur sich eins fühlend, kann man dann mit Goethe sagen: „Der Zweck des Lebens ist das Leben selbst" und „Wir wollen einander nicht aufs ewige Leben vertrösten, hier noch müssen wir glücklich sein". Es kann aber auch mehr resigniert heißen wie bei dem skeptischen Friedrich dem Großen: „Gern und ohne Klage gebe ich meinen Lebensodem der wohltätigen Natur zurück, die ihn mir gütig verliehen hat, und meinen Leib den Elementen, aus denen er besteht" (Testament von 1769). . . .

Alldem gegenüber ist kategorisch zu sagen: Was Tod und Sterben eigentlich heißt, das sagt mir nicht das Phänomen oder die Larve des Todes als solche, sondern das Evangelium, das mir Jesu Christi Tod verkündigt. An seinem Tod wird erst offenbar, was Sterben heißt, worin die Substanz des Todes besteht: Der Stachel des Todes ist die Sünde! H. Vogel sagt: „Da, wo der Todesfluch auf ihm liegt, wo er, der Heilige und Unschuldige, der Fluch für uns ward, wird dieser Todesfluch offenbar, da wird unsre Absonderung als der unüberbrückbare Abgrund des Grauens offenbar und der Todesfluch eben als der. Fluch dieser Absonderung. Weil aber er, der Heilige Gottes, der Sohn des Vaters, der zum Kreuzestode bis in die Gottverlassenheit hinab Verfluchte für uns ward, so wird dieser Todesfluch an ihm und auf ihm als der Fluch des ewigen Todes offenbar. Darin, daß der Tod ihn, den der Absonderung Nichtschuldigen, töten darf und kann, wird des Todes Tödlichkeit offenbar, das ‚Leben' des Todes, dessen Substanz der ewige Tod ist . . ." Das Evangelium sagt uns, was eigentlich Tod ist, so wie es uns auch offenbart, was Leben heißt. So wie Leben im eigentlichen Sinn Gemeinschaft mit Gott ist, so ist Tod zutiefst die Scheidung von Gott und dann auch von dem Mitmenschen, ja, auch die Zerstörung des eigenen Lebens. Keine Todesphilosophie, sondern nur das Evangelium kann das Wesen des Todes, die Gewalt und Unentrinnbarkeit seiner Herrschaft, den Tod als den letzten Feind, den man nicht in einen Freund umdeuten kann, aufdecken, freilich damit zugleich auch seine Grenze, des Todes Tod. Weil wir vor Gott auf der Flucht sind, weil wir uns von ihm, der das Leben ist, losgesagt haben, darum stehen wir unter der Herrschaft des Todes, der zutiefst Gottes Nein über uns ist.

Aber was hat dieser Tod mit dem Sterben, d. h. dem Zu-Ende-Gehen unseres irdischen Lebens zu tun? Kann man beides in eins setzen? Wohl ist diese Einheit im Blick auf Jesu Tod zu behaupten. Sein Sterben ist radikal als Fluch und Gericht verstanden. Deshalb heißt es, daß Jesus in Gethsemane vor diesem Kelch zittert und bittet, er möge an ihm, wenn es sein könne, vorübergehen. Deshalb dies Psalmwort am Kreuz: „Mein Gott, warum hast du mich verlassen?" Jesu Wirken wird von Anfang an als Kampf nicht nur gegen die Sünde, sondern auch gegen Krankheit und Tod geschildert. Der Tod ist nicht der Freund, sondern der Feind. Es ist nicht zufällig, daß nach dem neutestamentlichen Zeugnis das Gericht Gottes, wie es über des Menschen Sünde ergeht, nicht nur verkündigt und ausgesagt wird, sondern als im Tode Jesu vollstreckt bezeugt wird. Hier hat ihn Gott für uns zur Sünde gemacht. Sind die Evangelien nach Kählers bekanntem Wort eine Passionsgeschichte mit ausführlicher Einleitung, zielen sie von Anfang an auf dies Ende hin, so ist das von daher sachlich begreiflich. Es ist das Evangelium von Christus nach Paulus das Wort vom Kreuz; mit diesem Tod Jesu verbinden uns Taufe und Abendmahl. Denn hier ereignen sich Gericht und Heil, wie sie im Kerygma bezeugt werden. Daß dieser Tod Jesu unser Heil ist, das schwächt nichts davon ab, sondern setzt im Gegenteil voraus, daß dies Sterben als solches das Ertragen des göttlichen Gerichts ist.

Das ist gewiß von unserm Tod nicht zu sagen. Er kann nicht mit Jesu Christi Tod konkurrieren, nicht noch einmal dies Gericht sein. Aber er steht doch nach der Schrift in einer sehr deutlichen Beziehung zu Gottes Gericht (vgl. 1. Mose 2, 17 und 3, 19). Der Tod wird nicht in Leben umgefälscht, sondern als Ende und Grenze des Lebens, als Ausschluß vom Land der Lebendigen, dem Land der Verheißung, der Gemeinde, dem Tempel, häufig mit düsteren Farben geschildert. Er hat nicht immer, aber doch meist etwas Unheimliches und zur Resignation Stimmendes (vgl. vor allem Hiob und Prediger). Und vollends im Neuen Testament ist eindeutig, wie sehr er als Unnatur, als das, was nicht ursprünglich war und nicht sein sollte, empfunden wird, wie wenig sich der Glaube damit als einer Tatsache einfach abfinden kann. „Der Stachel des Todes ist die Sünde", wie Paulus sagt, d. h. von dorther nimmt er seine Kraft und seinen Antrieb. Das Todesverhängnis wird nicht als biologisches, naturhaftes Phänomen harmlos gedeutet. Paulus spricht Römer 8, 17 ff. von einer Unterwerfung unter die Vergänglichkeit, welche nicht das erste und das letzte Wort sein kann, wo man an Gott und an das von ihm verheißene Leben glaubt. Für den Sünder freilich ist der Tod Gottes gerechtes Gericht. Diesen Zusammenhang zwischen Sünde und Sterben bezeugt die Taufe in Christi Tod, in welcher der Mensch zwar nicht leiblich getötet wird, aber doch mit dem gekreuzigten Christus zusammengeschlossen, unter das tödliche Urteil Gottes gestellt wird, um so gerade freigesprochen zu werden. In Christus sind wir vom Fluch des Todesgerichts Gottes befreit, er hat dem Tode die Macht genommen, so daß uns kein Tod mehr von der Liebe Gottes trennen kann. Hier gilt Luthers Wort: Der Tod ist ein Schlaf geworden! Aber das nimmt nichts davon zurück, daß er als solcher der Feind ist, daß aber auch das Sterben, mit dem unser Leben endet, Zeichen des göttlichen Gerichts ist.

. . . .

. . . Der Tod des Menschen ist in der Schrift nicht einfach mit Gottes Gericht identisch, aber als Zeichen des göttlichen Gerichts ist er — jedenfalls in der Gestalt des Sterbens, wie wir es jetzt kennen — nicht zur guten Schöpfung Gottes gehörig, weshalb die ganze Kreatur nach Paulus wartet auf die Befreiung vom Fluch des Vergehens. Es gehört darum zur christlichen Hoffnung, daß das Ja Gottes zum Menschen in Jesus Christus, in dem der „ewige Tod" der Gottesferne überwunden ist, auch Konsequenzen hat für die Herrschaft dieses Todes.

b) *Jesu Christi Sieg über den Tod*

Jesus Christus wird als der verkündigt, der dem Tode die Macht genommen hat. Daß Jesus Christus vom Tode erstanden ist, das gehört mit zum ältesten, jedenfalls für Paulus schon ehern feststehenden Kerygma. . . . Wir brauchen in unserem Zusammenhang nicht auf die exegetischen Einzelfragen der Auferstehungstexte in den Evangelien einzugehen, auf die unbestreitbar stark variierenden und sich widersprechenden Berichte, auf ihre legendäre Gestaltung usw. Uns genügt hier, daß sie auf alle Fälle dies Eine sagen wollen, daß Gott diesen Gekreuzigten nicht im Tode gelassen hat, daß er ihn auferweckt hat und in einer neuen Leiblichkeit den Seinen begegnen ließ. Das aber nötigt uns zu einer Besinnung über die theologische Relevanz solcher Aussage. Was ist gemeint und welches Interesse hat man, wenn man bekennt, daß der Tod diesen Jesus Christus nicht halten konnte?

Ohne Zweifel drohen hier die mannigfachsten Mißverständnisse. Auf der einen Seite wird die Auferstehung Jesu Christi als Faktum verstanden, dessen Historizität man nachzuweisen sucht (mit Hilfe des Nachweises, daß das Grab leer war, usw.). Der Ton liegt dann auf dem wunderbaren Vorgang der Wiedererweckung eines Gestorbenen, der damit zugleich uns die Auferstehung garantiert. Demgegenüber ist zu fragen, wieso ein derartiges Mirakel als solches, das offenbar dem antiken Menschen nicht ohne weiteres als unglaubhaft erschien, Inhalt christlicher Verkündigung ist und ein Fürwahrhalten dessen schon Glaube heißen kann. Glauben an Totenerweckung und Auferstehung kennt die Religionsgeschichte in mannigfacher Weise. Die Relevanz solchen Ereignisses wird von Jesus energisch bestritten, wenn es Lukas 16, 31 gegenüber dem Wunsch, einen vom Tod Erstandenen erscheinen zu lassen, heißt: „Hören sie Mose und die Propheten nicht, so werden sie auch nicht glauben, wenn jemand von den Toten aufstünde." Es kann sich in der christlichen Osterbotschaft nicht um ein Mirakel handeln, das den Menschen zum Glauben nötigt oder seine Lebenssehnsucht stillt. So wenig nach den Ostertexten der Auferstandene sich aller Welt offenbart statt allein seinen Jüngern, die Zeugen seines Leidensweges waren, so wenig kann eine Verkündigung an den Gräbern schon deshalb christlich sein, weil sie statt von Unsterblichkeit oder einem Jenseits von Jesu Christi Auferstehung und unserer Auferstehung redet und schwärmerisch den Tod überspringt. Es gibt ein welthaft-verobjektivierendes Reden von Ostern, das trotz des Gleichklangs mit den biblischen Worten mit der christlichen Osterbotschaft nichts mehr zu tun hat. Eschatologie, die so historisierend naturhafte oder auch supranaturale Sachverhalte vor uns hinstellt und den Glauben daran verlangt, macht aus dem Evangelium eine „christliche" Religion oder Weltanschauung.

Aber ist damit schon gesagt, daß alle Rede von der Auferstehung Jesu Christi nur die mythologische Umschreibung der Bedeutsamkeit seines Todes und des damit uns eröffneten neuen Selbstverständnisses ist? Ist die Osterbotschaft also nur die bildliche Ausmalung der Wahrheit, daß der Gehorsam Jesu bis zum Tode und entsprechend auch unsre Übernahme des Kreuzes, unser Mitsterben, unter Gottes Verheißung steht? Oder ist es nicht dem Neuen Testament von Belang, daß eben die Verkündigung dieser Verheißung in der Gestalt der Botschaft von der Auferweckung Jesu Christi von den Toten geschieht? ... Geht es im Evangelium tatsächlich nur um den Aufruf, angesichts des nackten Kreuzes in einer Art creatio ex nihilo [Schöpfung aus dem Nichts] sich zum Dennoch des Glaubens aufzuschwingen? Können wir in die Nacht des Karfreitags zurück, lediglich mit der in sich ruhenden, auf sich stehenden Aufforderung, diese Nacht für das Licht zu halten? Was ist dann aber der Sinn der neutestamentlichen Osterbotschaft? Können wir, so gewiß wir den Auferstandenen nicht anders denn als den Gekreuzigten erkennen können, nicht auch den Gekreuzigten nur als den Auferstandenen erkennen, d. h. von Ostern her?

Die Ostertexte wollen gewiß nicht das Mirakel eines Erwecktwerdens vom Tode zum Leben als solches berichten, sondern sie bezeugen, daß Gott sich zu diesem Gekreuzigten und Verfluchten bekannt hat, daß er ihn zum Kyrios gemacht, als seinen Sohn proklamiert hat, daß er ihm, dem alle Welt unrecht gab, recht gegeben hat. Ostern ist dieser göttliche Rechtsakt und Urteilsspruch. Ohne die verschiedenen Aspekte im Neuen Testament hier gewaltsam auf einen Nenner zu zwingen, kann man doch wohl sagen: Zwischen Kreuz und Auferstehung Jesu Christi besteht ein unlöslicher Zusammenhang. Wenn Jesus wirklich der war, als den ihn die Gemeinde bekennt, dann ruft das Kreuz nach Ostern, dann kann sein Tod nicht das letzte Wort sein. Der Tod dieses Einen mußte — mit Luther zu reden — des Todes Tod werden. Insofern kann man wohl sagen, daß es in der

Osterbotschaft um die Bedeutsamkeit des Sterbens Jesu geht, als hier offenbar wird, wie wenig es sich in diesem Sterben um ein Scheitern, eine Katastrophe und ein Ende handelt, sondern daß hier gerade Gott am Werk ist, die Welt versöhnt und ihr das Leben schenkt. Ostern bedeutet, daß proklamiert wird, wer dieser Jesus ist. Hier geht es um das göttliche Ja unter dem Nein des Karfreitags. Gott gibt Jesus recht und damit gibt er dem Sünder recht, so gewiß Paulus sagen kann, Christus sei um unsrer Gerechtigkeit willen auferweckt (Röm. 4, 25). Und sofern es hier um den Menschen als Gottes Geschöpf geht, sein sündiges, dem Gericht verfallenes, aber doch von ihm nicht aufgegebenes Geschöpf, kann man sogar sagen: Gott erweist hier, daß er selbst recht behält gegen alle Zerstörung seiner Schöpfung und daß er festhält an diesem Menschen und nicht fahren läßt das Werk seiner Hände.

Aber — so könnte man fragen — was hat das mit der Auferweckung Jesu von den Toten zu tun? Wäre dies Ja Gottes zu dem Gekreuzigten und damit dieser eigentliche Sinn von Ostern nicht aussagbar ohne solche merkwürdigen Berichte von der Auferweckung eines Gestorbenen und seinen Erscheinungen? Warum sollten wir nicht die Osterzeugnisse als mythologische, zeitgebundene Umschreibung dieses „Sinnes" ansehen, von der wir gerade abstrahieren müssen, um den eigentlichen Skopus dieser Texte zu erfassen? Kommt es nicht entscheidend darauf an, daß Gott dies Urteil proklamiert: „Dies ist mein lieber Sohn, an dem ich Wohlgefallen habe"? Ist es wichtig oder nötig, von einer Auferweckung dieses getöteten Christus und seiner „leibhaftigen" Begegnung mit den Seinen zu reden, oder sind das Vorstellungsformen, die bei tieferem Eindringen in den Sinn der Texte gerade unhaltbar und überflüssig werden? Es erheben sich der Einwände genug: Die Schwierigkeit bzw. Unmöglichkeit, die Zeugnisse der Evangelien historisch in Einklang zu bringen. Die Überlegung, daß hier eine unbegreifliche Bevorzugung der ersten Zeugen vorläge, während wir andern alle darauf angewiesen sind, ihrem Zeugnis zu glauben ohne zu schauen. Oder vielmehr gerade unsre Bevorzugung ihnen gegenüber, weil auf uns anders als auf sie die Verheißung zuträfe: „Selig sind, die nicht sehen und doch glauben." Hat nicht Lessing recht, wenn er auf den abgründigen Unterschied zwischen erlebten und bloß erzählten Wundern hinweist? Aber mehr noch — und das dürfte der eigentliche Einwand sein —: Wird nicht der Glaube als Glaube in seinem Wesen gefährdet, wenn man ein solches wunderbares Geschehen wie die Auferweckung eines Toten bzw. sein Erscheinen zu seinem Gegenstand macht? Richtet sich nicht am Ende doch der rechte Glaube, wie wir hörten, auf das nackte Kreuz und allenfalls auf die völlig ungreifbare und unausweisbare Verheißung, daß hier in diesem Kreuz das Leben, in diesem Nein das Ja, in diesem Sterben die Auferstehung zu uns kommt? An diesem Glaubenskanon gemessen müßten also alle die „verobjektivierenden" Aussagen — noch ganz abgesehen von den textlichen Problemen — in ihrem uneigentlichen Charakter erkannt werden, damit der Glaube Glaube bleibt.

Wenn es stimmt, daß hier die eigentliche Spitze und das geheime Pathos der Argumentation liegt, dann kann man der hier vorliegenden theologischen Entscheidung nicht nur mit exegetischen Einzelfeststellungen begegnen . . ., sondern nur mit einer dogmatischen Überlegung darüber, welchen Sinn es haben kann, daß das Ja Gottes zu Jesus Christus, daß sein gegen das Urteil der Welt gesetzter Urteilsspruch über diesen Gekreuzigten, in der Gestalt der Botschaft von seiner Auferweckung aus dem Tode verkündigt wird. Natürlich kann es hier keinen historischen Beweis geben, der gerade den Glauben überflüssig oder unmöglich machte. Ein historischer Beweis etwa für das Leersein des Grabes Jesu würde wenig nützen und könnte durch jede Scheintodhypothese in Gefahr kommen. Und wenn es heißt, daß Jesus seinen Jüngern erschien, so ist jeder Beweis schon deshalb fragwürdig, weil diese ohne weiteres als befangen erscheinen könnten. Daß Gott hier gehandelt und sich zu Jesus Christus in der Tat bekannt hat, ist allemal ein Urteil des Glaubens. Gottes Bekenntnis zu Jesus Christus, nicht die Auferweckung irgendeines Gestorbenen, ist entscheidend, so sagten wir. Und dennoch ist es den Texten nicht unwichtig, daß dies Ja Gottes zu Jesus in Gestalt seiner Auferweckung vom Tode sich ereignet und daß der Auferstandene sich seinen Jüngern bezeugt. Es liegt ihnen vielmehr offensichtlich gerade daran zu bezeugen, daß hier eine Tat Gottes geschah, die höchsten Wirklichkeitsrang beansprucht. Es geht um die Identität dieses Gekreuzigten mit dem Auferstandenen und damit um das Aufbrechen dieser scheinbar in sich verschlossenen Welt des Todes. So wenig Jesus nur zum Schein starb, so wenig ist seine Auferstehung doketisch gemeint. Und so wenig es menschliche Voraussetzungen und Möglichkeiten gibt für einen Übergang vom Tod zur Auferstehung, so wenig auch für unser Verstehen dieser göttlichen Tat. Dazu bedarf es der Selbstbezeugung des Auferstandenen und dahin gehören auch die Erscheinungen als Zeichen. Es ist ja nicht so, als ob nach den Zeugnissen der Ostertexte die Jünger durch ein Mirakel einfach erschlagen würden. Das Zweifeln und Zögern der Jünger in der Begegnung mit dem Auferstandenen, wie es geschildert wird, soll uns ja zeigen, wie es zu diesem Erkennen eines Öffnens der Augen, eines gesprochenen Wortes des Auferstandenen (oder eines Engels) bedarf, d. h. also, daß auch hier nicht einfach ein Phänomen, und wäre es noch so absonderlich, für sich redet ohne das dabei ergehende Wort. Aber so wenig das leibliche Sterben Jesu von dem auf Golgatha ergehenden Gericht Gottes zu trennen ist, so wenig nun doch auch die leibliche Auferweckung, der Einbruch in diese Todeswelt, von dem Ja hier. Wenn der Tod, wie wir oben sagten, nach Gottes guter Schöpfung nicht sein sollte, dann kann Gottes Ja zu seinem Geschöpf nicht erklingen, ohne daß seine Macht gebrochen wird. Und es konnte die Botschaft von diesem Ja Gottes nicht entstehen, ohne daß zeichenhaft dieser Sieg über den Tod den ersten Zeugen in der Begegnung mit dem Auferstandenen bekundet wurde.

Es kann sich natürlich in alledem nicht darum handeln, die Botschaft von der Auferweckung Jesu von den Toten als notwendig zu „beweisen", sondern es kann nur darum gehen, die ohne Zweifel in den Texten bezeugte

Auferstehung in ihrem notwendigen Zusammenhang mit dem gesamten Kerygma zu sehen und sich mit den Argumenten auseinanderzusetzen, die zu ihrer Eliminierung zu nötigen scheinen. Wenn es wahr ist, daß der Tod der Sünde Sold ist, wenn er auf alle Fälle Zeichen göttlichen Gerichts nach der Schrift ist, dann konnte diesen Jesus, wenn er wirklich der war, als den ihn das Evangelium bezeugt, der Tod nicht halten, dann konnte sein Grab nicht das letzte Wort sein, dann konnte Gott nicht zulassen, daß „sein Heiliger verwese". Das ist kein logischer Schluß, mit dem man dem Unglauben imponieren und ihn zum Glauben wandeln kann. Aber das ist wohl schlüssig unter Voraussetzung der Todesauffassung der Schrift. Ein toter, ein im Tod gebliebener Messias wäre allerdings Nonsens. Ein Ja Gottes, das nicht ein Nein zum Tode wäre, eine Gerechtigkeit Gottes, die nicht auch Leben wäre, wäre nicht Gottes Ja. So gewiß das nur im Glauben erkannt werden kann, so doch in einem Glauben, der nicht aus sich selbst hier ein Urteil eigenmächtig inauguriert, sondern der einstimmt in das Urteil Gottes, das Gott in der Auferweckung Jesu selbst gefällt hat und das in der Selbstbezeugung des Auferstandenen, in seinen Begegnungen mit den Jüngern proklamiert wird. Nur als Zeugen des Auferstandenen werden die Seinen wirklich Zeugen seines Todes. Es mußte zu jener Tat am Kreuz eine Tat Gottes hinzutreten, die jene erschloß. Insofern kann man mit Barth sagen: „Es müßte sich ja (sc. diese neue Tat Gottes) von jenem Widerfahrnis (dem Tod Jesu), sollte es diesem überlegen sein, sollte dieses zu ihm in einer bestimmten Beziehung der Zuordnung und Unterordnung stehen, in bestimmter Eigenart abheben. Es müßte, mit jenem zusammengehörig, ihm gegenüber eine gewisse Selbständigkeit haben. Es dürfte also nicht bloß ein Prädikat, ein Annex oder eine Näherbestimmung jenes Widerfahrnisses sein; es dürfte als Zweites nicht bloß in irgendeiner Verlängerung oder Vertiefung oder in einer bloßen Erscheinung jenes ersten bestehen: so gewiß es jenes erste auch seinerseits nicht aufheben, nicht Lügen strafen, nicht zu einer bloßen Erscheinung degradieren dürfte."
Aber kann man, so fragten wir ja, mit menschlichen Worten, in den Kategorien unsrer Todeswelt von dieser Auferstehung Christi reden? Kann man nicht nur negativ davon sprechen und positiv allenfalls in dem Sinn, daß von der reinen Zukünftigkeit Gottes die Rede ist? Droht hier nicht sofort ein welthaftes, vergegenständlichendes Reden, in dem das Leben sofort wieder zum Tode erstarrt? In der Tat ist das Geheimnis der Auferstehung, die wunderbare Wirklichkeit des Auferstandenen nicht letztlich mit unseren menschlichen Worten und Vorstellungen zu erfassen. Die biblischen Ostertexte sind dessen Zeuge, indem sie auf der einen Seite „welthaft" davon reden, wie vom Essen des Auferstandenen u. ä., andrerseits aber zum Ausdruck bringen wollen, daß es um ein totaliter-aliter der Existenzweise Jesu Christi hier geht. Es kann nur zeichenhaft davon gesprochen werden, nur in paradoxen, widersprüchlichen Vorstellungen und Darstellungsweisen von dem Leben geredet werden, das den Tod besiegt. Insofern sind auch die biblischen Zeugnisse hier als immer unzureichender Niederschlag der Begegnung selbst, der Selbstbezeugung des

Auferstandenen, die nicht an seine Stelle treten, ihn nicht überflüssig machen wollen, sondern gerade Verheißung seiner neuen Selbstbezeugung heute und hier sind, stets in Gefahr, verobjektiviert zu werden, d. h. das eigentlich hier sich bezeugende Subjekt zu verdecken. Und doch muß in solch unzureichender, zeichenhafter Weise davon gesprochen werden, wenn deutlich werden soll, daß es hier um die extramentale Wirklichkeit Jesu Christi geht, die nicht in meinem Glauben gründet, sondern meines Glaubens Grund und Inhalt ist. Das Ja Gottes zu uns, von dem die Osterbotschaft zeugt, gründet in einer Tat Gottes und kommt als Botschaft von dieser Tat Gottes zu uns, die als Gottes Tat allerdings nur im Glauben erkannt werden kann, deren Tatcharakter aber in dem zeichenhaften Reden der Texte sich anmeldet und darum nicht eliminiert werden kann, wenn diese Botschaft bleiben soll, was sie sein will. Das Bekenntnis: Christus ist auferstanden und hat dem Tode die Macht genommen! kann also keineswegs den Sinn haben, am Glauben vorbei oder hinter den Glauben zurück auf ein Faktum zu verweisen, das man konstatieren kann (um sich so gerade den Glauben zu ersparen!), aber es hat wohl den Sinn, zu bezeugen, daß der Glaube nicht ins Leere hinein glaubt, sondern auf das Wort Gottes hin, das als Zeugnis von dieser an Christus geschehenen Tat Gottes extra me Grund und Gegenstand meines Glaubens ist. Daß hier in Jesus Christus dem Tod bereits die Macht genommen ist, daß hier das Leben über den Tod gesiegt hat, das gehört nach dem neutestamentlichen Zeugnis konstitutiv zur Verkündigung des Evangeliums.

Man muß also beides streng festhalten: Die Vorläufigkeit, die Gebrochenheit, die notwendige Unangemessenheit aller „Was-Aussagen" hier — und dennoch ihre Notwendigkeit, um auf das damit bezeugte, unaufgebbare Ereignis selbst hinzuweisen, das ante me und extra me [vor mir und außerhalb meiner] geschieht. Es geht in der Tat, wie Barth einmal sagte, um die Vermeidung des doppelten Irrweges, daß man weder mit den Liberalen hier einfach von Visionen redet (obwohl natürlich der beobachtende Historiker — solange er nur konstatiert — es im Rahmen seiner Voraussetzungen so sehen wird) noch mit den Positiven „ebenso brutal ‚historische Tatsachen'" feststellt, wenn auch „wunderbare", als ob es hier um Dinge ginge, die man zählen, messen und wiegen kann. Die nach den Texten den Jüngern widerfahrenden Erscheinungen als Zeichen dafür, daß der Gekreuzigte lebt, daß er die Schranke des Todes zerbrochen hat, sind also keine Beweise, die den Glauben überflüssig machen, sondern sie rufen als echte Zeichen gerade nach ihm. Das will auch H. J. Iwand sagen, wenn es einmal bei ihm heißt: „Hier erklingt das Noli me tangere, ohne das die Osterbotschaft nicht Osterbotschaft wäre! Die Gestalt, in der der Herr ihr (Maria) erscheint, ist noch nicht Seine wahre, Seine anzubetende Gestalt. Auch über dieser Erscheinung steht ein ‚Noch nicht'. Auch sie ist ein über sich Hinausweisendes, ein ‚Zeichen', ein Wunder, das man bezeugen, das man aber nicht halten, fassen, in den großen Tatsachenkasten für Historiker und Naturforscher zwecks Untersuchung, Einordnung, Vergleichung und was dieser Methoden mehr sind, einsperren kann. Diese Erscheinungen, die an sich sehr greifbare, keineswegs visionäre, gespenstische Erscheinungen waren ... — stehen nichtsdestoweniger unter dem Gesetz des Noli me tangere [Rühr mich nicht an]! Sie sind den Blumen gleich, die nur einmal blühen, in einer Nacht. Ein paar Menschen haben sie gesehen, dann nie mehr. Über ein paar Menschen ist dieses Licht aufgeflammt, dann war alles wie vorher. Nie hat es sich wiederholt und nie wird es sich wiederholen."

Die Botschaft von der Auferstehung Jesu Christi als des Urteils Gottes, mit dem er sich zu seinem Sohn bekennt, gehört zum Felsgestein der christlichen Verkündigung. Ohne die Auferstehungsbotschaft fällt nach Paulus auch die Botschaft von der Rechtfertigung und Sündenvergebung. Denn sie bezeugt, daß Gott gegen die Welt, gerade auch die fromme Welt, die Jesus kreuzigt, sein Recht aufrichtet. Will man die Rechtfertigungsbotschaft „an sich" verstehen, glaubt man etwa mit ethischen Kategorien sie zu erfassen oder doch den Weg zu ihrem Verständnis bahnen zu können, so muß man sich fragen, ob es noch wirklich die Rechtfertigung als Totalurteil Gottes meint, das sie bei Paulus ist. Als ob das simul iustus et peccator [zugleich Gerechter und Sünder] weniger widerspruchsvoll wäre als die Osterbotschaft, bei der man notwendig in dies Stottern und Stammeln verfällt wie die Osterberichte. Man kann nicht eine theologia crucis [Kreuzestheologie] gegen eine theologia resurrectionis [Auferstehungstheologie] ausspielen (so wenig wie umgekehrt). Hat nicht Barth recht, wenn er sagt: „Was ist's mit dem Tode Christi, wenn mir das etaphe [er wurde begraben] ,begraben' gegenübersteht? Wäre es nicht eine sentimentale Illusion, das Leiden Christi an sich zu verherrlichen, auf die darin bewährte Gesinnung Jesu vielleicht seinen Glauben zu gründen? Eignet sich das Kreuzessterben mit der bitteren Frage an Gott, mit der es endigt, zur Grundlage der allgemeinen Religionswahrheit, daß die Sünde von uns genommen werden solle? Ist zu unserer Absolution nicht ein ,Und Gott sprach' nötig und wo bleibt das auf Golgatha oder wie könnten wir es dort hören, wenn wir es nicht jenseits aller Gräber als Osterbotschaft schon gehört hätten? Ist die Sünde eine Macht, muß dann nicht auch die Vergebung eine Macht sein, ebenso universal, nein noch universaler, noch ursprünglicher, noch beherrschender als jene. Wenn aber die Sünde waltet, solange die Zeit und Welt ist, welches Wort ist dann gerade der Sünde gewachsen als das letzte Wort vom Sieg, der nicht in der Welt, auch nicht in unserm Herzen, auch nicht in unserem Gewissen erfochten wird, sondern die Welt auf einen Nenner gebracht überwindet?" Dies eben ist die Botschaft von der Auferweckung Jesu Christi von den Toten, von seinem Sieg über den Tod.

H. J. Iwand
Kreuz und Auferstehung Jesu Christi

I. Die Einführung
In seiner 1958/59 in Bonn gehaltenen und bisher unveröffentlichten Christologie-Vorlesung geht es *H. J. Iwand* grundlegend um die *Entfaltung des unauflöslichen Zusammenhangs von Kreuz und Auferstehung*[79]: „Tod und Auferstehung Jesu gehören zueinander. Man kann sie nicht auseinander reißen, man kann nicht das eine für sich behalten wollen und das andere fallen lassen." Unser heutiges, von anderen Zeiten verschiedenes Fragen nach der Auferstehung Jesu Christi charakterisiert Iwand so: Das Besondere der meisten gegenwärtigen Untersuchungen über die Osterereignisse ist, „daß man überall hinausstrebt über das bloß psychologische Schema: man sieht die Billigkeit und Nutzlosigkeit der Visionshypothese ein, man spricht auch nicht mehr vom Scheintod des Leibes Jesu, ventiliert auch nicht mehr ernsthaft die alte jüdische Ausrede, daß die Jünger den Leib Jesu gestohlen hätten . . . Wir haben all diesen Ausflüchten und rationalistischen Interpretationen den Abschied gegeben und sehen uns vor die nackte Alternative gestellt, vielleicht darin den ersten Zeugen der Auferstehung erstaunlich nahe: *Soll der Tod* und in diesem Tod die Menschen *oder Gott das letzte Wort haben?"*
Es kommt uns also in dieser Nähe zu den ersten Zeugen der Auferstehung erneut zum Bewußtsein, daß die Auferstehung Jesu ein Phänomen eigener Art ist: „Das Schwierige, die Auferstehung Jesu zu erfassen, liegt eben darin, daß es *keine Parallelen* gibt. Sie ist ein Datum, welches unser ganzes Denken über die Geschichte in Frage stellt. Sie sprengt nicht nur den Tod, sie sprengt mit dem Tod zugleich das Fundament dessen, was wir unter unserer Geschichte verstehen."

1. Kreuz und Auferstehung als die Selbstdefinition Gottes:
Gott offenbart sich im Tode Jesu Christi als der, der er ist. „Das Sein in Gott wird in diesem Tod unmittelbar greifbar und unmittelbar anschaulich." Wer ist also Gott? *Iwand* antwortet: „Dieser Tod legt uns allererst aus, was es heißt, wenn wir sagen: Gott ist gerecht!" Paulus jedenfalls hat so gedacht (Röm. 3, 24—26) und „den Begriff der ‚Gerechtigkeit Gottes' mit dem Tode Christi . . . untrennbar verbunden". Aber nicht nur die *Gerechtigkeit*, sondern auch die *Liebe Gottes* wird von Paulus „aus der Härte und dem Geheimnis dieses Todes erhoben und begriffen", ja beide Größen — im menschlichen Bereich immer im Konflikt — sind im Tode Jesu eins, weil hier die Gerechtigkeit Gottes von der Liebe und die Liebe Gottes von seiner Gerechtigkeit umklammert ist. „Im Tode Jesu Christi führt uns also die Liebe Gottes zu seiner Gerechtigkeit und die Gerechtigkeit zu seiner Liebe."
Wenn aber der Tod Jesu zugleich die Frage stellt, ob der Tod überhaupt das Letzte ist, die eigentliche Macht hat, wenn also die Alternative lautet: Gott oder der Tod? und wenn Gott in der Auferweckung Jesu den Tod entscheidend vernichtet — die Auferstehung ist der „Tod des Todes" —, dann wird auch verständlich, daß nach dem N. T. „die Erweckung dieses Toten wesenhaft, unentbehrlich in den Begriff Gottes gehört" (Röm. 4, 24). „Sehen wir einmal genau hin, wie stereotyp das Bekenntnis zu Gott und auch das Gottvertrauen mit diesem Akt der Auferweckung Jesu von den Toten zusammenhängen! Einen anderen Gott gibt es nicht! . . . Ich glaube nicht an die ‚Auferstehung', sondern

[79] H. J. Iwand: Christologie-Vorlesung, Bonn 1958/59; die folgenden Zitate sind dieser Vorlesung entnommen.

an den Gott, ‚der unseren Herrn Jesus von den Toten auferweckt hat' (Röm. 4, 24; 1. Petr. 1, 21; Röm. 8, 11; 2. Kor. 1, 9; Röm. 10, 9; 2. Kor. 4, 14). *Die Auferstehung gehört in den Gottesbegriff hinein,* ihr Geheimnis ist ebenso tief, wie das Geheimnis Gottes selbst . . . Der Tod und unsere Nähe zu ihm muß jetzt dazu dienen, Gott groß zu machen, indem an ihm offenbar wird, was Gott vermag" (Iwand).

2. *Der Tod und das Kreuz Jesu Christi:*
Die Gerechtigkeit Gottes wird jedoch, wie *Iwand* betont, im Tode Jesu nicht lediglich *erkannt*, vielmehr ist das beherrschende Thema des Römerbriefes, „daß im Tode Jesu Christi die wahre und uns alle in sich einschließende Gerechtigkeit Gottes *Ereignis* geworden ist, . . . so daß in diesem einen Datum des dahingegebenen Menschen- und Gottessohnes Gott selbst seine uns alle einschließende Gerechtigkeit verwirklicht hat". Gleiches gilt auch für die Liebe Gottes, die nicht nur „vom Tode seines Sohnes her interpretiert wird". „Wir müssen es uns vielmehr so vorstellen, daß die Liebe Gottes Ereignis wurde, wirklich als himmlische, als Gottesliebe und dieses Ereignis *ist* der Tod Jesu Christi!"
Iwand liegt aber zugleich entscheidend daran, das *Kreuz wieder in seiner Härte und in seinem Ärgernis* sichtbar zu machen. „Wir haben uns die Härte des Kreuzes, der Offenbarung Gottes im Kreuz Jesu Christi dadurch erträglich gemacht, daß wir es in seiner Notwendigkeit für den Heilsprozeß verstehen lernten." „Aber das ist nicht das Kreuz. Das ist nicht die in ihm wohnende, die in es von Gott hineingelegte Härte." Der Glaube beginnt deshalb „in jener Härte und Nacht, die die Nacht des Kreuzes und der Verlassenheit, der Anfechtung und des Zweifels ist". Diese *Offenbarung Gottes im Kreuz und Widerspruch,* diese Erniedrigung Gottes in den Gegensatz und die totale Verborgenheit ist erst von den Reformatoren in ihrer „Kreuzes-Theologie" erneut in ihrer ganzen Härte herausgestellt worden, nachdem Paulus der erste war, der dies erkannt und deutlich ausgesprochen hat (1. Kor. 1 f.).

3. *Die Auferstehung Jesu Christi als das Gerichtsurteil Gottes:*
Die Auferstehung Jesu Christi wird von *Iwand* in Einheit mit dem Kreuz als ein *„Gerichtsprozeß"* Gottes verstanden. Im Tode Jesu haben die Menschen ihr Urteil gesprochen; der Justizmord an Jesus ist der Sieg der Gottlosigkeit. Die Auferweckung Jesu, in der sich Gott zu dem Gekreuzigten bekennt, ist auf diesem Hintergrund der *Rechtsspruch gegenüber der Ungerechtigkeit der Welt* und somit der Sieg Gottes im Streit der Menschen gegen ihn. Deshalb sagt Iwand: „Die Auferstehung Jesu ist Gericht. Sie ist ein Eingreifen Gottes als des Richters. Der Auferstandene . . . steht hier als der Spruch Gottes gegen die menschlichen Richter. Gott ist Sieger. Der Versuch der Menschen, über Gott zu Gericht zu sitzen, ist von Gott selbst beantwortet. Er ist beantwortet mit der Auferweckung Jesu."
Zu diesem Gerichtsprozeß gehören aber als „Mitagierende" *die Zeugen.* Diese haben dieses Gerichtsurteil — von Gott in der Auferweckung Jesu gesprochen — zu proklamieren. *Wir haben nach Iwand folglich keinen Zugang zu der Auferstehung unter Umgehung dieser Zeugen des Auferstandenen.* Apostel sein heißt deshalb Zeuge der Auferstehung dieses so von Menschen im Namen des Gesetzes gerichteten und verworfenen Jesus von Nazareth sein. „In diesem Sinne ist die Auferstehung Jesu ein Gericht Gottes — ein Eingreifen Gottes als des Richters! — und die Zeugen sind dazu berufen, das Urteil Gottes in diesem Gerichtsprozeß Gottes gegen die Menschen zu bezeugen."

4. Die Auferstehung Jesu Christi als alleinige Tat Gottes:

Die Auferstehung Jesu Christi ist nach Iwand im strengen Sinne *Gottes Tat.* Weder die Frevler noch die Frommen sind hier beteiligt oder mit-schöpferisch. „Gott ganz allein — wie am ersten Tage der Schöpfung, spricht und es geschieht . . . Gott ganz allein — und ihm gegenüber der Tod des einen Menschen, der sein Sohn ist: das ist das Gegenüber." Insofern ist die Auferweckung Jesu Gottes ureigenste Tat, denn „nicht am Tode vorbei, sondern in der Konfrontierung mit ihm will Gott unser Gott sein".

Für das Verständnis von Kreuz und Auferstehung gibt es nun nach *Iwand* zwei grundlegende Gefahren: „Auf der einen Seite droht uns die Verwandlung [der Botschaft von Kreuz und Auferstehung] in einen *Mythos,* auf der anderen Seite droht das Absinken in die Kategorien des *bloß Historischen,* in die nackte Feststellbarkeit des Geschichtlichen. Auf beiden Abwegen wird man [jedoch] nicht mehr dem gerecht, daß Offenbarung ja immer Tat Gottes ist (Röm. 8, 3)."

Der Mythos sagt nicht „Dieser da!" (Joh. 1, 29 f.), der Mythos kennt auch nicht das „ein für allemal" (Röm. 6, 10; Hebr. 7, 27; 9, 12; 10, 10). Der Mythos hebt vielmehr das Wesentliche und Sinnvolle als das Zeitlose von dem bloß Zufälligen und Historischen ab. Im Mythos „wird das Sterben erlebt, wie es als Akt des ‚Stirb und werde' an mir vollzogen wird. Der Mythos des sterbenden und auferstehenden Gottes gibt dort nur den Hintergrund ab, ist gleichsam ein Symbol für das, was mich in meiner Existenz bewegt. Was in dem Schicksal des Gottes vorgestellt wird, ist real in meiner eigenen Existenz. Meine Existenz ist das eigentliche Dahrum im Kult der Mysterien, in denen dieses Mitsterben und Mitauferstehen erfahren wird".

Auf der anderen Seite droht das *historische Mißverständnis:* Hier betont Iwand ein Doppeltes: 1. Die Auferstehung Jesu Christi ist als Tat und Urteil Gottes *in* der Geschichte geschehen, sie ist also ein Ereignis, das den Bereich der Geschichte nicht nur berührt, nicht nur die Krisis der Geschichte bedeutet, sondern in unsere Geschichte von Gott her einbricht. Hieran ist nach Iwand gerade auch gegenüber Bultmann festzuhalten: Weil die Auferstehung Gottes alleinige Tat ist, „neigt man auch leicht dazu, wie in der ganzen Bultmannschule, das Kreuz als das letzte ‚historische' Phänomen anzusehen, weil *hierbei Menschen mitwirken* und es darum in den Bereich der menschlichen Geschichte fällt, während die Auferstehung jenseits aller menschlichen Mitwirkung steht. Aber die Tatsache, daß *der Auferstandene den Seinen erscheint* und diese Erscheinungen auf eine bestimmte Zeit begrenzt bleiben, zeigt doch andererseits, daß auch die Auferstehung noch *in den Bereich der Geschichte,* soweit es *die Jünger* angeht, hineinreicht." 2. Die Auferstehung ist mit historischen Mitteln prinzipiell nicht faßbar. „Es wird [deshalb] niemals möglich sein, auf dem Wege des historischen Erkennens dessen habhaft zu werden, was als die Osterbotschaft der Christenheit in dieser Welt erklingt." Das Ereignis der Auferstehung ist zwar eingezeichnet in das Geschehen unserer Tage — „man kann Augenzeugen nennen . . ., die Jünger sehen den Auferstandenen" —, aber es kann nicht aus der Geschichte heraus begriffen werden. Und zwar läßt sich nach Iwand „die Auferstehung Jesu [deshalb] nicht mehr als innerweltliches, innergeschichtliches Ereignis fassen", weil in diesem Ereignis „die Voraussetzungen der Geschichte und des geschichtlichen Denkens in Frage gestellt werden, soweit Geschichte und Geschichtsbewußtsein mit dem Tode zusammenhängen. *Alle Geschichtsbetrachtung lebt davon, daß der Tod ein Letztes ist".* Die Auferstehung Jesu dagegen reißt die Todesumschlossenheit der Geschichte auf, sie sprengt als die Aufrichtung und Proklamation des Sieges über den Tod den Rahmen unseres Geschichtsdenkens. Die Grenze der historischen Betrachtung liegt dabei — wie Iwand bemerkt — nicht etwa im Material der Überlieferung oder auch in dem Unvermögen unserer bisherigen Methoden. „In dieser Hinsicht gibt es Verbesserungen und Vervollkommnungen, die uns manches heute klarer erkennen lassen als einst. Aber es wird sich immer auf diesem Wege eine *Grenze* auftun, die niemand übersteigen kann. Es wird nie gelingen, das, was in der Botschaft von der Auferstehung Jesu Christi festgehalten ist, vom Boden des Historischen aus faßbar und begreifbar zu machen."

Iwand sagt zusammenfassend: Die Auferstehung Jesu Christi als Tat Gottes an dem gekreuzigten Jesus entzieht sich dem „Entweder-Oder von Mythologie und Geschichte" [Historie]. „Das Faktum Jesus Christus sprengt den monistischen Begriff von Geschichte, es *stellt die Konstante des Todes in Frage* . . ., aber es ereignet sich gleichwohl *in* unserer Geschichte und kann geradezu dahin mißverstanden werden und falsch ausgelegt werden, als wäre es ein Geschehen wie alle anderen gewesen." M. a. W.: In Kreuz und Auferstehung Jesu Christi haben wir es also „mit Tatsachen zu tun, mit Realitäten, ja mit der einzig wahren Realität überhaupt, die uns in der Geschichte begegnet . . . Aber der Index dieser wahren Realität ist nicht ihre Geschichtlichkeit. Sie, diese Tatsachen sind nicht darum in ihrer Realität und ihrem Bedeutungsgehalt erfaßt und begriffen, weil sie und insofern sie *geschehen* sind, sondern *weil in ihrem Geschehen Gott sich als der gnädige und barmherzige Herr erwiesen hat.* Man kann das Verhältnis von Geschichte und Offenbarung nicht umkehren, kann die Geschichte nicht in den Rang der Offenbarung heben".

5. Der unauflösliche Zusammenhang von Kreuz und Auferstehung:
Wie das Kreuz nicht ohne die Auferstehung Jesu Christi, so ist auch die Auferstehung nicht ohne das Kreuz zu verstehen. Diese für *Iwand* grundlegende These wird von ihm an Folgendem erläutert:

Die Sündenvergebung ist nicht ohne die ihr folgende Aufhebung des Todes: „Wenn es bei dem Tode Jesu um *die Aufhebung der Sünde* ging, um das ‚hinwegschaffen' derselben, um das Verlegen der Sünde auf ihn, in dem sie endgültig und für immer dahin ist, so muß *in der Auferstehung die andere Seite der Sache offenbar werden, daß mit der Sünde auch der Tod fällt.* Es ist ein neues, ein aus Gott geborenes Leben, das mit Tod und Auferstehung Jesu anbricht, ein Jenseits alles dessen, was als scheinbar unzerbrechliches Gesetz hier über unserem Dasein waltet." So erklärt nach Iwand das Ineinander von Kreuz und Auferstehung den *Zusammenhang,* der nach dem N. T. *zwischen Sünde und Tod* besteht: „Wir kommen von einer Theologie her, die allein die Vergebung in den Mittelpunkt stellt und damit auch das Kreuz, bzw. den Tod Jesu, aber nicht die Auferstehung. Wir meinen, daß dies ein Fehler ist. Auch die Vergebung muß hineingenommen werden in die neue Welt Gottes, die mit der Infragestellung des Todes über uns gekommen ist. Kann man denn überhaupt an die Vergebung der Sünden glauben, wenn man keinen Ausblick über den Tod hinaus hat und die Vergebung nur innerhalb des Todesschicksals und der Todeswirklichkeit mächtig werden soll? Hier kann sie eben nicht mächtig werden. ‚Wo Vergebung der Sünden ist, da ist Leben' (Luther). Wir müssen den Lebenszusammenhang mit dem Auferstandenen haben, wenn wir wirklich an die Vergebung der Schuld glauben . . . Aber wir haben diesen Ansatz verloren, wir haben ihn längst mit der Entdeckung des ‚historischen Jesus' verloren. Wir haben eine Rechtfertigungs- und Versöhnungslehre entwickelt, die sozusagen innerhalb dieser Todeswelt stand, die nicht vermochte, das Jenseits des Todes, das Leben schon mitten in der Todeswelt und als Faktor, der gegen die Todeswelt mächtig ist, anzusetzen." „Die Bibel sieht immer Tod und Sünde in einem Zusammenhang; es ist deshalb für sie unmöglich, das eine ohne das andere aufzuheben. Und sie sieht beides zusammen, weil auch der Tod Jesu und seine Auferstehung in einem Zusammenhang stehen."

Auch der *Zusammenhang von Gericht und Freispruch* (Röm. 4, 25) bezeichnet nach Iwand dieses unauflösliche Ineinander von Kreuz und Auferstehung: „Wenn dieser Tod uns als Gericht trifft, als das verdiente Gericht über alles, was Fleisch ist, dann geht uns die Auferstehung an als ‚Rechtsspruch', als ein von Gott angesichts unseres Todes gefällter Urteilsspruch, daß wir leben sollen! . . . Die Auferstehung Jesu steht nicht als ein einsames Mirakel in der Geschichte, hier kehrt nicht ein Gott in seinen Himmel zurück, ungeachtet dessen, was Menschen ihm angetan haben, sondern hier bricht Gott das über uns verhängte Todesurteil (Röm. 5, 18) entzwei und setzt uns einen Richter, einen Fürsprecher, einen, der ‚für uns' eintreten kann, so daß wir leben. Dieser sitzt zur Rechten Gottes."

Schließlich findet der unauflösliche Zusammenhang von Kreuz und Auferstehung in dem Bekenntnis zur *Identität [= Einheit] des Gekreuzigten mit dem Auferstandenen* seinen Ausdruck: „Das Zeugnis [des N. T.] behauptet also die Identität dessen, der sich in den Erscheinungen den Jüngern zeigte, mit Jesus von Nazareth. Gerade das ist der Kern aller nachösterlichen Geschichten." Diese Selbigkeit und Identität zwischen dem irdischen Jesus und dem auferstandenen Herrn begründet auch das Bekenntnis der Urgemeinde (Röm. 8, 34) und des Hebräer-Briefes zum *Hohepriestertum des Auferstandenen:* „Er lebt. Er sitzt zur Rechten Gottes — eben dieser, der für uns Gekreuzigte und in den Tod an unserer Stelle Gegangene — er vertritt uns, er ist der Hohepriester . . . D. h.: Er, der Auferstandene und Lebendige verwaltet selbst das Werk seines Erdenlebens, er hat es nicht aus seiner Hand gegeben. Sein irdisches Werk, insbesondere seine Lebenshingabe, ist nicht in die Hände der Menschen gelegt, damit diese daraus machen, was ihnen genehm ist, damit sie daraus wieder eine ‚Religion' machen. Jesus gibt sein Lebenswerk nicht ab, er tritt für uns ein, er ist der, welcher es verwaltet . . ., er tritt für uns ein und nur darum, nur insofern ist er der Herr!" Der Erhöhte hat den irdischen Jesus also nicht hinter sich gelassen: „Es ist kein ‚anderer Christus', den wir in dem Auferstandenen vor uns haben. Wenn wir ihn auch anders vor uns haben, als er mitten unter uns wandelte. Der Erhöhte reicht immer noch bis in diese Tiefe, und diese Tiefe hat an jedem Punkt ihres Weges die Identität mit dem, der den Tod hinter sich gelassen hat. Darum kann nur der Glaube diesen Weg vom Irdischen zum Erhöhten und vom Erhöhten zum Irdischen finden, nur er kann ihn gehen. Nur er versteht diese Dialektik zwischen Hier und Dort, nur er ermißt, was es heißt, daß der dort der hier ist!"

II. Der Text
H. J. Iwand: „Kreuz und Auferstehung Jesu Christi".

A. *Die Frage nach dem Zugang zum Geheimnis des Todes Jesu Christi*

Wir stellen die Frage nach dem Zugang zu dem Geheimnis des Todes Christi. Es muß doch offensichtlich einen entscheidenden Punkt geben, einen Ort, an dem mir das Eigentliche, Letzte und Wahre in diesem Ereignis aufgeht. Und wenn wir hinzunehmen, daß es nichts gibt, was diesem Geschehen an die Seite gestellt, was mit ihm — als Ereignis — verglichen werden könnte, dann kann man begreifen, daß eigentlich alles in unserer Theologie und auch in unserem christlichen Sein, in unserer eigenen Glaubensgewißheit und Erlösung davon abhängt, daß wir diesen Punkt erfassen. Angesichts der urchristlichen Zeugnisse kann man natürlich von einer Vielfalt der Bilder und Begriffe reden, in denen die ersten Zeugen die Botschaft von der Bedeutung dieses Todes ausgerichtet haben. Aber das enthebt uns nicht der Frage nach der eigentlichen Mitte, der alle diese Begriffe zustreben.

I. Der Tod Jesu Christi und die Gerechtigkeit Gottes

Im Römerbrief wird der Zugang von dem her erschlossen, was dieser Tod für unser Verständnis der *Gerechtigkeit Gottes* bedeutet. In diesem Tode — so meint Paulus dort — wird auf einmal als eine unzertrennliche Einheit faßbar, was sonst immer durch einen furchtbaren Spalt getrennt ist und nirgends zusammengebracht werden kann: nämlich der Gott, der gerecht ist, und der Gott, der den aus dem Glauben an Jesus lebenden Menschen gerecht macht (vgl. Röm. 3, 24—25). *Das S e i n und das S c h a f - f e n in Gott wird in diesem Tode unmittelbar greifbar und anschaulich*, und damit wird der Gegensatz aufgehoben und überwunden, der zwischen Gott und dem Menschen besteht. Dieser hat die Fähigkeit nicht in sich, sich gerecht zu machen. Das Ineinander von Sein und Schaffen, von Gerechtigkeit und Gerechtmachung ist Sache Gottes. Aber es ist eine Sache Gottes, die offensichtlich gerade im Todsein, dem von Gott selbst gesetzten Sühnemittel („hilasterion", Röm. 3, 25) real wird. Alles, was an dieser so bedeutenden Stelle am Ende von Römer 3 gesagt wird, ruht gänzlich auf dem Tode und dem Opfer Christi. Paulus sagt gleichsam: Nehmt einmal den Begriff der Gerechtigkeit Gottes und tretet mit ihm an dieses „Opfer" heran, das Gott selbst als Opfer, als Sühnemittel herausgestellt, das er selbst uns hiermit vor Augen gesetzt hat, und ihr werdet eine wunderbare, eine vom Gesetz aus unbegreifliche Verwandlung und inhaltliche Erfüllung dieses Wortes und der Sache der *Gerechtigkeit* Gottes erleben. Sie wird zu etwas, was sie — solange wir von dem Gesetz ausgingen — *nie* war und nie sein konnte. Jetzt erst, seit sie mit dem Tode Christi ihren wahren göttlichen Sinn, ihren Inhalt bekommen hat, ist sie für uns als Gottes Sein und Gottes Tun greifbar und begreifbar. Jetzt ist sie so, daß niemand mehr sagen kann — niemand, der an Jesus glaubt — „Gott ist gerecht, aber ich bin es nicht!" Das wäre eine aus der Abstraktion von dem Tode Jesu gewonnene Gerechtigkeit, das ist die Vorstellung von Gerechtigkeit Gottes, die w i r uns machen, die unser *Gewissen*, unsere ethische *Religion* fabriziert.

Eben jene herrliche und befreiende Erkenntnis, die sich durch den ganzen Römerbrief hindurchzieht, ist die, *daß im Tode Jesu Christi die wahre und uns alle in sich einschließende Gerechtigkeit Gottes Ereignis geworden ist,* daß sie wirklich in diesem einen Faktum — in diesem ganz und gar nicht zufälligen, sondern von Ewigkeit her vorgesehenen Faktum — da ist, mitten unter uns in der Botschaft und Enthüllung des Evangeliums da ist; aber eben doch wirklich da ist, so gewiß als dieser Mensch gestorben und so gewiß sein Blut vergossen ist. Und dies Letztere heißt, daß in diesem einen Datum des dahingegebenen Menschen- und Gottessohnes Gott selber seine uns alle einschließende Gerechtigkeit verwirklicht hat; daß hier jener Versuch des Menschen zu Ende kommen muß und zu Ende gekommen ist, von sich aus zu sagen und zu bestimmen, was es heißt: Gott ist gerecht!; daß es also nicht stimmt, wenn die scholastische Theologie — soll man sagen trotz, soll man sagen wegen Anselm? — das, was unsere Vernunft als Gerechtigkeit Gottes zu wissen meint, mit dem in Einklang zu setzen versucht, was Gerechtigkeit Gottes ist, wie sie im Tode Jesu erwiesen und herausgestellt ist. *Nein, dieser T o d legt uns das allererst aus, was es heißt, wenn wir sagen: Gott ist gerecht!* Hier fällt die Entscheidung zwischen dem Leben, das aus meiner eigenen Vorstellung von Gottes Gerechtigkeit stammt, in dem ich von Natur aus lebe, und dem Leben, das sich von dieser Gerechtigkeit Gottes rechtfertigen läßt, im Glauben! Das haben wir alle von Paulus gelernt, daß wir den Zugang zum Tode Jesu nicht finden können, ohne daß eine Entscheidung getroffen wird zwischen einem Leben, das die Gerechtigkeit Gottes abstrakt versteht — ohne die Konkretion dieses Todes, dieses Ereignisses, mit dem Gott selbst in unser Dasein der Sünde und der Gottesferne eingreift—[und einem Leben, das die Gerechtigkeit Gottes konkret versteht — als diesen Tod —, und das heißt:] ob wir uns durch den Tod Jesu auslegen lassen, was es heißt: Gott ist gerecht!

II. Der Tod Jesu Christi und die Liebe Gottes

Aber diese Gerechtigkeit Gottes ist nun nicht der einzige Zugang, den uns das Evangelium zum Tode Jesu freilegt, wenn sie freilich auch einen hervorragenden Platz innerhalb der reformatorischen Kirchen einnimmt. Bei Paulus ist noch ein anderer Gesichtspunkt vorhanden, der auch in der Theologiegeschichte und in der Botschaft der Kirche eine sehr wesentliche Rolle gespielt hat, zumal er bei Johannes vielleicht noch stärker heraustritt; ich meine die *Liebe* Gottes. Was Liebe Gottes ist, sagt Paulus mit dem lapidaren Satz: „Gott ist für uns." „Wenn Gott für uns ist, wer wird wider uns sein?" (Röm. 8, 31). Als Erweis für die Gültigkeit dieses Satzes führt er an, daß „er seines eigenen Sohnes nicht verschont, sondern ihn für uns alle ausgeliefert hat". Wenn Paulus hier von Vater und Sohn spricht, so ist das von ihm sicherlich nicht als bloße Redeform gemeint. Gemeint ist nicht, daß die Preisgabe des Sohnes durch den Vater im allgemeinen ein Zeichen des höchsten Opfers, der größten Liebe ist und daß wir darum das Bild solchen Vater-Sohn-Verhältnisses anwenden dürfen, um uns die Tiefe und Unübertrefflichkeit des Liebesaktes Gottes verständlich zu machen. Paulus geht nicht von der Voraussetzung, daß Gott die Liebe ist (obschon dieser Satz sein volles Recht hat) aus, um sie an dem Tode Christi zu exemplifizieren [aufzuzeigen]; nein, wir werden die ganze Wucht und die ganze Tiefe dieses Wortes erst dann begreifen, wenn wir hier nicht nominalistisch, sondern realistisch denken: Es ist wirklich der *Vater in Ewigkeit*, der seinen *Sohn* hingibt, und es ist dieser eingeborene, dieser mit keinem anderen Menschen zu vergleichende *Sohn*, der für uns hingegeben wird. *Daraus erst schließt Paulus, daß Gott für uns ist.* Das ist eine andere Begründung, als wenn wir sie aus den Führungen unseres Lebens ablesen, aus Glück und Erfolg, aus den Begabungen mit natürlichen und geistigen Gnadengaben. Nein, diese *Gabe*, die Hingabe Jesu Christi, ist eine Gabe eigener Art. *Dieses „Für-uns"-Sein Gottes steht fest und gilt, unabhängig davon, ob wir für ihn sind oder nicht.* Das ist kein umkehrbares, kein gegenseitiges Verhältnis. Es ist ganz und gar einseitig. Das andere, daß wir nun auch unsere Gleichgültigkeit, unsere Feindschaft und unser Mißtrauen, unseren Unglauben Gott gegenüber ablegen, ist demgegenüber das zweite; nicht das Sekundäre, aber das Untergeordnete. „Wer will uns scheiden von der *Liebe* Christi?" (Röm. 8, 35). Das heißt doch wohl: diese Liebe Gottes, die in Christus uns allen gegenüber zu einer allem anderen überlegenen *Realität* geworden ist, diese Offenbarung des *Todes* als die alles überwindende *Liebestat*, als endgültige und durch nichts in Frage zu stellende Bindung an Gott, als die Überwindung aller Hemmnisse und Trennungen durch den, der uns geliebt hat, gilt. — Auch *diese Liebe* wäre leer und ohne Kraft, wenn sie abstrakt verstanden, *wenn sie nicht aus der Härte und dem Geheimnis dieses Todes erhoben und begriffen wird.* Der Tod ist das Siegel dieser Liebe; er ist die Versiegelung des Menschen, der es nicht verdient und nicht erwartet. Er ist das Bundeszeichen des neuen, im Blut Jesu geschlossenen Bundes, den Gott mit der — nicht nur sündigen, sondern auch — für uns alle so anfechtungsvollen, so bedrohten Welt geschlossen hat. … Man kann das hier Gesagte umkehren und so schließen: Wäre Gott *nicht* für uns, hätte er seines Sohnes verschont, *hätte es nie eine solche Preisgabe dieses Sohnes, nie diesen Tod, nie dieses Opfer gegeben — dann würde uns in der Tat alles von Gott trennen,* was uns an Tod und Leben, Mächten und Gewalten, was uns aus der geschaffenen Welt begegnen kann: unsere Anfechtungen und Ausweglosigkeiten, die Verfolgung und der Hunger, die Nacktheit und die Gefahr. Dann wäre unser Gottvertrauen, dann wäre das ganze Thema: „Gott ist die Liebe" ständig der Bedrohung durch die uns treffenden Ereignisse, durch den ganzen Komplex „Leben und Tod", „Engel und Gewalten" preisgegeben. Dann gäbe es ein Gottvertrauen, das in gefährlicher Abhängigkeit von dem steht, was sich uns von der Welt, von innen und außen her, entgegenstellt, was uns unseren „Gläuben", diese unsere fatale Vorwegnahme, daß Gott die Liebe ist und ein „lieber Vater" über uns wohnt, zerbricht und zersetzt. Die Liebe *Gottes*, die in dem Opfer des Sohnes liegt, ist von einer ganz anderen Art. Sie ist so stark, daß uns nichts aus ihrer Hand reißen kann.

Aber wenn wir das bedenken, sehen wir sofort, daß die ganze Weltüberlegenheit der Glaubensgewißheit von Römer 8 in sich zusammenbricht, *wenn wir den Schöpfer und den Versöhner, den Vater und den Sohn hier auseinanderreißen,* wenn uns das Ganze nur wie eine anschauliche Redeform erscheint. Und damit kündigt sich schon ein Problem an, das die Theologie gerade heute in Atem hält: Es muß wirklich der Sohn dieses *Vaters* sein; im Himmel und nicht auf Erden hebt das Geschehen an, bei diesem *Vater* und nicht in diesem Menschen hat es seine Wurzel, das hinter dem Satz steht: *Gott ist für uns!*

III. Die Einheit von Gerechtigkeit und Liebe Gottes

Wir haben zu zeigen versucht, daß der eine Punkt, von dem aus sich uns der Zugang zum Tode Christi erschließt, *die G e r e c h t i g k e i t Gottes ist.* Es ist einer der entscheidenden Sätze in der Verkündigung des Evangeliums, wie sie mit Paulus ans Licht getreten ist, daß er den Gegensatz scharf herausgestellt hat, der zwischen *zwei „Arten" von Gerechtigkeit* eben durch den Tod Christi aufgebrochen ist. Paulus hat den Gegensatz radikal gefaßt, er hat hier kein Nebeneinander geduldet, er hat Gerechtigkeit des Glaubens genannt, was im Tode Christi von Gott her verwirklicht worden ist. *Er hat damit den Begriff „Gerechtigkeit Gottes" so untrennbar mit dem Tode Christi verbunden, daß wer das eine verwirft, auch an dem anderen keinen Anteil hat.* „Wenn durch das Gesetz Gerechtigkeit zu erlangen wäre — dann wäre Christus umsonst gestorben", so schließt er seine entscheidenden Sätze im 2. Kapitel des Galaterbriefes ab. Er nennt das auch: die *G n a d e* Gottes nicht verwerfen, nicht für ungültig erklären (Gal. 2, 21). Paulus hat diese Gnade eben dahin interpretiert, daß unser ganzes Leben im Fleisch, also in der Grundbefindlichkeit unserer menschlichen, unserer adamitischen Existenz nur gelebt wird und gelebt werden kann, wenn wir von Christus aus leben, wenn wir nicht etwa wieder zu jener anderen „Gerechtigkeit" zurückkehren, die mit seinem Tode unvereinbar ist, sondern im Glauben an den Sohn Gottes leben, der mich geliebt und sich für mich dahingegeben hat. Hier ist kein Kompromiß möglich. Indem diese Entscheidung in meinem Leben fällt, indem ich mich zu der Gerechtigkeit aus Glauben hinwende, aus ihr lebe, und der anderen — der Gerechtigkeit des Gesetzes und der Werke — den Abschied gebe, ist Christus in mein Leben getreten; Christus, der sich für mich hingibt, der sich mir erst in seinem Tode voll und ganz zu eigen gibt. Wo diese Entscheidung fehlt, da bin ich seinem Tode eigentlich noch nie begegnet, da ist mir die Bedeutung seines Todes noch nicht aufgegangen; da ist der, für den dieser Tod erlitten wurde, noch nicht präsent, das Werk dieses Todes ist „leer", es wartet noch auf den, für den es geschehen ist. So stellt uns der Tod Christi in eine Entscheidung wie sonst nichts in der Welt. Erst von *ihm* aus, erst wenn ich dort Stellung beziehe und von dort das Leben und Treiben der Menschen übersehe, werde ich gewahr, daß das Gesetz und die von ihm aus geformte Gerechtigkeit zu diesem Tod in Antithese stehen. Dieses Gerechtigkeitsverständnis [aus dem Gesetz] ist mir angeboren, es ist mir in Fleisch und Blut übergegangen. *Die neue Gerechtigkeit,* die aus dem Tode Christi stammt, die dort ihren Sitz, *ihre Substanz hat, wird das nie werden, wird uns nie so selbst-*

verständlich, so zu eigen werden wie jene andere; sie kann eben nicht „Fleisch" werden. Sie bleibt immer etwas, das nur von der anderen Seite her recht hat und recht ist. Darum wird und muß es unserem natürlichen Menschen, unserer natürlichen Theologie und unserer natürlichen Religiosität unfaßlich bleiben, daß und wie denn der Tod eines anderen Menschen für mich, für uns, für alle Gerechtigkeit bedeuten kann. Darum kann uns diese Aussage, diese Bedeutsamkeit des Todes Jesu Christi nur als Antithese begegnen.

Neben der Gerechtigkeit Gottes nannten wir *die L i e b e,* die durch den Tod Christi eine neue überwältigende Bedeutung gewinnt. Es hat zuweilen in der Theologiegeschichte *eine Rivalität zwischen der Gerechtigkeit und der Liebe in Gott gegeben.* Bekannt ist ja jene Unterscheidung, wonach wir im Alten Testament mehr den gerechten, im Neuen Testament mehr den Gott der Liebe antreffen. Das ist gemeinhin die Meinung der liberalen Theologie gewesen und hat mit dazu beigetragen, das Alte Testament in den Augen der Gebildeten und auch des Volkes weithin herabzusetzen. Aber diese Unterscheidung wird hinfällig, sobald wir beide Begriffe — es handelt sich ja immer um weit mehr als um Begriffe! — auf den Tod Christi beziehen. Denn hier kommt beides zur völligen, zur absoluten Versöhnung. Das ist zwar richtig, daß in unserem Verständnis dieser beiden Größen „Gerechtigkeit" und „Liebe" immer ein Gegensatz bleibt, daß unsere menschliche Gerechtigkeit der Liebe widerstreitet und diese wiederum der Gerechtigkeit. (Das kommt ja schon in der antiken Tragödie zum Ausdruck, es kommt auch immer wieder dem Richter zum Bewußtsein und es bildet gemeinhin das Thema der Tragödie.) Die Unterscheidung zwischen Liebe und Gerechtigkeit hängt wohl auch aufs engste mit der Entstehung der *Lehre von den beiden Reichen* zusammen, indem man so die private und die öffentliche Sphäre des Lebens zu unterscheiden hat. Auch wird es kaum gelingen, in unserer menschlichen Welt beides in einen letzten Einklang miteinander zu bringen, und eben darin liegen die Konflikte unseres persönlichen Lebens.

Aber das ist nun das Große und Unerreichbare in der Botschaft vom Tode Jesu Christi, *daß hier beides in eins fällt,* daß Gott hier — in diesem Opfer des Sohnes seiner Liebe — eine Tatsache geschaffen und eine Setzung vollzogen hat, die beides ist, so daß wir sowohl von der Gerechtigkeit wie von der Liebe her auf diesen einen Punkt zugehen. *Im Tode Jesu Christi führt uns die Liebe Gottes zu seiner Gerechtigkeit und die Gerechtigkeit zu seiner Liebe,* so daß wir in ihm selbst in Gottes Wesen — wenn wir Ihn vom Tode Jesu Christi her erfassen, wenn der gedachte Gott beiseite gelassen und der wirkliche Gott in Jesus Christus ergriffen wird — sehen, wie Gott es vermag und vermocht hat, daß beides eins ist. Darum sind auch das immer wieder die besten Darstellungen des Evangeliums gewesen, die klarsten und lautersten Bekundungen seiner Kraft und seiner Wahrheit, die es vermocht haben, *b e i d e s* miteinander zu verbinden und zu zeigen, *wie hier die Gerechtigkeit von der Liebe und die Liebe von der Gerechtigkeit umklammert ist.*

Das wird auch bei Johannes sehr deutlich, sowohl beim Beginn der Abschiedsreden — „er liebte sie bis ans Ende" (Joh. 13, 1) — wie auch in dem bedeutsamen Satz Johannes 4, 10: „Er hat uns zuerst geliebt!" — Das heißt doch: der originäre Akt der Liebe ist in Gott zu suchen. Hier finden wir die *w a h r e* Liebe, „die alles trägt, alles glaubt, alles hofft und alles erduldet (überdauert)" (1. Kor. 13). Sie gibt das Urbild ab für die Bruderliebe. Aber auch in der großen Stelle 2. Korinther 5, 14 — wo gesagt wird, daß, wenn einer gestorben ist, alle gestorben sind — geht der Satz voran, daß die *L i e b e* zu diesem Urteil nötigt.

Wir schalten hier noch eine *kurze Überlegung* ein. Wenn *die Liebe Gottes vom Tode seines Sohnes her interpretiert wird*, dann stoßen wir nicht auf ein einfaches, schlichtes Ja zu uns, sondern zunächst liegt in ihr ein hartes, unübersehbares Nein. Es liegt in ihr ein unendlicher Schmerz. Es liegt in ihr, daß nichts, aber auch gar nichts anderes, uns doch von Gott geschaffene und auf Gott hingeschaffene Menschen wenden, retten, zur Umkehr rufen konnte als diese Tat, dieses Opfer Gottes. Es liegt in ihr die Anerkennung und Abzeichnung der Wirklichkeit des Menschen, der geliebt ist. *Es liegt in ihr das Nein und das Ja, das Nein zu dem Menschen, der wir sind.* „Nein", sagte diese Liebe, „nein, nicht Du; nicht Du, dieser Mensch von Fleisch und Blut, dieser Mensch der Sünde, *du kannst nicht der Mensch sein, den Ich liebe. Du nicht.*" So liegt in dieser Liebe auch das Nein und muß in ihr liegen, wenn sie Liebe ist. Sie haßt etwas. Sie haßt das Sein des Menschen, das sie vorfindet. Sie hat die große liebende Kraft zu diesem Haß, zu diesem *Nein*, weil sie wirklich rein und schlechthin liebt, weil sie mich nicht hinnimmt, wie ich bin — das kann die Liebe nie! —, sondern weil sie, die *Liebe, u n t e r s c h e i d e t* zwischen dem, was sie sich erwählt, und dem, was sie verwirft. Sie muß etwas verwerfen, radikal, zunichte machen, aufheben, damit das andere sein, erwählt werden und in dieser Liebe bestehen kann. *Darum die H ä r t e des Todes, die in diese Liebe Gottes eingezeichnet ist.* Darum die Nachtseite des Zornes und Gerichtes Gottes. Eben das zeigt, daß diese Liebe nicht auf Kosten der Gerechtigkeit von Gott gewonnen, geübt wird, daß man ihr nicht unter Umgehung der Gerechtigkeit begegnen kann, sondern daß sie *echt* ist.

Diese Liebe *wagt* es. Sie wagt es — diese im Tode Christi in Erscheinung getretene Liebe Gottes — das Nicht-Seiende als seiend anzusprechen. Sie erkennt die Wirklichkeit nicht an, in der wir uns bewegen, sie hebt sie auf. Der *Tod*, den Christus erleidet, *gilt*, dieses Opfer *gilt* — Wirklichkeit steht gegen Wirklichkeit. Denn die Sünde und die Gottlosigkeit ist ja nicht eine Einbildung, sondern ist *auch* eine, ist *meine* Wirklichkeit. Aber im Tode Jesu Christi ist *vorweggenommen, daß ich ihm gehöre.* Der Nachen meines Lebens ist von dort her in der Ewigkeit bei Gott festgemacht, mag auch die Strömung, die ihn nach der entgegengesetzten Richtung treibt, noch so stark sein. Diese Bindung — „Bund" sagt das Neue Testament — zerreißt sie nicht. Womit zugleich gesagt ist, daß dieser Tod eben doch mehr und etwas anderes ist als der Märtyrertod. Wir müssen es uns vielmehr so vorstellen, *daß die Liebe Gottes Ereignis wurde*, wirklich als himmlische, als Gottesliebe Ereignis wurde. Und dieses Ereignis *ist* der Tod Jesu Christi!

IV. Der Tod Jesu Christi als das Todesurteil über alle Menschen

Wir haben zwei wesentliche Punkte ausfindig gemacht, die uns auch in der Theologiegeschichte bei der Auslegung des *Todes* Jesu Christi immer wieder begegnen — oftmals auch so, daß der eine gegen den anderen ausgespielt wird —, der Zugang zum Tode Jesu von der Gerechtigkeit Gottes aus und der andere von der Liebe Gottes aus. Wir müssen aber noch einen *dritten Punkt* erwähnen, der mit dem Gedanken von der *Liebe* Christi aufs engste zusammenhängt. Ich meine jenen seltsamen, aber doch sehr wichtigen und einschneidenden Satz 2. Korinther 5, 14 f.: „Die Liebe Gottes zwingt uns, wenn wir das bedenken, *daß einer für alle starb. Also sind alle gestorben* und er ist für alle gestorben, damit die Lebenden nicht mehr sich selbst leben, sondern dem, der gestorben und auferstanden ist."

Paulus sagt hier, daß die Liebe Christi, die in Jesus Christus Gestalt gewonnen hat, ihn zu einer Sicht, zu einem Urteil bringt und hinreißt, das *die ganze Menschheit und jede menschliche Existenz angeht.* Man wird hier an ähnliche Aussagen denken müssen, die sich Römer 6 und Galater 2 am Ende finden. Das heißt also, *daß von diesem Tode Jesu ein Urteil ausgeht, eine kritische Sicht, die begreift und erkennt, daß mit diesem einen Tod allen Menschen das Lebensrecht genommen ist.* „Wenn einer für alle starb, sind also alle gestorben." Das wird man jetzt nicht nur auf die Christen beziehen dürfen, nicht nur, wie es Calvin tut, so auslegen, daß wir unser Leben in den Tod geben müssen, uns absagen müssen, wenn wir in Christo leben wollen. Sondern die Aussage reicht weiter. *In diesem Tode ist ein Todesurteil über alle Menschen gefällt. Hier ist zwischen Gott und uns eine Grenze aufgerichtet, die niemand, der Fleisch ist, überschreiten kann. Der Tod Jesu ist die entscheidende Krisis des Menschengeschlechts. Dort sind wir alle gerichtet.* Das muß doch zunächst einmal heißen: Hier ist der Tod Jesu nicht als ein isoliertes Ereignis gesehen, sondern Jesus ist dabei unser Repräsentant, er erleidet den Tod stellvertretend für alle, und was ihn trifft, trifft alle. In seinem Tode ist unser aller Tod — ja, aller Menschen Tod! — vorweggenommen, ist das Verborgene offenbar gemacht und herausgestellt, daß *der Zorn Gottes über alle Gottlosigkeit und Ungerechtigkeit der Menschen entbrannt ist* (Röm. 1, 18 ff.). In diesem Tode Jesu ist der Mensch schlechthin unter ein endgültiges Gericht Gottes gestellt — von ihm her, von Jesus Christus und seinem Sterben her fällt ein Licht über alle Menschen. Wenn einer für alle starb, so zeigt und offenbart *diese Liebe, daß sie alle offenbar den Tod verdient hatten, daß sie alle todgeweiht, verloren waren.* Dabei hat Paulus wohl kaum an den irdischen Tod gedacht, obschon auch dieser mit im Spiele ist, sondern *er hat an den Tod gedacht, der uns von Gott her trifft,* er hat an die Grenze gedacht, die zwischen Gott und seinem Leben und uns und unserem Leben verläuft.

Was sich also hier *in dem e i n e n Menschen Jesus ereignet, gilt für a l l e*

Menschen. Dieser Tod ist nicht für sich allein erlitten worden, sondern „für alle"; *die ganze Menschheit war und ist in diesen Tod einbezogen,* auch ich, auch du, *ungefragt.* Ohne daß ich etwas dafür oder dagegen tun kann, hat Christus mein Leben zu dem seinen gemacht und hat es in den Tod gegeben. Ja, wo immer ein Mensch geboren wird, wo er mit hineingenommen wird in das Menschsein, in seine Höhen und Tiefen, in seine schrecklichen Abgründe und seine großartigen Leistungen — *steht dieses Datum bereits davor und tangiert sein Menschsein: Einer ist für alle gestorben.* Das erst ist der tiefere und göttliche Sinn der Humanität: *dieser unserer Existenz vorgeordnete Tod Christi.* Paulus will wohl auch, daß wir einander so ansehen, einander so beurteilen sollen. Nicht mehr unter jener Abstraktion, die er „Fleisch" nennt — daher „kennen wir niemanden mehr nach dem Fleisch" (2. Kor. 5, 16) —, also nicht mehr unter dieser.Beziehungslosigkeit und Abgelöstheit von Gott, sondern die Sicht, unter die alles menschliche Leben gestellt ist, ist die Sicht der uns bezwingenden Liebe Christi, ist die Sicht der Versöhnung durch Christus mit Gott. Hier sehen wir deutlich, wie Paulus an diesem einen Punkte — dem Tode Jesu — Stellung bezieht und *sein Auge über die ganze Menschheit hingehen läßt —: wie ein Totenfeld* liegt sie vor ihm, aber nicht so, daß dieser Tod ein Jammer, ein Verhängnis, daß dieses Gericht so beschaffen wäre, daß es unser Leben nun in ein Nichts stößt — wie der Tod, wenn wir ihn „außer Christus" ansehen —, sondern es ist ja die *Liebe* Christi, die sein Auge weitet. Darum folgt auch jenes bedeutsame „damit": „Damit die Lebenden nicht mehr sich selbst leben, sondern dem, der *für sie* gestorben und auferweckt ist" (2. Kor. 5, 15). Das Todesurteil gilt also *dem „für-sich-leben".* Es gilt dem Menschen, der das Zentrum seines Lebens im Ich hat und zu haben meint; dem Menschen, der herrenlos lebt, der sich zum Herrn seiner selbst gemacht hat; dem Menschen des „freien Willens". Über den ist das Todesurteil gesprochen. Mit dem „für-uns" dieses Todes und dieser Auferstehung ist dem Menschen ein neuer, ein außerhalb seiner selbst gelegener Mittelpunkt gegeben. *Tod und Leben sind nicht mehr seine Sache, sondern sind zuerst und entscheidend die Sache Jesu Christi, seines Herrn.* An dieser Stelle bricht jenes Moment auf, welches das Entscheidende beim Tode Jesu Christi überhaupt sein dürfte: *die Tatsache der Stellvertretung.* Er ist an unsere Stelle getreten. Was mit ihm geschehen ist, gilt allen Menschen. Die Menschheit hat in diesem einen Menschen ihre Geschichte vor Gott erhalten, die für sie in ihrem ganzen Bestande bestimmend ist. Tod und Leben sind für uns bestimmend; *nicht wie wir sie in unserer Existenz antreffen, sondern wie sie in seiner Geschichte, in seinem Weg über die Erde und in seinem Tod und seiner Auferstehung Ereignis geworden sind.* Hier, in ihm, ist das Handeln Gottes mit uns, ist sein *Gericht* wie auch seine *Gnade,* real geworden; hier wird deutlich, was es um den Menschen ist, hier wird es herausgestellt; *hier ereignet sich die Geschichte der Menschheit in dem einen Menschen.* Sein Tod für uns ist das über alle ergangene Todesurteil, aber dieses Todesurteil ist zugleich die Freilegung unseres Lebens von ihm her, ist *die ungeheure Verlagerung meiner Exi-*

stenz *aus der Mitte meines Ich-Sein-Wollens hinein in Jesus Christus, so daß ich an ihm ablesen kann, wer ich bin und wohin mein Weg geht.* So heißt es in der Vorrede zur Kirchenpostille bei Luther: „Also daß, wenn du ihm zusiehst oder hörest, daß er etwas tut oder leidet, daß du nit zweifelst, er selbst Christus, mit solchem Tun und Leiden sei dein, darauf du dich nicht weniger mögest verlassen, denn als hättest du es getan, ja als wärest du derselbige Christus." So ist also *sein Tod mein Tod* und meine Sünde die seine. Das wirkliche und *wahre Wesen des Menschen, das* wir in den Augen und vor dem Angesichte Gottes sind, — *das ist in ihm nicht nur offenbar, sondern ist — mehr noch — in ihm in einem einzigartigen Augenblick G e s c h i c h t e geworden, d e r* Mensch ist erschienen, seine Geschichte mit Gott und Gottes Geschichte mit ihm ist Ereignis geworden, und wir alle hängen von dort ab, *haben keine Geschichte mit Gott — abgesehen von dieser Mitte, von diesem Einen.* Das ergibt sich, wenn wir an dem Satz festhalten: Er ist für alle gestorben — also sind alle gestorben!

B. *Das Kreuz Jesu Christi (Zum Thema Kreuz)*

I. *Die Verborgenheit Gottes im Kreuz*
Wahrscheinlich haben wir in unserer neueren Theologie das, was eigentlich „das Wort vom Kreuz" (1. Kor. 1, 18) bedeutet — und bedeutet hat! — kaum erfaßt, geschweige denn ausgeschöpft. Es ist eine unerhörte Sache, es ist ohne Beispiel. Was uns heute dazu von dem Sterben der „göttlichen Menschen" aus der Religionsgeschichte beigebracht wird, hat mit dem hier Gemeinten nichts zu tun. Das sind nur Vergleiche, die sich auf der religionsgeschichtlichen Ebene abspielen. Solche Parallelen können uns höchstens *warnen,* aus dem Sterben Jesu so etwas wie einen Mythos zu machen, in den wir uns dann versenken. Es gibt das. Es gibt das „Weinen über ihn", aber das ist diesem Gange Jesu zum Kreuze nicht angemessen: „Weint vielmehr über euch!" (Luk. 23, 27 ff.)
Das Kreuz ist das ganz und gar Inkommensurable in der Offenbarung Gottes. Uns ist es vielzusehr gewohnt. Wir stoßen uns kaum noch daran. Wir haben das Ärgernis des Kreuzes mit Rosen umkränzt. Wir haben *eine Heilstheorie* daraus gemacht. *Aber das ist nicht das Kreuz. Das ist nicht die in ihm wohnende, die von Gott in es hineingelegte Härte.* Hegel hat das Kreuz definiert: „Gott ist tot" — und er hat wahrscheinlich darin richtig gesehen, daß hier die Nacht der wirklichen, der letzten und undeutbaren Gottesferne vor uns steht, daß wir dem „Wort des Kreuzes" gegenüber auf das sola fide [allein aus Glauben] angewiesen sind; angewiesen darauf wie nirgends sonst in der Welt. Hier sind keine opera Dei [Werke Gottes], die auf ihn, den ewigen Schöpfer und seine Weisheit verweisen. Hier zerbricht jener Schöpfungsglaube, aus dem alles Heidentum gekommen ist. Hier wird diese ganze Philosophie und Weisheit der Narrheit überführt. Hier ist Gott Nicht-Gott. Hier triumphieren der Tod, der Feind,

die Nicht-Kirche, der Unrechts-Staat, die Lästerer, die Soldaten — hier triumphiert der Satan über Gott. Unser Glaube beginnt genau da, wo die Atheisten meinen, daß er zu Ende sein müsse. *Unser Glaube beginnt in jener Härte und Nacht, die die Nacht des Kreuzes, der Verlassenheit, der Anfechtung und des Zweifels* an allem ist, was es gibt! Wirklich was es gibt! Unser Glaube muß dort geboren werden, wo alle Gegebenheiten ihn verlassen; er muß geboren werden aus dem Nichts, er muß dieses Nichts schmecken und zu schmecken bekommen, wie sich das kein Philosoph des Nihilismus vorstellen kann. Denn die behandeln immer noch den Nihilismus als Kraft der Neugeburt, als revolutionäre Sprungfeder, als Abbau bis auf den Grund, damit man „neu" anfangen könne. Aber das Kreuz ist mehr. *Das Kreuz ist das Offenkundigmachen unserer o b j e k - t i v e n Gottlosigkeit, unserer grenzenlosen Verlassenheit.* Das Kreuz sagt uns, daß wir erst in diese Tiefe der Nacht hineingehen müssen, daß ohne diesen *P r e i s,* ohne diese Wüste, ohne diese Entbehrung allen Trostes und aller Gewißheit eben kein Mensch wirklich Gott findet. Mit dem Kreuz ist der Traum einer Weltherrschaft Gottes in irdischem Sinne für immer begraben. Mit dem Kreuz ist die sichtbare Gestalt des Fromm-Seins, des Mit-Gott-Seins, ist dieser ganze christliche Heilsoptimismus zerbrochen, und sind Abraham und Jakob, sind die Psalmisten und Hiob, sind Jeremia und der zweite Jesaja gerechtfertigt. Das Kreuz ist mehr als ein Ereignis im Leben Jesu, das theologisch — von Paulus — interpretiert worden wäre. Die theologia crucis [Theologie des Kreuzes] hat es nicht mit Paulus, sondern hat es mit Gott zu tun, und Paulus war der erste, der sich dieser Aufgabe unterzogen hat. Er ist darin unser Vorbild geworden. *Wir haben uns die Härte des Kreuzes, der Offenbarung Gottes im Kreuz Jesu Christi dadurch erträglich gemacht,* daß wir es in seiner Notwendigkeit für den Heilsprozeß verstehen lernten. Hier liegt eine der wesentlichen Schwächen in der sonst so großartigen neuen Fassung der Genugtuung, wie sie uns *Anselm* in seinem „Cur deus homo" [in seiner Abhandlung „Warum mußte Gott Mensch werden"] bietet. Dort wird der Tod des Sohnes Gottes als notwendig eingesehen, aber nicht von der menschlichen Heilsbedürftigkeit her, sondern höher: von der Ordnung — dem Ordo — Gottes her. Dadurch verliert das Kreuz den Charakter der Kontingenz [des Unableitbaren], des Unbegreiflichen! Es ist sehr schwer, dies beides miteinander zu vereinigen: auf der einen Seite der Erkenntnis, daß Christus sterben *m u ß t e* (vgl. Luk. 24, 26), und auf der anderen *die harte Wirklichkeit des deus absconditus [des verborgenen Gottes] im Kreuz.* — Auch die Alte Kirche hat die Härte des Kreuzes nicht ganz zum Ausdruck gebracht, weil sie den Tod Jesu schon unter dem Gesichtspunkt geschehen läßt, daß der Satan sein Reich verliert, indem er sich an diesem Menschen vergreift, und der Tod damit nicht mehr in seiner Macht liegt. Erst die Reformation tritt ganz in die Härte der theologia crucis [Theologie des Kreuzes] ein, in das Dunkel dieser Nacht, in die Weglosigkeit dieses Glaubens. Hier lernt man glauben! Gewiß ist das Kreuz auch der Grund und die Ausrichtung des rechtfertigenden Glaubens; doch spricht die Schrift in diesem Zusammenhang lieber vom Tode Jesu Christi und vom Lösegeld. Thema der theologia crucis aber ist die *S c h u l e* des Glaubens. Was der Glaube sieht, ist das Gegenteil dessen, was das Auge sieht. In der *theologia crucis* heißt glauben: in diesem Gekreuzigten den Herrn sehen, in dem Verworfenen den Erwählten, in dem zu den Toten Gerechneten den ewig Lebendigen, in der Schmach die Ehre, in der Ausgestoßenheit das Heil finden, überhaupt: in diesen Gegensätzen die Wirklichkeit Gottes erfassen. Hier *g e s c h i e h t* etwas durch den Glauben! Er konstatiert nicht nur, was ist, er entdeckt, was *n i c h t   i s t*.

II. Abschließende Thesen zum Thema „Kreuz"

1. Das Kreuz ist die Offenbarung des Gegensatzes und damit das Ende aller natürlichen Theologie. In der Begegnung zwischen Gott und Mensch zeigt sich, daß beide nicht in *e i n e r* Welt zusammenleben können. Hier wird deutlich, daß wir *F e i n d e* des „nahen" Gottes sind.

2. Das Kreuz heißt aber, daß *sich Gott selbst in den Gegensatz hineinstellt*, der zwischen ihm und uns besteht. Er übernimmt ihn als seine Last, sein Schicksal. Das ist der tiefere Sinn dessen, daß die *S ü n d e* von ihm getragen wird. Wir tragen sie nicht. Wir werfen sie von uns auf ihn.

3. Das Kreuz ist im höchsten Maße Gericht. *Hier tritt Gott als Richter auf.* Das ist zwar nicht dem Augenschein zu entnehmen, aber das sagt die *S c h r i f t*. Diese Größe „Schrift" ist hier nicht einfach zu eliminieren. Es gibt keinen Erfahrungsbeweis für diesen Sachverhalt. *Daß Gott Jesus ansah wie die Sünde selbst, ist tiefste Tiefe der Deutung.* Sie ist *G o t t e s e i g e n e* Deutung.

4. Im Kreuz aber wird erst offenkundig, *daß nur Gott die Sünde aufzuheben vermag.* Hier wird deutlich, wie weit die Sünde reicht: daß *sie bis in die tiefsten Tiefen der Gottheit reicht*, daß sie dort vernichtet, dort für uns — um unseretwillen! — überwunden werden muß, daß es keinen anderen Weg gibt, ihrer ledig zu werden, als diesen hier von Gott selbst beschrittenen Weg. Die Sünde ist ein infinitum [Unendliches]. Sie meint Gott — und kann nur von Gott bedeckt, vernichtet, aufgehoben werden. *Der Gekreuzigte ist das Bedecken der Sünde, ihr endgültiges Nicht-Sein.*

5. Der Gekreuzigte ist aber zugleich *eine Anklage gegen uns;* er ist die Anklage wider das Nebeneinander von Frömmigkeit und Gottlosigkeit; er ist die Aufdeckung dessen, daß man Gott totschlagen kann und sich dabei noch auf das Gesetz beruft (Stephanusrede, Apg. 7).

6. Der Gekreuzigte ist unsere — der „Berufenen"! — soteria [Rettung]! Man muß offenbar berufen sein; man kann das nicht aus eigener Kraft erlangen, daß uns der Gekreuzigte das Heil ist!; daß wir hier die Versöhnung Gottes mit uns und unsere mit Gott finden! Das ist noch mehr als ein bloßes extra nos [Außerhalb des Glaubens]. Hier sieht man, wer der *ist*, der extra nos steht!

C. Die Auferstehung Jesu Christi

I. Die Auferstehung Jesu Christi als Tat Gottes

Tod und Auferstehung Jesu gehören zueinander. *Man kann sie nicht auseinanderreißen, man kann nicht das eine für sich behalten wollen und das andere fallen lassen.* Es begegnen uns hier die beiden Gefahren, die den Gang der Christologie bedrohen: der Doketismus und der Historismus. *Der Doketismus muß den Tod abschwächen.* Der Kreuzestod Jesu ist nach ihm nur ein Durchgang zu seiner wahrhaften Erscheinung, seinem Sitzen zur Rechten Gottes. Jede pneumatische Christologie wird dazu neigen, den Tod, das Ereignis des Sterbens zu nivellieren. „Wir sind schon auferstanden" (2. Tim. 2, 18). Das ist griechisches Denken. Die Griechen glauben an eine durch den Tod unzerstörbare Substanz im Menschen. Dieser ihr Glaube an das Unzerstörbare, an die Seele oder wie es der Hellenismus ausdrückt, an das Pneuma, ist dann ins Mittelalter übergegangen, und so hat man später die Auferstehung Jesu Christi als ein Weiterwirken des einen großen Unsterblichen angesehen. Aber Auferstehung bedeutet mehr, sie bedeutet anderes. *Sie ist ein Phänomen sui generis* [eigener Art]. Das Schwierige, die Auferstehung Jesu zu erfassen, liegt eben darin, *daß es keine Parallelen gibt. Sie ist ein Datum, welches unser ganzes Denken über die Geschichte der Menschheit in Frage stellt. Sie sprengt nicht nur den Tod; sie sprengt mit dem Tode zugleich das Fundament dessen, was wir unter unserer Geschichte verstehen.*

Von der anderen Seite her droht *der Historismus,* die Auferstehung um ihre Bedeutung und ihr eigentliches Wesen zu bringen. Für den *historischen Blick* kann notwendigerweise die Auferstehung nur in bestimmten Vorstellungen — zumal die Auferstehungshoffnung im Spätjudentum lebendig war — und Visionen der Jünger bestehen, wenn man von den krassen Betrugstheorien absehen will, wie sie *Reimarus* in seinen Fragmenten zur Auferstehungsgeschichte entwickelt. Immerhin hat Reimarus eine Theorie von einer doppelten Messiaserwartung entfaltet, die bis heute nachwirkt: Zunächst bestimmte die Jünger zu den Lebzeiten Jesu eine prophetisch-politische Messiaserwartung in ihren Hoffnungen. Dann aber, nach der Katastrophe, als diese politische Messiaserwartung hingefallen ist, greifen die Jünger auf die andere, die danielisch-apokalyptische Parusieerwartung [Dan. 7, 13] zurück und erhoffen Jesu Wiederkunft auf den Wolken des Himmels. Den Leichnam stehlen sie und getrauen sich mit der Botschaft von seiner Auferstehung erst langsam unter das Volk. Nach Reimarus ist also die Auferstehung Jesu eine jüdische apokalyptische Theorie verbunden mit der Parusie. Man hat sie später verfeinert, man hat sie psychologisch und religiös verständlich zu machen versucht, aber *die Immanenz des modernen historischen Denkens, die eine Erbschaft des Spinozismus ist, konnte die Auferstehung Jesu nicht zulassen.*

Folglich mußte man die Auferstehung auf die faßbaren historischen Kategorien reduzieren, das heißt, man mußte sie nach dem Gesetz des Fortwirkens des Geistes in der Geschichte verstehen. Am weitesten im positiven Verständnis der Auferstehung ist unter den großen Philosophen *Hegel* gegangen: Er sieht in ihr die Veränderung des Äußerlichen, Einmaligen, Historischen in die Innerlichkeit und in den Geist. Der Geist ist das Substantielle. Die Auferstehung des historischen Jesus, der in seiner irdischen Menschlichkeit im Tode aufgegangen und aufgehoben ist, erfolgt in der Gemeinde; denn sie glaubt. In dem Glauben der Gemeinde lebt Jesus als der Geist, als der, der er in Wahrheit ist, der Träger des göttlichen Wesens. Das Problem der Auferstehung Jesu — erstmalig seit der Reformation heute wieder neu aufgebrochen — liegt aber in einer ganz anderen Richtung. Jesus hat in der Auferstehung nicht, wie der Idealismus annahm, das „Menschliche" abgestreift, sein Menschendasein war nicht ein Durchgang, nicht ein bloßes Mittel der Epiphanie. Sondern *nach der Substanz aller neutestamentlichen Zeugnisse ist es der Mensch Jesus Christus, der auferstanden ist. Es ist dieser eine Mensch, der seinen Jüngern erscheint. Jetzt erst gibt es Glauben an ihn.* So geht er denn auch in das Bekenntnis der ersten Gemeinden ein, als *der Erstling von den Toten, der Erste unter vielen Brüdern* (Kol. 1, 18). Auch in der Erzählung von seiner Erscheinung am Grabe heißt es, er habe zu den Frauen gesagt: Geht hin und sagt es meinen Brüdern! (Matth. 28, 10). Damit nennt er, der Auferstandene, die Seinen Brüder. Und wenn sich die Christen später Brüder nennen, so klingt darin eben mit, daß der Erstgeborene unter ihnen erhöht ist und sie darum als Anwärter des neuen Lebens allesamt Brüder sind (1. Kor. 15, 6; Hebr. 2, 12).

Wir stehen also vor einem spezifischen *Dilemma.* Die Theologie des 18. und 19. Jahrhunderts hat *die G o t t h e i t Jesu gestrichen, um seinen T o d zu begreifen und damit gerade jenen Punkt aufgehoben, auf den alles ankommt.* Und sie hat die *M e n s c h h e i t* Jesu fallen lassen, um seine *A u f e r s t e h u n g* zu erfassen und sie als geistige Realität in der Existenz der Gemeinde weiter bestehend zu sehen. *So haben sie den Tod Jesu ethisiert und seine Auferstehung spiritualisiert. Der Tod Jesu erschien als Erfüllung seiner Berufstreue und die Auferstehung als Übergang seiner sinnlichen Erscheinung in die geistige Existenz.*

Heute stehen wir vor einer ganz neuen Aufgabe. Wir sollen die Auferstehung Jesu begreifen, also in unserem Weltbild irgendwie unterbringen, und zwar nach dem Verständnis, als welche sie uns bezeugt ist — und nach diesem Verständnis eben ist sie mehr als nur reine geistige Substantiierung [Vergeistigung] und Verinnerlichung der Geschichte Jesu.

Das erste, was ich zur Auferstehung Jesu Christi sagen würde, ist: sie begegnet uns im Zeugnis der ersten Christenheit als *Gottes Tat! Als Gottes alleinige Tat!* Darum neigt man auch leicht dazu, wie in der ganzen Bultmann-Schule, das Kreuz als das letzte „historische" Phänomen anzusehen, weil hierbei Menschen mitwirken und es darum in den Bereich menschlicher Geschichte fällt, während die Auferstehung jenseits aller menschlichen Mitwirkung steht. Aber *die Tatsache, daß der Auferstandene den Seinen erscheint und diese Erscheinungen auf eine bestimmte Zeit begrenzt bleiben, zeigt doch andererseits, daß auch die Auferstehung noch in den Bereich* der *Geschichte,* soweit es die Jünger angeht, hineinreicht. *Gerhard Koch* hat eben in seinem Buch über die Auferstehung Jesu Christi diesen „geschichtlichen" Charakter des Auferstehungsgeschehens von den Erscheinungen her zu erweisen gesucht. Umgekehrt hat vor einigen Jahren *Graß* in seinem Buch „Ostergeschehen und Osterberichte" die Entmythologisierung der Auferstehungsgeschichten vorgenommen. Dabei ist das Besondere der meisten Untersuchungen über die Osterereignisse, daß man überall hinausstrebt über das bloß psychologische Schema: *man sieht die Billigkeit und Nutzlosigkeit der Visionshypothese ein, man spricht auch nicht mehr vom Scheintod des Leibes Jesu, ventiliert auch nicht mehr ernsthaft die alte jüdische Ausrede, daß die Jünger den Leib Jesu gestohlen hätten,* und hilft sich nicht mehr mit dem Erdbeben wie Reinhold Seeberg. Wir haben all diesen Ausflüchten und rationalistischen Interpretationen den Abschied gegeben und sehen uns vor die nackte Alternative gestellt, vielleicht darin den ersten Zeugen der Auferstehung erstaunlich nahe: *Soll der Tod und in diesem Tode die Menschen oder Gott das letzte Wort haben?* Und mehr noch: Wir begreifen hier aufs neue — und zwar eben auf dem Boden der Geschichte —, daß mit der Auferstehung Jesu diese Entscheidung *mitten i n unsere Zeit, mitten in die Geschichte des ganzen Menschengeschlechts verlegt ist.* Wenn es beim Tode Jesu um die Aufhebung der S ü n d e ging, um das „Hinwegschaffen" derselben, um das Verlegen der *Sünde* auf ihn, in dem sie endgültig und für immer dahin ist, *so muß in der Auferstehung die andere Seite der Sache offenbar werden: daß mit der S ü n d e auch der T o d fällt. Es ist ein neues, ein aus Gott geborenes Leben, das mit Tod und Auferstehung Jesu anbricht,* ein Jenseits alles dessen, was als scheinbar unzerbrechliches Gesetz hier über unserem Dasein waltet.

II. Die Auferstehung Jesu Christi als der Gerichtsprozeß Gottes

Aber solche bloße Feststellung genügt nicht. Sondern wir werden darauf achten müssen, daß die ersten Zeugen der Auferstehung, wenn sie von diesem Ereignis reden, immer so sprechen, daß sie dabei Gottes Recht bezeugen. Überhaupt — ist es nicht seltsam, daß die Auferstehung Jesu nicht denkbar ist, nicht sinnvoll wäre, ohne *die Zeugen!?* Sie sind immer Zeugen der Auferstehung, sie kommen von der Auferstehung her. Darum hat man mit Recht gesagt, *daß sich erst von der Auferstehung her den Jüngern das Kreuz erschloß.* Das klingt aus der Geschichte von den Emmausjüngern (Luk. 24, 13 ff.) und den ersten Reden der Apostelgeschichte heraus. Aber noch nicht das, sondern etwas anderes meine ich hier. Ich meine, *daß zur Auferstehungsgeschichte die Zeugen hinzugehören. Die Auferstehung ist ein Gerichtsprozeß.* Sie ist das Offenkundigwerden, daß Tod und Auferstehung Jesu *e i n* Akt, *e i n e* Handlung, *e i n* Geschehen des göttlichen Gerichtes sind. *Die Zeugen sind,* wie das ja auch der griechische Sinn des Wortes „Martys" ist, *Mitagierende in diesem Prozeß.* Im Tode Jesu haben die Menschen ihr Urteil gesprochen, haben sie vollzogen, was sie je und dann schon getan haben, wenn Gott seine Boten zu ihnen sandte und seinen Anspruch der Welt und seinem Volk gegenüber geltend machte. Der Tod Jesu ist ein offensichtlicher Sieg dieser menschlichen Möglichkeiten gegenüber Gott. Staat und Kirche wirkten dabei mit. Staat und Kirche stehen hier auf der Seite der Menschen in ihrem Kampf gegen Gott.

Darum ist Jesus ganz allein. Darum ist er von allen verlassen. Er ist der verlassene Einzige, dessen Stimme schon in den Psalmen aufklingt (Ps. 118, 22). Er ist ganz und gar auf Gott geworfen. Gott ist seine einzige Hoffnung. *Der Tod Jesu ist der Sieg der Gottlosigkeit.* Der Tod Jesu von seiten der Menschen bedeutet, daß wir es uns nicht gefallen lassen, daß Gott selbst mitten unter uns erscheint und sein Reich auf Erden aufrichtet. Gott hat in seinem Reich zu bleiben und uns die Welt zu überlassen. Das ist der Sinn des Todes Jesu als menschlicher Spruch und menschliche Tat.

Auch die Auferstehung Jesu ist Gericht. Aber sie ist ein Eingreifen Gottes als R i c h t e r. Der Auferstandene steht mitten in dieser Welt, die ihn schweigen machte, und er steht hier als der Spruch Gottes gegen die menschlichen Richter. Gott ist Sieger. *Der Versuch der Menschen, über Gott zu Gericht zu sitzen, ist von Gott selbst beantwortet. Er ist beantwortet mit der Auferweckung Jesu.* Das haben die zu bezeugen, denen der Auferstandene erscheint. Das haben sie der Welt, und zwar der ganzen Welt zu bezeugen. („Martys" [= Zeuge] ist ja nach griechischem Verständnis der *Zeuge im Gerichtsprozeß;* so auch im Prozeß Jesu Mark. 14, 56). In der Auferstehung Jesu Christi greift Gott unmittelbar ein, sie ist seine eigenste Tat. Darum kehrt an mancherlei Stellen im Neuen Testament (Matth. 21, 43; Apg. 4, 11; 1. Petr. 2, 6 ff.) die Psalmstelle von dem Stein, den die Bauleute verworfen haben (Ps. 118, 22), wieder. Denn dort fand man ausgedrückt, was dies Ereignis kennzeichnete: „Das ist vom Herrn geschehen und ist wunderbar in unseren Augen." Ähnlich heißt es dann bei der Heilung des Gelähmten: „Der Gott Abrahams, Isaaks und Jakobs, der Gott unserer Väter, hat sein Kind Jesus verherrlicht ... ihr habt den Anführer des Lebens getötet, den Gott von den Toten auferweckt hat, dessen wir Zeugen sind" (Apg. 3, 12 ff.). Zeuge sein heißt in diesen Zusammenhängen: gewürdigt sein, Zeuge dieser Tat Gottes, bei diesem Ereignis als *Zeuge* dabei zu sein. Denn der Auferstandene erscheint ja nicht irgendwem, sondern den „Zeugen". Wem er erscheint, der m u ß sein Zeuge sein. Das gilt auch von Paulus. Er würde nicht das Recht haben, sich Apostel zu nennen, wenn ihm der Auferstandene nicht erschienen wäre. Darum nennt er sich selbst als den Letzten in der Reihe aller derer, die jenen Erscheinungen konfrontiert wurden. — In diesem Sinne ist die Auferstehung Jesu ein Gericht Gottes — ein Eingreifen Gottes als des Richters! —, und *die Zeugen sind dazu berufen, das U r t e i l Gottes in diesem Gerichtsprozeß Gottes gegen die Menschen zu bezeugen.*

III. Die Proklamation des Gerichtsurteils Gottes durch die Zeugen
Ich habe schon angedeutet, daß wir die Botschaft von der Auferstehung den Z e u g e n verdanken. Ohne sie haben wir keinen Zugang zur Auferstehung Jesu Christi. Wenn ich die „Zeugen" überspringen will, um selbst

zu begreifen, wie das zugegangen ist, wenn ich versuche, mich selbst in die Situation der Unmittelbarkeit zu Jesus zu versetzen, wenn ich meine, erst dann meines Glaubens gewiß zu sein — dann wird sich mir die Auferstehung in nichts auflösen. *Der Z e u g e der Auferstehung ist die l e t z t e Station, die wir erreichen können, wenn wir an das „leere Grab" heran wollen. Jesus wollte sich uns nicht selbst bezeugen unter Umgehung dieser Zeugen.* Wer diese Zeugen umgeht, der möge zusehen, wie er sich die Existenz der K i r c h e und ihre F o r t e x i s t e n z erklärt. Hier gibt es keine Unmittelbarkeit. *Hier ist Jesus, der Auferstandene, mit seinen Zeugen eins. Diese Einheit darf nicht aufgelöst oder zerbrochen werden;* man denke nur an 1. Korinther 15! Insofern gründet der Auferstehungsglaube auf der A u t o r i t ä t der Apostel. Wer sich dieser Autorität nicht rühmen kann, der ist kein Apostel. Ein *Apostel sein heißt also: Zeuge der Auferstehung dieses Jesus von Nazareth sein! Paulus wird nicht durch seine Theologie zum Apostel — er hat das auch nie und nirgendwo behauptet —, sondern durch die Erscheinung Jesu Christi.* „Als letztem von allen wie einer unzeitigen Geburt ist er auch mir erschienen!" (1. Kor. 15, 8). Wir haben also den Auferstandenen nicht einfach isoliert vor uns, wir sind ihm nicht direkt — „zeugenlos" — konfrontiert, sondern Er begegnet uns in der Botschaft und im Zeugnis seiner Apostel. Sie sind seine Gesandten.

Wir haben drei Momente herausgestellt, die wir im Blick auf die Auferstehung Jesu Christi besonders herausheben wollten:

1. *Der Auferstandene und seine Zeugen sind eins. Hinter die Zeugen, die an der Einmaligkeit dieses Ereignisses teilnehmen, können wir nicht zurückgehen.* Niemand von uns kann sich unmittelbar zu der Auferstehung Jesu Christi setzen. Der Versuch dazu, uns zu ihr, oder auch der umgekehrte, sie zu uns unmittelbar zu machen, muß ihren Ereignischarakter auflösen. Denn dieser ihr Charakter steht tatsächlich auf dem Zeugnis der ersten Augenzeugen. Und dieser Sachverhalt bedeutet Entscheidendes für den Beginn der christlichen Kirche.

2. Diese Zeugen sind nicht nur und nicht in erster Linie Boten dieser Botschaft von der Auferweckung Jesu Christi, sondern sie sind *Zeugen des hier erfolgten Gerichtsprozesses Gottes mit der Welt. Die Auferweckung Jesu ist das freie und unmittelbare Eingreifen Gottes angesichts des über Jesus Christus gefällten Urteils der Menschen.* Gottes Antwort auf das, was sie ihm getan haben, ist die Tatsache, daß Jesus lebt. Dieser, der Lebendige, ist und bleibt Gottes letztes und entscheidendes Wort in dieser Sache. Die Tatsache, daß Jesus lebt, ist Gottes Antwort auf das, was Kirche und Staat mit ihm getan haben. Damit ist im Namen Jesu Gottes Recht und Herrschaft ausgerichtet. Die „Zeugen" der Auferstehung bezeugen also, *daß Gott gegen uns recht behalten hat.* Daß Jesus lebt, ist der Erweis dafür, daß Gott lebt.

3. *Dabei ist Gott ganz allein auf dem Plan. Die Menschen sind alle abgewichen. Weder im Groben noch im Feinen, weder im Spirituellen noch im Magischen, sind sie bei dieser Sache mit-schöpferisch!* Weder als gerissene

noch als wohlmeinende und gutgläubige Betrüger sind hier Menschen am Werk. *Gott — ganz allein — wie am ersten Tage der Schöpfung, spricht und es geschieht!* Es gibt keine irgendwie menschliche Voraussetzung dieses Geschehens, auch nicht ein ihm zuvorkommender Glaube der Jünger. *Dieser Glaube folgt auf das, was Gott getan hat.* Er wirkt nicht mit beim Zustandekommen dieser Tat. Sondern Gott ganz allein — und ihm gegenüber, der Tod des einen Menschen, der sein Sohn ist — das ist das Gegenüber, das so nicht stehen bleiben kann.

4. Das Zeugnis der Zeugen aber sagt: *Diesen Jesus von Nazareth, den ihr preisgegeben habt, den hat Gott auferweckt.* Es behauptet also *die Identität dessen, der sich in den Erscheinungen den Jüngern zeigte, mit Jesus von Nazareth.* Gerade das ist *der Kern aller nachösterlichen Geschichten.* Man könnte sagen: Die Geschichte, die ihren Anfang damit genommen hat, daß Jesus Christus in Wort und Tat die Gegenwart und das Kommen des Gottesreiches anzeigte, geht weiter. Ja, man darf sagen, jetzt erst bekommt sie ihr eigentliches, ihr wahres Gesicht. *Alles, was dem vorausging, war nur Vorspiel* dieses endgültigen, für immer gültigen Geschehens; es war nur Vorbereitung des Todes Jesu und der Erschließung dieses Todes in seiner Auferstehung. Es ist also nicht so, daß der Tod Jesu und die Auferstehung nur ein schöner, vielleicht ein versöhnlicher Abschluß dieses tatkräftigen wirkenden Lebens wären, sondern *alles, was voranging, lief auf die Erfüllung dieses Letzten zu.* Hier erst wird Jesus ganz der, der er ist, *als der Sterbende und als der Auferweckte.* Hier wird er der, der er sein wird, als welcher er der Welt verkündigt werden wird. Das irdische Leben Jesu ist also nicht sein ganzes, nicht sein vollständiges Leben, er ist nicht er selbst ohne den Erhöhten.

IV. Christi Auferstehung und unsere Auferstehung

Es ist besonders charakteristisch, daß sich in den europäischen Gemeinden sofort ein typisches — spezifisch griechisches — Mißverstehen herausbildet, als die Kunde der Auferstehung Jesu dort eindringt. Man folgert nämlich — eben das ist so erstaunlich —, daß es keine Totenauferstehung gibt (1. Kor. 15, 12 ff.), und meint damit, daß sie nicht mehr nötig ist: im Glauben an diesen Einen, von den Toten Auferweckten sind wir ja schon alle mitauferstanden. (Vgl. Goethe: Sie feiern die Auferstehung des Herrn, denn sie sind selber auferstanden.) Das ist ein Beispiel dafür, daß man hier die Auferstehung unmittelbar zu besitzen meinte, daß man sich unmittelbar zu ihr machen wollte. Es ist ein erstes aber geradezu klassisches Dokument der Erlebnistheologie, *die den Auferstehungsglauben in ein „Erleben", einen existentiell faßbaren Akt verwandelt sehen möchte.* Und so werden wir nun zu Zeugen jenes leidenschaftlichen Kampfes des Apostels gegen diese Art von Pneumatismus. Das entscheidende Wort heißt: Wir werden nicht alle entschlafen, aber wir werden alle verwandelt werden (1. Kor. 15, 51). Das bedeutet: *Keiner* erlebt die Auferstehung. *Sie ist weder historisch noch existentiell erlebbar.* Sie ist das „ganz andere". Sie steht dem, der lebt, nicht näher, ist ihm nicht verständlicher als dem, der tot ist. Fleisch und Blut können das, was mit der Totenauferstehung kommt, nicht erben, d. h. in ihre Kategorien übernehmen.

Aber gleichwohl *ist* die Totenauferstehung *real. Es gibt sie! Wenn es sie nicht gäbe, dann wäre auch Christus nicht auferstanden.* Die Totenauferstehung — unsere Auferstehung! — wird also sehr zu unserem Erstaunen und entgegen allen Regeln der Orthodoxie *nicht* auf die Auferstehung Jesu Christi begründet, sondern umgekehrt: *„Wenn ihr sagt, daß es sie nicht gibt,* wenn ihr sie so oder so, idealistisch oder materialistisch umdeutet, wenn sie nicht *das* ist, worauf wir alle zugehen, das, was mit dem *Kommen* des Herrn Jesu untrennbar verbunden ist, wenn sie nicht das *Wohin* des Weges ist, der von dem offenen Grabe des Jesus von Nazareth herkommt — dann hat es auch keinen Sinn, wenn ihr an die Auferstehung Jesu Christi glaubt" [vgl. 1. Kor. 15, 12 ff.]. *Dann ist auch „Christus nicht auferstanden",* dann ist das eine Phrase.

So also ist seine und unsere Auferstehung miteinander verbunden, daß sie das Schon des neuen Äon darstellt, in dem wir leben, wir aber und unser Todesleib das Noch-Nicht!

ZUSAMMENFASSENDE THESEN
ZUR „DISKUSSION UM KREUZ UND AUFERSTEHUNG"

I. Die Auferstehung des Gekreuzigten:
das Kreuz als der Auslegungshorizont der Auferstehung Jesu Christi

1. Die Osterbotschaft, die die Auferweckung Jesu verkündigt und die universale Totenauferstehung ankündigt, *ist ohne Bezug auf den irdischen Jesus einerseits und auf die Zukunft Christi andererseits nicht aussagbar*, aber das heißt nicht, daß der historische Jesus als solcher (*Ebeling, Marxsen*) oder ein universalhistorisches Geschichtsverständnis (*Pannenberg*) den maßgeblichen Auslegungshorizont für die Auferstehung Jesu Christi liefern (*Kreck*).
   Die Osterbotschaft von der Auferweckung Christi setzt also Jesu Verkündigung und sein Wirken (Jesu Tischgemeinschaft mit Zöllnern und Sündern) voraus und kündigt notwendig das universal-eschatologische Geschehen der Auferweckung aller Toten an; jedoch tut sie das so, indem sie vornehmlich auf das Kreuz Christi bezogen ist, *indem sie also im Kern die Auferweckung des „für uns" Gekreuzigten proklamiert.*

2. Die Osterbotschaft verkündigt die Auferweckung des „für uns" Gekreuzigten Jesus. „Wie das Kreuz in seiner Heilsbedeutung nicht erkennbar ist ohne die Auferstehung Jesu, so ist auch seine Auferstehung in ihrer Bedeutung nicht verstehbar ohne das Kreuz" (*Kreck*). Mit dieser *unauflöslichen Einheit* (diesem „differenzierten Zusammenhang") *von Kreuz und Auferstehung* steht und fällt das christliche Osterkerygma (*Barth*).

3. Die Osterbotschaft von der Auferweckung des „für uns" Gekreuzigten bezeugt die *Aufrichtung des gnädigen Rechtes Gottes* gegenüber den Gottlosen, die Versöhnung der gottfeindlichen Welt, die in Kreuz und Auferstehung vollzogen ist und in der Selbstoffenbarung des Auferstandenen proklamiert wird.
   Indem das Osterkerygma Kreuz und Auferstehung als klar erkennbare Mitte hat, indem es also die Auferstehung in enger Bezogenheit auf das Kreuz Christi proklamiert, ist *das Kreuz* nicht lediglich die Forderung an den Menschen, in der Preisgabe seines bisherigen Selbstverständnisses das Kreuz als das eigene zu übernehmen (*Bultmann*), noch lediglich die Infragestellung des auf künftige Bewährung angelegten Vollmachtsanspruchs Jesu (*Pannenberg*). Vielmehr ist das Kreuz vornehmlich Gericht und Gnade, die Rechtfertigung des Gottlosen, „Urteil und Freispruch" (*Kreck*), die Versöhnung der Welt mit Gott (2. Kor. 5, 19). Der Horizont der Osterbotschaft ist damit nicht das Kreuz im allgemeinen, sondern *das Kreuz als der Ort der Versöhnung der Welt*, an dem Gott souverän und endgültig zugunsten des Menschen handelt, sein befreiendes Urteil über den Gottlosen spricht und sein Recht aufrichtet.

II. Das Ostergeschehen:
Ostern als die Auferweckung des Gekreuzigten von den Toten durch Gott

1. Mit der Auferweckung Jesu ist nicht nur die Aufrichtung des christlichen Kerygmas (*Bultmann*) oder die Entstehung des Osterglaubens der Jünger (*Ebeling*) gemeint, sondern *die Auferweckung des Gekreuzigten von den Toten als eine neue und alleinige Tat Gottes* und die Selbstbezeugung des Auferstandenen, in der er seinen Jüngern als Lebendiger begegnet (*Barth, Iwand*).

Die Auferweckung Jesu Christi ist also nicht nur der „Ausdruck der Bedeutsamkeit des Kreuzes" oder die Entstehung des Glaubens an den Auferstandenen, in dem die Verkündigung ihren Ursprung hat (*Bultmann*), noch lediglich die Bestätigung des Vollmachtsanspruchs Jesu (*Pannenberg*), sondern sie ist der dem Kreuz folgende freie *schöpferische Gnadenakt Gottes.* Die Auferweckung des Gekreuzigten als gegenständliche Tat Gottes vor dem Glauben der Jünger ist dabei — wenn auch nicht zu trennen, so doch — zu unterscheiden von der Selbstbezeugung des Auferstandenen, die auf die Auferweckung folgt und in der der Auferstandene den Jüngern begegnet und ihren Glauben begründet (*Barth*).

2. Die Auferweckung Jesu als einmaliges, aber zugleich *alle Zeiten übergreifendes Geschehen* ist mit der Methode *der existentialen Interpretation* sowie mit den Mitteln der historisch-kritischen Forschung prinzipiell nicht faßbar. Denn die historisch erhebbaren Befunde führen lediglich bis zu den Ostererscheinungen der Jünger, zum leeren Grab und zu dem Osterbekenntnis der Urgemeinde. *Die Auferstehung Jesu Christi von den Toten und damit der Osterglaube entziehen sich ihrem Wesen nach historischer Begründung.*

Ist also die Auferstehung ein einmaliges Geschehen in Raum und Zeit, das doch zugleich Raum und Zeit übergreift, und ist sie in Einheit mit dem Kreuz der Grund des Glaubens, so kann sie als dieser Glaubensgrund *nicht sichtbar werden abgesehen vom Glauben,* kann sie also nicht vom neutralen Standort eines Beobachters aus konstatiert werden. Sie hat also einen unaufgebbar existentiellen Bezug. Hier liegt das gewisse Recht der existentialen Interpretation (*Bultmann*). Das den Osterglauben begründende und nur im Glauben erkennbare Osterereignis entzieht sich aber seinem Wesen (!) nach der existentialen Interpretation, weil sie den Horizont dieses übergreifenden Geschehens, die universale Initiative Gottes zugunsten der Welt vor unserem Glauben (Röm. 5, 6. 8) nur begrenzt aufzunehmen vermag. Hier liegt die kategoriale Grenze der existentialen Interpretation (*Eichholz, Iwand*).

Das den Osterglauben begründende und nur im Glauben erkennbare Osterereignis entzieht sich seinem Wesen (!) nach ebenfalls der historischen Begründung, auch der Begründung mittels eines universalhistorischen Geschichtsbegriffs (*Pannenberg*). Denn die Auferstehung Jesu Christi ist als eschatologische, alle Zeiten übergreifende Tat Gottes an Jesus *der historischen Forschung prinzipiell nicht zugänglich.* Hier liegt die kategoriale Grenze der historischen Fragestellung (*v. Campenhausen, Iwand*). Die Auferstehung hat aber als ein wirkliches, in Raum und Zeit gegenüber bestimmten Menschen geschehenes Ereignis einen der historischen Forschung durchaus zugänglichen Rand. Hier liegt das legitime Recht der historischen Fragestellung (*v. Campenhausen*).

3. Die unauflösliche *Einheit von Kreuz und Auferstehung*[80], die Auferweckung des Gekreuzigten und die damit vollzogene Aufrichtung der Gerechtigkeit Gottes und Versöhnung der Welt mit Gott ist nur als ein Akt souveränen göttlichen Handelns zu verstehen, *der aus keinem übergeordneten Wirklichkeitsbegriff oder umfassenden Verstehenszusammenhang abgeleitet* und begründet werden kann (*Barth; Kreck*). Hier handelt es sich um die wichtigste These: Ostern als das Ereignis der Auferweckung Jesu Christi von den Toten ist *die schöpferische Identitätssetzung des Gekreuzigten mit dem Auferstandenen durch Gott.* In diesem Identifikationsgeschehen, in dem Gott den Gekreuzigten zum Herrn und Kyrios macht, gibt er dem Gekreuzigten Recht und setzt die Versöhnung in Kraft (Röm. 4, 25; *Barth*). Dies Bekenntnis Gottes zum Gekreuzigten in Gestalt seiner Auferweckung von den Toten ist als wirklicher Akt göttlichen Handelns und als souveränes göttliches Urteil die Mitte und das *Axiom*[81] *aller Theologie.* Insofern aber zum Wesen des Axiomatischen seine Nichtbegründbarkeit gehört, kann der Zusammenhang von Kreuz und Auferstehung von keinem Wirklichkeitsbegriff her einsichtig gemacht werden (*Barth*). Es würde deshalb der Versuch, dieses Grundaxiom existential einzufangen (*Bultmann*) oder universalhistorisch zu begründen (*Pannenberg*), diesem eschatologischen, d. h. „endgültigen" Handeln Gottes nicht gerecht werden können.

[80] Diese unauflösliche Einheit von Kreuz und Auferstehung im N. T. ist in der neueren Exegese besonders von E. Lohse in seinem Buch „Märtyrer und Gottesknecht" (A. a. O.) herausgestellt worden. Nach ihm gehören im Bekenntnis 1. Kor. 15, 3 f. die beiden Sätze, der vom Sterben und der von der Auferweckung Jesu Christi, unlöslich zusammen, „weil ohne die Auferstehung dem Tode Christi nicht sündentilgende Kraft eignen würde" (S. 115). Aber „weil Christus von den Toten auferstanden ist, wird allen, die an ihn glauben, die Vergebung der Sünden schon jetzt zugeeignet" (S. 120). Das (wie 1. Kor. 15, 3 f.) aus der ältesten palästinischen Urgemeinde stammende Bekenntnis Röm. 4, 25 macht nach Lohse ebenfalls deutlich, daß Tod und Auferstehung, sowie Vergebung der Sünden und Rechtfertigung unlöslich zusammengehören. „Im Glauben an die Auferstehung Christi aber gründet die Gewißheit, daß sein Tod sühnende Kraft hat, um unsere Schuld fortzunehmen und uns die Gerechtigkeit beizulegen" (S. 135). Von dieser unauflöslichen Einheit und Selbigkeit des Gekreuzigten und Auferstandenen her hat auch Paulus in seiner Auseinandersetzung mit der Gemeinde in Korinth argumentiert (1. Kor. 15, 17): „Wollte man diese Einheit von Kreuz und Auferstehung lösen und nur den Satz vom Tode Christi festhalten, seine Auferstehung aber leugnen, so würde der Glaube entleert. Damit beweist Paulus den Korinthern, daß das Bekenntnis zu Christus dem Gekreuzigten nur so gesagt werden kann, daß es zugleich das Bekenntnis zu Christus dem Auferstandenen einschließt" (S. 148). Vgl. ebenfalls die folgende grundlegende Äußerung K. Barths: „Man redet vom Tod Jesu Christi nicht recht, wenn man nicht schon bei ihm seine Auferweckung, sein Sein als der Auferstandene klar und deutlich vor Augen hat. Man würde freilich auch von seiner Auferweckung und von seinem Sein als der Auferstandene nicht recht reden, wenn man verhüllen und verwischen würde, daß dieser Lebendige ja eben der für uns Gekreuzigte und Gestorbene ist." (K. D. IV, 1 S. 379).

[81] „Wenn es ein christlich-theologisches Axiom gibt, so ist es dieses: Jesus Christus [als der Vollstrecker von Gottes Versöhnungstat] ist auferstanden, er ist wahrhaftig auferstanden" (K. Barth: K. D. IV, 3 S. 47).

QUELLENNACHWEIS

1. *R. Bultmann:* Neues Testament und Mythologie, Das Problem der Entmytho-
logisierung der neutestamentlichen Verkündigung; i n : Kerygma und Mythos,
Herausgeber H. W. Bartsch, Hamburg 1960, Bd. I, 4. erweiterte Auflage, 1960,
S. 15—48.
(Quellenauszug, mit freundlicher Genehmigung des Herbert Reich-Verlages,
Hamburg-Bergstedt).

2.. *J. Schniewind:* Antwort an Rudolf Bultmann. Thesen zum Problem der Ent-
mythologisierung; i n : Kerygma und Mythos, Herausgeber H. W. Bartsch,
Hamburg 1960, Bd. I, 4. erweiterte Auflage, 1960, S. 77—121.
(Quellenauszug, stark gekürzt, mit freundlicher Genehmigung des Herbert
Reich-Verlages, Hamburg-Bergstedt).

3. *R. Bultmann:* Zu J. Schniewinds Thesen das Problem der Entmythologisie-
rung betreffend; i n : Kerygma und Mythos, Herausgeber H. W. Bartsch,
Hamburg 1960, Bd. I, 4. erweiterte Auflage, 1960, S. 122—138.
(Quellenauszug, stark gekürzt, mit freundlicher Genehmigung des Herbert
Reich-Verlages, Hamburg-Bergstedt).

4. *W. G. Kümmel:* Mythische Rede und Heilsgeschehen im Neuen Testament;
i n : Coniectanea Neotestamentica XI in honorem Antonii Fridrichsen, Lund/
Kopenhagen 1947, S. 109—131. (Verlag C. W. K. Gleerup, Lund). Auch in
Kerygma und Mythos II, 1952/1965.

5. *K. Barth:* Die Interpretation der Auferstehung durch R. Bultmann; i n : Die
Kirchliche Dogmatik, Bd. III, Die Lehre von der Schöpfung, Zweiter Teil,
2. Auflage, Zürich 1959; § 47, 1, S. 524—616.
(Quellenauszug S. 531—537, mit freundlicher Genehmigung des Evangelischen
Verlages A. G. Zollikon-Zürich).

6. *K. Barth:* Der Richter als der an unserer Stelle Gerichtete; i n : Die Kirchliche Dogmatik, Bd. IV, Die Lehre von der Versöhnung, Erster Teil, Zürich
1953, § 59, 2, S. 231—311.
(Quellenauszug, mit freundlicher Genehmigung des Evangelischen Verlages
A. G. Zollikon-Zürich).

7. *K. Barth:* Das Urteil des Vaters; i n : Die Kirchliche Dogmatik, Bd. IV, Die
Lehre von der Versöhnung, Erster Teil, Zürich 1953, § 59, 3, S. 311—394.
(Quellenauszug, mit freundlicher Genehmigung des Evangelischen Verlages
A. G. Zollikon-Zürich).

8. *H. Zahrnt:* Gelitten, gekreuzigt, gestorben. Die Bedeutung des Kreuzes Christi; i n : Sonntagsblatt, Herausgeber: D. Dr. Hanns Lilje, Nr. 15, 19. Jahrgang, Hamburg April 1966, S. 1 f.
(Quellenwiedergabe, mit freundlicher Genehmigung des theologischen Leiters
des Sonntagsblattes D. Heinz Zahrnt).

9. *H. Zahrnt:* Auferstehung; i n : Theologie für Nichttheologen. A B C protestantischen Denkens, 1. Folge, Herausgeber H. J. Schultz, 3. Auflage, Stuttgart
1965, S. 32—39.
(Quellenwiedergabe, mit freundlicher Genehmigung des Kreuz-Verlages
Stuttgart/Berlin).

10. *W. Künneth:* Die Offenbarung Gottes in Kreuz und Auferstehung. Die Einheit von Wirklichkeit und Wahrheit.
(Originalbeitrag).

11. *J. Jeremias:* Der Opfertod Jesu Christi; i n : Der Opfertod Jesu Christi, Calwer Hefte, Herausgeber Th. Schlatter, Heft 62, Stuttgart 1963.
(Quellenauszug, von Herrn Prof. D. Dr. J. Jeremias für den vorliegenden Abdruck überarbeitet; mit freundlicher Genehmigung des Calwer Verlages Stuttgart).

12. *G. Bornkamm:* Kreuz; i n : Theologie für Nichttheologen. A B C protestantischen Denkens, Herausgeber H. J. Schultz, 3. Folge, 3. Auflage, Stuttgart 1965, S. 1—10.
(Quellenwiedergabe, mit freundlicher Genehmigung des Kreuz-Verlages Stuttgart).

13. *H. v. Campenhausen:* Der Ablauf der Osterereignisse und das leere Grab; i n : Sitzungsberichte der Heidelberger Akademie der Wissenschaften, Philosophisch-historische Klasse, 1952, 4. Abhandlung, 2. verbesserte und ergänzte Auflage, Heidelberg 1958.
(Quellenauszug, mit freundlicher Genehmigung des Carl Winter-Verlages Heidelberg).

14. *L. Goppelt:* Das Osterkerygma heute; i n : Lutherische Monatshefte, Herausgeber Heinz Beckmann, Heinz Brunotte, Hermann Dietzfelbinger, Ernst Kinder, Karl Lücking, Otto Perels, Rudolf Weeber, 3. Jahrgang, Heft 2, Hamburg Februar 1964, S. 50—57.
(Quellenwiedergabe, von Herrn Prof. D. L. Goppelt für den vorliegenden Abdruck überarbeitet; mit freundlicher Genehmigung des Lutherischen Verlagshauses Herbert Renner Berlin-Hamburg).

15. *O. Weber:* Die Versöhnung. Christus für uns; i n : Grundlagen der Dogmatik, Neukirchen 1962, Bd. II, VII. Abschnitt, 5. Kapitel, § 2 Die Versöhnung, S. 227—236.
(Quellenauszug, mit freundlicher Genehmigung der Buchhandlung des Erziehungsvereins Neukirchen, Kreis Moers).

16. *W. Pannenberg:* Die historische Problematik der Auferweckung Jesu; i n : Grundzüge der Christologie, 1. Auflage, Gütersloh 1964, § 3 III und IV, S. 69—103.
(Quellenauszug, mit freundlicher Genehmigung des Verlagshauses Gerd Mohn, Gütersloh).

17. *J. Moltmann:* Die Auferstehung des Gekreuzigten und die Zukunft Christi. (Originalbeitrag).

18. *W. Kreck:* Der Gekreuzigte als der Sieger über den Tod; i n : Die Zukunft des Gekommenen. Grundprobleme der Eschatologie, 2. Auflage, München 1966, S. 148—164.
(Quellenauszug, mit freundlicher Genehmigung des Christian Kaiser-Verlages, München).

19. *H. J. Iwand:* Kreuz und Auferstehung Jesu Christi; i n : Christologie-Vorlesung II, Bonn 1958/59; bisher unveröffentlicht.
(Quellenauszug, mit freundlicher Genehmigung von Herrn Prof. D. H. Gollwitzer, Berlin, Verwalter des Nachlasses von H. J. Iwand).

VERZEICHNIS DER AUTOREN

Rudolf Bultmann, Prof. D. theol., DD., geboren am 20. August 1884 in Wiefelstede (Oldenburg). Seine theologischen Lehrer: H. Gunkel, A. v. Harnack, A. Jülicher, J. Weiß und W. Herrmann. 1912 Privatdozent für Neues Testament in Marburg, 1916 ao. Professor in Breslau, 1920 o. Professor in Gießen, seit 1921 Professor für Neues Testament und urchristliche Religionsgeschichte in Marburg. Schrieb zahlreiche Untersuchungen zu den Evangelien, zu Paulus und zur Theologie des Neuen Testaments.

Hauptschriften: Die Geschichte der synoptischen Tradition (1921); Jesus (1926, jetzt als Taschenbuch: Siebenstern 17); Gesammelte Aufsätze: Glauben und Verstehen I (1933), II (1952), III (1960), IV (1965); Das Evangelium des Johannes (1941); Das Urchristentum im Rahmen der antiken Religionen (1949); Theologie des Neuen Testamentes (1953); Marburger Predigten (1956).

Julius Schniewind, Prof. D. theol., geboren am 28. Mai 1883 in Elberfeld. Nach Besuch des Elberfelder Gymnasiums Theologiestudium in Bonn, Halle, Berlin und Marburg. 1910 lic. theol. in Halle, 1914 Privatdozent für Neues Testament ebendort, im ersten Weltkrieg Feldprediger, 1921 ao. Professor in Halle, 1925 D. theol. in Halle, 1927 o. Professor in Greifswald, 1929–1935 o. Professor in Königsberg, 1935 abgesetzt und nach Kiel strafversetzt, 1936–1948 o. Professor in Halle, seit 1946 neben seiner Professur Propst in Halle und Merseburg. Gestorben am 7. September 1948 in Halle. Schrieb mehrere Arbeiten und Kommentare zu den synoptischen Evangelien und zur neutestamentlichen Theologie.

Hauptschriften: Die Parallelperikopen bei Lukas und Johannes (1914); EUANGELION. Ursprung und erste Gestalt des Begriffs Evangelium I und II (1927/31); Das Evangelium nach Markus (1931); Das Evangelium nach Matthäus (1937); Nachgelassene Reden und Aufsätze, hrsg. von E. Kähler (1952); Die Freude der Buße. Zur Grundfrage der Bibel, hrsg. von E. Kähler (1958); Zur Erneuerung des Christenstandes, hrsg. von H. J. Kraus / O. Michel (1966).

W. G. Kümmel, Prof. Dr. theol., geboren am 16. Mai 1905 in Heidelberg, promovierte 1929 zum Dr. theol.; 1929 ao. Professor für Neues Testament, 1946 o. Professor in Zürich, 1951 in Mainz, seit 1952 o. Professor für Neues Testament in Marburg.

Hauptschriften: Römer 7 und die Bekehrung des Paulus (1929); Kirchenbegriff und Geschichtsbewußtsein in der Urgemeinde und bei Paulus (1943); Verheißung und Erfüllung (1945, 1956[3]); Das Neue Testament. Geschichte der Erforschung seiner Probleme (1958); Heilsgeschehen und Geschichte, Ges. Aufsätze (1965).

K. Barth, Prof. D. theol., DD., geboren am 10. Mai 1886 in Basel. Theologiestudium in Bern, Berlin, Tübingen, Marburg (u. a. vor allem bei A. Schlatter, A. v. Harnack, Wilhelm Herrmann), 1909 Redaktionshelfer der „Christlichen Welt" bei M. Rade in Marburg, danach Hilfspfarrer in Genf, 1911 Pfarrer in Safenwil (Aargau), 1921 Honorarprofessor in Göttingen, 1925 o. Professor in Münster, 1930 in Bonn, 1935 wegen Widerstandes gegen den Nationalsozialismus abgesetzt und aus Deutschland ausgewiesen, ab 1935 o. Professor in Basel. Schrieb außer der „Kirchlichen Dogmatik" und zahllosen systematischen Arbeiten Kommentare zum Römer-, 1. Korinther- und Philemonbrief.

Hauptschriften: Der Römerbrief (1919, 2. völlig veränderte Auflage 1922); Die Auferstehung der Toten (1924); Die Lehre vom Worte Gottes (1927); Fides quaerens intellectum (1931); Die Kirchliche Dogmatik I, 1 (1932, 1955[7]), I, 2 (1938, 1948[4]); II, 1 (1940, 1948[3]), II, 2 (1942, 1948[3]); III, 1 (1945, 1947[2]), III, 2 (1948), III, 3 (1950), III, 4 (1951); IV, 1 (1953), IV, 2 (1955), IV, 3, 1 + 2 (1959); Theologische Existenz heute! (1933); Credo (1935); Gotteserkenntnis und Gottesdienst nach reformatorischer Lehre (1938); Die kirchliche Lehre von der Taufe (1942); Eine Schweizer Stimme (1945); Dogmatik im Grundriß (1947); Die protestantische Theologie im 19. Jahrhundert (1947); Einführung in die evangelische Theologie (1962); — Predigten: Fürchte dich nicht! (1949); Den Gefangenen Befreiung (1959); Rufe mich an (1965).

Heinz Zahrnt, geboren am 31. Mai 1915 in Kiel. Nach dem Studium der Theologie und Geschichte in Kiel, Marburg und Tübingen und Ablegung der theologischen Examina leitete er das Theologische Studienhaus in Wien und war gleichzeitig an der Universität als Assistent tätig. Nach dem Kriege 1946—1951 Studentenpfarrer in Kiel, dann in Heidelberg. Promovierte in Heidelberg zum Doktor der Theologie. Seit 1951 ist Zahrnt theologischer Leiter des Sonntagsblattes, Hamburg.

Hauptschriften: Es begann mit Jesus von Nazareth, Die Frage nach dem historischen Jesus (1960); Die Sache mit Gott. Die protestantische Theologie im 20. Jahrhundert (1966).

W. Künneth, Prof. D. Dr. phil., geboren am 1. Januar 1901 in Etzelwang (Krs. Sulzbach-Rosenberg); 1927, bzw. 1932—1937 Dozent und Leiter der apologetischen Zentrale in Berlin-Spandau, 1930 Privatdozent an der Universität in Berlin, Mitbegründer der Jungreformatorischen Bewegung 1933, 1937 Absetzung und Entzug der venia legendi, 1938 Pfarrer in Sternberg, 1944 Dekan des Kirchenkreises Erlangen, 1953 o. Professor für Systematische Theologie in Erlangen.

Hauptschriften: Theologie der Auferstehung (1933, 1951[4]); Politik zwischen Dämon und Gott (1954); Der große Abfall (1947); Moderne Wirtschaft — Christliche Existenz (1959); Glaube an Jesus? Die Begegnung der Christologie mit der modernen Existenz (1962); Von Gott reden? Eine sprach-theologische Untersuchung zu J. A. T. Robinsons Buch „Gott ist anders" (1965); Entscheidung heute (1966).

J. *Jeremias*, Prof. D., Dr. phil., DD., geboren am 20. September 1900 in Dresden, 1922 Repetent für Neues Testament in Herrnhut, 1924 Dozent am Herder-Institut in Riga, 1925 zugleich Privatdozent in Leipzig, 1928 ao. Professor für Neues Testament in Berlin, 1929 in Greifswald, seit 1935 o. Professor für Neues Testament in Göttingen, Mitglied der Akademie der Wissenschaften in Göttingen. Sein Hauptanliegen ist die Herausarbeitung der ursprünglichen Verkündigung Jesu. Weitere Fachgebiete: Palästina-kunde und die Archäologie des Heiligen Landes.

Hauptschriften: Jerusalem zur Zeit Jesu (1962[3]); Die Abendmahlsworte Jesu (1960[3]); Die Gleichnisse Jesu (1965[7]; jetzt Siebenstern Taschenbuch 43); Jesu Verheißung für die Völker (1959[2]); Heiligengräber in Jesu Umwelt (1958); Die Kindertaufe in den ersten vier Jahrhunderten (1958); Abba. Studien zur neutestamentlichen Theologie und Zeitgeschichte (1966).

Für einen breiteren Kreis bestimmt: Die Briefe an Timotheus und Titus (1963[8]); Die Bergpredigt (1965[5], Calw. Heft 27); Das Problem des histori-schen Jesus (1964[4], Calw. Heft 32); Das Vater-Unser im Lichte der neueren Forschung (1965[3], Calw. Heft 50); Die theologische Bedeutung der Funde am Toten Meer (1963[2]); Der Opfertod Jesu Christi (1963, Calw. Heft 62).

G. Bornkamm, Prof. D. theol. DD., geboren am 8. Oktober 1905 in Görlitz, Studium der Theologie und Philosophie in Marburg, Tübingen, Berlin und Breslau, 1931 Promotion in Marburg, Repetent und Assistent in Mar-burg, 1934 Privatdozent für Neues Testament in Königsberg, Versetzung und Entlassung aus dem akademischen Amt 1936/37, Dozent an der Theol. Schule und Pfarrer 1937—1939 in Bethel, 1940—1945 Pfarrer in Münster und Dortmund, 1946—1949 Professor für Neues Testament in Göttingen, seit 1949 o. Professor für Neues Testament in Heidelberg, Mitglied der Heidelberger Akademie der Wissenschaften.

Hauptschriften: Das Ende des Gesetzes. Paulusstudien (1952, 1958[2]); Jesus von Nazareth (1956, 1959[3]); Studien zu Antike und Urchristentum (1959); Überlieferung und Auslegung im Matthäusevangelium (1959, mit G. Barth, H. J. Held).

v. Campenhausen, Hans Frhr. von, Prof. D., Dr. theol., geboren am 16. Dezember 1903 in Rosenbeck (Livland), Studium in Marburg, Heidelberg, Berlin und Rom, 1929 Privatdozent in Marburg und Göttingen, seit 1945 o. Professor für Kirchengeschichte in Heidelberg, Mitglied der Heidelberger Akademie der Wissenschaften. Besonderes Arbeitsgebiet: Alte Kirchen-geschichte und Patristik.

Hauptschriften: Die Idee des Martyriums in der Alten Kirche (1936); Kirch-liches Amt und geistliche Vollmacht in den ersten drei Jahrhunderten (1953); Der Ablauf der Osterereignisse und das leere Grab (1958[2]); Die griechischen Kirchenväter (1955, 1956²); Die lateinischen Kirchenväter (1960); Tradition und Leben, Kräfte der Kirchengeschichte (1960); Aus der Frühzeit des Christentums. Studien zur Kirchengeschichte des 1. und 2. Jhdts. (1963).

L. *Goppelt*, Prof. D. theol., geboren am 6. November 1911 in München, Studium der Theologie und der Philosophie in München, Erlangen und Tübingen, 1935 ordiniert für den kirchlichen Dienst in der Evang.-Luth. Kirche in Bayern, 1936 Repetent für Neues Testament an der Theol. Fakultät in Erlangen, 1939 lic. theol., 1946—1949 Privatdozent für Neues Testament an den Universitäten Erlangen und Göttingen, 1949 Professor für Neues Testament an der Kirchlichen Hochschule Hamburg, seit 1954 o. Professor für Neues Testament an der Universität Hamburg.

Hauptschriften: Typos, Die typologische Deutung des Alten Testamentes im Neuen (1939); Christentum und Judentum im ersten und zweiten Jahrhundert (1954); Die apostolische und nachapostolische Zeit (1962).

O. *Weber*, Prof. Dr. theol., Dr. theol. h. c., geboren am 4. Juni 1902 in Köln-Mülheim, Studium in Bonn und Tübingen, 1928 Dozent, 1930 Direktor der Theologischen Schule in Wuppertal-Elberfeld; 1934 o. Professor für reformierte Theologie in Göttingen, Gründungsrektor der Universität Bremen, gestorben am 19. Oktober 1966.

Hauptschriften: Bibelkunde des Alten Testaments (1959⁸); Calvins Institutio deutsch (1936); Versammelte Gemeinde (1949); K. Barths Kirchliche Dogmatik (1967⁶); Grundlagen der Dogmatik, Bd. I 1955; Bd. II 1962; Wort und Antwort. Predigten und Erwägungen zur Predigt (1966).

W. *Pannenberg*, Prof. Dr. theol., geboren am 2. Oktober 1928 in Stettin, Studium in Berlin, Göttingen, Basel und Heidelberg, 1955 Privatdozent in Heidelberg, 1959—1961 Professor für Systematische Theologie an der Kirchl. Hochschule in Wuppertal, seit 1961 o. Professor für Systematische Theologie in Mainz.

Hauptschriften: Die Prädestinationslehre des Duns Skotus (1954); Offenbarung als Geschichte (1961, Hrsg.); Was ist der Mensch? (1962); Grundzüge der Christologie (1964).

J. *Moltmann*, Prof. Dr. theol., geboren am 8. April 1926 in Hamburg, Studium der evgl. Theologie in England und Göttingen, 1953—1958 Gemeinde- und Studentenpfarrer in Bremen-Wasserhorst, 1957 Privatdozent für Systematische Theologie in Göttingen, 1958 Professor für Dogmengeschichte und Systematische Theologie in Wuppertal, seit 1963 o. Professor für Systematische Theologie und Sozialethik in Bonn.

Hauptschriften: Herrschaft Christi und soziale Wirklichkeit nach D. Bonhoeffer (1959); Die Gemeinde im Horizont der Herrschaft Christi (1959); Prädestination und Perseveranz (1961); Der verborgene Mensch (1961); Theologie der Hoffnung (1964).

W. Kreck, Prof. D. theol., geboren am 7. Juni 1908 in Weidelbach (Dillkreis), 1935 Leiter des Predigerseminars der Bekennenden Kirche in Frankfurt/M., dazu Pfarrer 1937 ebd., 1940 Ausweisung aus Hessen, 1941 Pfarrer in Oberfischbach Kr. Siegen, 1946 Professor am ev. theol. Predigerseminar in Herborn, seit 1952 o. Professor für Systematische Theologie in Bonn.

Hauptschriften: Die Lehre von der Heiligung bei H. F. Kohlbrügge (1936); Die Abendmahlslehre in den reformatorischen Bekenntnisschriften (1959², mit E. Bizer); Die Zukunft des Gekommenen. Grundprobleme der Eschatologie (1966²); Die Wirklichkeit des Wortes Gottes (1967).

H. J. Iwand, Prof. Dr. theol., geboren am 11. Juli 1899 in Schreibendorf/ Schlesien. Nach Rückkehr aus dem ersten Weltkrieg Theologie- und Philosophiestudium in Breslau und Halle, Studieninspektor am „Lutherheim" in Königsberg/Pr., 1924 Dr. theol, 1927 Habilitation für Systematische Theologie in Königsberg, 1934 Professor am Herder-Institut in Riga, 1935 Entzug der venia legendi wegen Tätigkeit in der Bekennenden Kirche, anschließend Leiter des Predigerseminars der Bekennenden Kirche bis 1937 in Bloestau (Ostpr.), Ausweisung aus Ostpreußen (mit Reichsredeverbot), November 1938–1939 Gestapohaft, 1939–1945 Pfarrer in St. Marien in Dortmund, 1945 o. Professor für Systematische Theologie in Göttingen, 1946 D. theol. in Göttingen, ab 1952 in Bonn. Gestorben am 2. Mai 1960.

Hauptschriften: Rechtfertigungslehre und Christusglaube (1930); Glaubensgerechtigkeit nach Luthers Lehre (1941); Um den rechten Glauben, Ges. Aufs. (1959); Predigtmeditationen (1963); Nachgelassene Werke (1. Bd.: Glauben und Wissen; 2. Bd.: Vorträge und Aufsätze; 3. Bd.: Ausgewählte Predigten; 4. Bd.: Gesetz und Evangelium; 5. Bd.: Luthers Theologie; 6. Bd.: Briefe an Rudolf Hermann).

SACHREGISTER

I. KREUZ

II. AUFERSTEHUNG

BIBELSTELLEN

315

PERSONENREGISTER

Die Ziffern, die die Einführung vom Herausgeber betreffen, sind halbfett gesetzt; die Ziffern, die die Texte betreffen, sind halbfett und in Klammern gesetzt.

Klaus Haacker (Hrsg.)
LERNEN UND LEBEN

Ansprachen an Theologiestudenten
edition aussaat
144 Seiten, Linson

Die Frage, warum so viele junge Leute Theologie studieren, ist in den letzten Jahren viel diskutiert worden. Ebenso die Frage nach ihren Berufsaussichten. Aber die Frage, worum es im Theologiestudium geht und worauf es vor allem ankommt, diese Frage wird weithin verdrängt oder vernachlässigt. Dem Gespräch über diese Frage soll die vorliegende Zusammenstellung älterer und neuerer Texte dienen.

Die Antwort auf diese Frage kann nicht ein für allemal gegeben werden. Man wird in ihr aber immer auch auf ältere Überlegungen zurückgreifen — in Anknüpfung und Widerspruch. Das Hören auf verschiedene Generationen und Positionen kann mithelfen, Theologie als offenen geschichtlichen Prozeß zu begreifen, in dem jeder einzelne seinen persönlichen Weg und Beitrag herausfinden muß.

Dieses Buch bietet Lese- und Gesprächsstoff nicht nur für Studierende der Theologie, sondern auch für solche, die es vielleicht werden wollen, und nicht zuletzt für alle, die für das Theologiestudium von heute und morgen Mitverantwortung tragen und Interesse zeigen.

AUSSAAT VERLAG · WUPPERTAL